一瓶九蝎

美国最高法庭
经典判例选译

[美] **胡果威** 编译

清华大学出版社
北京

图书在版编目 (CIP) 数据

一瓶九蝎：美国最高法庭经典判例选译 / (美) 胡果威编译 .

北京：清华大学出版社，2025. 2.

ISBN 978-7-302-67903-5

Ⅰ . D971.262

中国国家版本馆 CIP 数据核字第 2025MT8681 号

责任编辑：刘　晶
封面设计：徐　超
版式设计：方加青
责任校对：宋玉莲
责任印制：丛怀宇

出版发行：清华大学出版社
网　　　址：https://www.tup.com.cn，https://www.wqxuetang.com
地　　　址：北京清华大学学研大厦 A 座　　　　邮　　编：100084
社 总 机：010-83470000　　　　邮　　购：010-62786544
投稿与读者服务：010-62776969，c-service@tup.tsinghua.edu.cn
质 量 反 馈：010-62772015，zhiliang@tup.tsinghua.edu.cn
印 装 者：北京同文印刷有限责任公司
经　　销：全国新华书店
开　　本：185mm×260mm　　印　　张：39.5　　字　　数：790 千字
版　　次：2025 年 4 月第 1 版　　印　　次：2025 年 4 月第 1 次印刷
定　　价：168.00 元

产品编号：106375-01

前　言

"一瓶九蝎"出自美国著名大法官小奥利佛·文德尔·霍姆斯（Oliver Wendell Holmes Jr.）之口，他把由九位大法官组成的美国最高法庭形容为"一个瓶子里装了九只蝎子"。原则上这九位大法官仅对宪法和法律负责，在进行司法裁判时是独立和平等的个体。他们个人虽然是独立的，但司法决策的过程却发生在一种复杂的制度环境内。是否签发调案令、如何就案件进行表决、由谁起草代表法院的多数意见……凡此种种都有一整套行之有效的规则和程序，九位大法官也在这种制度环境内展开复杂的策略互动。简言之，九只蝎子装在一只瓶子里，彼此间相爱相杀，大家一荣俱荣，一损俱损。霍姆斯大法官是提倡《美国宪法第 1 修正案》中的言论自由的先驱，他在 1919 年的西奈克诉美国案（Schenck v. United States）的判决中有一句名言："言论自由不保护在剧院里虚假地高呼失火而导致恐慌的人。"

至于为什么要全文翻译这些具有广泛的影响力的经典案例，有两个前提需要解释：什么是经典案例；为什么要全文翻译，而不是摘要地介绍。

首先，本书收纳的这些案例大多是极具争议的案例，其中许多又是以 5 ∶ 4 的微弱多数判决的案例，所以这些案例的判决并非黑白分明，往往是在见仁见智的灰色地带。例如 1896 年禁止具有八分之一黑人血统的旅客跟白人乘坐同一节车厢的普莱西诉弗尔格森案（Plessy v. Fergson），以及在第二次世界大战期间将日本裔美国公民和侨民送进集中营的松丰三郎诉美国案（Korematsu v. United States）等，在后来的判例中又被推翻。本书之所以收纳这些案例，是因为这些案例非但揭露了美国司法的黑暗和不公，还能揭露有些虚伪的最高法庭大法官如何通过狡辩来混淆是非。

在美国联邦最高法庭成立后的 235 年中，它共推翻了 282 件自己判决的案例，平均每年不止一件。[①] 但令人困惑的是，有些当年被推翻的案件，后来又被最高法庭翻案，这就不是"改邪归正"，而是"改正归邪"了。例如，1973 年判决的柔诉韦德案（Roe v. Wade）推翻了若干个禁止妇女自主决定生育权的案例，确认了妇女人工流产的权利，当时被视为一个划时代的案例。然而因为特朗普总统在任上提名任命了 3 位保守的共和党大法官，形成了共和党大法官和民主党大法官 6 ∶ 3 的局面。2022 年，尽管特朗普

---

① https://constitution.congress.gov/resources/decisions-overruled/，最后访问时间：2024-06-07。

已经卸任，柔案又被道布斯诉杰克逊妇女健康组织案（Dobbs v. Jackson Women's Health Organization）推翻。这种左右摇摆的判断说明，美国的司法并不是独立和中立的，而是受政党和政治控制的，真可谓"错作对来对亦错，非为是处是还非"。

其次，美国最高法庭的案例通常很长，几十页的案例并不罕见，有的甚至一百多页，读起来很费时间和精力，所以几乎所有介绍美国最高法庭案例的著作都是摘要地简介。我为什么选译一些案例的全文，而不是摘要地翻译介绍呢？这就要从我在美国留学的经历谈起。

我于 1983 年到美国留学，就读于哥伦比亚大学国际事务学院。国际事务学院的学生有 6 门必修课，其余的是选修课。突然有了选课的自由，还真有点不知所措，不知道该怎么选，加之还没有决定专业方向，于是第一学期便选了 4 门必修课，其中有一门是国际法。

国际法的老师是路易·翰肯（Louis Henkin），他是全世界国际法领域的泰斗级人物，我们的教科书就是他编的。哥伦比亚大学的教授通常都由某个院系聘请，如商学院、法学院、新闻学院、物理系或数学系等。但当时哥伦比亚大学有两位"大学教授"（University Professor），一位是翰肯教授，另一位就是诺贝尔奖得主李政道教授，他们二位不是法学院和物理系聘的，而是哥伦比亚大学直接下的聘书，那是学校里最高的殊荣。

还记得上第一堂课，翰肯教授走上讲台就提了一个问题："在离美国 200 海里的公海上有一艘不明国籍的船，船上有一台印刷机正在印美钞。你是美国总统的法律顾问，你认为美国应该怎么办？"然后，他看着讲台上的名单随便叫了一个同学，那位同学毫无准备，支支吾吾地不得要领。有些同学急了便纷纷举手，争着为总统出谋献策；另一些同学则提出反对意见，课堂马上就活跃起来。翰肯教授从来不照本宣科地讲课，只是偶尔提一两个问题，把学生带进下一场辩论，他在旁边引导辩论的方向。这就是美国法学院普遍采用的"苏格拉底教学法"（Socratic method）。

上翰肯的课负担很轻，平时既没有作业，期中也没有考试，而且期末还是开卷考。还记得最后那道占总分二分之一的写作题："美国政府收到古巴政府的照会，要求美国归还关塔那摩湾的军事基地。如果你是美国总统的法律顾问，你认为美国该怎么办？"关塔那摩湾本来是古巴领土，在 19 世纪末的美西战争中被美国从西班牙手中夺走。其实我心里很明白，凡是被强权霸占的领土，都是违反国际法的，理应归还。但转念一想，我是总统的法律顾问，如果我建议美国把关塔那摩还给古巴，那不是吃里扒外吗？于是，我翻了半天书，但还是找不到任何不归还的理由，反而找到了若干条应该归还的理由。犹豫再三，我还是想，既然我是美国总统的法律顾问，就应该帮美国政府说话，不得已便胡乱编造了一些不能自圆其说甚至连我自己都不能说服的歪理匆匆交卷。不出所料，我的期末考成绩是 C-，还好不是 F（手枪）。有一位在美国长大的华裔同学得了

A，我问他是怎么回答的。他说太简单了，他向总统建议把关塔那摩归还给古巴，并随便从教科书里抄了几条理由。我这才恍然大悟。虽然把关塔那摩归还给古巴有损美国的国家利益，但只要言之有理，就可以得满分。

1992 年，我决定改学法律，于是便辞职上了法学院。美国的法学院跟中国大学的法律系完全不同。首先，美国的法学院没有本科，所有的学生必须先得到学士学位，本科专业不限，文理工科都可以上法学院。其次，美国的法学院不要求学生背诵法律条文，只教案例，如合同法、侵权法、宪法等，每门课的教科书都是几十个案例。即使是条文很健全的法律，如税法，法学院也只教案例而不教条文。

在美国读法学院有两种读法，一种是聪明人的读法，另一种是"笨鸟"的读法。

所谓聪明人的读法是事半功倍，而且这些同学的成绩往往还不错。美国的法学院并不采用统一教科书。合同法是一年级的必修课，通常一个法学院至少有两位教合同法的教授，一位教授也许选用张三编的教科书，另一位教授也许指定李四编的教科书。这两种教科书都各有几个不同版本的简介，例如 Emanuel 或 In a Nutshell，相当于中国的参考书，都是按照某一本教科书里案例的顺序逐个简单介绍。教授在开学第一堂课会发一份 syllabus，相当于整个学期的教学计划，告诉你哪堂课讲哪个案例，以便大家上课之前预习。教科书里收的案例都是经典案例，通常都很长，以柔诉韦德案（Roe v. Wade）为例，那是一个有关人工流产的里程碑式案例，连注解有近 50 页。可是简介的篇幅也许只有半张 A4 纸，甚至可以浓缩成三五行字："在怀孕的第一个季度，州政府不得干预孕妇流产，只能规定流产必须在安全的条件下由有执照的医生进行。在怀孕的第二个季度，州政府可以干预流产，但前提是政府的干预必须跟孕妇的健康有关。在怀孕的第三个季度，州政府保护生命的利益超过了孕妇的隐私权，州政府可以禁止流产，除非不流产将危及孕妇的健康和生命。"可以想象，阅读并理解上面的几行字，至多只需要几分钟。聪明的同学往往是在上课前几分钟里匆匆地看一下简介，然后便可以上课听讲并参加辩论了。为了方便记忆，我在准备律师资格考试的时候将整个案例浓缩成三个字，那就是"三、六、九"。

而"笨鸟"的读法就是从头到尾，逐字逐句地读每一个案例，这些同学虽然用功得多，但成绩并不见得比"聪明"的同学好。因为我上法学院时已经 43 岁，比绝大多数同学年长了 20 多岁，不像他们那样贪玩，所以宁愿当个笨鸟。下面还是以柔诉韦德案为例，几十页的篇幅，至少需要几个小时才能读完，与读简介的几分钟相比就是 60 多倍的时间。读者也许会问，说是十月怀胎，不就是 3 个季度 9 个月吗？几十页的判决书里都写了些什么呢？不读不知道，读了方谙其妙。美国最高法庭的大法官都是从律师、教授和法官中选拔出来的精英，他们每年都会招收一些书记员（Law Clerk），那些书记员也都是法学院毕业生中出类拔萃的翘楚精英，他们的写作水准令我佩服得五体投地。柔诉韦德的判决旁征博引，从盘古开天地一直论述到判决的当时，从古罗马到古希腊、宗教到哲学、天主教到基督教、人类学到社会学、生物学到伦理学、医学到法学、公共政策到舆情民意，古今中（美）外，几乎是面面俱到，滴水不漏。我每每读到精彩之处，即使夜深人静也还是会情不自禁地拍案惊呼："神来之笔！神来之笔！"早已入眠的家人常常在半夜里被我惊醒。用英语来说，那是一种求知的极度快感（intellectual orgasm），只有当了笨鸟才会知道那些聪明的同学错过了什么享受。读案例简介的聪明同学固然能知其然，而读全文的笨鸟非但知其然，更知其所以然，这就是聪明与笨之间质的区别。

聪明人和笨鸟接触的材料之间还有另外一个巨大的区别，那就是判决的反对意见。美国最高法庭有9位大法官，因为凡是上诉到最高法庭的案子通常都有较大的争议，所以除了多数派的判决之外，少数派的大法官们也会发表反对意见。通常多数派的判决就一篇，投赞成票的大法官附和即可，而反对派的意见常常会有几篇，每位反对的大法官一篇。聪明学生读案例简介固然省力，但简介很少提反对意见，而多数派的判决只能算是一面之词，如果只读多数派判决的简介而错过了少数派的反对意见，那就只看到了硬币的一面，无异少了半壁江山。只有笨鸟学生逐字逐句读了完整的案例才能体会到，原来反对意见往往也同样精彩，有时甚至比多数派的判决更精彩。

以1896年的普莱西诉弗尔格森案（Plessy v. Fergson）为例，当时美国南方实行种族隔离，白人和有色人种不得乘坐同一节火车车厢。原告普莱西虽然有八分之七的白人血统，但还有八分之一的黑人血统，他在新奥尔良上车后故意挑战种族隔离的法律，在白人车厢入座，被乘务员赶到黑人车厢，于是普莱西便状告铁路公司种族歧视。他在下级法庭层层败诉之后一直上诉到最高法庭，但最高法庭还是以7∶1的压倒多数判他败诉，只有哈兰大法官（John Marshall Harlan）一人挺身而出反对。然而，因为种族歧视的本质是邪恶的，为维持种族隔离辩护的多数派的论点难免苍白而理屈词穷，哈兰大法官的反对意见却是滔滔不绝、义正词严，而且还为今后推翻种族歧视埋下了伏笔。果不其然，58年后的1954年，黑人布朗家庭挑战堪萨斯州立学校的种族隔离，最高法庭在布朗诉教育局案（Brown v. Board of Education）中以9∶0一致判决种族隔离违反宪法的平等保护条款，首席大法官沃伦（Earl Warren）代表法庭发表判决书，其中引用哈兰大法官在普莱西诉弗尔格森案中发表的反对意见共12次之多，有的地方干脆就是一字不漏地"抄袭"，可见反对意见的巨大潜力。

此外，几乎所有的判决都有几十个脚注，但是案例简介连反对意见都只字不提，遑论脚注？殊不知，有的大法官就常把极其重要的观点隐藏在不起眼的脚注里，那些脚注在法理演变的过程中留下了不可磨灭的印迹，所以有些脚注被法律界公认为"最著名、最重要的脚注"。

在《纽约时报》诉萨利文案（*New York Times* Co. v. Sullivan）的脚注19中，布莱能大法官援引英国哲学家约翰·斯图亚特·弥尔（John Stuart

Mill）的名言：虚假的言论可能也有贡献，因为"谬误的结果会使人们更清楚、生动地了解真相"。

布朗诉教育局案（Brown v. Board of Education of Topeka）的脚注 11 引用了一项社会学的研究，研究发现连黑人的孩子都更喜欢玩白皮肤的洋娃娃，以此揭示种族隔离对黑人儿童思维造成的负面影响。

杨诉美国小型电影院公司案（Young v. American Mini Theatres）涉及城市规划，底特律通过法规限制成人电影院不得在某些地点营业。斯蒂文斯大法官（John Paul Stevens）首创了"附带后果"的概念，但他把这个重要的论点放在脚注 34 中。他认为，底特律法规的目的并不是压制可能冒犯他人的下流言论，而是防止成人电影院造成有害的"附带后果"，例如成人电影院会导致附近区域的犯罪率上升和房价下跌。

可想而知，如果只读案例的简介，非但错过了今后可能翻盘成为主流的反对意见，还错过了那些深藏不露的精彩脚注，这是多大的损失？有道是无知并不可怕，可怕的是不知道自己无知。若真想做学问，必须看原汁原味的原著，是为第一手资料。而简介或分析案例的著作，那都是经过他人咀嚼和消化的浓缩物，已经失去大量的精髓，属于第二手资料，与原著不可同日而语。以咖啡为例，真正懂得咖啡的行家都讲究用自己挑选的咖啡豆现磨现煮，而不是用开水冲沏速溶咖啡。

当然我必须承认，其实我也看过案例简介。若想在 3 年内读完法学院，每学期至少要修 5 门课，也就是说每星期至少要预习 5 个案例，阅读量是很大的，更不要说有的课还有作业。如果每门课都全文阅读每个案例，时间远远不够，所以有的案例我也读简介。例如遗产法，一位老人在弥留之际签署了一份遗嘱，将遗产全部留给照顾他的护士，老人死后子女挑战遗嘱无效，理由是老人签署遗嘱时已神志不清，失去了民事行为能力。这类案例主要取决于医生和签署遗嘱时目击者的证词，因个案而各异，并无宏观的普遍意义，所以我也会偷懒，花几分钟浏览一下简介便去上课了。然而宪法是国家至高无上的大法，所以我绝不敢懈怠，每个案例都是全文阅读的。

逐字逐句读每一个案例无疑是一件吃力不讨好的事情，对此我有切身的体会。当时，我之所以心甘情愿地选择当笨鸟，唯一的原因就是我实在太喜欢读那些雄辩的文章，那是一种只可意会而不可言传的享受。现在我又决定把一些最高法庭具有里程碑意义的经典案例逐字逐句地全文翻译成中文，显然更是工程浩大。然而对我自己来说，翻译是一个重新学习美国宪法的好机会，尤其是经过句斟字酌的推敲，使我能更透彻地理解和领悟那些案例。对读者来说，我希望译成中文的案例能够帮助中国法律界的师生和同行更全面地了解美国宪法的精髓。先父是研究国学的，书房里有一套线装的连史纸百衲本二十四史，可是我很少看见他逐本阅读。先父的解释是，有的书如四书五经是非读不可的，有的书甚至要背诵，而有的书是供查阅的，是为"工具书"也。美国法学院的学生全文阅读案例的并不多，我想大多数的中国读者也不见得有时间和兴趣逐字逐句地读案例的全文。但是如果在学习美国宪法的过程中遇到疑难的问题，查阅案例的全文也许可以答疑。

我见过若干介绍美国宪法和最高法庭案例的中文著作，但都是介绍和评析之类的论著。至少到目前为止，我还没见过有人挑选几十个美国最高法庭极具影响力的案件系统地全文翻译成中文的著作。假如有，则恕我才疏学浅、孤陋寡闻，幸勿见责。我唯一的心愿，就是本书能够填补这方面的空白，倘能在比较法律研究领域里留下一个可能被忽略的脚注，幸莫大焉？

译　者

2024 年 11 月 1 日

译者说明

　　本书的主要内容是美国最高法庭判决过的 39 个具有广泛影响力的案例。为了帮助读者在整体上理解这些案例之间的相互关系，以及具体案例所对应的《美国宪法》的具体条文，译者先将案例分类成章，在每章内根据判决时间先后顺序排列。此外，为了方便读者根据自己的兴趣挑选想阅读的案例，译者在每章开始先对该章的案例逐一进行简要介绍，这部分内容均为译者自己对案例的理解和描绘——而非案例的译文，仅供读者参考而已。

　　美国的法律体系为普通法（common law），亦称案例法（case law），而所谓案例法，就是不成文法。换言之，在绝大多数的案例中，美国法官并非根据具体法律的第几章、第几节、第几条来判案，而是大量援引以前判决过的类似的案例，来支持当下案件的判决。因此，美国的法官会在判决书和脚注中详细地说明援引案例的具体出处，包括案例在汇编成册后收入第几卷、第几页，并对援引内容加引号，整个过程十分严谨。其实判决书中所援引的大部分案例往往就是控辩双方在书面和口头辩论中所引用的案例，法官的责任是核实双方援引的案例，所以他们至少会阅读双方律师援引片段的上下文，有时甚至会阅读那些案例的全文，以防律师在援引案例时断章取义。因为判决书中援引案例的脚注数量很多，往往一个案例会引出几个先决案例，这几个先决案例又会再引出十几个甚至几十个之前的案例，从而产生"滚雪球"的效应，导致被引案例和脚注占据相当可观的篇幅。考虑到阅读的方便，以及有关案例的细节对于成文法国家的读者并无太大的借鉴价值，所以译者在翻译过程中略去了大部分有关案例的脚注。

　　特此说明。

目　　录

第一章

美国宪法的起源和演变

1776 年 7 月 4 日，来自美国东部的 13 个殖民地代表在费城签署了《独立宣言》，以"他"（He）指英国国王，用排比的形式罗列了英国王室和国会对美国殖民地的 18 种欺压行为，以此为理由宣布与英国脱离宗主和臣民的关系而独立。1941 年，第二次世界大战期间，7 月 4 日被正式定为美国的国庆节，成为联邦的带薪假日。

其实在发表《独立宣言》之前，美国的独立战争已经打响，从 1775 年 4 月 19 日打到 1783 年 9 月 3 日，历时 8 年多。独立战争结束后，13 个殖民地才腾出手来正式开始讨论立宪，而立宪的思路正是如何纠正和避免英国王室统治下的种种不公和弊端。

1787 年 9 月 17 日，共有 41 位代表在费城的独立大厦列席立宪会议，其中 38 名代表签署，通过了《美利坚合众国宪法》（*Constitution of the United States*，以下简称《美国宪法》）。1987 年 12 月 7 日，德拉华、宾夕法尼亚、新泽西、佐治亚和康乃狄克等 5 个州率先批准《美国宪法》，此后各州陆续批准，1790 年 5 月 29 日，最后一个州罗德岛批准《美国宪法》并加入美利坚合众国。

立宪会议两年之后的 1789 年 9 月 25 日，第一届国会又通过 12 条宪法修正案让各州批准。1791 年，各州批准了 12 条中的 10 条修正案，这前 10 条修正案就是后来人们所说的"权利法案"（*Bill of Rights*）。

《美国宪法》是美国至高无上的法律，最初只有 7 条，其中的第 1 条至第 3 条规定美国政府的结构是三权分立，分别为立法、行政和司法。

《美国宪法》第 1 条规定美国的国会为立法机构，由参众两院组成，每一个州无论人口多少都可以推选 2 位参议员，而众议员的人数根据各州的人口多寡而定，人口众多的州可以推选较多位众议员。美国的立法程序是先由参众两院中任何一院的议员呈递提案，然后经过参众两院的讨论和修改，以简单多数投票通过，最后经总统签署便生效为法律。参众两院的结构既考虑到人口的利益，也考虑到州的利益。如果一项提案通过了众议院投票，则说明该项提案代表了多数人口的利益，但是如果该项提案在参议院不能得到多数票，则说明该项提案不符合多数州的利益。反之，如果一项提案通过了参议院却通不过众议院，则说明该项提案代表了多数州的利益，却不符合多数人口的利益。所以只有参众两院都通过的提案才能既代表多数州的利益，也代表多数人的利益。

《美国宪法》第 2 条规定美国的行政部门由总统和其他行政官员组成，行使行政权。法律的提案通过参众两院之后，还需要总统签署才能正式生效。除了政府的三权分立之外，美国的政治还有两党制衡。尽管美国总统候选人是由两党提名的，但并没有真正意义上的执政党和在野党之分，在很多时候参众两院各由一党占多数，但如果一党同时在参众两院都占多数，国会通过的法案也许只代表一党的利益。假如在任的总统恰恰是来自反对党，而且他认为提案只代表一党的利益，并不符合国家利益，则可以正式行使否决权拒绝签署，也可以被动地拖着不签署，让法案自动失效，这就是总统拥有的所谓"口袋否决权"（pocket veto）。法案被总统否决后并不一定就寿终正寝了，参众两院还可以重新投票反否决。如果参众两院都以三分之二的多数通过，则法案无需总统签署就自动生效，从而遏制总统滥用否决权，所以除了参众两院和两党互相制约之外，总统也代表党派和参众两院互相制约。

《美国宪法》第 3 条规定在美国建立最高法庭和联邦法庭，这就是三权中的司法权。一项法案经参众两院通过，总统签署之后便成为法律。但是因为政府在执法的过程中难免会有偏差，一旦诉讼双方对簿公堂，就需要司法部门解决争端，所以国会和总统通过的法律在执行过程中还需要法庭来解释法律的含义。在有的情况下，虽然立法的程序是合法的，法庭还是可以宣布法律的内容违反宪法，所以法庭可以制约立法权和行政权。

《美国宪法》第 4 条至第 6 条规定联邦和各州之间的权力分配，属于联邦主义和联邦制度的范畴，稍后单独讨论。

《美国宪法》第 7 条是有关 13 个州如何批准宪法和宪法修正案的程序，在司法实践中很少有这方面的争端，本书略去不表。

如上所述，第 1 至第 10 修正案也被称为《权利法案》，每条修正案的都只是寥寥数语而已，下面是 10 条修正案的全文和简单介绍。

第 1 修正案：国会不得制定关于下列事项的法律：确立国教或禁止信教自由；剥夺言论自由或出版自由；或剥夺人民和平集会和向政府请愿伸冤的权利。

第 1 修正案是本书介绍的重点之一，涉及新闻自由和各种形式的言论自由，如报社公布国防部机密文件的自由、焚烧国旗抗议的自由、佩戴袖章反对战争的自由等。

第 2 修正案：纪律良好的民兵队伍，对于一个自由国家的安全实属必要；故人民持有和携带武器的权利，不得予以侵犯。

第 2 修正案保证美国人民有持枪的自由权利，但因为美国和中国的国情迥异，第 2 修正案对中国并无借鉴的价值和意义，故本书没有收纳持枪自由的案例。

第 3 修正案：在和平时期，未经房主同意，士兵不得在民房驻扎；除依法律规定的方式，战时也不允许如此。

第 3 修正案于 1789 年通过，当时美国刚经过独立战争，所以这条修正案适合当时的历史背景。因为美国得天独厚的地理位置，独立战争之后本土上从未经历过战争，所以没有这方面的案例可介绍。

第 4 修正案：公民的人身、住宅、文件和财产不受无理搜查和扣押的权利，不得侵犯。除依照合理根据，以宣誓或代誓宣言保证，并具体说明搜查地点和扣押的人或物，不得发出搜查和扣押状。

有关第 4 修正案的案件是刑事案件中最常见的，如警察在大街上拦截行人盘问、搜身，在高速公路上拦截汽车搜查，以及警察进入民宅的搜查。如果执法人员不遵守搜查和扣押的法律程序，搜查和扣押的证据可能被法庭排除在外。

第 5 修正案：无论何人，除非根据大陪审团的报告或起诉，不得受判处死罪或其他不名誉罪行之审判，惟发生在陆、海军中或发生在战时或出现公共危险时服现役的民兵中的案件，不在此限。任何人不得因同一罪行而两次遭受生命或身体的危害；不得在任何刑事案件中被迫自证其罪；不经正当法律程序，不得被剥夺生命、自由或财产。若不给予公平赔偿，私有财产不得充作公用。

第 5 修正案的核心是公民在刑事案件中有保持沉默的权利。当警察实施逮捕时首先必须告知嫌疑人有保持沉默的权利。如果执法人员强迫或引诱嫌疑人招供，违反宪法所得的供词可能被法庭排除在外。

第 6 修正案：在一切刑事诉讼中，被告享有下列权利：由犯罪行为发生地的州和地区的公正陪审团予以迅速而公开的审判，该地区应事先已由法律确定；得知被控告的性质和理由；同原告证人对质；以强制程序取得对其有利的证人；取得律师帮助为其辩护。

第 6 修正案的核心是刑事案件的被告有获得律师为其辩护的权利，对于请不起律师的贫穷被告，政府会为其免费提供律师。第 5 修正案和第 6 修正案相对呼应，如果没有律师在场，被告的供词通常会被法庭排除在外。

第 7 修正案：在普通法的诉讼中，其争执价值超过 20 美元，由陪审团审判的权利应受到保护。由陪审团裁决的事实，合众国的任何法院除非按照普通法规则，不得重新审理。

第 8 修正案：不得要求过多的保释金，不得处以过重的罚金，不得施加残酷和非常的惩罚。

第 8 修正案的案例主要是有关死刑的案例。随着科学技术的发展，死刑的执行方法从绞刑、枪毙、电椅、毒气室进化到注射死刑。因为美国有一股强大的反对死刑的力量，而且在美国的 50 个州里，有 22 个州已经废除了死刑，所以死刑是一个极具争议的话题。

第 9 修正案：本宪法对某些权利的列举，不得被解释为否定或忽视由公民保留的其他权利。

第 10 修正案：本宪法未授予合众国、也未禁止各州行使的权力，保留给各州行使，或保留给人民行使之。

第 9 和第 10 修正案跟联邦主义和联邦制有关，下面另有章节专门介绍。

除了以上《权利法案》列举的权利之外，其他的个人权利大部分都包含在第 14 和第 15 修正案里。

第 14 修正案第一款：所有在合众国出生或归化合众国并受其管辖的人，都是合众国的公民和他们居住州的公民。任何一州，都不得制定或实施限制合众国公民的特权或豁免权的任何法律；不经正当法律程序，不得剥夺任何人的生命、自由或财产；在州管辖范围内，也不得剥夺任何人平等的法律保护。

第 14 修正案中最重要的是"正当程序条款"（due process clause）和"平等保护条款"（equal protection clause），许多个人权利都源于第 14 修正案，如种族歧视、性别歧视、性取向歧视、计划生育和流产的权利、安乐死的权利等。

第 15 修正案第一款：合众国公民的选举权，不得因种族、肤色或以前是奴隶而被合众国或任何一州予以拒绝或限制。

第 15 修正案是 1870 年南北战争后通过的。因为南北战争推翻了奴隶制，所以通过法案赋予有色人种选举权。但是在其后近一个世纪中，种族歧视和种族隔离在许多南方的州还是合法的，直到 20 世纪 60 年代马丁·路德·金领导的民权运动才终止了种族隔离。虽然第 15 修正案在字面上提到种族和肤色，其实废除种族歧视的主要依据并不是第 15 修正案，而是第 14 修正案的平等保护条款，类似于"法律面前人人平等"，无论是白人还是黑人。

《美国宪法》共有 27 条修正案，本书后面有《美国宪法》和 27 条修正案的全文翻译，有兴趣的读者可以参阅。

至于美国宪法的演变，其实美国的宪法从通过到现在并没有什么改变。所谓的修正案也并没有修改宪法，而是对宪法的补充。例如，第 22 修正案规定总统的任期不得超过两任；第 25 修正案规定总统死亡、辞职或被弹劾后由谁来继任。唯一的例外就是 1918 年通过的第 18 修正案规定了禁酒，然后 1933 年通过的第 21 修正案废除了禁酒令。

尽管《美国宪法》在字面上并没有改变，但人们对宪法的理解和执行却不断地演变。例如，在 1896 年的普莱西诉弗尔格森案（Plessy v. Ferguson）中，路易斯安那州的法律规定在火车上有色人种不得和白人乘坐在同一节车厢里，最高法庭判决种族隔离并不违反宪法。而在 58 年后的 1954 年，最高法庭在布朗诉教育局案（Brown v. Board of Education）中却判决学校里的种族隔离是违反宪法的。尽管在判决这两个案子时最高法庭的依据都是第 14 修正案，却得出了完全相反的结论。以上这两个截然不同的判决说明随着时间的推移，最高法庭的大法官们对同一部宪法在不同的时期作出了完全不同的解读。换言之，美国的宪法是随着时间的推移持续地演变的。

最高法庭大法官对宪法的理解分为两大阵营：原意主义（originalism）和非原意主义（non-originalism）。原意主义也被称为保守主义（conservative），非原意主义也被称为自由主义（liberal）。在最近辞世的两位大法官中，斯卡利亚（Antonin Gregory Scalia）是原意主义的代表人物，而金斯伯格（Ruth Bader Ginsburg）是非原意主义的代表人物。所谓原意主义，就是法官应该严格地根据国父们通过宪法当时的意思来解读；非原意主义者则认为宪法的意思是随着社会和文化的改变而不断演变的，所以法庭应该灵活地解读宪法。用通俗的话来说，原意主义认为宪法应该是一份一成不变的、没有生命力的死文件（dead document），而非原意主义认为宪法应该与时俱进，是一份有生命力的活文件（living document）。

以同性婚姻为例，在劳伦斯诉得克萨斯案（Lawrence v. Texas）中，得克萨斯州法律禁止同性恋肛交，包括金斯伯格在内的 6 位大法官判决该条法律违反宪法，而包括斯卡利亚在内的 3 位少数派发表了反对意见。美国的宪法是一部宏观层面的大法，设计了美国的国家制度和政府的结构，但不涉及立法的详细内容，只字未提同性恋。根据占多数的自由派大法官的解读，禁止肛交的法律违反了宪法的正当程序条款，这种论证的方法未免牵强附会，因为先贤们起草的宪法并没有提到同性恋，所以自由派的大法官的解读其实是在"揣测"起草宪法的先贤们想必是赞成同性恋行为的，或是"假设"先贤们如果活到今天"看到当代的社会潮流"应该是不会将同性恋入罪的。因此，自由派判决同性恋合法其实是顺应民意，因为当时许多州纷纷开始修改法律，使同性婚姻合法化，所以自由派认为最高法庭应该灵活地解读宪法，加快同性婚姻合法化的进程。

而保守派的观点是，因为国父们当年通过宪法的时候根本就没有考虑过同性恋婚姻的问题，所以不应该揣测或假设如果他们当时遇到同性恋婚姻的问题会怎么想。保守派认为最高法庭面临此类问题时，最稳妥的方法就是拒绝受理，把宪法中没有具体规定的问题交给各州的立法部门处理，让各州通过议会立法或公民投票的方式来决定是否修改法律让同性婚姻合法化，而不是由最高法庭越俎代庖地通过解读宪法来修改法律。保守派认为，自由派的大法官是根据他们自己的价值观解读法律，他们认为国家应该往什么方向走，他们就怎么解释法律。

最高法庭的大法官由总统提名，然后通过参议院投票确认。美国总统由共和党和民主党提名的候选人轮流坐庄，如果一位当年由共和党总统提名的大法官在民主党总统的任内退休或去世，总统就会提名一位倾向民主党的候选人担任大法官，这就会改变最高法庭两党占有席位的平衡。人们通常认为，9 位大法官中两党占有的席位之比最好是 5∶4，而且如果 5 席多数中有 1 席摇摆票，那才是最理想的构成，这样最高法庭的判决就会比较公允。因为 5∶4 接近势均力敌，双方为了达成共识就有可能互相妥协。从某种程度上讲，诉讼双方都不满意的判决有时恰恰就是最好的判决。

因为大法官的任期是终生的，大法官既可以退休，也可能在任上去世，所以最高法庭大法官何时出缺很难预料。统计资料显示，目前最高法庭的 9 名大法官平均在任时间上升到史无前例的 28 年[①]，也就是平均 3 年多才会有一次出缺的机会。通常，大法官会选择在当年提名他当大法官的那个党入主白宫的时候退休，这样就不会改变两党在最高法庭占有席位的平衡。以民主党提名的金斯伯格大法官为例，虽然她罹患癌症，还是坚持工作到 87 岁，本想等特朗普总统卸任后再退休，没想到距大选不到两个月时，金斯伯格大法官于 2020 年 9 月 18 日在任上去世，这就使特朗普总统有机会提名一位共和党人来填补她留下的空缺。当时共和党和民主党在最高法庭的比例已经是 5∶4，特朗普提名的大法官被参议院批准后，共和党提名的大法官便增加到 6 位。如果特朗普连任，最高法庭的共和党对民主党的比例甚至可能变成 7∶2。一旦最高法庭两党席位的比例变成 6∶3 或 7∶2，那在短时间里就很难再回到 5∶4 的相对平衡，也许要等几十年的时间。

虽然法官不可能完全与政治绝缘，我们姑且不谈两党的政治理念，作为律师，我认为无论共和党还是民主党在最高法庭占压倒多数，只要是一党独大，判决就可能一边倒，这对司法公正显然是不利的。斯卡利亚大法官曾有一句名言，如果法官总是很喜欢他判决的结果，他就不是一个好法官（The judge who always likes the results he reaches is a bad judge）。特朗普总统就任时许多人担心，如果共和党提名的大法官占绝对多数，甚至连 20 世纪最有影响力的柔诉韦德案（一个有关人工流产权利的里程碑案例）都有可能被推翻。到特朗普卸任时，最高法庭中共和党和民主党提名的大法官的比例是 6∶3，柔诉韦德案果然被推翻。尽管民主制度的游戏规则是少数服从多数，但多数长期压倒少数就不是好事了。

民主制度的优点是选举制度，而且官员都有任期的限制，如果人民对总统或其他民选官员不满意，便可以在下次选举时改选他人。然而，美国最高法庭的大法官却是终身制的，这种终身制的背后有非常重要的原因。在许多民主制度不健全的国家，法官的独立性受到政府首脑的控制，也受到不健全选举制度的影响。如果他们的判决违反了更高层面的旨意或不符合被操纵的民意，就可能被罢免下台。大法官的终身制就没有这个问题，无论总统或多数人如何强烈地反对他们的判决，他们都没有被罢免之虞，可以独立地行使司法职权。此外，最高法庭的大法官的薪俸也是终生的，退休后他们仍可继续领取在任时最高的薪俸，前提是他们在任的时间和年龄相加之和必须达到 80 岁。换言之，一位 70 岁就任的大法官 80 岁退休就可以领取全额的薪俸。这种优厚的待遇可以使大法官们不会因为经济的顾虑而恋栈不退休。然而，随着人类平均寿命的延长，大法官在任的时间也有延长的趋势，这将减缓最高法庭吐故纳新的步伐。金斯伯格大法官在 2020

[①] https://fixthecourt.com/fix/term-limits/，最后访问时间：2024 年 10 月 13 日。

年 9 月 18 日去世后，9 月 25 日三位民主党的众议员提出修改最高法庭大法官任期的提案，规定最长任期为 18 年，且不得连任。那样的话，此后每两年就会有一位大法官退休。这项提案是否能够通过参众两院仍拭目以待。

最高法庭就像一个钟摆，会周期性地左右摇摆。最高法庭的立场之所以会摇摆，是因为担任大法官的民主党人和共和党人所占的比例会改变。人们普遍认为共和党是保守派或右派，民主党是自由派或左派。换言之，共和党提名的大法官倾向于严格按照宪法的字面意思解读宪法，而民主党提名的大法官则倾向于顺应社会文化的改变而灵活地解读宪法，所以在民主党提名的大法官占多数时，宪法就会随着社会的变迁而演变，具体的表现之一就是用布朗诉教育局案的判决推翻当年的普莱西诉弗尔格森案。两个多世纪以来，尽管美国宪法的文字并没有任何质的改变，但是在个人权利方面已经有了惊天动地的演变。

特朗普总统 2016 年就任后，一共提名了三位共和党的大法官，分别是由尼尔·郭瑟奇（Neil Gorsuch）接替共和党人斯卡利亚（Antonin Scalia），布莱特·卡文诺（Brett Kavanaugh）接替共和党人肯尼迪（Anthony Kennedy），艾米·科尼·巴瑞特（Amy Coney Barrett）接替民主党人金斯伯格（Ruth Ginsburg），这使原来共和党对民主党的比例从 5 ∶ 4 变成 6 ∶ 3，最高法庭也因此而变得更保守。2022 年 6 月，最高法庭终于用道布斯诉杰克逊案（Dobbs v. Jackson Women's Health Organization）推翻了 1973 年判决人工流产合法的柔诉韦德案（Roe v. Wade）。本书在柔诉韦德案之后又加上道布斯诉杰克逊案，供读者了解具有里程碑意义的柔诉韦德案是如何被推翻的。

第二章

联邦主义

美国的联邦主义是美利坚合众国各州的政府和联邦政府之间不断演变的关系。美国政府一开始实行双重联邦制（dual federalism），后来演变成联合联邦制。在《联邦党人文集》（*Federalist Papers*）的第 46 篇，詹姆斯·麦迪逊说，州政府和全国政府"其实是人民的不同代理人和受托人，各自有不同的权力"。亚历山大·汉密尔顿在《联邦党人文集》的第 28 篇提出，州和联邦两个层次的政府都是为公民的利益行使权威，"如果人民的权利被其中一个政府侵犯，他们可以向另外那个政府寻求补救"。

美利坚合众国由 50 个自治州组成，此外还共有一个首都和若干由联邦政府管理的海外领地。因为州是在美国建国之前就已经存在的政治实体（尽管其中并没有独立的国家，而是一些殖民地或后来创建的实体），所以美国的宪法并没有对联邦主义下定义或作解释，只是提到州政府和联邦政府官员各自的权力和义务。在宪法里，联邦政府有一些明确规定的权力（又称具体列举的权力），包括征税、对外宣战，以及管理州际贸易和对外贸易。《宪法》第一条第 8 款第 18 项的必需与适当条款（Necessary and Proper Clause）规定国会可制订为行使宪法授予国会的各项列举的权力所"必需的、适当的"一切法律。凡是没有列举出来的其他权力均为保留权力，还是由人民和各州政府保留，并没有委托给联邦政府代为行使。

美国建国初期还没有现在的民主党和共和党，当时对立的两党是联邦党和民主共和党。以托马斯·杰弗逊为首的民主共和党人认为宪法的必需与适当条款授予国会的权力太大，而且不受制衡。此外，最高行政长官（总统）的权力也太大，而且也不受制衡。为了防止出现独裁者专权的局面，民主共和党认为除了宪法之外还需要增加民权法案，以防止独裁者压迫人民。而联邦党人认为民权法案不可能列出人民所有的权利，如果有一条权利没有被列入民权法案，便很可能被忽视，所以在具体的案件中人民享有的权利应该由司法的法庭来决定。

南北战争结束之后，相对于州政府来说，联邦政府的权力和规模大幅度增加，对人们生活的影响越来越大。联邦政府扩大的原因是需要管理跨州的贸易和工业建设、保证民权以及提供社会服务。随着工业化的高速发展，钢铁、石油、铁路等工业开始集中到一些寡头的手中。1890 年，国会通过了《谢尔曼反托拉斯法案》来打破垄断，联邦政府的权力因此进一步增强。从 1938 年到 1995 年，最高法庭没有宣布任何一条联邦法律因超过宪法的商业条款授予国会的权力而无效。

双重联邦主义认为，联邦政府和各州政府是平等的，都是主权实体。然而从南北战争开始，法庭对宪法的解读认为联邦政府对自己的权限有最终决定权。除了各州政府和联邦政府之外，美国还有印第安人在保留地上自己建立的政府并行使有限的主权，这就形成了"并存联邦"（bi-federalism）。

马贝瑞诉麦迪逊（Marbury v. Madison）是本书中最难翻译的一宗案件。

我必须承认，这个案子我反复读了好几遍才读懂。首先是判决的语言，有许多近乎文言且晦涩难懂，加之论述的过程絮絮叨叨，所以在翻译过程中我不得不根据上下文来推敲，作出并不完全忠于原文却又最符合逻辑和情理的翻译，所以谈不上信、达、雅，幸勿见责。其次是本案的案情很离奇，尽管最高法庭用大量的篇幅表示同情原告，呈现出一副秉公执法的姿态，但最终的判决还是以没有管辖权为由拒绝按原告的要求给予救助。

下面是有关此案发生的历史背景，我简要介绍一下，帮助读者更好地理解案件。

本案源于卸任总统约翰·亚当斯和新上任总统托马斯·杰弗逊之间的政治理念和意识形态的冲突。前者是联邦党人，倾向亚历山大·汉密尔顿提倡的支持企业和支持全国政府的理念，而后者是民主共和党人的领袖，偏好农业和权力分散。

1800 年，亚当斯竞选总统连任失败后，在卸任前两天任命了数十名联邦党支持者担任巡回法庭的法官和治安法官，试图挫败杰弗逊和民主共和党的支持者。参议院迅速批准了亚当斯的提名，但是在亚当斯卸任和杰弗逊就职之际，有几张委任状尚未送交被任命为法官的本人。因为那些委任状尚未送交，杰弗逊就认为那些委任状是无效的，并指示新上任的国务卿詹姆士·麦迪逊不要送交。威廉·马贝瑞是没有收到委任状的法官之一，他是马里兰州的商人和联邦党的积极支持者。麦迪逊多次拒绝送交委任状之后，1801 年马贝瑞在最高法庭提起诉讼，要求最高法庭颁发执行令，强制麦迪逊向他送交委任状。

在判决书中，首席大法官约翰·马歇尔首先认定麦迪逊拒绝送交委任状是不合法的；其次，在这种情况下法庭通常应该命令涉事的政府官员送交委任状。但是在马贝瑞的案子里，最高法庭并没有命令麦迪逊送交。研究了国会通过的授予类似马贝瑞案管辖权的法令之后，马歇尔认为国会法令扩大了最高法庭的管辖权，超过了美国国会授予最高法庭的权限。然后马歇尔宣布法律条款无效，宣布美国法庭可以废除违宪的法律。这就意味着最高法庭对马贝瑞案没有一审管辖权，只有上诉管辖权，所以最高法庭无权颁发马贝瑞要求的执行令。

美国法庭判案分为两种，一种是根据案情判决，另一种是根据程序判决。在遇到棘手的案件时，法庭常常会找出一些程序上的瑕疵，以避免讨论案件的事实争议。此案就是以没有管辖权为由拒绝受理的例子。换言之，这是一种避重就轻的办法。

最高法庭以没有一审管辖权为由拒绝颁发执行令，即"根据上诉管辖权的基本标准，法庭的职能是修改或纠正待决案件的诉求，而不是替原告创造诉求"。换言之，原告应该在一审时就要求下级法庭颁发执行令，假如一审法庭拒绝颁发，最高法庭便可以推翻下级法庭的判决，因为最高法庭的职责是被动地审核下级法庭的判决是否有误，而不是主动地教原告应该以什么诉求在下级法庭提诉。

读者也许会想，既然如此，原告完全可以卷土重来，到下级法庭重新呈递要求执行令的诉状，如果在下级法庭败诉再上诉到最高法庭。是的，原告确实可以那么做，但诉讼是很费时间的。亚当斯总统任命马贝瑞和其他治安法官的日期是 1801 年 3 月 3 日，而本案经过一系列法律程序，最高法庭终于在 1803 年 2 月 24 日才判决，此时已经过了几乎两年。假如马贝瑞再到一审法庭重新起诉，估计至少还需要两年的时间才能得到最高法庭的最终判决。问题是，从他被任命的那天算起，马贝瑞的任期一共才 5 年，即使马贝瑞第二轮胜诉，最后也只剩下一年任期，如此兴师动众的第二次诉讼是否值得？

马贝瑞诉麦迪逊

Marbury v. Madison

5 U.S. 1 Cranch 137（1803）

1803 年 2 月 11 日辩论；1803 年 2 月 24 日判决。

摘要：

美国国务院的雇员可以被传唤并就国务院的内部事务作证，前提是证词的内容不涉及保密事务。

国务卿不得被传唤就国务院内部具有保密性质的事务作证，但是如果不涉及机密，国务卿可以被传唤作证。

国务院的雇员必须宣誓，若问题涉及保密事务可以抗议。

若一位官员不能被行政长官随意罢免，则行政长官对该官员行使的权利必须在某一时间点终止。那个时间点在宪法授权行政长官行使委任权之后。当拥有委任权的人完成了最后的行为，便被视为已行使了委任权，所谓最后的行为就是在委任状上签名。

如果需要就任仪式委任才能生效，则就任仪式包括签署委任状，并呈递给国务卿盖章、登记并将委任状送交被委任者本人。

法律要求国务卿登记官员的委任。当委任状已经签署并盖章，且登记委任状的命令已经下达，无论委任状是否已经存档，均应被视为登记完毕。

如果政府部门的主管是行政长官的政治官员或秘书，他们的职责是根据总统的意志行事，当行政长官拥有宪法或法律赋予的处置权，政府部门主管的行为显然只能受到政治审查。同样明显的是，如果法律授予官员一项具体的职责，而个人的自由依赖于官员行使该项职责，则受到伤害的个人有权依法要求补救。

美国总统任命马贝瑞为华盛顿哥伦比亚特区的治安法官，并签署了委任状，国务院盖在委任状上的印鉴既证明了签字的真实性，也证明任命已经完成，委任状授予马贝瑞 5 年任期的权利。既然有 5 年任期的权利，他便有就任的权利，拒绝让他就任显然侵犯了他的权利，我们国家的法律应该给予马贝瑞补救。

颁发执行令是正确的补救方式，执行令必须发给法律原则认可的被执行人，除此之外，执行令的申请人别无其他的补救。

如果一位公共官员已经被任命，且委任状已经签署盖章，但是因为被扣押而没有发送给官员本人，控告拒绝送交委任状的国务卿非法侵占并非适当的补救方式，因为对非法占有的判决仅涉及占有物本身或占有物的价值。因为政府部门的职务是不可以买卖的，我们无法确定其价值，所以本案的裁决应该是执行令，被执行人必须向被委任的官员送交委任状或存档的委任状副本。

为了让本庭颁发执行令强制国务卿送交委任状，申请人必须证明法庭有上诉的管辖权，或是法庭必须有行使上诉管辖权的能力。

根据上诉管辖权的基本标准，法庭的职能是修改或纠正待决案件的诉求，而不是替原告创造诉求。

建立美国司法系统的立法授予最高法庭向政府官员颁发执行令的权力，但宪法并没有授予本庭这种权力。

解释法律绝对是司法部门的职责。法官对不同的案件使用不同的法规时必须对法规作出解释。如果两条法律发生冲突，本庭必须分别决定应该如何应用这两条法律。

如果法庭必须解释宪法，则宪法超越任何普通的立法。如果宪法和普通的立法都适用于同一宗案件，则应服从宪法的管辖。

1801年，威廉·马贝瑞、丹尼斯·拉姆塞、罗伯特·汤森德·胡义和威廉·哈泼分别通过他们的律师动议法庭向国务卿詹姆斯·麦迪逊颁发执行令，强制他向各位申请人分别送交任命他们为哥伦比亚特区治安法官的委任状。支持动议的宣誓书包括以下事实：动议的通知已经送达麦迪逊先生，已故美国总统亚当斯向参议院提名申请人担任哥伦比亚特区的治安法官，并请参议院审查且通过任命；经审查后参议院批准任命他们为治安法官；然后总统签署了格式正确的委任状，国务卿亦已在委任状上盖章；申请人要求麦迪逊先生向他们送交委任状却遭到拒绝；他们的委任状被扣押；申请人要求美国国务卿麦迪逊先生回答委任状是否已经签署并盖章；国务卿和国务院的官员对他们的问题并没有提供具体和令人满意的答复；他们向参议院秘书申请索取总统提名和参议院审查、批准的证明，但是参议院秘书拒绝提供；于是法庭传唤国务卿到庭，提出法庭不应该颁发执行令的理由。法庭的传票被依法送达雅格·瓦格纳和丹尼尔·布兰特先生，并传唤他们到法庭作证。但他们拒绝宣誓，并称自己是国务院的雇员，不能透露与国务院有关的事务。

法庭命令两位证人宣誓，并将他们的答复书面记录下来。但是法庭告诉他们被询问时如果对具体的问题有异议，可以提出反对意见并拒绝回答。

在宣誓书中提到的事件发生时林肯先生是代理国务卿，所以他也被法庭传唤作证。但是他拒绝回答问题，那些问题的形式为书面的。

法庭认为要求林肯先生回答的问题并不涉及机密。即使问题涉及机密内容，他也可以拒绝回答。如果他认为问题涉及机密，他没有义务回答，此外他也没有义务回答可能让他入罪的问题。

原告律师辩论的要点是：（1）最高法庭是否可以在任何案件中颁发执行令；（2）最

高法庭是否应该向国务卿颁发执行令；（3）最高法庭能否向詹姆士·麦迪逊国务卿颁发执行令。

首席大法官马歇尔代表最高法庭发表如下判决。

上次开庭时，原告律师向本庭宣读了宣誓书，并登记在案。本庭裁决传唤国务卿，让他提出本庭为何不能颁发执行令强制他送交任命威廉·马贝瑞为华盛顿哥伦比亚特区治安法官的委任状的理由。

国务卿并没有提出任何反对的理由，目前的动议要求本庭颁发执行令。本案特殊的微妙之处在于案件的某些细节很离奇。判决本案的真正难点是，本庭必须全面阐述判决所依据的所有的法律原则。

这些原则对申请人有利，而且律师在本庭的辩护也很到位。然而，本庭判决的形式会与上述的三个要点略有不同。

颁发传唤令时，本庭审阅了案件的主题，并考虑和决定了以下问题：

1. 申请人有无要求就任的权利？

2. 如果他有就任的权利，而且他的权利被侵犯了，我国的法律能否对他予以救助？

3. 如果应该对他救助，救助的形式是否为由本庭颁发执行令？

现在我们讨论第一个问题：

1. 申请人有无要求就任的权利？

申请人就任的权利源于国会在 1801 年 2 月通过的有关哥伦比亚特区的法案。

哥伦比亚特区被分成两个郡之后，国会通过了该法案的第 11 条："若总统认为必要，可随时任命若干谨慎的个人担任以上两个郡的治安法官，其任期为 5 年。"

根据宣誓书，已故美国总统约翰·亚当斯依照上述法律任命威廉·马贝瑞为华盛顿郡的治安法官，然后在委任状上加盖了美国的国玺，但是委任状没有被送交等待赴任的马贝瑞本人。

为了确定他是否有权就任，我们必须先确定他是否被任命。如果他确实被任命了，那么他的任期应该为 5 年。他将有权进驻他的办公室，而且职务将成为他的财产。

《美国宪法》第 2 章第 2 节规定："总统提名后经过参议院审查同意，可以任命大使、其他部长和执政官，以及任命方式没有具体规定的其他美国官员。"

《美国宪法》第 3 节规定："他（美国总统）将任命美国所有的官员。"

国会通过法令委托国务卿保管美利坚合众国的国玺，并"出具、登记并在美国官员的委任状上盖章。任命或经美国总统提名并经参议院同意的任命，或由总统亲自任命，前提是国务院不得在未经美国总统签署的委任状上盖章"。

与本案有关的宪法条款包括以下三个步骤：

（1）提名。提名是总统的个人行为，必须是完全自愿的。

（2）任命。任命也是总统的个人行为，而且也必须是自愿的，但是还需要经过参议院审查同意。

（3）委任。向被任命的人颁发委任状也许是宪法责成他做的。法律规定"他（美国总统）将委任美国所有的官员"。

任命官员和委任被别人任命的官员并不相同，因为这两种权力分别来自不同的宪法条款。如果我们仔细研究《美国宪法》第2章第2节，任命和委任两者之间的区别便会更加清楚，第2节授权国会"授权给总统。如果总统个人认为合适，便可任命法庭或政府部门的低级官员"。

所以委任可以是法律要求总统委任被法庭或部门主管任命的官员。在这种情况下，颁发委任状的职能与任命有明显的区别，在法律上总统无权拒绝行使委任的职能。

尽管《美国宪法》第2章第2节要求总统委任所有的美国官员，也许第2章第2节根本就没有要求总统向非总统亲自任命的官员颁发委任状，但是我们很难否认立法机构有权将第2章第2节运用到别人任命的官员。因此，尽管任命官员和委任别人任命的官员在宪法上有区别，但在具体实践中两者其实是相同的，因为除了亲自任命的官员之外，总统也向别人任命的官员颁发委任状。

既然任命和委任之间存在区别，除了委任状之外，如果任命官员还需要通过其他公开的作为来证明，那么公开作为之后便产生了一位官员。如果总统不能随意罢免那位官员，就应该向那位官员颁发委任状，或是让那位官员在没有委任状的情况下行使其职权。

我们之所要进行以上的讨论，唯一的目的就是让我们对这个特殊案例的判决更加简单明了。

马贝瑞是总统亲自任命的，经过参议院审查并批准，除了委任状之外并不需要其他作为。因此在这种情况下，委任状和任命看来是不可分割的。除了证明有委任状之外，几乎不可能以其他的方式证明此项任命。尽管如此，委任状并不一定等同于任命，委任状只是具有结论性的证据而已。

但问题是，委任状何时才能成为有结论性的证据呢？

答案很明显。任命是总统的唯一作为，当总统完成了每一件事之后便形成了证据。

除了证明任命之外，委任状本身是否就能构成任命呢？究竟总统完成了最后一件事之后便构成任命，还是最晚在签署委任状之后便构成了任命？

参议院审查并同意总统提名的候选人之后，他最后的作为是签署委任状。参议院审议结束之后，总统的决策便完成了。若参议院同意总统的提名，他的判断便是正确的，官员也就被任命了。任命的证据是公开且明确的，最后签署的委任状排除了任命过程的不成熟和不完整性。

若一位官员不能被行政长官随意罢免，则行政长官对该官员行使的权利必须在某一时间点终止，那个时间点在宪法授权行政长官行使委任权之后。当拥有委任权的人完成了最后的作为，便被视为已行使了委任权，所谓最后的作为就是在委任状上签名。当国会立法将外交部改成国务院，以上的看法便得到认可。该法律委托国务院保管美国的国玺，"出具、登记并在美国官员的委任状上盖章。任命或经美国总统提名并经参议院同意的任命，或由总统亲自任命，前提是国务院不得在未经美国总统签署的委任状上盖章，也不得在未经总统特殊许可的任何其他文件上盖章。"

总统的签字表示他许可国务院在委任状上盖章，国玺只能盖在完整的文件上。加盖国玺相当于公开证明总统的签字是真的。

委任状只有在签署后才可以盖章，因为签字后委任状才生效，所以签字是完成任命的结论性证据。

总统签署委任状之后，国务卿接下来的职责是由法律规定的，无需再服从总统的意愿。他必须在委任状上盖章并登记存档。

即使行政长官认为还可以有一些其他方法，上述的程序也是不允许改变的，法律对此作了很精确的规定，必须严格地遵守。因为国务卿是美国的官员，他有义务遵法守法，所以国务卿并不是听从总统的指示行事，而是根据法律行事。国务卿是行政官员，法律为特定的官员规定了特定的职责。

加盖国玺是一个庄严的仪式，不仅证明了委任状的效力，也完成了任命的程序。所以盖章之后，任命就完成了，委任状也就生效了。除此之外，法律并不要求任何其他庄严的仪式，政府也无需做其他任何事情。即使行政长官完成了任命官员的所有程序，他也还需要其他人的合作。

本庭经过认真的搜寻，希望能够找到一些可以支持反面看法的原则，但并没有找到任何足以支持对立面理论的资料。

本庭甚至充分地发挥了想象力，仔细地审查了所能想象到的一切，并给予想象力尽可能重的分量。即便如此，丰富的想象力仍无法动摇本庭已经形成的看法。

在考虑这个问题时，我们甚至还猜想过，是否可以将委任状看成一张地契，必须送交之后方能生效。

以上猜想所依据的理论是，委任状不仅是任命的证据，其本身就是任命。尽管这种理论并非没有争议，但是为了公平地考虑反对意见，我们姑且假设支持上述猜想的原则已经被建立了。

既然官员是总统根据宪法亲自任命的，如果还必须送交任命的契约才算完成任命，那就必须也由总统本人亲自送交。但是官员的委任状并不一定要送交被任命的官员本人，而且从来也没有直接送交给本人。法律的意图看来是应该将委任状送交给国务卿，因为法律指示国务卿在总统签署之后在委任状上盖章。如果委任状必须送交之后才能生效，那么总统签署之后交给国务卿便应该算是已经送交了，因为交给国务卿的目的是让他盖章、登记后转交给被任命的官员。

然而在所有的专利特许证的个案中，法律要求某种庄严的仪式来证明文件正式生效。但是正式送交本人并不在各种庄严仪式之中。在委任状的个案中，总统签名和加盖美国国玺就是庄严的仪式。所以这种反对意见与本案无关。

那么，是否还有另外一种可能性，即委任状必须转交给原告本人，并被原告本人接受，才算完成赋予原告的权利？

转交委任状是出于方便起见，并非法律的要求，所以转交并非任命必需的组成部分。任命发生在转交之前，而且由总统做出。即使行政长官要求每一位被任命的官员自己采取行动来获得委任状，总统任命的效力也并不低于官员自己采取的行动的效力。任命是总统的专职，而转交委任状的任务是分配给官员的职责，转交可能及时也可能被延迟，但转交的速度并不影响任命。委任状是转交给已经被任命的官员，而不是转交给或许会被任命的官员，因为委任状可能安全地通过邮局寄达，也可能在邮寄途中丢失。

也许有人会对上述的理论有不同的解释，探讨被任命的官员是否必须拥有委任状的原件才算得到授权去执行公务。如果官员必须持有委任状的原件，那么官员一旦遗失委任状便会失去职务。换言之，除了疏忽之外，事故、受骗、火灾或失窃都将剥夺个人的职务。在那种情况下，我认为国务院登记存档的副本无疑应该与原件具有同等效力。国会通过的法令有明确的规定，副本的效力并不需要证明正本已经转交给官员而后来又遗失了。副本已经足够证明正本曾经存在，且任命已经完成，而不是证明正本已经转交给了本人。假如正本被随手放在国务院而找不到了，那也不应该影响副本的效力。无论什么文件，只要完成法律规定的所有程序，而且已经通知管理档案的官员登记存档，此时文件即应被视为已经归档，无论具体的办事人员是否已经把文件放入文件夹。

法律责令国务卿将委任状登记归档。所以当委任状已经签署、盖章，并已下达通知将委任状登记归档，此时在法律上委任状已经被登记存档，无论是否已经放入文件夹。

既然副本与正本具有同样的效力，且法律规定索取副本者必须缴费，保管公共档案的官员能否把已经登记存档的委任状销毁呢？或是他能否对依法索取副本的人拒绝提供副本呢？

既然副本与正本具有同样的效力，就应该能授权给治安法官行使其职责，因为副本同样能证明他已经被任命。

如果转交委任状并非使任命生效的必要条件，那么接受委任状就更不重要了。任命是总统的个人行为，接受委任状是被任命官员的个人行为，接受委任状发生在任命之后，这是显而易见的常识。官员既可以辞职，也可以拒绝接受委任状，但无论辞职还是拒绝接受委任状，都无法使原来的任命失效。

然而从政府的所作所为来看，他们不是那么理解的。

委任状上有日期，官员的薪酬是从任命的日期开始的，而不是送交和接受委任状的日期。如果一位官员已经离任，而被任命的官员拒绝继任，总统可以另外提名来替代那位拒绝继任的官员，而不是替代那位已经离任的官员。

因此本庭认为，总统在委任状上签名之后，任命即告完成，国务卿在委任状上加盖美国国玺之后，委任状亦告完成。

如果行政长官任命的官员可以随意罢免，那么他的任命是否已经完成就与本案无关，因为那种任命可以随时撤销。如果那位官员的任命状还在国务院尚未送交，则可以注销。但是如果行政长官任命的官员不可以随意罢免，其任命也不可撤销，因为委任状赋予那位官员的职权是不可以收回的。

在任命完成之前，行政长官还有酌情处理的权力。然而一旦任命完成，如果行政长官不能随便罢免，他凌驾于官员之上的权力便全部终止。于是，被任命的官员便拥有职权，他有接受或拒绝任命的绝对权利。

因为总统已经在马贝瑞的委任状上签名，且国务卿已经在委任状上盖章，他的任命即告完成。法律规定他的任期为 5 年，他的职务独立于行政长官，不能被罢免，而且他的职权受到我国法律的保护。

因此本庭认为法律不允许扣押他的委任状，扣押的行为侵犯了法律赋予他的权利。因此我们的下一个问题是：

2. 如果他有就任的权利，而且他的权利被侵犯了，我国的法律能否对他予以救助？

公民自由的基础是，每个人在受到伤害时都有权要求法律保护。政府首要的职能之一就是向他提供保护。在英国，就连国王本人都成了请愿诉讼的被告，他从来没有拒绝执行他自己任命的法官的判决。

布莱克斯通 [①] 在《英国法律评论》第三卷 23 页中举出两个法律给予救助的案例，他说："在所有其他案件中都有一条无可争议的共同规则，只要存在一项法律权利，如果该权利受到侵犯，便可以通过法律诉讼要求补救。"

其后在同一卷的 109 页中他说：

"接下来我将考虑普通法法庭所认可的伤害。现在我只能说，凡是不受宗教裁判、军事或海事法庭专门管辖的案件，所有可能的伤害都被普通法法庭所认可，因为这是一条无争议且不可变的原则，每一项被剥夺的权利皆可补救，每一起受到的伤害皆可纠正。"

美国政府是法治的政府，而不是人治的政府。如果法律权利受到侵犯而不能得到补救，政府将不配享有法治的称号。

如果我们国家的法学蒙羞，那一定是荒唐的案例所致。

因此我们的职责是，审理案件的组成部分中是否有可以免予法律调查的任何理由，

---

① 威廉·布莱克斯通（1723 年 7 月 10 日—1780 年 2 月 14），英国法学家、法官和政治家，以其著作《英国法律评论》而闻名于世。

或者是否可以将受到伤害的一方排除在外的理由。在审理的过程中，第一个问题就是案件是否属于无法认可伤害（damnum absque injuria①）的范畴，或称无伤害损失。

如果官员的职位性质属于受托、荣誉或受益，则无法被视为无伤害损失，而且我们相信类似本案的案件永远不可能被视为无伤害损失。因为哥伦比亚特区治安法官的职位不属于无伤害损失的范畴，所以值得法律的注意和引导，而且也受到了法律的注意和引导。这一职位是国会通过特殊法案创立的，并保障被任命官员将有 5 年的任期。鉴于我们追查的事情并非毫无价值，所以不能说受害的一方无法得到救助。

被伤害的个人之所以不能得到救治，是否因为案件本身的性质？送交或扣押委任状是否行政部门专属的政治行为？宪法是否完全信任最高行政长官而委以此重任？所以受害的个人无法得到救助？

当然这种案例肯定是存在的，但我们并不认为所有政府部门行使的每一项职能都构成无伤害损失的案例。

我们以 1794 年通过的残疾军人法案为例，该法案命令战争部长向国会报告中提供的名单上的每一位残疾军人发放退休金。如果他拒绝发放，复员的残疾军人都不能得到救助吗？

如果法律命令官员行使某项职权，而这项职权与某位个人的利益有关，那么法律就不能保证官员服从命令吗？难道受控官员是否行使职权将取决于他的人品？难道政府部门的主管凌驾于法律之上？

无论案例有多么特殊，以上的原则是绝对不符合逻辑的。

没有任何立法会授予这种特权，普通法的理论也不会派生出这种特权。布莱克斯通曾说过，"我们应该假设国王不可能对其臣民造成伤害"，对此他在《英国法律评论》第三卷 255 页中解释道：

"如果没有官员的介入，皇室是无法侵犯财产权的。在涉及权利的案件中，法律并不谦卑或隐晦，而是提供各种方法，来追究欺骗并引诱国王暂时作出不公正行为的官员的错误和不端行为。"

1796 年的法案授权政府出售肯塔基河口的土地，支付购买土地款项后，买家便获得了他所购买土地的所有权。法律规定他向国务卿出示已经向财政部付款的收据后，美国总统便向他颁发地契。法律还规定国务卿也必须在所有的地契上签字，并将地契在国务院登记存档。假如国务卿选择扣押地契，或是拒绝提供遗失地契的副本，我们将无法想象：难道法律会拒绝救助受到伤害的个人？

我们不相信任何人会试图提出这样的观点。

既然如此，我们不禁要问，法庭究竟应不应该审查政府部门负责人行为的合法性？这种合法性是否必须取决于政府行为的性质？

---

① 此处为拉丁语。——译者注

如果有的行为可以审查，而另外一些行为不可以审查，那么法律上就应该有规则来引导法庭行使管辖权。

在某些特殊的案子中，我们运用规则时也许会遇到困难，但是我们相信，制定规则不至于像应用规则那么困难。

根据美国的宪法，总统握有一些重大的权力，他可以酌情行使那些权力，并仅以他的政治人格和自己的良心对他的国家负责。总统还有权任命一些官员帮他行使这些权力，而官员们必须根据总统的授权并遵从总统的命令行使权力。

在这种情况下，官员的行为便代表总统的行为，无论官员们如何行使酌情权，都没有任何权力能够控制行政长官的酌情权，因为酌情权属于政治的范畴。官员们尊重的是国家的权利而不是个人的权利。因为官员们受行政长官的委托，他们的决策具有结论性。在具体实践中，这一理论源于国会通过法令建立国务院。因为官员的职责源于国会的立法，所以他必须严格遵从总统的意愿，他仅是传达总统意愿的工具而已。因为官员只是执行公务，所以法庭不能审查他的行为。

然而，立法机构还可能授予官员其他职权，并命令他果断地行使那些职权，当个人的权利取决于官员如何行使那些职权时，官员就必须为他的行为负法律责任，而不能随意剥夺其他个人拥有的权利。

从以上的讨论我们可以得出以下的结论：如果政府部门的主管是总统的政治代表或私人助理，且仅根据总统的意愿行事，如果行政长官对某一宗个案拥有宪法或法律授予的酌情权，那么官员的行为显然只能受到政治审查。然而，如果法律授予官员某项特殊的职权，而个人的权利将取决于官员如何行使那项职权，那么受到伤害的个人显然同样有权诉诸法律要求补救。

如果这就是规则，那么让我们来讨论如何将上述规则运用到本庭正在审理的案件。

向参议院提名的权力以及任命候选人的权力都是政治权力，总统可以酌情行使提名权和任命权。当总统作出任命之后，他已经行使了所有的权力，他的酌情权也就完全行使了。如果法律规定总统可以随意罢免那位官员，那么总统就可以立即重新任命一位官员，被罢免官员的权力就终止了。然而，本案涉及的任命是不得随意罢免的，这是不争的事实。既然如此，那位官员获得的权利就受到法律的保护，总统无权撤回授予官员的权力。既然总统不能湮灭那位官员的权利，那位官员就有伸张权利的特权，就如他从任何其他来源获得的权利一样。

至于权力是否已经授予，这个问题的性质在司法范畴之内，所以必须由司法机构来审理。假如马贝瑞先生已经宣誓就任行政法官并开始审理案件，后来成为被告，而他的辩护理由基于他是行政法官，那么他的任命是否有效就必须通过司法来决定。

鉴于马贝瑞先生已经被总统任命，他相信他有权利得到委任状的原件或副本，这个问题同样也是由法庭来审理，本庭的决定将与下级法庭对任命的判决有关。

基于上述的讨论本庭认为，任命最晚在总统签署委任状并由国务院在委任状上盖章之后便完成了。

因此本庭判决如下：

1. 总统在马贝瑞先生的委任状上签字之后，便已任命他为哥伦比亚特区华盛顿郡的治安法官。国务卿在委任状上加盖国玺是总统本人签字和完成任命的结论性证据。马贝瑞先生的任期为 5 年。

2. 既然获得了就任治安法官的权利，马贝瑞先生就有权得到委任状，扣押委任状明显地侵犯了他就任的权利，因此法律应该给予补救。

接下来我们讨论的是：马贝瑞是否有权得到他申请的补救，这将取决于：

1. 他所申请命令状的性质，和

2. 本庭的权力。

1. 有关命令状的性质。

布莱克斯通在《英国法律评论》第三卷 110 页中对执行令定义如下：

"由国王的法庭以国王的名义发出的命令，该命令可以发给任何个人、公司或有管辖权的下级法庭，命令他们做执行令中所述的与他们的职位和职权有关的具体事情，国王法庭已经为此作出判决，或至少认为命令有利于伸张权利和正义。"

曼斯菲尔德勋爵（Lord Mansfield）大法官在詹姆斯·布若公爵（Sir James Burrow）案例集第三卷 1266 页中对涉及执行令的案件作了更为精确明了的叙述：

"如果一个人享有官职、提供服务或行使特许经营的权利（具体来说就是涉及公共利益或个人赢利的权利），如果他的权利被他人剥夺或处置，自己又没有其他的法律救助，本庭应该下执行令帮助他。如命令中所说，执行令的理由是出于公共政策伸张正义，维持社会和谐、秩序和政府廉洁。"

在同一个案例中，曼斯菲尔德大法官还说："执行令可用于法律上并没有规定具体救助，但是为了伸张正义和廉政的目的，必须予以救助的所有案例。"

此外，许多法庭也援引了以上的权威，可见这种司法实践较为普遍。

如果将执行令发给政府官员，用布莱克斯通的话来说就是：

"政府官员将根据执行令的具体指示执行法庭的判决，判决与其职务和责任有关，以确保个人的权利和伸张正义。"

用曼斯菲尔德大法官的话来说，申请执行令的人有权就任公众关心的官职，但他就任的权利被剥夺了。

上述的情况与本案相同。

此外为了确定执行令是恰当的补救方式，我们还必须按照法律原则将执行令发给正确的被执行人，而且执行令的申请人没有其他具体的法律补救方式。

2. 至于执行令应该发给谁，因为美国总统和政府部门主管之间的政治关系密切，所以司法调查政府高官的行为必定非常麻烦且敏感，从而导致调查者犹豫不决，调查往往仅凭印象而不是深思熟虑的审查。而本案尤其棘手，当个人到法庭提出法律诉求，法庭就有义务审理。人们对此的第一印象就会认为法庭闯入了内阁，干预了行政长官的特权。

本庭根本无需炫耀对本案具有管辖权，而且对如此荒唐过分的高调行事完全不屑一顾。本庭的权威是决定个人的权利，而不是追究行政长官和政府高官如何酌情行使他们的职权。根据宪法和法律呈交给行政长官的问题属于政治领域，与本庭无关。

然而，本案的问题既不涉及政治，也不涉及内阁的机密。本案的焦点只是一张纸，这张纸已经根据法律登记归档，而且法律还规定只要缴纳 10 美分便有权获得其副本。因为无人认为行政长官会对这张纸行使控制权，所以也就谈不上本庭干预他的特权。既然如此，那位身居高位的官员为何要阻止一位公民到法庭去要求法律赋予他的权利呢？为何要禁止法庭聆听公民的诉求后颁发一纸执行令强制他恪尽职守呢？何况那项职责并不取决于行政长官的酌情权，而是国会根据普遍的法律原则规定的一项具体行为。

如果一位政府部门主管以执行公务的名义做出的非法行为对个人造成伤害，那么，他既不能因为具有政府官员的身份而被免于起诉，也不能拒不执行法律的判决。如果被控诉的不是官员本人而是别人，且案件已经进入司法程序，官员怎么能够对伤害的行为是否合法拒绝表态呢？

其实我们无需决定执行令究竟应该发给谁，而是要确定强制执行那件事的本质，以及颁发执行令是否恰当。如果部门主管的行为涉及行政长官的酌情权，那官员仅是长官意志的工具而已。再重复一遍，我们将毫不犹豫地拒绝任何要求法庭控制官员代替行政长官行使酌情权的申请。

然而在本案中，我们命令官员行使的职权将影响到个人的绝对权利，总统对他行使职权并没有下达任何具体的指示，而且法律规定总统不得禁止他行使该项职权，我们也从未假设总统会禁止他行使该项职权，例如登记一份经过所有法律程序的委任状或地契，或是提供一份副本。在这种情况下，无论官员本人还是他的下级都有义务行使该项职权，法庭也没有任何理由找借口拒绝判决帮助被伤害的个人讨回公道。

其实本庭今天的判决在我国的历史上并非首次。

大家都应该记得，1792 年国会通过的法案命令巡回法庭向战争部长上报残疾军人的名单，然后由战争部长将他们列入发放退休金的名单。因为法案将上报的责任交给了法庭，有人认为该法案是违宪的。然而一些法官认为法律也许就是让他们以行政官员的身份行使职权，于是便权充行政官员向战争部长上报了。

该条法律被巡回法庭认为违宪而废除，后来建立了另外一套系统。尽管残疾军人的名单本应由政府部门的主管上报，但法官们以行政官员的身份上报的那些残疾军人是否也应该被列入退休金名单？这是一个法律的问题，必须由法庭来确定。

为了解决这个问题，国会于 1793 年 2 月通过法案，命令战争部长和检察长采取必要的行动，要求美国最高法庭确定根据 1792 年法案上报的残疾军人是否也有领取退休金的权利。

法案通过之后，法庭接到动议申请执行令，执行令命令战争部长将原来由巡回法庭上报的残疾军人也纳入领取退休金的名单。

因此，我们有充分的理由相信，投诉人是否有法律的权利应该由政府部门的主管来确定，而具体选择哪个部门来执行，则应该由美国最高的司法官员来确定。

尽管该案与个人的权利有关，本庭审理时并没有判决是否应该将执行令颁发给政府部门的主管，命令他去做一件法律不允许的事情。而是如果法官们以行政官员的身份上报的名单并没有赋予申请退休金的残疾军人任何权利，那我们就根本就不应该颁发执行令。

我们对该案的理解是，判决涵盖了所有诉求的要点，并包括了法官以行政官员的身份上报的那些残疾军人。我们认为本庭必须审理法律规定如何将残疾军人上报并纳入领取退休金名单的程序，因为上报程序后来被认为是违宪的。

其实上述理论并不新颖。目前没有争议的是，动议申请的执行令并没有要求被执行人去做法律明令禁止的事情。

本案涉及送交一份委任状，国会的立法对此并没有明文规定，但是本庭认为是否有明文规定并不影响本案。前面已经说过，执行令的申请人拥有委任状赋予他的权利，且行政长官不能剥夺他的权利。因为任命他担任的职务并非行政长官可以随意罢免的，他有权得到总统签署后交给国务卿的委任状。尽管国会立法并没有具体命令国务卿将委任状交给谁，但是国务卿手中所握的委任状应该交给有权得到委任状的人，国务卿本人扣押该委任状并不比其他任何人扣押该委任状更为合法。

一开始我们考虑扣押马贝瑞先生委任状的行为是否构成非法占有，如果构成非法占有，那么执行令就不是正确的补救。我们之所以迟疑不决是因为我们意识到，非法占有针对的是占有物本身或占有物的价值。因为政府官员职务的价值无法确定，所以申请人的权利只是就任，若不能就任便一无所有。他必须得到委任状或其副本才能就任。

所以本案的救助显然是执行令，或是送交委任状的原件或存档的副本。剩下来我们需要决定的是：本庭是否可以颁发执行令？

国会通过立法建立美国最高法庭，并授权最高法庭：

"在符合法律原则和实践的案件中，以美国的国家权力向任何法庭或担任公职的个人颁发执行令。"

国务卿是美国授权担任公职的个人，完全在上述的范围之内。如果本庭无权向这位官员颁发执行令，那么上述的国会法令就必须是违宪的，于是该法令授权给本庭的职责也就因违宪而无效了。

宪法将美国的司法权授予唯一的最高法庭和国会随时批准建立的下级法庭。司法权涵盖所有根据美国法律立案的诉讼。因为本案的诉求源于美国法律，所以本庭可以行使司法权。

有关司法权的分配，国会法令宣布：

"最高法庭对与大使、其他政府部长和行政长官以及州政府有关的案件有一审管辖权，对所有其他的案件有上诉管辖权。"

辩方坚称国会最初分配给最高法庭和下级法庭的管辖权是笼统的，而且授予最高法庭一审管辖权的条款里并无否定或限制性的文字，所以根据上面引用的条款，除了该条款明确规定的案件之外，立法机构仍有权分配美国司法权限之内其他案件的一审管辖权。

假如国会的立法意图是，立法机构可以按自己的意愿将司法权在最高法庭和下级法庭之间酌情分配，那么上述法令就无需再规定哪些法庭应该有什么具体的司法权。假如我们如此解释法律，那么上述法令中有关上诉管辖权的部分就是多余且毫无意义的。假如国会可以随意赋予本庭上诉管辖权，而宪法宣布的是一审管辖权，或是国会赋予本庭一审管辖权，而宪法宣布的是上诉管辖权，那么宪法分配的管辖权岂不是成了一纸空文吗？

在具体操作中，肯定的文字自然就否定了未经肯定的事情。所以在本案中，我们应该让肯定的文字具有否定或排他的含义，否则肯定的文字便失去了可操作性。

我们不能假定宪法任何条款的意图是无效的，除非具体的文字确实无效，我们拒绝如此解释宪法。

例如，美国与外国签订一项和平友好条约，其中一条规定如果发生争议，最高法庭有一审管辖权。如果该条款并没有意图限制国会的权力，就无需再作具体的规定。如果一条法律规定法庭在所有其他案件中具有上诉管辖权，除非国会另有例外的规定，那么该条法律并没有限制性的文字可以被解释为排除一审管辖权。

当一份文件将法庭的组织架构分为一个最高法庭和数量庞大的下级法庭，且该文件罗列并分配了法庭的权力，规定了最高法庭的管辖权，并宣布最高法庭对何种案件有一审管辖权，对其他案件有上诉管辖权，那么从字面的含义来解释，最高法庭对一类案件有一审管辖权而不是上诉管辖权，对其他的案件有上诉管辖权而不是一审管辖权。如果用任何其他的解释将会使这一条款无法操作，那我们就有理由拒绝其他的解释，并遵守明显的含义。

为了让本庭能够颁发执行令，申请人必须证明此案属于行使上诉管辖权，或必须让本庭能够行使上诉管辖权。

行使上诉管辖权有若干种方式，如果立法认为本案应该采用执行令，我们就必须尊重立法意图，但前提是本庭必须具有上诉管辖权，而不是一审管辖权。

上诉管辖权的基本原则是修改或纠正已经提起并进入司法程序的诉讼，而不是为新的诉讼立案。尽管本庭可以向下级法庭颁发执行令，但是向官员颁发执行令，强制他送交一份文件，其效果相当于维持涉及文件诉讼的一审，所以看来并不属于上诉，而是属于一审管辖权。此外在本案中也没有必要让本庭行使上诉管辖权。

因为国会立法建立的美国司法法庭，并授权法庭可以向政府官员颁发执行令的权威并非来自宪法，所以我们必须讨论本庭是否能行使国会立法授予的管辖权。

问题是，与宪法相悖的立法是否可以变成法律，这个问题令美国关注，但并不那么错综复杂。看来我们仅需承认某些已经确立的原则便可作出决定。

民众生来就有建立未来政府的权利，他们认为这条原则有利于他们追求幸福，这就是美国整个社会结构的基础。行使这种与生俱来的权利是一种伟大的能力，这一点无需赘述，因此这条已经确立的原则是最根本的。民众进取的权利至高无上，尽管我们并不轻易行使这项权利，但这项权利是永久的。

民众行使他们与生俱来且至高无上的权利，组织政府并向各级政府部门分配各自的权力。他们行使权利既可以到此为止，也可以进一步规定一些政府部门不得逾越的权限。

下面谈美国的政府。美国立法机构的权力明确受限，制订宪法的目的就是进一步明确限制的范围，并让我们不忘记那些限制。因为可能受到限制的人随时都可能规避限制，那就是我们为什么要限制权力，还要把那些限制付诸书面的原因。如果我们不把应该受到限制的人束缚起来，那么掌握有限权力的政府和掌握无限权力的政府之间就没有区别了，被禁止的行为和被允许的行为也就等同了。宪法应该限制任何有悖宪法的立法行为，否则立法机构就可能用普通的法律来篡改宪法，这个道理简单明了且不容争辩。

有限权力和无限权力之间是无法折中的。宪法应该是至高无上的法律，不能用普通的手段去挑战，否则宪法就会跟普通的立法平起平坐，那么立法机构就可以随时修改宪法了。

如果立法机构的权力是有限的，那么有悖宪法的立法就不合法了。如果立法机构的权力是无限的，那么民众用宪法去限制无限的权力将会变成一种荒唐可笑的尝试。

毫无疑问，当年起草宪法的国父们希望宪法成为国家的至高无上的基本法，任何违宪的立法都应该是无效的，这将成为以后每一届政府的理论基础。

这一理论被写进了宪法，并被最高法庭奉为我们社会的基本原则。所以我们今后审理案件时绝不能忽略这一原则。

尽管有悖宪法的立法是无效的，但这样的立法是否还能对法庭有束缚力，并让法庭给予其效力？换言之，既然有悖宪法的立法并不是法律，那它们能否在具体操作时像法律那样被当作规则使用？如果可以把它们当作规则使用，那将会推翻我们刚才确立的理论，初一看简直荒唐到说不出口。然而，我们还是应该充分注意并加以考虑。

解释法律绝对是司法部门的职责。法官对不同的案件使用不同的法律时必须对法律作出解释。如果两条法律发生冲突，本庭必须分别决定应该如何应用这两条法律。

假如一条法律与宪法发生冲突，而该条法律和宪法都适用于同一宗案件，那么法庭或是根据法律而忽视宪法，或是根据宪法而忽视法律，在两条不同的规则中决定到底采用哪一条规则。这就是司法最基本的职责。

因为宪法超越任何普通的立法，尽管两者都适用于同一宗案件，法庭还是应该采用宪法。

因此，那些驳斥宪法是至高无上的法律原则的人，就必须让法庭对宪法视而不见，只看见法律。

这种理论将颠覆宪法所有条款的基础，这相当于宣布，根据政府理论的原则，尽管一条法令是无效的，但是在实践中该条法令还是具有强制性。这还相当于宣布，假如立法机构通过一条明文禁止的法令，尽管有明文禁止，该法令在实际上也还是有效的。这将给予立法机构真实的无限权力，这种权力将与严格限制其权力的法律具有同样的生命力，这就相当于在限制权力的同时宣布立法机构可以任意逾越那些限制。

宪法极大地改进了美国的政治机构，人们对宪法如此敬畏，而政治机构本身又足以排斥法庭解释宪法，将宪法变得微不足道。但是美国宪法中又有一段奇特的表述，为排斥宪法提供了额外的理由：

美国的司法权力延伸到所有与宪法有关的案件。

赋予司法机构这种权力的人是否在说：法庭在行使这种权力时怎么可以不查阅宪法呢？

难道我们判决与宪法有关的案件时可以不查阅宪法吗？

这种理论实在是太放肆了。

在某些案件中，法官必须查阅宪法。当他们翻开宪法时，究竟有哪些部分是法官们可以不阅读和不遵循的呢？

宪法中有许多其他的部分可以用来说明这个问题。

宪法宣布："我们不得向任何州出口的货物征税。"假设政府对出口的棉花、烟草或面粉征税，于是被征税的州提起诉讼要求退税。法庭是否应该判决这样的案子呢？法官是否应该对宪法视而不见，而只看见法律呢？

宪法宣布："不得制订任何剥夺财产和追溯既往的法律。"

假如立法机构制订了这样的法律，于是有人因此被起诉，法庭是否应该将宪法尽力保护的受害人置于死地呢？

宪法说："如果没有两位证人作证或是本人当庭招供，法庭不得判决任何人犯了叛国罪。"

宪法的这段话是明确针对法庭的，制订了法庭不得背离的证据规则。假如立法机构改变这条规则，宣布只要有一位证人，或是有本人法庭外的招供，便可以判决被告有罪，宪法的原则是否应该屈服于立法呢？

从以上的例子和许多其他的例子中我们可以看出，国父们制订宪法的意图是同时为法庭和立法机构制订规则。

为什么法官就任时必须宣誓支持宪法呢？法官们的誓词肯定是针对他们行为和职业道德的约束。如果法官们成为一种工具，明知故犯地违反他们宣誓支持的宪法，命令他们宣誓岂不是不道德了？

立法机构也命令政府官员宣誓就职，这完全表明了立法机构对该问题的看法。政府官员的誓词如下：

"我庄严宣誓，我将对所有人一视同仁地执行司法，无论贫富都给予平等的权利。我将竭尽全力，正确地理解美国的宪法和法律，忠实、不偏不倚地履行所有的职责。"

如果宪法并没有形成管理法官的规则，而且宪法只是一本合着的书，法官不能翻开来看，那为什么法官还要宣誓正确地理解美国宪法、去履行他的职责呢？

如果这就是现实，那么这比庄严的嘲笑还要糟糕，宣誓的规定及官员宣誓本身同样也变成了犯罪。

同样值得注意的是，在宣布美国至高无上的法律时，首先提到的就是宪法，而不是泛泛而谈的美国法律。只有那些实行宪法的法律，才能与宪法平起平坐。

因此美国宪法特殊的措辞确认并加强了一条原则，这对成文的宪法至关重要。凡是与宪法相悖的法律都是无效的，法庭和其他政府部门都必须受宪法的约束。

违宪的规则必须被废除。

第三章

种 族 歧 视

谈到种族歧视，我们首先要了解种族划分涉及的各种不同因素，例如一个群体的祖先、血统、身体特征、国籍、语言、宗教信仰和文化背景等。

在所有的歧视中，最常见的就是基于肤色的种族歧视。至于歧视的形式则有多种多样，例如剥夺某个族群的选举权，不跟他们做生意、通婚、交往或分享资源，此外还有种族隔离、不公平执法、不公平分配社会资源、不公平的就业机会等。

自从哥伦布发现新大陆之后，欧洲的殖民者踏上美洲大地便开始杀戮当地的土著印第安人，将他们赶到遥远贫瘠的荒原，侵占他们的土地。有了土地却没有人耕种，于是殖民者们便到非洲抓捕黑人，将他们贩卖到美洲当奴隶。所以，在美国的历史上，种族歧视和种族隔离一直是一个颇具争议的问题。

美国南北战争之后虽然废除了奴隶制度，但是有色人种和白人并没有平等。在 19 世纪末至 20 世纪初，许多南方的州通过了所谓吉姆·克罗法律（Jim Crow laws），在所有的公共场所和公共设施实行种族隔离，包括火车和公共汽车、学校、餐馆、厕所、饮水机等。

1896 年，最高法庭在普莱西诉弗尔格森案（Plessy vs. Ferguson）中判决种族隔离并不违反宪法，多数派大法官提出了"隔离却平等"（separate but equal）的论点，为种族隔离提供了理论基础。一直到 58 年后的 1954 年，在布朗诉教育局案（Brown v. Board of Education）中，最高法庭才判决在公立学校里的种族隔离违反宪法。

此后，肯尼迪总统在 1961 年 3 月 6 日签署 10925 号行政命令，要求与美国政府签署工程合同的公司主动采取行动，保证在招聘时不因为种族和肤色而歧视不同的申请者。这就是所谓的《平权法案》（Affirmative Action）。

此外，迫于马丁·路德·金领导的一系列抗议活动，美国在 1964 年和 1965 年先后通过了《民权法案》（Civil Rights Act）和《选举权法案》（Voting Rights Act）。

　　此外，在第二次世界大战期间，美国政府将 11.7 万日本裔的美国公民和侨民送进集中营，直至第二次世界大战结束。1988 年，里根总统签署《公民自由法案》（*Civil Liberties Act*），代表美国政府向当年被关进集中营的日本裔美国公民和移民道歉，并赔偿还活着的每个人日本裔美国公民和移民 20 000 美元。

　　在美国历史上，异族通婚也是一个颇具争议的话题。在洛文诉弗吉尼亚案（Loving v. Virginia）中，弗吉尼亚州的女性黑人米尔特莱德·杰特和男性白人理查德·洛文依法在哥伦比亚特区结婚，婚后不久搬到弗吉尼亚州。1958 年 10 月，他们被控违反了弗吉尼亚禁止异族通婚的法律。1959 年 6 月，他们承认有罪，被判 1 年监禁。但是审判的法官推翻了原判，从重判罚 25 年刑期的缓刑，而且令洛文夫妇离开弗吉尼亚州，25 年不得返回。该案的检方为禁止异族通婚的法律辩护，称法庭对他们俩的量刑是相同的，所以该条法律并没有违反《宪法第 14 修正案》的平等保护条款。这种理由其实是一种偷换概念的狡辩，因为《宪法第 14 修正案》所说的平等保护是保证不同种族能享受相同的权利，既然白人可以和白人结婚，黑人也应该可以和白人结婚，而禁止异族通婚的弗吉尼亚的法律仅保证白人和有色人种通婚时双方将受到相同的"惩罚"，却剥夺了他们通婚的"权利"。

　　在《平权法案》之前，美国大学里的少数民族在学生中占有的比例远远低于在全国人口中占有的比例。为此一些大学将一部分名额留给少数民族。这种招生政策的结果是，少数民族学生的录取分数线明显低于白人学生的录取分数线，这就是所谓的"反向歧视"（reverse discrimination），相当于中国人说的矫枉过正，通过歧视白人来优待少数民族。

　　在加利福尼亚州立大学评议员诉巴契案（Regents of Univ. of California v. Bakke）中，白人原告阿伦·巴契（Allen Bakke）在 1973 和 1974 连续两次申请戴维斯分校医学院，但因为学校优待少数民族学生而名落孙山，最高法庭判决学校将 100 名新生中的 16 个名额留给少数民族是宪法所不允许的，巴契终于在 1978 年才被医学院录取。

　　美国历史上的种族对立向来是黑白分明的，并没有灰色地带，所以在普莱西诉弗尔格森案中，最高法庭以 7∶1 的压倒多数判决在火车上的白人与黑人"隔离却平等"，并不违反宪法，而 58 年后最高法庭的 9 名大法官在布朗诉教育局案中又一致判决在学校里的种族隔离违反宪法。照理说，对白人和黑人一视同仁就应该可以消除种族歧视，但是《平权法案》在招工和就学等方面对少数民族给予照顾，将原来倾向于白人利益的天平倾向于少数民族。巴契案之所以特殊，是因为原告不是黑人而是白人，是白人告学校在招生中优待黑人的反向种族歧视，所以最高法庭只能以 5∶4 的微弱多数作出判决，而且 4 位少数派大法官的反对意见居然占了整个判决三分之二的篇幅，可见"反向歧视"之错综复杂。

美国的《独立宣言》宣布"所有人生来平等"，但在现实生活中，少数民族往往处于弱势，所有人并不平等。然而即便是少数民族，所有的少数民族之间也并不平等。虽然亚洲人在美国也是少数民族，但是因为亚裔学生成绩优秀而成为超过白人的强势群体，在名校里占了很大的比例，乃至常春藤名校某些专业的教室里一眼望去黑压压一片，所以许多名校提高了亚裔的录取分数线，从而限制亚裔在学生总数中占的比例。这种招生政策可谓风水轮流转，三十年河东，三十年河西，两个轮回下来，从最初的学校里的种族隔离到学校优待黑人歧视白人，然后再从歧视白人到歧视亚裔少数民族。亚裔在美国人口中占大约 7%，虽然受到歧视，美国常春藤盟校中亚裔学生的比例还是高达 20% 左右，在非常春藤名校中更是高达 30% 左右，远超过 7%[①]。可想而知，假如成绩是大学招生的唯一标准，美国名校中亚裔学生的比例还会更高。

2014 年 11 月，亚裔学生通过"学生公平录取组织"（Students for Fair Admissions），分别起诉哈佛大学和北卡罗来纳州立大学，指控这两所大学以种族为依据的招生政策违反了 1964 年《民权法案》的第 6 条和宪法第 14 修正案的平等保护条款。这两宗案件均由联邦地区法院的法官——而不是陪审团审理。哈佛大学案的庭审持续了 15 天，法官听取了 30 位证人的证词，然后法庭判决哈佛大学的招生政策符合在大学招生过程中将种族纳入考虑的案例。"学生公平录取组织"不服判决上诉，联邦第 1 巡回上诉法庭维持原判。在北卡罗来纳州立大学的案子中，联邦地区法院审理 8 天后判决，该校的招生政策是平等保护条款所允许的。

"学生公平录取组织"不服上诉庭对哈佛案的判决，遂上诉至最高法庭。最高法庭向联邦第 1 巡回上诉法庭颁发调卷令。尽管北卡罗来纳州立大学案的上诉悬而未决，最高法庭便直接颁发调卷令（越过上诉法庭直接到最高法庭是非常罕见的——译者注），并将哈佛大学和北卡罗来纳州立大学的两宗案件并案处理。

2023 年 6 月 29 日，最高法庭判决这两所学校以种族为依据的招生方法违反了《宪法第 14 修正案》的平等保护条款。其实，最高法庭并没有对歧视亚裔学生的招生政策表态，只是用一行字提到亚裔学生的录取率下降而已，判决主要是针对两所大学优待黑人和西班牙语裔的学生的政策。

最高法庭判决两所大学败诉的主要理由是，巴契案判决允许大学在招生过程中考虑种族只是权宜之计，希望在 50 年之内缓慢地废除基于种族的招生政策。巴契案始于 1975 年，到 2023 年已经过去了 48 年，已经接近原来期待的 50 年大限了。

其实最高法庭判决上述两所大学在招生过程中考虑种族违反《宪法第 14 修正案》的平等保护条款本是意料之中的事情。自从 2017 年特朗普总统入主白宫，他在 4 年任期内一共提名 3 位共和党的大法官，分别是由尼尔·郭瑟奇（Neil Gorsuch）接替共和

① https://www.washingtonexaminer.com/policy/asian-american-ivy-league-enrollment-has-lagged-demographic-growth-report. 最后访问日期：2024 年 10 月 19 日。

党人斯卡利亚（Antonin Scalia），布莱特·卡文诺（Brett Kavanaugh）接替共和党人肯尼迪（Anthony Kennedy），艾米·科尼·巴瑞特（Amy Coney Barrett）接替民主党人金斯伯格（Ruth Ginsburg），使原来共和党对民主党的比例从 5 ∶ 4 变成 6 ∶ 3。因为共和党的大法官占绝对多数，所以他们非但否决了优待少数民族的招生政策，还否决了赋予妇女流产权利的柔诉韦德案（Roe v. Wade）。

益和诉霍普金斯

Yick Wo v. Hopkins

118 U.S. 356（1886）

1886 年 4 月 14 日呈递；1886 年 5 月 10 日判决。

摘要：

从 19 世纪 50 年代的淘金热开始，许多华人移民到加利福尼亚为淘金业服务，后来又转行到农业；此外，大量的华工成了修建铁路的主力。随着华人的成功，他们与当地人的关系开始紧张起来。1882 年，美国通过《排华法案》禁止华人移民美国。加利福尼亚政府也试图通过发放执照来限制华人就业。

1880 年，旧金山市政府通过一条法规，规定在木结构的建筑物里经营洗衣房必须向市监事会申请执照。该法规授权监事会可以酌情决定是否发放执照。当时，旧金山市大约共有 320 家洗衣房，其中 95% 是在木结构建筑物里经营的，其中大约有三分之二是华人开的。200 家华人开的洗衣房向市监事会申请执照，只有一家得到执照，而其他族裔开的洗衣房几乎都得到了执照。

益和于 1861 年移民到美国，开了一家洗衣房，22 年后，旧金山市监事会禁止他继续在木结构建筑物里经营洗衣房。他因为拒绝停业而被判有罪，并被罚款 10 美元。他因拒绝缴纳罚款被监禁，于是申请人身保护令。

加利福尼亚政府称法规的目的是保护公众安全，因为洗衣房需要用炉子烧热水，曾发生过火灾，可能祸及邻居的房子。法规公布之前，消防局定期检查木结构建筑物里的洗衣房，益和的洗衣房每次都通过检查。

最高法庭的所有法官一致判决政府在该法规的执行过程中歧视华裔，所以无需考虑法规本身是否合法。尽管开洗衣店的华人多数并不是美国公民，根据《宪法第 14 修正案》，法庭认为他们还是有权得到法律的平等保护。马修斯大法官还指出，如果政府官员滥用职权将被问责。法庭宣布废除涉案法规并命令释放所有被拘禁的其他华裔洗衣店主。

判决全文：

从加利福尼亚联邦巡回法庭提出的上诉。

马修斯大法官代表法庭发表判决。

请愿人要求对加利福尼亚最高法庭下纠错令。我们的管辖权仅限于确定剥夺原告权利的被请愿人是否违反了美国的宪法、法律或条约。至于囚禁请愿人是否违反了加利福尼亚州的宪法和法律则不在本庭的管辖权之内。尽管请愿人可以向巡回法庭申请，并通过上诉请本庭下令考虑囚禁的合法性，出于司法礼仪，关于囚禁的合法性，我们还是应该接受州法庭的判决。

尽管如此，尊重州法庭的判决并不排除本庭有权独立地解读旧金山县、市监事会颁布的法规，以确定根据法规进行的诉讼和执行法规的行为是否有悖美国的宪法和法律，那就要求我们确定和判断法规的含义。

加利福尼亚最高法庭已经解读了有争议法规的含义，我们当然不能一开始就贸然提出不同意见。加利福尼亚最高法庭认为，旧金山的法规授权给监事会酌情处理并不反常，为了防止火灾危害公众，监事会可以根据个案的具体情况同意或不同意申请人在木结构的建筑物里经营洗衣房。我们无法同意加利福尼亚最高法庭对授权的解读，法规中并没有具体规定如何经营洗衣房。该法规的意图好像是授予监事会根据具体情况酌情处理的权力，实际上却是一种赤裸裸的随心所欲的决定权：并不是根据经营场所的条件，而是根据具体的申请人来决定是否批准他经营洗衣房。因此，如果申请许可证的人在各方面都具有能力和资格，而且也满足了公众利益要求的所有合理条件，监事会却仍不同意他经营洗衣房，即使他通过司法程序申请强制执行令要求监事会考虑批准，监事会也还是可以说法律授权他们可以不颁发许可证，既不需要任何理由，也不需要承担任何责任。在法律的意义上，他们的权力并非酌情处理权，而是随心所欲的权力。这样的法规纯粹是武断的，既没有提供指导，也没有对权力的束缚。

加利福尼亚最高法庭因为对法规的误解而导致进一步误判。为了支持其判决，法庭援引了本庭判过的两个案例，芭比尔诉康纳利案（Barbier v. Connolly）和宋兴诉克罗利案（Soon Hing v. Crowley）。那两个案例涉及的法规只是禁止旧金山市、县的洗衣店从晚上 10 点到次日早上 6 点洗涤和熨烫衣服。本庭判决那条法规纯粹是治安法规，在政府机构的管辖能力和权限之内。因为旧金山的多数建筑物是木结构的，所以该法规是必要的防范措施。在实施过程中，该法规并没有恶意地歧视任何人，对所有的人一视同仁，所有类似的洗衣店都受到同样的时间限制，也享有相同的权利。

因此，本庭判决上述法规并没有违反《宪法第 14 修正案》。我们在芭比尔诉康纳利案中指出："毫无疑问，法规的目的并不是武断地剥夺生命和财产或武断地掠夺财产，而是在相同的情况下平等保护所有的人，使他们都能享有个人和公民的权利；所有的人都应该有公平的机会追求幸福，获得财产并享受财产；所有的人都有均等的机会要求法庭保护他们的人身和财产安全，防止并洗雪冤屈，命令对方执行合同；不得为任何人的工作设置障碍，除非处境相同的人都面临同样的障碍；在相同职业和条件的情况下，不得让其中某一个人承受更重的负担；刑事司法的公正意味着同样的罪行必须受到同样的惩罚。涉及分类的立法会歧视一部分人，优待另一部分人，即使为了达到一个公共的目的，也只能限于对处境相同的人一视同仁。"

但是本案涉及的法规却截然不同。法规并没有对用于洗衣店的房屋作出具体的规定和设定具体的条件，以便所有类似的洗衣店主共同遵守。该法规并不限制在砖石结构的建筑物里开洗衣店，但是几乎所有的洗衣店向来都开在木结构的建筑物里。法规把洗衣店主分成两类，分类的标准跟店主的人品和商业资质毫无关系，也无论建筑物的条件、性质，以及建筑物是如何改建成洗衣店的。分类的标准是随心所欲地画一条线，一边是监事会随心所欲地批准的一些店主，另一边则是监事会随心所欲地拒绝批准的另一些店主。这两类人只有一个共同点，他们都是监事会随时都可以任意终止租约的房客，而房子又是他们赖以谋生的手段。本案涉及的法规跟发放旅馆和销售烈酒的酒庄的营业执照的法规也不相同，法律授权给政府官员酌情批准或拒绝发放执照，条件是业主必须品德良好才能享受经营旅馆或酒庄的特权，至于申请人的品德是否良好则由政府官员来判断，相当于司法的酌情权。

虽然请愿人是侨居美国的中国人，他们也应该有同样的权利通过诉讼来伸冤。根据美中两国政府于 1880 年 11 月 17 日签订的条约的第三条：

"如果中国的劳工或其他阶层的中国人永久或暂时侨居美国，当他们受到不公正待遇时，美国政府将行使所有的权力，制定措施保护他们，为他们争取跟其他最惠国臣民享受同样的权利、特权、豁免权和免税权。"

《宪法第 14 修正案》也并不是仅限于保护美国公民，请看下文：

"未经正当的法律程序，任何州政府均不得剥夺任何人的生命、自由和财产，也不得在其管辖范围内拒绝给他们平等法律保护。"

上面这些条文适用于美国领土内所有的人，无论他们的种族、肤色和国籍，平等的法律保护承诺用相同的法律来保护。因此，修订法典的 1977 条规定：

"所有在美国管辖之下的人在美国的每一个州和每一块领土上都有相同的权利，他们可以订立并执行合同、提起诉讼、参加诉讼和作证，并像白人公民一样享受所有平等法律保护的人身安全和财产安全，并像白人公民一样承受同样的惩罚、痛苦、罚款，缴纳同样的税款，得到同样的执照，并同样承担所有的捐税。"

在这些案子里，我们需要考虑并解决的问题是，如何使外国人和侨民在司法程序中跟每一个美国公民享有相同的权利。

数位请愿人因为违反了法规而被判监禁，他们的诉求是，该法规应该被《宪法第 14 修正案》所禁止，所以是无效的。即使法规是有效的，执行过程也是不公平的，因为在相同的情况下，法规只惩罚请愿人，却允许其他人合法地做同样的事情。虽然法规本身并没有露骨的歧视，却因为监事会的官员执法不公而变成了非法歧视。

当我们回顾政府机构的性质和理论以及政府发展历史的时候，我们只能得出一个结论，那就是政府里不能留有任何空间让官员行使纯属个人的专横权力。当然，政府有不受法律管辖的主权，因为法律本来就是政府制订的。但是在我们的体制里，尽管权力被分配到各个政府部门，但主权本身还是属于人民，政府的存在和运作就是为人民服务。法律为权力下了定义并作出了限制，但最终还是必须由某个机构或某个机构具体的人来行使最终决策的权力。在许多行政机构里，权力就是政治，除了公众通过舆论压力和选票作最终裁决之外，并没有任何地方可以上诉。每个人生来就拥有生命、自由和追求幸福的权利，这种权利受到宪法的保障。宪法是一座纪念碑，是记载我们通过正义和公平的法律为不同种族争取文明祝福的胜利里程碑。马萨诸塞州《民权法案》中有一段名言，共同体的政府"应该是法治的政府，而不是人治的政府。"在一个自由的国家里，假如一个人可以随心所欲地剥夺另一个人的生命、谋生手段和享受生活所需的物质财产，那就像奴隶制本身一样不可容忍。

在我们的司法制度下，这条真理显然还有许多其他的表达方式，选举权就是其中的一种政治权利。严格地说，尽管选举权并不是与生俱来的，却是社会在某种情况下承认的一种特权，因为选举权可以维护所有其他的权利。

有关选举权，马萨诸塞州最高法庭的肖大法官在卡彭诉福斯特案（Capen v. Foster）中是这么说的：

"当宪法授予人们某种政治权利或特权，但是并没有具体说明应该如何行使权利，立法机构显然应该根据宪法授予其权限制订合理的统一法律，规定应该在什么时候通过什么方式行使那种权利，以确保人们可以及时、有序并方便地行使权利。"

尽管如此，

"肖大法官的解读并不能保证立法机构一定会如此行使其权力，因为立法机构也可能披着立法的外衣颠覆或伤害性地限制人民的权利"。

有些州立法规定如何确定人们是否有资格投票，并要求在选举前为选民登记造册，以此作为人们是否有选举权的先决条件。这种规定是否合理而且有效？这个问题应该由司法机构来确定。

上面这条原则也延伸到一些基层城镇的准立法行为，那就是通过古老司法机构的管辖权来确定城镇的章程是否合理。关于这一点有一个理论，那就是所有的章程都必须是合理的，必须符合公司的宪章、内阁制订的法律和国家的普通法，特别是臣民的自由和私有财产的权利。因此，在俄亥俄州诉辛辛那提煤气灯和焦炭公司案（The State of Ohio ex rel. &c. v. The Cincinnati Gas-Light and Coke Company）中，市议会通过法规，授予市政府酌情管制煤气价格的权力，如果法规的目的是垄断不合理的价格，从而强迫煤气公司接受不公平的价格，那样的法规就是恶法。马里兰州法庭对巴尔的摩市诉拉戴克案（City of Baltimore v. Radecke）的判决与本案面临的问题很相似。在该案中，被告持有市长和市议会颁发的执照，在巴尔的摩的木箱厂里安装了一台蒸汽机。执照规定"如果接到市长的通知，就必须在 6 个月之内拆除蒸汽机。"被告接到通知后拒绝拆除蒸汽机，于是政府便对被告提起诉讼，命令他按照法规缴纳罚款并停止营业。法庭认为：

"尽管政府得到授权，但是通过的法规如此不合理、武断、专横和不公平，我们不得不假设立法机构其实本来就没打算授权通过那样的法规，因为政府显然在滥用权力，所以法庭有理由废除那样的法规。"

有关使用蒸汽机的法规，法庭接下来说：

"法规没有规定蒸汽机应该如何制造，安装在何处或如何使用，并没有要求拥有和使用蒸汽机的人提供安全措施，以降低蒸汽机对生命和财产的危险性，也没有限制在某些特定的范围内才能在木箱厂和类似的工厂里使用蒸汽机，更没有尝试促进安全地使用蒸汽机。但是法规把无限的权力授予一个官员，他可以通知所有在巴尔的摩市的人停止商业性使用蒸汽机，可以对接到通知后拒绝拆除蒸汽机的人罚款并责令拆除，使他对城里的蒸汽机有绝对的管理权，甚至完全禁止使用蒸汽机。假如他选择只对某些工厂而不对其他工厂采取行动，法规就无法指导或控制他的行动。法规里并没有具体规定官员应该如何秉公执法，防止不公平和欺压的行为。对那些反对市长的人来说，发放和执行通知显然会摧毁他们的生意，而对那些没有收到通知的人来说，他们可以因为邻居的生意倒闭而获益。请记住，市长的选择性执法行动完全可能是出于个人仇恨或偏见，党派分歧或敌意，偏袒或腐败，他的动机很容易隐藏起来，却很难被发现并暴露在光天化日之下。任何人一眼就能看出在这种权力之下将会造成多少冤案。该法规给一个人无限的权力，已经超出了法律的范围，我们必须宣布该法规无效。"

以上的结论和理由是从法规的倾向和最终的运作方法里推断出来的。至于本案中的法规是否有效，我们并不需要证明可能发生的后果实际上已经发生了，因为法规的条款已经为不公平、非正义的歧视性执法创造了条件。本案有争议的法规已经被实际执行，而且事实证明被执行的对象是一个特殊的群体。因此我们的结论是，无论议会通过法规的初衷如何，该法规由授权的公共官员代表政府负责执行，那些官员的头脑如此不公平和暴虐，他们剥夺了加利福尼亚州法律赋予请愿人和所有人的平等保护的权利，也违反了《宪法第 14 修正案》的规定。尽管从表面上看，法律本身好像是公平的，但是如果执行法律的人有一只邪恶的眼睛和不公平的手，非正义、非法地歧视处境相同的人，非但侵犯了他们的重要权利，还违反了法律面前人人平等的原则，这种歧视是宪法禁止的。

本案就属于这类案件。本案的两位请愿人遵守了每一项法律的规定或地方官员的要求，以保护邻居的房屋免于火灾，并采取措施避免影响公共健康。除了监事会官员的主观意愿之外，没有任何理由不让请愿人继续从事他们有百利而无一害的职业，因为那是他们的谋生手段。除了这两位请愿人之外，监事会还拒绝向另外 200 位请愿人发放营业许可证，他们都是中国人，但是监事会允许 80 位处境相同的非中国人继续经营洗衣店。监事会承认确实歧视了中国人，但是没有给出任何理由。因此我们只能得出一个结论，那就是监事会敌视请愿人的种族和国籍，这在法律上是站不住脚的。种族歧视是非法的，监事会执行的法规剥夺了请愿人的平等法律保护，违反了《宪法第 14 修正案》。因此，囚禁请愿人是非法的，必须释放他们。

为此，本庭推翻加利福尼亚最高法庭对益和的判决和加利福尼亚地区巡回法庭对何丽的判决，将案件发回重审，并下令从监狱里释放请愿人。

普莱西诉弗尔格森

Plessy v. Ferguson（No. 210）

163 U.S. 537

1896 年 4 月 18 日辩论；1896 年 5 月 18 日判决。

布朗大法官宣判。

陈述案件之后，布朗大法官代表法庭判决。

本案将决定路易斯安那州 1890 年立法大会通过的一条法律是否符合宪法，该法律要求火车上的白人和有色人种旅客乘坐不同的车厢。

该条法律的第一部分要求所有在路易斯安那州运营的火车公司必须为白人和有色人种旅客提供平等却隔离的座位，在每一列火车上安排至少两节种族隔离的车厢，或在车厢内安装屏风，以保证隔离座位。该条的规定不适用于公交的轨道交通工具。除了根据乘客本人种族分配的座位之外，任何人均不得占据其他车厢的座位。

该条法律的第二部分规定，载客火车的列车员有权并被要求根据乘客的种族安排座位。任何乘客若坚持进入并非分配给本人种族的车厢或包厢，将被罚款 25 美元，或监禁 20 天以下。任何火车公司或列车员若坚持将乘客安排到非该乘客种族乘坐的车厢或包厢将被罚款 25 美元，或监禁 20 天以下。任何乘客若拒绝在列车员或火车公司分配的车厢或包厢就坐，则列车员有权拒绝该乘客搭乘火车，任何州法庭均不得判决列车员或其代表的火车公司为拒载乘客承担赔偿的责任。

该条法律的第三部分规定，火车公司的管理人员、董事、列车员和雇员若拒绝或疏于执行该条法律将受到惩罚。唯一的例外是，"本条法律不应该被解读为禁止保姆照顾与本人不同种族的儿童"。

该条法律的第四部分无关紧要。

地区刑事法庭的起诉书指控普莱西乘火车在路易斯安那州旅行时被安排到分配给其本人种族的车厢就坐，但是他坚持要去分配给其他种族的车厢就坐。无论起诉书或辩护状均未提及普莱西的种族。申请诉讼案卷调取令的请愿书称请愿人为八分之七白人血统，八分之一非洲血统，从外表上并看不出他的有色人种血统，他应该享受美国白人公民的所有权利、特权和豁免权；根据这一理论，他在分配给白人乘客的车厢里就坐，但是列车员命令他离开那节车厢，去另外一节分配给有色人种的车厢就坐。普莱西拒绝服从列车员的命令，列车员请警察帮忙将其驱赶下车，并将其关进监狱，指控其违反该条法律。

1.《宪法第 13 修正案》固然废除了奴隶制和强制劳役，然而除了刑事惩罚之外，本条法律与第 13 修正案并无冲突，这一点无需争辩。奴隶制包含了强制劳役的奴役状态，将人类作为动产拥有，或者至少是控制一个人的劳动和服务，使另一个人受益，且奴隶无权自主决定人身自由、财产和服务。在屠宰场案（Slaughterhouse Cases）中，第 13 修正案的主要目的被理解为废除在本国实行的奴隶制，并禁止相当于奴隶制或强制苦役的墨西哥奴工偿债或买卖中国苦力。我们之所以使用"苦役"一词，是为了禁止各种形式的强制奴役，无论以何种名义。然而第 13 修正案当年的语言并不足以保护有色人种，因为南方各州通过的一些法律强加给有色人种一些繁重的障碍和负担，限制他们追求生命、自由和财产的权利，使他们几乎没有自由，于是作为应急之举，国会才通过了《宪法第 14 修正案》。

同样，若干《民权法案》的判决表明，尽管客栈是公共或娱乐场所，客栈老板拒绝接待有色人种也只属于个人行为，不能被视为对原告强加奴隶或苦役的标记，只能被认为是涉及普通的民事伤害而得到州法的承认，想必应该通过这些法律本身来解决，直至通过相反的法律未解决。布拉德利大法官认为，如果我们将每一宗主人认为并无过错的招待客人的行为，主人邀请谁乘坐他的车辆，允许谁参加他的音乐会或进入他的剧院，或者他愿意跟谁做生意，都看成是种族歧视，"那将彻底摧毁奴隶制的论点"。

如果一条法律仅仅暗含对白人和有色人种在法律上进行区分——这种区别源于两个种族的肤色不同，而这种差异因为白人与其他种族的肤色不同而将永远存在——这种法律并不会摧毁种族之间在法律上的平等，或是重新建立强制苦役的状态。因为原告不懈地坚持第 13 修正案其实是错误的，我们确实无法理解这一点。

2. 第 14 修正案规定所有在美国出生或移民归化美国并受美国法律管辖的个人都是美国和他们居住的州的公民，州政府不得通过或执行任何剥夺美国公民特权或豁免权的法律，或未经正当程序便剥夺公民的生命、自由或财产，或在其管辖范围内剥夺法律对公民的平等保护。

本庭在审理屠宰场案时第一次解释了第 14 修正案，该案与种族无关，而是涉及独有的特权。该案无需说明第 14 修正案究竟希望保证有色种族得到什么具体的权利，但是从总体上来说，该案的主要目的是赋予黑人公民权，给美国和各州的公民权下定义，并保护美国公民的特权和豁免权不受有敌意的州法的侵害，联邦赋予的特权和豁免权与州法赋予的权利有所不同。

第 14 修正案的目的无疑是使两个不同的种族在法律面前绝对平等。但是事物的本质无法废除基于肤色的区别对待，无法实行政治平等之外的社会平等，也无法让两个种族都不满地融合在一起。法律允许甚至要求在必须接触的场合将两个种族隔离，此举并不暗示一个种族比另一个种族优越。尽管人们的看法还不一致，但人们普遍认为州立法部门完全有能力行使这种政治权利。最常见的例子就是为白人和有色人种的儿童分别建立各自的学校，即使在那些早就诚心诚意地保护有色人种权利的州里，法庭也认为学校里的种族隔离是州政府合法地行使其立法权。

罗伯兹诉波士顿市（Roberts v. City of Boston）是最早的此类案例之一。马萨诸塞州的最高法庭判决波士顿学校管理委员会有权在为有色人种的儿童专设的学校里为有色人种儿童授课，并禁止有色人种的儿童去其他学校上课。首席大法官肖认为，根据宪法和马萨诸塞州的法律，无论年龄或性别、出生或肤色、血缘或条件，所有的人在法律面前都是平等的，这是"既博学又雄辩的原告律师提出的一条伟大的原则"。但是当这条伟大的原则运用到社会上条件不同的具体的个人时，我们并不能保证男女在法律上都享有同样的民事和政治权利，也不能保证儿童和成年人在法律上都能起同样的作用并享有平等的待遇。只不过法律确定和规定的所有人的权利，都应该在法律上同样得到慈父般的考虑和保护，以维持和稳固这些权利。

本庭曾判决学校管理委员会的权力延伸到为不同年龄、性别和肤色的儿童分别建立学校，还可以为贫穷和被忽视的儿童建立特殊的学校，因为他们已经超过上小学的年龄，却没有受过最起码的教育，特殊教育可以使他们进入普通的学校。国会在其管辖的哥伦比亚特区通过了类似的立法，许多州也通过了类似的立法。这些法律通常会被法庭认可。

禁止异族通婚的法律在技术上来说是干预了订立合同的自由，但是普遍被认为是在州政府治安权的管辖之下。

一些法律干预黑人的政治平等，另一些法律要求在学校、剧院和火车上种族隔离，本庭经常区分这两类法律。例如，在斯特劳德诉西弗吉尼亚州（Strauder v. West Virginia）一案中，西弗吉尼亚的州法规定只有 21 岁以上的白人公民才有资格担任陪审员，本庭判决该条法律种族歧视，因为该条法律暗示黑人在文明社会中的法律地位低下，削弱了有色人种的权利，使他们向奴性又靠近了一步。因为挑选出来的陪审员将决定诉讼当事人的命运、自由和财产，在涉及有色人种的权利时，不能将有色人种排除在外，也不能因为肤色而歧视他们。这种主张已经在若干案例中提出来了。当地方法律或铁路公司的宪章规定不得因为肤色而拒载任何旅客，我们认为这就意味着有色人种应该跟白人乘坐同样的车厢，即使公司为有色人种分配专用的车厢，而且这些车厢与白人专用车厢的条件一样好，也仍然不能满足立法的要求。

路易斯安那州的那条法律要求经营跨州公共交通的公司在车厢的所有部分给所有乘客平等的权利和特权，无论乘客的种族和肤色。如果车主因为肤色而将有色人种排斥在留给白人的车厢之外，将要负责赔偿损失，若涉及跨州商业，这种做法就是违宪并无效的。然而在豪尔诉德奎尔（Hall v. De Cuir）案中，本庭明确澄清该判决与针对州内商业的法律无关，也不影响与跨州商业无关的事情。

在若干民权案中，本庭判决国会的立法赋予在美国管辖下的所有人充分和平等的权利，享受旅馆的接待、便利、设施和特权，陆地或水上的公共交通，剧院或其他娱乐设施。对所有的种族和肤色，无论原来的条件，苦役都是违宪和无效的，因为第14修正案禁止州政府这种做法。国会通过的法律并非指导州政府不得通过或执行何种法律，也不是指导州政府必须采取某种行动，而是通过立法来纠正州政府的法律，以消除和补救那些违宪和无效的法律留下的后果。布拉德雷大法官在判决书中指出，第14修正案并没有授权给国会代替各州在州议会立法权范围内的事项立法，而是针对州政府的违宪行为提供消除后果的方法。第14修正案并没有授权给国会为地方创立法典，而是当州法、州政府官员的行政或司法行为颠覆了第14修正案明确赋予人民的基本权利时提供补救的方法。正面的权利和特权无疑受到第14修正案的保证，不过是通过禁止州法影响这些权利和特权来保证的，具体做法是授权给国会立法，以确实禁止违宪的州法，所以国会的立法必须针对州法或州法庭的诉讼，直接纠正执行州法带来的后果。

最近的路易斯维尔新奥尔良铁路公司诉密西西比案（Louisville, New Orleans & Texas Railway Co. v. Mississippi）与本案更为相似。在该案中铁路公司被起诉违反了密西西比法律，该条法律要求所有载客火车公司必须为白人和有色人种旅客提供平等却隔离的座位，在每一列火车上安排至少两节种族隔离的车厢，或在车厢内安装屏风，以保证隔离座位。因为在该案中火车公司被起诉未能提供隔离的座位，所以与本案的视角有所不同，但是两案都涉及要求在火车上实行种族隔离的法律是否违宪。在密西西比案中，密西西比州最高法庭判决该条法律只适用于州内的商业，作为州内最高一级法庭对法律的解释，该判决被接受为定论："如果法律只限于州内的商业行为，而不涉及州际的商业来往，那显然并没有违反联邦宪法的商业条款……我们无需回答州政府是否有权在不同的车厢里隔离跨州旅客，或跨州旅客的特权和权利是否受到影响。我们只需考虑州政府是否有权要求其境内的火车为两个种族提供分开的座位，这种隔离仅影响州内的商业，并没有侵犯国会根据商业条款授予各州的权力。"

上面的推理同样也适用于本案，因为路易斯安那最高法庭在州政府代表阿伯特诉希克斯案（the State ex rel. Abbott v. Hicks）中判决，有争议的法律并不适用于跨州旅客，只适用于密西西比州境内的旅客。希克斯案的判决主要是依据铁路公司诉州政府案（Railway Co. v. State）的先例，本庭维持了该案的判决。在本案中，我们无需考虑州法是否干预了跨州商业，因为路易斯安那东部铁路公司看来是一家当地的小公司，其运行路线的起点和终点都在路易斯安那境内。类似的在公共交通工具上种族隔离的法律在一系列案例中都被判是有效的。

尽管我们认为在州内商业中实行的种族隔离既没有剥夺有色人种的特权和豁免权，也没有未经正当程序剥夺有色人种的财产，更没有剥夺第14修正案赋予的平等保护，我们不能说列车员根据乘客的种族将他们安排到不同的车厢而不负责任。此外，如果一位旅客被拒绝进入本应属于他的车厢，我们也不能说该条法律第2节拒绝赔偿这位旅客是立法机构有效地行使其立法权。我们理解州政府的律师辩称法律的第 2 节免除铁路公司及其经营者的责任，但这是违反宪法的。将旅客分配到不同车厢的权力显然包含了决定乘客属于什么种族的权力，以及根据特定的州法决定谁是白人谁是有色人种的权力。原告虽然在诉状中提到这个问题，但是提法有误，所以并没有在案卷中正确地反映出来，因为原告提出的唯一争议是，法律要求铁路公司提供隔离的车厢，并要求列车员根据乘客的种族分配座位，这种要求是否违宪。

原告误称在任何种族混居的社区里，一个人属于占主导地位的白人种族，那是一种等同于财产的荣誉，行动权和继承权也相当于财产。如果这种论点在此案中是正确的，我们将无法看出该条法律如何剥夺了原告的财产，或影响了他对这种财产的权利。如果他是个白人却被分配到有色人种的车厢里就坐，也许他可以控告铁路公司剥夺了他的所谓财产并要求赔偿。但如果他是有色人种而被分配到分配给有色人种的车厢里就坐，他并没有被剥夺财产，因为在法律上他本来就没有资格享受白人的权利。

与此相关，博学的原告律师还错误地辩称，既然州法要求铁路公司提供隔离两个种族的车厢，则同一条法律也可以授权铁路公司要求为有某种颜色头发的旅客提供隔离的车厢，或是为非公民乘客提供隔离的车厢，或是为具有某些国籍的乘客提供隔离的车厢。或是通过法律要求有色人种在街道的一侧行走，白人在街道的另一侧行走，或是要求白人的房子漆成白色，有色人种的房子漆成黑色，或是要求他们的车辆或商店招牌漆成不同的颜色，这样做的理论根据是：街道的一侧与另一侧一样好，一种颜色的车辆或房子与另一种颜色的车辆或房子一样好。我们对上面这些例子的回答是，州政府行使其治安权必须合理，而且是为了促进公共利益，而不是为了骚扰或压迫某一个特定的阶级。在益和诉霍普金斯案（Yick Wo v. Hopkins）中，旧金山市的一条法令专门管理在公共场所搬运进出洗衣房的衣物，本庭判决该条法令违宪，因为该条法令授予市政府官员任意处置的权力，使他们可以为所欲为而无需酌情处理，在法律上允许他们批准或拒绝任何人经营洗衣房，无论申请人是否称职，也无论选择的营业地点是否恰当，该条法令使市政府可以暗中任意且不公平地歧视华裔。上面的例子是市政府的法令，这条原则也同样适用于州政府行使治安权的立法。就本案与第 14 修正案之间的冲突而言，我们需要回答的问题是路易斯安那州法律的规定是否合理，这主要是由立法部门斟酌决定的。在判断合理性的时候，主要是参考人民的惯例、风俗和传统，目的是促进人民的安逸和维护公众和睦及良好的秩序。用这一标准来衡量，我们不能说一条授权要求在公共交通工具上实行种族隔离的法律是不合理的。在公共交通工具上实行种族隔离并不比国会立法要求在哥伦比亚特区为有色人种的儿童建立种族隔离的学校更违反第 14 修正案。在哥伦比亚特区黑白分校的合法性似乎并没有受到挑战，各州相应的要求黑白分校的法律也没有受到挑战。

原告称强迫种族隔离给有色人种打上了低等民族的烙印，下面我们考虑原告潜在论点的谬误之处。即便原告所述属实，也并不是法律造成的，而完全是因为有色人种选择如此解读法律。原告论点的必要前提是，假如有色人种在州立法会占了主导地位，他们也会通过完全相同的法律，从而将白人置于劣等的地位。我们可以想象白人至少不会默认这一假设。原告的论点还假设社会成见可以通过立法来克服，除非强制种族融合，否则黑人的平等权利便无法保证。我们无法接受这种论点。如果两个种族想在社会上平等相处，那就必须互相亲密，互相欣赏对方的优点，以及个人的自愿同意。在人民诉伽拉格案（People v. Gallagher）中，纽约州上诉法庭认为立法既不能实现也不能促进种族平等的目的，因为法律的运作与社区的情感是互相冲突的。所以，当政府为每一位公民保证法律的平等权利，以及改善和进步的平等机会，便实现了建立政府的目的，也完成了社会优越性的所有职能。

立法无法消除种族的天性，立法也无法取消肉体差异的区别，任何尝试只会加剧现状的困境。假如两个种族的人权和政治权利是平等的，那么便不会有一个种族在人权和政治上是劣等的。然而，如果一个种族的社会地位处于劣等的地位，美国的宪法无法将两个种族一碗水端平。

确实，一个人究竟有多少比例的有色人种血统就算是有色人种而不是白人呢？不同的州对这个问题有不同的看法，有些州认为一个人只要有一点看得出来的黑人血统便算是有色人种，另一些州则认为种族是由占多数的血统来决定的，还有一些州认为至少有四分之三的白人血统才能算白人。但这个问题应该是由各州的法律来决定的，原告在本案中并没有对这个问题提出争议。原告究竟算是白人还是有色人种呢？鉴于原告在请愿书中的指控，这个问题毫无疑问是很重要的。

因此，本庭维持下级法庭的原判。

哈兰大法官发表反对意见。

本案涉及路易斯安那州的法律是否有效。该条法律要求所有在路易斯安那州载客的铁路公司（市区街道上的轨道交通工具除外）为白人和有色人种各自安排至少两节隔离的车厢，或是在车厢里设置屏风，以确保种族隔离。

根据该条法律，有色人种不得在分配给白人的车厢里就坐，白人也不得在分配给黑人的车厢里就坐。铁路公司的经理不得在火车上酌情处理，法律要求他们将乘客根据种族分配到隔离的车厢或包厢里。如果一位乘客坚持要去不是分配给他的种族的车厢就坐，他将被罚款甚至被判监禁。如果铁路公司的管理人员、董事、列车员和雇员不遵守法律的规定，他们拒绝执行法律或疏忽也会受到惩罚。

只有"照顾另一个种族儿童的保姆"属于该条法律的例外，与成年白人一起旅行的有色仆人不作例外处理。即使白人的健康状况不佳，要求有色仆人随时照顾，也不能将有色仆人带到同一节车厢就坐。如果一位有色女仆坚持要与她的女主人坐同一节车厢以便照顾，她将因为对工作过分积极而被罚款。

在路易斯安那州的不同种族中有的人并非美国公民，但法律中"白种和有色种族"的用词必然包括了所有在路易斯安那州居住的白人和有色人种。本案涉及的法律强制规定在火车上实行种族隔离，任何人进入分配给另一个种族的车厢便属犯法。因此，州政府完全根据乘客的种族规定美国公民如何使用铁路。

我们姑且不论这种法律如何明显的不公正，只需考虑法律是否符合美国宪法。

铁路是公共设施，拥有或运行铁路的公司是在行使一项公共职能，这一点是没有异议的。乃尔逊大法官在新泽西汽轮公司诉商业银行案（New Jersey Steam Navigation Co. v. Merchants' Bank）中说，公共交通公司相当于一个公众部门，行使的是公共职能，因此公司不能在未经公众许可的情况下推诿责任。

斯特朗大法官代表本庭在奥尔考特诉督察员案（Olcott v. The Supervisors）的判决中说：

尽管铁路是私有的公司修建并拥有的，但铁路是公共的道路，这一理论从有公共交通开始便被几乎所有的法庭所采用。我们很早就遇到一个问题，修建公用铁路的私有公司是否能够像政府那样行使征用土地的权利？尽管征地私用是不许可的，但普遍接受的理论是，州立法部门可以授权给私有公司征用土地修建铁路并补偿地主。除了修建铁路之外，这一理论还包括私有公司修建其他公用设施。

因此在青松镇诉塔尔考特案（Township of Pine Grove v. Talcott）中，法庭判决"尽管公司（铁路公司）是私有的，其工程是公用的，就像由州政府修建一样"。在沃赛斯特居民诉西方铁路公司案（Inhabitants of Worcester v. Western Railroad Corporation）中，法庭判决"修建那条道路是公用设施，就像公共政府部门修建的一样，其目的是方便公众，整个社区都可以使用，因此就相当于一条运河、公路或公共通行权。尽管修建铁路的土地和地面建筑的产权属于公司，但是相当于公司受公众之托代持产权"。

至于所有公民都享有的民权，我想美国宪法不会允许任何公共部门去了解受保护并享受这些权利的人的种族。任何真正的人都为自己的种族自豪，他享有表达这种自豪的特权，也可以采取任何他认为合适的行动，前提是不能影响在法律面前跟他平等的其他人的权利。当其他公民的民权受到影响时，我认为任何立法部门或司法机构都不得考虑他们属于哪个种族。本案涉及的法律既不符合公民权的平等，也不符合每一个美国人应该享受的自由。

《宪法第13修正案》不允许压制或剥夺任何与个人自由有关的权利。第13修正案不仅废除了美国的奴隶制，而且还禁止强加任何带有奴隶制或苦役烙印的负担或障碍。第13修正案颁布了全体美国人的自由人权，本庭也是如此判决的。但是我们后来发现第13修正案有欠缺，还不足以保护昔日曾是奴隶的公民的权利，于是为此而通过第14修正案，增加了享有美国公民权的尊严和荣耀，并保证了个人自由，宣布所有在美国出生、移民归化或受美国管辖的人都是美国公民，州政府不得通过法律剥夺美国公民的特权或豁免权，不得未经正当程序剥夺任何人的生命、自由和财产，不得拒绝美国管辖之下任何人受法律的平等保护。

如果我们能根据这两项修正案的真实目的和意思执法，那将能够保护所有与自由和公民权有关的民权。我们的最终目的是不得因为种族而剥夺任何人参与政治控制国家的特权。第14修正案还宣布联邦政府和州政府不得因为种族、肤色或昔日曾经为奴隶而剥夺或限制任何美国公民的选举权。

这些添加的基本法律受到全世界热爱自由的朋友们的欢迎。这些法律从我们政府的系统中抹掉了种族的分界线。正如本庭所说的，这些法律有一个共同的目的，就是保证一个世世代代被奴役而刚被解放的种族也能得到昔日奴隶主的种族享有的所有民权。

本庭还指出，这些法律宣布各州的法律对黑人和白人将一视同仁，无论是有色人种还是白人，所有的人在法律面前一律平等，宪法修正案主要是为了有色人种通过的，我们不得因为他们的肤色而歧视他们。

我们还说过，尽管宪法修正案的用词确实是禁止性的，但是其中包含了一种对有色人种最珍贵的正面豁免权，有色人种享受免予对其不友好的法律迫害的权利，免受暗示有色人种在社会上低人一等的法律的歧视，减轻他们为了享受其他人享受的权利而付出的代价，并免受将他们贬低成次等种族的歧视。

第14修正案通过之后本庭曾判决，一个州的法律不允许有色公民担任陪审员，唯一的理由就是因为他们的种族，而不论他们在其他方面的资历如何，这种法律是违反第14修正案的。参考以上的案例，本庭宣布这些案例体现了一条原则，美国的宪法禁止各州政府因为种族而在民事和政治权利方面歧视任何公民，所有公民在法律面前都应该是平等的。

以上的判决显示了宪法修正案涵盖的范围。这些案例禁止州政府因为种族而排除有色人种当陪审员参加司法审判。

政府方面辩称路易斯安那州的法律既不歧视黑人也不歧视白人，只是制定了一条对白人和有色人种同样待遇的规则而已。但是这个理由未免牵强。每个人都知道这条法律的来源并非是要禁止白人进入黑人就坐的车厢，而是禁止有色人种进入分配给白人的车厢。路易斯安那州的铁路公司并没有在白人旅客之间实施歧视。他们想达到的目的是，佯装为白人和黑人提供相同的待遇，强迫黑人在火车旅行途中集中在一起。只是没有人敢直截了当地明说而已。因此本案主要的争议是，该条法律是否干预了公民的个人自由。所谓"个人自由"包括自由行动的权利、改变处境的权利和根据自己的意愿移动身体的权利，并且不会未经正当法律程序而被监禁或受限制的权利。

如果一个白人和一个黑人在旅途中选择在同一节车厢里就坐，他们应该有权利那样做，政府不能仅因为他们的种族，在不侵犯他们个人自由的前提下禁止他们那样做。

如果铁路公司主动向所有的旅客提供相同的服务，或通过法律要求铁路公司向所有的旅客提供相同的服务，这本是铁路公司的职责。但是如果政府出面禁止白人和黑人公民一起在公共交通工具上旅行，并且惩罚允许两个种族在同一节车厢就坐的铁路公司员工，那事情的性质就完全变了。

如果州政府可以制定民事行为的准则，规定白人和黑人乘客不能在同一节火车车厢就坐，那政府为什么就不会规定如何使用市镇的街道，强迫白人在一侧行走，黑人在另一侧行走呢？根据同样的道理，为什么政府就不能惩罚那些一起乘坐市内公共交通工具的白人和黑人呢？为什么政府就不会要求法警把白人安排在法庭的一边就坐，黑人安排在另一边就坐呢？为什么政府就不会禁止两个种族在立法会大厦或议论政治问题的全体会议上混合在一起呢？此外，假如路易斯安那州的法律与公民的个人自由并没有冲突，为什么政府不会要求在火车上隔离在美国本土出生的和移民归化的美国公民，或是要求隔离新教徒和天主教徒呢？

在法庭辩论时，州政府方面对这些问题的回答是，因为建议通过的那些法规是不合理的，所以在法律上是站不住脚的。这种回答的意思是不是说，确定立法权的问题取决于法庭经过全盘考虑来判断有争议的法律是否合理？一条法律不合理的原因，也许仅因为合理的公共政策不允许其通过。但是我并不认为法庭与立法的政策和及时性有什么关系。一条法律也许应该是有效的，但是出于公共政策的考量而可能被认为不合理。塞奇威克先生（Mr. Sedgwick）[①] 正确地指出，一旦我们确认了立法意图，除了按照立法机构的意愿执行法律之外，法庭没有其他义务，无论法官们认为某一条法律是否明智或公正。

最近有一种法庭扩大其功能的危险倾向，那就是通过司法干预来影响公众在立法中表达的意愿。我们制度的独特之处在于，政府的三个部门之间互相协调，但又是三权分立的，每一个部门都只能在宪法限制的范围内运作。法庭尽其义务最好的方式就是，执行立法机构通过宪法表达的意愿，让公众通过他们的代表来处理立法产生的结果。法律总是需要有合理的解释。有的时候必须严格解释，有的时候则必须灵活地解释，以便贯彻立法意图。然而无论如何解释法律，哪怕法庭根据公众利益认为法律是不合理且失策的，但只要有争议的法律是有效的，我们都必须尊重立法意图。如果一条法律确实在立法权限之内，对法庭来说争议就到此为止了。有些法律之所以不合理而被判无效，乃是因为立法机构所能采取的手段并不能达到立法的目的。

白色人种以为自己是这个国家里占强势地位的种族，无论是声望、成就、教育、财富还是权力，都是如此。所以，如果白人能够继承和发扬自己的文化遗产，坚持宪法自由的原则，我并不怀疑白人会继续其强势地位。然而在宪法面前，在法律的眼睛里，在我们的国家里是没有优等、强势和统治阶级的公民的。这个国家里没有种姓制度。我们

---

① 一位博学的法学家。——译者注

的宪法是色盲的，既不承认也不能容忍在公民之间划分阶级。在人权方面，所有公民在法律面前都是平等的，无论尊卑都应该是地位相同的。法律认为人就是人，无论他的处境或肤色如何，因为他的民权是这个国家至高无上的法律所保障的。本庭是国家的最高法庭，是对法律作最终解释的机构，然而本庭居然判决州政府可以完全根据肤色来决定公民如何享受他们的民权，这个结论使人感到遗憾。

我认为今天的判决迟早会变得像本庭对德莱德思考特案（Dred Scott Case）的判决一样令人憎恨。那个案子判决贩卖到美国当奴隶的非洲后裔不属于宪法所说的"公民"，也不能享受宪法赋予美国公民的权利和特权。在适用宪法时，他们被认为是卑贱的下等人，他们曾被高贵的种族所征服，无论他们是否已经被解放，还是要服从主人的权威，除了权贵和政府选择赏赐给他们的权利之外，他们没有任何其他权利和特权。

最近通过的几项宪法修正案的目的就是要从我们的制度中铲除这些原则。然而在一些州，我们仍然可以看到一个占统治地位的种族，一个高贵的公民阶层，他们根据种族来决定谁才有资格享受所有的公民生来都应该有的民权。我们可以清楚地看到，本案的判决不仅将会煽动侵犯有色公民应有的权利，无非是侵犯的程度轻重而已；还会鼓励一种信念，那就是通过州政府立法，便能挫败人们最近通过几项宪法修正案时希望达到的仁慈目的，其中一项修正案承认黑人是美国联邦和所居住州的公民，并禁止州政府剥夺黑人公民的特权和豁免权。6 000万白人并不会因为存在800万黑人而受到威胁。我们的国家里两个种族的命运已经水乳交融地结合在一起，两个种族的利益要求代表所有人的政府不允许通过法律播下种族仇恨的种子。路易斯安那州的法律事实上基于一种种族成见，即有色公民是如此卑贱和劣等，决不能允许他们在白人公民占据的车厢里就坐，请问还有什么比这种法律更能煽动种族仇恨？又有什么法律更能在两个种族之间制造和维持不信任和猜忌呢？所有的人都会承认，那就是路易斯安那州法律的真正含义。

要想确实保证种族之间的和睦与安全，莫过于我们的联邦政府和各州的政府明确、清楚和无条件地承认民权自由所包括的每一项权利，以及公民在法律面前一律平等，无论他们属于什么种族。州政府根据种族立法干预公民享受民权，并以承认平等权利为借口，狡猾地挫败南北战争所获得的合法成果，其结果必然是无法得到永久的和睦，使种族冲突持续下去，最终必将两败俱伤。关于这个问题，还没有人敢说白人和黑人是不可能有社会平等的。其实这种论点根本不值得考虑，在公共交通工具上、陪审员席上、政治集会上、公共街道上、选举人名单上，或是去选举的路上，如果两个种族都不能共处一室，那就不可能有社会平等。

因为一个种族与我们自己的种族迥异，于是我们便不让这个种族的成员成为美国的公民。然而根据有争议的法律，一些外国人可以跟白人公民坐在同一节车厢，而路易斯安那州的黑人，其中许多人曾冒着生命危险保卫我们的联邦，法律赋予他们参与控制州和国家的政治权利，无论出于法律或种族的原因，都不能把他们排斥在任何社会职位之外，而且他们与白人公民一样享有所有的法律权利，然而如果他们在公共交通工具上到白人专用的车厢里就坐，便触犯了刑法甚至被判监禁。如果一个有色公民不反对为他的种族分配专用的车厢，那并没有什么不公正之处。如果法律承认他有这样的权利，那他就不会反对也无需反对在分配给他的种族的车厢里就坐。但是如果因为白人和黑人在公共交通工具上坐在一起或争取坐在一起的权利，便会被判有罪，他便应该起来反对并坚持不懈地反对这种法律。

在公共道路上武断地根据种族将公民们隔离开来，是一种苦役的象征，与我们的宪法赋予的民权自由和法律面前人人平等是完全相悖的，是完全没有任何法律依据的。

假如让两个种族在为公众服务的道路上混杂相处会产生罪恶，那么州政府出于种族偏见而立法干预公民享受民权便是罪恶滔天了。我们总是吹嘘我们的人民享受的自由超过所有其他国家的人民，然而大相径庭的是，我们的法律却将苦役和堕落的标签贴在一大群与我们在法律前平等的公民同胞身上。火车车厢里对乘客的所谓"公平"待遇，其实只是一层薄薄的遮羞布，既无法误导任何人，也无法补偿今天铸成的错误。

尽管本庭多次判决，并且在本期开庭中确认了一条理论，根据美国宪法，州政府不得禁止具有同等资历的白人和黑人在同一个陪审团包厢中就坐。而本案的结果庄严地判决，州政府可以禁止白人和黑人公民在同一节火车车厢里就坐，或要求在同一节火车车厢里将白人和黑人用屏风隔离开来。既然如此，我们岂不是可以合理地预料，占统治地位的精英生怕白人种族的完整性被破坏，他们将争取立法要求在陪审团包厢中放置屏风，将白人和黑人陪审员隔离，他们离开法庭讨论如何判决时，则将屏风（如果是可以移动的话）挪到会议室，防止黑人陪审员过分靠近他们的白人兄弟陪审员。假如法庭里的屏风是固定的，那么可以在屏风上开个孔装上纱窗，以便两个种族的陪审员们讨论判决而无需肢体接触。如果根据本庭今天宣布的原则，尽管这种法律对特定种族的美国公民充满了敌意，而且立法的目的是羞辱这一特定种族的公民，我还是不得不判决这种法律是符合宪法的。

我觉得没有必要讨论辩方援引的州法庭的那些判决。即使其中那些最重要的判决也完全不适用于此案，因为那些案例是在通过宪法修正案之前判决的，那时有色人种极少享有白人觉得有义务尊重他们的权利。其他的案例则发生在舆论被奴隶主控制的地方，当时为黑人伸张正义还是一件危险的事情，凡是涉及黑人权利的案子，种族偏见仍是至高无上的法律。在修宪之后的新时代，那些判决已经不能再指导司法了，因为宪法修正案建立了普遍的民权，给予所有在美国出生和移民归化的人公民权，从我们的联邦和州政府系统中消灭了种族的界限，并在法律面前人人平等的广泛牢固的基础上建立了我们的自由体制。

我认为路易斯安那州的法律侵犯了州内白人和黑人公民的人身自由，违反了美国宪法的精神和条文。如果联邦的各州都通过相似的法律，那将造成重大的伤害。尽管法律原先容忍的奴隶制已经在我们的国家消失了，但是在许多州还留有余毒，有人出于种族的动机，通过邪恶的立法干预公民享受自由来限制民权，并在法律上贬低一个巨大的美国公民群体，他们是美国人民的一部分，通过选举代表来管理政府。那种体制与宪法保证各州的共和政府的形式格格不入，应该通过国会立法否决，或是通过法庭行使其神圣的权力，来维护我们国家的最高法律，任何与联邦宪法相悖的州法都是无效的。

鉴于上述的理由，我不同意多数法官的判决。

布鲁尔（BREWER）大法官既没有参加听证，也没有参加判决。

是松丰三郎诉美国

Korematsu v. United States

323 U.S. 214

1944 年 10 月 11 日、12 日辩论；1944 年 12 月 18 日判决。

布莱克大法官发布判决。

请愿人为日本裔美国公民，被联邦地区法庭判决有罪，因为他逗留在加利福尼亚的圣林德罗"军事区"，违反了西海岸指挥部总指挥发布的 34 号平民驱逐令，该命令规定 1942 年 5 月 9 日之后，所有日本裔人士必须离开该军事区。在本案中请愿人是否忠于美国并非问题所在。巡回法庭维持地区法庭的判决，但是因为此案涉及有关宪法的重要问题，本庭同意调取卷宗重审。

首先我们认为，所有仅限制某一族群人权的法律都是可疑的。但这并不是说所有的限制都是违宪的，而是法庭应该对这些限制严格审查。迫在眉睫的公共利益有时可以是这种限制存在的法律依据，但种族对立不是理由。

在本案中，检控请愿人的理由是他违反了国会于 1942 年 3 月 21 日通过的 173 号法案，该法案规定：

"……任何人进入、逗留在或离开任何根据总统的行政命令、由国防部长以及国防部长委派的指挥官划定的军事区域，作出违反军事区域内禁止的行为，或做出违反国防部长或任何军事指挥官命令的行为，如果该人知道或应该知道他的行为违反了限制或命令，将被判轻罪，并处以 5 000 美元以下之罚款，或判处一年以下监禁，或二罪并罚。"

请愿人明知并承认其违反了 34 号驱逐令，该驱逐令为根据 9066 号行政命令发布的军事命令之一，对日宣战之后该命令宣布：为了成功地进行战争，必须尽可能保护国防物资、国防设施和国防工程免受敌人刺探情报和破坏……

另有一条根据 9066 号行政命令发布的宵禁令，规定住在西海岸军事区的所有日本裔人士从晚上 8 点到次日早上 6 点必须待在家中。就像驱逐令一样，宵禁令的目的是防止敌人刺探情报和破坏。在平林诉美国案（Hirabayashi v. United States）中，本庭对平林违反宵禁的行为维持原判。平林案和本案都涉及同一条 1942 年国会法案和相同的行政命令和军令，所有这些命令的目的都是防止敌人刺探情报和破坏。

在平林案中被告指控 1942 法案违宪，辩称宵禁令和其他一些命令超过了国会、军事当局以及身为三军总司令的总统的战争权限，且执行宵禁令仅针对日本裔公民，属于宪法禁止的种族歧视。面对这些如此重要的问题我们必须严肃处理。我们之所以同意宵禁，是因为一些地区受到日本军事攻击的威胁，而宵禁是政府为了防止敌人刺探情报和进行破坏而采取的必要措施。

根据我们在平林案中宣布的原则，我们不认为国会和行政长官下令从西海岸战争地区驱逐日本裔人士的行为超过了他们的战争权限。将一个人从其家庭的居住地驱逐出去确实要比强迫他从晚上 8 点到次日早上 6 点待在家中更为残酷。除了有关军事当局察觉到民众将面临极大的危险之外，其他任何理由都无法从宪法上为驱逐令和宵禁提供法律依据。与宵禁相比，从受到战争威胁的地区驱逐日本裔人士与防止敌人刺探情报和破坏具有更明确和紧密的关系。军事当局的主要责任是捍卫我们的海岸线，当他们认为宵禁无法提供足够的保护时，才下令驱逐日本裔人士。正如我们在平林案的判决中所述，他们是根据国会授予他们的权力确定谁可以、谁不可以留在受战争威胁的地区而下达驱逐令。

在本案中，请愿人首先挑战本庭在平林案得出结论时所作的假设。此外，他还辩称1942 年 5 月公布 34 号命令时，日本入侵西海岸的危险已经消失了。经过仔细考虑他的这些论点之后，我们不得不驳回。

本案就如平林案一样：

"……有关军事当局和国会认为日本裔人口中有对美国不忠诚者，但是无法精确、迅速地确认其人数和力量，我们不能否认这种判断。政府负责战争的部门相信，在危急的时刻我们无法马上隔离这些日本裔人士并区别对待他们，于是他们便会对国防和安全形成威胁，因此我们必须及时采取充分的防止措施，我们不能说这种看法是毫无根据的。"

就像宵禁一样，驱逐日本裔人士是必须的，尽管我们并不怀疑大多数日本裔人士对美国是忠诚的，但是在这一族群中有数目不详的成员对美国不忠诚。军事当局认为我们不可能将对美国不忠诚和忠诚的日本裔人士立即甄别开来，因为我们无法推翻军方的判断，我们只能批准对所有的日本裔人士都实行宵禁。在本案中，军方也是基于同样的理由决定暂时驱逐整个日本裔族群。

基于同样的理由，驱逐整个族群在军事上是无法避免的，并不是因为与日本裔敌对而集体惩罚。驱逐之后的调查确认，日本裔族群中确实有人仍然对日本效忠。大约5 000 名日本裔美国公民拒绝宣誓无条件地效忠美国并放弃效忠日本天皇，而且数千名被驱逐的日本裔公民要求被遣送回日本。

我们在颁发驱逐令时表示赞同，并且在请愿人违反驱逐令时仍支持驱逐令。我们在判决时充分理解驱逐令将会给一个很大的美国公民群体带来苦难。然而，苦难本来就是战争的一部分，战争又是各种苦难的总和。无论军人还是平民，所有的美国公民都体会到战争的影响，只是程度不同而已。公民既承担责任，也享有权利。在战争期间，负担必定更沉重。除非面临最紧急的情况和危险，强制一个很大的美国公民群体离开他们的家园是违背政府的最基本宗旨的。但是在现代战争的条件下，我们的海岸线受到敌对武装的威胁，自卫的权利必须与面临的危险相应。

辩方称 1942 年 5 月 30 日请愿人被控在禁区逗留，当时有两条互相矛盾的命令：一条禁止他离开，另一条禁止他逗留在禁区。当然，一个人不能因为同一件事情，做了是犯罪，不做也是犯罪。然而，当时发出的命令并非自相矛盾。

1942 年 3 月 27 日的一条命令禁止请愿人和其他日本裔人士离开该区域，但命令的时效有明确的限制："直至将来的命令允许或指示离开。"而请愿人被控违反的那条"将来的命令"于 1942 年 5 月 3 日颁发，该命令明确"指示"在 5 月 9 日中午 12 点之前从该区域驱逐所有的日本裔人士。此外，该命令警告所有留在禁区的日本裔人士将根据 1942 年 3 月 21 日国会颁布的法案受到处罚。所以当请愿人在 5 月 30 日被发现逗留在禁区时，只有 5 月 3 日的那条命令有效。因此禁止请愿人 1942 年 5 月 30 日逗留在禁区命令是 5 月 3 日颁布的禁令，请愿人在庭审过程中也承认他违反了那条禁令，而且知道有那条禁令。请愿人辩称无论他在 1942 年 5 月 30 日留在禁区还是离开禁区，都会因为违反 3 月 27 日或 5 月 3 日的命令而受到惩罚，这种论点是不成立的。

当驱逐令 5 月 9 日生效时，军方已经决定将所有的日本裔人士集中起来，在集散中心看管，确保有他们有秩序地从 1 号军事区撤离并重新安顿，从而限制和管理人口迁移。在请愿人被控非法逗留前 11 天的 1942 年 5 月 19 日，1 号平民禁令要求将日本裔人士拘留在集散中心或迁移中心。请愿人辩称驱逐令之后，另一条命令要求他离开军事区之后向集散中心或迁移中心报到不得离开，所以脱离后来的命令便不能确定驱逐令是否有效。换言之，我们必须将这两条命令视为同一条不可分割的命令。因此，如果被羁押在集散中心或迁移中心剥夺了请愿人的自由，那么判决他违反驱逐令便不能成立。

尽管在庭审中唯一的问题是请愿人逗留在禁区是否违反了驱逐令，现在请愿人要求我们同时考虑此后在集散中心和迁移中心的羁押令。假设请愿人离开了禁区并前往集散中心，无论从事实上还是法律上我们都无法判断他在集散中心是否会导致他被送到迁移中心羁押。有些日本裔人士去集散中心报到后并没有被送到迁移中心，而是被释放了，条件是在军事命令改变或取消之前他们必须逗留在禁区之外。这就说明他们中间不同的人可能会造成不同的问题，所以可以按不同的原则处理。一个人合法并不等于另一个人也合法，我们分析不同命令中不同条款的要求便很清楚了。这些不同的命令要求日本裔人士（1）必须离开禁区；（2）向集散中心报到并暂时居住；（3）在军事控制下前往迁移中心，并在那儿不定期居住，直至被军事当局有条件或无条件释放。每一个要求为整个撤离项目中各个步骤规定了不同的责任。即使国会把这些不同命令的语言合并到一条法令中，不服从任何一条命令构成一条不同罪名。既然这些命令是根据国会的法令颁布的，我们只能对违反不同的命令按不同的罪名处理。

有关驱逐令的合法性和驱逐之后羁押令的合法性，远藤三津枝（Mitsuye Endo）

案① 对两者之间的区别做了详细的描绘。

鉴于请愿人并没有因为不去集散中心报到，或不居住在迁移中心而被判有罪，所以我们无需判断那些不同的命令是否有效。我们仅需考虑请愿人违反的哪条命令就足够了。过多地考虑便超过了请愿人提出争议的范围，相当于在本案诉状框架和证据之外另作重大判决。当集合令或迁移令已经或肯定会对请愿人生效，我们必须对请愿人提出的重大宪法问题作出决定。

本庭的部分同仁认为，疏散日本裔人士和在集散中心羁押日本裔人士是不可分的。1942年5月3日公布第34号驱逐令之后，是松丰三郎将被强制离开禁区，他对此并无选择，而是通过集散中心被驱逐。集散中心被认为是疏散人群行动的一部分。驱逐的权力包括在必要时使用武力的权力。无论采取什么方式驱逐，任何强制措施必然涉及某种程度的羁押或限制自由。然而，我们无论采取哪一种观点都将得出同样的结论，即判决请愿人违反命令是有效的。

有人说，我们现在处理的案子是将一位公民关进集中营，唯一的原因就是他的血统，至于他对美国是否忠诚友好，我们既没有证据，也不去调查。假如我们因为种族偏见而监禁一位忠诚的公民，那我们的任务就简单多了，责任也清楚了。无论集散中心和迁移中心的性质如何，我们认为没有理由将其称为集中营，因为那个名称具有丑恶的含义，除了驱逐令之外，我们不考虑任何其他问题。如果脱离我们面临的军事威胁，而将本案置于种族偏见的范畴，那将会混淆视听。我们并非仇视是松丰三郎本人或他的种族，而将他驱逐出军事区。是松丰三郎之所以被驱逐，一是因为我们和日本帝国处于战争状态，二是因为我们的军事当局生怕日本进攻我们的西海岸而采取正当的防卫措施，三是当局因为军事紧急情况而决定命令所有的日本裔公民暂时隔离在西海岸之外，四是因为国会在战时相信而且必须相信我们的军事领袖，决定他们应该有权这样做。证据显示，有些日本裔公民对美国不忠诚，军事当局觉得很有必要采取行动，而且时间十分紧迫。我们不能冷静地回顾过去，现在才说当时的行动是不公正的。

维持原判。

法兰克福大法官附和判决。

以我对34号平民驱逐令的理解，是松丰三郎原来居住在1号军事区，继续逗留在该地区触犯了法律，除非是住在该地区的集散中心内。尽管德威特将军发布的一系列命令构成一套完整的指令，这些指令很清晰，并不矛盾。这些指令要求是松丰三郎有义务遵守规定的方法，离开1号军事区向集散中心报道。是松丰三郎违反军事命令是否构成

① 远藤三津枝是日本裔美籍公民，从未去过日本，也不会说日语，是加利福尼亚州的机动车管理部职员，她哥哥在美军服役。太平洋战争爆发后被送到日本裔人士集中营。1944年12月18日，美国最高法庭所有法官一致判决美国政府不得继续羁押表示对美国效忠的日本裔公民。——译者注

犯罪是本案的焦点，我不认为平林案的法律依据不能支持本案的军事命令。因此我同意本庭的判决，并想再添几句话。

宪法既授予国会和总统发动战争的权力，也授予追求和平的权力。最近我们有机会赞同并援引前任修斯大法官的话，政府发动战争的权力是"成功地发动战争的权力"。因此，我们必须在战争的前提下判断战时采取的行动是否合法。我们不能因为某种行动在和平年代是非法的，而将战争年代的行动贴上非法的标签。

当指挥官出于战争需要的判断而颁布军事命令，当我们指责那是一条"违反宪法的军令"，就相当于给一部分宪法上蒙上违宪的气氛。军事当局和法官各自的行动范围当然是非常不同的。然而在他们的行动范围内，指挥官们和法官们一样尊重宪法。"和其他权力一样，美国的战争权力也受到宪法的制约。"如果我们一方面承认军令是战时"合理的临时军事防备措施"；另一方面又斥责军令违宪，那将把宪法变成微妙的狡辩工具，这并非宪法的本意，因为起草宪法的国父大多数是打过仗的。假如我们现在复审的军令不允许采取能够获胜的战争手段，那种军事行动岂不是与跨州商业委员会根据宪法授权的行动一样符合宪法了？既然是行使宪法明确授予的战争权力，我们就必须采取有效的军事行动来保卫国家安全和人民生命安全。我认为，宪法并没有禁止国会将违反军令的行为交由法庭审判。我们判决宪法并不禁止有争议的军事措施，不等于我们也赞同国会和总统的行为。但那是他们的事，不是司法部门的事。

罗伯兹大法官发表反对意见。

我反对，因为我认为不可争辩的事实揭示了明显违反宪法权利的行为。

本案与平林案中禁止民众夜间外出的宵禁不同，不是为了个人或社区的安全而将公民暂时从某一区域驱逐，也不是因为一位公民逗留在某一区域将对他个人或邻居造成危险而给他暂时离开的机会。相反，本案中一位公民不愿意被羁押在集中营而被判有罪，原因是他的血统，仅仅是因为他的血统，至于他对美国是否忠诚友好，我们既没有证据，也不去调查。如果上述的事实是正确的且被司法认定，我无需赘述便能得出结论，即宪法授予请愿人的权利被侵犯了。

我认为政府的论点和本庭的判决错误地将一个不可分割的整体一分为二，从而使人错误地认为请愿人违反了一条国会批准的军令，该命令驱逐他离开家园，而他拒绝自愿离开，并且明知故犯地藐视国会的法令。

请愿人居住在加利福尼亚，是在美国出生的日本裔，无争议的证据显示他是一位忠诚的美国公民。按时间顺序排列的一系列事件显示，其实请愿人的违法行为并非违反驱逐令要求他主动离开位于军事区的家园。我们必须特别注意日期和事件发生的顺序。

1941 年 12 月 8 日，美国对日宣战。

1942 年 2 月 19 日，为"防止敌人对国防物资、建筑物和设施刺探情报和破坏"，总统颁布第 9066 号命令，授权有关军事指挥人员酌情"划分军事区"，并在指定范围内驱逐任何人或所有人，此外"军事指挥员可酌情限制"任何人进入、滞留或离开军事区。

1942 年 2 月 20 日，德威特准将被任命为西部防卫指挥部总指挥，负责最西部大约占美国总面积四分之一的地区。

3 月 2 日，德威特将军发布 1 号公告，称整个太平洋海岸"特别有可能受到攻击和入侵，因此也是间谍活动的对象并遭到破坏。"该命令宣布"出于军事需要"，某些军事区域将被划为 1、2 号军事区。此外，今后的命令根据形势可能要求从整个 1 号军事区驱逐某些人，并从 2 号军事区的某些部分驱逐某些人。此后的公告结合 1 号令将加利福尼亚、华盛顿、俄勒冈、爱达荷、蒙大拿、内华达、犹他州和亚利桑那州南部划为军事区。命令要求任何在 1 号军事区居住的日本裔、德国裔和意大利裔人士如果想搬家，就必须向当局呈交改变住处通知。

请愿人居住的圣林德罗位于 1 号军事区内。

1942 年 3 月 2 日，请愿人得到通知，为了防止间谍和破坏活动，总统下令授权军方将其驱逐出某些地区，防止他未经许可进入或离开某些地区。他得到通知，根据军事命令，其居住地被包括在 1 号地区。此外他还得到通知，军事指挥官今后可能下令，某些尚未确定的人士将被驱逐出若干地区，包括他的居住地。

1942 年 3 月 21 日，国会通过法令，任何人故意进入、逗留在或离开军事指挥官规定的军事地区，并进行任何违反这些地区内禁止的活动或违反军事指挥官的命令，将被视为犯轻罪。请愿人因此被检控违反国会法令。

1942 年 3 月 24 日，德威特将军宣布在其管辖的某些地区实行宵禁。该条命令的效力在平林案中得到肯定。

1942 年 3 月 24 日，德威特将军颁布在特定地区的一系列驱逐令。

1942 年 3 月 27 日，德威特将军在 4 号公告中宣布，为了给日本裔人士提供福利并保证他们有序地从 1 号军事区自愿撤离和搬迁，必须限制并管理迁移行动。德威特将军还下令，1942 年 3 月 29 日之后，在 1 号军事区内的所有日本裔移民和日本血统人士将被禁止离开该地区，直至指挥部此后公告或下令允许或指挥他们离开。

至此时，并没有命令将请愿人从他居住的地区驱逐出去。根据 4 号公告，请愿人在 1942 年 3 月 29 日之后被限制在 1 号军事区的范围内。如果按照 9066 号总统令和国会法令的字面解释而离开 1 号军事区，那么请愿人便违反了 4 号公告而犯下了轻罪。

1942 年 5 月 3 日，德威特将军颁布了 34 号平民驱逐令，规定 1942 年 5 月 8 日 12 点之后，所有日本血统的人士，包括移民和非移民，将被驱逐出 1 号军事区的部分地区，包括加利福尼亚州的阿拉米达。命令要求每户的户主和单身居住的人士在特定的时间到平民控制中心报道，接受指令前往集散中心。若任何人不遵守命令，在规定的日期后在该地区被发现，将按上述 1942 年 3 月 21 日的国会法令被检控。需要注意的重点是，34 号驱逐令的条文并没有对"根据指挥部的指令建立的集散中心"范围内人士作具体规定。把这些命令汇总起来，其目的显然是以刑事检控威胁，将所有的日本裔公民都驱赶到他们居住地的集散中心。

请愿人面临的困境是：根据军令，他被禁止离开居住地。然而根据军令，某一日期之后他将不能逗留在他的居住地，除非是逗留在该地区的集散中心内。德威特将军向作战部长报告了有关撤离和迁移日本裔的情况，该报告和上述的事实十分清楚，集散中心其实就是监狱的委婉代名词，除非有军令，任何人都不得离开集散中心。

请愿人不敢留在家里，也不能自愿地离开军事区，无论怎样做都属于犯罪，避免惩罚的唯一方法就是去集散中心，将自己关进军事监狱，他进退两难，于是决定什么都不做。

1942 年 6 月 12 日，请愿人在北加利福尼亚地区法庭被起诉，罪名是故意逗留在 34 号驱逐令禁止他逗留的军事区。请愿人对起诉书表示异议被驳回，他拒绝认罪，庭审后被判有罪，缓刑 5 年。然而我们知道，请愿人曾被军方逮捕并羁押在集散中心。此外，我们还知道 1942 年 3 月 18 日，总统颁发 9102 号行政命令，成立战争迁移局，与西岸防线指挥部合作建造所谓的迁移中心，其实就是集中营。请愿人被羁押在居住地的集散中心，然后搬到迁移中心。就如远藤案那样，请愿人被非法关押。

政府在本案的辩论中强调好像请愿人被捕和检控时只有一条 34 号驱逐令，命令他离开居住地，起诉书的依据就是 34 号令。这种辩解显然奏效了。判决书引用了平林案，来证明在紧急状况下的宵禁令是有效的。接下来政府辩称，尽管从危险地区驱逐请愿人比宵禁更极端，但是两者的性质相同，都是在突发紧急状况下必要的权宜之计。我认为，这是用一个假设的案件来替代法庭审理的真实案件。我也许能够同意法庭对假设案件的判决。当我们突然遇到危险时，每个美国公民的来去自由可以暂时受限制或被中止。民政部门必须经常将公民从一个地区撤离，例如在大火时划出一条火线，或是在瘟疫时疏散人口。如果 34 号驱逐令也属于那种性质，那么引用平林案的判决是正确的。但是本案和远藤案的案情显示，驱逐其实是整个强制羁押计划的一部分。所以我们不能基于一种小概率的可能性来判断暂时驱逐令的效力，即允许某地的居民离开，然后前往军事区之外的地方。在本案中采用任何类似的假设便是无视事实。

如上所述，请愿人被捕前面临两道互相矛盾的命令，这两道命令的依据都是国会在 1942 年 3 月 21 日颁布的法令。如果他离开原居住地便触犯了第一道命令，如果他逗留在原住地便触犯了第二道命令。

假设一位公民受制于两条法律，或两条都具有法律效力的命令，遵守其中一条便触犯了另一条，惩罚他触犯任何一条法律都剥夺了他的正当法律程序。我认为在这种情况下，判决他触犯其中任何一条法律都是站不住脚的。

我们不能无视现实，如果请愿人想违反4号公告离开他居住的军事区，他将会被捕、受审并被判违反4号公告。这两条矛盾的命令，一条命令他留下，另一条命令他离开，其实是军事当局故意设下的陷阱，来达到其真实的目的，即将他关进集中营。

为了避免被捕和检控，请愿人只有一条路，那就是到平民控制中心报道，然后按指示前往集中营。我们知道事实如此。我们为什么要编造虚构和人为的局面，而不是面对案件的现实呢？

在赤裸裸的现实面前有人建议，强迫美国公民接受非法监禁是合法的，因为去了集散中心之后，想必他会像远藤那样通过申请人身保护令[①]获释。然而当他面临两条互相矛盾的法律时，为了避免违反其中的任何一条，我们的答案当然是，无论时间长短，他都无需放弃他的自由。至于羁押是撤离过程中所必需的论点也是不成立的，现在我们仅讨论羁押的合法性。

这倒是一条宪法的新学说。一个人因为不服从一条违宪的法律而被判有罪，他却不能因为法律无效而为自己辩护，尽管他知道法律是非法的。他必须先服从，只有经过被判有罪和量刑的耻辱之后，而不是之前，他才能在监狱的铁窗之内挑战法律是否有效。

此外，本案判决的一部分是基于请愿人希望留在自己的家中，这是题外话。如果事实上他是被逼迫留在家中的，那么无视军令其实是在有限的范围内行使宪法的权利，因为一道军令逼迫他留在家中，从而能够判决他违反了另一道禁止他留在家中的军令。

我认为应该推翻有罪的判决。

墨菲大法官发表反对意见。

在没有戒严令的情况下，出于军事需要而从太平洋海岸驱逐"所有日本血统人士，无论是移民还是非移民"是不应该被批准的。这种驱逐已经超过了"宪法权力的边缘"，陷入了丑陋的种族主义深渊。

当我们处理与发动战争有关的案子时，我们必须尊重并考虑军事当局所作的判断，因为他们在现场，充分了解战况。他们的裁决权的范围必须很宽，这是常识。他们的判断不应该被外行轻易地推翻，因为外行们所受的训练和责任不足以聪明地处理对国家安全至关重要的大事。

然而，军事裁决权也必须有明确的界限，特别是在没有宣布戒严令的情况下。当军事需要缺乏实质和根据的时候，我们不能以军事需要来剥夺宪法赋予个人的权利。军事的要求必须通过司法程序检验是否合理，而且必须与其他利益调和。

军事裁决权的准许的界限是什么？在特殊个案中军事裁决权是否超过了界限？这是

---

① 此处用的 writ of habeas corpus 是拉丁文，直译是"你有身体"，即人身保护令，是法庭发出的一种命令，要求实行拘留的政府机构和监狱官员把被关押的人带到法院，并说明关押他的理由。如果法官发现关押的理由不充分，有权命令释放他。——译者注

司法回答的问题。

我们用司法检验政府是否能以军事需要为理由剥夺宪法赋予个人的权利的标准是，剥夺权利的措施是否与公共危险有关，这种危险必须是如此"迫在眉睫"而不允许任何延误，也不允许通过普通的宪法程序干预来缓解危险。

34 号平民驱逐令要求从太平洋海岸地区驱逐"所有的日本血统人士，无论是移民还是非移民"，显然无法通过上述的司法检验。该命令显然是种族歧视，剥夺了《宪法第 5 修正案》保证公民享受的平等法律保护。该命令还剥夺了宪法赋予公民决定居住和工作的地点，选择建立家庭的地点和行动自由的权利。该命令不通过听证就剥夺这些福利，便剥夺了宪法赋予他们的正当法律程序权。然而，该命令与"迫在眉睫"的公共危险之间并没有合理的关系来支持这种种族限制，在没有戒严令的情况下，这种限制是这个国家有史以来最彻底、最完全地剥夺宪法授予人民的权利。

我们必须承认，1942 年春天陆、海军事形势十分严峻，导致人们产生太平洋海岸可能被入侵的恐惧，以及对间谍和破坏活动的恐惧。因此，军事指挥有理由采取所有合理的措施对付这些危险。根据当时的危险来评判军事行动，我们不应该树立过分挑剔的高标准，军事行动与排除入侵的危险以及破坏和间谍活动之间有合理的关系即可。然而，暂时或永久地驱逐所有的血管里流着日本血液的人并不存在这种合理的关系。之所以缺乏这种关系，是因为驱逐令合理与否完全取决于一种假设，即所有的日本血统人士都可能具有进行破坏和间谍活动的危险倾向，而且可能以其他方式帮助日本敌人。我很难相信这种假设有任何理性、逻辑和经验的依据。

强制的驱逐行动主要是基于种族罪恶的错误假设，而不是前线指挥官就太平洋海岸地区疏散人口的最终报告证明的真诚军事需要。在最终报告中，前线指挥官将所有的日本裔人士都说成"颠覆份子"，属于"敌人的种族"，他们的"种族血统尚未被稀释"，成为"太平洋沿岸 112 000 多名逍遥法外的潜在敌人"。然而，前线指挥官并没有提供任何可信的证据来支持将所有的日本裔人士都定罪，例如这些人普遍对美国不忠诚，他们的行为对该地区的国防设施或军事工业构成特殊的威胁，或他们的行为不端，为驱逐他们整个群体提供了合理的依据。

相反，驱逐主要是基于可疑的种族和社会学理由，这并非军事专家判断的领域，其他还有一些用毫无根据的间接证据佐证的准军事结论。日本裔人士之所以被定罪，乃因为他们是"一个庞大而没有融入美国的紧密团结的族群，被强大的种族、文化、风俗和宗教的纽带与敌对国捆绑在一起"。据称他们热衷于"天皇崇拜仪式"并拥有"双重国籍"。日文学校和亲日组织是不忠诚群体的证据，此外他们中的一些人常年居住在日本受教育。他们中许多人故意住在"战略地点附近"，如果图谋不轨的人数足够，他们将能进行大规模的破坏活动。

驱逐的另外一个理由是保护性收容。前线指挥官的报告中不点名地提到了"若干起暴力事件"，还有其他多起未经证实的积案。加上其他与日裔美国人并无关系的事件，报告的结论是，"目前形势对日本裔人士充满危险"，广大民众可能"采取自发行动"。最后报告还暗示，日本裔人士涉嫌在太平洋海岸地区进行了三起小规模、孤立的炮击和爆炸事件，尽管并没有直接证据，也没有人被检控。

疏散令的合法性主要取决于军事需要，而军事需要的依据是暗示某些个人主动通敌，从而推断我们不能相信整个日本裔族群会对美国保持忠诚。不可否认的是，在太平洋海岸地区确实是有一些对美国不忠诚的日本裔人士，他们尽力帮助他们的祖国。但是许多日耳曼裔、意大利裔甚至我们国内的盎格鲁－撒克逊后裔其实也涉及类似的不忠诚行为。用个别人不忠诚的例子来推断整个族群不忠诚，并以此为理由歧视整个族群，那就是否认我们的法治精神，即剥夺权利的唯一理由只能是本人有罪。此外，疏散令的核心就是推断，专制的暴政利用这种推断来卑鄙地迫害少数族群，而专制暴政又正是我们的国家发誓要摧毁的。无论太平洋海岸指挥官的本意是多么善良，用宪法来支持本案中的推断，就如同采取我们的敌人所惯用的最残酷的理论，那就是摧毁个人的尊严，鼓励并打开歧视的大门，以便今后迫害其他的少数民族。

对于日耳曼裔和意大利裔人士，我们通过调查和听证来鉴别他们中的个人是否忠诚，但是检方没有给出充分的理由，为什么不能用同样的方法对待日本裔人士？检方仅辩称日本裔族群的忠诚度"未知，且时间紧迫"。然而，从珍珠港事件发生到下达第一道驱逐令已经过去了近4个月，到下达最后一道驱逐令已经过去了近8个月，直至近11个月后的今天，仍有"颠覆份子"尚未被驱逐。懈怠和故意似乎比速度更为重要。目前的形势还没有严重到需要宣布戒严的程度，这更应该使我们相信，时间和军事需要这两个因素其实并没有所说的那么紧迫。

此外，没有充分的证据显示，在这么长的一段时间里，联邦调查局和陆、海军情报部门对间谍和破坏活动并不了如指掌。即使在珍珠港事件发生之后日本裔人士尚未失去自由时，检方并不否认没有一个日本裔人士因为进行间谍或破坏活动而被检控或判刑。这一事实证明绝大多数日本裔人士是忠诚的，同时也证明反间谍反破坏的现行措施是有效的。难以置信的是，在这种情况下为112 000位日本裔人士——或至少为其中的70 000美国公民——举行忠诚度听证会是不可能做到的，特别是其中有一大部分儿童和老人。即使为了确保程序公正而造成了不便，也不能成为侵犯宪法赋予个人权利的理由。

因此，我反对这种合法化的种族主义。在民主的生活方式里，任何形式、任何程度的种族歧视都没有理由存在。种族歧视在任何情况下都是肮脏的，尤其是在信奉美国宪法原则的人群中，种族歧视特别令人作呕。在我们这个国家里，所有居民的血统和文化都跟外国有某种亲属关系。但是他们仍然是美国独特的新文明的必要组成部分。因此，所有的人都应该是美国实验的后代，都应该享受宪法确保他们的权利和自由。

杰克逊大法官发表反对意见。

是松丰三郎的父母都是日本人，但他生在美国的土地上。根据宪法出生地的原则，他便是美国公民，因为他的居住地在加利福尼亚，他便是加州的居民。并没有人指控他对美国不忠诚。除了本案涉及的事项之外，他是个奉公守法的人。然而是松丰三郎被判有罪，这种罪名通常并不属于犯罪的行为，他无非是逗留在他的居住地，离他的出生地很近，他在那个地方度过了一生。

更反常的是那一系列将使是松丰三郎的行为定性为犯罪的军令，非但禁止他在居住地逗留，还禁止他离开。因为那些命令的语言自相矛盾，为了避免违反军令，除了向军事当局报到之外，是松丰三郎别无选择。这就意味着它将被羁押、审查，并背井离乡，然后被无限期地关在拘留营里。

然而只有父母都是日本人的公民留在那个区域才构成犯罪。因为是松丰三郎属于四种人的范畴，才构成违反军令，另外三种人分别是德国裔敌侨、意大利裔敌侨，或是尽管父母都是在美国出生，但是本人被判有叛国罪而假释在外的美国公民。他们是否有罪并不取决于他们的行为或思想，而是取决于他们的族裔。

如果我们的制度基于某种假设，那么犯罪的行为应该是本人的，而不应该是世袭的。即便一个人的父母和祖先都犯下了叛国罪，我们的宪法禁止惩罚子女或后代，宪法禁止"因为长辈的叛国罪而用血统论惩罚子女或是剥夺子女的权利，除非子女本人有叛国的行为"。然而在本案中，政府试图将一种本来应该无罪的行为入罪，唯一的理由就是因为是松丰三郎的父母，而他本人对家庭是无法选择的，同样他也无法改变自己的种族。如果国会在和平年代制订这种法律，我想本庭是一定会拒绝执行的。

然而，是松丰三郎违反的这条"法律"并不是国会制订的，而是一条军事命令。无论是国会制订的法律，还是行政部门颁布的命令，哪怕两者加在一起，都不能构成判罪的根据。而判决的根据是德威特将军颁发的军事命令。控方称，如果军方有合理的军事理由颁布军令，那就应该是符合宪法的，就可以变成法律，那法庭也就必须执行。鉴于若干理由，对于这种理论我不敢苟同。

有人持有甚至坚持一种观点，即凡是在执行军事行动区域里颁布的具体军令，都应该能够禁得起宪法的检验。我认为这种观点非但不实际，还是一种危险的理想主义。我们的军队必须保卫社会，而不是保卫宪法。军队的任务是运用武力并排除一切障碍，从而获得一切战略优势。我们不应该将和平年代对民事当局设置的种种限制运用到国防措施上。法庭不能用对合理常人的要求来要求战时的指挥官，因为他可能过分地小心谨慎，而且也许他是对的。然而，当指挥官将他的注意力暂时集中在他防守的社区时，他的任务是用兵，而不是制定像法庭所理解那样的法律。作为指挥官，他有权颁布军令，但是从宪法的角度来看，这些命令可能很糟糕。

虽然我们不能用宪法来限制军事行动，我也不会通过歪曲宪法来批准所有必要的军事行动。然而，这就是本庭自觉或不自觉正在做的事情。据目前我所掌握的证据，我无法断言德威特的命令不是合理且必要的，同样我也无法断言他的命令是合理且必要的。即便他颁布的军令在军事上应该是被许可的，我认为这并不等于说军令是符合宪法的。如果像本庭判决的那样，我们不如干脆说任何军令都是符合宪法而一劳永逸。

本案显示了法庭在审查军令的必要性时所受的限制。然而，本庭怎么知道那些军令的必要性是否合理呢？无论本庭还是其他法庭并没有掌握任何这方面的证据。德威特报告的可信度存在尖锐的争议。于是在没有任何真实证据的情况下，本庭没有其他选择，不得不接受德威特将军出于自利的陈述是合理的，他的陈述既没有宣誓，也没有经过律师的交叉盘问。因此，今后法庭审查军令是否合理时都只能如此办理。

事情的本质是，司法部门无法对军事决策作出明智的评估。因为军事决策并非基于证据，而是基于保密的情报，或是基于无法证明的假设。如果向法庭公布军令所依据的情报，就有把情报泄露给敌军的风险，此外法庭也不能根据保密的通讯作出决定。如果颁发命令的军事当局从军事的角度宣布军令是合理且必需的，法庭除了认可之外别无其他选择。

遣送羁押日本裔公民的军事行动剥夺了这些人的自由，这一点无需赘述。然而与军令本身相比，通过司法程序解释宪法的正当程序条款，从而维持军令的合法性，这将是对自由更加巧妙的打击。无论军令如何违宪，军事危险一旦终止，军令也就寿终正寝了。即使在非常时期，下一位指挥官也可能撤回军令。然而我们一旦通过司法判决将违宪的军令理性化，把军令变成是符合宪法的，或是将宪法理性化，让宪法支持种族歧视的军令，那就相当于本庭从此在刑事诉讼程序中将种族歧视的原则和遣送美国公民的行为合法化。种族歧视的原则就像一把子弹上了膛的枪，只要当局能提出的任何紧急状况看起来似乎可信，便可以扣动扳机。如此每重复一次，种族歧视的原则便会在我们的法律和思想里更深地扎下根，并延伸用于其他新的目的。所有关心法庭司法的人士都很熟悉卡多索法官所说的那句话，"原则的趋势是扩展到逻辑的极限"。一条军令可能践踏宪法，但那只是一次孤立的事件。但如果经过我们的审查并批准，过去的事件就变成了宪法的理论。于是，这一事件便具有了自身繁衍的能力，它所创造的一切便是自己的影子。没有任何事情能比本庭对此案的判决更危险了。

有人辩称，我们之所以维持对松丰三郎的原判，是因为我们也维持了平林诉美国案的原判，该案涉及对日本裔公民实行宵禁。我觉得我们应该从中吸取教训。

在平林诉美国案中，我们仅需考虑宵禁，因为那是维持平林有罪判决和量刑的唯一技术因素。尽管我们屈服了，但是首席大法官尽可能用语言小心地维护判决，他说：

"鉴于宵禁令前后所有相关的情况，我们调查的范围仅限于被挑战的军令和法律是否为实施宵禁的行动提供了合理的根据。我们对判决作了定义，我们仅裁决宵禁的实施和时间在战争权力的范围之内。"而且"我们有必要考虑这种判决是否能够，以及在多大程度上能够支持与宵禁令不同的军事命令"。

尽管我们对平林案的判决使用了限制性的语言，我们还是将基于父母种族对公民的歧视合法化了，尽管那种歧视还比较温和，只是短暂地剥夺了日本裔公民的人身自由。而在本案中，我们将支持种族歧视的原则从温和的措施推向粗暴，从短暂的措施推向无限期的措施。本案判决所依据的先例是平林案，现在本庭却说我们在平林案中已经裁决了其实并没有裁决的事情。因为我们在平林案中说了可以在夜间将那些公民禁锢在家中，所以我们也必须要求他们离开家园，既然如此，我们还可以将他们拘押起来并遣送到外州，既然如此，我们还可以无限期地把他们关押在拘留营里。在提出可信的原因之前，我不知道本案判决的种族歧视原则还会延伸到多远。

我觉得民事法庭不应该执行超出宪法范围的军令，尽管军事当局认为他们是在合理地行使军事的职权。法庭只能行使司法权、只能运用法律，而且必须遵守宪法，否则法庭将不再是民事法庭，而变成了军事政策的工具。

当然，取决于实力的军事力量游离不定，其权力高度集中，且不考虑个人利益，这就必然会对自由造成威胁。尽管如此，我还是不会让人们依赖本庭作出我认为是虚假的评审。军事命令是否合理只能由军队的高层来决定。如果人们让军事指挥权落入不负责任且不讲原则的人手中，法庭的干预权是受到限制的。无论过去还是将来，军队指挥官所受的限制主要是为他们同龄人的政治判断负责，同时还要对历史的道德审判负责。

身为大法官，我应尽的义务并不要求我判断德威特将军的疏散和拘押的行动在军事上是否合理且必须。我并不是说法庭应该试图干预军队的行动，但是我认为军队不应该签发违反宪法的命令。我会推翻下级法庭的判决并释放囚犯。

摩根诉弗吉尼亚

Morgan v. Virginia

328 U.S. 373（1946）

1946 年 3 月 27 日辩论；1946 年 6 月 3 日判决。

上诉至弗吉尼亚最高上诉庭的判决。

摘要：

1. 弗吉尼亚 1942 年法典 4097z 至 4097dd 条要求在跨州和州内行驶的机动车将白人和黑人旅客隔离，该法律运用于乘坐跨州车辆的旅客是无效的，因为隔离旅客给跨州商业增加负担，与《美国宪法》第 1 条第 8 款第 3 节相悖，尽管国会并没有对此立法。

2. 如果州的法律非法影响跨州商业，州政府根据宪法第 10 修正案保留的权力并不能使这种法律有效。

3. 一位跨州旅行的乘客被刑事检控违反上述法律，因为该法律给跨州商业增加了负担，所以该旅客有资格挑战这条法律的效力。

4. 如果根据宪法需要在跨州商业中使用统一标准，以达到一个法律允许的目的，那么不正当地给跨州商业增加负担的立法便是无效的。

5. 州政府不能简单地以其治安执法权为由给跨州商业增加不正当的负担。

6. 在跨州的机动车上为不同的种族安排座位需要统一的规则，以促进和保护国内旅行。

推翻弗吉尼亚州的判决。

上诉人是跨州旅行的乘客，被判违反弗吉尼亚 1942 年法典 4097dd 条有关在公共汽车上隔离白种人和有色人种旅客的规定。弗吉尼亚最高上诉庭维持一审判决。上诉至本庭后，本庭推翻弗吉尼亚上诉庭的判决。

礼德大法官代表本庭宣布判决。

上诉人要求本庭审查弗吉尼亚州的一条法律是否符合宪法，该条法律要求汽车公司在所有州内和跨州的载客机动车上将白种人和有色人种旅客隔离，以保证没有不同种族的旅客同时坐在相邻的座位上。违反隔离的要求构成轻罪。驾驶员或其他负责人士可按需增加或减少分配给不同种族的座位，也可要求旅客服从分配换座位。如果运营商不执行这一规定也会被判处轻罪。

跨州机动车的营运商对跨州旅行的本案上诉人执行该条法律的规定。根据弗吉尼亚最高上诉庭提供的事实，上诉人是黑人，乘坐公共汽车从弗吉尼亚的格鲁塞斯特郡经过哥伦比亚特区去马里兰州的巴尔的摩终点站。车上还有其他乘客，既有白人，也有黑人。司机要求上诉人坐到后排有其他黑人的座位上，给白人让座，她拒绝了。于是上诉人被捕、受审并被判违反《弗吉尼亚法典》4097dd 条。上诉人要求推翻判决重审，弗吉尼亚最高上诉庭维持一审有罪判决。上诉庭认为弗吉尼亚法律对上诉人适用，因为该法律"涵盖了跨州和州内所有的机动车和乘客"。上诉人辩称该法律无效，因为州政府将立法权授予汽车公司，其依据是当时另外一宗案子的判决："不能将立法的权力授予汽车公司，因为法律是谴责被告违法，而不是谴责被告违反汽车公司的规定。"上诉法庭拒绝接受上诉人这一辩护。

上诉人并没有质疑上诉庭对法律的解释。

上诉人称弗吉尼亚上诉庭的错误有二：一是，上诉庭的判决与《美国宪法》第 1 条第 8 款第 3 节相悖；二是，上诉庭的判决中提到《宪法第 10 修正案》允许州政府保留权力，其中包括要求跨州公共汽车的乘客坐在只限于本人种族占用的座位上。其实我们只要考虑第一个问题就够了，因为如果州法给跨州商业增加非法的负担，那么州政府所保留的权力不能使这样的法律生效。

州上诉法庭认为上诉人有资格挑战法律的有效性，因为该条法律给跨州商业增加了负担，我们同意。如果这种负担是不当的，那么对上诉人的有罪判决便应该是无效的。弗吉尼亚州的法律非但影响了上诉人，还影响到了运输公司。宪法保护商业不承受负担，这有利于上诉人挑战政府指控她违反法律。

本庭必须经常决定那些违反宪法干预全国跨州商业的州法是否有效。上诉人向本庭提出的问题涉及的法律对乘坐跨州车辆的跨州旅客强迫实行种族隔离。

总的来说，我们很难确定在多大程度上应该允许国家限制州政府的权力，我们甚至都无法确定对某种具体法律的限制，如税收、医疗保健或安全。然而，我们有一条公认的抽象原则，可以用来作为基本条件检验某一条特定的州法，即使国会不采取行动，这条法律也超出州的立法权限。这就是说，根据宪法需要在跨州商业中使用统一标准，以达到一个法律允许的目的，如果立法不正当地给跨州商业增加负担，那便是无效的。

统一标准对商业运行至关重要，州政府不能将地方的规定强加给商业运作。当然，以上这条原则也并不精确。尽管这条原则是抽象的，当我们运用这条原则来检验州政府执行一条法律，这就要求我们具体确定该法律是否会为商业增加负担。在原则的大框架之内，每宗案子的案情各异。

在运输领域，一系列案子的判决，如果国会没有采取行动，即使州法会影响跨州商业，州政府仍然可以制订仅对本地商业有影响的法律。同样没有争议的是，即使国会没有采取行动，如果州的立法或法庭的最终判决严重地影响了跨州商业，那么这种法律或判决便是无效的。

因为宪法把最终管理商业的权力赋予国会，而不是各州，所以各州立法干预商业的程度可以由联邦法庭来衡量，以确定州法给商业造成的负担是否违宪。同样，州法庭不可以宣布联邦法无效，因为在《宪法第 5 修正案》规定的权限之内，国会有权给商业增加负担，前提是这种负担是为了达到宪法许可的目的所必需的。

弗吉尼亚的法律被攻击的理由是法律给跨州商业增加了过分的负担。上诉庭说该条法律之所以被通过，是因为州政府行使治安执法权，以避免种族之间的摩擦。但是本庭多年前就指出，"州政府不能简单地援引其治安执法权来绕过这条规则"。对商业的负担就是州政府采取的行动直接"影响交通设施的可用性"。除了增加成本和造成延误之外，我们认为这种影响还可以是其他的形式。如果州法命令跨州旅客根据当地的要求而不是全国的要求在车上换座位，便对跨州旅行造成了负担。

在上诉人的旅途中，该条法律要求她通过弗吉尼亚州的时候坐在种族隔离的座位上。在旅途中，"为了旅客的舒适和方便"，座位的安排可以在"任何时候"改变。这就是本案所发生的事情。改变座位安排时，法律授权司机在必要和适当的时候要求任何旅客换座位。当汽车在弗吉尼亚境内行驶时，旅客人种因上下车而改变，跨州的旅客就必须反复更换座位。到达哥伦比特区（华盛顿）时，上诉人便可以自由挑选任何空座位，直至旅途终点。

乘公共汽车的跨州旅客从北向南，从东向西，白天黑夜都可能经过弗吉尼亚州。大型公共汽车的舒适程度接近卧铺，座位设计便于休息。在跨州旅途中，要求旅客换座确实扰民。

除了与本案旅途有关的弗吉尼亚法律规定之外，上诉人的辩护还包括与跨州旅行有关的事实。为了衡量弗吉尼亚州法对跨州旅行造成的负担，其他州类似的法律也很重要，以便显示这些法律的累积负担，导致地方法规不可行。目前有 18 个州禁止在公共交通工具上种族隔离，10 个州要求种族隔离。其中阿拉巴马州对跨州旅客区别对待，如果跨州旅客来自没有要求种族隔离法律的州，而且持有通票，便无需更换座位。弗吉尼亚上诉庭考虑的法律以及与其相似的州的法律，或许可以被解读为并不适用于跨州旅客。

在要求种族隔离的州里，必须采取一种辨别白种人和有色人种的办法。这可以通过对种族的定义来解决。在有些种族隔离的州，只要有任何可确定的黑人血统便会被隔离。在其他要求种族隔离的州，法律条文里似乎并没有对种族下定义，所以就必须通过法庭下定义或立法来区分种族。立法对种族的定义显然是可能改变的。

我们早就认识到要求在车辆上种族隔离的州法干预了跨州旅行。这些规定限制了人们选择交通工具的自由。即使在进入汽车时代之后，私家车带来的变化对种族隔离也并没有重要的影响。本庭在 1878 年第一次审理了在商业中种族隔离的案子，如今不同种族的人旅行更远更频繁。上面几个段落中提到的事实情况强调了本庭以前在豪尔诉德奎尔（Hall v. De Cuir）案中的结论是正确的。

德奎尔案涉及阿拉巴马州的一条法律，阿拉巴马法庭和本庭对该条法律的解释是："公共交通工具的运营商必须对所有在阿拉巴马州旅行的人士一视同仁，不得因为旅客的种族或肤色而歧视。"原告豪尔是密西西比航运公司的代表，该公司的航线从新奥尔良到维克斯堡。被告德奎尔是有色人种，豪尔在路易斯安那将他从保留给白人的舱房里赶出来。本庭推翻了州法庭判被告败诉的判决，首席大法官怀特充分说明了理由。正如我们以前的讨论所显示的，当一条法律要求不同种族一起旅行时，另一条法律要求种族隔离会带来许多麻烦，就如德奎尔案和本案所发生的。其他联邦法庭也认为对跨州旅客实行种族隔离是为商业增加负担。

弗吉尼亚州的法律是否给跨州商业增加了过分负担或破坏了全国的统一标准而必须被废除呢？我们在下结论之前必须衡量若干因素。我们充分了解北部和西部之间的区别，如缅因和蒙大拿州几乎没有有色人种，伊利诺伊、俄亥俄、新泽西和宾夕法尼亚等工业州里有色人种占人口比例很小，而在南方的几个州，有色人种占 25% 至 50%，白人和有色人种分别聚居在某些地区。为了促进种族之间和睦相处，有色人种较多的州通过立法对跨州运输实行种族隔离。因为州法无法越过州界执行，也不能禁止旅客过境，于是便产生了跨州旅行种族隔离的要求。因为联邦政府并没有通过有关跨州运输种族隔离的立法，我们必须权衡地方政府对跨州旅行行使治安执法权和全国统一标准之间的关系，以确定干预商业的弗吉尼亚州法是否有效。为了促进和保护全国范围内的旅行，我们认为在跨州旅行的机动车上为不同的种族安排座位显然需要统一的规定。因此我们判决被挑战的弗吉尼亚州法律无效。

推翻原判。

布朗诉托皮卡教育局
Brown v. Board of Education of Topeka
347 U.S. 483（1954）

1952 年 12 月 9 日辩论；1953 年 12 月 8 日再次辩论；1954 年 5 月 17 日判决。
此案从堪萨斯联邦地区法庭上诉。

首席大法官沃伦代表法庭宣判。

这些案子从堪萨斯州、南卡罗来纳州、弗吉尼亚州和德拉华州上诉到最高法庭。这些案子基于不同的事实，且各地的情况各异，但是因为它们都涉及一个共同的法律问题，所以应该在这些合并的判决中一起考虑。

在每一个案子中，黑人族裔的孩子们通过他们的代表要求法庭帮助他们录取到当地没有种族隔离的公立学校。在每一宗案件里，因为法律要求或允许种族隔离，白人孩子就读的学校拒绝录取这些黑人孩子。原告们称种族隔离剥夺了《宪法第 14 修正案》赋予他们的平等保护的权利。除了德拉华州的个案之外，由三位法官组成的联邦上诉庭根据最高法庭在普莱西诉弗尔格森（Plessy v. Ferguson）一案中确立的"隔离却平等"（separate but equal）的法律原则拒绝给予原告救助。根据该条法律原则，当不同的族裔享有大致相同的设施，尽管这些设施是种族隔离的，他们仍被视为得到了平等的待遇。在德拉华的个案中，该州最高法庭遵循该法律原则，但还是下令让白人的学校录取原告，理由是白人学校的条件优于黑人学校。

本案的原告称种族隔离的学校其实并不"平等"，且不可能变得"平等"，所以他们被剥夺了法律赋予他们的平等保护的权利。因为该问题显然非常重要，本法庭决定行使管辖权。此案于 1952 年首次辩论，今年再次辩论本庭提出的一些问题。

再次辩论的焦点主要是 1868 年通过的《宪法第 14 修正案》，涉及国会如何竭尽全力考虑修正案，各州如何批准修正案，当年种族隔离的做法，以及修正案的支持者和反对者的观点。现在的讨论和调查说服我们，尽管修正案的起源能够启发我们，但是还不足以解决目前面临的问题，至多只是难以确定而已。毫无疑问，内战后第 14 修正案最积极的支持者希望消除"在美国出生和移民归化的所有美国公民"之间的法律区别。而反对者们对第 14 修正案的内容和精神怀有敌意，希望修正案的效力受到最大的限制。至于国会议员和州议员的脑子里在想什么，则不得而知。

此外，有关学校的种族隔离，第 14 修正案的历史之所以难以确定，是因为当时公共教育的状况造成的。在南方，通过税收建立多民族学校的运动还不成气候。白人孩子的教育主要集中在私有组织手中，黑人的教育几乎不存在，而且几乎所有的少数民族都是文盲。事实上，许多州的法律禁止黑人受教育。对比之下，今天许多黑人在艺术、科学以及商业和专业领域取得了卓越的成就。确实，在通过第 14 修正案时北方的公立学校已经比较先进，但在国会辩论时，第 14 修正案对北方各州的影响基本上被忽视。即使在北方，公立学校的条件与今天相比也无法同日而语：课程通常是很初级的，乡村学校通常没有考试成绩，在许多州每年的学期才三个月，强制性的考勤几乎无人知晓。正因为如此，有关第 14 修正案对公共教育预期的影响确实没有多少历史可言，这也并非出乎意料。

在第 14 修正案通过之后不久的几个案例中，本庭的解释是，第 14 修正案禁止各州强加给黑人的一切歧视。"隔离却平等"的法律原则到 1896 年的普莱西诉弗尔格森案才第一次出现，但是该案仅涉及交通，而不是教育。此后，美国的法庭为这一法律原则辛苦了半个多世纪。在本庭已经有 6 宗案子涉及教育领域中"隔离却平等"的法律原则。在康明斯诉县教育局（Cumming v. County Board of Education）和林江功诉莱斯（Gong Lum v. Rice）这两宗案件中，该法律原则本身的有效性并未受到挑战。在最近几宗案件中，大学的研究生院拒绝具有同等教育水准的黑人研究生与白人学生享有某些相同的待遇，被本法庭认定有违公平。请见密苏里代表盖因斯诉加拿大（Missouri ex rel. Gaines v. Canada）、西普尔诉俄克拉荷马（Sipuel v. Oklahoma）、斯威特诉佩因特（Sweatt v. Painter）和麦克劳林诉俄克拉荷马州评议员（McLaurin v. Oklahoma State Regents）等案。而所有这些案子都无需重新审核"隔离却平等"的原则。在上述的斯威特案中，最高法庭对普莱西诉弗尔格森案是否应该适用于公共教育领域持明确的保留意见。

在本案中，我们必须直接面对这个问题。与斯威特诉佩因特案不同的是，下级法庭认为黑人学校和白人学校在校舍、课程表、教师的资质和薪水以及其他"有形"因素方面已经平等或正在趋向平等。所以，我们的不能仅限于比较每宗案件中涉及的黑人学校和白人学校的有形因素，我们必须评估种族隔离本身对公共教育造成的影响。

在探讨这个问题时，我们不能将时钟拨回通过第 14 修正案的 1868 年，也不能回到判决普莱西诉弗尔格森案的 1896 年。我们必须根据全国公共教育的充分发展以及公共教育目前在美国生活中的地位来考虑这个问题。只有这样，我们才能确定公立学校里的种族隔离是否剥夺了法律赋予原告们的平等保护权。

今天，教育可以说是各州和地方政府最重要的职能。强制接受义务教育的法律和巨额的教育经费说明我们充分认识到教育对一个民主社会的重要性。无论是承担最基本的公共责任还是服兵役，人都需要受教育。如今教育是最重要的手段，可以唤醒儿童的文化价值，为他们面对今后的专业训练做准备，并帮助他们正常地适应周边的环境。今天的儿童如果失去了受教育的机会，我们将很难合理地期望他们能在今后的生活中获得成功。既然州政府负责提供教育的机会，那受教育就是一种权利，所有的人都应该有接受教育的平等机会。

现在我们回到面临的问题：尽管学校的设施和其他"有形"的因素可能是平等的，公立学校仅根据学生的种族实行隔离，是否剥夺了少数族裔平等地接受教育的机会呢？我们认为是的。

在上述斯威特诉佩因特案中，本庭认为黑人就读的种族隔离的法学院不能为黑人提供接受教育的平等机会，我们的主要依据是，"尽管学校的某些素质很难用客观的标准来衡量，却能使一所法学院成为名校"。

在上述麦克劳林诉俄克拉荷马州评议员案中，本庭要求白人的研究生院给予黑人学生和白人学生相同的待遇，我们再次考虑了无形因素："他能否学习、参加讨论并和其他学生交流看法，总的来说，学习他的专业。"

这些考量对小学和中学的孩子们尤为重要。如果仅因为他们的种族而将他们与其他具有相同学历的同龄人分开，将会使他们对自己在社会中的地位产生自卑感，并伤害他们的心灵，这种伤害将是不可逆转的。尽管堪萨斯法庭被迫对黑人原告作出了不利的判决，但还是在判决中明确提到教育机会方面的种族隔离所产生的影响。

"在公立学校里，对白人和有色人种实施种族隔离会对有色人种的孩子造成有害的影响。当种族隔离被法律认可时，这种影响尤为严重，因为种族隔离政策通常被认为表示黑人是劣等民族。因为自卑感将会影响孩子学习的动力，所以法律认可的种族隔离将会妨碍黑人孩子的教育和智力发展，还会剥夺他们在多民族学校里可以享受的某些待遇。"

无论本庭在判决普莱西诉弗尔格森案当时处于何种心理状态，现在的判决有大量的现代案例为基础[①]。普莱西诉弗尔格森案中任何与本判决相悖的言论将被否决。

总而言之，在公共教育领域中，"隔离却平等"的法律原则没有一席之地。种族隔离的教育设施根本就是不平等的。所以基于原告指控的种族隔离，本庭判决原告和其他相同处境的人士被剥夺了《宪法第14修正案》所保证的平等法律保护。基于本判决，我们将无需再探讨种族隔离是否还违反了第14修正案的正当程序条款。

因为此类案件均为集体诉讼，本判决涉及面甚广。鉴于各地的条件迥异，撰写法庭命令将遇到非常复杂的问题。在再次辩论中，我们考虑适当的救助形式时必须服从一个首要问题，那就是教育领域的种族隔离是否违宪。现在我们已经宣布种族隔离剥夺了平

---

① 这就是著名的脚注11。根据一项社会学的研究，连黑人的孩子都更喜欢玩白皮肤的洋娃娃，以此揭示种族隔离对黑人儿童思维造成的负面影响。——译者注

等的法律保护。为了充分帮助我们撰写法庭命令，本案将重新排期，要求诉讼双方对本期开庭再次辩论时提出的第 4 个和第 5 个问题进一步提供辩论理由。我们再次邀请美国总检察长参加。我们将要求允许种族隔离的各州检察长在 1954 年 9 月 15 日之前以法庭之友的身份出庭，并在 1954 年 10 月 1 日之前呈递案件陈述。

此令。

贡米林诉莱特福特

Gomillion v. Lightfoot

364 U.S. 339（1960）

1960 年 10 月 18—19 日辩论；1960 年 11 月 14 日判决。

摘要：

黑人公民在阿拉巴马的地区联邦法庭起诉，要求判决宣布州立法会制定法案改变图斯科奇市的边界违反宪法，并要求法庭下令禁止执行该法案。原告们称，该法案将图斯科奇市的形状从原来的正方形改成一个不规则的 28 边形，改变边界后将该市原有的400 位黑人选民驱除得只剩 4 ～ 5 位黑人选民，但是并没有驱除任何白人选民，改变边界的效果是出于种族的动机剥夺[①] 黑人选民在图斯科奇市投票的权利。地区法庭驳回诉状，称法庭既无权宣布该法案无效，也无权改变州立法会确定的市镇边界。

判决：

地区法庭的判决是错误的，因为如果原告的指控属实，便能说明该法案不可避免的后果是出于种族的动机剥夺黑人的选举权，这是与第 15 修正案的精神相悖的。

（a）即便州政府享有划定市镇边界的权力，这种权力也受限于宪法，第 15 修正案禁止州政府出于种族的动机剥夺任何公民的选举权。

（b）请愿人指控一条州法不可避免的后果是出于种族的动机剥夺黑人在图斯科奇市投票的权利，该法案是禁不起推敲的，因为立法会使用的机制是对市镇的边界重新进行"政治"划分。

本庭推翻地区法庭的判决。

法兰克福大法官代表本庭判决如下。

本案挑战阿拉巴马州立法会于 1957 年通过的 140 号地方法案，该法案重新划分了图斯科奇市的边界。请愿人是阿拉巴马州的黑人公民，在重新划分边界时是图斯科奇市的居民。他们在阿拉巴马州中区联邦法庭起诉，要求法庭判决宣布 140 号法案违宪，并

---

① 此处"剥夺"选举权的意思其实是"稀释"黑人的选票。这种做法在英文中为 gerrymandering，即为使某政党或族裔在选举中获得优势而不公正划分选区，例如将某一种族的人集中到一个选区取得选举优势，或是将某一种族的人分散到周围的选区削弱他们的投票权。因为阿拉巴马的黑人本来就是少数民族，只有在黑人聚居的地方才能让他们选出一位代表少数民族利益的市长，一旦分散到周围的选区，他们投票的分量就会被稀释。——译者注

要求法庭下禁令，禁止图斯科奇市长等政府官员以及美康县政府官员对请愿人和其他处境相似的黑人执行 140 号法案。请愿人称，该法案将原是正方形的图斯科奇市改成不规则的 28 边形，如果执行该法案将违反《宪法第 14 修正案》的正当程序条款和平等保护条款，并违背《宪法第 15 修正案》剥夺了他们的选举权。

被请愿人提出动议驳回诉讼，辩称诉状没有提出可以通过司法补救的诉求，而且地区法庭对此案无管辖权。地区法庭批准了动议，原因如下：

"本庭无法控制，无法监督，也无权改变依法召开及选举的立法会为阿拉巴马州的人民确定的任何市区边界。"上诉时，第五巡回法庭维持原判，一位法官表示异议。因为此案涉及州政府凌驾于市政府的权利，并与宪法第 14 与第 15 修正案有关，我们将此案调上来审查。

诉讼到了这个阶段，我们并不关心指控是否属实，即请愿人是否能够证明他们的指控。我们面临的唯一问题是，他们声称被剥夺了美国宪法赋予他们的权利，这一指控是否能够被纠正。诉状控诉 140 号法案是一种剥夺黑人选举权的工具，依据的事实如下：在通过 140 号法案之前，图斯科奇市的边界是正方形的，如本判决附图所示，该法案将图斯科奇市变成一个奇怪的 28 边形。为图斯科奇市重新划界不可避免的结果是，将该市原有的 400 位黑人选民驱除得只剩 4～5 位黑人选民，但是并没有驱除一个白人选民或居民。该法案的结果就是有选择性地剥夺图斯科奇市黑人居民的权利，其中包括在市政府选举中投票的权利。

这些指控如果得到证明，将足够显示 140 号法案并非普通的地理划分措施，甚至超过了被滥用的相似的任意划分选区。如果这些指控在庭审中并无异议或条件限制，那将得出一个无法抗拒的结论，实际上相当于以数学演示，该法案的唯一目的就是将白人和黑人选民隔离开来，通过将黑人公民划出城市的边界，从而剥夺他们本来可以在城里投票的权利。

当我们评判一条有如此无法避免的效果的法律时，很难理解其中的障碍。根据本庭判案一贯遵循的原则，这条法律是无效的，无论表面上多么美观，显然是歧视有色人种的公民。"无论是老谋深算还是简单的歧视，《宪法第 15 修正案》都将宣布其无效"。

诉状充分指控了种族歧视。然而针对这一指控，无论是通过辩护状还是在口头辩护中，被请愿人均未提出 140 号法案对市政府相应的功能有任何作用。被请愿人只是泛泛而谈地辩称州政府有不受约束的权力，即不受美国宪法限制，可以建立、摧毁，或通过缩小或扩大重新组织市、县和划分其他地方单位的政治区域。我们承认，州政府具有这种政治权力的广度和重要性。然而把这种权力提升到绝对的高度，是曲解本庭对亨特诉匹茨堡案（Hunter v. Pittsburgh）及其他有关案件判决的范围和规则。

在亨特案中，宾夕法尼亚州阿列盖尼市多数市民投票反对，称州政府联席会议无权命令阿里盖尼与匹茨堡合并。原告称，阿列盖尼已经完成了若干城市改造工程，而匹茨堡尚在计划城市改造，所以两个城市合并后将大大增加阿里盖尼市民的纳税负担。该案仅判决（1）城市与其居民之间并无隐含的合同，市民缴纳的税款仅能用于城市的福利，及（2）若两个城市合并会导致其中一个城市居民加重纳税负担，未经正当法律程序不得剥夺其中一个城市居民的财产。被请愿人依赖的另外三个案例就更不靠谱了。这些案例只是建立了一条原则，即在州政府及其下属政府部门之间，不能仅因两者之间有关系而产生宪法保护的合约关系。

简言之，上诉到本庭的有关州政府处理政治区域划分的案子分为两类：（1）主张州政府无权消除或更改现有市镇的边界，因为政府不得破坏合同义务和《宪法第 14 修正案》的正当程序条款；及（2）主张州政府无权改变市镇的名称，从而导致当地的居民遭受严重经济损失。

以上两类案子都没有第 15 修正案限制州政府权力的理论支持。在第一类案子中，建立市镇显然是一种政治行为，并不在达特茅斯学院一案所说的合同概念范围内。至于第二类案子，本庭判决的有关税收的若干案子明显地建立了一条原则，即正当程序条款对纳税负担不公平必须追究，并且对州政府行使政治权力间接造成增加纳税负担的后果不予袒护。

尤其是那些基于宪法中涵盖范围广的条款提出的指控，其内容都是通过接纳或排除的解释过程衍生出来的，因此我们不能去掉上下文且忽略不同的案情，去引用那些以具体情况为前提的概论。所以对亨特及类似案例，我们应该正确理解那些看起来似乎并无约束的判决，州政府并无绝对的权力以任何可以想象的方法，为了任何可以想象的目的操纵市镇的事务，州政府的权威不受那些案例中宪法明令禁止特例的约束。

亨特案宣布州立法机构处置市镇拥有财产的权力并非无限的。此外，本庭在其他案件中不允许州政府废除市镇，改变市镇的边界，或与另外一个市镇合并，除非州政府为市镇的债权人保留了有效的债务追索权。例如，本庭在莫比尔诉华岑案（Mobile v. Watson）中判决如下：

"当市镇发行债券时，如果偿还债券的资金来源于市镇的征税权，宪法禁止任何收回或限制征税权而导致市镇没有足够的财力偿还债务的法律，那样的法律是无效的。"

从这一系列的判决可以得出这样的结论，本庭从未表示州政府有权对市镇为所欲为而不顾后果。州政府通过立法对市镇的控制权与其他权力一样，不能超过美国宪法限制的范围。本庭在格兰诉福尔森案（Graham v. Folsom）的判决中表示"州政府改变或废除市镇的权力，并不超过州政府废除自己制订的法律的权力"。格兰案涉及州政府的官员试图通过不征税赖掉一个已经被废除的镇的债务，麦肯那大法官参考美山（Mount Pleasant）和莫比尔两案的判决代表本庭判决如下：

"本案和那两宗案件争论的焦点相同，即改变或废除下属政府单位是政府正确地行使立法权，债权人必须服从。这一论点是站不住脚的。我们过去以及现在对此的回答是，尽管这种权力很广泛，但必须符合美国宪法，因为宪法禁止州政府通过立法来损害契约规定的义务。"

如果上述案例中宪法保护契约的观点成立，那么以下的观点同样成立。我们姑且借用上面的表达方式，即尽管这种权力很广泛，但必须符合《美国宪法第 15 修正案》，因为第 15 修正案禁止州政府出于种族的动机通过立法来剥夺公民的投票权。

被请愿人敦促本庭作出相反的结论，那将会认可州政府披着调整政治区域划分的外衣行损害投票权之实。"于是，美国宪法保证的权利将被篡改而荡然无存，这是无法想象的。"

被请愿人还援引科尔格罗夫诉格林案（Colegrove v. Green）为审理本案设置障碍。在该案中，本庭认可伊利诺伊州通过的在州内划分国会议员选区的法律。诉状基于不同选区之间人口构成的差异，认为该法律使选民在某些选区投票的效率远远低于在其他选区投票的效率。然而上述的人口差异，乃是从伊利诺伊州于 1901 年设置国会议员选区到 1946 年开始诉讼之间的人口迁移所造成的。在那段时间里，选举一直是根据 1901 年划分的选区进行的。本庭维持下级法庭驳回诉状的原判，原因是诉状提出的争议不符合本庭判决的要求。假设本案最重要的事实已经证实了，则本案的事实与科尔格罗夫案的关键事实完全不同。

科尔格罗夫案的诉状称国会议员选区的人口比例涉嫌歧视。该案上诉人仅指控州立法机构多年不作为，导致他们选票的力量被稀释。而本案的请愿人指控立法机构的主动作为剥夺了他们的选票，以及选票可能造成的优势。当立法机构挑选出本来就孤立的少数民族群体对他们进行歧视，这就违反了第 15 修正案。凡是本庭审理过的涉及选票影响力不平均分布的案子，从无一例批准显然仅削弱有色人种选票的法律，从而首肯以种族为界线的区别对待。此外，所有这些考虑都将有关种族的争议从所谓的"政治"舞台上升到传统的宪法诉讼层面。

综上所述，霍尔姆斯大法官在审理与本案有关的尼克松诉赫恩东案（Nixon v. Herndon）时指出，"请愿当然与政治行为有关"，但是"以诉讼的主题涉及政治作为反对的理由，无非是一种文字游戏"。如果一条法律涉嫌违宪剥夺请愿人的权利，那样的法律之所以应该被质疑，并不仅仅是因为立法机构采取的措施是重新划分市镇的边界。根据本案的指控，与其说阿拉巴马的立法会并非因为重新划分图斯科奇市的边界而偶然地对请愿人造成不便，还不如更精确地说，阿拉巴马的立法机构为了剥夺请愿人的市政选举权及附带的权利，同时也偶然地改变了城市的边界。尽管在形式上仅仅是重新划定边界，如果指控成立的话，这种几何及地理上的改变将不可避免地造成人类效应，即剥夺且仅仅剥夺有色人种公民本来一直享有的选举权。这与科尔格罗夫案是完全不同的。

当州政府在州的利益领域中行使权力时，联邦司法机构应该是无权过问的。然而，如果州政府行使权力的目的是规避受联邦法保护的权利，联邦司法机构便有权过问了。

这一原则适用于许多情况。当州政府在某一孤立的情况下行使被人们普遍认为是绝对权力时，如果顺便附加一个"违宪的条件"，那便是联邦法所禁止的。本庭在此类案件中的观点同样也适用于本案：

"如果用通常合法的行为去达到非法的目的，则合法的行为可能变成非法。我们不能利用宪法赋予的权利为条件去获得违宪的结果。"

请愿人应该有权通过庭审证明其指控。

鉴于上述理由，地区法庭和上诉法庭的主要结论显然是错误的，下级法庭的判决必须被推翻。

推翻原判。

洛文诉弗吉尼亚

（Loving v. Virginia）

388 U.S. 1（1967）

1967 年 4 月 10 日辩论；1967 年 6 月 12 日判决。

本案从弗吉尼亚州最高上诉法庭上诉。

摘要：

弗吉尼亚州仅以种族分类而禁止通婚的法律违反了《宪法第 14 修正案》的平等保护和正当程序条款。

推翻原判。

首席大法官沃伦代表本庭发表判决。

本庭原来从未回答过本案提出的问题：弗吉尼亚州仅以种族分类而禁止通婚的法律是否违反《宪法第 14 修正案》的平等保护条款和正当程序条款。根据上述宪法条款的中心意义，我们认为禁止异族通婚的法律不符合第 14 修正案。

1958 年 6 月，两位弗吉尼亚州的居民，女性黑人米尔特莱德·杰特（Mildred Jeter）和男性白人理查德·洛文（Richard Loving）依法在哥伦比亚特区结婚。婚后不久，洛文夫妇搬到弗吉尼亚州，在卡洛琳郡定居。1958 年 10 月，卡洛琳巡回法庭的大陪审团发出起诉书，控告洛文夫妇违反了弗吉尼亚禁止异族通婚的法律。1959 年 6 月，洛文夫妇承认有罪，被判 1 年监禁。但是审判的法官暂缓执行，改判为 25 年刑期的缓刑，条件是洛文夫妇离开弗吉尼亚州，25 年不得返回，判决词如下：

"万能的上帝创造了白种人、黑种人、黄种人、马来人和红种人，并将他们分布在分离的大陆上。从上帝的安排我们可以推断异族不得通婚。基于上帝将不同人种分开的事实，说明上帝不想让这些人种混合在一起。"

判决后，洛文夫妇搬到哥伦比亚特区居住。1963 年 11 月 6 日，他们在州法庭提出动议推翻判决并撤销刑期，理由是他们触犯的法律与《宪法第 14 修正案》相悖。1964 年 10 月 28 日，法庭尚未对该动议作出裁决，洛文夫妇在弗吉尼亚东区联邦地区法庭提出集体诉讼，要求一个由三位法官组成的合议庭宣布弗吉尼亚州禁止异族通婚的法律违宪，并禁止州政府的官员执行对他们的判决。1965 年 1 月 22 日，州法庭的法官拒绝了要求推翻原判的动议，洛文夫妇完成了他们在弗吉尼亚州最高上诉法庭的上诉状。1965 年 2 月 11 日，由三位法官组成的上诉庭允许洛文夫妇向弗吉尼亚州的终审法庭提出他们的宪法诉求。

弗吉尼亚州最高上诉法庭裁决禁止异族通婚的法律符合宪法，修改了刑期之后维持洛文夫妇的有罪判决。于是洛文夫妇再对此提出上诉，1966 年 12 月 12 日，本庭裁决肯定了对此案的管辖权。

判上诉人有罪的两条法律是一部全面的法典，其目的是禁止并惩罚异族通婚。洛文夫妇被判违反了弗吉尼亚州法典的 258 条：

"离开本州以逃避法律。——如果任何白种人和有色人种为了结婚的目的离开本州，并有意在外州结婚后返回本州，而且婚后确实返回本州居住，并以夫妇的身份同居，将按 20-59 条规定受到惩罚，他们的婚姻应被视为在本州登记的，并受本州法律管辖。他们同居的事实将构成婚姻的证据。"

该法典 259 条对异族通婚的惩罚规定如下：

"结婚的惩罚。——如果白人与有色人种结婚，或是有色人种与白人结婚，他将被判犯有重罪（felony），并被监禁 1 年以上，5 年以下。"

其他主要的条款是 20—57 条，该条法律规定所有"白人与有色人种之间的"婚姻将无需通过任何司法程序自动失效。为了禁止异族通婚，20-54 条和 1-14 条对分别"白人"和"有色人种及印第安人"做了定义。洛文先生在诉讼过程中从未否认其夫人是弗吉尼亚法典中定义的"有色人种"，也未否认自己是"白人"。

目前，美国共有 16 个州禁止异族通婚，弗吉尼亚州是其中之一。惩罚异族通婚是奴隶制的产物，从殖民时代开始就一直在弗吉尼亚州实行。目前的法典源于 1924 年通过的《种族纯洁法》，当时是第一次世界大战后，极端的生态伦理盛行。1924 年法典和现行法典的主要目的是保证"白人"只能跟另外一个"白人"结婚，发放结婚证的官员必须保证申请结婚的双方对自己种族的背景陈述无误，他们的"种族构成"将被地方和州政府存档，此外还追究既成事实的异族通婚。

为了维持下级法庭的原判并不违宪，弗吉尼亚州最高上诉法庭引用了奈姆诉奈姆案（Naim v. Naim），以该案的理由来支持禁止异族通婚法律的有效性。在奈姆案中，州法庭认为州政府"维护公民种族纯洁性"，防止"人种退化""公民杂交"和"毁灭种族自豪感"的目的是合法的，显然是在为白人至上背书。州法庭还说婚姻向来是归州政府管辖而不受联邦政府干预，所以根据《宪法第 10 修正案》，管理婚姻的权力应该留给州政府独立控制。

婚姻是一种社会关系，在州政府的民政管辖权之下，州法庭在这一点上无疑是正确的。然而，鉴于第 14 修正案的精神，州政府在本庭的辩论中并没有主张其管理婚姻的权力是无限的。但是根据麦尔诉内布拉斯加案（Meyer v. Nebraska）和斯金纳诉俄克拉荷马案（Skinner v. Oklahoma），州政府管理婚姻的权力并非无限。因此州政府转而主张平等保护条款起草者的意思仅仅是，白人和有色人种在禁止异族通婚的刑法面前应该一律平等，即违反该条法律的白人和有色人种受到的惩罚应该是相同的。尽管婚姻双方的种族分类不同，但是异族通婚的双方都受到了同样的惩罚，所以州政府辩称，禁止异族通婚的法律并没有因为种族不同而涉嫌侮辱性歧视。州政府提出的第二个论点是，既然白种人和有色人种都受到同样的惩罚，所以法律面前人人平等的理论应该是合法的。于是州政府辩称，如果平等保护条款并不否认禁止异族通婚的法律，那么接下来的问题便是，州政府对异族通婚和其他婚姻区别对待是否违宪。对于这个问题，州政府辩称科学证据对此尚无定论，所以本庭应该让州一级的立法机构来决定是否应该采取反对异族通婚政策。

第 14 修正案禁止一切侮辱性的种族歧视，因为我们觉得仅仅在种族分类的法律面前"一律平等"还不足以消除第 14 修正案所禁止的侮辱性种族歧视，所以即使禁止异族通婚的法律可能有合理的目的，我们也还是不能接受州政府的论点而支持这种法律。仅凭一律平等这一事实并不意味着我们对本案的分析必须遵循本庭在审理其他不涉及种族歧视的案例中采用的方法。例如在铁路快递公司诉纽约州案（Railway Express Agency, Inc. v. New York）中，平等保护条款被用于禁止快递公司歧视某些客户在纽约市的卡车上做广告。又如在俄亥俄联合百货公司诉鲍尔斯案（Allied Stores of Ohio, Inc. v. Bowers）中，非本州居民储藏在仓库中的货物可以免交价值税。因为在那些案例中并不涉及种族歧视，本庭所关心的唯一问题是歧视是否有合理的原因，所以本庭尊重州议会的意见。然而，本案涉及对公民进行种族分类，尽管不同的人种在法律面前人人平等，州政府必须承担沉重的举证责任来证明种族分类的合法性，凡是涉及种族的法律，第 14 修正案向来都要求立法机构证明其合法性。

弗吉尼亚州政府辩称，从第 39 届国会通过第 14 修正案时的陈述来看，国会的立法意图并非要宣布禁止异族通婚的法律违宪。州政府所引用的那些陈述是国会在制定《自由人局法案》（Freedmen's Bureau Bill）过程中的辩论。当时的约翰逊总统否决了该法案和 1866 年《民权法案》，然而国会最终还是以三分之二的多数反否决通过了。[1] 尽管那些陈述与提交第 14 修正案时国会的立法意图有一定的关系，但我们必须理解那些陈述仅与通过一条特定的法律有关，其目的与通过一项宪法修正案的根本广义目的并无关系。至于那些与第 14 修正案直接有关的陈述，我们在解决相似的问题时曾说过，尽管历史资料能够给我们"一些启发"，但是并不足以解决问题：

"无论如何历史资料都不具有结论性。南北战争后，极力提倡修宪的人士毫无疑问都希望取消对所有出生在美国或移民归化的公民之间的法律区分。而反对派人士肯定对那些修正案的文字和精神都充满了敌意，而且希望尽可能限制那些修正案的效应。"

州政府的论点是，只要在惩罚异族通婚的白人和黑人时一视同仁，与种族分类有关

---

① 《自由人局法案》是 1865 年 3 月 3 日在林肯总统任内通过的，其目的是向被解放的奴隶提供食物、住房、照顾、教育、医疗保健，并与农场主签订雇佣合同。

的刑法就满足了平等保护的要求，我们认为第 39 届国会及弗吉尼亚州立法会的辩论并不支持这一论点。

州政府称本庭对佩斯诉阿拉巴马案（Pace v. Alabama）的判决支持其"一律平等"的理论。在那宗（1883 年的）案件中，本庭维持了阿拉巴马州法庭对佩斯的有罪判决，州法庭所依据的法律禁止白人和黑人通奸，且对异族通奸的量刑重于另一条法律对同种族通奸的量刑。

本庭判决佩斯案的理由是，因为通奸双方所受的惩罚是相同的，所以那条法律并没有歧视黑人。然而在 1964 年，本庭否定了判决佩斯案的理由。我们认为，佩斯案仅代表狭义的平等保护条款，根据本庭在麦克劳格林诉佛罗里达案（McLaughlin v. Florida）中所作的分析，佩斯案的判决是站不住脚的。我们在麦克劳格林案中表示，平等保护条款要求我们考虑法律的分类是否构成武断的侮辱性歧视。第 14 修正案的中心目的显然是取消各州法律中一切侮辱性的种族歧视。

毫无疑问，弗吉尼亚州禁止异族通婚的法律完全基于种族分类。尽管婚姻是社会普遍接受的行为，那条法律却禁止异族通婚。本庭多年来始终如一地否决"完全因为公民的祖先不同而区别对待"，因为自由人的制度基于平等的理念，所以我们应该唾弃种族分类。退一步说，平等保护条款要求对种族分类进行最严格的审查，尤其是在刑法中的种族分类。如果维持种族分类的法律，政府必须证明立法是为了达到某种合法的国家目的，而不是为了第 14 修正案要消除的种族歧视。本庭的两位大法官已经表明他们"无论如何也想不出任何合法的立法意图……因为法律将一个人的肤色作为是否犯罪的检验标准（斯图亚特大法官附和，道格拉斯大法官加入）。"

除了侮辱性的种族歧视之外，弗吉尼亚州显然没有任何更重要的合法目的来支持其种族分类的法律。弗吉尼亚州仅禁止白人与异族通婚，这种法律是无法自圆其说的，其目的是维持白人至上。我们的立场始终如一，凡是根据种族来限制公民权利的法律都是违宪的。毫无疑问，仅因为种族分类而限制婚姻自由违反了平等保护条款。

第二部分

这些法律未经正当程序便剥夺了洛文夫妇的自由，所以还违反了《宪法第 14 修正案》的正当程序条款。婚姻自由一直被认为是最重要的个人权利，是自由人追求幸福所必须有的基本权利。

婚姻是"最基本的人权"，是人类存亡的基础。弗吉尼亚州的法律通过毫无理由的种族分类剥夺这项基本权利，这种分类直接与《宪法第 14 修正案》的平等原则相悖，所以未经正当法律程序便剥夺弗吉尼亚州全体公民的自由。《宪法第 14 修正案》要求，公民选择配偶的自由不受侮辱性种族歧视的限制。根据我们的宪法，是否与异族人士结婚是个人的自由，不能被州政府侵犯。

推翻下级法庭的有罪判决。

此令。

斯图亚特大法官附和。

我过去已经表达过我的信念，"如果一个人的行为是否构成犯罪取决于他的种族，根据宪法这种法律是不可能有效的"。因为我坚持这种信念，我附和本庭的判决。

加利福尼亚州立大学评议员诉巴契

Regents of Univ. of California v. Bakke 438 U.S. 265（1978）

Annotate this Case

1977 年 10 月 12 日辩论；1978 年 6 月 28 日判决。

摘要：

加利福尼亚州立大学戴维斯分校医学院采用两套招生方案招收 100 名学生，一套是常规招生方案，另一套是特殊招生方案。常规招生方案规定，以满分 4.0 为标准，本科平均成绩低于 2.5 的申请人将被自动淘汰。6 名申请人中大约有一人可以得到面试的机会，面试后，每一位招生委员会成员（1973 年由 5 位成员组成，1974 年由 6 位成员组成）按 100 分制给考生评分，评分标准基于面试官的印象、申请人的总平均成绩、理科平均成绩、医学院入学考试成绩、推荐信、课外活动和其他简历内容，最后产生一个总的"基准得分"。然后，招生委员会全体成员根据申请人的档案和成绩，以及收到的所有申请书决定是否录取。招生委员会主席负责决定候补名单，并可酌情包括有"特殊技能"者。另外一个招生委员会成员多为少数族裔，他们负责特殊招生方案。在 1973 年和 1974 年的申请表上有一栏请考生选择是否愿意被学校考虑为"经济和 / 或教育方面处于弱势"的考生或是"少数族裔"（黑人、墨西哥裔、亚裔、土著印第安人）。若一位少数族裔的考生被认为是"处于弱势"，他的评分标准将和常规招生的标准相同，但是他无需满足 2.5 分的平均成绩标准，也无需在常规招生的过程中一起排名次。1973 年和 1974 年，大约五分之一的特殊考生能得到面试的机会并被给予"基准得分"，排名领先者将被推荐给常规招生委员会。有的特殊考生如果未能满足课程要求或有其他的欠缺，常规招生委员会可以拒绝录取。特殊招生委员会将继续推荐候选人，直至 16 个特殊名额全部录取为止。在 4 年时间里，戴维斯分校的特殊招生方案共录取 63 名少数族裔学生，常规招生方案共录取 44 名少数族裔学生。尽管许多处于弱势的白人学生也申请了，但是没有一人通过特殊招生方案被录取。

被上诉人巴契是一位白人男生，他在 1973 年和 1974 年连续申请两次特殊招生，但都被纳入常规招生方案。1973 年，尽管他在满分为 500 分的面试中得了 468 分，但还是没被录取，原因是他递交申请表的时间较晚，而在他申请被受理和完成之后，没有一位低于 470 分的考生被录取，而当时特殊招生的名额还有 4 个没用掉。1974 年，该生提早申请，他在满分为 600 分的面试中得了 549 分，但还是没有被录取。在那两年里，他也没有进入酌情处理的候补录取名单。然而在那两年里，许多分数比他低得多的特殊考生被录取。第二次名落孙山后，该生在州法院起诉，要求法庭命令戴维斯分校录取他，理由是该校的特殊招生方案因为他的种族拒绝录取他，违反了《美国宪法第 14 修正案》的平等保护条款、加利福尼亚州宪法和 1964 年《民权法案》第四章 601 条。那些法律规定，凡是接受联邦财政资助的学科，均不得因为一个人的种族和肤色而拒绝该人参加招生。上诉人戴维斯分校则要求法庭宣布该校的特殊招生方案合法。

审判庭认为特殊招生方案按种族配额运作，因为少数族裔考生的评估仅在少数族裔之间互相对比，在 100 个名额中，有 16 个名额是保留给少数族裔的。审判庭宣布戴维斯分校在招生过程中不得将种族作为考虑的因素，特殊招生方案违反了联邦和州宪法，并违反了《民权法案》第四章。然而，审判庭并没有命令学校录取该生，因为没有证据能够证明，如果没有特殊招生方案他就能被录取。

加利福尼亚州最高法庭遵循严格审查的标准得出的结论是，尽管在医疗领域里取消种族隔离和增加愿意为少数民族病人服务的医生是紧迫的国家利益，但特殊招生方案并非达到这一目标的最少强制性的手段。州最高法庭没有讨论州宪法和联邦法，判决戴维斯分校的特殊招生方案违反了宪法的平等保护条款。因为戴维斯分校未能提出即使没有特殊招生方案，巴契也还是不会被录取的证据，命令戴维斯分校录取巴契。

联邦最高法庭判决：维持下级法庭原判，命令戴维斯分校录取巴契并宣布戴维斯分校的特殊招生方案无效，但对戴维斯分校今后在招生过程中是否可以将种族纳入考虑持保留意见。

鲍威尔大法官结论如下：

1.《民权法案》第四章仅禁止州政府及其下属机构采用的以种族分类而违反宪法平等保护条款的行为。

2. 任何形式的以人种或族裔分类原本就是可疑的，所以必须经得起最严格的司法审查。在某些情况下，尽管招生时考虑种族有助于实现学生群体多元化的目标，但戴维斯分校的特殊招生方案不考虑类似巴契的考生，并非实现这一紧迫目标的必要措施，所以根据平等保护条款是无效的。

3. 因为戴维斯分校未能举证显示，即使没有特殊招生方案，巴契也还是不会被录取，因此他必须被录取。

布莱侬、怀特、马歇尔和布莱克门大法官结论如下：

1.《民权法案》第四章仅禁止州政府及其下属机构采用的以种族分类而违反宪法平等保护条款的行为。

2. 种族分类固然需要严格的司法审查，少数族裔在医疗界严重且长期缺乏代表名额，打破这种现状的重要性足以成为戴维斯分校以种族作为补救措施的理由。因此，下级法庭禁止在大学招生时考虑种族因素的判决必须被推翻。

首席大法官和斯蒂文斯、司徒华特、阮奎斯特大法官认为：本案的焦点并非种族是否可以成为招生政策所考虑的一个因素；《人权法案》第四章适用于本案；拒绝录取巴契违反了《人权法案》第四章；同意下级法庭命令戴维斯分校录取巴契。

鲍威尔大法官代表法庭发表判决，并发表法律意见表达他的观点。怀特大法官同意法律意见的第一、第三 A 部分和第五 C 部分。布莱侬、怀特、马歇尔和布莱克门大法官同意法律意见的第一部分和第五 C 部分。布莱侬、怀特、马歇尔和布莱克门大法官亦发表法律意见，部分同意部分反对判决。大法官怀特、马歇尔和布莱克门还分别发表了法律意见。斯蒂文斯大法官发表法律意见部分同意部分反对判决。博格首席大法官及司徒华特和阮奎斯特大法官同意斯蒂文斯大法官的法律意见。

下面是鲍威尔大法官的判决。

本案挑战上诉人加利福尼亚州立大学戴维斯分校医学院的特殊招生方案。设计该方案的目的是确保招收一定数量的少数族裔考生。加利福尼亚的最高法庭支持巴契的挑战，认为戴维斯分校的招生方案违反加利福尼亚州宪法、1964 年《民权法案》第四章和《宪法第 14 修正案》的平等保护条款。法庭禁止戴维斯分校考虑巴契或其他考生的种族而决定是否录取。然而，法庭拒绝命令医学院录取巴契，法庭认为巴契没有提出足够的证据证明假如对方没有违宪和违法行为，他就会被录取。加利福尼亚最高法庭部分维持了审判庭的判决，宣布特殊招生方案为非法，且禁止戴维斯分校考虑任何考生的种族。州最高法庭还部分修改了判决，指示审判庭命令戴维斯分校录取巴契。

基于本判决书所述的原因，我认为应该维持加利福尼亚法庭宣布特殊招生方案非法并命令医学院录取巴契的判决。基于另一份法律意见，我的同仁首席大法官、司徒华特、阮奎斯特和斯蒂文斯大法官们同意此判决。

基于本判决书所述的原因，我还认为加利福尼亚法庭禁止在招生过程中考虑种族因素的那部分判决应该推翻。基于他们各自法律意见中所述的原因，我的同仁布莱侬、怀特、马歇尔和布莱克门同意此判决。

部分维持原判，部分推翻。

第一部分

加利福尼亚州立大学戴维斯分校医学院成立于 1968 年，当年招生人数为 50 名，1971 年增加为 100 名，此后一直维持在这一水平。医学院成立时并没有针对处于弱势考生的招生方案，第一届学生中只有 3 名亚裔，没有黑人、墨西哥裔和土著印第安人。此后两年里，校方制订了一套特殊招生方案，以增加"处于弱势"的学生人数。特殊招生方案采用另一种程序，与常规招生方案相辅相成。

根据常规招生方案，考生可以在学年开始前一年的 7 月份递交申请。因为申请的考生人数众多，招生委员会要对考生进行初选，决定是否进一步考虑录取。按 4.0 标准，本科平均成绩低于 2.5 的申请人将被自动淘汰，6 名申请人中大约有一人可以得到面试的机会。

面试后，面试官和其他 4 位招生委员会成员按 100 分制给考生评分，评分标准基于面试官的印象、申请人的总平均成绩、理科平均成绩、医学院入学考试成绩、推荐信、课外活动和其他简历内容，评分汇总相加后产生一个总的"基准得分"。1973 年有 5 名招生委员会成员评分，所以满分为 500 分，1974 年有 6 名招生委员会成员评分，所以满分为 600 分。然后，招生委员会全体成员根据申请人的档案和成绩，以及收到的申请书按"滚动方式"决定是否录取。招生委员会主席负责决定候补名单。候补名单并无严格的名次，招生委员会主席可酌情决定列入有"特殊技能"者。

特殊招生委员会成员多为少数族裔。在 1973 年的申请表上有一栏请考生选择是否愿意被学校考虑为"经济和 / 或教育方面处于弱势"的考生，或是"少数族裔"（黑人、墨西哥裔、亚裔、土著印第安人）。在 1974 年的申请表上有一栏请考生选择是否被考虑为"少数族裔"，医学院认为"黑人""墨西哥裔""亚裔"和"土著印第安人"是"少数族裔"。若一位考生对此给出肯定的答复，他的申请书将被转到特殊招生委员会。校方并未向法庭提供"弱势"的确切定义，但是特殊招生委员会主席对每一份申请书进行筛选，确定考生是否在经济或教育方面被剥夺了机会。初步筛选之后，特殊考生的评分标准将和常规招生的标准相同，但是特殊考考生无需像常规考生一样满足 2.5 分的平均成绩标准。1973 年和 1974 年，大约五分之一的特殊考生能得到面试的机会。面试之后特殊招生委员会给每位特殊考生一个"基准得分"，然后将排名领先者推荐给常规招生委员会。常规招生委员会不把特殊考生和常规考生一起排名次，但是有的特殊考生如果未能满足课程要求或有其他的欠缺，常规招生委员会可以拒绝录取。特殊招生委员会将继续推荐候选人，直至校方投票决定的特殊名额全部录取为止。当招生总数为 50 人时，特殊名额为 8 人；当招生总数翻倍为 100 人时，特殊名额也翻倍为 16 人。1971 年至 1974 年招生人数增加的 4 年里，戴维斯分校的特殊招生方案录取了 21 名黑人、30 名墨西哥裔和 12 名亚裔，共 63 名少数族裔学生。在同一时期，常规招生方案共录取了 44 名少数族裔学生，其中一名黑人、37 名亚裔和 6 名墨西哥裔。尽管许多处于弱势的白人学生也申请了，但是没有一人通过特殊招生方案被录取。至少在 1974 年，特殊招生委员会明确地仅考虑处于"弱势"的少数族裔考生。

阿伦·巴契为白人男生，他在 1973 年和 1974 年连续两次申请戴维斯分校医学院，都被纳入常规招生方案考虑，且得到面试机会。1973 年面试巴契的西奥多·韦斯特博士认为他是个"非常适合医学院的候选人"。1973 年，尽管他在满分为 500 分的面试中得了相当高的 468 分，但还是没被录取，原因是他递交申请表的时间较晚，而在他的申请被受理和完成之后，没有一位低于 470 分的考生被录取。尽管当时特殊招生的名额还有 4 个没用掉，学校也没有考虑录取巴契。1973 年被拒之后，巴契写信给学院副教务长兼招生委员会主席乔治·H. 罗瑞博士，抗议特殊招生方案是种族配额。

1974 年，巴契提早申请。面试他的教授给他打了 94 分，评语是"友善，脾气好，自觉，跟他交谈很愉快"。巧合的是，面试他的教授罗瑞博士恰恰是抗议特殊方案的收信人。罗瑞博士的评语是"对医学专业的了解有限"，并对巴契"主要基于个人观点而不是对整体问题研究的看法"感到不安。在罗瑞博士面试的 6 位考生中，他给了巴契最低的 86 分，巴契在 600 分的满分中得了 549 分，结果还是没有被录取。在那两年里，罗瑞博士没有酌情将巴契放在候补名单上。但许多平均成绩和医学院入学考试分数比巴契低得多的特殊考生被录取。

第二次名落孙山后，巴契在加利福尼亚州高等法院起诉，要求法庭命令戴维斯分校录取他，称该校的特殊招生方案因为他的种族而拒绝录取他，违反了《宪法第 14 修正案》的平等保护条款、加利福尼亚州宪法和 1964 年《民权法案》第四章第 601 条。那些法律规定，凡是接受联邦财政资助的学科，均不得因为一个人的种族和肤色而拒绝该人参加。加利福尼亚州立大学则要求法庭宣布该校的特殊招生方案合法。

审判庭认为，特殊招生方案按种族配额运作，因为少数族裔考生的评估仅在少数族裔之间互相对比，在 100 个名额中，有 16 个名额是保留给少数族裔的。审判庭宣布戴维斯分校在招生决定过程中不得将种族作为考虑的因素，特殊招生方案违反了联邦和州宪法，并违反了《民权法案》第四章。然而，审判庭拒绝命令学校录取巴契，因为没有证据能够证明，假如没有特殊招生方案他就能被录取。

巴契就审判庭没有命令学校录取他的那部分判决提出上诉，学校则对审判庭宣布其特殊招生方案不合法并禁止学校在招生过程中将种族纳入考虑的那部分判决提出上诉。"因为该案涉及重要的争议"，加利福尼亚州最高法庭将案子直接从州审判庭转到最高法庭。有关学校的招生方案，州最高法庭接受审判庭的判决。因为特殊招生方案涉及用种族分类，最高法庭有责任从严审查学校提出的支持特殊招生项目的目的。尽管法庭同意在医疗领域里取消种族隔离和增加愿意为少数民族病人服务的医生是紧迫的国家利益，法庭得出的结论是，特殊招生方案并非达到这一目标的最少强制性的手段。州最高法庭没有讨论州宪法和联邦法，判决《宪法第 14 修正案》的平等保护条款要求"不得因为种族而拒绝录取一名考生，且不得偏袒用不考虑种族的标准衡量下来成绩较差的另一名考生"。因为戴维斯分校未能提出即使没有特殊招生方案巴契也还是不会被录取的证据，法庭命令戴维斯分校录取巴契。对于巴契的上诉，法庭认为巴契已经证明学校基于他的种族而对他歧视，现在举证的责任转到学校一方，学校必须证明即使没有特殊招生方案，巴契也还是不会被录取。法庭认为巴契的处境与 1964 年《民权法案》第七章的原告相同。法庭最初命令该案按照重新划分的举证责任发回重审，以确定假如没有特殊招生方案巴契是否会在 1973 年或 1974 年被录取。然而，学校在要求下级法庭再次听证时承认其无法完成举证的责任，加利福尼亚州最高法庭修改其判决，指示审判庭命令医学院录取巴契。本庭下达调卷令，考虑有关宪法的重要争议。

第二部分

在本庭，诉讼双方均未呈递案件陈述，亦未辩论 1964 年《民权法案》第六章对本案是否适用。双方像加利福尼亚法庭那样仅根据宪法的平等保护条款，将案件的焦点放在特殊招生方案是否合法。然而因为根据《民权法案》第 6 章作出决定可能忽略了对宪法的解释，我们要求双方递交有关成文法争议的案件陈述。

A

我们首先面临的问题是，《民权法案》第六章是否给予个人诉讼的权利。巴契引用柯尔特诉阿西案（Cort v. Ash）中使用的检验标准，认为个人有诉讼权。他辩称《人权法案》开创了对他有利的联邦法权利，立法历史揭示了允许个人诉讼的意图，个人诉讼利于实现《民权法案》的补救目的，而且《民权法案》并未将执法权移交给各州政府。此外，他还引用了若干下级法庭的决定，这些决定承认或接受个人存在诉讼权。戴维斯分校则否认个人存在诉讼权，辩称《民权法案》第 601 条的唯一作用是建立第 602 条规定的行政诉讼的基础。戴维斯分校认为，通过行政手段削减联邦经费是惩罚接受联邦资助的机构违反第 601 条的唯一手段。戴维斯分校还指出，《民权法案》第六章跟第 2 章、第 3 章、第 4 章、第 7 章不同，前者并未明确给予个人诉讼的权利。

我们觉得本案没有必要解决这个问题。有关巴契是否有权根据《民权法案》第六章提起诉讼，这个问题在下级的两个法庭既没有辩论，也没有决定，本庭不宜重审双方在下级法庭没有提出的问题，所以本庭不讨论这项棘手的争议。同样，我们无需讨论戴维斯分校提出的根据《民权法案》第六章提出诉讼的个人原告是否必须先要求行政救助的主张。我们仅在本案中采纳巴契有权根据《民权法案》第六章提起诉讼。

B

《人权法案》第六章第 601 条和宪法修正案的平等保护条款同样意义深远："在美国，不得因为一个人的种族、肤色和国籍而剥夺其参加任何接受联邦财务资助的项目或活动的权利，享受这些项目或活动的待遇，或是受歧视。"

"平等法律保护"的提法和"歧视"的概念可以有各种不同的解释。正如赫姆斯大法官所宣告的那样："一个词语不是清楚、透明和一成不变的，而是一个有活力的想法，其色彩和含义可以根据情况和时间而起显著的变化。"因此我们必须利用各种可用的参考资料确定法律的确切含义。就像宪法一样，大量有关《民权法案》的立法历史显示，国会的意图是对违反禁止种族歧视的机构削减联邦财政资助。在没有上下文的情况下，尽管有些孤立的言论可以用来支持一种论点，即无论平等保护条款的范围，《民权法案》第 601 条是一种纯粹色盲的机制，解读这些评论首先必须基于国会意欲解决的问题，还必须通过充分研究立法辩论而对法律的条文形成整体的看法。

国会面临的问题是接受联邦财政资助的机构歧视黑人公民。我们宣布的色盲机制是从针对处理联邦资助项目中种族隔离的言论衍生出来的。《民权法案》的支持者反复详细地叙述了黑人争取在这些项目中得到平等待遇的困境。国会没有理由去考虑应该给少数族裔何种假象的优待，议员们应该处理的真实而紧迫的问题是如何给予这些公民平等的待遇。

在处理这个问题的过程中，《民权法案》第六章的支持者反复强调该法案建立了宪法的原则。例如，众议院司法委员会主席塞勒和监察人在提案时强调："该法案将保证接受联邦财政资助的医院不得拒绝给黑人提供足够的医疗，并防止在分发食物项目中滥用职权，将过剩的食物分给白人而不给黑人。此外，该法案还将保证在联邦资助的高等教育项目中黑人和白人学生能够同样受益。简言之，该法案将保证享受联邦财政的平等待遇，但不会摧毁私有财产的权利或结社自由"。

其他赞助者也与塞勒议员看法相同，即《民权法案》第六章具体表达了宪法的原则。

在参议院，亨弗瑞参议员宣布《民权法案》第六章的目的是"保证联邦资金将根据宪法和国家的道德观念使用。"利比克夫参议员同意民权法案体现了宪法的标准："宪法限制歧视性地使用联邦资金，《民权法案》第六章只是具体规定了实施那种限制的程序。"其他参议员也表达了相似的观点。

《民权法案》第六章的支持者反复拒绝为"歧视"作出精确的定义，这进一步证明该法案包含了宪法的标准。《民权法案》的反对者尖锐地批评第六章缺乏精确的定义，而支持者的回答是，只要参考宪法和现存的法律，"歧视"的意思就明确了。例如，亨弗瑞参议员指出宪法的关系："正如我所说的，《民权法案》只有一个简单的目的，就是让我们的黑人公民得到白人认为理所当然的相同的权利和机会。这种权利和机会并没有超过先知者和耶稣基督本人所宣扬的，也没有超过宪法所保证的。"

根据清楚的立法意图，《民权法案》第六章必须被解释为禁止违反平等保护条款和《宪法第 5 修正案》的种族分类。

第三部分

A

戴维斯分校并不否认州立大学的教职员和行政部门根据种族或民族作出的决定可以用《宪法第 14 修正案》来审查。巴契也不认为所有的种族或民族分类本身就应该是无效的。但是诉讼双方对法庭审查特殊招生方案时应该使用的标准存在争议。因为"歧视"这个不精确的词汇出现在本案，戴维斯分校辩称下级法庭使用严格的审查标准是错误的。戴维斯分校认为如此严厉的标准仅应该用于对"分散且孤立的少数民族"不利的种族分类。巴契则认为加利福尼亚法庭正确地驳回了戴维斯分校提出的司法审查仅适用于分散且孤立的少数民族分类的主张，并正确地认可《宪法第 14 修正案》所建立的权利是个人权利。

在司法审查范围的主战场上，诉讼双方对特殊招生方案的性质展开了第一轮激战。

戴维斯分校认为特殊招生方案的目的是在医学院给少数民族一席之地，巴契则引用下级法庭的看法将其贴上"种族配额"的标签。

这种文字上的差别其实无关紧要：特殊招生项目无可否认地属于根据种族和民族背景的分类。尽管有一群勉强合格的少数族裔考生可以占据 16 个特殊招生名额，白人考生只能在 84 个名额里竞争，而不是将 100 个名额对少数族裔的考生开放。无论这种限制被描绘成配额还是目的，这是根据种族和民族划分的一条线。

《宪法第 14 修正案》的保证是给所有人的，其文字非常明确："任何州政府均不得在其管辖范围内剥夺任何人平等的法律保护"。毫无疑问，"根据术语定义，《宪法第 14 修正案》第一部分创建的权利赋予个人这种保证，其建立的权利是个人权利"。

平等保护的保证不能用于一个人是一种含义，而用于另一个肤色不同的人又是另一种含义。如果这两个人没有得到相同的保护，那就是不平等的。

戴维斯分校辩称下级法庭对特殊招生方案错误地使用了严格的审查标准，因为巴契是白人男性，不需要多数族裔政治进程给"分散且孤立的少数民族"的特殊保护。

然而，戴维斯分校要求我们将这一理由作为法庭决定严格审查种族或民族区别的先决条件，这种做法迄今尚无先例。本庭也从未将分散和孤立作为判决某种分类属于潜在歧视的前提。这些特点也许有助于决定哪些分类可以加入新的"可疑"类别的清单，或是某种特定的分类可以禁受得起严格的审查。然而，种族和民族的分类无需考虑更多的特点，便应该接受严格的审查。就像先前的案例，我们明确宣布按种族区分是"可疑"的："仅根据祖先而区分公民在本质上是可憎的，因为对于自由人来说，我们的机构是建立在平等基础上的。所有妨碍某一个族群的人权的法律限制即为可疑。尽管并非所有的限制都是违反宪法的，但是法庭必须对那种限制进行最严格的审查。"

本庭对上述判决的合法性从来就没有存疑。任何形式的种族和民族区分其本质皆为可疑，所以必须采取最严格的司法审查。

B

种族和民族区分可以追溯到我们国家的宪法和人口统计学的历史。本庭从一开始就认为《宪法第 14 修正案》的"一个普遍目的"就是"奴隶种族的自由，保证和建立那种自由，并保护那些刚获得解放的自由人和公民不受原来凌驾于他们之上的那些人的压迫"。然而，宪法平等保护条款在襁褓之中就几乎被美国内战后的反动司法所扼杀。在其后的几十年里，平等保护条款被降低到几乎被废弃，而与此同时，第 14 修正案的正当程序条款却在短暂的萌芽期后茁壮成长为本庭保卫私有财产和自由的基石。在那个过程中，第 14 修正案的"一个普遍目的"被取代了。在实质性正当程序的时代行将结束时，平等保护条款才开始获得了真正的生命力。

到了那个时候，一个少数族群争取平等权利的斗争已经不可能跟第 14 修正案的保障相结合了。在平等保护条款的休眠期里，美国已经变成了一个少数族群的国家。每一个少数族群都不得不通过斗争和再斗争来战胜偏见，这种偏见并非属于一个庞大而单一的多数族群，而是属于由若干少数族群组成的"多数族群"。在很多情况下，这些少数族群有一个共同的特点，就是想让其他族群处于不利地位，尽管这种说法可能有失公允[1]。我们的国家幅员广阔，平等保护条款的覆盖面逐渐延伸到争取不受政府歧视的所有族群。本庭认为保证平等保护适用于其管辖之下的所有人，无论他们的种族、肤色和国籍，法律的平等保护是保证公民受平等的法律保护。

尽管《宪法第14修正案》的立法者认为，该法案的主要作用是缩小黑人和白人"多数族群"之间的距离，该修正案的措辞针对所有的人，无论他们的肤色、种族或过去是否曾经受过奴役的历史。

通过解释1866年的《民权法案》，本庭将该法案延伸到歧视白人的诉求时认为："第39届国会的意图是在联邦法中建立一条更为广义的原则，而不仅仅是针对刚获得自由的黑人奴隶所处的困境。"1866年的《民权法案》的范围在1870年又扩大了，不仅是保证"公民"，而且是保证"所有的人"都能享受法律的平等保护。

其实，修正案的立法者中也许有许多位将会赞同，平等保护条款应该被解读成一条放之四海而皆准的原则，其目的是让我们的国家实现种族、民族和文化的多元化。

在过去的30年中，当我们国家面对奴隶制和种族歧视的历史时，本庭开始了一项使命，即我们应当按照所有的人都能得到"平等法律的保护"这一观点来解释平等保护条款。因为在这方面有历史意义的判决主要是针对将黑人排斥在美国主流社会之外的案例，这些案例的特点好像都涉及"多数"的白人歧视少数的黑人，但是对这些案例的解读并不一定取决于判决的结果。可以这么说，"本庭多年来否定了'仅按照祖先区分公民'，因为'对于建立在平等原则上的自由国家机构而言，那种区分是可憎的'"。

戴维斯分校首次要求我们对平等保护条款采纳一种狭义的观点，即假如歧视多数白人的目的是"无害的"，则那种歧视就不是可疑的。

然而，自由的时钟不能倒退回1868年。在保证所有人获得平等保护的同时，主张某一特殊人群应该得到比其他人更多的保护已经为时过晚了。

"第14修正案并非仅根据'两个阶级的理论'而反对种族歧视，即'白人'和黑人之间的区别。"

如果撇开第14修正案"两个阶级理论"的人为划线，而是根据某个特定少数民族的"理想"状态来决定不同的司法审查标准，其难度是无法克服的。"少数"和"多数"的概念势必会反映暂时的分类和政治判断。如上所述，所谓白人"多数"本身就是由不同的少数群体组成的，其中大多数的群体也可以声称在历史上曾经受过国家或个人的歧视。并非所有这些群体都应该受到优待，并获得司法机构对按种族和民族进行区分采取

---

① 此处引用了涉及爱尔兰人、中国人、奥地利人、日本人和墨西哥裔美国人的案例，案名略去。——译者注

相应的容忍态度。如果那样的话，唯一剩下的"多数"将是一个由盎格鲁萨克森新教徒组成的新的白人少数民族。决定哪些族群应该享受"高度的司法关怀"，而哪些族群不应该享受同等的待遇将失去了理论基础，于是人们将要求法庭评估偏见的程度和不同少数族群因此而受到的伤害。如果某一群体所受的社会伤害超过了任意确定的容忍程度，那么该群体比其他群体更应该受到优待，于是这些分类也将免于严格的司法审查。假如这些优待将获得预期的效果，而且过去的歧视亦将被逆转过来，那么就有必要对种族进行重新司法排名。即使重新排名从社会和政治的角度来看是合乎理想的，产生这种排名要求法庭进行各种社会和政治分析，这种分析远非法庭所能胜任。

此外，优待这一想法本身将给司法公正带来严重的问题。首先，我们不能确定某种所谓的优待是否无害。为了提高一个特定群体的整体利益，人们可能会要求法庭认可强加给该群体中某些个人成员的包袱。如果为了巩固一个族群的社会地位，而要求个人承受不允许的负担，宪法并不支持这种观点。其次，普遍的成见认为，如果没有不考虑个人价值的特别保护，某些群体是无法获得成功的，优待项目可能进一步加强这种成见。最后，如果有人申诉受到伤害，而伤害并非由像巴契那样无辜的人所造成，强迫他们代人受过是不公平的。将平等保护条款的含义和这些暂时的考量相结合，根据宪法的原则，我们认为通过司法审查按照种族和民族背景的分类可以顺应政治潮流的涨退而应变。如果宪法对种族和民族分类作没有可比性的容忍，非但不能缓和民族和种族之间的对立，反而会进一步加剧这种对立。对宪法的解释保持一致性至关重要，如果宪法的原则随着千变万化的政治和社会评判而变异，我们运用宪法的连贯性将会无法代代相传。在解释宪法的过程中，本庭的任务是从中分辨出"足够肯定的原则，使这些原则在全社会扎根，在漫长的时间里具有连贯性，并凌驾于在某一特定时间和地点强调实效的政治观点之上"。

如果一个人因为其种族或民族背景的分类而应该得到司法保护，而且这种分类涉及他的个人权利，而不是因为他是某个群体中的一员，那就可以采用一致的宪法标准。当我们决定某种特定的分类是否有必要时，政治上的考量可以用宪法的天平来衡量，但是衡量分类理由的标准必须是一致的，因为在民主过程中，政治考量是不同群体之间达成妥协的产物。然而当分类涉及一个人的种族或民族背景时，他就有权要求法庭确定他因为种族背景而必须承受的负担是否为了维护紧迫的国家利益而量身定制的。无论一个人的背景如何，宪法都保证他有这种权利。

C

戴维斯分校声称，本庭曾若干次不通过最严格的审查而批准优待性的分类。戴维斯分校援引的案例多数涉及以下三类：学校中取消种族隔离、就业歧视和性别歧视。所有这些案例都与此案有显著的区别。

学校中取消种族隔离的案例是不恰当的，每个案例都涉及纠正明确的违宪行为而采取的补救措施。在那些案例中，种族分类被用来作为维护宪法权利的补救措施。此外，补救措施的范围不允许超过违宪行为的程度。在本案中并没有法庭认定存在的违宪行为，所以我们无需采取分类方法来补救。

就业歧视的案例也不能支持戴维斯分校的主张。例如在弗兰克斯诉柏曼运输公司案（Franks v. Bowman Transportation Co.）中，一群黑人卡车司机受到上诉人的歧视，而不是整个社会的歧视，本庭批准追溯恢复他们的工作年资。尽管这种补救措施对其他雇员有失公允，却是"补偿受害人因非法的就业歧视而受到伤害"的必要措施。

同样，戴维斯分校也无法支持其主张采用的标准，因为根据性别的分类无需禁受同样严厉的审查。与按种族或民族制定的优待项目不同，按性别分类在分析和实践过程中造成问题的可能性较小。性别分类无非只有两种，性别优待造成的负担是显而易见的。除了两性群体之外，没有其他的竞争群体能够要求享受同样的优待。在集体诉讼中，法庭比较容易确定哪个群体曾受过伤害，而哪个群体应该公平地承受负担。与性别分类相比，在种族和民族优待的案子中，解决同样的问题将遇到更为复杂和棘手的问题。更重要的是，种族分类的本质是可憎的，这一概念源于一段悠久和悲惨的历史，与性别分类不能同日而语。总之，在分析平等保护时，本庭从未认为性别分类的本质是可疑的，也从未认为性别分类和种族分类可以等同。

戴维斯分校还援引了刘诉尼科尔斯案（Lau v. Nichols），声称司法认可优待少数族群的歧视可以不受"可疑"分类应该受到的严格审查。本庭在刘案中判决，旧金山学校系统未能为 1 800 名不会说英语的东方血统学生提供英语补习课程，因此违反了 1964 年《民权法案》第四章及与此有关的规定。这些规定之所以要求提供补习课程，是因为缺乏理解英语的能力将会排斥外国学生参加教育项目。因为我们认为刘案中的学生被剥夺了"有意义的参加教育项目的机会"，我们将该案发回重审，由下级法庭责成设置补习课程。

刘案并没有支持戴维斯分校的辩护立场。本庭判决完全依据法律条文，负责教育的行政机构对法律的理解是针对各种"可能使个人受到歧视的"教育实践。我们指出："根据州政府要求的标准，如果仅向不懂英语的学生提供相同的校舍、课本、教师和课程，则相当于剥夺了他们有意义的教育机会。"此外，我们认可的"优待"并没有剥夺其他任何人享受的待遇，那就是"有意义的参加教育项目的机会"。对亚裔学生的优待并没有剥夺任何其他学生就读旧金山学校系统的能力，同时有关规定也要求向所有欠缺语言能力的学生提供类似的帮助。

戴维斯分校还声称，最近在联合犹太组织诉凯瑞案（United Jewish Organization v. Carey）中本庭表示愿意批准为了某些少数民族的利益而设计的种族分类，而不把那种分类视为"可疑"。针对司法部根据 1965 年《选举权法案》第 5 条提出的反对意见，纽约州重新划分选区。司法部认为在原来的选区里某些"非白人"选民被非法"稀释"，纽约州的具体做法是，通过重新划分选区来增加他们的选举力量。[①]

跟刘案一样，联合犹太组织案对行政审查认定的歧视采取补救措施，在改善原来处于弱势的选民参选的同时，并没有排斥任何其他群体成员享受同样的待遇，那就是有意义地参加选举。

然而，本案与刘案和联合犹太组织案不同。并没有立法机构或行政机构认为加利福尼亚州立大学涉嫌歧视而需要采取补救措施。此外，戴维斯分校的特殊招生项目与那些案件批准的补救措施有显著的差异。特殊招生项目优待特定的少数族群，而其他人不能竞争医学院每届招收的 16 个特殊名额。假如没有特殊招生项目的话，有些人本来是可以被录取的，但是因为他们被排斥在外，便被剥夺了州政府提供的上医学院的待遇。如果一个人完全是因为他的种族或民族背景而被剥夺了其他人享有的机会或待遇，那么这种按种族分类就必定是可疑的。

第四部分

我们一向认为："为了证明一种可疑的分类的合法性，州政府必须证明这种分类的目的或利益是重要的，而且是宪法所允许的。此外，采取这种分类是'达到'其目的或保护其利益'所必需的'。"

戴维斯分校声称其特殊招生项目的目的是（1）偿还少数民族在医学院和医学界被歧视的历史旧账，（2）纠正社会歧视造成的后果，（3）增加目前缺医少药地区的医生数量，及（4）通过学生群体的多元化使教育受益。现在我们必须确定以上这些目的是否足够重要，乃至必须采取可疑的分类。

A

如果戴维斯分校的第一个目的是保证其学生群体中必须有一定比例特定族裔或民族的群体，这种优待的目的并不重要，而且从表面上看就是不合法的，所以必须驳回。若没有其他理由，仅因为种族或民族而优待任何群体的成员，这种优待本身就是种族歧视。

B

对州政府来说，在可行的前提下，改善或消除歧视确实是合法且重要的利益。从布朗诉托皮卡教育局案（Brown v. Board of Education of Topeka）开始的一系列取消学校种族隔离的案例证明了州政府这一目标的重要性，而且司法系统亦许诺批准为实现这一目标而采取的各种措施。在那些案例中，法庭明令要求州政府纠正种族歧视的错误。这一目标比纠正"社会歧视"重要得多，因为社会歧视的概念非但太含糊，而且还会扯进久远的陈年旧账。

如果没有司法、立法或行政机构认定的违反宪法或法规的行为，我们从来就没有同

[①] 重新划分选区（gerrymandering）是通过人为地改变选区的分界线，使某一族裔或党派的选民人数更为集中，从而增加该族裔或党派候选人当选的机会。——译者注

意在采用分类的方法来救助受害群体成员的同时伤害其他无辜个人的利益。一旦认定存在违反宪法或法规的行为，厚此薄彼地优待遭受伤害的群体便成了政府的重要利益，因为政府必须维护受害者的合法权利。在那种情况下，伤害的程度和与之相对应的补救措施将由司法、立法或行政部门来确定。此外，救助措施将不断受到监管，以保证对其他争取得到这种优待的无辜人士造成最低的伤害。在没有违宪或违法的情况下，对政府来说，帮助某一个人和不伤害另一个人同等重要，所以政府没有充分的理由造成这种伤害。

戴维斯分校并没有，也没有资格认定是否存在违宪或违法的行为。学校的使命是教育，既不是制订立法政策，也不是判断某一特定的诉求是非法的。在没有立法授权和立法确定标准的情况下，庞大的政府机构中分散的部门是没有能力做这种决定的。在依照此类认定建立种族分类之前，政府部门有权力和能力在案卷中认定分类是针对特定的歧视。在没有这种能力的情况下，戴维斯分校对这一争议没有完成举证的责任。

因此，戴维斯医学院认为某些群体是"社会歧视"的受害者而应该得到帮助，这是戴维斯分校的第三个目的，这一目的并不能证明对巴契不利的种族分类是合法的，因为戴维斯分校无需为特殊招生项目的受益人曾受过的伤害承担责任。否则，我们将会把针对违反法律权利的补救措施变成一种特权，全国各地的学校便可以任意地认为某些族群是社会歧视的受害者，于是就可以让他们享受这种特权。我们从来没有批准过这一步。

C

戴维斯分校称其特殊招生项目的第三个目的是向目前缺医少药的社区提供医疗服务。在某些情况下，我们或许可以假设向公民提供医疗服务是州政府的迫切任务，乃至必须采取一种可疑的分类。然而在我们的案卷中几乎没有任何证据显示人们需要戴维斯分校的特殊招生项目，或是该项目能够促进实现这一目标。下级法庭认为戴维斯分校没有完成举证的责任：

"大学声称可以保证其特殊招生方案录取的少数种族学生表示有'意愿'到缺医少药的社区去行医，而且毕业后真的就会去。或许可以假设他们中的一些人会实现他们的意愿，而且他们比白人医生更可能会到少数种族社区行医。但是除了种族之外，还有更准确和可靠的方法确定哪些考生真正地关心少数种族的医疗问题。无论是什么族裔，如果一位考生表示他关心处于弱势的少数种族，并宣布去少数种族社区行医是他的主要专业目标，与一位完全是因为种族和处于弱势而入选的考生相比，前者更可能为改善少数种族缺医少药做贡献。总之，目前并没有实践数据显示哪一个民族会更无私地回馈社会，或那个民族更自私且贪得无厌。"

戴维斯分校未能举证说明，为了向缺医少药的公民提供更好的医疗服务，学校必须优待某个优先于其他族群之上的特定族群。戴维斯分校确实未能证明其厚此薄彼的种族分类将对缺医少药的问题产生重大的影响。

D

戴维斯分校提出的第四个目的是使学生群体多元化。对一所高等学校而言，这个目的显然是宪法所允许的。

尽管学术自由并没有在宪法中明确地被列为一项权利，却一直被认为是《宪法第 1 修正案》特别关注的。大学对教育做决定的自由包括选择学生群体。法兰克福特大法官对构成学术自由的"四项基本自由"概括如下：

"大学的工作是提供一个最有利于思考、实验和创新的学术氛围。在这种氛围里，大学的'四项基本自由'占主导地位，以学术为基础自主决定谁可以教书，教什么，怎么教，以及录取谁。"

凯义贤诉评议委员会案（Keyishian v. Board of Regents）强调了我们国家对保护大学界的这些自由所做的承诺：

"我们的国家致力于保护学术自由，这种自由的价值不仅限于教师，对所有的人都是至高无上的。所以这种自由是《宪法第 1 修正案》特别关注的。我们国家的前途取决于领袖人物，他们通过广泛激烈的思想交流得到训练，从'各种不同的论点'里发现真理，而不是通过权威的选择。"

"思考、实验和创新"的氛围对高等教育的水准至关重要，人们普遍认为学生群体的多元化能促进这种氛围。本庭在凯义贤案中指出，"我们国家的前途取决于领袖人物，他们通过学生之间广泛激烈的思想和道德交流得到训练"，这种说法并不为过，因为我们的学生和我们的国家一样多元化。

根据《宪法第 1 修正案》的相对宪法利益，戴维斯分校辩称大学必须有自主权选择那些能对"激烈的思想交流"作出最大贡献的学生。从这个角度来看，达到这个目标对戴维斯分校完成其使命具有重大意义。

然而另一个论点是，这种观点在本科教育的层面更有说服力，而不是在医学院，因为医学院的训练主要是培养专业能力。即使是在研究院的层面，我们的传统和经验显示多元化的贡献也是至关重要的。

本庭在法律教育方面也表示了相似的观点：

"如果脱离了和法律互动的个人和机构，学习法律知识和实践的法学院将是低效的。没有一个法律工作者和极少的学生会选择在学术真空里学习，或是脱离与法律有关的思想交锋和观点交流。"

医生服务的对象是一个复杂的群体。一个合格的医学院学生如果还有特殊背景，无论是种族、地缘、文化优势或弱势，都可以给医学专业学校带来经验、见解和创意，使同学们得到的训练更为丰富，并使毕业生们对他们今后行医有更深刻的理解，因为他们将给人类提供生死攸关的服务。

然而对大学来说，种族多元化只是达到学生群体多元化目标的诸多要素中的一个元素。尽管大学在应该录取哪些学生这一敏感的决策时应该有宽松的自主权，我们不能忽视宪法对保护个人权利所设的限制。巴契要求法庭，且下级法庭亦已判决，戴维斯分校的双轨招生项目是种族分类，侵犯了巴契的权利，是《宪法第 14 修正案》所不允许的。然而多元化对大学的招生项目至关重要，剩下的问题是，招生项目的种族分类是否促进这一利益所必需的。

第五部分

A

我们姑且假设，在每届学生中为受优待的少数族裔保留一定数量的名额能够帮助学校实现学生群体的多元化。然而，戴维斯分校辩称这是实现多元化的唯一有效措施，这个论点是站不住脚的。

在最基本的意义上，这个论点认为考虑种族和民族背景是出于国家利益，而这种认识是错误的。国家利益的种族多元化并不是简单地保证学生群体中有一定的比例是经过挑选的族裔，其余的学生则是不分种族背景的组合。促进重要国家利益的多元化涉及更为广泛的资质和特征，种族和民族固然重要，但只是其中一个元素而已。戴维斯分校的特殊招生方案仅局限于种族多元化，这将阻碍而不是促进真正的多元化。

即使将戴维斯分校的双轨制扩大为多轨制，将一定数量的名额分别保留给每一种不同类型的考生，这也还是不能促进真正的多元化。我很难以想象，一所大学将会根据戴维斯分校的双轨系统逻辑，将具有某种资质的考生分别隔离开来，使他们无法与其他的考生竞争，最终走进一条不合逻辑的死胡同。

其他大学的招生制度为了达到《宪法第 1 修正案》提倡的教育多元化，而将种族纳入考虑的因素。他们的经验显示，将一定数量的名额分配给某一少数族群并非实现多元化的必要措施。哈佛学院的招生制度便是一个启发人的例子：

"近年来，哈佛学院将多元化的概念扩大，包括处于弱势的经济、种族和民族的群体。现在哈佛学院不仅从加利福尼亚和路易斯安那招生，还招收黑人、墨西哥裔和其他少数种族的学生。"

"在实践中，根据多元化的最新定义，种族是招生决定中一个的因素。当招生委员会审查处于中间那些'可录取'同时也被认为可以很好地完成学习任务的考生时，一位考生的种族可以使天平倾向对他有利的一边，就像地缘背景和农村生活经验同样可以使天平倾向对他们有利的一边。一个爱达荷的农村孩子能够带给哈佛学院的东西，不是波士顿人所具有的。同样，一个黑人学生通常也可以带来白人学生所没有的东西。"

"在哈佛学院，招生委员会并没有在任何一个学年给黑人、有音乐才能的、足球球员、擅长物理的或加利福尼亚学生分配一定的名额。招生委员会固然意识到不能仅象征性地招收几个黑人学生，但这并不等于为黑人或密西西比河以西的考生划一条招生名额的底线。这仅意味着在挑选几千名考生时，不仅要求他们在学术上'可录取'，还需要其他强项。根据若干标准，招生委员会还注意在诸多不同类型和范畴的学生中分配名额。"

在这种招生制度里，种族或民族背景可以给一个考生"加分"，但是这并不等于将他隔离开来，在竞争有限的名额时不跟其他的考生作比较。在审查某个特定黑人考生的卷宗时将考虑他对多元化的潜在贡献，但种族并非决定性因素，例如较之一名意大利裔的考生，也许后者的才能更有利于促进有益的教育多元化。这些才能可以包括非凡的个人天分、独特的工作或服务经验、领导潜能、成熟的个性、同情心、曾经克服不利条件、与穷人交流的能力，或其他的重要资质。总之，像这样的招生制度具有足够的灵活性，根据每一位考生的特殊资质一视同仁地考虑多元化的因素，但不同的资质所占的比重不尽相同。其实某种才能的比重因年而异，取决于学生群体和当届新生的"混合"。

这种招生制度在录取过程中将每一位考生作为个人来对待。在竞争最后一个名额时，如果一名考生因为有种族背景"加分"而录取，落选的那位考生并不会仅因为肤色或姓氏的原因而失去考虑其他因素的机会。这仅意味着他的综合素质，包括类似的非客观因素，没有入选的那位考生强。衡量他的素质基于公平竞争，他将没有理由用《宪法第 14 修正案》抱怨受到了不公平待遇。

与戴维斯分校相比，有人认为将种族仅作为考虑因素之一的招生制度其实是一种比较微妙而高明，但同样有效的种族优待措施。然而，戴维斯分校的优待招生方案具有歧视意图是一目了然的，戴维斯分校在本案中并未否认。在选择过程中，如果将种族或民族背景仅作为一个因素与其他因素一起公平地衡量，那样的招生制度就没有明显的弱点。法兰克福特大法官在另一个案子中说过，"一条分界线之弊不仅在于其狭窄"。如果一所大学的招生制度表面上是非歧视的，法庭不能假设这只是一种伪装，其实际的功能与配额制相同。简言之，如果无法用我们的案例做出反证，我们只能假设是善意的。

　　B

总之，戴维斯医学院的招生项目显然涉及明确的种族分类，本庭从未支持过这种做法。这相当于告诉其他不是黑人、亚裔或墨西哥裔的考生，他们在该届新生中将无权争取一定比例的名额。无论他们的成绩和课外活动的才能多强，包括他们对教育多元化将能作出的贡献，他们永远都没有机会跟优待族群的考生竞争特殊招生项目的保留名额。同时，那些受优待的考生却有机会竞争每一个名额。

戴维斯分校的优待招生制度的致命缺陷是完全无视《宪法第 14 修正案》保证的个人权利。尽管这些权利并非绝对的，但是如果政府分配利益或强加负担时根据一个人的祖先或肤色来决定，那个人就有权要求政府证明那种有争议的分类是促进国家利益的必要措施。戴维斯分校未能证明这一点。因此我们必须部分维持加利福尼亚法庭的原判，即戴维斯分校的特殊招生方案违反了《宪法第 14 修正案》。

C

然而，下级法庭在禁止戴维斯分校今后招生考虑种族时未能意识到，正确地制订既有竞争性又考虑到种族和民族背景的招生制度也能促进重大的国家利益。因此，加利福尼亚法庭禁止戴维斯分校考虑任何考生种族的判决必须被推翻。

第六部分

巴契是否应该得到法庭的强制令，命令医学院录取他呢？戴维斯分校承认其未能证明即使没有非法的特殊招生项目，巴契还是不会被录取。所以巴契有权获得强制令，那部分原判必须维持。

布莱能、怀特、马歇尔和布拉克曼大法官部分附和，部分反对判决。

本庭今天部分推翻加利福尼亚州最高法庭的判决，但是确认宪法授权给联邦政府和州政府主动采取行动，为所有人争取平等的机会。本案面临棘手的争议，那就是政府项目是否可以将种族纳入考虑，以纠正过去歧视遗留下来的问题。各位同仁深思熟虑后都提出了各自的看法，但是没有一位能够代表法庭整体的看法。然而这并不能为本庭今天的判决戴上面纱：如果不是为了贬低或侮辱任何种族，而是纠正过去的歧视给少数民族遗留下来的劣势状态，政府可以将种族纳入考虑，至少在称职的司法、立法或行政当局认定的情况下可以考虑种族。

首席大法官和斯图亚特、阮奎斯特和斯蒂文斯大法官认为 1964 年《民权法案》第六章禁止戴维斯医学院的招生政策。根据成文法的理论，他们认为医学院侵犯了巴契的权利，因为他应该被医学院录取。鲍威尔大法官判决，尽管大学招生时可以考虑种族，医学院采用的特殊招生项目拒绝录取巴契，但医学院并不能证明特殊招生项目是达到预期目的所必需的。因此本庭的五位大法官构成多数，维持加利福尼亚最高法庭的原判，命令学校录取巴契。

我们同意鲍威尔大法官的判决，将《民权法案》应用于本案时，并没有超过《宪法第 14 修正案》禁止将种族纳入考虑的限度。我们也同意加利福尼亚州最高法庭维持一审法庭的原判，禁止大学今后在招生时将种族纳入考虑。但是因为我们认为戴维斯医学院的平权招生政策是符合宪法的，我们认为应该全盘否定下级法庭的判决。因为鲍威尔大法官同意在大学招生过程中应该允许适当地考虑种族，所以他加入我们形成 5 票的多数推翻下级法庭的判决，但只是禁止加州大学将来制订具有种族意识的招生政策。

第一部分

我们的立国之本是"所有人生来平等"的原则。但是我们必须坦率地承认，国父们为了把 13 个殖民地统一起来而做了妥协，那就是允许违反平等原则的奴隶制继续存在。这种妥协的后果不言自明，被称为"美国的困境"。对所有的人来说，无论他们的种族和肤色，机会均等原则的许诺最近才开始兑现，但是不知道何时才能完全变成现实。

第 14 修正案把我们对人类平等的信仰纳入宪法，但在我们 200 年的历史中，修宪至今才略过了一半的时间。而在那一半时间里的一半时间，第 14 修正案的平等保护条款基本上处于奄奄一息的状态，直至 1927 年，霍姆斯大法官才在巴克诉贝尔（Buck v. Bell）案中把平等保护条款的重要性说成是"宪法辩论中的最后一招"。平等保护条款在早期完全是形同虚设，尽管修宪的意图是解放奴隶，却把昔日的奴隶在法律上贬低到"隔离却平等"的地位，其实就是永远隔离，偶尔平等。直至 24 年前的 1954 年，本庭才在布朗诉教育局案中埋葬了这个丑恶的论点，并在布朗及其后的一系列案例中宣布在学校和所有的公共设施的种族隔离在本质上就是不平等的，而且是宪法禁止的。即便如此，取消不平等的速度"有所减缓"。在 1968 年和 1971 年，我们不得不提醒校董会，他们有义务连根拔起种族歧视的毒树。只要看一眼本庭和下级法庭的案件排期表就可以知道，官方支持的歧视仍然存在。

在这种背景之下，主张法律应该"色盲"，或是主张公共政策应该与种族无关，都只能是一种渴望，而不是现实。我们并不是贬低人们的渴望，而是现实指责我们，那些想玷污和压迫少数民族的人总是拿种族来说事。《宪法》和《民权法案》第六章仅仅是对那些接受联邦资助的私有机构加以限制，我们既不能也无需让色盲变成掩盖现实的近视眼，因为在我们的有生之年里，许多"生来平等"的人在法律和其他公民面前还是低人一等。

第二部分

我们需要决定的关键问题是，1964 年《民权法案》第六章是否禁止接受联邦资助的机构优待弱势的少数民族，以帮助弱势群体克服昔日种族歧视强加给他们的障碍。我们加入鲍威尔仁兄判决的第一部分和第五部分 C。此外我们中的三位也同意他在第二部分中的结论，那就是我们无需决定《民权法案》第六章是否赋予个人提诉的权利。

我们认为《民权法案》第六章仅禁止州政府或其下属部门用种族为标准，那将违反《宪法第 14 修正案》。在不违反第 14 修正案的前提下，《民权法案》并不禁止优待少数民族，以此补偿过去社会对他们的歧视。《民权法案》第六章的立法史、解读第六章的行政法规、第六章生效后国会和行政部门采取的行动以及本庭过去的判例都迫使我们得出这一结论。以上依据的资料来源中没有一条表明国会的立法意图并不是禁止一切具有种族意识的努力，只要考虑种族的目的是让少数民族能够享受联邦资助项目的福利即可，因为那些少数民族在历史上无法享受美国生活的所有福利。

A

下面让我们回顾《民权法案》的历史。从肯尼迪总统开始，他要求国会授权给行政部门和机构通过法规贯彻他的建议，砍掉歧视黑人项目的联邦资助。肯尼迪总统的行动向我们揭示了一个一成不变的目的：如果一个接受联邦政府资助的私人机构以种族为标准歧视少数民族，国会应该明确授权给政府的行政部门终止联邦资助，因为宪法禁止政府这样做。

1963 年 6 月 19 日，肯尼迪总统通知国会，建议按照上述目的立法，这就是后来通过的 1964 年《民权法案》。

众议院的司法委员会主席塞勒和他的助理递交《民权法案》第六章的提案，明确表达联邦政府可以采取措施，保证州政府和联邦政府不得违反第 14 和第 5 修正案的标准，禁止用政府款项补贴种族歧视的项目。

"提案要求接受联邦资助的医院保证，不得拒绝向黑人提供充分的治疗。提案还禁止滥用政府分发食品的项目，因为我们知道有时白人可以得到剩余的食品，而黑人得不到。当时只有接受高等教育的白人学生才能得到联邦政府的资助，提案要求黑人学生也能得到同样的福利。总之，提案保证白人和黑人都能平等地享受联邦资助。提案并不剥夺任何私有财产的权利，也不妨碍结社自由。"

尽管《民权法案》第六章涵盖了所有联邦资助的活动，但是各州和联邦政府因缺乏控制能力而无法全面贯彻第 14 和第 5 修正案。塞勒众议员明确表示《民权法案》第六章并没有增加新的实质性措施限制使用种族的标准，而是让黑人能够继续有权享受宪法修正案赋予他们的"平等待遇"。塞勒众议员特别对《民权法案》作出如下的定义：

"总的来说，用钱和其他财政资助来帮助和教唆种族、肤色和国籍歧视是极其反常的。此外更令人震惊的是，我们一方面用第 14 修正案的平等法律保护来消除种族歧视，另一方面联邦政府却帮助和教唆那些坚持种族歧视的人。"

"因此我们呈递《民权法案》第六章提案。通过第六章将能废除那些得到联邦资助却实行种族隔离的机构。"

塞勒众议员还写了一份备忘录，列举了通过《民权法案》第六章的法律依据，重申了他口头表达的主题：

"为了设定如何发放联邦资金的条件，国会显然有权通过立法，确保联邦政府不涉及违反宪法的行为。"

其他赞助立法的议员也同意塞勒的观点，《民权法案》第六章的作用是结束联邦政府卷入具体的行为，特别是隔离和排除黑人的行为，因为那种行为有悖宪法反对歧视条款的标准。林赛众议员是司法委员会的委员，在解释第六章的必要性时他坦率地承认，第六章并没有在宪法之外创造什么新的平等待遇标准：

"宪法规定联邦政府和州政府都不得歧视。许多人对是否需要立法有疑问，因为行政长官已经有权在分发联邦资金时附加条件，使联邦政府本身就遵守宪法，并要求州和地方政府机构也遵守宪法，特别是第 5 和第 14 修正案。"

根据林赛众议员的解释，立法的目的是授权给行政部门终止资助，因为现行的法律打算支持种族隔离的机构。众议院里支持和提倡立法的议员也认同塞勒和林赛众议员对《民权法案》第六章的目的和作用的看法。除非接受资助的机构违反宪法的标准将种族和国籍纳入考虑，第六章中没有任何迹象表明国会意图因为其他的原因终止资助。

参议院考虑《民权法案》第六章时对立法的目的和范围有相同的理解。亨弗瑞参议员是参议院的协调人，他让参议员们逐条辩论民权法案，并简单明了地陈述了第六章的目的：

"第六章的目的是确保美国的资金不能被用来支持种族歧视。违反宪法的种族隔离和种族歧视在许多地方仍然存在，第六章的目的是结束种族隔离和种族歧视。如果接受联邦资助的州政府机构涉及种族歧视，联邦资助将会终止。根据希姆金斯诉纪念摩西孔医院案（Simkins v. Moses H. Cone Memorial Hospital）的判决，联邦政府给种族隔离的私人机构的资助也将终止。在各种情况下，种族歧视非但违反国家政策，还与国家道德观相悖。因此，第六章确保联邦政府用联邦的钱时必须遵循宪法和国家的道德观。"

亨弗瑞参议员的那段话跟众议院的陈述相呼应，他认为需要通过立法来达到这个目的，因为许多联邦法规似乎授权向种族隔离的机构拨款，所以有必要通过立法来确定联邦机构有权终止资助。因为政府没有采取足够的行动，亨弗瑞参议员意识到《民权法案》第六章涵盖的行为超过了宪法的范围，而且他知道立法的实质性标准是第5和第14修正案。支持第六章的参议员反复强调他们同意亨弗瑞参议员对立法的描述，那就是明确政府的权力和义务，让政府对所有接受联邦资助的机构运用宪法的标准。利比考夫参议员对第六章的有限功能叙述如下：

"宪法基本上限制资助种族歧视，第六章只是规定了限制资助的具体程序。"

参议院里其他坚决支持立法的议员们反复表示他们希望保证根据宪法的标准使用联邦资金[①]。

巴契称国会的意图是禁止平权项目，那些项目的目的是帮助昔日受歧视的少数民族参加联邦资助的项目，经过审查，国会认为第六章应该禁止那些项目。双方辩论揭示了立法的主要目的是想铲除一种具体的罪恶：用联邦资金支持那些对黑人不利的项目，那些项目或是排除黑人参加，或是实行种族隔离。第六章的支持者反复强调立法的目的是终止接受联邦资助的种族隔离项目，并终止以种族歧视黑人的项目。亨弗瑞参议员向参议院呈递第六章的宗旨时说：

"美国政府每年都花费大量的资金建造种族隔离的学校。"

"根据《希尔–波顿法案》，联邦政府向只接受白人或只接受黑人患者的医院拨款。"

"在高等教育领域，联邦拨款给大学和医学院等高等学府，但是在南方，很大一部分钱拨给了种族隔离的学校。"

"除此之外，联邦政府给许多州的农业拨款被用来维持对白人和黑人种族隔离的办公设施。"

---

① 包括帕斯托、克拉克和阿劳特等参议员。

"联邦政府拨款支持职业培训项目，但许多种族隔离的学校限制黑人只能接受技术含量较低的职业训练。据报道，参加选民登记或静坐示威的黑人被报复，他们在一些地区得不到救济，得不到剩余的农业产品，得不到联邦资助项目的福利①。"

综上所述，结论是很明显的。在有些国会默许的情况下，国会认识到黑人在招生过程中受到歧视，在联邦资助的项目中不能享受所有的待遇。国会意识到许多联邦资助的项目和机构采用违反第5和第14修正案标准的方法歧视少数民族，但是因为那些机构的歧视不算州和联邦的政府行为，所以还不构成违反第5和第14修正案。此外，即使有些歧视黑人的行为可能违反了第5和第14修正案的标准，国会不确定行政部门是否有权终止资助。为了结束政府卷入宪法禁止的种族歧视，国会决定授予行政部门权力和义务，停止资助那些采用违反宪法的种族标准的活动。

当然，有一种论点是，通过《民权法案》第六章，国会理解宪法严格要求种族中立和"色盲"，并把这个概念供奉为成文法的规则。经过后来对宪法的解读和澄清，认为宪法允许为了补偿目的可以考虑种族，并没有取代第六章禁止的具有种族意识的行为。但是有三条充分的理由否决这种假设。

首先，本庭从来就没有采取过宪法必须色盲的立场。

其次，假如宪法在1964年可以被理解为要求色盲，国会肯定不会选择把这种观点变成法律，除非宪法明确要求制定成文法。《民权法案》第六章的立法史和法律本身显示国会希望诱导自愿遵守对种族一视同仁的要求。但我们无法想象国会既想鼓励自愿地杜绝种族歧视，同时又禁止自愿使用考虑到种族的补偿方法来纠正明显的违法行为。如果我们把第六章解读为禁止所有根据种族对个人造成不利影响的行为，那么接受联邦资助的机构将被行政部门惩罚。如果我们这样解读第六章，就能够防止接受联邦资助的机构让项目符合宪法要求时考虑种族的因素。第六章的目的是取消违宪的行为，特别是在某些情况下，司法判决不仅允许考虑种族因素来纠正种族歧视，而且宪法也要求通过考虑种族来铲除违宪的行为。例如在教育局诉思旺案（Board of Education v. Swann）中，本庭判决根据种族来分配学生的法律是违反宪法的，因为那将阻碍学校系统采取补救措施来取消种族隔离。

"我们必须考虑种族才能确定是否发生了违反宪法的行为，同样在纠正违宪行为时我们也必须考虑种族。"

当宪法要求考虑种族时，国会的意图肯定不会是禁止使用种族的标准，也不会是终止资助那些采取措施纠正种族歧视的机构。国会显然希望鼓励接受联邦资助的机构采用所有的补救措施，包括考虑种族来铲除违反宪法的种族歧视，而不是要求他们等待法庭判决他们的补救措施违宪，然后再让他们接受由法庭指定的有色种族取向的补救方案。

最后，立法史显示国会特别避免对歧视下固定的定义，而是用比较广义的语言，以

---

① 请见帕斯托、利比考夫、克拉克和贾维茨等参议员的讲话。

便今后根据经验、行政需要和不断演变的法律理论使法律成型。从辩论中可以看到，尽管第六章的支持者想禁止考虑种族，具体来说就是禁止维持公共设施的种族隔离，但他们并没有给"歧视"下精确的定义，也没有具体规定什么行为才构成根据种族排除参加或拒绝福利。含糊的定义当然逃不过那些反对第六章立法的人的眼睛，厄文参议员抱怨道：

"提案中的'歧视'一词没有任何上下文的解释，只是规定歧视是根据特定的理由'针对'个人参加联邦资助的项目，或从联邦资助的项目获利。在这种语境里，只有在一个人因为他的种族、肤色、宗教或国籍而受到不平等或不公正的待遇时，才构成提案中提到的那种应该谴责的歧视。但什么是不公平或不公正待遇呢？第六章 601 节和 602 节并没有说明。法律把这个问题留给管理具体项目的行政部门或机构来决定，并没有通过任何说明指出国会的意图。"

立法的支持者无视那些批评，还是拒绝给出在法案和辩论中包括第六章所禁止的行为的明确定义。

第六章之所以缺乏明确定义的原因很明显，因为立法的主要支持者们并不想具体定义，他们认为第六章的标准就是宪法，需要通过行政和司法来决定。国会在考虑第六章的整个过程中特别强调，应该让行政部门有相当程度的灵活性解读和运用第六章来禁止种族歧视。司法部长罗伯特·肯尼迪作证说，若干法规并没有被写进第六章之中，因为给歧视下定义的规则和法规因不同的项目而异，所以歧视一词在不同的情况下可能有不同的含义。立法的支持者也同意国会决定保持贯彻第六章的灵活性。强斯顿参议员建议修订第六章，明确授权联邦机构在安排儿童收养和寄养时可以考虑种族，帕斯托参议员反对修订，最终他的反对意见被 56：29 的投票表决否决，因为国会相信联邦的行政官员会采取合理行动，让他们在那种情况下禁止使用种族因素并不会有危险。

国会决定在第六章中不给歧视下固定的定义并不使人感到意外。从 1963 年到 1964 年，在起草和辩论第六章的过程中，法庭只能用平等保护条款来否决在美国公共场所的种族歧视，而且平等保护条款中反歧视原则的范围还在迅速地演变。司法部门还没有对许多问题作出有权威性的解答，例如第 14 修正案究竟只是禁止法律上的歧视，还是也禁止实际上的歧视？从辩论中可以看出，国会充分意识到 1964 年有关种族歧视的宪法正处于演变之中 [1]。

总之，国会认为第六章禁止的行为与第 5 和第 14 修正案的戒律是相同的，国会想禁止种族歧视，但是又拒绝对歧视做出明确的定义，说明国会希望灵活地执行第六章。这些事实迫使我们得出一个结论，那就是国会希望第六章禁止种族歧视的含义随着解读宪法的戒律而演变。因此，鉴于第六章的立法史和补救的目的，任何人主张第六章直白

---

[1] 在美国的立法过程中，有时正反双方对某个问题的意见无法统一，但是为了通过法律，双方可能同意暂时搁置争议，故意含糊其词，让法律先通过再说，日后在执行过程中遇到具体问题时让行政和司法部门根据当时的情况解读法律并酌情处理。——译者注

的语言禁止使用种族的标准是站不住脚的。第六章使用的隐而不露的语言反映了国会的忧虑，因为当时普遍采用种族标准来排除弱势的黑人，所以国会下决心要绝对禁止这种种族歧视。我们最近在火车诉科罗拉多公共利益研究组案（Train v. Colorado Public Interest Research Group）中判决：

"无论法律词语的含义'在表面上看起来'有多清楚，'如果有什么方法可以帮助我们解读词语的含义，法律上肯定没有任何规则'禁止我们使用那种方法。"

本案特别如此，假设法律的语言就是那么直白，如果我们仅从字面上理解并运用法律将会跟国会明确表达的立法意图发生冲突。

B

《人权法案》第六章602节指示联邦机构制订法规解读第六章。这些法规需要经过总统的批准，许多人遵从法规解读第六章的含义。最重要的是，向高等学府提供大量资助的卫生、教育和福利部通过法规，要求学校采取平权行动帮助少数民族克服学校过去对他们的歧视。即使有些接受联邦资助的学校过去并没有歧视少数民族，但学校的条件不利于某些种族的学生就读，卫生教育福利部授权给学校自愿地通过平权项目来改善学校的条件。

1977年《联邦法典》第45条80.3（b）（6）（i）节规定："如果接受联邦制资助的机构曾经因为种族、肤色或国籍而歧视某些个人，就必须主动采取平权行动来纠正过去的歧视行为。"

1977年《联邦法典》第45条80.5（i）节对以上要求进一步规定："在某些情况下，尽管接受或申请联邦资助的机构已经终止过去的歧视行为，但是其后果还是在继续影响被歧视的个人完全得到福利。如果接受或申请联邦资助的机构经过努力后提供的报告显示其项目或活动还是不能使受益人得到福利，申请或接受联邦资助的机构就必须进一步采取措施，使过去受到歧视的族群能够得到所有的福利。例如，具体措施的形式可以是特殊的推荐或甄选，确保过去被歧视的群体能够得到足够的服务。"

这些法规明确规定，如果有必要纠正接受联邦资助的机构过去歧视或排除少数民族的行为，法律非但允许，还要求将种族纳入考虑，以完成第六章补救的目的。当然并没有证据显示医学院过去曾经歧视过少数民族，所以法规并不会强迫医学院制订特殊招生项目照顾少数民族。根据《民权法案》第六章的措辞和立法历史，如果一家接受联邦资助的机构过去曾经歧视少数民族，法律要求那家机构采取补救措施时必须考虑种族。即便过去歧视少数民族的机构并没有接受联邦资助，我们也很难解释为什么法律会禁止没有接受过联邦资助的机构采取同样的补救措施呢？卫生教育福利部充分意识到这种对第六章不一致的解读。

1977年《联邦法典》第45条80.3（b）（6）（ii）节规定：

"即便接受联邦资助的机构过去并没有歧视，该机构在制订项目时还是可以采取平权措施，以改变过去根据种族、肤色或国籍限制个人参加的项目。"

有一条法规明确解释，80.3（b）（6）（ii）节预期的平权措施包括使用种族优待：

"即使申请或接受联邦资助的机构从来没有歧视过，有些族裔实际上可能并不能平等地享受那些机构主持的项目或活动的福利。在这种情况下，申请或接受联邦资助的机构可以特别考虑种族、肤色或国籍，使那些群体能够享受原来不能充分享受的服务。例如，某大学原来没有向某族群提供足够的服务，学校可以制订特殊的招生政策，使其招生项目更广为人知而对那个族群开放，并采取其他措施，向那个族群提供更充分的服务。"

如此解读第六章符合法规强调自愿采取补救措施，反映了负责达到这些目的的机构的观点。

本庭认为，我们应该特别尊重那些负责贯彻法规的人对法规的解读，国会也注意到行政部门的解读并让那些解读不被篡改。最近国会在考虑修订 1978 年卫生部、教育部和福利部的拨款法案时采取了这种特别措施，大力限制政府拨款资助的项目采用考虑种族的补救措施。众议员阿希布鲁克最初呈递修订案时规定：

"根据本修订案调拨的款项不得用于任何鼓励或要求根据种族、血统、宗教、性别或年龄而在招生或招工时使用配额达到某种目标的平权项目。"

为了支持这些措施，阿希布鲁克众议员的论点是，1964 年《民权法案》从来就没有强制采取政府官僚们创造的平权行动。然而，他明确表示他支持允许大学采用考虑种族的平权行动项目，却反对政府强制执行平权行动项目。他的修订案又被进一步修订来反映他的观点，那就是禁止卫生教育福利部强制实行有种族意识的补救措施：

"根据本修订案调拨的款项不得用于发布、实施或执行任何由卫生、教育和福利部部长颁布的规则、规定、标准、指导、推荐或命令，如果那些规则、规定、标准、指导、推荐或命令要求在（1）招工或提拔政策中或（2）招生政策中，采取任何跟种族、血统、肤色、国籍或性别有关的比例、配额或其他数量要求。"

该修订案被众议院通过，但是参议院的提案没有限制卫生教育福利部强制实施具有种族意识的补救措施。在卫生教育福利部部长的催促下，两院合议委员会从众议院提案中删除了这一条款。对本案来说更重要的是，就连倡议限制卫生教育福利部贯彻第六章的人都没有挑战接受联邦资助的机构有权自愿地优待少数民族。

通过《民权法案》第六章之后，国会采取行动消除人们对国会允许优待弱势少数民族的任何怀疑。即使一个机构过去并没有歧视过少数民族，法庭也不认为某些种族优待的受益者会被社会歧视，国会还是确认并不想禁止在制订纠正社会歧视的措施时考虑种族。

就在去年，国会通过法律明确规定，"兴建公共设施项目的申请人必须向商务部长保证政府拨款的至少 10% 将交给少数民族的企业承包，否则政府将拒绝拨款"。

法律对"少数民族企业"的定义是"至少 50% 由少数族裔成员拥有，若是上市公司则至少有 51% 由少数族裔成员拥有。"

"少数族裔成员"的定义是"美国公民中的黑人、讲西班牙语的人、东方人、印第安人、爱斯基摩人和阿留申群岛的人"。尽管该条法律有个例外的豁免，"除非商务部长另有决定"，这扇后门仅仅针对一种可能，因为在某些地区也许没有足够的少数民族企业能满足法律规定的配额。

该条法律具有种族意识，其立法史揭示，国会有意解决少数族裔成员居高不下的失业率，并鼓励发展少数民族企业。

国会相信这种"为少数族裔保留"的方法能够帮助那些"刚进入市场，相对弱小"的族群跟那些已经站稳脚跟的大公司竞争，因为通常大公司比少数民族公司更能在投标中获胜。假如第六章被解读为禁止采取具有种族意识的行动，那么接受种族配额或"为少数族裔保留"的拨款将直接违反第六章。国会考虑的措施的重要性在于，参众两院在辩论时根本就没有提到留给少数民族承包商的配额可能跟第六章发生冲突，或可能要求修订第六章。我们很难想象国会会在无意中忽视这种跟第六章有关的冲突。此外，允许采取平权行动的法规里还有一条禁止性别歧视的规定，"机构将参考根据 1964 年《民权法案》第六章已经建立的禁止种族和其他歧视的规章制度制订相似的禁止性别歧视的规章制度"。

因此，国会充分意识到第六章也适用于资助公共设施项目。根据这种情况，为少数民族企业保留 10% 的法规反映了国会的判断，那就是第六章允许为了纠正过去的歧视而考虑种族。我们反复强调，对后通过的法规的解读也适用于解读先前通过的法规。

C

本庭过去的判例也强烈显示，在宪法允许的情况下，第六章并不禁止为了补偿的目的而考虑种族。在刘诉尼科尔斯案（Lau v. Nichols）中，旧金山的学校系统未能向不会说英语的华裔学生提供英语补习课程，本庭判决学校违反了第六章。本庭的依据是卫生教育福利部制订的条例，该条例规定接受联邦资助的机构"不得使用歧视个人的标准或方法"，或者使用"挫败或阻碍某一种族、肤色或国籍的个人达到项目的目的"。

本庭认为该条例要求旧金山学校系统让讲中文的学生得到和讲英文的学生同样的教育福利，尽管并没有证据显示，也没有人指控旧金山市是为了种族歧视而故意地不向华裔学生提供英语补习课程。

刘案有两个重要的方面。一是，至少在某些情况下，即使接受联邦资助的机构并没有违反宪法，负责贯彻第六章的部门可以要求那些机构偏离色盲的政策，并注意他们的行动将会对少数民族产生何种影响。二是，刘案明确要求给接受联邦资助的机构留有相当余地的决策权，让他们自愿地采取具有种族意识的行动，来纠正大量少数民族无法从联邦资助的项目得益的局面。尽管本庭还没有通过解读第六章的类似案例来考虑这个问题，但根据刘案，本庭认为医学院并没有违反第六章，因为少数民族在学生总数中占的比例太小，只要学校能够证明招生的要求已经充分考虑到少数民族考生在医学院和医学领域的表现即可。然而，如果我们先要求一家机构等待是否违反法律的审核，然后才允许其自愿采取纠错的行动，那是不符合刘案、第六章和卫生教育福利部有关自愿行动规定的，因为该部出于善意并合理地相信某些少数民族学生之所以不符合招生要求是因为社会对他们歧视遗留的后果，我们不能因此来衡量他们今后当医生的表现。

在华盛顿诉戴维斯案（Washington v. Davis）中，本庭认为即使政府的行动会对不同的种族造成比例失调的影响，仅凭这一点并不等于政府的行动违反了宪法。如果我们把刘案和华盛顿案合并在一起来理解，会发现至少在有些情况下，第六章可能禁止宪法并不禁止的行为。基于以上的原因，我们认为第六章的标准并不比宪法标准的范围更广，而且第六章的标准对接受联邦资助的私有或公有机构都同样适用，所以我们真诚地怀疑判决刘案的前提是否正确。然而在有些情况下，即便我们接受刘案的含义，仅凭一个机构采取的行动会对一些民族造成影响就足以证明在表面上违反了第六章，可见第六章对种族歧视的定义和宪法定义的广度并非绝对相同，这对巴契是毫无帮助的。首先，巴契称国会的意图是禁止接受联邦资助的机构自愿采取具有种族意识的措施，来消除社会过去对黑人等少数民族歧视遗留的影响。但我们在上面已经讨论过，无论第六章禁止的行为是否超过宪法的范围，本案的证据无法证明国会有这种意图，反而迫使我们驳回巴契的这种论点。其次，根据上一段落中罗列的理由，刘案本身就强烈地支持一个观点，那就是第六章允许接受联邦资助的机构采取具有种族意识的补救措施。假如某些补救措施可能会对某些种族造成歧视性的影响，仅凭这种歧视性的影响就能在表面上证明那些措施违反了第六章，那么我们很难相信第六章会禁止戴维斯医学院通过最初两年的招生政策试图纠正该校过去排除某些种族遗留下来的影响。

除了第六章之外，其他法规也有类似的反歧视条款，本庭已经拒绝用"色盲"的眼光来解读那些法规。根据第六章，我们判决如果招工的要求会对少数民族造成比例失调的影响，即使雇主并没有故意歧视也构成违规，除非雇主能够证明招工的要求和职务的需要之间有足够的关系。更重要的是，即便雇主的行为并没有故意歧视少数民族，本庭还是要求雇主优待少数民族，以纠正过去违反第六章的行为。最后，1965 年的《选举权法案》禁止任何"因为种族或肤色"而剥夺或限制"任何公民投票权"的投票程序或对选民资格的要求，本庭对选举权法案的解读是允许州政府自愿地考虑种族因素，使选举能够遵循法律的规定，公正地代表不同族裔的投票能力，哪怕选举的结果对某个种族有利，对其他的种族不利。

这些过去的判例显示，本庭不愿意从可能挫败立法意图的视角来解读为了终止歧视少数民族而制订的补救法规。在第六章的案件里，我们没有理由偏离这条航线，我们不能挫败国会明确采取允许具有种族意识的补救措施的意图。

我们接下来分析第 14 修正案的平等保护条款。

第三部分

A

若要争取人类平等，一个人的肤色、血统、出身或地位并不重要，这些因素跟他应得的待遇并没有关系。有一种观点认为这些因素"在宪法上是无关的"，普莱西诉弗格尔森案（Plessy v. Ferguson）把这种观点总结为一句话，"我们的宪法是色盲的"。尽管如此，本庭从来就不认为这种观点是平等保护条款的真正含义。实际上，本庭在不同的场合里反复地驳斥了这种观点。

我们判决过的案子暗含了一种"高于法律的目的"，这种目的为种族分类提供了理由。在麦克丹尼尔诉巴雷西案（McDaniel v. Barresi）中，地方校董会自愿采用一项反种族隔离计划，根据种族分配学生入学，但是因为该计划不是色盲的，佐治亚州最高法庭判决校董会的计划无效，最近本庭一致推翻了佐治亚州的判决。在北卡罗来纳教育局诉斯旺案（North Carolina Board of Education v. Swann）中，本庭再次一致判决忽视种族分配学生入学的色盲法律在种族隔离的背景下是站不住脚的，因为限制补救措施将使布朗案的许诺成为泡影。

因此我们的结论是，根据第 14 修正案，按种族分类本身并不违法。根据这一结论我们面临的问题是，当我们审查州政府采取行动明确地按种族分类时，法庭应该扮演什么角色。

B

巴契称，按种族分类永远是可疑的，所以本庭应该衡量戴维斯医学院希望通过特殊招生政策达到的目的究竟有多重要，以确定这种目的是否已经到了迫在眉睫的程度。除了按照种族分类之外，巴契称本庭必须探讨戴维斯医学院是否还有其他也能达到这一目的替代办法。而戴维斯分校告诉本庭其招生政策的种族分类与无害的目的合理相关，所以本庭应该接受戴维斯分校的决定。我们同意戴维斯分校的观点，但是因为本庭过去的判例在许多方面并不适用于本案，我们觉得有必要对"严格审查"下更精准的定义。

毫无疑问，本庭曾判决如果政府的政策或法规限制"基本权利"或包含"可疑的分类"就必须接受"严格审查"，除非政府是为了达到一个迫在眉睫的目的，而且没有比较宽松的替代方法可供选择。但是本案并不涉及基本的权利，而且作为一个族群，白人的分类并没有"传统上的可疑标记：这个族群并没有处于劣势，在历史上从来就没有受到故意的不公平待遇，也没有在政治上处于无能为力的地位，不需要在少数服从多数的政治程序中享受特殊的保护。"

此外，如果我们相信大学的说法，本案的种族分类并非"无关而应该被禁止。没有任何人认为大学的目的违背了一条重要的原则，因为本案的种族分类并没有对一个族群污名化，并不是因为一个族群跟另一个族群相比是劣等民族，并没有政府支持的种族仇恨或种族隔离，所以并不非法"。

虽然本案不能恰巧纳入我们过去用来分析与种族有关的案件的框架，但这并不等于说我们就可以采用很宽松的合理依据标准来分析，因为在平等保护案件中，合理依据标准是最起码的门槛。

"仅仅声称法律是无害的，其目的是补偿，并不等于法律就自动地获得了一块盾牌，并不能避免法庭审查法律背后的真实目的。"

我们在性别歧视的案件中已经考虑了若干因素，这些考虑在种族分类的案件中更为重要，我们认为用种族分类来实现补救的目的"必须达到政府想要达到的重要目的，而且必须跟达到这些目的有密切的关系"。

首先，"种族就像性别分类一样，常常被作为借口，用来脸谱化和污名化某些在政治上处于弱势的社会群体"。尽管仔细地量身定制一条法律来纠正过去的歧视可以避免被诟病，但是在真诚周到地评估过去歧视遗留的影响和家长式的脸谱化之间，我们认为两者的界线并不清楚，所以家长式脸谱化的法律肯定会污名化妇女，给她们贴上低人一等的标签。州政府设计的项目表面上看起来好像可以缓解过去歧视遗留的影响，但是显然会造成同样的脸谱化，因为那些项目可能促进种族分离，并且巩固人们的偏见，认为少数民族注定不能靠他们自己的努力成功。

其次，种族就跟性别和非婚生子女一样，是一种无法改变的特征，具有这种特征的人是无法逃避或置之不理的。尽管分类本身并不一定就是非法的，因为分类的依据是无法改变的特征，但是分类确实有悖我们的信仰，"法律上的负担应该跟个人的责任或罪行有关"，所以州政府提倡、资助或批准的分类应该基于个人的优点或成就，至少是根据个人可以控制的因素。

因为这条原则根深蒂固，在立法过程中都会被考虑到，用来制衡根据种族优待个人的项目。但是这条原则也并不完全如此：

"我们的施政过程自然会造成某些后果，大多数离散并不与外界来往的白人将为良性的歧视立即付出直接的代价。"

最后，当我们用无法改变的特征来分类时，我们的案例显示多数族群有一些不得逾越的界限。因此，尽管个人主义在政治进程中占有相当的分量，但是这种分量并不能剥夺第14修正案赋予个人的权利。

总之，因为显然善意的种族分类可能被滥用，这种风险可能导致跟恶意分类相同的后果，所以我们不能仅仅审查种族分类是否具有任何可以想象出来的依据。反之，为了支持分类，就必须有一个既重要而且可以用语言表达清楚的目的。此外，如果法律污名化任何族群，或是让某个在政治程序中最缺乏代表的族群来承担善意项目的代价，这种法律必须被废除。因此我们应该根据第14修正案审查严格，但不能只是"理论上严格，事实上致命，"因为只有污名化才是致命的，严格和仔细并不致命。

第四部分

戴维斯医学院用语言清楚地表达的目的是纠正过去的社会歧视，在我们过去的案例中，这种目的重要性足以支持其采用具有种族意识的招生政策，因为学校有确凿的依据认为少数民族的入学率在过去一直严重地低于其在人口中所占的比例，而且过去歧视遗留下来的障碍阻挠了少数民族报考医学院。

A

自从格林诉县校董会案（Green v. County School Board）以来的案例明确显示，如果一家公立机构被判过去曾涉及种族歧视，光是终止非法的歧视行为和保持中立并不能表示该机构已经遵守了平等保护条款。格林案判决 3 年后，斯旺诉夏洛特麦克兰堡教育局案（Swann v. Charlotte-Mecklenburg Board of Education）和其后的 3 宗案件重申，如果过去种族歧视遗留下来的后果还在继续影响或控制后来的决策，光是采取种族中立的措施来纠正过去的歧视是不够的。本庭还判决法庭可以下令禁止种族隔离，根据种族分配学生和教师，地方的校董会可以自愿地制订反种族隔离的计划，并可以明确考虑种族来纠正过去的种族歧视。此外，即使司法并没有认定过去的歧视，我们认为校董会可以自愿地制订计划，规定每个学校黑人和白人学生的比例，并按比例分配学生，以创造一个种族多元化的环境。

我们认为学校可以正大光明地考虑种族，通过建立统一的学校系统，"连根铲除"过去的歧视，以实现这个迫在眉睫的社会目标。

最后，我们的结论是州立教育机构可以根据宪法制订招生政策，以避免排除那些在历史上处于劣势的少数民族，即便学校在招生过程中明确地将学生的种族纳入考虑。我们在过去的案例中解读了一些用来克服过去歧视历史遗留下来的影响的国会立法，这些案例支持上面的结论。国会已经禁止采取对少数民族有不成比例的负面影响的行动，并要求或授权采取行动，让受到影响的弱势个人能够享受他们应有的地位。受到这种优待补偿的人并不需要证明他本人曾经被歧视，只要个人属于可能被歧视的族群就足以了。我们不能因为少数种族的优待政策可能影响非少数民族的期望而反对补偿少数民族。此外，为了排除机会均等的障碍，我们判决国会可以要求雇主使用公平的测试标准，来衡量少数民族和非少数民族求职者的资质，哪怕这将意味着雇主可以把种族纳入考虑的因素。

在这些案件中，法庭是否认定一家机构过去曾歧视少数种族并没有关系，即使法庭并没有认定一家机构过去有歧视行为，法庭还是可以批准该机构采取具有种族意识的补救措施。实际上，如果我们要求必须先有司法认定违反宪法或法律的行为，然后才能采取具有种族意识的补救措施，那将是一种自我挫败的做法。这种要求将严重地挫败自愿遵守法律的努力。我们的社会和法理向来就强调自觉促进法律的价值。司法干预是制止非法行为或纠错的最终手段，而不是采取行动的先决条件。

　　我们审理案件的依据并不仅仅是针对那些采用露骨的种族分类而违反第 14 修正案第 1 节或其他反歧视法的行为，因为无论有没有违法的前科，我们都会批准采用具有种族意识的补救措施。此外，无论大学或雇主过去是否曾有过种族歧视，这跟解决巴契的宪法诉求并无关系。即使采取具有种族意识的措施的大学或雇主过去并未被判触犯反歧视的法律，他们跟法兰克斯诉鲍曼运输公司案（Franks v. Bowman Transportation Co.）中少数民族工人一样，都有为自身的诉求辩护的权利。在法兰克斯案中的雇主曾违反《民权法案》的第七章，但公司的雇员是无辜的。如果雇主触犯了反歧视法，那么非少数民族雇员的期望本身就是种族歧视的产物。因为他们的期望已经被"污染了"，所以他们就更容易有怨气，这个论点同样也适用于巴契。如果我们可以合理地认定少数民族学生之所以不能满足戴维斯医学院的招生要求，主要是因为受到过去的歧视遗留下来的影响，那么假如没有无孔不入的种族歧视，即使戴维斯医学院并没有特殊招生项目，巴契很可能也还是无法考取戴维斯医学院。

　　因此我们在有关《民权法案》第七章的案件中判决，为了让少数民族融入原来被种族隔离的公共社会生活，国会可以要求或授权优待那些因为社会的种族歧视而处于劣势的少数民族。即使那些被要求或被授权优待少数民族的机构并未故意歧视少数民族，或是根据个案能确定受益的人曾被歧视，优待少数民族的法律都能得到法庭的认可。这些判决迫使我们得出一个结论，如果我们相信政策针对的邪恶是过去种族歧视的产物，州政府也可以制订具有种族意识的政策，来纠正针对少数民族的长期严重歧视。

　　国会根据宪法的授权和第 14 修正案第 5 节的商业条款通过了《民权法案》第七章。如果国会的权限来自商业条款，那国会只能根据第 5 修正案正当程序的平等保护条款在政府决策过程中考虑种族，就相当于州政府只能根据第 14 修正案第 1 节考虑种族。如果《民权法案》第七章的权限来自商业条款，本庭对法兰克斯案和货车司机诉美国案（Teamsters v. United States）的判决默示我们认为，主动考虑种族因素符合第 5 修正案的平等保护条款和第 14 修正案。如果国会立法的依据是第 14 修正案第 5 节，那些案例默示国会有权立法优待过去被歧视的受害者，以克服种族隔离遗留的影响。我们觉得没有理由认为州政府不能根据第 14 修正案自愿地优待被歧视的受害者，国会可以授权或强制州政府或个人这么做。有一种立场跟传统的理解相反，认为即使没有国会的预先授权，州政府本身也可以采取符合联邦政策的措施。第 14 修正案或《民权法案》的立法史里都没有任何证据显示州政府没有资格促进机会均等的基本目的。实际上，各州自愿地采取措施来实现机会均等的目标是非常重要的。"把第 14 修正案当成剑来对抗州政府的权力简直就是在愚弄第 14 修正案。"因此，我们裁定戴维斯医学院的目标是招收因过去被歧视而处于劣势的少数民族学生，这个目的的重要性足以支持学校在招生时采用具有种族意识的标准。

B

如果我们正确解读本庭过去判决的案例，那些案例显示州政府可以制订具有种族意识的政策，只要这种政策的目的是消除州政府在施政过程中不成比例地伤害少数民族的行为，而且我们有理由相信这种不成比例的伤害本身就是过去种族歧视的产物，无论伤害是政府还是社会造成的。根据这一检验标准，戴维斯医学院的特殊招生项目无疑是合法的。

双方对呈交给本庭的事实并无争议，根据这些事实，戴维斯医学院有合理的根据相信种族歧视是十分严重的长期问题，这个问题源于过去和现在对少数民族考生的歧视而造成的障碍。至少截至到 1973 年，尽管并没有法律规定，但事实上当医生向来是白种人的特权。例如在 1950 年，黑人占总人口的 10%，但黑人医生仅占医生总数的 2.2%。此外，绝大多数黑人医生都是专为黑人开办的霍华德和麦哈瑞医学院培养出来的。到了 1970 年，黑人占总人口的比例上升到 11.1%，而黑人医生的比例仍然停留在 2.2%。而从 1955 年到 1964 年，以白人为主的医学院录取的黑人学生数量却急剧下降。

此外，戴维斯分校有充分的理由相信，如果学校只采取一种招生标准，全国医学界的种族歧视将持续下去。例如在 1968 年和 1969 年，戴维斯医学院只有一种招生标准，每年在 50 名新生中仅有一名墨西哥裔和两名黑人。在此后的几年中这种歧视并没有被纠正。

戴维斯医学院的结论是，统计资料显示医学院歧视少数民族考生是一个严重而持久的问题，这种歧视为他们设置了障碍，其背景是在学校和整个社会蓄谋故意地歧视少数民族，包括医学专业领域。从建国伊始，黑人就遭受法律上的障碍而无法得到平等的教育机会。在奴隶制下，任何人试图让黑人受教育便会受到刑事惩罚。通过第 14 修正案之后，许多州仍然继续剥夺黑人接受教育的平等机会，严格的种族隔离政策本身就给黑人盖上了低人一等的印记，他们被分配到较差的学校，还被剥夺了跟主流专业界交流的机会，从而失去了升迁的机会。此外，种族隔离并不仅限于公共设施，私有设施的种族隔离也通过刑事惩罚来执行。因此，一直到 1908 年，一家私立大学因为让黑人和白人学生一起上课被判刑事犯罪，本庭居然还维持了原判。

格林诉县校董会案明确承认歧视的习惯和种族偏见的文化传统是持续几个世纪之久的合法奴隶制和种族隔离的产物。布朗诉教育局案宣布宪法的原则规定，不得因为种族而剥夺任何人得到平等教育和全面融入美国生活的机会，但种族歧视不会马上就烟消云散。官方和私人的强烈抗拒阻碍了少数民族获得平等的教育和专业的就业机会。自从 1968 年建校以来，申请戴维斯医学院的那几届考生大多数都是在判决布朗案的前后出生的，他们显然是种族歧视的受害者。就连法庭的命令都承认，加利福尼亚的公共教育系统有种族歧视，这就证明了在加利福尼亚出生的少数民族考生普遍地受到歧视。此外，许多在加利福尼亚居住的少数民族原来出生在南方的州，并在那里上学，而种族隔离在南方是合法的。因为把学生按他们的种族分开将"产生低人一等的感觉，并影响他们的心灵成长，而且这种影响也许永远都无法逆转"。因此，我们只能得出唯一的结论，申请医学院的少数民族考生人数一定会比较少，因为他们必须承受种族隔离，克服对布朗案的抗拒，并且被历史悠久的官方歧视造成的私人歧视而削弱，但他们站在起跑线上就必须有跟白人一样好的成绩。

此外，戴维斯医学院有正当的理由相信过去的种族歧视会使少数民族的考生处于弱势，其实我们都无需自己下这个结论，因为国会授权给卫生教育福利部制订法规贯彻1964 年《民权法案》第六章，卫生教育福利部已经得出结论，那就是我们在某些情况下可以考虑种族，如果不考虑种族就会限制少数民族参加接受联邦资助的项目。卫生教育福利部的法规明确表示大学可以采取具有种族意识的适当措施，来纠正过去他们自己或社会的歧视形成的不公平招生政策。毫无疑问，假如没有特别招生项目，医学院招收的少数民族考生将受到严重的限制。因此，根据联邦法规，具有种族意识的招生政策是恰当的解决方案。此外，国会也很关注卫生教育福利部制订的法规和政策。尽管去年的拨款提案不允许卫生教育福利部强制大学在招生时采用具有种族意识的措施，但是这种措施的支持者毫不怀疑具有种族意识的招生标准的合法性。在这些情况下，法规默示了一个结论，因为过去歧视遗留下来的影响，我们有必要继续采取具有种族意识的补救措施，以保证在大学的平等教育机会，司法机构应该服从这些法规。

C

第二个检验的标准是，戴维斯医学院的招生项目是否对任何离散的群体或个人污名化，为实现招生项目的目的而考虑种族是否合理。我们认为，戴维斯医学院的招生项目符合检验的标准。没有人指控戴维斯医学院的招生项目污名化或歧视任何离散孤立或可辨别的非少数民族。即使招生项目会产生某种后果，也无法跟当年拒绝招收少数民族学生或种族隔离造成的伤害相提并论。例如，医学院并没有专门为少数民族保留名额而排除白人学生，而是为了铲除种族隔离遗留下来的影响而把待遇不公的族群融合在一起。白人学生确实被排除在特殊招生项目之外，但这只是在减少招收白人学生的同时招收适当比例合格的少数民族学生。即便如此，少数民族学生的比例还是低于他们在加利福尼亚人口中所占的比例。假如没有特殊招生项目，他们将失去上医学院的机会。

虽然巴契没有被医学院录取，但是学校并没有给他盖上低人一等的印记。所有的人都承认他的成绩非但达到了标准，而且超过大多数被录取的少数民族学生。此外，虽然巴契因为戴维斯医学院优待少数民族而落榜，但跟布朗案中的那些黑人学生相比，名落孙山对他今后一生的影响与种族隔离的影响完全不可同日而语。优待少数民族的补救措施跟种族歧视不同，不会对白人造成普遍的伤害——无论他们到什么地方，也无论他们做什么事，没有人会因为他们的肤色而把他们当成二等公民。当然，这种区别并不等于因为优待少数民族而排除白人还不够严重，所以就无需理由，而是因为优待少数民族造成的伤害跟大多数政府行为并没有区别，而那些政府行为并没有仅因为优待少数民族而被禁止。

此外，没有任何证据能够证明戴维斯医学院故意或无意地歧视了学校想优待的少数族群。招生项目并没有恶意地规定招收少数民族考生的上限。我们没有理由认为招生项目对该项目的受益者污名化，或是把少数民族当成劣等民族对待。戴维斯的招生项目并不是简单地抬高不合格的考生，而是补偿那些完全合格但处于劣势的考生，因为他们的劣势是过去州政府对他们的歧视造成的。录取之后，学校对特殊招收的少数民族学生的要求跟普通招收的学生一样，而且所有学生都在一起由同样的教师授课，少数民族学生和普通学生的成绩将使用相同的标准评估。在这些情况下，因为少数民族学生跟普通学生一起竞争名次，所以他们的成绩和学位将被一视同仁。因为别人并不会因为特殊招生项目而认为少数民族毕业生的水准不如普通学生，我们没有理由认为少数民族毕业生会因为特殊招生项目被污名化而低人一等。

D

下级法庭认为戴维斯医学院在招生时考虑种族是不合理的，但是根据学校想达到的目的，我们不同意下级法庭的结论。首先，戴维斯分校称，除了采取具有种族意识的措施之外，没有任何其他可行的方法可以在较短的时间里达到平权的目的。至于可以替代种族用来显示过去歧视的其他因素，如贫困或其他家庭成员的教育背景，白人远远超过少数民族的原因是白人在人口中占的比例最大，在社会和经济层面上的绝对数字远远超过少数民族。例如，医学院最近一届考生中有 71% 的白人家庭收入低于 10 000 美元。1970 年，在所有家长没有高中毕业的家庭中，80% 是白人，20% 是少数民族。此外，平均成绩和入学考试成绩跟种族有关，但是跟家庭收入无关。因此看来，出身贫寒的白人学生成绩并不比家庭富裕的白人学生差，但是出身贫寒的黑人学生成绩比出身贫寒的白人学生差。这些统计资料显示，大学为了取消种族隔离而补偿那些过去受歧视的学生，全面优待家庭贫寒或家长受教育水准低的学生并不能达到这个目的，除非所有的学生都出身贫寒，或所有的家长受教育水准都低。

其次，戴维斯医学院并没有简单地将少数民族和弱势相提并论，而是根据每个学生的个人历史来评估他是否可能因为受到种族歧视而处于弱势。本案的记录清楚地表明，特殊招生项目只考虑那些被美国主流社会孤立的少数民族考生，其他少数民族考生只能参加普通招生项目。确定弱势的程序是非正式的，但是我们从来没有坚持校方必须通过司法程序来办学，所以坚持司法介入是错误的。尽管我们有充分的理由相信种族歧视的影响的确存在，然而学校几乎不可能审查每一位考生是否曾经直接或间接地受到种族歧视的影响。如果逐个评估每一个考生是不可能或不可行的，假如分类方法和州政府的目的密切相关，我们不能不让州政府使用分类的方法来达到这一目的。如果一个人受害的可能性很大，案例表明我们并不需要具体证明他确实是种族歧视的受害者。

E

最后，我们认为戴维斯医学院的特殊招生项目并没有违反宪法，因为该项目只是为合格的少数民族考生保留了一定的名额，而不是把种族当成一个正面的因素来衡量弱势少数民族考生的申请。对宪法判决来说，为少数民族保留名额和把种族当成正面因素并没有区别。在任何优待弱势少数民族的招生项目中，决定给少数民族考生多少优待是不可避免的。以戴维斯医学院的招生项目为例，无论给予少数民族多少优待，只要优待的结果造成白人考生落榜，宪法是否应该接受这种招生项目便值得商榷。此外，如果合格的少数民族考生的人数超过学校当年计划招收的少数民族考生，优待少数民族的程度将取决于具体的人数。例如，学校可以根据计划招收的人数为处于弱势的少数民族考生加分，或是像戴维斯医学院那样为少数民族考生留出一定的人数，这两种做法在宪法上并没有区别。

哈佛招生项目公开而且成功地采用了种族标准，以保证弱势的少数民族学生能够得到稀缺的高等教育名额。哈佛大学并没有公开优待少数民族的程度，也没有公开招生政策的具体细节，而戴维斯医学院具体公开招生的名额，但这并不妨碍第 14 修正案的司法审查。对公众来说，也许哈佛大学的招生计划比戴维斯医学院的"名额"制更容易接受。既然如此，任何州（包括加利福尼亚）都可以采用哈佛的方法来替代公众比较难以接受的方法，或是在招生时放弃优待少数民族的项目。为了达到戴维斯医学院想要达到的目的，我们并不需要因为某种优待计划对公众不明显而采用那种计划。

第五部分

加利福尼亚最高法庭判决戴维斯医学院的特殊招生项目违宪，要求学校录取巴契，并禁止学校在招生过程中考虑种族，我会推翻这一判决。

怀特大法官。

有关 1964 年《民权法案》第六章是否允许私人提起诉讼的问题，我单独发表意见。4 位大法官显然认为个人可以提诉，另外 4 位法官假设本案允许个人提诉。我不愿意假设这个问题有肯定的答案。如果个人不可以提诉，本庭和下级法庭就没有管辖权审理巴契根据《民权法案》第六章提出的诉求。在我看来，如果我们没有义务受理此案，就有必要讨论有关管辖权的争议。此外，如果我们还不能确定根据成文法是否能解决本案的争议，就直接讨论宪法的争端是不妥的。如果我们还没有考虑是否有管辖权，就去审理一宗新颖、棘手的案子，这种做法是成问题的。因此，下面我将讨论巴契是否可以根据《民权法案》第六章提起诉讼。

无论根据《民权法案》还是其中的第六章，私人提诉"既不符合法律背后的目的"，也不符合立法意图。《民权法案》第二章处理有关公共设施的问题，第七章处理有关就业的问题并禁止私人就业歧视。根据我们对 1964 年宪法和联邦法的解读，《民权法案》的第二章和第七章都不禁止私人提诉。这两条法律既允许私人提诉，也允许政府参与贯彻执行。《民权法案》第三章《美国法典》42 卷 2000b 节和第四章《美国法典》42 卷 2000c 节分别处理有关公共设施和公共教育的问题。这两条法律授权给司法部长提诉，以铲除公共设施和公共教育领域里的种族歧视。因为《美国法典》42 卷 1983 节已经允许私人提诉终止公共设施和公共教育界的歧视，所以就无需通过《民权法案》第三章、第四章规定私人提诉了。但《民权法案》第三章、第四章还是规定公诉的案件并不会影响已经提起的私人诉讼。

《民权法案》第六章的作用是终止对实行种族歧视的公共或私人机构提供联邦资助。《民权法案》601 节和《美国法典》42 卷 2000d 节禁止接受联邦资助的项目或活动因为种族、肤色或国籍排除或歧视任何人。但《民权法案》第六章并未明确规定个人是否可以提诉，因为国会在民权法案的其他条款中对个人提诉作了仔细的规定，所以我们很难想象国会的意图是默许个人提诉来维护第六章的权利。

此外，《民权法案》602 节和《美国法典》42 卷 2000d-1 节在字面上清楚地表达了国会想让政府部门通过制度和法规来为《民权法案》601 节禁止的行为下定义并进一步完善，只有司法机构才有资格按程序来审查政府部门的行动。602 节对执法做了如下的规定：每个向外拨款的联邦政府部门都要通过适当的制度和法规来终止向歧视少数民族的机构拨款，而且所有的制度和法规都必须经过总统本人亲自批准。法律授权终止向违反法规的机构拨款，但是必须经过听证，而且违规的机构未能自愿纠正违规行为才可以终止拨款。此外，政府的有关部门必须向参众两院的有关委员会呈递书面报告，说明具体情况和终止拨款的理由，30 天之后才可以正式终止拨款。终止拨款的行动至少需要通过司法审查。

国会认为终止拨款是一种极其严厉的执法措施，所以《民权法案》第六章的立法史充分保证，除非用尽所有的方法都无法达成妥协，才可能终止拨款。如果允许个人提诉，要求政府按第六章终止拨款，那将损害国会的保证，并绕过第六章规定程序的先决条件。如果政府部门只能根据总统批准的规则终止拨款，还需要上报国会的有关委员会并等待一段时间，然后再等到自愿措施失败之后，那我们就很难想象国会的意图是让个人规避这一切行政上的先决条件自己提诉。

此外，尽管国会的意图是通过第六章停止资助实施种族歧视政策的公共和私人机构及项目，国会不可能一言不发就创造出一种成文法规定的个人诉讼权，让个人起诉所有违反第六章的私人和公共机构。毫无疑问，国会认为个人诉讼是打击种族歧视的重要武器，然而这并不等于国会将期待根据第六章提出的个人诉讼。无论什么公共事业有种族歧视的项目，例如公立学校，其他法规已经允许个人诉讼，所以也就无需第六章允许个人诉讼的权利。国会对这一事实充分了解。最重要的是，国会在整个辩论过程中反复提到西姆金斯诉摩西·H. 孔纪念医院案（Simkins v. Moses H. Cone Memorial Hospital）。

西姆金斯案的判决是，在适当情况下，私立医院如果"大量使用州和联邦共同计划的资金"，根据第 14 修正案，私立医院的行为也构成"政府行为"。当然，在私人补偿已经覆盖的范围之内，第六章没有必要允许私人控诉私人的种族歧视行为。但即使在没有私人补偿的情况下，西姆金斯案还是谨慎地判决，"并非每一笔联邦或州政府的资助都会自动地涉及政府行为的受益人。"我们很难想象国会居然会默不作声地为个人创造诉讼权，来终止原来完全在联邦法律管辖范围之外的行为。

有些持相反意见的人认为，第六章的意图是制订一条比宪法要求更严的色盲标准。如果是那样，我们只能认为国会想要禁止那些过去曾在法律管辖范围之外的歧视程度和歧视者类型。既然国会已经在《民权法案》第三章、第四章中很谨慎地规定已经提出的私人诉讼将被保留，那就不会再为私人执法权留下巨大的想象空间。如果接受政府资助的机构有种族歧视的行为，政府可以要求他们选择终止资助或停止歧视，但是在采取行动之前，国会特别关心政府是否已经满足了预先的程序要求，所以国会不会允许私人不遵守任何预先的程序要求，就把接受政府资助的机构置于那种两难的境地。

更重要的是，一些在制订第六章时起了重要作用的议员至少有三次明确指出第六章里并没有赋予任何私人诉讼权。

本庭在科特诉艾希案（Cort v. Ash）中判决，"作为立法意图的表述，无论明说还是暗示，无论允许还是不允许私人诉讼"，更清楚的表述不是想象出来的。根据科特案，如果"国会明确的意图是拒绝私人诉讼权，那就应该以此为准"。例如，济庭参议员建议给那些"受到歧视的个人提诉的权利"，但是司法部拒绝把这段话包括进法律，济庭参议员也就默认了。这些话并不是中立和含糊的，而是表示立法机构并没有创造私人诉讼的权利。这些话也没有在私人通过诉讼制止歧视或终止资助之间加以区别，尽管斯蒂文斯大法官和其他三位加入判决的大法官似乎应该对两者加以区别，但假如他们那么做就奇怪了，因为在实践中，这两种私人诉讼的结果是相同的。假如我们允许私人提诉禁止违反《民权法案》第六章 601 节的行为，接受联邦资助的机构只有两种选择，或是终止法庭（而非政府部门）根据第六章裁定的歧视行为，或是拒绝接受联邦资助，因为一旦不接受联邦资助，第六章就没有管辖权了。这两种选择的结果跟要求终止联邦资助的诉讼是完全一样的。这两种诉讼都会破坏法律中仔细规定的行政程序。

本庭一直要求，"如果法律没有明确授权，推断私人是否有权提起诉讼必须既符合明显的立法意图，也能达到法律预期的目的和效果"。根据《民权法案》第六章，私人诉讼权无法通过以上两种检验的标准。

也许我的同仁的看法和我不一样，也许他们假定私人有诉讼权，但我们还是需要讨论第六章的实质。我对私人诉讼权和平等保护的看法已经包括在我跟布莱能、马歇尔和布拉克曼共同发表的判决中了。

马歇尔大法官。

我部分同意本庭的判决，我们应该允许大学在招生过程中考虑申请人的种族。但是我不认为戴维斯分校的招生政策违反了宪法。我们必须牢记，在过去的两百年里，根据本庭的解读，宪法并没有禁止别出心裁地全面歧视黑人。现在政府采取行动来纠正种族歧视遗留下来的影响，我不认为同一部宪法会成为平权的障碍。

第一部分

A

350 年以前，黑人被抓捕贩卖到美国成为奴隶。他们戴着镣铐背井离乡从事苦役，还被剥夺了所有的法律权利。教他读书是有罪的，奴隶主可以拆散他的家庭，想把他卖给谁就卖给谁，任意宰割他也不犯罪。奴隶制把人变成野兽，无论是奴隶主还是奴隶都被非人性化了。

当美国殖民地开始建立自治政府时，剥夺人权已经被铭刻在史书上。当殖民地决定从英国的统治下独立时，他们起草了一篇独特的文章，罗列了他们对英皇的控诉，并宣布一条"不言自明"的真理——"人皆生而平等"，他们被天赋"一些不可被剥夺的权利"，包括"生命、自由和追求幸福"的权利。然而，那些不言自明的真理和不可被剥夺的权利却只适用于白人。托马斯·杰弗逊交给大陆国会的独立宣言草稿列举了英皇的罪状，其中包括"他向人性残酷宣战，身在远方的我们从未冒犯过他，他却侵犯我们最神圣的生命和自由权，把我们抓捕并送到地球的彼岸为奴，有些人在贩运的途中丧命"。

南方殖民地的代表坚持将上面这段话删除，因为殖民者自己也涉入贩卖奴隶的勾当，如果在独立宣言中包括这一段，殖民地跟英国的纽带切断之后奴隶制将难以为继。因此，尽管殖民者为他们自己的自由和平等抗争，却设法保证那种剥夺整个黑人种族权利的制度能延续下去。

《独立宣言》暗含的对奴隶制的保护被宪法确定下来，奴隶们被算成五分之三个人，按照这个比例计算代表人数和征税。[①] 宪法还有一项条款保证，至少到 1808 年各州还可以合法地"迁移和进口"奴隶[②]。此外，还有一条有关逃亡奴隶的条款，奴隶主可以要求归还逃到外州的奴隶。[③] 因此，当国父们宣布将成为美国建国基石的原则时，他们表明"我们的人民"并不包括那些肤色不同的人，而宪法本应保护他们的权利。正如约翰·霍普·弗兰克林教授指出，美国人"骄傲地接受政治自由赋予他们新的挑战和责任，通过建立一套国家机器确保能够继续奴役黑人"。

各州同样也制定奴隶法典，建立一套保护蓄奴的权力机制，主要用于捍卫奴隶主拥

---

① 《美国宪法》第一条第二款。
② 《美国宪法》第四条第二款。
③ 《美国宪法》第一条第九款。

有奴隶的财产权。1857 年在德莱德·思考特诉三德福特案（Dred Scott v. Sandford）中，本庭确认黑奴的地位仅仅是奴隶主的财产。美国路易斯安那购地案中禁止在密苏里州以北保留奴隶制，本庭却判决密苏里妥协违反宪法，因为密苏里妥协未经正当程序剥夺了奴隶主的财产。本庭宣布，根据宪法奴隶是财产，"美国公民运送奴隶的权利就像运送普通的商品一样受到宪法的保护"。本庭还进一步下结论，宪法并无意图把黑人包括在公民之内，他们是"低人一等的，无论在社交还是政治上根本就不配跟白人来往，他们的种族如此低劣，他们没有任何值得白人尊重的权利。"

B

南北战争之后解放奴隶，黑人作为财产的地位才正式结束。期盼已久的解放虽然把黑人从奴隶制下解救出来，但是没有以任何有意义的方式给他们公民的资格或平等的地位。取代奴隶制的是"一套法律系统，为有色人种设置障碍和沉重的负担，限制他们追求生命、自由和财产，种族歧视的程度如此严重，使他们得到的自由毫无价值可言。"

尽管我们通过了第 13、14 和 15 修正案，黑人还是被系统性地剥夺了这些修正案赋予他们的权利。在南北战争之后的一个世纪里，各州和联邦政府的作为和不作为使黑人仍然处于低人一等的地位。

南方的那些州首先采取行动重新奴役黑人。南北战争结束之后，许多州的临时议会立即就通过了跟奴隶法典类似的黑人法典，限制黑人拥有或租赁土地，并通过监禁来惩罚违反雇用合同的黑人。虽然有第 15 修正案，但在此后的几十年中，南方的州仍然设法通过各种方法来剥夺黑人的选举权，包括征收投票税，故意使投票程序复杂化，设定对选民的财产和反教育程度的要求，以及只有白人才有资格参加的预选。

面对南方州设置的种种障碍，国会通过了《重建法案》和《民权法案》。此外，南北战争结束后国会还应黑人的要求成立了难民、自由人和荒废土地局，即人们所知的自由人局，向被解放的奴隶提供食品、医院、土地和教育的机会。在一段时间里，黑人似乎能够不再被剥夺权利，克服障碍成为自由人和享有平等权利的公民。

然而好景不长。国家重建停止了，在法庭的协助下，黑人刚得到的公民权利又被剥夺了。用凡·伍德沃德的话来说："通过对最高法庭判决的别出心裁的狭义解读，大部分政府保护黑人的权力又被削弱了。"

本庭开始歪曲南北战争后通过的修正案，尽可能褫夺那些修正案对黑人的实质性保护。然后在 1883 年臭名昭著的几宗民权案件（Civil Rights Cases）中，本庭扼杀了国会使用权力促进种族平等的努力。1875 年《民权法案》中有关章节将禁止黑人进入"旅馆、公共交通工具、剧院和其他娱乐场所"的行为入罪，而本庭在那些民权案件中宣布那些章节非法。本庭称第 14 修正案只授权给国会禁止种族歧视的政府行为。本庭判决被公共场所拒之门外的黑人只是被私人侵犯了他们的社会权利，所以国会无权过问。

本庭判决，"当一个奴隶被解放之后，法律只是帮助他摆脱那些跟州政府不可分开的伴随物。他社会地位上升的过程分几个阶段，当他获得公民身份时，法律对他的特殊优待就结束了……"

然而，哈兰大法官在他的反对意见中指出，南北战争后通过的修正案和民权法案并没有在法律上给黑人任何"特殊优待"，而是"作为一个种族，争取让他们得到各州的白人早已得到的权利，当他们成为自由人和公民后的保护属于他们的权利，仅此而已"。

在普莱西诉弗格尔森案中，本庭的判决是对南北战争后的修正案和黑人的平等的致命打击。路易斯安那州的法律要求铁路公司对白人和黑人提供"平等却隔离"的服务，本庭认为那条法律符合宪法。本庭判决第14修正案并不是"废除种族之间的差别，第14修正案只保证政治平等，而不是社会地位平等，也不保证两个民族在双方都不满意的条件下混杂在一起。"

本庭完全忽视两个种族地位不同的现实，判决书说，"我们认为原告论点的谬误在于他假设种族隔离会给有色人种盖上低人一等的印记。假如真是如此，那也并不是种族隔离造成的，而是有色人种选择如此理解种族隔离"。

哈兰大法官的反对意见表明了本庭的论点彻底破产。他指出路易斯安那法律的"真正含义是，有色人种如此劣等和堕落，我们不能允许他们跟白人坐在同一节车厢里"。他表达了他的忧虑，如果其他州也通过这种法律，"将后患无穷"。尽管奴隶制已经结束了，州政府还是有权"干预人民充分地享受自由，根据种族限制所有公民都应该享有的权利，把一大群美国公民在法律上置于低人一等的地位……"

哈兰大法官的忧虑很快就变成了现实。当时各州的吉姆·克劳法主要是在客车和学校里的种族隔离，普莱西案之后，许多州把种族隔离扩大到住宅区、公园、医院，剧院、候车室和厕所。有些法律甚至规定白人和黑人不能用同一个公用电话亭，不同种族学生用的课本也必须分开存放，黑人和白人妓女也不能在同一个地区出现。普莱西案之后，1898年查尔斯顿新闻快报发表了各种吉姆·克劳法：

"如果火车上必须有吉姆·克劳车厢，那么市内电车上也应该有吉姆·克劳车厢，所有的客船上也应该有吉姆·克劳船舱。此外，如果有吉姆·克劳车厢，那么在所有的车站上也都应该有吉姆·克劳候车室和吉姆·克劳餐厅，陪审团也应该有吉姆·克劳就坐区，每个法庭里也应该有吉姆·克劳被告席和证人席，而且还应该有一本专为有色人种的证人宣誓用的吉姆·克劳圣经。"具有讽刺意味的是，除了吉姆·克劳证人席之外，"报纸编辑建议的所有原则都被付诸现实，包括吉姆·克劳圣经。"

限制黑人权利的法律并不限于南方的州。在许多北方的州，黑人被剥夺了选举权，不能当陪审员，不能进剧院、餐馆、旅馆和客栈。在威尔逊总统任内，联邦政府开始要求在政府大楼内种族隔离，黑人公务员的办公桌被用帘子隔开，白人和黑人的厕所分开，餐厅的桌子也分开，就连国会大厦的画廊也分白人和黑人。当有人挑战种族隔离政策时，威尔逊总统回应道，种族隔离"并不是羞辱，而是一种福利，使黑人在办公室里更安全，从而降低被歧视的可能性"。

强迫的种族歧视一直延续到20世纪中叶。在两次世界大战中，大部分黑人被编入种族隔离的部队，一直到1948年，杜鲁门总统才下令终止军队里的种族隔离。公立学校排除黑人学生的历史更是众所周知，恕不赘述。公立的研究生院和专业学院故意拒绝录取黑人学生，使他们无法成为医生、律师和工程师，这也是有目共睹的。当然，本庭的一系列判决确实引领下级法庭推翻了一些吉姆·克劳法，那些案例促成了布朗诉教育局案。然而，那些判决既没有自动地终止种族隔离，也没有把在法律上低人一等的黑人上升到跟白人平起平坐的地位。长期奴隶制的遗毒和解放奴隶后近百年黑人的二等公民的地位是很难消除的。

第二部分

如今，黑人在美国的地位是好几个世纪不平等待遇必然造成的悲剧性后果。无论用生活的舒适程度还是个人的成就来衡量，真正的平等还是一个遥远的梦。

今天出生的黑人孩子的寿命将比白人的孩子短5年。这个孩子的母亲死于难产的可能性比白人高三倍，黑人婴儿死亡率几乎是白人婴儿的一倍。黑人家庭的中位收入是白人家庭的60%，处于贫困线以下的黑人家庭几乎是白人的4倍。

当黑人的孩子达到工作年龄后，他的薪水比白人同事低很多。黑人成年人的失业率是白人的一倍，20岁以下黑人的失业率是白人的3倍。读完4年大学的黑人男性的中位年薪比高中毕业的白人男性只高110美元。尽管黑人占总人口的11.5%，但只占所有律师的1.2%、医生的2%、牙医的2.3%、工程师的1.1%、大学教授的2.6%。

我们不能否定这些数据跟黑人遭受不公平待遇的历史之间的关系。从出生到死亡，过去遗留下来的影响仍然把黑人留在弱势的地位。

鉴于令人遗憾的种族歧视的历史，以及种族歧视对黑人的生活造成的毁灭性影响，让黑人融入美国主流社会应该是州政府的头等大计。如果不这么做，美国社会将会永远处于分裂的状态。

第三部分

我不相信第14修正案会要求我们接受那种命运。无论是第14修正案的立法史还是我们过去判决的案例都不会支持一个错误的结论，那就是大学不能通过考虑种族来增加黑人医生的人数和比例，以纠正社会歧视累积的后果。

A

本庭很早就指出，"为了公平和正义，当我们解读南北战争后的宪法修正案时，我们必须理解立法的目的并领会法律的精神，此外我们还必须理解那些法律究竟想纠正什么样的邪恶。"

第14修正案的目的显然不是禁止人们采取措施来纠正我们国家过去虐待黑人遗留

下来的影响。通过第 14 修正案的国会也正是在 1866 年通过《自由人局法案》的那届国会，《自由人局法案》规定了许多只有黑人才能享受的福利。尽管《自由人局法案》也规定向难民提供福利，于是有些救助措施也包括白人，但是许多国会议员都感到惊愕，因为自由人局法案被认为是"完全只针对自由人，而排除所有其他的人。"那部法案遭到强烈反对，因为法律"将使黑人在某些方面……更优越……并给予黑人连南方贫穷白人的孩子都得不到的优待。"支持法案的人并没有通过反驳白人对特殊待遇的抱怨来捍卫法案，而是指出黑人需要特殊待遇：

"法案对贫苦受难的黑人和贫苦受难的白人厚此薄彼，这种歧视的区别是，被忽略的白人已经拥有的政治权力足以充分保护他们民权和豁免权，而没有政治权力的黑人只能靠政府来保护。"

尽管有人反对给黑人特殊待遇，国会还是通过了法案。但是约翰逊总统非但先否决了提案，后来还否决了经过修改的提案，他反对那两个提案的主要理由是法律给予黑人特殊待遇。尽管总统和许多人反对，国会还是以三分之二的多数推翻了总统对第二个提案的否决 [①]。

1866 年《自由人局法案》的主要目的是给予黑人特殊待遇，那届国会考虑并推翻了总统的否决之后，还提交了第 14 修正案的提案，我们很难想象第 14 修正案的目的是禁止一切具有种族意识的措施。因为"第 14 修正案宣布的政策的目的是防止州政府通过法律将种族歧视永久化。如果我们判决第 14 修正案的目的是禁止州政府采取行动纠正种族歧视的影响，那将是对第 14 修正案的歪曲。"这种结果将颠倒先贤们的意图，用抽象平等的概念来偷换第 14 修正案争取获得的真正平等。

B

我们共同发表的判决表明，本庭过去判决的案例已经确认了具有种族意识的补救措施是符合宪法的。在学校种族隔离的案子中，我们认为即便司法和立法机构并没有发现学校有违反宪法的行为，校董会仍可以根据宪法在分配学生就学时考虑学生的种族背景。此外，我们还指出：

"分配学生就学的目的是创造一个种族平衡的环境，如果我们一律禁止分配学生，那将跟校方打破黑白分校系统的义务发生冲突。我们在斯旺诉夏洛特麦克兰堡教育局案（Swann v. Charlotte-Mecklenburg Board of Education）中判决，宪法并没有强行规定种族平衡或混合的具体比例，但是如果一个学校过去曾违反宪法，而且现在还在继续违反宪法，我们就应该先设置一定的比例作为纠正歧视的起点。如果我们一开始就绝对禁止使用种族的比例，那就违反了格林诉县校董会案（Green v. County School Board）中的指导方针，那就是我们可以用各种合理的方法来制定有效的补救措施。"我们在麦克丹尼

[①] 即使美国总统否决参众两院以简单多数通过的法案，参众两院还可以通过三分之二的多数来推翻总统的否决。——译者注

尔诉巴雷西案（McDaniel v. Barresi）中指出，任何其他的方法将保持现状，而终止种族隔离的目标正是打破现状。

去年，我们在联合犹太组织诉凯瑞案（United Jewish Organizations v. Carey）中支持纽约州的重新分配计划，该计划审慎地根据种族划分选区，使黑人和波多黎各人的选票更为集中，但同时分散了犹太教正统派选票。尽管种族分类对一些本来是"无辜"的人不利，但我们还是批准使用种族分类的补偿措施。去年在加里法诺诉韦伯斯特案（Califano v. Webster）中，本庭支持一条歧视男性的社会保险规定，因为那条规定的目的是"纠正社会多年来男女有别的待遇。"因此，我们允许使用对某些人不利的分类来纠正过去社会的歧视。

那些案子并不反对大学用类似的方法纠正过去的歧视。对于犹太联合组织和韦伯斯特来说，那些对他们不利的分类是通过法律或行政命令实施的，但是在那两宗案件里，政府并没有认定他们过去曾经有过违反宪法的行为，也没有认定受惠的个人过去确实曾经受过歧视。那两宗案件之所以采取分类，是因为政府认定某个群体因为过去曾经受过歧视而需要得到补救。所以，我们有充分的理由认定大学可以采取具有种族意识的措施来纠正过去的社会歧视，而无需事先确认哪些受惠的学生过去确实是种族歧视的受害人。

第四部分

尽管我举双手赞成本庭判决大学可以在招生中考虑种族，但具有讽刺意义的是，经过几百年按种族分类歧视黑人的历史，本庭还是不允许采取按种族分类的措施来纠正过去的歧视。因为本庭不愿意那么判决，所以今天的判决忽略了一个事实，几百年来黑人并不是因为个人的原因被歧视，而是因为他们肤色被歧视。在 20 世纪的美国，我们无需要求每个黑人都证明他们曾是种族歧视的受害者，因为我们社会上的种族主义如此泛滥，无论处于什么经济或社会地位，没有一个人能够逃避种族主义的影响。黑人经历的苦难不仅在程度上跟其他族裔不同，而且根本就不是同一种性质。除了最初的奴隶制，法律在所有黑人的身上盖了劣等民族的印记，这个印记一直持续到今天。对黑人来说，美国这个伟大的熔炉还只是一个梦想，因为他的肤色不同，他根本还没有进入这个熔炉之中。

黑人截然不同的经历使我觉得第 14 修正案应该给他们更多的保护，以纠正过去的种族歧视。在几宗民权案件中，本庭认为黑人从奴隶制被解放出来之后就"不应该停止受法律的优待了。"但是回顾 20 世纪的历史，我们不能接受这种观点。假如本庭在民权案件和其他案件中愿意"像保护奴隶制和追捕逃亡奴隶的奴隶主那样保护人类自由和美国公民的基本权利"，那我们现在就不需要再承认任何"特殊病房"了。

最重要的是，假如本庭愿意在 1896 年的普莱西诉弗格尔森案中判决平等保护条款禁止区别对待不同的种族，我们就不会在 1978 年面对眼前进退两难的局面了。然而我们必须牢记，"宪法是色盲的"这一原则出现在一位大法官的反对意见里，而多数大法官驳回了色盲的原则，于是从普莱西到布朗案之间的 60 年里，我们国家的法律允许根据一个人的肤色给予其"特殊"待遇。

正因为过去有不公平待遇的遗产，我们现在必须允许社会上的各种机构考虑种族，决定谁可以在美国占据有影响、财富和声望的地位。通向这些地位的大门对黑人关闭得太久了。如果我们想把社会联合起来，每个人的机会应该跟他的肤色无关，我们必须采取行动打开那些大门。任何人只要真正地回顾美国的历史，我不相信他还会不允许我们纠正种族歧视遗留下来的影响。

有人说本案只涉及巴契一个人和一所大学。然而，我怀疑电脑能够计算出本案的判决将会影响多少个人和机构。例如，美国司法部长告诉我们，至少有 27 个联邦政府部门通过了法规，要求接受联邦资助的机构"采取平权措施，以克服限制某些族群、肤色和国籍的人参加的项目造成的影响"。我无法猜测有多少州和地方政府部门因为今天的判决而启动平权的项目。

我担心我们绕了一圈之后又回到原地。南北战争之后，我们的政府启动了若干"平权行动"项目。本庭在民权案件和普莱西诉弗格尔森案中摧毁了走向全面平等的运动。此后在一个世纪里政府没有采取任何行动，这种不作为是得到法庭默许的。然后我们才有了布朗诉教育局和国会制订的《民权法案》，接下来便是各种平权行动的项目。现在本庭又再次介入，但这一次是制止加利福尼亚州立大学的平权项目。

布拉克曼大法官。

我全面加入判决，其中包括我的同仁布莱能、怀特、马歇尔和我自己。我只想加上一些我自己认为特别重要的事情，然后再简短地评论一下平等保护的问题。

第一部分

至少到 1970 年为止，美国少数族裔的医生、律师和医学院、法学院的学生所占比例还不到 2%，这个数字显然是太低了。此外，大约四分之三的黑人医生是从两所医学院毕业的。如果不设法纠正这种情况，我们的国家就不可能成为一个种族平等的社会。

我真心希望有一天我们不再需要"平权行动"项目，让平权项目成为古迹。我还希望能在最多 10 年之内达到这一目标。但是布朗诉教育局案判决后已经过了近四分之一个世纪，说明我的希望还很渺茫。有人说我们现在还处于一个不公平的过渡阶段，那么美国一定要过渡到一个成熟的阶段，那时我们将无需再根据种族来划线了。到那一天，人将被看成是人，种族歧视将成为一段丑陋的历史，那段历史虽然还有教育意义，但已经被我们抛弃在身后了。

在报考医学院的考生中合格候选人的数量远远超过医学院可录取的人数。因此除了考虑种族之外，招生的过程中难免会使许多合格的候选人落选，落选的人数将远远超过录取的人数，其中许多人本来显然是应该被录取的。这一无法避免的事实成为本案的焦点，因为阿伦·巴契并非唯一被歧视的，但他确实被置于弱势的地位，而且因为加利福尼亚州立大学戴维斯医学院本身并没有被人指控曾经涉及种族歧视。

为了让更多的少数民族能够接受高等教育，理论上的解决方案就是扩大我国研究生院的规模，那样所有合格的考生都能被录取，也就不会再有人谈论种族歧视了。然而不幸的是，这种方案既不可行也不现实，因为我们没有那么多的资源。何况也没有证据显示我们真的需要更多的专业毕业生。

其实戴维斯医学院的 84∶16 的名额本身并没有任何的特殊的意义。即使戴维斯特殊招生项目的减少到 12、8、4，甚至只有 1 个少数民族名额，我们还是会考虑同样的理论、哲学、社会、法律和宪法的因素。

具有讽刺意味的是，种族只是招生项目考虑的一个因素，我们却为此深感不安。但我们都知道高等学府承认他们优待有体育天分的学生、校友的子女、捐款人的子女，以及跟社会名流和权贵有关系的人的子女，这种优待在本科生中比较普遍，优待研究生的情况较少。

高等学府的招生项目主要由学术人员、行政人员和专业人员负责，而司法部门在这方面缺乏经验。高等学府的行政管理不在法官的能力范围之内，是教育家的专长，当然前提是他们必须在法律和宪法的范围之内行使职权。因此对我来说，司法干预应该是例外，而不是常规。

第二部分

当然，我也接受以下几种观点：（a）第 14 修正案的权利是赋予个人的；（b）脸谱化的种族区别其本质就是可疑的，所以必须接受严格的司法审查；（c）学术自由是第 1 修正案所关心的；以及（d）如今第 14 修正案的范围已经超出了 1868 年的概念，如鲍威尔大法官所说，第 14 修正案已经包含一条"更广泛的"原则。

然而对我来说，这种扩展并不等于第 14 修正案已经偏离了原来的立足点和初衷，那些原始的目标仍然存在，在适当的情况下，"平权行动"就是第 14 修正案的核心。如果平权和理想中的平等发生冲突，两者之间的紧张关系就是宪法构思并强加的紧张关系，这正是第 14 修正案的本质，这种紧张关系只有在实现完全的平等之后才会消失。在这一层意义上，宪法的平等保护是一面盾牌。

我特别强调过去的案例是挥之不去的。当然，许多案例并没有完全击中要害，但也没有完全离题。在一系列案件中，我们允许考虑种族因素，如学校反种族隔离的案件、就业的案件、刘诉尼科尔斯案和联合犹太组织诉凯瑞案等。当然，有些案件有直接受害人，所以跟本案不同。但是谁又能说今天的少数民族群体中就没有受害人呢？也许只是受害较轻或程度不同而已。联合犹太组织案的请愿人强烈地抱怨重新划分选区，但我怀疑他们认为"补救"就是鲍威尔大法官所说的"改善"族群参加能力的措施。在刘诉尼科尔斯案中我们确实考虑了种族。

我跟鲍威尔大法官不同，我并不认为戴维斯医学院和哈佛大学的招生项目之间的区别有多重要，或是在宪法上有什么重要意义。这两者之间的区别微乎其微，并不显著，而且两者都是凭主观印象。因为我坚信招生项目主要是教育家制订的，所以我愿意接受哈佛大学的说法，即他们执行的招生政策是基于诚信。我同意种族只是哈佛招生项目考虑的因素之一，所以比戴维斯医学院的双轨系统更为合理。当然，玩世不恭的人也许会说，哈佛大学只是在暗中达到戴维斯医学院想公开达到的目的。我觉得没有必要对此深究，对我来说，我认为戴维斯医学院的招生项目并没有超过宪法允许的范围，尽管也许只是勉强在宪法允许的范围之内。就像联合犹太组织案那样，戴维斯医学院的项目肯定没有污名化，所以我不能推断他们违反了宪法。

也许值得注意的是，政府的优待政策在法律上对我们并不陌生，例如对退伍军人的优待、对残障人士的优待、累进所得税和优待印第安人的政策等。我们可以谅解这些优惠政策，因为宪法对他们有特殊的保护，例如印第安人，或者受惠者是政府保护的对象。这些优待确实存在而不可忽视。在招生过程中，教育机构向来都会考虑地域、体育能力、捐款、校友关系和其他类似的因素。

本案的核心问题加上一些例子，在这些问题上我加入布莱能、怀特和马歇尔大法官的全面分析。我很高兴本庭至少认为学术机构可以在招生过程中把种族背景纳入诸多的考虑因素之一。尽管学校也许并不承认，我假设种族一直是考虑的因素，因为种族一直是我们生活的现实世界的一部分。我们越早接受现实世界——而不是回避，这个棘手的问题就会越早消失。

我认为在种族问题上保持中立的平权行动项目是不可能成功的，所以要求种族中立是不可能的。为了终止种族歧视，我们首先必须考虑种族，没有其他的办法。为了平等对待每一个人，我们就必须区别对待。我们既不能也不敢让平等保护条款使种族优越感永远继续下去。

所以从诉讼开始的那一刻起，最终的问题是，在所有的合格候选人中我们究竟应该录取谁？

很久以前，在麦克库劳克诉马里兰案（McCulloch v. Maryland）中，一位既睿智又有远见的首席大法官说："在考虑这个问题时，我们永远都不能忘记我们是在解释一部宪法。"在判决书中这位伟大的首席大法官说："我们的最终目的必须是合法的，必须在宪法的范围之内，而且所有的手段都必须适当地贯彻始终。合法的目的必须既符合宪法的文字，也符合宪法的精神，那才是符合宪法的。"

即将成为本庭大法官的本杰明·卡多索最近指出："宪法的总体原则、内容和重要性随着时代的变迁而改变。"

威尔逊总统原来是一位教育家，他说："宪法不仅是一份律师的文件，还是一辆生命的舟车，宪法的精神就是时代的精神。"

这几段话既有广度和灵活性，还紧跟时代，是我们宪法的基石。今天我们再次解释这部宪法。1819 年管辖麦克库劳克案的原则同样也适用于 1978 年的巴契案，除此之外没有别的答案。

斯蒂文斯大法官部分附和判决，部分反对判决。斯图亚特首席大法官和阮奎斯特大法官加入附和及反对意见。

重要的是，审案必须聚焦在案件的争议上。这在本案中尤其重要，因为只有确定了争议所在，才能决定除了请愿人的招生项目之外，本庭是否还有必要对其他学校的招生项目表达意见。

第一部分

本案并非集体诉讼，本案的争议只涉及诉讼双方的当事人。阿伦·巴契挑战戴维斯分校的特殊招生项目，声称该项目因为他的种族而拒绝录取他进医学院，从而违反了联邦和加利福尼亚州的宪法，并违反了 1964 年《民权法案》第六章和《美国法典》42 卷 2000d 条。加利福尼亚最高法庭支持他的挑战，并命令戴维斯医学院录取他。州法庭认为大学的特殊招生项目是非法的，所以因为巴契的种族而拒绝录取他也是非法的。如果州法庭是正确的，我们就应该维持原判，无论我们认为本案的招生项目是否合法。

一审法庭的判决书分为 4 段，其中的两段特别重要。第 3 段宣布大学的特殊招生项目违反了第 14 修正案、加利福尼亚州宪法和《民权法案》第六章。但是一审法庭并没有命令学校录取巴契，因为法庭认为巴契并没有证明假如没有特殊招生项目他就会被录取。在判决书的第 2 段，法庭命令大学在不考虑巴契和其他考生种族的情况下重新考虑巴契的入学申请。法庭并没有全面禁止大学在招生过程中考虑种族，判决书中的条件很清楚地只限于学校考虑巴契的申请。因为最高法庭后来命令大学录取巴契，所以一审法庭判决的第 2 段就不重要了。

加利福尼亚最高法庭判决一审法庭判决有误，因为一审法庭把举证的责任放在巴契身上，让他证明假如没有特殊招生项目他就会被录取。加利福尼亚最高法庭的判决并没有被挑战。然后大学承认其"无法证明即使没有特殊招生项目巴契也不会被录取"。因此，加利福尼亚最高法庭让一审法庭判决命令大学录取巴契。因为法庭的命令代替了第一份判决书的第 2 段，所以没有禁止在招生过程中考虑种族。

本案的争议并非在招生过程中是否绝对不可以考虑种族，这一点已经很清楚了，所以我们无需讨论这个问题。

第二部分

戴维斯分校和巴契都要求我们确定大学的特殊招生项目是否违反宪法。然而，如果我们能够根据成文法公正地判决一宗案件，就会尽量避免判决宪法上的争端。在斯拜克特汽车公司诉麦克劳格林案（Spector Motor Co. v. McLaughlin）中我们认为，"如果在宪法诉讼过程中有一种理论比其他任何理论更根深蒂固，我们就应该绕过宪法的问题，除非我们无法避免宪法判决"。

争议越重大，我们就越应该遵循这种理论。在本案中，我们面临的问题在宪法上无疑具有非同寻常的重要性。然而，因为原告在立案的时候就提出了一个可以用成文法解决的诉求，一审法庭已经部分判决了这个诉求，而且加利福尼亚州最高法庭已经维持了判决，我们的义务是面对这个诉求。如果请愿人能够在成文法的争端中胜诉，我们才有必要决定大学的招生项目是否违反了第 14 修正案的平等保护条款。

第三部分

1964 年《民权法案》第六章 601 节和《美国法典》42 卷 2000d 条规定：

"任何接受联邦资助的项目或活动均不得因为任何人的种族、肤色或国籍而排除其参加项目或活动，不得剥夺其福利，也不得对其歧视。"

因为巴契的种族，大学通过特殊招生项目拒绝录取他接受医学教育。大学承认其过去接受并正在接受联邦的资助。因此，法律明文规定我们应该维持下级法庭的原判。除非法律的语言错误地表达了国会的立法意图，或是该条法律不适用于私人的诉讼，我们没有理由得出其他的结论。我们认为上述的两种例外情况并不存在。

第六章是 1964 年《民权法案》不可分割的一部分。毫无疑问，在立法的辩论过程中，国会并不担忧"逆向歧视"或"平权行动"的合法性。国会的注意力集中在当时面临的问题，那就是"在全国范围内明目张胆地歧视黑人"，以及第六章针对的接受联邦资助的种族隔离设施。然而第六章最初并没有限制解决方法的广度。为了解决就业歧视的问题，国会通过了一条保护所有种族的法规。同样，针对接受联邦资助的种族隔离设施，国会通过法律全面禁止"因为种族"而排除任何人参加联邦资助的项目。众议院的一份报告指出，第六章制订了"一条总的原则，不得因为任何人的种族、肤色或国籍排除其参加接受联邦资助的项目或活动"。这种对第六章和 601 节的广义理解在国会辩论的过程中得到响应，支持立法的每一位主要发言人也反复强调这一点。

戴维斯分校称，如果排除申请人并不涉及种族污名化，根据种族拒绝录取某一位考生并不违反《民权法案》第六章。然而《民权法案》第六章本身及其立法史并没有限制601 节全面禁止"排除"的例外。整个第六章的语言十分清楚，"排除"后面的词语并没有修改或限制明确禁止任何形式的排除。

立法的历史也支持这种解读。反对《民权法案》第六章的人称第六章 601 节可能允许排除非少数民族的考生，并引起大家讨论"歧视"的含义。反对者担忧"歧视"一词可能被理解为强行规定种族名额和建立"种族平衡"的大学，所以他们敦促国会为歧视一词下定义，以免除这种可能性。针对这种要求，《民权法案》第六章的支持者反复保证第六章在执行过程中将是"色盲"的。亨弗瑞参议员是第 6 章提案的发起人，下面是他的立场：

"许多法庭案件用过'歧视'这个词。在本提案中的意思是根据各人不同的种族、宗教或国籍给予不同的待遇。我对这个问题的回答是，假如种族并不是考虑的因素，我们就无需担心种族歧视了。联邦税法并没有规定有色人种必须纳税，或者他们可以比其他种族晚 6 个月纳税。如果我们开始把每一个美国人都当美国人对待，不是胖子、瘦子、矮个子、高个子、褐种人、绿种人、黄种人或白种人，如果我们真的做到这一点，那就无需担忧种族歧视了。"

从上面这些答案我们可以清楚地看出，第六章的支持者假设宪法本身要求政府采用一条色盲的标准，但那并不等于只是把宪法禁止的行为制订为成文法。610 节禁止联邦资助的项目歧视少数民族，那不仅是简单地叙述第 5 或第 14 修正案的要求。法案的支持者认为第六章符合他们对宪法的观点，他们争取用一种有效的武器来落实他们的观点。601 节把第六章支持者认为宪法对各州和联邦政府的要求加以升华，601 节具有独立的权力，为宪法添加了具体的语言和强调。

第六章跟《民权法案》的其他条款一样，因为国会明确表示其政策是终止种族歧视，第六章可以独立地禁止某些宪法并没有明文禁止的行为。然而，我们无需决定成文法和宪法之间是否有冲突，因为第六章的禁止排除少数民族的意思十分明确：不得以种族为理由排除任何人参加接受联邦资助的项目。

总之，第六章的立法史表明 601 节的条文范围较广，我们不能偏离其原意。我们面临的是一条明文规定的禁令，国会通过法律时有具体的担忧。国会经过激烈的辩论才通过第六章，无论法律的语言还是过去的解读都不能把第六章在民权法案中的地位视为宪法的附加物。《民权法案》禁止因为种族排除个人参加接受联邦资助的项目，其用词准确无误。参议院辩论第六章的语言简单明了，我们"不允许因为肤色对一个人说'yes'，而对另一个人说'no'"。

在下级法庭败诉后，请愿人辩称个人不能通过第六章提出诉讼，然而在上诉时才提出为时已晚，而且这一论点在本案中并没有说服力。巴契要求法庭根据第六章下禁令并宣判救助。然后戴维斯分校才合并争议，请本庭裁决其招生项目是否违反第六章，并要求法庭宣判其招生项目符合法规。在州法庭诉讼时，戴维斯分校认为个人可以根据第六章起诉。因为戴维斯分校上诉到本庭时才首次质疑第六章是否允许个人起诉，本庭不能受理这个诉求。即使本庭可以受理，戴维斯分校一开始就假定个人诉讼权符合联邦法庭对民权法案的一贯解读。迄今为止，包括本庭在内的各级法庭一致得出结论或假定第六章允许私人起诉。美国政府也持相同的立场，并以法庭之友 [①] 的身

---

① 法庭之友的拉丁文是 amicus curiae，源于 1605 年至 1615 年。所谓法庭之友是不涉案的个人（律师）或组织，法庭允许其提供看法协助法庭作出判决，其看法是否被采纳由法庭酌情决定。通常法庭之友介入的案件涉及比较广泛的公众利益，或与人权有关。

份递交了有关这个问题的辩护状，其结论是个人明显有诉讼权，而且国会反复通过法律，那些法律都假定第六章允许个人起诉。第六章的立法史本身也强烈支持个人可以起诉。总之，戴维斯分校质疑巴契是否有资格个人起诉为时已晚，经过公平的考虑，本庭驳回请愿人的诉求。

大学的特殊招生项目因为巴契的种族而拒绝录取他就读医学院，违反了 1964 年《民权法案》。所以我们有义务维持下级法庭命令大学录取巴契的判决。

因此，我附和本庭维持加利福尼亚最高法庭的判决。至于判决书中的其他内容，我恭敬地反对。

学生公平录取组织诉哈佛大学校长及校董案

Students for Fair Admissions, Inc. v. President and Fellows of Harvard College

600 U.S. ___（2023）

2022 年 10 月 31 日辩论；2023 年 6 月 29 日判决。

摘要：

在招生过程中，哈佛大学将种族作为决定性因素，数量可观的非洲裔和西班牙语裔的学生因此而被录取。北卡罗来纳州立大学也考虑考生的种族。学生公平录取组织挑战这两所学校的招生系统。

最高法庭判决这两所学校基于种族的招生方法违反了《宪法第 14 修正案》的平等保护条款。

美国最高法庭向第一联邦巡回上诉法庭颁发调卷令。

罗伯茨首席大法官发表判决，托马斯、卡文诺和郭瑟奇大法官附和，索托马约和杰克逊大法官反对。

美利坚合众国最高法庭。

学生公平录取组织为请愿人，诉哈佛大学校长及校董，并诉北卡罗来纳州立大学。

首席大法官罗伯茨代表法庭发表判决。

在以上两宗案件里，我们考虑美国的两所高等学府，哈佛学院和北卡罗来纳州立大学的招生政策是否违反了《宪法第 14 修正案》的平等保护条款。

第一部分

A

哈佛学院成立于 1636 年，其择优录取的标准是全美国最严格标准之一。去年在 60 000 名申请者中仅录取了 2 000 名，因此考取哈佛绝非易事。考取哈佛必须成绩优秀，有很出色的推荐信，或是考生本人能够克服很大的困难。此外，能否考取哈佛也可能取决于考生的种族。

哈佛的招生程序如下。每一份申请书首先由"第一读者"来审核，第一读者将从六方面给申请人打分：学习成绩、课外活动、体育、学校推荐、个人和总体印象。1 为最高分，6 为最低分。以学习成绩为例，1 表示"几乎满分的标准化测验的考分和学校的平均成绩"；在课外活动方面则表示申请人有"确实非同寻常的成就"；在个人方面说明申请人有"出类拔萃的表现"，如成熟、正直、有领导能力、善良和勇敢。总体印象是将上述 5 个方面汇总，如果得分为 1，则表示申请人"异常优秀，录取的概率大于90%"。在总评分时，第一读者"可以并且会考虑申请人的种族"。

初审完成之后，哈佛的分组招生委员会开始工作。每一个小组委员会召开 3 至 5 天会议，评审某个特定地区的申请人。小组委员会负责向招生委员会推荐候选人，在推荐时小组委员会可以并且会考虑候选人的种族。

接下来，招生委员会召开全体会议。整个招生委员会由 40 位委员组成，他们的讨论集中在各地区小组委员会推荐的候选人。会议开始时，招生委员会首先讨论各族裔申请人所占的比例。根据招生委员会主任所述，他们的"目标"是"保证哈佛招收的少数族裔不会戏剧性地低于上一届"。全体招生委员会成员将逐一讨论每一位候选人，每一位招生委员会成员都必须投票。只有得到全体成员中一半以上的赞成票的候选人才能暂时进入可能被录取的名单。招生委员会全体会议结束时，将披露各族裔在所有暂时候选人中所占的比例。

哈佛招生的最后阶段被称为"修剪"，将进入暂时名单的候选人数进一步淘汰，直至达到最终的录取人数。哈佛考虑淘汰的候选人将被列入"修剪名单"，该名单仅包括4 条信息：传承状况[①]、应录取的运动员状况、是否有资格得到资助和种族。然后招生委员会全体成员决定修剪掉哪些候选人，在淘汰过程中招生委员会可以而且会考虑种族。修剪程序完成之后，哈佛的招生程序便告结束。对所有被哈佛录取的非洲裔和西班牙语裔的学生而言，种族对其中相当可观比例的学生是一个具有决定性的因素。

B

美国宪法被各州批准后不久，北卡罗来纳州立大学就成立了，该校是"美国的第一所公立学校"，并为此而感到骄傲。跟哈佛一样，北卡罗来纳州立大学的招生标准也是非常严格的。每年通常会"收到大约 43 500 份申请书，每届只招生 4 200 名。"该校的招生委员会有大约 40 位成员，学校收到的每一份申请书将先由其中一位成员审阅，每位成员每小时大概审阅 5 份申请书。在审核的过程中，学校要求考虑的"因素之一是种族"。其他需要考虑的因素包括学习成绩和态度、标准化考试的分数、课外活动、申请信的质量、个人因素和学生的家庭背景。审核员负责提供学习、课外活动、个人表现和写作能力的评分。在诉讼期间的那几个学年里，少数民族学生个人因素的得分很可能比白人和亚洲人学生高，但是在学习成绩、课外活动和写作能力方面的得分很可能比白人和亚裔学生低。

遵循以上的规则审阅了申请人递交的材料之后，评审人便"形成了是否应该录取该生的看法"，然后为支持其推荐决定写一段评语。在决定的过程中，评审人可以根据申请人的种族为其"加分"。第一轮评审的决定在大多数情况下就算是"暂时的终审

---

① legacy status，即该候选人的亲友中是否有哈佛校友或曾向哈佛慷慨捐赠。——译者注

决定"。

第一轮评审之后，"每一份申请书将通过'学校组复审'，评审委员会由有经验的成员组成"。评审委员会将收到有关每位学生的报告，其中包括"他们在学校里的排名、平均分和入学考试的分数，第一轮评审的得分，以及他们的个人状况，如来自哪个地区，他们的亲友是否校友，是否符合特殊招生的条件"等。复审委员会既可以接受也可以拒绝第一轮评审人建议的决定，最终决定是否录取。在复审的过程中，复审委员会也可能考虑申请人的种族。

C

请愿人学生公平录取组织成立于2014年，是一个非营利组织，其宗旨是"捍卫法律保证的人权和民权，包括法律规定的平等保护的权利"。2014年11月，学生公平录取组织分别起诉哈佛大学和北卡罗来纳州立大学，指控这两所大学以种族为依据的招生政策违反了1964年《民权法案》的第6条和《宪法第14修正案》的平等保护条款。这两宗案件均由联邦地区法院的法官审理[①]。哈佛大学案的庭审持续了15天，法官听取了30位证人的证词，然后法庭判决哈佛的招生政策符合在大学招生过程中将种族纳入考虑的案例。学生公平录取组织不服判决上诉，联邦第一巡回上诉法庭维持原判。在北卡罗来纳州立大学的案子中，联邦地区法院审理8天后判决，该校的招生政策是平等保护条款所允许的。本庭对哈佛案颁发调卷令，并在上诉判决前对北卡罗来纳州立大学案颁发调卷令。

第二部分

在讨论具体案情之前，我们必须确定本庭对这两宗案件具有管辖权。北卡罗来纳州立大学辩称学生公平录取组织并非"真正的"会员制组织，所以不具备诉讼资格。所有审理过此案的法庭都驳回了这条理由，本庭也同样驳回。

《宪法》第3条将"美国司法的权力"限于"案件"或"争端"，保证联邦法庭只能在"必要的情况下决定真实、严肃和至关重要的"争议。"为了表示其有《宪法》第3条规定的案件或争端，原告首先必须证明其有诉讼资格。"接下来，法律要求原告证明（1）其受到了实际的伤害，（2）伤害可以追溯到其所挑战的被告的行为，以及（3）伤害可以通过对其有利的司法判决来补救。

在此类案件里，如果原告是一个组织，《宪法》第3条要求的诉讼资格可以通过以下两种方法得到满足。如该组织本身受到了伤害，或是该组织可以"代表其会员"获得诉讼资格"。第二种方法即所谓的代表诉讼资格或组织诉讼资格。为了借助诉讼资格，组织必须证明："（a）其会员本来就有权自己提起诉讼；（b）其主张的权利符合组织本身的宗旨；以及（c）案件的诉求和要求得到的补救并不要求会员本人参与诉讼。"

被请愿人对亨特案中有关组织诉讼资格的三段论测试并无异议，跟下级法庭一样，

---

① 此处英语原文为 bench trial，即没有陪审团（jury），直接由法官审理。——译者注

本庭无法根据卷宗作出不同的决定。然而，被请愿人辩称在提起诉讼时学生平等录取组织并非一个"真正的会员制组织"，所以该组织根本就不能借助组织诉讼资格的理论来获得诉讼资格。被请愿人辩称，本庭对亨特案的判决要求只有被会员控制和经费来源于会费的组织才具有真正会员制组织的资格。因为在提起诉讼的当时学生公平录取组织并非由会员控制，其经费也不是来源于会费，所以该组织不具备《美国宪法》第 3 条要求的诉讼资格代表其会员起诉。

亨特案的被告是华盛顿州苹果广告委员会，那是一个州政府的机构，其宗旨是保护当地的苹果行业。北卡罗来纳州有一条法律要求在州内销售的苹果箱子上贴标签，华盛顿州苹果广告委员会提起诉讼挑战那条法律。华盛顿州苹果广告委员会称其有资格代表该州的苹果行业挑战那条要求贴标签的法律。然而本庭认为华盛顿州苹果广告委员会是一个州政府的机构，"并非传统上的自愿会员制组织，因为委员会并没有会员"。因此，我们不能简单地套用三段论测试来决定一个组织的诉讼资格，因为三段论测试要求一个组织的会员本身就具有诉讼资格。尽管如此，我们的结论还是认为苹果广告委员会所代表的果农和苹果销售商实际上相当于苹果广告委员会的会员。因为"只有果农和苹果销售商才具有委员会委员的选举权和被选举权，而且委员会的经费完全来自于果农和苹果销售商"，换言之，果农和苹果销售商具有"会员资格的所有标记"。因此，尽管苹果广告委员会的形式并非会员制，实质上却是真实的会员制组织。运用上述的三段论测试，苹果广告委员会"显然"有资格依赖组织诉讼资格的理论。

我们在亨特案中依据的会员标记分析并不适用于本案。学生平等录取组织有可以查证的会员，是一个会员自愿参加的组织，这一点并无争议，并非像亨特案中的没有会员的州政府机构。正如联邦第一巡回上诉法院在哈佛案中所认定的，学生平等录取组织提起诉讼时是"一个根据《联邦税法》501（c）（3）条成立的非营利组织，有 47 位会员支持其使命"。在北卡罗来纳州立大学案中，学生平等录取组织代表 4 名会员，他们都是被北卡罗来纳州立大学拒收的高中生。这些会员向联邦地区法院呈递的宣言说："他们自愿加入学生平等录取组织并支持其使命，他们从学生平等录取组织的总裁得到案件进展的报告，而且他们还有机会表达意见并指导学生公平录取组织为他们提起的诉讼。"在本案中，一个组织有可以查证的会员并真诚地代表他们，我们不要求进一步严格审核该组织是如何运作的。因为学生公平录取组织符合亨特案中组织原告的诉讼资格的要求，该组织满足了《美国宪法》第 3 条要求的义务。

第三部分

A

南北战争一结束，国会便提议宪法的第 14 修正案，随后各州纷纷批准。第 14 修正案规定："各州不得剥夺任何人……得到法律的平等保护。"对于第 14 修正案的支持者来说，平等保护条款是一项"最基本的原则"——"所有的公民在他们自己的法律面前无论在政治上还是民权上都平等"。他们坚信宪法"不允许任何基于种族或肤色的区别"，因为"对一个人适用的法律必须平等地适用于所有的人。"正如将当选总统的詹姆士·加菲尔德所说，第14修正案将"为每一个美国公民高举法律的盾牌来保护他们，无论他们的肤色"。密歇根州的参议员杰克布·霍华德说："在保护公民时，第14修正案将赋予最卑微、最贫穷的和最让人看不起的种族同样的权利和法律的保护，就像法律赋予最有权势、最富有和最傲慢的那些人同样的权利。"霍华德接着说："假如没有法律面前人人平等的原则，将没有共和国政府，那么其他的一切也就不值得保持了。"

最初，本庭拥护平等保护条款的伟大目标。1880年，我们"仅宣告美国的法律对黑人和白人都是一样的，所有的人，无论是有色人种还是白人，在法律面前都是平等的，那算是怎么一回事呢？"6年之后，我们一致宣布，"广义和良性的第14修正案"适用于"所有的人，对种族和国籍的敌意在法律的眼中是没有道理的"①。

尽管我们很早就认识到平等保护条款的范围之广泛，本庭和整个国家很快就辜负了平等保护条款的核心承诺。南北战争后几乎一个世纪，州政府授权的种族隔离在我们国家的许多地方是令人遗憾的常态。本庭在那段不光彩的历史中也扮演了不光彩的角色，如在普莱西诉弗尔格森案（Plessy v. Ferguson）中，允许隔离但平等的谬论使美国大部分的国土蒙羞。起草平等保护条款的先贤们的愿望"几乎在摇篮里就被扼杀了"，而且仅仅停留在愿望的时间太久了。

普莱西案之后的一个多世纪，美国的法庭为维护隔离但平等的谬论费尽心机。在那一个多世纪里，有些案件试图减轻隔离但平等谬论的邪恶，强调要求各州向被隔离的黑人学生提供跟白人学生所享受的相同的教育机会（"是否允许在享受州政府提供的特权方面实施种族隔离的法律，将完全取决于被隔离种族享受的特权是否平等"）。然而，那种试图在不平等的基础上争取平等的做法注定是愚蠢的，这一点很快就变得显而易见了。后来本庭还发现，就连那些据称并没有明显影响的种族区分也会将那些受种族隔离折磨的学生置于低人一等的地位（"据称州政府强加的种族隔离的形式只是徒有其名而已……但种族隔离确实将请愿人跟其他的学生分开了"）。到了20世纪50年代，第14修正案不可回避的真理开始重现：隔离是不可能平等的。

在布朗诉教育局案中，这种方法终于达到高潮。在那个具有开创性的判决里，我们彻底否决了普莱西案的判决，并坚定地走上否决所有州和联邦政府制定的种族隔离法律的道路。布朗案关心的是在公立学校里的种族隔离。学区当局辩称那种隔离是合法的，因为黑人学生就读的学校的条件跟白人学生就读的学校大致相等。但是"尽管学校设施的物质条件和其他有形因素可能是相同的"，我们认为那种种族隔离是不能允许的。我们对此的解释是，如果"将孩子们按种族隔离开来"，仅此一点就足以使黑人学生产生低人一等的感觉。

---

① 　此处略去的案例包括一个排华的案例：益和诉霍普金斯（Yick Wo v. Hopkins）。——译者注

本庭在布朗案中得出的结论毫无疑问是清楚的：政府必须让所有学生都有权得到相同条件的公立学校教育。原告的论点是，"根据第14修正案平等保护条款，州政府不得用种族作为一个因素在公民之间分配受教育的机会"（"我们坚信宪法是色盲的"）。一年之后本庭重申那条规则，"为了全面遵循"布朗案的判决，学校招收学生时必须"对各种族一视同仁"。根据种族区别对待的时代已经成为历史。本庭认为布朗"宣布了一条基本原则，那就是公立学校的种族歧视是违反宪法的"。

在生活的其他方面也如此。刚判决完布朗案，本庭马上就开始全面维持下级法庭否决州政府根据种族采取的各种行动。例如，在盖尔诉布劳德案（Gayle v. Browder）中，我们未经开庭便否决了州和地方政府要求在公共汽车上种族隔离的法律。正如下级法庭所指出的那样，"平等保护条款要求所有的人在法律面前得到平等的待遇。"此外，在巴尔的摩市长和市议会诉道森案（Mayor and City Council of Baltimore v. Dawson）中，我们未经开庭便维持下级法庭否决在马里兰和巴尔迪摩市的公共海滩和公共浴室种族歧视的原判。下级法庭认为，"在娱乐活动中的种族隔离不能再持续下去了。""政府机构的特点就是要求在法律面前人人平等的理念"。

在后来的几十年里，本庭继续保证宪法对种族平等的许诺。美国的公平理念是宪法禁止联邦和州政府因为公民的种族而对他们歧视，因此而产生了变革性的许诺，那些允许在公园和高尔夫球场、住宅区和商家、公共汽车和火车、学校和陪审团实行种族隔离的法律都被废除。判决布朗案13年后，本庭否决了弗吉尼亚州禁止异族通婚的法律，重申第14修正案"禁止令人反感的种族歧视"。至此我们的案例始终如一地判决针对公民的种族而制定的限制措施都是违反宪法的。

以上这些判决反映了平等保护条款的"核心目的"："取消政府针对种族而强加的所有歧视措施。"我们反复认识到，"第14修正案明确的中心目的是在各州铲除源于官方令人反感的种族歧视"；"第14修正案的中心目的是防止官方针对种族的歧视行为"；"第14修正案的中心目的是铲除种族歧视，这是历史的事实"。

铲除种族歧视的意思就是彻底铲除。因此我们认为在运用平等保护条款时"不得考虑任何种族、肤色和国籍的区别"，必须"普遍应用"。"保证平等保护不能对一个人是一种待遇，而对另一个肤色不同的人却是另一种待遇。""如果两个人不能得到同样的保护，那就是不平等的。"

宪法要求平等保护，任何例外情况都必须禁受得起一个令人畏惧的检验，即我们在案件中使用的"严格审查"。这种检验分两个步骤，在严格审查的标准之下我们首先要问，种族的分类是否用来"推进迫切的政府利益"？其次，假如种族分类确实是用来推进迫切的政府利益，我们还要问政府使用种族是不是"量身定做的"，即是否是为了得到政府的迫切利益所"必须"的。

在这些案件之外，我们的案例只确认允许使用种族来推进两种迫切的政府利益。第一种是用于纠正历史上遗留下来的违反宪法的种族歧视。第二种是避免监狱里迫在眉睫的人身安全威胁，如种族之间的骚乱。

我们接受针对种族的政府行为之所以如此罕见是有原因的。"假如我们因为公民的祖先不同而区别对待，对一个自由的国家来说，这种歧视在本质上是可憎的，因为我们的政府是建立在平等的原则之上。"除了最特殊的情况之外，我们不能违背这条原则。

B

我们面临的这两宗案子涉及大学在招生的决策过程中是否可以考虑申请人的种族。本庭在加利福尼亚州立大学评议员诉巴契案（Regents of University of California v. Bakke）中第一次考虑这项争议，该案涉及加利福尼亚州立大学戴维斯分校医学院在招生时使用保留名额的问题。戴维斯医学院每学年都会在 100 个名额中为某些少数民族学生留出 16 个名额，这些少数民族申请人将跟所有其他申请人分开，作为特殊情况另行审查。尽管原告巴契的大学成绩和医学院入学考试的分数高于医学院招收的少数民族学生，他还是连续两年被医学院拒绝。于是，名落孙山的巴契起诉戴维斯医学院，称该校为少数民族学生保留名额的招生政策违反了宪法的平等保护条款。

本庭的判决包括 6 份不同的意见，没有一份能够代表多数法官的意见，我们最终判决是医学院和巴契各自部分胜诉。鲍威尔大法官代表法庭发表判决和他本人的意见，尽管他的意见仅代表他自己。鲍威尔的判决最终成为"根据宪法分析在招生政策中将种族纳入考虑的试金石"。①

鲍威尔大法官首先认为医学院为其招生政策辩护的 4 条理由还不够迫切。医学院的第一条理由是"减少医学院在传统上歧视少数民族所造成的赤字。"鲍威尔认为这条理由相当于"除了种族和血统之外没有其他任何理由优待某个族群"。这种做法就是"为了歧视而歧视"，这是"宪法所禁止的"。鲍威尔接下来指出，戴维斯医学院为少数种族预留名额的招生政策的目的是"补救社会歧视的影响"，这个理由是不充分的，因为这是一个无法确定伤害的概念，还可能没有时间限制地追溯到过去。最后，鲍威尔大法官认为，并非如学校所说，"卷宗里几乎没有任何证据可以证明学校的特殊招生项目"会增加缺医少药地区的医生人数。

然后，鲍威尔大法官认为学校主张的最后一项利益是迫切的，那就是种族多元化的学生群体有利于学校的教学。他认为那项利益"对一所高等学府来说是一个宪法所允许的目标。"他的看法是，大学应该有学术自由，"可以根据自己的判断选择学生"。但是大学的自由并不是无限的。鲍威尔大法官解释道，"任何方式的种族和血缘的分类注定都是可疑的"，人们对种族和血缘的反感"深深地植根于我们国家的宪法史和人口统计史"。例如，大学不得采用一种配额系统，"每个学年为一个特定受优待族群的学生保留一定数量的名额"。同时也不得根据种族"将一个学生排除在外，仅仅因他的肤色不

---

① 　此处援引的案例是格鲁特诉柏林吉尔案（Grutter v. Bollinger），该案将在下文中反复引用。

正确。我们必须把种族的作用关在狭窄的笼子里。在一个特定学生的招生档案里，种族的作用只能是一个'加号'"。即便如此，种族的分量必须"足够灵活，使我们能够根据每一位申请人的资质同时考虑所有宪法允许的多元化因素"。

鲍威尔的方法是从他所说的"启发性例子"中得来的，那就是哈佛学院的招生系统。哈佛在呈递给本庭的诉讼简要中是这么叙述的，在那套系统之下，"一位考生的种族可能使天平向对他有利的一边倾斜，就如考生来自边远地区或有一段生活经历也可能使天平向对他有利的一边倾斜"。哈佛继续称："一个来自爱达荷农场的学生可能给哈佛学院带来某些波士顿学生所没有的东西。"哈佛的结论是，"种族向来就是"，而且也应该是"某些招生决定中的一个因素"。

本庭其他大法官没有一个加入鲍威尔大法官的判决。4 位大法官反而想判决政府可以使用种族来"补救过去社会歧视的影响"（布莱能、怀特、马歇尔和布拉克曼 4 位大法官共同判决，部分附和部分反对鲍威尔的判决）。同时，另外 4 位大法官则想否决戴维斯医学院的招生项目，理由是该项目违反了《民权法案》第六章。他们认为，第六章的支持者显然假设宪法要求政府采取色盲的标准（斯蒂文斯大法官发表判决，博格首席大法官和斯图亚特及阮奎斯特大法官加入，部分附和部分反对鲍威尔的判决）。因此，戴维斯医学院的招生项目彻底违反了"植根于宪法的核心原则和当时人们对道德的理解"："禁止种族歧视"。

C

本庭对"巴契案的判决是有分歧的"。此后的几十年里，下级法庭"竭力设法分辨鲍威尔大法官"的判决是不是"有约束力的案例"。2003 年，在审理格鲁特诉柏林吉尔案（Grutter v. Bollinger）时我们又遇到了这个问题，该案涉及密歇根大学法学院的招生系统。格鲁特案的判决也是针锋相对的，却是本庭第一次"支持鲍威尔大法官的观点，即学生群体的多元化是一项迫切的政府利益，学校可以以此为理由在大学招生的过程中考虑种族"。

在格鲁特案中，本庭在许多方面沿用了鲍威尔大法官的分析方法。有关迫切的政府利益，本庭认为"法学院从教育的角度判断学生群体多元化有利于其育人的使命，我们尊重这种判断。"至于如何达到多元化的目标，本庭跟鲍威尔大法官的看法一致，我们明确指出法学院追求多元化的手段是有限制的。学校不可以"为某些族群建立配额，或是将那些族群放在另一条招生的轨道上"。学校也不可以仅因为种族或血统而为某一个特定的族群保留一定百分比的名额。格鲁特案的判决解释道，这些限制的目的是避免政府根据种族采取行动的两种危险征兆。使用种族的第一种危险可能"对某族群形成非法的脸谱化"。因此，我们不能允许大学根据一种"信念"招生，即"少数民族的学生总是（甚至始终如一地）会在任何问题上都能表达出具有少数民族特色的观点"。第二种危险是，种族将不是一个正数，而是一个负数，被用来歧视那些不能受到优待的族群。

因此，大学不能用种族来"不当地伤害非少数族群的申请人"。

然而，即使有这些束缚，格鲁特案还是对大学在招生过程中考虑种族表达了明显的不安。本庭强调了一条基本原则，"种族优待本身就有严重的司法正义问题"。本庭认为，"无论目标多么迫切，种族分类都是危险的"。本庭警告，"政府所有针对种族的行为都必须受到持续不断的监督，以保证不会伤害其他也想得到那些优待的竞争者"。

为了应付这些忧虑的问题，格鲁特案为考虑种族的招生政策加以最终的限制。本庭认为到一定的时候必须停止在招生过程中考虑种族。格鲁特案反复强调这一要求至关重要，"所有考虑种族的招生项目都必须有一个终点"；它们"必须有一个合理的持续时间限制"；它们的"时间必须被限制"；它们"必须有一条日落条款"；它们"必须有一个合乎逻辑的终点"；它们"脱离了平等待遇的规范"；必须是一条"暂时的权宜之计"。终点的重要性并不在于重复。宪法毫不含糊地保证平等待遇，要求有一个终点是本庭暂时不执行宪法要求的原因。本庭认识到："为种族优待加上永久的光环将触犯平等保护的基本原则。"

格鲁特案的结论包括以下的警告："自从鲍威尔大法官首次批准在公立的高等学府中使用种族以促进学生群体的多元化已经过去了 25 年……我们期待在今后的 25 年里，我们没有必要再使用种族优待来推进我们今天批准的利益。"

第四部分

20 年过去了，我们还是没看到终点。"有关哈佛何时应该终止在招生过程中考虑种族的问题还没有一个具体的日期。"但是哈佛和北卡罗来纳州立大学仍在坚持他们的招生项目必须继续下去。

然而，我们只允许在严格的限制下使用考虑种族的招生政策。大学的招生项目必须遵循严格的审查，他们不能将种族脸谱化或负面化，而且考虑种族的招生政策必须在某一时刻彻底终止。被请愿人的招生系统无论出于何种良好的动机或执行的善意，都未能通过上述的检验标准。因此，根据第 14 修正案的平等保护条款，它们必须被废除。

A

因为"种族歧视在所有的情况下都是可憎的"，我们要求大学在招生过程中考虑种族的方法必须"足以能够衡量，以便按照严格审查的标准进行司法审查"。根据学生的种族"对他们进行分类和分配"，"光有一个不定型的目的是不够的"。

被请愿人没有承担这一举证的责任。首先，他们认为的迫切利益无法让我们进行有意义的司法审查。哈佛称其追求的教育利益是：（1）"为公有和私有领域训练将来的领导人"；（2）为毕业生"适应日趋两极分化的社会"做准备；（3）通过多元化的学生群体更好地教育学生；和（4）通过多元化的世界观产生新知识。北卡罗来纳州立大学也追求相似的利益："（1）促进强烈的思想交流；（2）扩展和完善理解；（3）培养创新和解决问题的能力；（4）为社会培养积极和富有成效的公民；和（5）增强感恩、尊重和同情心，跨种族的互相理解，以及打破脸谱化。"

尽管这些目标值得赞赏，但它们在严格审查之下还不够有条理。首先，我们不清楚法庭应该如何衡量这些目标。法庭如何知道一位领导人是否得到了足够的"培训"？思想交流是否"强烈"？或"新知识"是否已经发展出来？即便这些目标是可衡量的，法庭如何知道目标是什么时候达到的？那些用来补救的种族优待又该在什么时候停止呢？没有一个特定的时间点可以确定已经有了足够的"创新和解决问题的能力"，或是学生已经恰巧地"积极和富有成效了"。最后，我们面临的问题并不是多元化的有无或多寡：问题是多元化的程度。假如没有种族优待，哈佛会少培养多少领导人呢？或是哈佛的教育质量会差多少呢？这些都是法庭所无法解决的问题。

即使我们已经认为被请愿人的目标和利益是迫切的，这两者的对比也进一步显示出他们难以捉摸的本质。以监狱里的种族暴力为例，法庭可以问监狱长，假如暂时对囚犯们实施种族隔离是否能够防止伤害。若是职场的种族歧视，法庭可以问雇主，种族优待是否能够使"过去被歧视的种族所受的伤害得到弥补"。在学校种族隔离的案件里，法庭很容易确定基于种族的补救措施是否可以将学生重新分配到不违反宪法的种族比例。然而，我们不可能用那种方法评估本案被请愿人倡导的权益。不像辨别一个囚犯是否会受到伤害，或者是否应该给一位员工补发薪水。本案面临的问题是，少数民族学生达到某一特定比例是否就能培养出"积极且富有成效的公民"，足以"增强感恩、尊重和同情心"，或是有效地"培养将来的领导人"，这些问题都是没有标准可循的。尽管被请愿人倡导的利益显然是值得追求的，但这些利益注定是无法衡量的。

其次，被请愿人无法清楚地表达出招生项目的目标和他们追求这一目标的手段之间究竟有什么有意义的关系。为了让多元化使教学受益，北卡罗来纳州立大学致力于避免少数民族学生的比例不低于其在人口中所占的比例，哈佛则"防止不小心使某些少数民族学生的比例在某个学年下降"。为了达到这两个目标，这两所大学用以下的分类来衡量各种族在学生中所占的比例：（1）亚裔；（2）夏威夷或太平洋岛屿的原住民；（3）西班牙语裔；（4）白人；（5）非洲裔美国人；和（6）美国原住民。然而，我们很难看出根据这些分类来决定招生将有利于大学获得它们追求的教学利益。

即便是对初学者来说，这些类别本身在许多方面来说也是不精确的。有些类别的覆盖面显然太广：例如将所有的亚洲学生合起来分为一组，被请愿人显然不在乎南亚或东亚的学生是否占了足够的比例，只要其中一类人数足够，另一类人数少也无所谓。同时，其他如"西班牙语裔"的分类是武断的，且没有具体的定义。至于其他的分类则不够全面。口头辩论时，当我们问北卡罗来纳州立大学的律师"从中东来的学生应该如何分类，例如约旦、伊拉克、伊朗和埃及"，律师的回答是"我不知道这个问题的答案"。

事实上，使用这些不透明的种族分类非但不会促进，反而有损被请愿人的目标。被请愿人只是把注意力集中在哪个种族的人数偏低，显然会倾向于招收 15% 从墨西哥来的学生，而不是从若干个南美国家招收 10% 的学生，就因为墨西哥的西班牙语裔学生会多于其他南美国家的西班牙语裔学生。我们"很难理解，允许产生这种结果的招生计划怎么可以被看成是争取'大范围多元化'的招生制度。"鉴于被请愿人采取的措施和追求的目标之间不相称，我们很难理解法庭应该如何严格审查被请愿人使用的招生项目。

这两所大学对这些批评的回答是"相信我们"。他们说上述的问题无需回答，因为大学在招生中对种族的厚此薄彼必须受到尊重。我们的案例确实承认"在某种程度上尊重大学的学术决定的传统"。但是我们很清楚，这种尊重必须是"在宪法规定的范围之内"，这是毫无疑问的，而且"尊重并不包含放任或抛弃司法审查。"大学可以自主地为其使命下定义，但是宪法为我们的使命下了定义。法庭不能允许根据学生的种族将他们分类，除非分类的理由具有说服力，而且理由必须能够衡量并足够具体，以便司法审查。本庭反复强调"种族分类太恶毒了，所以分类和分类的理由两者之间的关系必须绝对精准"。本案的招生项目未能达到这个标准。

B

被请愿人使用的基于种族的招生系统也违反了平等保护条款的两条戒律，即种族绝不可以是"负值"，而且在执行过程中不能脸谱化。

首先，我们的判例强调在招生过程中不能因为一个人的种族而歧视他。然而，联邦第一巡回法庭发现哈佛考虑种族的结果导致亚裔美国学生的录取率下降 11.1%。此外，地区法庭认为哈佛"考虑种族的政策"导致亚裔美国人和白人的录取率下降。被请愿人辩称申请人的种族在其招生项目中从来就不是一个负面因素。例如，哈佛对招生过程中种族和其他因素做了一个比喻。哈佛解释道，"如果招生的老师认为某个学生可能在哈佛的拉德克利夫交响乐队里表现良好，因此而给予优先考虑，这并不等于'否认'这个学生还可能精于某种乐器的独奏。"但是根据哈佛的逻辑，如果对考分高的学生给予优先考虑，"并不等于考分低的学生就会受到'负面影响'"。如此理解招生过程很难让人接受。大学招生是一种"零和游戏"，如果只优待一些学生，不优待另一些学生，必然会使前者金榜题名，后者名落孙山。

被请愿人还辩称种族并非一个负面因素，因为种族并没有影响太多的招生决定。但是被请愿人同时也承认，假如没有考虑种族的招生政策，被录取的学生的种族构成将会有明显的改变。被请愿人还承认，种族至少对招收一些学生起了决定性的作用，虽然因种族而录取的学生人数并不太多。假如不考虑种族，某些族群学生的录取率将会增加。既然如此，除了"负面"之外，我们还能如何描绘种族所起的作用呢？我们不可能通过不分青红皂白地强加不平等而得到法律的平等保护。

被请愿人的招生项目之所以弱不禁风，还有第二个原因。我们早就判决过，大学的招生项目不能仅凭一种信任，即"少数民族的学生总是（甚至始终如一地）会对任何争议表达一些少数民族特有的观点"。这一要求在平等保护条款的法理中随处可见（"在警告防止'宪法所不允许的种族脸谱化时'，本庭驳斥了一种假设，即'无论个人的年龄、受教育程度、经济地位或居住地，同一个族群的人思维方式都是一样的'"）。

如果我们接受基于种族的招生项目，其中有的学生仅仅因为他们的种族背景而得到优待，那么被请愿人所容忍的正是格鲁特案早就发誓要摒弃的：那就是脸谱化。被请愿人招生项目的观点是，考虑种族本身就具有内在的益处——那就是为了种族而种族。被请愿人并不否认这一点。哈佛招生过程基于恶劣的脸谱化，称"黑人学生总是能够带来一些白人学生无法贡献的东西"。北卡罗来纳州立大学的招生政策也差不多，其论点是种族本身就能"说明你是个什么样的人"。

我们反复地驳斥一种谬论，那就是政府可以特意优待某一个群体，那个群体"除了肤色相同之外并无其他的共性"。平等保护的精髓就是，因为某人的肤色而区别对待，跟因为某人来自城市或郊区或是否会拉小提琴而区别对待，这两种区别对待是不同的。

"我们之所以禁止按种族分类，主要的原因是种族分类贬低一个人的尊严和价值，因为种族分类只看一个人的血统，而不是看他的能力和人品。"如果一所大学的招生政策"基于学生的种族，那就是基于一种冒犯和贬低某一种族的假设，即同一种族的学生的思想应该都是相同的"，或少数民族学生的思想至少有一个共性，那就是他们的思想都是跟非少数民族的学生不同的。大学在种族分类时助长了"脸谱化，把学生看成是种族的产物，根据历史和宪法禁止政府使用的标准来评估学生们的思想和能力，就会贬低他们作为公民的自我价值"。这种脸谱化只会"使痛苦和伤害持续下去"，违反了平等保护条款的"核心目的"。

C

如果这一切还不够，那被请愿人的招生项目还缺乏一个"符合逻辑的终点"。

被请愿人和政府首先建议，被请愿人考虑种族的招生项目将会终止，具体时间是，即使不考虑种族，"大学校园里的少数民族已经达到有意义的代表性，且大学校园里已经达到有意义的多元化。"至于究竟如何衡量代表性是否有意义，被请愿人称并不涉及任何"严格的数字基准，或精确的数字或百分比，或特定的百分比。"既然如此，那么有意义的代表性究竟涉及什么呢？

数字都是相同的。在哈佛，每次招生委员会全体会议一开始就讨论"如何根据种族身份比较本学年和上学年的明细分类"。"假如在讨论过程中发现某个族群的代表性或人数比往年有戏剧性的下降，招生委员会便会决定对那个族群的申请人更加注意。"

哈佛招生的结果反映了这种对数字的保证。从 2009 年到 2018 年，黑人学生的入学率始终保持在 10.0% ～ 11.7% 的范围，其他少数民族历年的入学率也保持一致。

北卡罗来纳州立大学的招生项目也差不多。大学对其面临的挑战设置了框架，"招收缺乏代表性少数民族"的唯一标准是，该族群"在本科生中所占比例小于其在北卡罗来纳州总人口中所占比例"。北卡罗来纳州立大学解释道，"我们之所以尚未全面达到多元化教育的目标，一部分原因是我们未能达到跟人口比例相近的代表性。"

首先，这些方法的问题早就得到公认。"彻底的种族平衡显然是违反宪法的。"我们反复地解释过，"彻底种族平衡之所以违宪，是因为宪法保证的平等保护的指令非常简单，那就是政府必须将每一个公民作为个人来对待，而不是把他们作为某一种族、宗教、性别或阶级的一个组成部分来对待。"被请愿人承诺只有在某些种族在被录取的学生中占一定比例后才能终止考虑种族，那就把这条原则的本末倒置了。他们的招生项目"有效地保证种族将总是跟招生相关的……而且最终永远都不可能达到不用种族为招生标准的目的。"

其次，被请愿人许诺终止使用种族的第二个时间点也并不见得好。被请愿人辩称，假如取消了考虑种族的招生制度，学生仍然可以受益于多元化教育，那么大学就没有必要在招生时考虑种族了。但是我们已经解释过了，法庭并不清楚如何才能确定脸谱化已经崩溃，或"富有成效的公民和领导人"已经产生。在没有考虑种族的招生制度的情况下，我们也无法知道这些目标是否已经充分达到了。正如北卡罗来纳州立大学自己所承认的那样，这些"质的标准是很难衡量的。"

被请愿人再次建议我们必须允许种族优待至少继续存在 5 年，因为本庭在格鲁特案中曾说过"期待在今后的 25 年里，我们将没有必要再使用种族优待。"格鲁特案中所说的 25 年只是反映了本庭的观点，那就是到了 2028 年我们将无需通过种族优待来保证大学校园里的种族关注多元化。那种期待已经被透支了。无论哈佛还是北卡罗来纳州立大学都不相信考虑种族的招生政策 5 年后就不需要了，而且这两所大学都期待在格鲁特案建议的时间限制后许多年还会用种族来作为招生的标准。其实，哈佛和北卡罗来纳州立大学今年秋天考虑种族招收的高中生将于 2028 年毕业，那正好是判决格鲁特案的 25 年之后。

最后，被请愿人辩称他们的招生项目根本就不需要有终止的日期，因为他们会不断地审查招生政策，并决定是否还有必要继续考虑种族。被请愿人辩称，格鲁特案中的语言允许"通过周期性的审查来确定是否还有必要通过种族优待来达到学生群体的多元化，以此来满足种族优待政策持续时间的要求。"但是格鲁特案从来就没有暗示周期性审查可以把违反宪法的行为变得符合宪法。恰恰相反，本庭明确指出，无论大学如何进行周期性的审查，考虑种族的招生项目最终必须寿终正寝。

然而在本案中，哈佛承认其考虑种族的招生项目并没有终点。哈佛在诉状中说他们"还没有为其招生项目制定日落条款"。而且哈佛还承认他们认为在招生过程中考虑种族"几乎跟 50 年前一样"。北卡罗来纳州立大学也没有决定何时停止其考虑种族的招生项目，甚至根本就没有计划终止。大学承认其"尚无建议在哪一段时间里结束考虑种族的招生制度。"北卡罗来纳州立大学甚至暗示今后有可能比现在更多地考虑种族。总而言之，我们没有理由相信，即使被请愿人真有诚意，他们也不会很快就遵守平等保护条款。

第五部分

反对意见不同意以上的结论。他们愿意维持被请愿人的招生项目，他们认为第 14 修正案允许州政府通过考虑种族的具体措施来补救社会歧视遗留下来的影响。尽管这些看法在许多方面很透彻且经过深思熟虑，本庭早就否决了其核心理论。

反对意见对平等保护条款的解读并无新意。在巴契案中，四位大法官倾向于允许考虑种族的招生项目来补救社会歧视遗留下来的影响。但那毕竟只能代表少数意见。鲍威尔大法官在巴契案中投下了决定性的第五票，坚决否定了社会歧视构成迫切利益的说法。他解释道，这种利益展现了一种"无法确定伤害的概念，还可能没有时间限制地追溯到过去"。这不能成为"伤害某些人的理由，因为他们不能为考虑种族的招生政策的受益人过去所受的伤害负责"。

本庭很快便采纳了鲍威尔大法官的分析方法。判决巴契案后，本庭反复判决改善社会歧视并不算是迫切的利益，不能成为政府行为的理由。我们在亨特案中解释过，"致力于缓解社会歧视遗留下来的影响并非迫切的利益"。亨特案是一个 1996 年关于投票权的案件。我们还在瑞奇蒙市诉克洛森公司案（City of Richmond v. J. A. Croson Company）中得出相同的结论，该案涉及政府优待的承包工程项目。"允许过去的社会歧视作为死板的种族优待的基础，那将会为过去曾处于弱势的族群争抢'补偿救济'而打开大门。""对历史错误的诉求注定是无法衡量的，假如我们以这种无法衡量的诉求为基础"，一旦打开此门便会关闭另一扇门，"那么建立一个所有公民都平等的国家的梦便会破灭"。

持反对意见的大法官们不承认这一切。他们既没有援引亨特案，也没有援引克洛森案。他们对平等保护条款的整个分析，包括过去审理过并已经推翻的统计数字，案例和历史只字不提。主要反对意见援引马歇尔大法官在巴契案中的部分反对意见达十几次之多，而对鲍威尔大法官的主判决只是一笔带过（杰克逊大法官的反对意见则对鲍威尔大法官的判决完全视而不见）。他们之所以忽略鲍威尔大法官是有原因的，因为一位反对派大法官将索托马约大法官的意见贬损为"有关色盲的华丽辞藻"，其实那正是益和诉霍普金斯案（Yick Wo v. Hopkins）、洛文诉弗吉尼亚案（Loving v. Virginia），以及谢莉诉克莱默案（Shelley v. Kraemer）和博林诉夏普案（Bolling v. Sharpe）中令人骄傲的宣言，他们是为法律下定义的陈述。我们理解持反对意见的大法官们希望要不同的法律。他们可以有那种欲望，但是绝对不能在追求不同法律的同时又继承先例的衣钵。

反对意见对我们关于考虑种族的招生制度的案例也不忠诚。请听主要的反对意见是怎么说的。格鲁特案对那种招生制度无限期地祝福，直至"种族不平等寿终正寝"。但是格鲁特案并没有那么说。格鲁特案强调不是一次、两次，而是至少六次，基于种族的招生系统"必须有一个合理的持续时间限制"，而且他们"偏离平等保护的准则"只能是"权宜之计"。本庭还谴责了"为种族优待加上永久的光环"。然而反对派之所以不肯撒手的基于种族的招生制度的理由就是不能终止。

主要反对意见依赖费舍诉得克萨斯州立大学二号案（Fisher v. University of Texas）同样也是错误的。在费舍案中，本庭维持了得克萨斯州立大学使用的"自成一类"的基于种族的招生项目，其目的是招收达到"临界数量"的某少数民族的学生。但是哈佛和北卡罗来纳州立大学都没有使用临界数量的概念，甚至承认他们根本不知道临界数量是什么意思（北卡罗来纳州立大学的行政人员的证词是，"没有人指导任何人如何达到一个临界数量，我根本就不知道什么是临界数量"）。

费舍二号案认识到基于种族的招生系统对"宪法许诺的平等待遇不断的挑战"。因此，本庭再次肯定了大学"有持续不断的义务满足严格审查所带来的负担。"归根结底，费舍二号案跟格鲁特案完全一样，那就是持续的时间。

为了强调这一点，跟格鲁特案一样，费舍二号案也有一个限制，那就是持续的时间。本庭强调我们判决的"意思并不是说大学今后可以一直依赖同样的政策"（"格鲁特案批准有争议的计划的结论是，该计划是有时间限制的"）。此外，本庭还公开承认，我们的判决"只能有限地指导将来"。

主要反对意见从我们的案例法中断章取义，竭尽全力忽视那条法律中他们不喜欢的部分。他们对巴契、格鲁特和费舍这三个案例中重要的保留意见视而不见。他们对平等保护条款中毫不含糊的要求根本不理会，那就是"最严格、最彻底的审查"。此外，我们反复要求基于种族的招生政策必须终止，反对意见非但忽略了那一点，更糟糕的是，他们还把那条要求歪曲成基于种族的招生制度永远不终止。

最让人不安的是，反对意见必须忽略某些原则来捍卫他们的观点：司法部门可以根据肤色来决定胜败。尽管反对意见肯定不会允许大学的招生项目歧视黑人和西班牙语裔的学生，但他们会心甘情愿地让现有的招生项目继续下去。在他们看来，本庭应该告诉州政府应该挑选哪个种族给予优待。布朗案告诉我们，隔离但是平等其实"注定是不平等的"。反对意见却说这要看情况而定。

这就让司法部门担任一个引人注目的角色，但这是一个引人注目的错误角色。在假装谦卑的同时，反对意见所拥护的是一种权力欲，那种权力如此激进且具有破坏性，乃至于我们必须再一次通过建国来推翻。一位反对派的法官宣称"哈兰大法官是对的"。哈兰大法官确实说过："在法律的眼中，宪法的观点是，在这个国家里没有一个优越且占主导地位的统治阶级公民群体。"美国没有种姓制度。我们的宪法是色盲的，不知道公民还分等级，更不能容忍将公民分等级。

第六部分

鉴于上述的原因，哈佛和北卡罗来纳州立大学的招生项目和平等保护条款是不相容的。两所大学的招生项目都缺乏明确且可衡量的目标来支持他们使用种族，都不可避免地用负面的方式使用种族，涉及种族脸谱化，且缺乏有意义的终点。我们过去从来就没有允许用这种方式实施招生政策，今天也不能允许。

本案所有的当事人都同意，本庭的判决不能被解释为禁止大学考虑申请人讨论种族如何影响了他的生活，无论是通过歧视、启发或其他的方式。但是无论反对意见的对立主张如何，大学都不能简单地通过申请人的作文或其他方法来建立我们今天判决为非法的招生体系。"如果一件事情不能直接去做，那也不能间接去做。宪法只处理实质性的问题，而不是问题的影子"。禁止种族歧视是"对事而不对人"。例如，对一个能够克服种族歧视的学生来说，我们给予他的优待必须跟他的勇气和决心有关。如果一个学生继承的文化遗产促使他扮演领导人的角色或达到一个特定的目标，我们给予他的优待必须跟他具有为学校做贡献的特殊能力有关。换言之，我们必须根据每个学生的经历来对待他这个人，而不是根据他的种族。

许多大学多年的作为恰恰相反。在招生过程中他们得出一个错误的结论，检验一个学生的标准并非该生所克服的挑战，学会的技能或接受的人生教训，而是他的肤色。我们宪法的历史不能容忍这种选择。

推翻联邦第一上诉法庭和北卡罗来纳州中区地区法庭的判决。

此令。

杰克逊大法官未考虑参加本案的判决。

巴特森诉肯塔基

（Batson v. Kentucky）

476 U.S. 79（1986）

1985 年 12 月 12 日辩论；1986 年 4 月 30 日判决。

摘要：

在肯塔基州法庭对请愿人（一位黑人）进行刑事审判时，法官对陪审员候选人问话后，因故排除了某些陪审员。然后，检察官行使他的绝对挑战权 [①] 排除了所有 4 位黑人陪审团候选人，最后选出来的所有陪审员都是白人。辩护律师提出动议罢免陪审团，因为检察官排除黑人陪审员违反《宪法第 6 和第 14 修正案》赋予请愿人的权利，即陪审团应按照当地人口构成比例挑选；同时也违反《宪法第 14 修正案》赋予请愿人的得到平等保护的权利。一审法官对请愿人举行听证会的要求没有明确表态，驳回罢免陪审团的动议，导致最后陪审团判决请愿人有罪。肯塔基州最高法庭维持一审法庭的有罪判决，因为他们依据最高法庭最近判决的斯韦恩诉阿拉巴马案（Swain v. Alabama）。在另一案中判决，如果被告声称陪审团的结构与当地人口结构不符，就必须证明检方从陪审员候选人中排除某一群体是有系统性行为。

判决：

1. 再次肯定本庭在斯特劳德诉西弗吉尼亚案（Strauder v. West Virginia）中宣布的原则，即州政府审判黑人被告时，如果与被告相同族裔的陪审员被故意排除，便相当于剥夺了被告受到平等保护的权利。

（a）本庭在斯特劳德案中判决，被告没有权利要求小陪审团全部或部分由自己族裔的成员组成。然而平等保护条款对被告作出保证，州政府不得以种族的原因，或者以某族裔的成员没有资格当陪审员的伪命题为由，从陪审员候选人中排除与被告相同族裔的陪审员。州政府因为种族而拒绝一个人参加陪审团也是违宪的，构成对被排除陪审员的歧视。此外，故意排除黑人陪审员的甄选程序将会使公众对司法系统的公正性失去信心。

---

① 绝对挑战权（peremptory challenge）是诉讼双方在甄选陪审团过程中无须提出任何理由就排除一位候选的陪审员，肯塔基州允许双方各行使三次绝对挑战权。诉讼双方通常是在没有正当理由的情况下才行使绝对挑战权，例如种族。三次绝对挑战权都用完之后，也还是可以排除候选的陪审员，不过必须有站得住脚的理由，并经过法官同意。例如，候选陪审员的家庭里有当警察的，所以此人当选便可能会偏向于警察和检察官，对被告不利。——译者注

（b）平等保护原则既可用来确定选择陪审员候选人过程中是否有歧视，也可用来管辖州政府行使绝对挑战权将某个人排除在小陪审团之外。尽管检察官可以因任何理由行使绝对挑战权，前提是检察官认为挑战的理由可能影响待审案件的结局，但是平等保护条款禁止检察官纯粹以种族为由挑战潜在的陪审员，或者假定黑人陪审员群体在被告为黑人的案件中不能作出公平的判决。

2. 斯韦恩案的部分判决是，如果被告指控州政府通过绝对挑战权剥夺他得到平等保护的权利，便必须承担举证的责任，我们驳回这部分判决。斯韦恩案的法庭判决，如果黑人能提交绝对挑战系统在整体上被滥用的证据，便可初步证明故意歧视。但是法庭判决斯韦恩案的被告没能满足举证的责任，因为除了自己案件的事实之外，被告未能显示整个辖区内的检察官们是如何排除黑人陪审员的。这种举证规则与其后发展出来的根据平等保护原则甄选陪审员的标准相悖。被告应该仅需提出他自己案中甄选陪审员过程中的事实，便能初步证明故意的种族歧视。

3. 被告可以仅依赖检察官在审判被告本人的案件中行使绝对挑战权的事实，初步证明检察官故意歧视。被告首先必须证明他是某个可识别的族群成员，并提出检察官行使绝对挑战权排除与被告相同种族的候选陪审员的事实。其次，被告还可以通过事实证明，绝对挑战权被用来挑选那些有歧视倾向的人当陪审员，从而允许他们歧视。最后，被告还必须显示从这些事实和其他有关的情况可以上升为一个推理，即检察官是因为陪审团候选人的种族而行使绝对挑战权，将他们排除在小陪审团之外。被告一旦完成初步证明，接下来举证的责任便落在州政府身上，州政府必须为挑战黑人陪审员作出中立的解释。检察官不能假定与被告相同种族的陪审员会偏袒被告，并以此为理由反驳被告的初步证明，也不能以此为理由肯定他选定某些陪审员是出于善意。

4. 虽然绝对挑战权在庭审程序中占有很重要的地位，上述的原则并不会削弱挑战权对司法实践所作的贡献。运用这些原则也不会对司法行政造成严重的困难。

5. 因为审判庭并没有要求检察官对他的行为作解释，便断然驳回了请愿人对检察官排除所有的黑人陪审员提出的抗议，特将本案发回进一步审理。

推翻一审判决并发回审判庭。

第四章
言论自由

《美国宪法第 1 修正案》的内容很简单，只有两行字。

"国会不得制定关于下列事项的法律：确立国教或禁止宗教活动自由；剥夺言论或出版自由；剥夺人民和平集会和向政府诉冤请愿的权利。"

著名的大法官小奥利佛·文德尔·霍姆斯用一句简单明了且通俗易懂的话将言论自由总结为："言论自由不保护在剧院里虚假地高呼失火而导致恐慌的人。"

第 1 修正案于 1791 年通过，一开始第 1 修正案仅适用于国会通过的联邦法律。77 年后的 1868 年，国会通过第 14 修正案，第 14 修正案中有一条正当程序条款，那是宪法修正案中最重要的条款之一，因为正当程序条款把原来只针对联邦政府的修正案也纳入第 14 修正案，此后原来宪法禁止联邦政府做的事情也被延伸到各州政府，联邦政府不能做的事情，州政府也不能做。

第 1 修正案只是禁止政府限制人民的言论、新闻、出版和集会自由。许多人认为第 1 修正案也禁止私人机构限制言论自由，其实这是一种误解。美国的媒体其实是有政治倾向的，他们报道的新闻往往是有选择性的，他们邀请的嘉宾也是有选择性的。

值得指出的是，除了美国之音之外，美国的传统媒体和社交媒体都是私有的，所以背后很少有政府干预指挥媒体应该删除什么样的内容，发布什么样的内容。此外，媒体本身也有社会责任，而且媒体登载的内容可能引起诉讼，除了作者之外，登载的媒体也可能成为被告，所以媒体会尽力核实新闻报道的真伪，避免成为被告而卷入法律争端。

随着互联网的普及，除了传统的媒体之外，20 世纪与 21 世纪之交还出现了社交媒体，如脸书（Facebook）、推特（twitter）和油管（YouTube）等，这是制定第 1 修正案的国父们当年无法预料的。1996 年，国会通过了《通讯规范法案》（*Communication Decency Act*），以此来规范互联网上的言论。因为个人和自媒体人士都可以在社交媒体上发视频、音频和文字，信息的数量数以亿计，社交媒体平台不可能有人力和物力来审查每一条信息，所以《通讯规范法案》的 230 条款规定互联网服务提供商不必为用户发布的内容承担法律责任，这是一块盾牌，被视作互联网公司高速发展的保护伞。但是反对 230 条款的议员认为给社交媒体平台免责会放任用户在平台上传播有害的信息，作为双方妥协的结果，230 条款同时又允许平台"善意"审查并删除用户发布的有害内容。但后来随着互联网平台的影响力日益增大，所有这些社交媒体都有自己的政策，可以删除它们认为不妥的内容，这也相当于检查言论的内容。有人认为社交媒体是公共平台，就相当于马路和公园，应该允许任何人想说什么就说什么。国会的两党议员出于不同的担忧呼吁修订这一法律。到目前为止，美国的最高法庭还没有判决公共平台是否可以限制言论。

为了理解第 1 修正案的真实含义，下面结合几个具体的案例来讨论。

1. 尼尔诉明尼苏达（Near v. Minnesota）。这是一宗官告民的案子。

明尼阿波利斯市警察局长欧尔森控诉出版《星期六周刊》的尼尔和吉尔福特违反 1925 年的《公害法》。这部法律又称为"明尼苏达禁言法"，它规定政府可以永久禁止出版、销售或发行构成公害的"恶意、丑闻和诽谤的报纸"。欧尔森称被告们在 9 期《星期六周刊》中对他和其他政府官员的指控，以及报纸反犹太族裔的立场违反了 1925 年《公害法》。一审法官鲍德温颁发临时禁令。被告们再次挑战《公害法》违宪，鲍德温法官再次驳回反对意见，判决《星期六周刊》出版的内容几乎全是丑闻和诽谤，并永久禁止被告们出版恶意、丑闻和诽谤的报纸。

最高法庭以 5：4 推翻了明尼苏达州最高法庭的判决，认为明尼苏达州的《公害法》违反了联邦宪法，因为除了极其罕见的情况之外，新闻检查是违宪的。最高法庭认为无论刊物的内容是否属实，禁止出版违反了《宪法第 14 修正案》保障的新闻自由。

除了用成文法之外，警察局长也可以控诉报纸诽谤。但是诽谤案只能发生在发表言论之后，此案却是要求法庭下令禁止被告出版，而第 1 修正案禁止的恰恰就是政府提前禁止媒体出版。

最高法庭判决后，尼尔继续出版《星期六周刊》，吉尔福特则加盟《双城报告》。因为《双城报告》得罪了明尼阿波利斯的有组织犯罪团伙，3 年之后的 1934 年，吉尔福特被暗杀身亡。

2. 《纽约时报》诉萨利文（New York Times Co. v. Sullivan）。这是一宗官员告媒体诽谤的案子，涉及新闻自由。

阿拉巴马州蒙哥马利的警察局长在州法庭起诉《纽约时报》诽谤他，那篇文章是一则广告，那篇文章中有不实之词，抗议警察针对参加民权示威的学生和领袖采取行动。警察局长称那篇文章的内容其实是针对他的，因为他的职责包括监管警察局。下级法庭判决《纽约时报》败诉。

根据宪法第 1 和第 14 修正案，州法庭不能因为被告指控政府官员执行公务有不实之词便判决被告赔偿政府官员，除非政府官员能够证明被告确实有"实际恶意"，即原告必须证明被告明知陈述内容失实，或根本不在乎内容的真伪，仍然肆无忌惮地发表不实言论。最高法庭推翻原判并发回重审。

在美国，公开批评、嘲讽甚至谩骂官员是很普遍的，但是很少有官员告诽谤的案子，原因很简单，美国的诽谤法中有一条"公众人物"的例外。即使攻击公众人物的言论不实或虚假，原告还必须证明被告有"实际恶意"，所以公众人物很难告赢。这条例外有其合理性，因为总统和政府官员是公众人物，在众目睽睽之下生活在"金鱼缸"里，本来就应该在大庭广众接受公众的监督。如果允许官员动辄就通过诽谤诉讼来打击不同意见，那将会产生"寒蝉效应"。

3. 廷克诉德莫因独立学区（Tinker v. Des Moines Independent Community School District），和科恩诉加利福尼亚（Cohen v. California）。

这两宗案子都是反对美国介入越南战争的。廷克案是一些中小学生戴着黑袖章去学校上课，而科恩案则是在洛杉矶法庭的走廊里穿的外套上书写着"X 征兵制"（Fuck the Draft）的字样。这两宗案子的关键在于（1）佩戴黑袖章跟诅咒征兵制的粗话是否构成"言论"，（2）他们的"行为艺术"言论是否会扰乱学校的教学秩序或扰乱任何邻居或他人的平静生活。

总的来说，美国政府在越南战争期间对反战示威采取的是克制态度。据译者所知，唯一的一起暴力事件是俄亥俄州的肯特州立大学开枪事件。1970 年 5 月 4 日，俄亥俄州的国民自卫队突然向在校园内示威的学生开枪，酿成打死 4 人打伤 9 人的惨案。但是肯特州立大学的枪击案中学生向警察扔石块，而戴黑袖章和诅咒征兵制的粗话则是完全和平的。

在英文里最常听到的粗话就是 F 开头 4 个字母的"F… word"。科恩反对越南战争，他在洛杉矶市法庭第 20 号审判庭外面的走廊里穿着一件外套，上面书写着"X 征兵制"（Fuck the Draft），被洛杉矶市法庭判决触犯了《加利福尼亚州刑法》第 415 节，该节禁止"恶意且故意地用冒犯行为扰乱邻居或他人的平静生活"，刑期为 30 天监禁。

最高法庭推翻加利福尼亚州法庭的判决，理由是"若无具体和迫在眉睫的理由，州政府不得违反第 1 和第 14 修正案，将公开展示由 4 个字母组成的粗话的行为入罪。"判决的篇幅不长，哈兰大法官说了一句经典的话，"一个人的粗话也许是另一个人的天籁之声"。

4.《纽约时报》诉美国（*New York Times* Co. v. United States）。这是一宗美国政府告媒体的案子。

到 1970 年，美国已经陷入越南战争 6 年多了，已经有大约 58 000 名美军阵亡。1967 年美国国防部长麦克纳马拉下令编写一份名为"美国在印度支那的绝密历史"报告，即人们所说的"五角大楼文件"。尼尔·埃尔斯博格参与了该项目，1971 年 3 月他泄露了 47 卷中的 43 卷，共 7 000 页绝密资料给《纽约时报》记者尼尔·西翰，《纽约时报》开始发表概括机密材料的文章。

6 月 15 日，政府要求地区法庭命令《纽约时报》和《华盛顿邮报》停止发表有关的文章。政府称公布保密资料将无法挽回地伤害美国的国防，于是官司一直打到最高法庭。最高法庭的判决很简单："要求禁止言论的案子都肩负着沉重的违反宪法的推定。为了支持执行提前禁令，政府必须担负沉重的举证责任。纽约南区联邦地区法庭以及哥伦比亚特区法庭和上诉法庭分别就《纽约时报》案和《华盛顿邮》报案判决，美国政府未能完成举证的责任。我们同意。"

政府起诉的根据是《间谍法案》，有关间谍活动和新闻检查的那一章共分 8 节，从 792 至 799 节，其中有 3 节特别提到"出版"，其中 794（b）节定义："在战争时期，任何人故意将（军队部署的）消息传递给敌人，搜集、记录、出版或传递"。

但是最高法庭并不认为发表机密会损害美国的国土安全："哪怕现在的世界形势被认为是相当于战争状态，哪怕目前的军备力量可能导致人类的核毁灭，这两种情况都不足以支持在和平时期压制信息传播，更何况政府在两宗诉讼中根本就没有提出公布那些保密材料或有关保密材料的报道会导致发生那种情况。"

译者个人认为最高法庭之所以判政府败诉，是因为越南战争对美国的国土安全毫无威胁，不像日本偷袭珍珠港挑起的太平洋战争，导致"二战"期间美国把多达 12 万的日本裔美国公民送进隔离营。假如这桩"五角大楼文件"的公案发生在"二战"期间，泄密的尼尔·埃尔斯博格一定会被处以死刑，无论《纽约时报》还是《华盛顿邮报》，都不会有胆量发表那些机密文件。

5. 杨诉美国小型电影院公司（Young v. American Mini Theatres, Inc.）。这是一宗地方政府限制成人电影院营业地点的诉讼案。电影院公司控诉地方政府限制其营业地点，构成限制言论自由。而最高法庭认为，根据第 1 修正案，条例规定营业执照和土地使用规划的要求并没有非法地提前禁止受到宪法保护的言论，所以并不违反宪法。尽管政府确实规定成人电影只能在有执照的电影里放映，但事实上所有的电影都必须在有执照的电影院里放映。政府并没有限制放映成人电影，而只是限制放映电影的地点，所以并没有侵犯言论自由，因为市政府有权进行城市规划并管理商业房地产的使用，该权力足以支持政府对营业地点的限制。

6. 得克萨斯诉约翰逊（Texas v. Johnson）。

本案的案情很简单，在 1984 年共和党全国代表大会期间，约翰逊参加了一场政治示威，抗议里根政府和某些达拉斯公司的政策。当游行队伍通过市区街道时，示威者高呼口号，约翰逊焚烧了一面美国国旗。

在大约 100 名示威者中，只有约翰逊被控犯罪，唯一的罪名是他违反了 1989 年《得克萨斯州刑法》第 42.09（a）（3）条，亵渎一件神圣的物品。庭审后他被判处有罪，刑期为 1 年监禁，并罚款 2 000 美元。最高法庭推翻了原判。

此案的判决是译者见过的最煽情的案例。持反对意见的大法官自不必说，就连推翻原判的多数法官，都强烈地表达了对国旗的崇敬。虽然他们引用了许多历史资料颂扬国旗、国歌和为保护国旗而抛头颅洒鲜血的先烈，但他们还是决定判约翰逊无罪。

为什么多数大法官会作出"违心"的判决呢？附和判决的肯尼迪大法官是这么说的："本庭的难处是，我们有时不得不作出连我们自己都讨厌的判决。我们之所以要如此判决，乃因为那是正确的判决，乃因为法律和宪法迫使我们作出那样的判决。在极少数的例外情况下，鉴于我们对程序的庄严承诺，我们生怕削弱指导我们判决的原则的价值，但我们还是毫不犹豫地对自己的判决表示厌恶。本案就是极少数的例外之一。"

肯尼迪大法官还说："尽管宣布判决是一件很痛苦的事情。标志是我们自己创造出来的，国旗表达了美国人民分享的信念，象征着支持人类精神的法律、和平和自由。本案迫使我们认识到这些信念的代价。国旗也保护鄙视国旗的人，这使我们感到悲伤，却至关重要。"

本案判决背后的理由是，第 1 修正案不允许有绝对神圣不可侵犯的东西："州政府是否可以禁止焚烧州旗？禁止亵渎国玺或是宪法？根据第 1 修正案来评价这些选项，我们究竟应该如何决定哪一些象征性的标志才足够特殊，才有资格享受特殊地位？如果这么做，我们将被迫把我们自己的政治立场强加给人民，第 1 修正案禁止我们这么做。"

这就使人自然联想到许多其他的圣物，如政府是否可以禁止焚烧圣经和可兰经？如果圣经是神圣的，那么教皇呢？异教徒是否可以批评教皇呢？国家领导人也是神圣的，人民是否可以嘲讽国家领导人或是亵渎他的画像和语录？这就是美国法律的"危险滑坡"的理论，政府一旦禁止焚烧国旗，便打开了水库的闸门，一泄如注的洪水将使所有的言论自由付诸东流而荡然无存。

简言之，有时美国的大法官不得不摒弃他们个人的爱憎、好恶，以及他们个人的是非观、价值观和道德标准，只能严格地按照法律来判案。

尼尔诉明尼苏达

Near v. Minnesota

283 U.S. 697（1931）

1931 年 1 月 30 日辩论；1931 年 6 月 1 日判决。

摘要：

第一被告杰·尼尔的政治立场是"反天主教、反犹太教、歧视黑人和反劳工权利"，第二被告霍华德·吉尔福特曾竞选过明尼阿波利斯的市长，还被判刑事诽谤。1927 年，尼尔和吉尔布特开始一起出版《星期六周刊》。

该周刊指控犹太黑帮和市警察局长弗兰克·布朗斯基尔沆瀣一气，"几乎统治了"城市，还指控布朗斯基尔贪污。周刊攻击的其他目标包括市长乔治·李奇和县检察官弗洛伊德·欧尔森，还指控大陪审团成员无能或故意不检控犯罪。

第一期《星期六周刊》发行后不久，吉尔福特被枪击住院，后来又遭遇一次暗杀未遂。《星期六周刊》里至少有一篇文章帮助政府成功地检控一起黑帮勒索当地洗衣店的犯罪案件。

警察局长首先控诉尼尔和吉尔福特违反 1925 年的《公害法》。这部法律又称为"明尼苏达禁言法"，规定政府可以永久地禁止出版、销售或发行构成公害的"恶意、丑闻和诽谤的报纸"。欧尔森称被告们在 9 期《星期六周刊》中对他和其他政府官员的指控，以及报纸反犹太族裔的立场违反了 1925 年《公害法》。1927 年 11 月 22 日，一审法官鲍德温颁发临时禁令，颁发禁令时两位被告并不在场，只是法官聆讯了警察局长的证言。临时禁令要求被告们出庭说服法庭为什么不应该颁发永久禁令。

在听证会上辩护律师反驳了诉状，辩称被告们出版的刊物受到美国联邦宪法和明尼苏达宪法的保护。一审法官驳回被告们的反对意见，被告们上诉到明尼苏达最高法庭，上诉庭维持一审法庭的原判，并将案件发回一审法庭重审。

重审时，被告们再次挑战《公害法》违宪，鲍德温法官再次驳回反对意见，判决《星期六周刊》出版的内容几乎全是丑闻和诽谤，并永久禁止被告们制作、编辑、出版、发行、拥有、出售或赠送恶意、丑闻和诽谤的报纸。

判决之后，被告们再次上诉。明尼苏达州最高法庭判决明尼苏达州的宪法并不违反联邦宪法，也不违反《宪法第 14 修正案》。被告们并未要求修改下级法庭判决的形式，只是称判决禁止他们今后出版任何报纸太过分了。上诉法庭认为下级法庭的判决并没有禁止他们出版"跟公共利益相和谐的"报纸。

在芝加哥论坛出版商的资助下，第一被告尼尔继续上诉到美国联邦最高法庭。

最高法庭以 5：4 推翻了明尼苏达州最高法庭的判决，认为明尼苏达州 1925 年的《公害法》违反了联邦宪法，因为除了极其罕见的情况之外，新闻检查是违宪的。最高法庭认为无论刊物的内容是否属实，禁止出版都违反了《宪法第 14 修正案》保障的新闻自由。即使刊物指名道姓指控渎职的政府官员的人品也许无懈可击，也不能因此而违背宪法禁止被告出版刊物。

最高法庭之所以只引用了第 14 修正案，而不是第 1 修正案，是因为第 1 修正案是针对联邦政府和国会的，第 1 修正案保障的新闻自由和其他民权都被纳入后来通过的第 14 修正案，而第 14 修正案才是针对各州的。

反对意见认为政府不得提前禁止出版的原则过于笼统，在例外的情况下政府应该有权提前禁止出版，比如政府在战争时期可以禁止出版有关军事方面的新闻，又如军舰航行的时间和军队部署的地点和人数等。此外政府也可以提前禁止出版色情的刊物。

修斯大法官认为尽管有人可能滥用新闻自由，但还是不能允许政府提前禁止出版，因为假如政府有权决定什么样的刊物才可以出版，将会给社会造成更大的伤害。

判决全文：

从明尼苏达最高法庭提出的上诉。

首席大法官休斯代表法庭发表判决。

明尼苏达州议会 1925 年通过的《公害法》的第 285 章规定，刊登"恶意、丑闻和诽谤文章的报纸、杂志和其他期刊"是一种公害，必须取缔。那条法律的第一节规定如下：

第一节。任何个人、合伙、协会或组织的成员或雇员，或公司的主管、董事、成员或雇员，如果定期或经常制作、出版、发行、拥有、出售或赠送

（a）淫秽、下流或色情的报纸、杂志或其他期刊，或

（b）恶意、丑闻和诽谤文章的报纸、杂志或其他期刊，

即构成公害罪（nuisance），所有犯有公害罪的个人将被禁止，具体规定如下：

"参与这种生意即属触犯公害罪法律，将承担法律责任，并将根据本法令被控诉、训诫和判决。完全或部分，直接或间接拥有此类期刊，或是拥有任何公司或组织的股票或权益，而公司或组织完全或部分拥有此类期刊或出版此类期刊，即构成参与。"

"在原告控诉被告违反以上（b）条的诉讼中，如果被告出于良好的动机和正当的目的，被告可以用出版物的内容属实为辩护，而且原告无权报告从起诉日期起追溯超过 3 个月之前出版的期刊。"

那条法律的第 2 节规定，若发生公害行为，在出版或发行这类期刊的县里，如果声誉良好的公民书面要求县检察官起诉，但检察官不起诉或拒绝起诉，州检察长或该县的任何公民都可以用州政府的名义在该县的地区法庭起诉，要求法庭永远禁止造成公害的

人继续造成公害。在有充分证据的情况下，法庭可以向被告颁布临时禁止令。被告有权反对并回应，原告也可以反对或回应。

那条法律第 3 节规定，诉讼"遵守民事诉讼程序有关禁令的规则"，庭审之后，法庭可以判决永久禁止违法的被告继续其违法行为，并完全取缔造成公害的行为。法庭有权以藐视法庭罪惩罚不服从临时或永久禁令的行为，课罚 1 000 美元以下的罚款，或判处 12 个月以下的监禁。

县检察官根据该法律（b）条起诉，要求禁止出版一份名为《星期六周刊》的"恶意、丑闻和诽谤的报纸、杂志和期刊"，出版该期刊的被告为明尼阿波利斯居民。诉状称被告从 1927 年 9 月 24 日开始，并在其后的 10 月和 11 月的 8 个星期六出版并发行了周刊，"主要篇幅用于刊登恶意、丑闻和诽谤的文章"，涉及查尔斯·戴维斯、弗兰克·布朗斯基尔、《明尼阿波利斯论坛报》、《明尼阿波利斯日报》、梅尔文·帕索尔特、乔治·李奇、犹太种族群体和 1927 年 11 月组成的海尼品县大陪审团成员，以及诉状的附件中列举的在职官员和其他人等，此外还有上面所述的文章，整个案卷共 327 页。尽管诉状里并没有指名道姓，但是从双方的辩护状来看，查尔斯·戴维斯是一个民间组织雇佣的保安主管，乔治·李奇是明尼阿波利斯的市长，弗兰克·布朗斯基尔是明尼阿波利斯的警察局长，弗洛伊德·欧尔森（本案的联系人）是县检察官。

虽然我们并没有尝试概括诉状后面长篇大论的附件，但我们认为有足够的材料说明那些文章指控一个犹太犯罪团伙控制了明尼阿波利斯的赌博和贩卖私酒生意，并敲诈勒索，而执法官员和机构不积极地执行他们的任务。大部分的指控是针对警察局长的，文章指控他严重失职，与犯罪团伙保持不正当的关系，而且还涉及贪污枉法。文章还指控县检察官明知存在犯罪的情况，却不采取足够的措施制止犯罪。文章也指控市长不作为和渎职，还指控一位大陪审团成员同情犯罪团伙。文章要求政府成立特别大陪审团并指派特别检察官来处理这些犯罪行为，并调查暗杀吉尔福特未遂的阴谋。吉尔福特原来也是本案的被告之一，第一期周刊刊登的文章之后，他被犯罪团伙枪击。毫无疑问，那些文章严厉指控政府官员不揭露和惩罚犯罪，导致犯罪猖獗。

政府于 1927 年 11 月 22 日起诉，根据宣誓的诉状，法庭命令被告们出庭陈述为什么不应该下临时禁令，同时禁止被告们出版、发行或拥有从 1927 年 9 月 24 日至 11 月 19 日出版的周刊，并且还禁止被告们"今后继续出版、发行或拥有"《星期六周刊》，也不许"用其他名称出版任何其他含有恶意、丑闻和诽谤内容的刊物"。

被告们对诉状表示反对，理由是文章中并没有陈述足以构成诉因的事实，此外被告们还挑战原告引用的法律违宪。地区法庭驳回了反对意见，并请州最高法庭裁决法律是否违宪的问题。尽管上诉人称那条法律不仅违反了明尼苏达州的宪法，还违反了联邦宪法第 14 修正案，州最高法庭却无视上诉人的反对，判决那条法律符合宪法而且有效。

上诉失败后，被告尼尔回答了诉状。他承认自己是刊物唯一的业主，还承认诉状中所说的文章是他出版的，但他否认那些文章是恶意、丑闻和诽谤。他明确指出他受第14修正案的正当程序条款保护。随后案子进入庭审。原告出示了宣誓的诉状，以及附在诉状后的若干期《星期六周刊》。被告引用有关的宪法条款，反对法庭接受诉状和周刊为证据。法庭驳回被告的反对意见。此后原告没有出示其他证据，被告也没有出示任何证据。原告要求法庭颁发永久禁止令，法庭同意了。

根据诉状的指控和期刊的内容，地区法庭认为期刊的"主要篇幅用于刊登恶意、丑闻和诽谤的文章"，并涉及有名有姓的个人。此外，法庭认为被告们"确实从事定期或经常制作、出版和发行一份恶意、丑闻和诽谤的报纸"。

而且无论叫《星期六周刊》还是用任何其他的名字，"该出版物"构成州法禁止的公害。于是法庭判决"名为《星期六周刊》的报纸、杂志和期刊"属于公害，"必须取缔"。此外，判决还永远禁止被告们"撰写、编辑、出版、发行、拥有、出售或赠送任何法律定义的恶意、丑闻或诽谤的报纸"。

此外还"禁止被告们以《星期六周刊》或任何其他名义继续造成公害"。

判决后，被告尼尔向明尼苏达州最高法庭提出上诉，重申联邦宪法赋予他的权利。但是州最高法庭根据第一次上诉的判决维持第二次判决。上诉人称下级法庭禁止他出版任何报纸，那样的判决太过分了。州最高法庭认为判决的形式并没有错，所以并没有请下级法庭修改判决。州最高法庭认为"被告们没有理由把判决解读为禁止他们出版跟公共利益相和谐的报纸，所有的人都应该为公共利益让路。"

州最高法庭认为诉状里的指控属实，虽然本案是一宗衡平法 ① 的诉讼，被告们并没有表示他们希望"正常、合法地经营他们的生意"。

州最高法庭驳回上诉之后，被告尼尔上诉到本庭。

这条把报刊当成公害来取缔的法律即使不算独一无二，也够非同寻常。该法律提出了一个重要的问题，这个问题已经超过了本案诉讼涉及的地方利益。毫无疑问，出版和言论自由受到第14修正案的正当程序条款保护，州政府不得侵犯。宪法全面保护个人和财产的权利，如果公民连这项最基本的个人自由都得不到保护，那是不可思议的。为了维护宪法对这些权利的保障，州政府有权制订法律促进民众的健康、安全、道德水准和社会福利，但我们必须根据具体的问题限制州政府行使其主权。因此，尽管我们承认议会有权决定公共服务的价格，本庭曾判决宪法不允许政府剥夺业主应得的公平利润，因为这是产权的精髓和基础。当然，签订合同的权利并不是绝对的，在许多领域里签订合同必须受到立法机构的监督。本庭认为，政府应该有权规定商品的价格和工人的工资，因为这种权力是保护自由所必须的，但是政府不得干预经济。同样，言论和出版自由也不是绝对的，州政府可以惩罚滥用言论和出版自由的行为。自由在不同的历史时期

---

① 普通法的法律补救通常是经济赔偿，而衡平法补救指的是禁令、强制执行合同或取消诉讼令。当法律补救不足以赔偿损失时，法庭才会采取衡平法补救。——译者注

具有不同的涵义，在本案中，我们需要探究出版自由的历史概念，以确定有争议的法律是否违反了出版自由的基本属性。

被上诉人坚称上诉人既没有质询州政府对他的刊物如何适用那条法律，也没有要求本庭解读审判庭的判决书，唯一的诉求就是攻击那条法律，他们辩称无论如何使用那条法律都是违反宪法的。被上诉人辩称本庭面临的问题既不涉及上诉人出版刊物的动机，也不涉及禁止令是否偏离了法律的方向。上诉人回应本案并没有超越法律的字面范围，即使本案在法律涵盖的范围之外，无论怎样合理地解读，那条法律也都是违宪的。被上诉人称审判庭颁发的临时禁令和永久禁令并没有超越法律规定的范围，假如法律是有效的，那么下级法庭的判决非但是正确的，而且还公平地确认了法律的范围。

根据双方的辩论，为了确定那条法律是否违反宪法，本庭必须审查法律的实质而不是流于形式。根据大家都熟悉的原则，我们必须检验那条法律是如何执行的，以及执行后产生了什么效果。根据案卷里的证据，那条法律的执行和效果都已经很清楚了。即使州审判庭有什么错误，我们也无所谓，本庭应该比州最高法庭更进一步地解读该法律，所以我们首先必须根据州法庭的解读精确地了解那条法律的目的和效果。

第一，那条法律的目的并不是纠正个人或民间的错误，因为原告完全可以起诉被告诽谤。州法庭认为那条法律"并不是针对诽谤的威胁，而是针对业务范围超过诽谤的企业"。那条法律针对的是传播丑闻，因为丑闻的话题"不利于公众的道德水准和社会福祉，可能扰乱社会安定，导致暴力冲突和犯罪"。为了禁止被告继续出版报刊，政府无需证明受谴责的出版物的内容是虚假的。因为在本案中并没有出版物内容失实的证据，所以政府称法律只要求证明出版物是"恶意的"。但是在诽谤案中，法律并不要求州政府证明被告有实际的恶意，只要能从诽谤的内容中推断出恶意即可，所以一审法庭的判决只需要证明被告出版了刊物即可。虽然法律允许被告用出版物的内容属实为理由替自己辩护，但是还要求被告证明出版的动机是良好的，而且出版目的也是正确的。法律显然将出版损害他人名誉的刊物视为诽谤。如果刊物传播的行为应该受到谴责，那么无论那种行为是否构成刑事犯罪都构成丑闻，于是出版刊物就会引起公众指责官员，从而构成丑闻。下级法庭竭力为法律的目的下定义，具体的语言如下：

"即使某一件事情确实是真的，宪法并没有赋予任何人披露一切事实真相的权利。通过刑法检控诽谤并不能有效地抑制或镇压丑闻的邪恶，而人身攻击的受害者也很少会诉诸法律。如果他们的罪恶被曝光，剩下来的问题就是，出版人的动机是否良好，目的是否正确。这条法律的目的既不是保护被攻击的个人，也不是惩罚做坏事的人，而是保护社会福祉。"

第二，那条法律不仅针对个人传播丑闻和诽谤的言论，还针对报纸和期刊持续指控政府官员贪污和乱作为，或是严重的渎职行为，因为这些指控的性质就是制造公共丑闻。那条法律把这种出版物定义为丑闻和诽谤，因为出版物主要是指控官员的渎职行为。

第三，那条法律的目的并不是普通意义上的惩罚，而是压制那些触犯法律的报纸和期刊。正如一审法庭所说，制订那条法律的原因是通过刑法检控诽谤不能"有效地抑制和镇压丑闻的邪恶"。把出版业说成是公害并不能遮掩通过那条法律诉讼的实质，因为持续出版丑闻和诽谤的文章才是构成被法庭宣布为公害的业务。对政府官员来说，因为报纸和期刊把主要的篇幅用来重复指控官员的行为不端，这才是他们想取缔报纸和期刊的真正原因。在本案中，证据显示被告连续出版了9期周刊，并用主要的篇幅来指控政府官员庇护犯罪。在这种情况下，官员们只能通过民事诉讼控告被告诽谤得到普通的补偿，或是通过刑法检控被告诽谤。但是根据这条法律，如果报刊的出版商发起一场运动来揭露和谴责官员渎职，并将刊物主要用于这个目的，出版商除了可能在民事或刑事诉讼中败诉之外，法庭还可能判决刊物是一种公害而导致刊物被取缔。为了避免被取缔，出版商必须提供证据证明刊物中的那些指控属实，为了满足法庭，除了内容属实之外，出版商还必须证明他出版刊物是出于良好动机和正当目的。

这种镇压是通过禁止出版来实现的，法庭的禁令才是那条法律的目的和效果。

第四，那条法律不仅镇压冒犯了官员的报纸和期刊，还对出版商进行有效的新闻审查。如果法庭判决一份报刊是"恶意、丑闻和诽谤"，该刊物将被取缔。如果出版商敢于恢复出版，将面临藐视法庭的罪名、被罚款甚至入狱。一份报刊一旦因为传播对渎职官员的指控而被镇压，重新出版显然将构成藐视法庭罪。所以法庭的判决将使出版商永久出局，如果想逃脱那种厄运，他就必须满足法庭，证明他将出版一种不同的新刊物。至于他今后是否还能出版损害相同或其他官员的名誉的刊物，那将取决于法庭如何判决。在本案中，审判庭的判决书禁止被告们"出版、发行、拥有、出售或赠送法律定义的任何恶意、丑闻或诽谤的报纸"。

除了"丑闻和诽谤"这两个词之外，那条法律并没有任何定义，指控官员行为不端的出版物被归入那个类别。有人认为法庭判决的范围太广，法庭的回应是没有理由把判决解读为"禁止他们出版跟公共利益相和谐的报纸，所有的人都应该为公共利益让路。"法庭还说被告们并没有表示"他们希望正常、合法地经营他们的生意"，以此至少可以推断，如果被告们出版一份新的针对官员渎职的刊物，根据那条法律，法庭将会认为被告的出版物非"正常、合法"，而且不符合公共利益，被告将被判处藐视法庭罪而受到惩罚。

如果我们略过程序的细节，执行该法律的效果是，政府官员可以在法官面前控诉报刊的业主或出版商传播丑闻和诽谤，特别是指控政府官员渎职，除非报刊的业主或出版商能够出示充分的证据，向法官证明文章的内容属实，而且出版是出于良好的动机和正当的目的，否则他的报刊将被取缔，继续出版将被视为藐视法庭。这就是新闻审查的精髓。

现在我们面临的问题是，那条授权禁止出版的法律是否符合历史上受到保护的新闻自由的概念。为了确定宪法保护的分寸，人们普遍认为保护新闻自由的主要目的是防止对新闻的提前限制。当年在英国，人们就跟掌握新闻许可证的立法权力斗争，结果废除了新闻检查制度。布莱克斯通是如此描绘新闻自由的：

"新闻自由对一个自由的国家至关重要。我们不能提前对新闻设置限制，但是如果出版的行为构成犯罪也将受到谴责。每一个自由人都有权公开表达他想表达的感情，如果禁止人们表达，那将摧毁新闻自由。但是如果出版的内容不妥、有恶意或非法，那他将为自己的鲁莽行为承担后果。"

我们的宪法保障的新闻自由和英国人民享受的新闻自由是有区别的。麦迪逊总统当年是这么说的：

"立法和行政机构不得侵犯民众的重要基本权利。保护那些权利的并不是高于君主权的法律，而是高于法律的宪法。为了保障新闻自由，非但行政机构不得预先限制新闻自由（比如在英国），美国的宪法还禁止立法机构干涉新闻自由。"

本庭在帕特森诉科罗拉多案（Patterson v. Colorado）中说："首先，宪法规定的主要目的是'防止我们像其他政府那样对新闻的提前限制'，其实那些外国政府也并不阻止事后惩罚那些他们认为是违反公共利益的行为。"言论自由的权利既允许个人发表真实的言论，也允许个人发表不实的言论。在绝大多数情况下，无论言论的真伪，都可能受到惩罚，除了成文法之外，刑事诽谤的法律也是这么规定的。

布莱克斯通对新闻自由的观点之所以受到批判，并不是因为他认为不值得特别强调禁止政府提前限制言论自由，而是因为各州和联邦宪法保障的新闻自由还不止禁止政府提前限制言论自由。批评人士认为，"除了禁止政府提前限制言论之外，宪法还保障其他的权利"。而且，"尽管每个人都有言论自由，但是假如政府官员还是可以惩罚无害的言论，那么新闻自由就变成了对宪法的嘲弄和幻觉，那句话本身就成了笑柄"。

但为了保护社会，还是有必要惩罚滥用新闻自由的行为。根据普通法的规则，如果诽谤对社会或个人造成伤害，诽谤者必须承担责任，这种责任并不受宪法的保护。刑事诽谤法的法律也扎根在同样的基础上。同样，如果出版物直接影响了司法部门的正常工作，那将构成蔑视法庭罪而受到惩罚。在本案中，我们无需探究后续惩罚的范围。无论上诉人的出版物是否已经触犯了法律或是还将触犯法律，州政府都可以通过诽谤法来寻求刑事或民事的法律补救。上面已经提到，那条法律并不涉及惩罚，除了取缔和禁止出版之外，如果出版商违反法庭的禁令，唯一的惩罚就是蔑视法庭罪。

持反对意见的人士认为，如果政府在任何情况下都不可以提前限制新闻自由，那么禁止政府提前限制新闻自由的原则覆盖面就太广了。的确如此，宪法并没有绝对禁止政府提前限制新闻自由，但是政府只能在少数的例外情况下提前限制新闻自由：

"当国家处于战争状态时，许多在和平年代可以说的话将会妨碍战争，只要我们的士兵还在战斗，我们就不能允许他们把话说出来，法庭不会认为他们的言论自由受到任何宪法的保护。"

政府可以阻止报道有关征兵的消息，公布战舰出海的日期，或是军队部署的人数和地点，没有人会对此表示质疑。同样，为了维护社会的礼仪，政府可以禁止色情的刊物。为了保护社会的稳定生活，就必须制止煽动用暴力推翻运行有序的政府。宪法保障言论自由，但是并不"保护鼓吹暴力的人的言论自由"。

但是这些限制言论的例子并不适用于本案。同时我们也不在乎法庭有多大的权力根据衡平法来禁止出版。

新闻自由在历史上是联邦宪法的一部分，只有在很少的例外情况下政府才能限制新闻自由，所以新闻自由的含义主要是禁止政府提前限制和检查新闻。在我们国家，为了向压迫人民的政府夺取自由，顺应殖民地时代的紧急情况，新闻自由的概念也扩大了。新闻自由的最珍贵之处在于禁止政府提前限制出版谴责政府官员行为不端的文章。在共同体诉布兰丁案（Commonwealth v. Blanding）中，首席大法官对马萨诸塞州的宪法是这么说的：

"此外，我们非但完全理解，而且还收到一份评论新闻自由的文章，宪法的目的是禁止我们的政府像外国政府那样提前限制新闻。但是在殖民地早期，宪法是用来压制爱国者启蒙人民应该享有什么权利，以及统治者应该有什么义务。我们不应该限制新闻自由，但是滥用新闻自由的人必须承担责任。"

大陆国会在1774年10月26日发给魁北克居民的信中提到5项伟大的自由：

"我们最后想说的是新闻自由。除了促进真相、科学、道德和艺术之外，新闻自由的重要性在于传播政府施政的自由情操，让人民交流思想并促进团结，羞辱那些压迫人民的政府官员，使他们能更廉洁奉公地执行公务。"

麦迪逊是起草联邦宪法第1修正案的领军人物，他描绘了司法实践和情操是如何把保障新闻自由引进各州的宪法的。

"在我们联邦的每一个州，媒体都发挥了自由，为各式各样的公众人物拉选票，并不受普通法的严格限制。新闻自由就此跨上了这个台阶，现在还屹立在这个台阶上。任何事物都有被滥用的可能，新闻自由尤其可能被滥用。因此我们宁可让一些讨厌的树枝茁壮成长，而不是在修剪的同时误伤了那些能结硕果的树枝。没有人会质疑这项政策背后的智慧，尽管滥用媒体的方式变化多端，我们之所以能够获得胜利，都是归功于凌驾在错误和压迫之上的理性和人性，正是出自这种仁慈的源泉，美国才能成为一个自由独立的国家而跻身于世界民族之林，把我们的政治系统改善得如此吉祥幸福。媒体既能唤醒人民鄙视和挑战政府委任的官员，也能唤起人民仇恨那些制订非正义或恶毒政策的官员，假如我们执行'暴乱法案'禁止媒体出版所有的刊物，美国岂不是就会被削弱成一个疾病缠身的联盟吗？各州岂不是成了在外国枷锁下呻吟的凄惨殖民地吗？"

150 年以来，政府几乎从来没有提前限制过出版有关官员乱作为的文章，这是一种深入人心的重要信念，因为限制出版将侵犯宪法保障的权利。媒体可以公开讨论政府官员的人品和行为，政府官员也可以通过诽谤法诉讼来追究不实的指控而得到补救并惩罚造谣者，而不是通过法律程序来禁止出版报纸和期刊。宪法保障新闻自由，禁止提前限制出版，根据各州的宪法，这条总的原则已经被州法庭确认。

媒体不受政府提前限制的豁免权并没有减弱。尽管有人肆无忌惮地攻击政府官员，试图玷污那些努力忠于职守的官员的名誉，发挥破坏性的影响，他们的行为将受到舆论最严厉的谴责。滥用新闻自由的情况并没有越演越烈，与我们的制度形成的那个阶段相比，我们相信目前滥用新闻自由的情况有所好转。与此同时，政府施政变得越来越复杂，乱作为和贪腐的机会成倍地增长，犯罪率空前高涨，我们非但面临不忠于职守的官员庇护犯罪的风险，还面临犯罪团伙破坏生命和财产的基本保障的风险，所以我们必须有高度警觉和勇敢的媒体，特别是在大城市里。尽管有些不法分子会滥用新闻自由散布丑闻，但是为了对付行为不端的政府官员，媒体需要的豁免权并不能因此而减少。我们可以惩罚滥用新闻自由的行为，这种事后的补救符合宪法赋予媒体的特权。

为了给那条法律找理由，州政府称法律并不是针对出版，而是针对出版诽谤言论的"商业行为"。然而如果宪法赋予出版商出版指控官员渎职的报纸的权利，而政府又不能提前限制他出版，那么他就能为了同样的目的一期接一期地出版下去。他既能行使新闻自由的权利，又不会失去那种权利。如果他的权利继续存在，他就可以连续出版 9 期周刊，而不是 1 期。如果法律允许政府提前限制，提前执法一次就能一劳永逸，因为出版第一期造成的错误和出版若干期造成的错误的严重性是相同的。如果把出版作为一种商业行为，而那种商业行为又是一种公害，那么提前限制造成公害的商业行为就不算侵犯宪法赋予出版商的豁免权了。既然如此，报刊是否用大量的篇幅主要报道渎职行为就无所谓了，如果政府不能提前限制出版，那么出版商就既有权出版政府反对的内容，也有权出版其他内容。

因为媒体指控的渎职行为构成犯罪，所以媒体免予被政府提前限制出版保护了宪法赋予的自由。随着刑事法典的不断增多，而且地方政府的宪章和条例也包括刑事惩罚，政府官员的行为几乎都被刑法覆盖了。没有人会认为媒体免予政府提前限制的自由仅限于在刑法范围之外谴责政府官员而已。在历史上从来就没有这种局限性，因为限制媒体有悖宪法授予媒体特权的理由，既然限制媒体的特权不符合授权的初衷，所以受到限制的特权是没有价值的。

政府支持那条法律的理由是，在发布禁令之前，法律允许出版商向法庭出示证据，证明即将出版的报刊的内容是真实的，而且出版是出于良好的动机和正当的目的，我们认为这条理由是站不住脚的。假如以此为理由认为给政府镇压和禁止出版是符合宪法的，那就等于允许立法机构规定政府可以随时把出版商拽到法官或行政官员面前，要求出版商证明他的出版物内容属实，或者告诉法庭他打算出版什么，以及出版的动机是什么，否则他将被禁止出版。如果政府可以这么做，立法机构就可以规定政府有权酌情确定什么才算正当的目的，并根据政府的好恶禁止出版，这将与全面的新闻检查相隔一步之遥。假如为了保护社会不受不端行为的影响，特别是政府官员的不端行为，政府就有权提前限制出版，那就相当于承认政府有权进行宪法禁止的新闻检查。本庭在帕特森诉科罗拉多案中判决，新闻自由无需提前证明出版物的内容属实。

政府还坚称那条法律的目的是防止传播丑闻，因为丑闻可能扰乱社会安定，挑起暴力袭击并造成犯罪，这条理由也是站不住脚的。指控应该受到谴责的行为，特别是政府官员的乱作为，毫无疑问会制造丑闻，但是宪法保障的理论是二害取其轻，禁止出版比制造丑闻的害处更大。

"禁止媒体企图煽动人民对政府官员的不满情绪，就相当于禁止人民对政府官员的不满情绪，禁止人民对政府官员的不满情绪就相当于禁止人民讨论，因为人民讨论之后就会对政府官员不满，所以禁止人民讨论就相当于袒护政府官员，如果政府官员应该受到人民的谴责和憎恨，禁止人民讨论就相当于禁止人民自由地谴责政府官员的人品和行为。"

指控应该受到谴责的行为可能造成人民憎恨的情绪和用暴力寻求补救的倾向，这并不是一件新鲜事。但是这种可以理解的倾向并不能改变我们保护媒体不受新闻检查和不被噤声的决心。在纽约州报诉诺兰案（New Yorker Staats-Zeitung v. Nolan）中我们是这么说的"如果镇政府没有其他理由，就是因为镇上有些居民可能诉诸暴力反对，便可以禁止在镇上发行一份报纸，那还有什么是不可以禁止的呢？"

反对揭露丑闻的群体组织能力越强，暴力冲突的风险就越大。但是如果立法机构因此而提前干预出版，那么宪法保障的新闻自由就成了一句空话。

鉴于上述理由，我们判决法律第 1 节（b）条授权的诉讼程序侵犯了《宪法第 14 修正案》保障的新闻自由。我们必须指出，本判决只针对那条法律的执行和后果，对那份报刊中的指控是否属实不予置评。即使那些被报刊点名指控渎职的政府官员的人品无懈可击，也不能影响我们的结论，限制出版的法律是违反宪法的。

推翻原判。

巴特勒大法官反对。

即使司法程序已经认定出版和发行恶意、丑闻和诽谤期刊的商业行为构成公害，本庭今天的判决宣布明尼苏达和其他所有的州都无权下令禁止出版。这一判决非但给新闻自由下了新的定义并扩大了范围，还重新解读了第 14 修正案正当程序条款中有关"自由"的概念，并通过联邦法对各州加以限制，这是没有先例的。

第 14 修正案是 1868 年通过的，在此之前联邦宪法并没有保护言论和新闻自由免受州政府的干预。当时各州的新闻自由只受到各州的宪法和法律的保护，恕我赘言，州法的保护已经足够充分了。一直到 1925 年，下级法庭才要求本庭确定第 14 修正案所保护的"自由"是否包括言论和新闻自由，本庭最终的答案是肯定的。

案卷显示，被告的日常业务是出版恶意、丑闻和诽谤的文章，那些文章涉及政府的高官、明尼阿波利斯市的主要报纸，许多个人和犹太族群。案卷还显示，被告将不计后果地继续出版。除了丑闻和诽谤的文章之外，该期刊几乎没有其他内容。许多文章如此耸人听闻，使人不禁怀疑其真伪。文章的恶意跃然纸上。

被告称因为那条法律可能被解读为违反宪法，所以是无效的，但是在法律上他并没有资格挑战那条法律。他的权利仅限于质疑对他执行那条法律的结果是否属于未经正当法律程序剥夺了他的自由。

本庭不应该因为一条法律在有的情况下执行可能侵犯第 14 修正案保护的新闻自由而推翻下级法庭的判决。

本案的卷宗仅要求本庭考虑是否应该对一家出版恶意、丑闻和诽谤文章的媒体应用那条法律。

那条法律规定任何人如果"定期或经常制作、出版或发行"报纸、杂志或其他周刊，其内容（a）淫秽、下流或色情或（b）恶意、丑闻和诽谤，便构成公害，可以按本法规禁止。我们可以从上面看到一连串的形容词。根据（b）条诉讼，"如果被告出于良好的动机和正当的目的，被告可以用出版物的内容属实为辩护"。

诉状指控被告的日常业务是出版名为《星期六周刊》的"恶意、丑闻和诽谤的刊物"，从 1927 年 9 月 25 日至 11 月 19 日共出版了 9 期，附在诉状后面。

被告对诉状表示反对意见，州最高法庭驳回被告的反对意见时说："被告的行为之所以构成公害，是因为他们定期发行报纸到家庭，读者包括年轻人和成年人，通过报纸散布丑闻或诽谤的文章来增加发行量……涉及本案的法律其实并不针对诽谤，而是针对一种范围超过诽谤的商业行为。散布丑闻会损害公众道德和社会福利，并扰乱社会秩序。诽谤和丑闻还会引起斗殴和犯罪。被告们无视刊物内容的真伪，也没有良好的动机和正当的目的……在明尼苏达州，没有任何机构可以让真挚和诚实的媒体噤声，但是如果出版商出于不良动机和不正当目的出版内容虚假的恶意、丑闻和诽谤的文章，我们的宪法不会保护这样的出版物……宪法的意图并不是保护散布丑闻或诽谤的刊物……案卷显示本案的被告定期向公众出版恶意、丑闻和诽谤的刊物。"

当案子被发回地区法庭重审时，尼尔并没有提出任何理由为那些文章辩护，只是正式否认他的期刊是恶意、丑闻或诽谤，并挑战明尼苏达的法律违宪。在庭审过程中，原告出示的证据无疑足够支持指控，但是被告没有出示任何证据。法庭认为指控属实，确认每一期刊物的"主要篇幅是恶意、丑闻和诽谤的文章"，尤其最后一期主要是几篇恶意、丑闻和诽谤的文章，针对李奇（明尼阿波利斯市长）、达维斯（市民执法代表）、布朗斯基尔（警察局长）、欧尔森（县检察官）、犹太族群和法庭的现任大陪审团成员。法庭还认定被告从事定期或经常制作、出版和发行几种恶意、丑闻和诽谤的刊物。

被告尼尔再次上诉到明尼苏达州最高法庭。法庭判决"如果法律并不违宪，被告没有提出任何理由说明他刊物的特点和经营方式不构成公害。刊物定期用主要的篇幅报道恶意、丑闻和诽谤的文章。案卷也提出了同样的问题，我们已经谈到了"。

被告也承认那些文章属于"当然诽谤"，但是"原告称，如果文章的内容不实，或出版的动机不良，目的不正当，宪法并不是恶意、丑闻和诽谤的盾牌……恰恰相反，即使一个人出于不良的动机和不正当的目的，宪法还是赋予他先出版内容不实的恶意、丑闻和诽谤文章的权利，但事后他必须承担责任"。

审阅文章的内容时，法律要求下级法庭认定。法律只要求本庭根据下级法庭认定的文章内容确定州法是否有效。

但是对于证据的相关性和数量、举证的责任、辩护理由、判决的范围和执行的程序或刊物的特点，无论下级法庭还是本庭都没有提出任何问题。

当然，我们并没有根据说被告们在诽谤诉讼中不会提出辩护理由或出示证据，或是无法证明出版那些文章是出于善意，并相信其内容是真实的，或是无法证明在当时的情况下有理由出版那些文章，而且那些文章是对公共事务或政府官员的坦率评论。

本庭无权重审下级法庭判决的范围，就连明尼苏达的最高法庭也无权重审，因为被告并没有对判决的形式提出争议，而且也没有要求下级法庭修改判决。

明尼苏达州通过那条法律的目的是让州政府行使治安权，公认的既定规则要求本庭假设明尼苏达州的情况要求州政府采取措施维持安定和良好的社会秩序，除非被告能推翻这一假设。

刊物的本身显示该法律是必要的，也是正确的。刊物显示：

吉尔福特是本案的第二被告，1913 年他开始出版一份名为《双城报告》的散布丑闻的小报。1916 年，第一被告尼尔加入吉尔福特的出版社，然后收购了出版社的股份，并聘请了拜文斯。1919 年，拜文斯收购了尼尔的股份，自己单独或与其他人合伙继续出版那份刊物。被告们承认他们在《双城报告》里出版了一些应该受到谴责的文章，但是否认他们用那些文章来敲诈他人。因为他们跟那份刊物的关系，他们的名誉受到损害，并称尼尔聘请的拜文斯曾用那份刊物敲诈他人，因此尼尔把他的股份卖给了拜文斯。

自从 1919 年尼尔把股份卖给拜文斯之后，两位被告指控《双城报告》出版了若干期，用于敲诈他人，垄断公开的赌博和其他犯罪活动，并控制市政府及政府官员。

涉案的文章指出，当被告们宣布将出版《星期六周刊》时，他们就遭到恐吓，为此吉尔福特随身携带手枪防身。第一期刚出版，吉尔福特在回家途中还没来得及拔出枪就被杀手的子弹击中。尼尔也感觉到暴力的威胁并准备自卫。

如果确实像被告们所说，《双城报告》有很长的犯罪前科，以及后来出版《星期六周刊》引起的枪击事件，都说明出版恶意、丑闻和诽谤刊物可能造成什么情况，州议会就是因此而通过有争议的法律，想必那条法律适合明尼苏达州的情况。

各州都应该不受拘束地自由采取各种措施来防止滥用新闻自由的行为，这一点至关重要。

斯多瑞大法官写了一本有关宪法的书，谈到第 1 修正案，他认为"国会不应该制订剥夺言论和新闻自由的法律"。他说：

"有人认为第 1 修正案的目的是赋予每一位公民一种绝对的权利，无论他想说什么、写什么或发表什么都可以，而且无需承担任何社会或个人责任，任何有头脑的人都不会这么异想天开。如果真是如此，那将允许每一位公民都有权随意毁坏其他公民的名誉、安宁、财产和安全。任何人都可以恶意报复，指控别人犯下了滔天的罪行，用恶毒的中伤激起人们对他的愤怒，使他全家都不得安宁，使他家里父子反目成仇，残酷地惩罚弱者、胆小和无辜的人，损害别人所有的民事、政治和个人权利，煽动反对政府的暴乱、造反和叛国行为，一切都是因为他的感情用事和心术不正。文明社会绝不能容忍这种情况。如果法律不健全，人们将不得不用法律以外的方法报私仇，频繁发生的暗杀和野蛮的残酷行为将使我们回到野蛮和粗暴的社会。显而易见，第 1 修正案的语言只是说每个人对任何话题都有言论、写作和出版他观点的权利，政府不得提前禁止，但是他不可以损害别人的权利、人身、财产或名誉，也不可以扰乱社会安定或颠覆政府。最近诽谤法引进了一条新的理论，那就是每个人都有权出于良好的动机和正当的目的发表真实的言论。这种对言论的限制不仅是正确的，也是一个自由政府应有的特权。如果没有这种限制，言论自由将会变成我们国家的诅咒，先否认自由的原则，然后再通过媒体恐怖主义把最善良的爱国者变成恶魔，造成最专制的暴政。"

本庭引用了布莱克斯通的话来谴责提前禁止出版的法律。但是他所指的提前禁止是行政官员武断的裁决，关于这种做法，他是这么说的：

"自从 1688 年的革命以来，政府通过发放许可证的权力来限制媒体，那就是让所有的感情自由受制于一个人，他就是一个随心所欲和永远正确的法官，由他来裁决跟知识、宗教和政府有关的所有争论。"

斯多瑞介绍了布莱克斯通那段话的历史背景：

"引进印刷术后，英国和其他国家都认为印刷是政府的事情，归王室管辖。因此英国国王通过公告、禁令、特许权、执照，最终通过星室法庭（Star Chamber）的命令来管控印刷，法庭限制印刷机的数量和每家印刷厂可以雇佣几家媒体，没有执照不得发行新的出版物。1641 年，长期议会跟查尔斯一世王子决裂之后便废除了王室的管辖，并接管了原来由星室法庭为出版书籍发放执照的权力。共同体时期虽然是共和国，但人类的薄弱意志和权力欲望仍然都是一样的。长期议会根据 1637 年星室法庭的命令颁布了自己的法规。查尔斯二世复辟之后，他将长期议会的法规稍作修改后公布为法律。该法律在 1679 年到期后又重新公布，一直到 1688 年革命为止。此后，政府多次试图让法律继续有效，但是因为议会的竭力反对而终于在 1694 年到期，此后再也没有复活。"

布莱克斯通教导我们，根据普通法，新闻自由的意思仅仅是政府不得提前禁止出版，但是如果出版物构成诽谤或内容有伤风化，事后出版商将承担民事或刑事责任。如上所述，斯多瑞对第 1 修正案保障的新闻自由的定义是"每个人都有权出于良好的动机和正当的目的发表真实的言论"。他的定义正是第 1 修正案所宣布的。第 1 修正案保障的新闻自由是针对国会的，斯多瑞给新闻自由下定义之后又通过了第 14 修正案，其中也包括新闻自由，第 1 修正案里的新闻自由跟第 14 修正案里的新闻自由是一样的。

明尼苏达的法律规定的提前禁止出版跟斯多瑞对新闻自由的定义有所不同。该法律并不授权给行政部门通过控制执照和新闻检查来提前禁止出版，而是通过衡平法诉讼来执行的一种补救措施。在本案中，被告已经定期出版了恶意、丑闻和诽谤的刊物。被告出版那些文章无疑已经构成了滥用新闻自由的行为。法律之所以谴责他们的行为是公害，是因为州最高法庭已经指出被告们的行为将不利于公众的道德水准、社会安定和良好的社会秩序。州政府毫无疑问有权力谴责被告们的违法行为。州法庭只是授权禁止被告们继续进行已经被法庭认定为公害的行为。禁令的关键词是：

"所有被判造成公害的人将被按照下列规定禁止……如果继续造成公害，州政府随时可以起诉，并永久禁止造成、进行或维持公害的行为，使其无法继续造成、进行或维持公害的行为……法庭可以下令永久禁止被判有罪的被告进行或继续被禁止的行为，希望判决能够彻底制止公害……"

明尼苏达法律并不禁止出版没有被法庭认定为公害的出版物。明尼苏达法庭只是根据法律的授权禁止继续出版恶意、丑闻和诽谤的文章，这跟通过布莱克斯通所说的历史上的执照制度提前禁止新闻出版是完全不同的。

本庭的判决好像也承认，根据明尼苏达法律（a）条的规定，如果定期出版和发行色情刊物构成公害就可以被禁止。而本案是根据明尼苏达法律（b）条起诉的，从宪法的角度来看，我们很难看出这两条法律之间有什么区别。这两种公害都会损害道德、秩序和政府。既然宪法允许禁止出版下流的刊物，我很难理解为什么宪法不允许禁止定期出版恶意诽谤内容的刊物。

州最高法庭认为现存的诽谤法不足以有效地制止本案涉及的出版物。被告称本案采取的措施属于提前禁止出版，因此侵犯了新闻自由。如果被告的理论成立，那些刊物将扰乱社会的安定和秩序，使每个人的工作和私事被濒临破产的出版商无休止地骚扰，他们有足够的能力设计并运用一套阴谋诡计，来压迫和敲诈勒索人民。因此我觉得应该维持下级法庭的原判。

范·德温特大法官、麦克瑞诺兹大法官和萨瑟兰大法官附和本庭的判决。

《纽约时报》诉萨利文

New York Times Co. v. Sullivan

376 U.S. 254（1964）

1964 年 1 月 6 日辩论；1964 年 3 月 9 日判决。

发给阿拉巴马州最高法庭的调卷令。

摘要：

被请愿人是阿拉巴马州蒙哥马利的民选官员，他在州法庭起诉请愿人公司的报纸——《纽约时报》诽谤他，报纸上那篇文章的形式是一则广告，作者是 4 个请愿人和其他若干署名人。被请愿人称那篇文章中有不实之词，抗议警察针对参加民权示威的学生和领袖采取行动。被请愿人称那篇文章的内容其实是针对他的，因为他的职责包括监管警察局。一审法官指示陪审团，文章的内容属于"自成书面诽谤"①（libelous per se），无需实际证据便可推定伤害。为了赔偿的目的可以假定作者具有恶意，只要被告发表了有关被请愿人的言论，便可以判决被告赔偿。至于惩罚性赔偿，法官指示陪审团，仅因为疏忽还不能构成被告有实际恶意的证据，便不能判被告惩罚性赔偿。法官拒绝指示陪审团原告必须证明被告蓄意伤害或不计后果才可以判决惩罚性赔偿，或者判决必须将补偿性赔偿和惩罚性赔偿区分开来。陪审团判决被请愿人胜诉，州最高法庭维持原判。

判决：

根据宪法第 1 修正案和第 14 修正案，州法庭不能因为指控政府官员执行公务有不实之词便判决被告赔偿政府官员，除非他能够证明被告有"实际恶意"，即原告必须证明被告明知陈述内容失实，或根本不在乎内容的真伪。

（a）根据第 14 修正案，无论是否根据成文法，州法庭运用法律规则在民事诉讼中判决赔偿均属"政府行为"。

（b）即使言论的形式是付费广告，本应该受宪法保护的言论也并不会因为付费而失去宪法的保护。

（c）即使言论中存在事实错误，内容诽谤了官员的声誉，或两者兼而有之，也不足以因为内容失实而判决赔偿，除非原告能够证明被告有"实际恶意"，明知陈述内容失实，或根本不在乎内容的真伪。

---

① 以行为本身构成诽谤，无须证明存在特定的实际伤害。如不实指控某人犯罪、有性病、通奸或违反职业道德的行为。——译者注

（d）根据州法，惩罚性赔偿必须证明被告有实际恶意，而普通赔偿则"推定"被告有恶意。如果州法庭的判决对惩罚性赔偿和普通赔偿不加区分，这种缺乏根据的判决必须推翻，因为推定恶意有悖联邦宪法的要求。

（e）根据宪法，判决原告胜诉的证据不足，因为原告既没有证明被告有实际恶意，也没有证明被告的言论是针对原告的。

本庭推翻原判并发回重审。

布莱能大法官代表本庭发表判决。

一位政府官员起诉批判他执行公务的行为构成诽谤。本案要求我们第一次确定保护言论和新闻自由的联邦宪法能在多大程度上限制州法庭判决请愿人赔偿官员的权力。

被请愿人萨利文是阿拉巴马州蒙哥马利市三位民选的委员之一。他作证说他是"公共事务委员，负责警察局、消防局、墓葬局和度量衡局"。

他起诉4位请愿人诽谤，他们都是黑人牧师，还起诉出版《纽约时报》的公司，要求赔偿50万美元。蒙哥马利县巡回法庭判被告们全额赔偿他50万美元，阿拉巴马州最高法庭维持原判。

被请愿人的诉状称请愿人在1960年3月29日《纽约时报》的一份整版广告中诽谤他。广告的标题是"倾听他们的呼声"，广告的开头说：

"现在全世界都知道了，几千名南方的黑人学生和平示威，要求有人类尊严地生活，这是宪法和《民权法案》赋予他们的权利。"

广告接着说：

"他们要求维护这些保障的抗争遇到了史无前例的恐怖浪潮，那些人拒绝并否认宪法。整个世界都认为宪法建立了现代自由的模式。"

接下来的段落通过一些事件描绘"恐怖浪潮"，内容包括为3个目标募捐：支持学生运动、"争取选举权的抗争"和为民权运动领袖马丁·路德·金博士提供法律辩护的资金。当时蒙哥马利起诉金博士作伪证一案悬而未决。

那份广告下面共有64个人的名字，其中许多是公共事务、宗教、工会和娱乐界家喻户晓的人物。广告下面有一行字："我们在南方每天为尊严和自由抗争。我们支持这一诉求。"在这行字的下面是4位请愿人和另外16个人的名字，除了其中两位之外都是南方城市里的牧师。广告结尾处的签名是"捍卫马丁·路德·金及为南方的自由抗争委员会"，以及委员会领导人名单。

在10个段落中，被请愿人称第3段和第6段的一部分构成诽谤，内容如下：

第3段："在阿拉巴马州蒙哥马利市，学生在州议会前的台阶上唱了'我的国家属于你'后，他们的领袖被学校开除，全副武装带着催泪弹的警察乘坐卡车包围阿拉巴马州立大学的校园。当全体学生拒绝注册以示抗议，他们的食堂被上锁，企图用饥饿使他们屈服。"

第6段："南方的不法分子一而再、再而三地使用威胁和暴力镇压金博士的和平示威。他们往金博士家里扔炸弹，险些炸死他的夫人和孩子。他们对他进行肉体攻击。他们以'超速''闲荡'等类似的'罪名'逮捕他7次。现在他们控诉他'伪证罪'，那是一项刑期为10年的重罪。"

尽管这两段话并没有提到被请愿人的名字，但他称第3段里"警察"一词指的就是他，因为他是蒙哥马利监管警察的委员，所以广告指控他指挥警察"包围"校园。此外，他还指控广告第3段暗示警察将学生食堂上锁，企图用饥饿迫使他们屈服，因此也是针对他的。关于第6段，他指控广告中提到"他们7次逮捕金博士"，因为逮捕通常是警察执行的，所以可以被解读为针对他的。他还指控广告中提到逮捕金博士的"他们"就相当于"南方不法分子"，"他们"犯下了广告中所说的暴行。因此他辩称，第6段可以被解读为指控蒙哥马利警察，从而指控他"使用威胁和暴力"，往金博士的家里扔炸弹，对金博士进行肉体攻击，控诉金博士作伪证。被请愿人和6位蒙哥马利的居民作证，他们阅读了部分或全部广告，认为广告是针对他的，因为他是监管警察的委员。

在上述两个段落中，确实有的内容对发生在蒙哥马利的事件描绘并不准确。尽管黑人学生确实在州议会前的台阶上举行了示威，但是他们唱的是美国国歌，而不是"我的国家属于你"。尽管有9位学生被州教育局开除，但开除的原因并不是因为他们领导了在州议会前举行的示威，而是因为他们另一天要求蒙哥马利法庭大楼的午餐柜台向他们提供服务。确实有学生抗议当局开除学生，但并不是所有的学生，而只是部分学生参加了抗议。学生们并没有拒绝注册，而是罢课一天。校园里的食堂并没有被上锁，一些学生被食堂拒绝用餐的原因是他们既没有在注册前申请，也没有要求学校发放临时就餐券。尽管大批警察曾3次被派往校园附近，但是他们并没有"包围"校园，而且他们并不是因为学生在州议会示威才被派往校园的。金博士并没有被逮捕7次，而是4次。金博士称他在几年前因为在法庭大楼里闲荡被捕时受到肉体攻击，但是逮捕他的警察否认攻击过金博士。

为了证明第6段中叙述的事件与他无关，法庭允许被请愿人证明他并没有参与那些事件。尽管确实有人两次向金博士的家里扔炸弹，而且当时他的夫人和孩子都在家，但那两次事件都是在被请愿人就任委员之前发生的。警察不仅跟两次爆炸案无关，还尽了一切努力抓捕案犯。金博士4次被捕中，有3次是发生在被请愿人就任委员之前。尽管金博士确实被起诉（后来撤销起诉）两宗伪证罪，每宗的刑期为5年，但被请愿人跟起诉金博士无关。

然而，被请愿人根本就没有提供任何证据，证明他所谓的诽谤给他造成任何经济上的损失。一位政府雇员为他作证时说，假如他相信广告里的指控属实，他怀疑自己是否会"跟广告里所说的那种人来往"，而且假如他相信"被请愿人允许警察局去做广告里指控的那些事"，他将不会重新雇用被请愿人。

广告的费用是 4 800 美元，是一家广告公司要求《纽约时报》刊登的。广告公司将广告稿交给《纽约时报》时还附了签名委员会主席兰道夫的一封信，证明他受到广告里所有署名个人的许可。《纽约时报》的广告部认识兰道夫先生，认为他是一个负责任的人。《纽约时报》接受那封信作为授权许可时，遵循了报社建立的规章制度。广告下面有 64 个名字，其中包括 4 位请愿人，和"我们在南方支持抗争"等字样，证词显示这是第一版样稿完成后加上去的。4 位请愿人都作证说他们并没有授权用他们的名字，直至被请愿人要求收回广告时才知道他们的名字出现在广告里。《纽约时报》广告部经理作证说，他之所以批准刊登广告是因为他并不相信广告里有任何不实之词，而且广告有"若干知名人士的背书"，我"没有理由质疑他们的声誉"。他和《纽约时报》的任何人都没有核实广告的真实性，既没有对照《纽约时报》最近对有关事件的报道，也没有通过其他方式查证。

阿拉巴马法律规定，如果政府官员起诉他人诽谤与执行公务有关，他必须首先要求被告公开撤回诽谤言论，如果被告拒绝撤回言论，他才能得到惩罚性赔偿。被请愿人向每一位请愿人发出了要求，没有一位请愿人回应，因为他们都说他们没有授权在广告上署名，所以他们并没有发表诽谤被请愿人的言论。《纽约时报》也没有公开撤回，但是写了一封信给被请愿人，"我们不知道为什么你认为广告里的言论是针对你的，如果你愿意，请告诉我们广告里的哪些言论是针对你的"。被请愿人没有回信，几天后到法庭起诉。《纽约时报》后来应阿拉巴马州长约翰·帕德森的请求登报撤回，州长说广告指控他"严重行为不端、处理不当及不作为，因为他身为阿拉巴马州长和理所当然的教育局主席"。

至于，《纽约时报》为什么仅为州长撤回，而不为被请愿人撤回，《纽约时报》作证如下：

"我们之所以应州长的要求撤回，是因为我们不想让我们刊登的文章影响阿拉巴马州，因为我们认为州长是州的象征和代表。此外，因为我们那时已经进一步了解了广告中叙述的事实，广告确实是针对州政府和教育局，州长理所当然是教育局的主席。"

此外，《纽约时报》的证人并不认为"广告中的语言是针对萨利文先生的"。

一审法官将案子交给陪审团，并指示陪审团广告中的内容属于"自成诽谤"，并不享有特权，如果陪审团认定请愿人发表了广告，而且广告的内容"与被请愿人有关"，请愿人就必须为此负责。法官还指示陪审团，因为广告内容自成诽谤，"法律推定刊登广告的行为本身就造成伤害，也推定虚假性和恶意。无需被请愿人要求或举证，普通赔偿是法律推定的。即使普通赔偿的数额无法确定，陪审团也可以判决惩罚性赔偿。"普通赔偿是补偿性的，惩罚性赔偿则不同，阿拉巴马法律要求证明被告有实际恶意。此外，法官还指示陪审团："仅仅疏忽或不小心并不能证明实际恶意或事实恶意，不能支持惩罚性赔偿。"

但是法官拒绝指示陪审团：原告必须"说服"陪审员相信被告"蓄意伤害或不计后果"才可以判决惩罚性赔偿。法官还拒绝要求判决必须区分补偿性赔偿和惩罚性赔偿。请愿人辩称法官的裁决剥夺了第 1 修正案和第 14 修正案保证的言论和新闻自由，法官驳回了请愿人的论点。

阿拉巴马州最高法庭维持原判时支持了一审法官所有的裁决，判决如下：

"当发表的语言可能伤害他人的个人声誉、专业、行业或生意，或指控他犯了可以被起诉的罪行，或是让他受到公众的鄙视"，那便属于"自成诽谤"。根据以上的理论，如果起诉的行为是自成诽谤，那就"无需证明经济损失，因为法律推定原告遭受损失"。

州最高法庭批准了一审法庭的裁决，陪审团可以认定广告的内容是"针对"被请愿人的：

"我们认为那是众所周知的事实，每一个普通的人都知道，市政府工作人员，如警察和消防员，都是被施政部门管理的，具体来说就是受一位委员的控制并听从他的指示。当我们衡量一组人的工作表现时，无论表扬还是批评，通常都是针对其负责人。"

上诉法庭认为一审法庭确定的判决数额并不过分，认为可以推定《纽约时报》有恶意，因为《纽约时报》已经报道过有关事件，过去的文章能显示广告中的内容失实。尽管如此，《纽约时报》还是"不负责任地"刊登了广告。

此外，《纽约时报》仅应州长的要求撤回，却没有应被请愿人的要求撤回。《纽约时报》当时已经知道广告内容失实，而且"失实之处对州长和被请愿人造成的伤害是相同的"。《纽约时报》的证词称，除了有关食堂门被上锁之外，那两个段落的内容基本属实。上诉庭曾在过去的判例中表示，"法律对此类案件的伤害很难衡量"。上诉庭驳回了请愿人的宪法论据，简短地裁决《美国宪法第 1 修正案》并不保护诽谤的言论，第 14 修正案仅禁止政府行为，并不禁止私人行为。

因为本案涉及重要的宪法争议，本庭同意为请愿的个人和《纽约时报》分别颁发调卷令，并推翻原判。我们判决阿拉巴马州法庭运用的法律不足以满足宪法的要求，当人民对政府官员执行公务提出批评时，官员起诉人民诽谤，阿拉巴马法庭未能保护第 1 修正案和第 14 修正案赋予人民的言论和新闻自由。此外，根据适当的保障措施，我们判决本案的证据不够满足宪法的要求，所以无法支持州法庭判决被请愿人胜诉。

第一部分

阿拉巴马法庭提出两条理由，称其判决可以免受宪法的审查，我们首先处理这两条理由。

阿拉巴马最高法庭提出的第一条理由是，"第 14 修正案仅禁止政府行为，并不禁止私人行为"。这条理由并不适用于本案。尽管这是一宗民事诉讼案，双方当事人都是私人，阿拉巴马法庭使用了一条州法，请愿人称这条法律限制了联邦宪法赋予他们的言论自由和新闻自由，所以这条州法是无效的。这条法律虽然也被纳入了成文法，但仍然还仅是普通法，所以被用于一宗民事诉讼本来是无可厚非的。但是我们需要检验的并非州政府是通过什么形式运用其权力，而是无论什么形式，州政府是否实际行使了其权力。

第二条理由是，至少对《纽约时报》来说，宪法保证的言论自由和新闻自由并不适合此案，因为诽谤的言论是付费的"商业"广告的一部分。这条理由的根据是瓦伦丁诉克莱斯腾森案（Valentine v. Chrestensen），本庭在该案中判决禁止散发商业性广告的城市法令并没有限制第 1 修正案保护的自由，哪怕传单的一面是商业信息，另一面是抗议政府行为的信息。这条理由用错了地方。本庭在克莱斯腾森案中确认了宪法保护"交流信息和传播观点的自由"，判决是基于事实的结论，因为传单"纯属商业广告"，加上抗议官方行为信息的目的是规避法令。

而在本案中，《纽约时报》刊登的并非克里斯滕森案中所说的那种"商业性"广告，而是交流信息、表达观点、陈述冤情、抗议滥用权力，并代表一场运动寻求财务上的支持，那场运动的存在和目的是最重要的公众利益和担忧。请愿人付费给《纽约时报》刊登广告丝毫不重要，因为报刊和书籍本来就是公开出售的。对于那些希望行使言论自由权利的人来说，如果他们自己既没有出版能力也不是媒体，阻碍报纸刊登此类"社论广告"将会堵住他们发布信息和观点的途径。其结果将是给第 1 修正案戴上枷锁，使人们无法"尽最大可能广泛地传播对立观点的信息"。为了避免阻碍言论自由，如果州法庭判决构成诽谤的言论本身应该受到宪法保护，我们认为不应该仅因为言论是通过付费广告的形式发表而失去宪法的保护。

第二部分

根据本案运用的阿拉巴马法律，"如果发表的语言可能伤害他人的个人声誉……或让他人受到公众的鄙视"，那便属于"自成诽谤"。一审法庭说，如果言论"对个人的公职造成伤害，或暗示他执行公务行为不端，或缺乏职业道德，或失去了公众的信任"，便满足了自成诽谤的检验标准，陪审团就必须认定诽谤的言论是"针对"原告的。但是如果原告是政府官员，他在政府里的职位便足以证明，如果言论涉及他负责的部门，陪审团必须认定他的声誉也将因此受到影响。"自成诽谤"一旦成立，被告将不能再对认定的事实提出争辩，除非他能说服陪审团言论中的所有事实都是真实的。至于被告表达的观点是否能享受"公允评论"的特权，那将取决于评论的基础事实是否真实。如果被告无法证明事实的真实性，原告无需证明他在经济上遭遇损失，陪审团便可以推断原告遭受伤害并判决被告赔偿。为了得到惩罚性赔偿，原告显然必须证明被告怀有实际恶意。为了避免惩罚性赔偿，被告可以满足法律的要求撤回其言论。被告有良好的动机和对事实信以为真并不能否定陪审团推断的恶意，如果陪审团选择采信，在衡量惩罚性赔偿的具体数额时，良好动机和不明真相可以是从轻判决考虑的因素。

现在我们面临的问题是，如果政府官员起诉批评他执行公务行为不端的个人，上述确定责任的规则是否阻碍了第 1 修正案和第 14 修正案保护的言论自由和新闻自由。

被请愿人和阿拉巴马法庭的主要依据是，本庭曾经说过类似宪法不保护诽谤性言论那样的话，但是那些话并不能阻止本庭探究本案。在本庭判决过的案子中，从来没有一例支持用诽谤法来惩罚批评政府行为的言论。本庭在潘尼坎普诉佛罗里达案（Pennekamp v. Florida）中确实说过，"当言论构成诽谤时，法官可以像其他社会公仆那样补偿诽谤的受害人"，但是这番话并没有暗示法官应如何按照宪法补偿政府官员。另外在波哈奈斯诉伊利诺伊案（Beauharnais v. Illinois）中，一份出版物被认定为诽谤某一族裔群体，而且还"可能导致暴力和社会动荡"，本庭支持伊利诺伊运用刑事诽谤条例。但是本庭谨慎地指出，"本庭将保持并行使权威，否定那些以惩罚诽谤为借口来侵犯言论自由的诉讼"。因为"公共人物是公共财产，我们不能禁止民众讨论公共人物，也不能扼杀批评公共人物的权利和责任"。过去只有一个案例没有讨论宪法是否应该限制赔偿被诽谤的政府官员，本庭因平局而没有对这个问题最后定论①。

现在我们必须决定这个问题了。我们既不应该受判例的束缚，也不应该受政策的影响，仅因为"诽谤"这个标签而过分强调州法。就像我们挑战叛乱、藐视法律、鼓吹非法行为、破坏和平、淫秽行为、挑起诉讼等② 不同形式的扼杀言论的行为那样，诽谤并没有不受宪法限制的豁免权，也必须满足第 1 修正案的衡量标准。

本庭的判例早已确定，有关公共问题的言论是受第 1 修正案保护的。我们认为宪法的保障"应该确保人们能够毫无拘束地交流思想，促进人们实现政治和社会变革。"

"维护政治讨论自由的机会，其目的是让政府倾听人民的心声，并通过合法的手段实现变革。这种机会对国家安全至关重要，也是我们宪法体制的重要原则。"

"表达思想是美国人享有的特权，尽管有的公共机构的品位并不高雅。"这一机会除了"抽象的讨论"之外，更重要的是"强有力的主张"。

瀚德法官说过：第 1 修正案的"必要条件是，与任何权威的选择相比，百家争鸣将能产生正确的结论。对许多人来说，这种观点非但现在是，将来也会是荒谬的，但我们还是把所有的筹码都押上了。"

---

① 美国的最高法庭共有 9 位大法官，理应不会出现平局。但是大法官可能在任上突然去世还来不及补缺，或是大法官因利害冲突而回避，便有可能出现 4：4 或 3：3 的平局。在这种情况下，法庭将通过"法庭判决"（per curiam）而不是多数判决的形式自动维持下级法庭的原判。不同意维持原判的法官可以发表反对意见。——译者注

② 所谓挑起诉讼有若干种方式：（1）煽动诉讼（barratry），意即说服本来不想诉讼的个人或组织对簿公堂；（2）支持诉讼（champerty），意即并非当事人或其律师的第三方承担诉讼的经济风险，以期一旦胜诉便可分享胜诉的成果；（3）促进诉讼（maintenance），意即诉讼本可结案或和解，第三方帮助诉讼的一方继续旷日持久的诉讼；（4）奔跑（running），意即人身伤害事故（如车祸）发生之后，请他人（如拖车司机或警察）在伤者去医院的途中向律师通风报信并给回扣；（5）覆盖（capping），意即请非法律人士介绍生意，如律师请医生介绍伤者并给回扣。——译者注

在惠特尼诉加利福尼亚案（Whitney v. California）中，布兰戴斯大法官将这条原则概括成一个经典的公式：

"为我们赢得独立的先驱们相信，公开讨论是一种政治义务，是美国政府的基本原则。他们意识到所有人类机构面临的风险，但是他们知道，如果仅因为害怕违反这条基本原则而受到惩罚，我们将无法保证秩序。约束人的思想、希望和想象力是危险的，恐惧是压制言论自由的温床，而压制言论自由又是仇恨的温床，仇恨则会威胁稳定的政府，通向安全的道路依靠自由讨论冤屈和补救的机会，而恰如其分地纠正邪恶的劝告才是最佳的补救。通过公开讨论相信理智的力量，他们回避法律强迫的噤声，蛮不讲理的论点是最糟糕的。因为他们意识到政府中的多数派有可能是专制的暴君，所以他们才修订宪法保证言论和集会自由。"

因此，我们考虑本案的背景是一条全民信奉的意义深远的原则，人民辩论公共议题应该不受限制，激烈、广泛、公开，而且这种辩论可能包括人民对政府官员发动猛烈、刻薄，尖锐的攻击。

本案的广告是倾诉冤屈，并抗议我们这个时代最重要的公共议题之一，显然是应该受到宪法保护的。问题是，如果广告中有一些不实之词而有诽谤被请愿人之嫌，本案广告是否就应该失去宪法的保护呢？

对宪法第一修正案权威的解读向来拒绝承认任何检验真伪的例外，无论是法官，陪审团还是行政官员，特别是不能让要求发表言论的人承担举证的责任。宪法保护并不在乎言论的真伪、是否受欢迎，或者提出的想法和信仰对社会是否有用。麦迪逊总统说过："我们正确使用每一样东西的时候，某种程度的滥用是难免的，在新闻方面更是如此。"本庭在坎特维尔诉康乃狄克案（Cantwell v. Connecticut）中宣布：

"在宗教信仰和政治理念方面，人们常会有尖锐的分歧。在这两个方面，一个人的观念在他的邻居看来可能是最讨厌的错误。为了说服其他人接受他的观点，人们常会夸大其词，污蔑那些宗教界和政界的要人，甚至诽谤他们。回顾历史，我国的人民宣布，尽管言论和新闻自由可能偏激或被滥用，但是从长远来看，对民主制度下的公民来说，这种权利对开明的思想和正确的行为至关重要。"

尽管在自由辩论中错误的言论在所难免，我们还是要保护言论自由，因为言论自由"要生存下去就必须有呼吸的空间"。报纸里有一篇文章指控一位国会议员反对委任一位犹太人法官，他起诉报纸诽谤的案子被一审法庭驳回，爱德格顿法官代表上诉法庭全体法官维持原判时说：

"报道官员的政治行为难免有错，有的案子将此类错误判为诽谤，这反映了一种过时的理论，即被统治者不能批评统治者。本案中公众的利益超过上诉人和其他任何人的利益，保护公众利益不仅需要讨论，更需要信息。国会议员的政治行为和看法总是有人赞成有人反对。事实的错误是难免的，特别是有关个人的思想状况和行事风格。诽谤领域里增加了什么，自由辩论的领域里便失去了什么。"

我们既不能因为言论涉及官员的声誉而压制言论自由，也不能因为言论的事实有误而压制言论。当案件涉及司法官员时，本庭认为法庭的纯洁性和声誉固然重要，但如果有人批评法官或他判决的案子，我们不能因此而用藐视法庭的刑事罪名来惩罚那些言论。哪怕言论里只包含了"一半真相"，或者言论是"以讹传讹"，我们也不能因此而压制言论。只有当阻碍司法的危险迫在眉睫时，我们才可以压制言论。如果法官是坚韧不拔的男人，就应该能够在严峻的环境里苗壮成长，其他政府官员一定也能苗壮成长，例如民选的市政府委员。即使批评官员的职务行为会损害他们的声誉，宪法还是要保护这种言论。

如果批评政府官员言论中的事实错误或诽谤内容都不足以使言论失去宪法的盾牌，那么即使把事实错误和诽谤内容加在一起也还是不会让言论失去宪法的盾牌。《1798年防煽动法案》（Sedition Act of 1798）引发了激烈的争议，使人民更清楚地理解了第1修正案的核心含义，并从中吸取了教训。那条法令将煽动骚乱的言语或行为入罪，一旦罪名成立将罚款5 000美元并处5年监禁，条文如下：

"如果任何人书写、印刷、口头表达或出版任何虚假、丑闻或恶毒的文章，攻击美国政府、参众两院的议员或总统，蓄意诽谤他们，使他们被藐视或败坏他们的名誉，或激发善良的美国人民的仇恨并反对他们。"

该法令允许被告用真相来为自己辩护，但是必须由陪审团对法律和事实作出裁决。尽管有许多限制条款，人民强烈地谴责该法令违宪，连杰弗逊总统和麦迪逊总统都加入了反对的行列。在著名的1798年弗吉尼亚决议中，弗吉尼亚的立法会宣布：

"上届国会通过了'外国人法案'和'防煽动法案'后出现了两宗案件，本次立法会特别抗议，该法案明显且惊人的违反了宪法。宪法根本没有授予政府行使《防煽动法案》的权力。恰恰相反，宪法通过一条修正案明文禁止政府行使这种权力，鉴于这种权力超过其他任何权力，这应该使我们警觉，因为该法令针对人民自由考查公众人物和公共措施的权利，也针对人与人之间自由交流的权利，而这种权利又是保护其他所有权利的唯一有效的守护神。"

麦迪逊总统还专门写了报告支持抗议。他的论点是，宪法创造了一种政府的形式，"不是政府，而是人民才拥有绝对的权力"。因为人民不相信权力集中，而且也不相信各级权力的本身，所以这种政府架构把权力分散。这种形式的政府与英国"完全不同"，在英国，皇室是君主，而个人只是臣民。麦迪逊总统问道："在这种情况下，我们是否自然就应该想起需要采取一种不同程度的新闻自由？"

在此之前，麦迪逊总统在众议院的辩论中说："如果我们注意到共和政府的本质，我们将发现新闻检查权应该是人民在政府之上，而不是政府在人民之上。"

有关媒体如何行使新闻检查权，麦迪逊总统的报告是这么说的："在联邦里的每个州，媒体能自由地调查政府官员的各种政绩和措施，这种权利并不局限于普通法。过去这一直是新闻自由的立足点，现在仍然是新闻自由的立足点。"

因此麦迪逊总统认为，公开议论政府官员的管理是美国形式政府的基本原则。

尽管《防煽动法》从来没有受到本庭的检验，但该法令的合法性一直在法庭受到挑战。因为国会认为该法令违宪，专门通过另一条法令，将检控得来的罚金退还给被告。1836 年 2 月 4 日卡尔洪副总统向参议院汇报时说，《防煽动法案》的不合法性已成定论。杰弗逊总统亲自赦免了被《防煽动法案》判决有罪的囚犯，将罚金还给他们，并说：

"我已经释放了所有因触犯《防煽动法案》而被监禁或检控的人，因为我过去认为，现在也认为那条法令是无效的。其不合法性之肯定和明显，就好像国会命令我们都跪下来朝拜一具金色的偶像。"

本庭的大法官也认为该法令是无效的。他们的观点反映了人们广泛的共识，因为限制人民批评政府和政府官员违反了第 1 修正案。

被请愿人称宪法限制《防煽动法案》仅适用于国会，并不适用于州政府，这种论点是没有说服力的。第 1 修正案最初确实是针对联邦政府的行为，杰弗逊总统在拒绝给予国会"控制新闻自由的权力"时，却承认州政府有这种权力，但是在国会通过第 14 修正案，并将第 1 修正案的限制运用到州政府后，联邦与州之间的区别便取消了。

宪法不允许州政府用刑法起诉诽谤，同样也不允许州政府用民事诽谤法起诉。人们对阿拉巴马州法庭援引民法的规则判决赔偿的恐惧程度，甚至超过惧怕政府用刑法检控诽谤。例如，阿拉巴马有一条刑事诽谤法规定，"任何人通过口头、书面或印刷品，虚假、恶意地指控他人犯重罪或其他可以被起诉的道德败坏行为，将被检控。如果被定罪，将处以 500 美元以下的罚金和 6 个月监禁"。触犯这条法律的人将享受刑法的所有保护措施，如要求大陪审团决定是否起诉，然后还必须排除一切合理怀疑证明被告有罪。但是民事诉讼的被告就不能享受这些保护措施了。在没有任何证据证明具体经济损失的情况下，该案判决请愿人赔偿的数额高达阿拉巴马刑事诽谤法规定罚金的 1 000 倍、《防煽动法案》规定罚金的 100 倍。

因为民事诉讼与刑事诉讼不同，没有只能起诉一次的限制，所以除了本案的判决之外，同一篇广告还可能引出其他的诉讼。我们姑且不论一家报社能否受得了无休止的诉讼和判决，恐惧和羞怯笼罩在那些能让公开批评发声的人头上，在这种氛围里第 1 修正案是无法存活的。阿拉巴马的民事诽谤法显然是："一种伤害受保护的言论自由的法规，其伤害的程度比刑法更为严重。"

州法的规则允许被告用真相来为自己辩护，但这并不能挽救这条规则违宪的命运。如果错误的言论是真诚的，被告可以用诚意为自己辩护，这比要求原告证明被告有犯罪动机更为重要。在斯密斯诉加利福尼亚案（Smith v. California）中，一位书商涉嫌出售淫秽的书籍被判有罪，我们认为检方必须证明被告有犯罪动机才能使判决有效。我们判决：

"如果书商不知道书籍的内容就被判处有罪，……他就可能自己限制出售的书籍，这就相当于州政府限制他出售淫秽书籍的同时也限制了他出售受宪法保护的书籍……于是，书商的负担也就变成了公众的负担，因为一旦书商受到限制，读者可以看到的书籍同时也受到限制……面临绝对的刑事责任，胆怯的书商就会限制向公众出售书籍的种类，而根据宪法，州政府本身是不可以直接限制的。因为受到州政府的逼迫，书商不得不主动地进行自我检查，这种内容检查将影响广大读者，私人检查也同样恶毒。通过书商的自我检查，无论是淫秽书籍还是非淫秽书籍的销售都会受到影响。"

因为诽谤诉讼的被告可能被判决巨额赔偿，所以如果我们规定批评政府官员的人必须证明他批评的事实都是真的，那就可能迫使他在批评官员之前先"自我检查"。尽管我们允许被告用事实真相来为自己辩护，并不等于他就敢说真话①。就连接受被告用真相为自己辩护的法庭都觉得很难用法律来判断涉嫌诽谤的言论是否真实。对于那些想批评官员行为的人来说，哪怕他们相信批评意见是真实的，甚至事实上也确实是真实的，他们也许还是不敢发声，因为他们不知道是否能在法庭上证明他们的批评是真实的，或者担心他们是否能够承担诉讼的费用。他们只敢说那些"远离非法区域"的话。因此，要求被告自证言论真实的规则非但会抑制公共辩论的活力，还会限制辩论的多样性，这是不符合第1和第14修正案精神的。我们认为，宪法的保障要求制定一条联邦规则，禁止政府官员因为批评的内容不真实而得到赔偿，除非他能够证明被告发表批评的言论时具有"实际的恶意"，也就是被告明知言论是虚假的，或是肆无忌惮地无视言论是否真实。堪萨斯州法庭在寇尔曼诉麦克勒南案（Coleman v. MacLennan）中采用了一条类似的规则，那条规则也被许多州法庭采用。在寇尔曼案中，堪萨斯州检察长兼任管理州立学校资金的委员，在竞选连任时，他控诉一家报社诽谤，因为报社刊登了一篇文章，涉及他管理学校资金的一笔交易。被告称其享受媒体的特权，尽管原告反对，法官还是告诉陪审团：

"如果被告的报社发表一篇文章，并将文章发行给选民，其目的是向选民提供被告认为是真实的有关候选人的信息，使选民能够根据信息更明智地投票，而且被告是出于诚意，并没有恶意，那么他发表的文章就享有特权，尽管文章的主要内容并不真实，而且还损害了原告的人品，但即便在这种情况下，原告还是必须承担举证的责任，证明被告发表文章具有实际的恶意。"

在回答具体问题时，陪审团认为原告未能证明被告具有实际的恶意，作出对被告有

---

① 此处的注解就是著名的脚注19。布莱能大法官援引英国哲学家约翰·斯图亚特·弥尔（John Stuart Mill）的名言：虚假的言论可能也有贡献，因为"谬误的结果会使人们更清楚、生动地了解真相"。——译者注

利的裁决。上诉时，堪萨斯州的最高法庭是这样解释的：

"人民在投票时应该可以讨论候选人的人品和资质，这是最重要的。这种讨论对我们的州和社会如此重要，我们因此而获得的巨大利益远远超过讨论对个人造成的不便，哪怕某些个人的名誉因此而受到伤害，有时伤害甚至还很严重，个人还是必须服从公众的利益。跟宣传带来的好处相比，个人受到伤害的可能微乎其微，所以参加这种讨论的人理应享受特权。"

因此，堪萨斯州最高法庭认为，审判庭对陪审团的指示正确地表述了法律，州最高法庭说："本案的被告应该享有特权，但他的特权是有限度的：任何人声称被报纸的文章诽谤必须证明被告的报社有实际的恶意，否则就不能得到赔偿。这种特权涵盖许多主题，包括公众关心的问题、政府官员和竞选公职的候选人。"

当个人控诉政府官员诽谤时，法律同样也保护官员，这就相当于公民有批评政府官员的特权。在巴尔诉马泰奥案（Barr v. Matteo）中，本庭判决联邦政府官员在其"职权范围之内"发表的言论享受绝对的特权。各州的最高级官员也享有同样的特权，下属官员的特权略少一些并有一定的限制条件。但是所有的法庭都认为所有的政府官员都受到法律保护，除非公民能够证明他们发表的言论有实际的恶意。政府官员之所以享有特权，是因为如果官员受到诉讼索赔的威胁，"将阻碍他们无惧、有力并有效地执行政府的政策。除了那些最坚定和最不负责任的官员之外，诉讼的威胁将削弱官员们无畏地执行公务的热情"。基于同样的考虑，公民批评官员也应该享有特权。公民有义务批评官员，就像官员有义务执行政策一样。麦迪逊总统曾说过，"人民有权检查政府的言论，但政府无权检查人民的言论"。政府是为人民服务的，如果批评政府的人民没有官员们自己享受的豁免权，人民的公仆将受到不应有的优待。

我们的结论是，第1和第14修正案要求这种特权。

第三部分

如果政府官员控诉批评他们的公民诽谤，我们今天判决宪法并不限制州法庭确定赔偿的上限。因为是诽谤案，法律要求原告证明被告有实际恶意。尽管阿拉巴马州法律显然要求证明实际恶意才可以判决惩罚性赔偿，但如果是普通赔偿，被告会"被推定"有实际恶意。这种推定并不符合联邦法的规则。"推定的权力并非逃避宪法限制的途径，法律要求证明恶意才能让被告丧失特权，恶意是不能推定的，而是要原告来证明的。"因为一审法官没有指导陪审团如何区别普通赔偿和惩罚性赔偿，陪审团裁决的赔偿很可能全部都是普通赔偿或全部都是惩罚性赔偿。但因为陪审团的裁决是笼统的，所以我们无法确定。因为这种不确定性，一审的判决必须被推翻，并发回重审。

因为被请愿人可能要求重审，为了提高司法效率，我们认为有必要审查案卷里的证据，按照宪法来确定是否可以判被请愿人胜诉。本庭的职责并不限于诠释宪法的原则，我们还必须在适当的案子里审查证据，确保遵循宪法运用那些原则。本案就属于此类案件，特别是因为"在不受宪法保护的言论和政府可以合法管控的言论之间有一条界线"，我们面临的问题是本案是否越过了那条界线。在应该划清界限的案件里，法律规定我们"必须审查有争议的言论，以及言论是在什么情况下发表的……言论的性质是否受第1修正案和第14修正案的正当程序条款的原则保护"。我们必须"独立地审查整个案卷"，以确保我们的判决没有侵犯言论自由。

应用这些标准，我们认为原告提供的证据不够充分，不能清楚地显示被告有实际恶意，未能满足宪法的要求，所以无法根据宪法和法律的规则判处被请愿人胜诉。我们无需单独讨论每一位请愿人的案子。即使我们可以根据宪法假定他们已经授权让他们的名字出现在广告中，没有任何证据可以证明他们知道广告的内容有错误，或者他们鲁莽地忽视了那些错误，所以判他们败诉是没有宪法的根据的。

至于《纽约时报》，我们同样认为事实并不能支持下级法庭判处报社有实际恶意。除了给食堂上锁的指控之外，《纽约时报》的秘书表示他认为那篇广告"基本正确"，根据宪法，阿拉巴马最高法庭没有理由判决那篇广告"毫不在乎广告的虚假内容，陪审团只能得出《纽约时报》罔顾信义的印象，以及由此推断出来的恶意"。

在出版的当时，广告里的陈述并没有恶意，哪怕广告的内容"并不完全正确"，尽管被请愿人试图证明广告完全不正确，那至少是一种合理的观点，但我们并没有证据质疑持那种观点的证人的诚意。尽管《纽约时报》后来在帕特森州长的要求下才撤回广告，但《纽约时报》一开始拒绝按被请愿人的要求撤回广告并不能充分证明其有违反宪法的恶意。至于不撤回广告是否能够证明《纽约时报》怀有恶意，我们认为有两个理由不能证明《纽约时报》怀有恶意。一是，《纽约时报》的信说明他们怀疑那篇广告所指的人是否可以被合理地推断为被请愿人。二是，那并不是最终的拒绝，只是要求被请愿人对《纽约时报》的疑问加以解释，但被请愿人选择不理睬《纽约时报》的要求。后来，《纽约时报》应帕特森州长的要求撤回广告也不能证明其怀有恶意。拒绝撤回本身并不能证明恶意，后来应他人的要求撤回也不能证明原来拒绝撤回是有恶意的。何况本案的情况并不一样，因为《纽约时报》的秘书已经合理地解释了请愿人和州长之间的区别，所以后来撤回并不能否定《纽约时报》的善意。

证据显示，《纽约时报》发稿前没有对照自己案卷里的新闻报道检查广告内容是否准确。当然，案卷里有新闻报道并不等于《纽约时报》"明知"广告的内容是虚假的，因为实际恶意是一种思想状态，必须落实到当时负责发表广告的具体人员。至于那些人当时为什么没有对照案卷检查，记录显示他们知道署名支持广告的那些人中许多都有良好的声誉，还有飞利浦·兰道夫给报社写了信，说明广告上的署名都得到授权，报社知道兰道夫是一个负责的人。证词显示，处理广告的人员认为广告里并没有《纽约时报》政策规定必须退稿的内容，没有"针对人品的人身攻击"，他们不退稿的理由并非不合理。对《纽约时报》不利的证据至多只能说是因为疏忽而没有发现错误的陈述，根据宪法，这种疏忽不足以证明《纽约时报》鲁莽，而鲁莽行为是证明实际恶意所必需的要件。

根据宪法，我们认为证据还有另一方面的缺陷：证据无法支持陪审团裁决涉嫌诽谤的陈述"与被请愿人有关"。被请愿人依据广告里的词语和 6 位证人的证词把广告和他自己联系到一起对号入座。因此他在申辩书中说"广告明显是针对担任警察局长的请愿人。此外，陪审团听取的证词来自一位报社编辑、一位地产和保险业中介、一位男装店的销售经理、一位食品加工设备从业人员、一位服务区从业人员和一位卡车运输线从业人员……每一位证人都认为广告里的陈述与被请愿人有关……"

广告既没提到被请愿人的名字，也没有提到他的职务。若干涉嫌诽谤的陈述，如食堂被上锁，金博士的家被炸，金博士本人被打，金博士被控作伪证等，跟警察根本就没有关系。尽管被请愿人别出心裁地辩称"他们"一词非常重要，但那些陈述显然不能被理解为指控被请愿人亲自参与了那些行动。被请愿人主要依据两段陈述指控广告是针对他的，但那两段陈述跟警察或警察的职能无关：一段是在州议会台阶上举行示威后"数卡车警察……包围了阿拉巴马州立大学的校园"，另一段是金博士"被逮捕 7 次"。这些陈述的错误无非是警察"被派遣到校园附近"，并没有真正地"包围"校园，而且警察到校园跟州议会的示威无关。此外，金博士只被逮捕了 4 次，而不是 7 次。一审法庭认为上述事实上的出入足以伤害被请愿人的名誉，这种说法本身在宪法面前是成问题的，但是我们现在无需考虑这个问题。尽管那些陈述也许可以被理解成是针对警察的，但是在字面上既没有针对，也没有影射被请愿人本人。因此，我们只能从被请愿人的证人的证词中寻找针对被请愿人的证据。但是没有一个证人能证明广告攻击了被请愿人本人，他们只是说被请愿人是警察局的总负责人，所以对警察的行动负责。有的证人认为被请愿人有权命令、批准或介入警察的行动，但他们这种看法的依据并不是广告里的陈述，他们也没有任何证据显示被请愿人介入了警察的行动，而完全是基于一种假设，因为被请愿人的官方职位是警察局长，所以他想必介入了警察的行动。就连阿拉巴马州最高法庭也明确表示他们的依据就是被请愿人的官方职位。《纽约时报》辩称涉嫌诽谤的广告并不是针对被请愿人的，阿拉巴马州最高法庭判决一审法庭"并没有错误地驳回《纽约时报》的异议"：

"我们认为这是常识，每一个普通的人都知道警察和消防员等政府工作人员是受政府部门的控制和指挥的，具体来说就是听命于局长一个人。当我们衡量一个部门的成绩和不足之处时，表扬和批评通常都是跟部门的负责人联系在一起的。"

这种论点会影响人们批评政府，原因是："在我们的国家里，没有一个终审法庭曾经判决或者建议过美国的法制系统可以检控诽谤政府的行为。"

尽管在字面上批评政府的广告并没有针对个人，但是为了绕过这个障碍，阿拉巴马州最高法庭的判决把针对政府的批评转变成针对个人的批评，因为政府是由具体的官员组成的，所以批评政府就变成了批评个人，便可能构成诽谤。被请愿人自己说那条广告"不仅针对我，还针对其他的官员和社区"，但法律上并没有"炼丹术"，无法把本来就不构成诽谤的广告变成一场诽谤案的诉因。阿拉巴马法庭把对政府的善意批评上升到一种可能被惩罚的行为，这种推理直接打击了宪法保护言论自由的核心领域。批评政府本来是对事不对人的，根据宪法，我们认为阿拉巴马法庭的论点不能把抨击政府行为的言论变成诽谤负责政府行动的官员。因为没有任何证据把广告中的言论跟被请愿人联系起来，上述的推理不足以支持下级法庭判决广告是针对被请愿人的。

我们推翻阿拉巴马最高法庭的判决，并将本案发回下级法庭根据本判决重审。

推翻判决并发回重审。

廷克诉德莫因独立学区

Tinker v. Des Moines Independent Community School District

393 U.S. 503（1969）

1968 年 11 月 12 日辩论；1969 年 2 月 24 日判决。

向美国第 8 巡回上诉法庭颁发的调卷令。

弗塔斯大法官代表法庭发表判决。

请愿人约翰·廷克，现年 15 岁；请愿人克里斯多弗·埃克哈特，现年 16 岁，在德莫因上高中。请愿人玛丽·贝斯·廷克为约翰·廷克的妹妹，现年 13 岁，初中生。

1965 年 12 月，德莫因的一群成年人和学生在埃克哈特家中开会。他们决定公开反对越南战争，并决定在 12 月 16 日和 31 日绝食并佩戴黑色袖章支持在越南停火。请愿人和他们的家长过去也参加过类似的活动，并决定也参加这次抗议活动。

得知他们计划佩戴黑袖章后，德莫因学校的校长们 12 月 14 日开会，为此制订了新的规章制度，如果学生佩戴袖章，学校将要求摘除，拒绝摘除袖章的学生将被停学，直至摘除袖章后方可返校上学。请愿人知道校方的新规定。

12 月 16 日，玛丽·贝斯和克里斯多弗佩戴黑袖章到学校，约翰·廷克第二天也佩戴黑袖章到学校，他们都被停学送回家，直至他们摘除袖章才可以返校。因为他们原来的计划是 12 月 16 和 31 日佩戴袖章，所以他们在新年之前都没有回学校。

于是，三位请愿人通过他们的父亲根据《美国法典》42 卷 1983 条在联邦法庭起诉。他们要求法庭下禁令，禁止学校和校区董事会成员惩戒请愿人，并要求象征性的赔偿。听证之后，地区法庭驳回了诉讼。法庭裁决校方的行为是符合宪法的，理由是他们有责任防止扰乱学校的秩序。第 5 巡回上诉法庭判决过一个类似的案子，结果是学校不得禁止佩戴袖章之类的标志，除非标志可能"实质性地严重干预校方办学所需的纪律要求"。一审法庭提到了那个案子，但是明确拒绝根据该案例判决。

第 8 巡回上诉法庭组成合议庭审理，但是因为赞成和反对的法官各占半数而陷入僵局，所以未发表判决书便维持了地区法庭的原判。我们对此颁发调卷令。

第一部分

地区法庭承认为了表达某种观点而佩戴袖章是一种象征性的行动，符合第 1 修正案的言论自由条款，以下我们将讨论。在本案的情况下，参加佩戴袖章的人与扰乱秩序的行为完全没有关系。就相当于"纯粹的言论，我们反复判决这种言论完全有资格受到第 1 修正案的全面保护"。

在学校的特殊环境下，教师和学生都能享受第 1 修正案的保障。无论学生还是教师，都无需跨进校门口便放弃宪法赋予他们言论自由的权利，本庭在过去 50 年里一直是如此判决的。在梅尔诉内布拉斯加案（Meyer v. Nebraska）和巴泰尔斯诉爱荷华案（Bartels v. Iowa）中，本庭的麦克雷诺兹大法官在判决书中写道，第 14 修正案的正当程序条款不允许州政府禁止学校教学生学习外语。本庭认为类似禁止教外语的法律妨碍了教师、学生和家长的权利。

本庭在西弗吉尼亚诉巴奈特案（West Virginia v. Barnette）中判决，根据第 1 修正案，公立学校不得强迫学生向国旗行礼。杰克逊大法官代表本庭说：

"第 14 修正案保护州公民不受政府及其下属部门的迫害，包括教育局。政府部门当然有敏感的酌情处理的重要权力，但是他们不能行使《民权法案》范围之外的权力。他们教育年轻人的目的是小心地保护宪法赋予个人的权利。如果我们想不从根源上扼杀自由的思想，就必须教育年轻人，政府的重要原则无非是一些陈词滥调而已。"

此外，本庭反复强调我们必须肯定州政府和学校负责人的权威，让他们根据宪法的重要保障措施来指挥和控制学生的行为。现在我们面临的问题是，学生们行使宪法第 1 修正案赋予他们的权利跟校方的规章制度发生了冲突。

第二部分

本案的问题与校方规定学生的裙子长短、衣服式样、发型或行为举止毫无关系。此外，佩戴袖章并非具有攻击性、破坏性的行为，甚至都算不上集体示威。我们面临的问题直接涉及第 1 修正案赋予人民的权利，相当于"纯粹的言论"。

因为请愿人想沉默、被动地表达他们的观点，并不伴有任何扰乱秩序的行为，校方却禁止并企图惩罚他们。本案没有任何证据显示请愿人已经或即将影响学校的工作，或跟其他学生发生冲突，使他们感到不安全或被骚扰。因此，本案涉及的言论或行为既没有打扰学校的工作，也没有侵犯其他学生的权利。

在整个校区的 18 000 名学生中，只有极少数的学生佩戴黑袖章，其中只有 5 名学生被停学。没有任何迹象显示他们的行为扰乱了学校的工作或课堂秩序。在课堂外有的学生对佩戴袖章的学生说了一些具有敌意的话，但在校内并没有语言威胁或暴力的行为。

地区法庭认为校方的行动是合理的，因为他们生怕佩戴袖章会造成混乱。但是在我们的社会制度里，不具体的恐惧或担心混乱不足以超越言论自由的权利。任何脱离绝对军事化的事情都可能产生麻烦，任何与多数派不同的观点都可能造成恐慌。无论在课堂、餐厅还是校园内说的每一句话，如果跟另外一个人的观点不同，都可能引起争论或造成混乱，但是宪法说我们必须承担这样的风险。历史教导我们，就是这种危险的自由，这种思想的开放，才是我们国家力量的根基，正因为在这种比较宽容和具有争议的社会里长大，美国人才有独立性并充满了生气。

为了禁止学生表达某种观点，校方必须提出充分的理由。不受欢迎的观点往往会使人觉得不舒服或不愉快，但是校方不能仅仅为了避免不舒服或不愉快而禁止不受欢迎的观点。如果校方不能证明违禁的行为将"实质性地严重干预校方办学所需的纪律要求"，禁止令就肯定不能成立。

在本案中，地区法庭并没有发现这样的证据，我们独立审阅案卷之后也没有发现任何证据能证明校方有理由预期佩戴袖章的行为将实质性地严重干预学校的工作，或是侵犯其他学生的权利。校方以停学处罚请愿人之后起草了一份正式的备忘录，列举了禁止佩戴袖章的理由，其中也没有提到他们预期佩戴袖章将引起骚乱。事实的真相是，因为某校一个学生告诉教新闻课的老师，他想写一篇有关越南战争的文章，并在校刊上发表，所以校长们才开会决定公布那项引起争议的规章制度（该学生被劝阻）。

然而，校方并没有禁止佩戴所有的具有政治意义或争议的标志。案卷显示，有些学校的学生佩戴与国内政治有关的徽章，有些甚至还佩戴象征纳粹主义的铁十字架。但是禁止佩戴袖章的命令并没有包括其他那些标志，只是禁止一个特殊的标志，那就是象征反对越南战争的黑袖章。显然，因为校方并没有出示任何证据证明禁止黑袖章的目的是避免实质性地严重干预学校的工作或纪律，所以只禁止发表一个观点是违反宪法的。

在我们的制度下，各州的公立学校不能庇护专制独裁。学校负责人对学生并没有绝对的权威。无论在校内还是校外，在宪法面前学生都是"人"。学生享有基本的权利，州政府必须尊重他们的权利，就像官员们自己也必须尊重他们对政府应尽的义务。在我们的制度下，我们不能把学生关在一个封闭的环境里，只能接受州政府想让他们知道的知识，我们也不能限制他们只能表达政府批准的言论。如果没有宪法允许的限制学生言论自由的正当理由，学生享有表达自己观点的自由。葛文法官曾代表第 5 巡回上诉法庭说，校方不能压制"他们不喜欢的言论"。

在梅尔诉内布拉斯加案中，州政府认为学校的任务是"培养一茬齐刷刷的人才"，麦克雷诺兹大法官代表国家驳斥了这种教育思想，他说：

"为了让一个人学会游泳，成为一个理想的公民，斯巴达把所有满 7 岁的男孩都集中在军营里，让政府监护人负责教育他们。尽管这些措施是天才们特地批准的，他们对个人和政府之间的关系的观点跟我们政府体系的基础是完全不同的。任何强行限制人民自由的立法绝不可能不违反宪法的文字和精神。"

本庭在不同的场合反复运用了这条原则。在科伊贤诉教育局案（Keyishian v. Board of Regents）中，布莱能大法官代表本庭说：

"在我们的学校里提高警惕保卫宪法赋予我们的自由，比其他任何地方更重要。课堂尤其是一个'思想的市场'。我们培养国家将来的领导人，必须通过广泛地交流思想，学习用不同语言表达的真理，而不是通过任何权威的选择。"

这些案子确立的原则并不只限于在课堂里受政府监督的日常讨论。学校的主要作用是在上课的时间里为学生的各种活动提供场所，这些活动包括学生之间的交流，因为这不仅是求学过程中不可或缺的部分，也是教育过程的重要部分。学生的权利并不仅限于课堂里，学生也可以在餐厅、操场和校园里表达他们的观点，包括具有争议的越南战争，前提是他们既没有"实质性地严重干预校方办学所需的纪律要求"，也没有与其他学生的权利发生冲突。但是，如果学生在课堂内外的行为实质性地影响了教学，涉及扰乱秩序或是侵犯了其他学生的权利，他就不受宪法言论自由的保护。

根据我们的宪法，言论自由的权利不可以被限制，不能名存实亡。如果我们只能在仁慈的政府为狂人提供的避风港里行使言论自由的权利，那并不是真正的言论自由。根据宪法，国会（和州政府）不得限制言论自由，这应该是说到做到的。我们认为，宪法允许政府在小心谨慎限制的情况下合理地管控与言论有关的活动。但是，我们不能把行使第1修正案的权利禁锢在一个电话亭或一本小册子里，或是只能在受政府监督和规范的课堂里才能展开讨论。

如果校方制订规章制度，禁止讨论越南战争，除了在学校规定的课堂里讨论之外，也禁止学生在校园内发表反对意见，这种规章制度显然侵犯了学生的宪法权利，除非校方能证明学生的行动可能实质性地严重干预教学和秩序。在本案的情况下，一位学生把他们的行动描绘为沉默、被动的"袖章见证"，禁止佩戴袖章是违反宪法的。

我们在上面已经提到，本案的卷宗里并没有任何事实的证据可以导致校方合理地预测佩戴袖章将会引起大规模的骚乱或实质性地干预教学活动，而且事实上校园里也并没有发生骚乱和违纪行为。请愿人仅仅是按照学校的规定上学而已，他们的违规行为只是佩戴了一个黑色的袖章，宽度还不到2英寸。他们佩戴袖章表示他们反对越南战争，呼吁停战，目的是让大家知道他们的观点，希望大家响应。他们既没有扰乱教学活动，也没有把自己的观点强加给学校和同学。尽管他们的行动引起了课外的讨论，但是并没有干预教学，也没有造成骚乱。在这种情况下，我们的宪法不允许政府官员剥夺他们的言论自由。

我们对究竟应该采取什么补救措施不表示意见，因为那是下级法庭的工作。我们推翻下级法庭的原判，并将本案发回审判庭按照本判决重审。

推翻原判并发回重审。

斯图亚特大法官附和。

尽管我大体上同意本庭的判决，但是我不同意本庭不加区别的假设，那就是除了学校的纪律之外，儿童和成年人享受同等的第1修正案权利。事实上，我觉得本庭去年在金斯伯格诉纽约案（Ginsberg v. New York）中作出了不同的判决，我还是要重申我在那个案子里表达的观点：

"至少在有些精准划定的范围内，与具有完全行为能力的成年人相比，州政府可以决定儿童不享有第 1 修正案赋予的同样保护。"

怀特大法官附和。

尽管我加入本庭的判决，我认为有必要表达我的观点。首先，本庭继续承认用语言表达和用行动或行为表达两者之间的差别，而行动和行为足以侵犯某些政府的合法权益。其次，我不完全同意上诉法庭谈到言论自由时引用的伯恩赛德诉拜阿斯案（Burnside v. Byars）的判决，而本庭在本案中也以该案为依据。

布拉克大法官反对。

本庭的判决引进了一个全新的时代。美国"州立学校的负责人"是选举产生的，但是他们控制学生的权力在本案判决之后实际上被转移到最高法庭。本庭利用本案敦促我们按照第 1 和第 14 修正案保护学生行使表达政治观点的权利，并"从幼儿园到高中"一路落实下去。在本案中，请愿人要求发表"政治言论"的宪法权利，是在课堂里佩戴黑色的袖章，向其他学生表示他们悼念在越南死去的美国士兵，并反对越南战争。当民选的学校负责人和教师禁止他们佩戴袖章时，在整个校区的 18 000 名位学生中只有 7 人拒绝遵守规则。抗命的学生中第一位是 8 岁的二年级学生保尔·廷克，第二位是 11 岁的五年级学生霍普·廷克，第三位廷克家庭成员是 13 岁的八年级学生玛丽·贝斯·廷克，第四位廷克家庭成员是 15 岁的十一年级高中生约翰·廷克。他们的父亲是一位自己没有教堂的卫理公会牧师，在"美国朋友服务委员会"领工资。另一位抗命坚持要在学校佩戴袖章的学生是十一年级的克里斯多弗·埃克哈特，他母亲在和平与自由国际妇女联盟工作。

读了本案的判决之后，我觉得本庭判决德莫因学校负责人和两个下级法庭违反宪法有三条理由：首先，本庭认为佩戴袖章是一种"象征性言论"，"相当于纯粹的言论"，所以应该受到第 1 和第 14 修正案的保护。其次，本庭认为如果学生们没有"不合理地"扰乱学校的正常工作，那么在公立学校表达"象征性言论"是恰当的。最后，本庭包揽了民选的学校负责人办学的责任，越俎代庖地决定学校的哪些规章制度才是"合理的"。

假设本庭的判决是正确的，佩戴袖章表达政治观点确实应该受到第 1 修正案保护，接下来的关键问题是，学生和教师是否可以随便用学校作为言论自由的平台，无论言论是"象征性的"还是"纯粹的"，以及法庭是否应该代替学校来决定学生应该如何在学校里度过每一天。根据第 1 和第 14 修正案，尽管我一直相信各州和联邦政府没有权力管制或审查言论的内容，但我并不相信任何人有权在他选择的任何地点和任何时间发表言论或举行示威。本庭已经驳回了这种观点。例如，在考克斯诉路易斯安那案（Cox v. Louisiana）中，本庭明确指出言论和集会自由"并不等于每一个人都可以在任何公共场所任何时间向一群人表达他的观点或信仰"。

尽管本案卷宗里并没有任何证据显示那些佩戴袖章的学生呼喊口号、骂粗话或使用暴力，他们其中一些人的证词显示，他们佩戴的袖章引起了同学的评论和警告，有的同学嘲笑他们，一位足球队员让不参加抗议的同学别理他们。还有证据显示，一位数学老师说他的一堂课因为跟佩戴袖章的玛丽·贝斯·廷克争论而几乎"被毁了"。

我们只要随便翻阅一下案卷就可以发现，袖章确实转移了学生们在课堂上的注意力。同学之间的谈话和评论使佩戴袖章上学的约翰·廷克感到"害羞"。因为并没有人骂粗话、骚乱或大声喧哗，本庭认为少数佩戴袖章的学生并没有"扰乱"课堂，但我觉得卷宗里的证据充分显示袖章引起的反应恰恰就是那些民选的学校负责人预期会发生的事情，那就是转移了学生的注意力，把他们的思想从课堂引到那场使人情绪激动的越南战争。我想重复我的观点，如果哪一天从幼儿园、小学、初中到高中的公立学校的学生们都可以抗拒校方的命令，不专心学习，那我们国家将进入一个被司法机构鼓励放纵的革命新纪元。现行法律禁止21岁或18以下的学生投票选举或是当选教育委员会委员，按照逻辑推理，下一步岂不是也就会宣布这样的法律违宪？

联邦地区法庭拒绝判决学校的命令违反了第1和第14修正案。尽管地区法庭认为抗议相当于言论，应该受到第1和第14修正案的保护，但还是判决校方的命令是"合理的"，所以并不违宪。在过去一系列的案件里，法庭曾经判决"合理性"是检验是否违反"正当程序"的标准。本庭今天主要依据梅尔诉内布拉斯加案和巴泰尔斯诉爱荷华案来否决学校的命令，那两个案例都采用"合理性"作为检验标准。那两个案例的判决书都是麦克雷诺兹大法官写的，霍姆斯大法官反对合理性检验标准并反对判决，萨瑟兰大法官也加入反对判决。这种宪法的合理性检验标准之所以在本庭占了上风，是因为弗兰克林·罗斯福总统用这个检验标准大战法庭而变得沸沸扬扬。虽然他建议的立法并没有通过，但是那场恶战却把"合理性"宪法检验标准的"尸体"留在了战场上。1963年，本庭彻底重新审阅了过去的案例，在弗尔格森诉斯科鲁帕案（Ferguson v. Skrupa）中得出了以下的结论：

"曾几何时，本庭用正当程序条款来否决那些被法庭认为是不合理的法律，那种做法是不明智的，或者是跟某些特殊的经济或社会哲学相悖的。"

"在洛克纳（Lochner）、柯佩琪（Coppage）、阿德金斯（Adkins）和伯恩斯（Burns）等一系列案例中，如果法庭认为立法机构通过的某条法律不明智，便以正当程序为由判决那条法律违宪。那种做法早就被抛弃了。"

弗尔格森案彻底推翻了过时的合理性——正当程序检验标准，那就是如果法官认为某些法律是"违背天良、不合理、武断或非理性的，且有悖基本的礼仪"，或是违背其他一些"无法精确界定的含混术语"，法官便有权力判决法律违宪。我多次强调反对那种概念，因为那种概念赋予法官否决任何他们不喜欢的法律的权力。如果本庭同意我的同仁弗塔斯大法官的观点，那就是为过时的合理性——正当程序检验标准"招魂"。我觉得我们应该简单明了、毫不含糊和直截了当地表述宪法的改变，使我们的法官和律师受益。如果本庭今天回到麦克雷诺兹的正当程序概念，我认为那将是我们国家的悲哀。本庭援引的其他案例并没有遵循麦克雷诺兹的合理性理论。西弗吉尼亚诉巴奈特案（West Virginia v. Barnette）明确地否决了"合理性"检验标准，法庭判决第 14 修正案使第 1 修正案适用于各州，这两条修正案禁止州政府强迫学童违反自己的宗教信念向国旗敬礼。桑希尔诉阿拉巴马（Thornhill v. Alabama）、斯特龙博格诉加利福尼亚（Stromberg v. California）、爱德华兹诉南卡罗莱纳（Edwards v. South Carolina）和布朗诉路易斯安那（Brown v. Louisiana）等一系列案例都跟学生无关，但是那些案例都没有采用麦克雷诺兹大法官的合理性检验标准，其中桑希尔、爱德华兹和布朗案是因为州法的语言含糊不清而被判违宪。本庭还援引了考克斯诉路易斯安那（Cox v. Louisiana）和阿德雷诉弗罗里达（Adderley v. Florida）两案为"参照物"，我想是因为这两个案例已经不再是法律，而且跟梅尔案和巴泰尔斯案中的"合理性——正当程序——麦克雷诺兹"宪法检验标准毫无关系。

因此，我否认"本庭在过去 50 年里一直是如此判决的"，其实"学生"和"教师"并不可以把宪法赋予他们"言论和表达自由"的权利带进"校门"。就连梅尔诉内布拉斯加案也没有那么判决，而且根本就没有提到"象征性言论"。梅尔案涉及内布拉斯加州的一条法律，该法律禁止为八年级以下的学生开德语课，本庭认为该法律"不合理"，所以违反了宪法。和大家一样，我也同意霍姆斯和萨瑟兰大法官的观点，如果法律禁止为八年级以下的学生开拉丁和希腊文课，同样也是不合理的。实际上，我认为多数派之所以否决内布拉斯加的法律，是因为他们不喜欢那条法律，用法律的行话来说那就是"违背法庭的良心"，"冒犯了法庭的正义感"，或是法律"有悖英语世界的基本观念"。真相是，幼儿园、小学或高中教师去学校上课时并没有完全的言论和表达自由，就好像反天主教或反犹太教人士进入天主教堂和犹太教堂时也没有完全的言论和宗教自由。同样，当美国参议员、众议员、最高法庭大法官或任何法庭的法官们走进参议院、众议院和法庭时，他们也没有完全的权利违反国会或法庭的规则，也不能想说什么就说什么。人们都以为宪法赋予人们在任何地方、任何时间想说什么就说什么的权利，这其实是一个神话。本庭的判决恰恰相反。

我认为公立学校教师的任务是教学生。尽管麦克雷诺兹大法官在梅尔诉内布拉斯加案中有不同的看法，我认为州政府肯定不会聘请教师去教课程之外的学科。同样，公立学校的教育经费来自政府，公立学校的学生不能为了教育民众而到学校去宣传他们的政治观点。我们之所以要教育孩子，是因为他们还没有足够的经验和知识来教育他们的长辈，我认为这一观点还没有过时。有人说"孩子是让我们看的，而不是让我们听的"，我希望人们能够认识到，用纳税人的钱送孩子们去上学，是让他们学习知识，而不是教育别人。

依我所见，麦肯那大法官在沃诉密西西比案（Waugh v. Mississippi）中代表本庭宣布了教育原则的真髓。密西西比州通过一条法律，禁止学生在用希腊字母命名的兄弟会里集会，加入兄弟会的学生可能被开除。这条法律表面上违反了第 1 修正案有关集会自由的条款，还违反了第 14 修正案有关剥夺个人财产和自由的条款。反对这条法律的人辩称，兄弟会能够提高会员的道德标准，教他们遵守纪律，鼓励他们努力学习，并且遵守规章制度和听从命令。本庭驳回了所有的"恳切"请求，全体法官一致判决该法律并不违反第 14 修正案。判决书的倒数第二段完全适用于本案：

"鸣冤的兄弟会会员称，兄弟会是一股道德和纪律的力量。我们并不否认这一点，但兄弟会是否违反纪律应该由密西西比州政府来决定。我们必须牢记，密西西比大学是州立大学，是由州政府控制的。政府之所以通过这条法律，可能是因为兄弟会可能分散学生的注意力，使一所公立的教育机构偏离其存在的唯一目的。我们不能仅凭揣测就反对州政府的观点，因为有人挑战立法的智慧和必要性而废除法律的规定。"

根据以上论点，本庭判决密西西比州政府有权限制第 1 修正案赋予学生和平集会的权利。根据同样的理由，各州的公立学校也可以限制学生完全行使言论自由的权利。跟密西西比大学一样，爱荷华的公立学校办学的目的是给学生提供学习的机会，而不是使用实际的或"象征性"的言论谈论政治。正如我过去指出的，案卷里有大量证据显示，在课堂里公开抗议越南战争会"分散学生的注意力，使（爱荷华）一所公立的教育机构偏离其存在的唯一目的"。本庭判决密西西比州政府有权确定学生可以有多大的集会自由，所以爱荷华州政府也应该有权确定学生可以有多大的言论自由。即使案卷里并没有证据显示，而且也没有人告诉我们抗议越南战争会分散学生的注意力，本庭的大法官跟普通老百姓一样，都应该知道有关越南战争的争议扰乱和分裂了我们的国家。当然，学生和其他人一样，当黑袖章展现在他们的眼前，让他们想起越南战争中死伤的士兵，其中有些人甚至就是他们的朋友和邻居，他们怎么可能不把注意力集中在那些死伤的士兵身上呢？有的学生下定决心，就是坚持要戴着袖章坐在教室里，一直到被停学为止，他们的行为同样也会分散其他学生的注意力。

生活总是在不断地变化，但有时我们还是应该坚持经过考验的真理。我国的学校无疑作出了许多贡献，为社会带来了安宁，并使我们的人民更奉公守法。不加限制的自由是安定社会的敌人。

年轻人犯罪是一个非常严重的社会问题，其中许多人还是在校的学生，我们不能对此视而不见。跟家长的纪律教育一样，学校的纪律教育是培养良好公民的重要部分。在本案中学校规定禁止佩戴黑袖章的目的，是让想学习的学生能够有机会学习，但极少数的学生断然拒绝学校的命令。即使你并不是预言家或预言家的儿子，你也会知道今天本庭判决之后，爱荷华州乃至全国学生中有一些人将准备、能够并愿意几乎完全拒绝听从教师的所有命令。有的学校更不幸，全国各地的一些学生组织已经逍遥法外，他们冲击学校、静坐示威、躺着示威，甚至打砸学校。凡是看报纸和电视的人都知道，许多学生组织已经从事暴乱活动、抢劫并毁坏财产。他们封锁学校，不让想上学的学生越过他们的封锁线。他们自己不想受教育，还暴力攻击那些想受教育的老实学生。这些学生显然以为他们比家长、教师和民选的学校负责人更知道该怎么管理学校。虽然本案中的那些学生还没有到那个地步，他们只是要求在课堂里施加他们的政治压力，但是如果不加管束，他们将通过法律诉讼要求赔偿，阻碍教师执行学校的规章制度。我们不难想象，那些不成熟的学生将会以为他们有权控制学校，而不是由州政府收税，然后用纳税人的钱聘请教师，最终让学生受益。因此，我认为本案完全没有任何宪法的理由，把全国的公立学校让给那些大嗓门的任性学生，而不是最聪明的学生。即使有本庭从华盛顿提供专业帮助，我也并不认为学生们有足够的智慧管理全国 50 个州共 23 390 个公立学校的教育系统。我希望声明，本庭今天的判决与我毫不相干，我不认为宪法会强迫教师、家长和民选的学校负责人把美国公立学校的控制权拱手交给学生。我反对。

哈兰大法官反对。

第 14 修正案赋予人民言论和结社的自由，我认为学校负责人在履行他们的职责时并没有不遵守宪法的豁免权。同时，我并不认为我跟多数派有分歧，那就是校方应该有尽可能大的权限维持学校的纪律和秩序。为了在现实中落实这一理念，我觉得在跟本案类似的案例中，我们应该要求抱怨的学生承担举证的责任，证明学校的某项规章制度跟学校的合法利益无关。例如，学校想禁止表达少数派的观点，同时又允许表达主流派观点。

因为本案的卷宗里并没有任何证据表明学校想通过禁止袖章的规定来指责请愿人的善意，所以我会觉得应该维持下级法庭的原判。

科恩诉加利福尼亚

Cohen v. California

403 U.S. 15（1971）

1971 年 2 月 22 日辩论；1971 年 6 月 7 日判决。

从加利福尼亚第二区上诉法庭上诉。

摘要：

上诉人被判触犯了《加利福尼亚州刑法》第 415 节，该节禁止"恶意且故意地用冒犯行为扰乱任何邻居或他人的平静生活"，因为上诉人在洛杉矶法庭的走廊里穿的外套上书写着"X 征兵制"（Fuck the Draft）的字样。上诉法庭判决"冒犯行为"的定义是"可能激怒他人采用暴力或扰乱平静生活的行为"，并维持审判庭的原判。

判决：

若无具体和迫在眉睫的理由，州政府不得违反第 1 和第 14 修正案，将公开展示由 4 个字母组成的粗话的行为入罪。

推翻原判。

哈兰大法官代表本庭发表判决，道格拉斯、布莱能、斯图亚特和马歇尔大法官加入判决，布拉克曼大法官发表反对意见，博格首席大法官和布拉克大法官加入反对意见，怀特大法官部分加入反对意见。

下面是哈兰大法官代表本庭发表的判决。

第一眼看上去，本案无足轻重，似乎不应该一直上诉到本庭，但是本案的争议具有重大的宪法意义。

上诉人保尔·罗伯特·科恩被洛杉矶市法庭判决触犯了《加利福尼亚州刑法》第 415 节，该节禁止"恶意且故意地用冒犯行为扰乱邻居或他人的平静生活"，刑期为 30 天监禁。加利福尼亚第二区上诉法庭在判决书中详细地叙述了他的犯罪事实：

"4 月 26 日，有人看见被告在洛杉矶市法庭第 20 号审判庭外面的走廊里穿着一件外套，上面书写着'X 征兵制（Fuck the Draft）'的字样，该等字样明显可见。走廊里有妇女和儿童。被告被捕。被告在审判时作证，承认他写了不雅的字样，因为他想用那些文字告诉公众他对越南战争和征兵制的反感。"

"被告既没有使用暴力，也没有威胁要使用暴力，也没有任何人因为被告的行为而使用暴力或威胁要使用暴力。被告并没有大声叫喊，而且没有任何证据显示他在被捕前曾发声。"

上诉庭维持一审的原判，判决"冒犯行为"的定义是"可能激怒他人采用暴力或扰乱平静生活的行为"。上诉庭认为州政府呈递的事实证明了这一点：

"我们可以合理地预见，被告的行为可能激怒他人用暴力伤害他，或是强行脱掉他的外套。"

加利福尼亚最高法庭因为不能达成统一意见而拒绝受理上诉。我们姑且暂缓决定本庭对本案是否有上诉的管辖权，而决定先接受并审理本案的具体案情。

其实管辖权的问题并不会费许多时间。在下级法庭的整个诉讼过程中，科恩一直坚持法庭解读和运用的法规侵犯了第1和第14修正案保障他应该享有的言论自由。但是，加利福尼亚州可以审理此案的最高的法庭拒绝受理，所以我们有理由认为科恩要求我们对他的上诉行使管辖权是正确的。

第一部分

为了抓住本案争议的重点，我们有必要先讨论一下案卷中没有呈递的问题。

有罪判决的根据显然是法庭认为科恩用来向公众传递信息的语言有冒犯性。州政府想惩罚的唯一"行为"就是交流，所以我们面临的有罪判决的唯一根据就是"言论"，而不是其他可以识别的行为，尽管从表面上看起来那种行为并不一定传达什么信息，而科恩想用那种行为让别人理解他想表达的特殊观点，那样政府就可以辩称其有权管控而并没有压制科恩的言论。此外，州政府肯定没有权力惩罚科恩书写的信息的内容。科恩显然想在外套上表达他的观点，因为他认为征兵是无用且不道德的，但是如果没有证据可以证明科恩企图煽动他人不服从或扰乱征兵，我们就不能根据第1修正案惩罚科恩在他外套上表达的观点。

判决上诉人有罪的唯一根据就是他行使了"言论自由"，而宪法保护他的言论自由不受政府武断的干预，所以政府只能合法地限制他用什么方式行使他的言论自由，而不能禁止他所传递的信息的内容。当然，我们的审查并不能到此为止，因为第1和第14修正案并没有绝对保证每一个人都可以在他选择的任何时间和任何地点表达他的观点，或是在任何情况下用他选择的方式表达他的观点。然而，我们注意到若干与此有关的争议问题并没有在本案中出现，这一点很重要。

首先，审判科恩所依据的法律适用于整个州。因为法律中并没有任何语言告知上诉人，根据加利福尼亚法律，即使某些言论或行为本来是法律允许的，但是在某些地方是不能容忍的，所以政府不能以法律旨在保持法庭大楼里庄严的气氛为由惩罚科恩。无论我们怎样公平地解读"冒犯性行为"的措辞，都不足以告知普通的民众某些地方跟其他的地方是有区别的。

其次，本案并不在某些罕见的范畴之中，并没有案例建立一种权力——只要政府能够证明被告采用了某种表达方式，政府就有权更全面地处理这种个人表达方式。例如，这并不是一宗淫秽的案子。无论政府禁止淫秽言论的权力必须有什么要件，淫秽言论的实质必须涉及色情。我们无法相信科恩涂鸦的外套上反对抽签兵役制的粗俗语言会使任何人产生心理刺激。

本庭过去判决州政府无需其他的理由就可以禁止使用"约架语言"，因为常识告诉我们，对普通民众说那种粗话很可能引起暴力的反应。尽管科恩对征兵制度用的那个由4个字母组成的词通常也用于激怒他人，但是在本案中，这个词显然并不是"针对观众"的。没有一个当时在场的人会觉得上诉人外套上的词语是直接针对他的人身攻击。本案也不是那种州政府可以行使治安权来防止可能引起一个群体敌对反应的案子。如上所述，没有一个人看见科恩的外套后诉诸暴力，也没有证据证明上诉人想产生暴力的结果。

最后，政府在本庭辩称科恩把不雅的言论方式强加于本欲非礼勿视的旁观者，政府可以依法保护那些精神脆弱者免受上诉人用那种粗野的抗议方式滋扰。当然，仅因为有非礼勿听和非礼勿视的人在场并不能自动地成为限制所有可能冒犯他人言论的理由。即使我们不能在公众对话中完全禁止某些不受欢迎的观点和看法，本庭认为政府在许多情况下可以采取适当的行动，禁止那些言论进入家庭的私密空间。但同时我们反复强调，"我们经常在家庭庇护之外成了令人不愉快的言论的俘虏"。根据宪法，如果仅为了保护听者而让言者噤声，政府就必须证明重要的隐私权利被他人用一种无法容忍的方式破坏了。如果我们扩大这种政府权威，那将使多数人有权根据自己的好恶压制不同政见。

就隐私而言，看见科恩外套的人跟那些在家中受到震耳欲聋的卡车噪声骚扰的居民完全不同。在洛杉矶法庭里的人完全可以把眼睛看向别处，来避免他们的感官进一步受到刺激。也许穿过法庭走廊的人比在纽约的中央公园里散步的人享有更多的隐私权，但是他的隐私权跟在自己家中不希望受外界打扰的居民完全不同。本案涉及各种微妙和复杂的因素，如果科恩的"言论"本应受到宪法的保护，但是在公共场合有些不情愿的"听众"可能听见他的言论，仅此一点并不能构成判决科恩扰乱平静罪的理由，因为并没有证据证明那些无法避免上诉人行为的人中间有人出面反对他的行为。而且，无论是从字面上来理解，还是根据加利福尼亚法庭的诠释，再加上在场人员的处境，都不能不分青红皂白地禁止所有的可能"扰乱任何邻居或他人"的"冒犯性行为"。

第二部分

在这种背景下，本案的争议跃然纸上，那就是加利福尼亚州政府是否可以把某个特定的下流词汇作为"冒犯性行为"从公众对话中删除，或是因为下级法庭认为该词很可能引起暴力的反应，或是因为州政府是公共道德的守护人，就可以把这个冒犯他人的词汇从大众的词汇中去除。

加利福尼亚法庭的理由显然是站不住脚的，充其量只是一种笼统的恐惧或焦虑，他们生怕会引起骚乱，但是那并不足以压倒言论自由的权利。州政府没有提供任何证据显示有足够数量的公民准备用暴力来对付像科恩那样用诅咒来攻击他们感官的人。也许我们周围有无法无天并具有暴力倾向的人，但政府无权因此而强迫那些想宣泄不同政见的人避免某些表达异见的方式。那种论点其实是自相矛盾的，如果你并不想激怒一群假想的无法无天的暴徒，为了避免那些暴徒用暴力来限制你的言论，还不如让州政府用恰当的方式限制你的言论。

我们显然不能把第 1 和第 14 修正案诠释为不允许各州惩罚在公共场所说粗话，以维持政治团体对话的文明程度。但是我们经过审查和考虑发现相反的观点是有缺点的。

我们认为应该强调，州政府机构不得限制个人言论的形式或内容，这是一般的规则。在大多数情况下，如果州政府有理由限制言论，通常都是属于某种法律承认的例外情况，但上面讨论过的那些例外并不适用于本案。同样重要的是，本庭判决的宪法背景。我国人口众多且多元化，宪法授予人民的言论自由是社会的强心剂。言论自由的目的是在公共讨论的领域里排除政府的限制，让我们每一个人来决定我们想表达什么观点，希望运用言论自由能够最终产生一个更有能力的公民群体和完美的政治制度，相信没有其他任何方法能够适应个人的尊严和选择，因为那是我们政治体制的基石。

对许多人来说，这种自由的直接后果看来常常是口头的争吵、冲突，甚至是进攻性的言辞。然而，这一切都在约定的范围之内，其实是广泛持久价值必然的副作用，是公开辩论的程序所允许的。尽管在空气中充满了不和谐的口头杂音，但这并不是软弱的象征，而是力量的标志。我们不应该视而不见，尽管有些个人不雅地滥用特权看起来好像只是令人讨厌的琐事，却涉及重要的社会价值。这就是为什么"有些完全中立而毫无价值的言论居然跟济慈的诗词或邓恩的布道一样得到言论自由的充分保护，只要表达言论的方式是平和的，至于具体传递什么信息就无所谓了"。

基于我们对宪法政策的理解，我们觉得有几条具体的理由特别要求我们推翻原判。首先，州政府提出的原则完全不着边际。普通人如何知道某个词汇跟其他粗话有什么区别呢？州政府肯定无权要求人民把公开辩论中使用的词汇净化到连最吹毛求疵的人都能接受的程度。即使我们维持下级法庭的原判，我们也还是找不到一条能够帮助我们判断措辞的原则。也许本案有争议的那个"四字经"比其他的粗话更粗俗，但一个人的粗话也许是另一个人的天籁之声，因为政府官员不能制订区别言论的原则，宪法把言论的品位和风格留给个人自己去决定。

此外，我们不能忽视事实。许多语言表达具有双重交流作用：语言既可以交流那些能够比较精确表达的观点，也可以交流那些难以言表的感情。实际上，我们常常选择语言来表达感情或认知。我们认为宪法不仅关心个人言论里的认知内容，也在乎语言的感情功能。在实践中，通过语言交流的感情色彩也许是更重要的。法兰克福特大法官曾经说过：

"美国公民的权利之一就是批评政府官员和施政措施，除了言之有理和负责任的批评之外，公民也可以不加节制地说一些愚蠢的话。"

最后，我们不能轻易地假设在禁止使用具体词汇的过程中并没有压制言论的风险。在现实生活中，政府可以用禁止某些词汇为借口，来禁止人们表达不受多数人欢迎的观点。如上所述，我们认为禁言对社会几乎没有任何好处，但是一旦打开禁言的门就会后患无穷。

总之我们认为，除非有更具体的迫在眉睫的理由，州政府不得违反宪法，把在公共场所展示4个字母的粗话的行为绳之于刑法。因为判决上诉人有罪的唯一理由是他展示了那4个字母的粗话，所以下级法庭的判决必须被推翻。

布拉克曼大法官反对，首席大法官和布拉克大法官加入反对。

我反对本庭的判决，原因有二：

1. 我认为科恩少不更事的捣蛋主要是一种行为，而不是言论。加利福尼亚上诉法庭持这种看法，我认为他们是对的。此外，我认为本案属于查普林斯基诉新罕布什尔案（Chaplinsky v. New Hampshire）的范畴。墨菲大法官坚决支持第1修正案赋予人民的自由权，他在查普林斯基案中代表所有法官发表了判决。因此本庭无需再为第1修正案的价值观煞费苦心了。

2. 我不敢肯定加利福尼亚上诉法庭对刑法415节的解读现在是否在加利福尼亚具有权威性。加利福尼亚上诉法庭判决的日期是1969年10月22日，加利福尼亚最高法庭在12月17日以4∶3投票决定拒绝审理上诉。然后，加利福尼亚最高法庭在1970年1月27日在布什曼（In re Bushman）案子里首次解读刑法415节。翠诺法官当时曾反对加利福尼亚最高法庭拒绝受理科恩的上诉，他在布什曼案中判决"根据宪法，451节的语言并不含糊，涵盖范围也并不过宽"。他还说："刑法第415节仅惩罚故意和恶意的行为，那种行为涉及暴力，可能危害公共安全和秩序，或者制造明显且迫在眉睫的危险，并可能使其他人也诉诸暴力。"

"……415节并不把非暴力行为入罪，除非那种行为可能煽动他人使用暴力……"

布什曼案的判决引用了科恩案，但是我并不认为科恩案跟布什曼案中所说的"明显且迫在眉睫的危险"标准完全相同。既然本庭受理了本案，我觉得应该把本案发回加利福尼亚上诉法庭，让上诉法庭根据加利福尼亚最高法庭对布什曼案的判决重审本案。

怀特大法官附和布拉克曼大法官反对意见的第二段。

《纽约时报》诉美国

New York Times Co. v. United States

403 U.S. 713（1971）

1971 年 6 月 26 日辩论；1971 年 6 月 30 日判决。

发给美国联邦第二巡回上诉法庭的调卷令。

摘要：

尽管美国并没有宣战，但是到 1970 年，美国也已经陷入越南战争 6 年多了，大约已经有 58 000 名美军阵亡，美国到处爆发反对越战的示威。1967 年，美国国防部长麦克纳马拉下令编写一份题《美国在印度支那的绝密历史》报告，即人们所说的"五角大楼文件"。尼尔·埃尔斯博格参与了该项目，1971 年 3 月他泄露了 47 卷中的 43 卷，共 7 000 页绝密资料给《纽约时报》记者尼尔·西翰，《纽约时报》开始发表概括机密材料的文章。

第一篇文章在 1971 年 6 月 13 日见报，6 月 15 日，美国政府要求地区法庭命令《纽约时报》和《华盛顿邮报》停止发表有关的文章。政府称公布保密资料将不可挽回地伤害美国的国防。

除了禁止两家报社继续公布"五角大楼文件"之外，美国司法部还指名道姓地控诉 22 名被告，包括出版人、总裁、副总裁、总编、责任编辑等。

美国政府起诉的依据是《间谍法案》第 793 条，该法律规定："任何人未经授权拥有、接触或控制与国防有关的任何文件、书面材料或信息，若拥有者有理由相信这些信息可能被用来伤害美国，或对任何敌对国有利，将这些信息传递给任何无权接触这些信息的人，将被罚款 10 000 美元，或监禁 10 年以下，或两者俱罚。"

最高法庭听取了政府、《纽约时报》、《华盛顿邮报》和司法部的辩护理由，认为任何人要求法庭提前禁止出版，法庭首先会假定这种要求是违反宪法的。美国政府请求法庭阻止《纽约时报》和《华盛顿邮报》刊登某些保密材料，但是未能"担负沉重的举证责任，来支持执行提前禁止令"。

维持原判。

判决全文：

美国政府请求法庭阻止《纽约时报》和《华盛顿邮报》刊登某些保密材料，题为"美国对越南政策的决策过程历史"。

"到本庭要求禁止言论的案子都肩负着沉重的违反宪法的推定。"因此，政府担负沉重的举证责任，来支持要求执行提前禁令。纽约南区联邦地区法庭以及哥伦比亚特区法庭和上诉法庭分别就《纽约时报案》和《华盛顿邮报案》判决，美国政府未能完成举证的责任。我们同意。

因此，我们维持哥伦比亚特区上诉法庭的原判。推翻联邦第 2 巡回上诉庭的中止令，判决发回重审，并责令联邦第 2 巡回上诉庭维持纽约南区联邦地区法庭的原判。判决全文如下。

此令。

布莱克大法官附和，道格拉斯大法官加入附和。

我认为，政府告《华盛顿邮报》的案子必须驳回，对《纽约时报》颁发的中止令无需口头辩论也应该推翻。我相信针对这两家报社的禁令是明目张胆、站不住脚、持续地违反第 1 修正案。此外，口头辩论之后，我完全同意维持哥伦比亚特区上诉法庭的原判，推翻联邦第 2 巡回上诉庭的判决。如此判决的原因，我的道格拉斯和布莱能二位兄弟都说了。但是我认为不幸的是，我的一些兄弟们认为有时政府可以禁止发布信息，那样的判决将会使我们的宪法变成一片废墟。

通过宪法后，我们的政府于 1789 年成立。随后人权法案和第 1 修正案于 1791 年通过。建国 182 年后的今天，有人要求联邦法庭判决第 1 修正案的含义与字面不同，意思是政府可以阻止报道对我国人民至关重要的新闻。

为了禁止报纸发布新闻，政府的行政长官好像忘记了第 1 修正案的初衷和历史。当我们通过宪法时，许多人极力反对，因为宪法里没有《人权法案》中那样的规定来保护某些基本的自由。他们特别害怕中央政府的权力可能被解读为允许政府限制宗教、新闻、集会和言论自由。应广大民众的呼吁，麦迪逊总统通过了一系列修正案来满足民众的要求，确保这些伟大的自由可以安全地存在，且不受政府的限制。麦迪逊将第 1 修正案分为三部分，其中两个部分请见下文，其中一部分宣告："我们不能禁止人民说话、写作和发表他们观点的权利，伟大的自由堡垒不容侵犯。"

那些修正案的目的是限制行政、立法和司法权力部门的权力。人权法案将原来的宪法改变成一部宪章，规定政府不得限制人民的新闻、言论、宗教和集会自由。但是副检察长辩称，本庭的一些大法官看起来同意原来宪法赋予政府的权力应该被解读为可以限制后来通过的《人权法案》中强调的某些具体保护。我真无法想象有人会如此变态地篡改历史。麦迪逊和其他起草第 1 修正案的先贤们相信他们所用的语言不可能被误解，"国会不得通过任何法律限制言论自由"。第 1 修正案的历史和语言支持一种观点，即政府应该能够允许自由地发布新闻，无论新闻来源于何处，政府不得进行新闻检查，禁止或提前限制。

在第 1 修正案中，我们的国父们给予新闻自由必要的保护，以确保新闻在我们的民主社会里起到应有的作用。媒体应该为被统治者服务，而不是为统治者服务。政府检查新闻的权力被废除，媒体便能永远保持自由，不受政府的检查。受到保护的媒体可以揭露政府的秘密并使人民知情。只有自由和不受限制的媒体才能有效地披露政府的欺骗行为。自由媒体最重要的责任是防止任何政府部门欺骗人民，将他们流放到遥远的地方，死于外国的热病和外国的枪炮之下。在我看来，《纽约时报》和《华盛顿邮报》勇敢的新闻报道应该受到嘉奖，而不是谴责，因为他们贯彻了国父们立宪的本意。为了揭露政府将我们拖入越南战争的泥潭，这些报纸高尚地、恰如其分地做了国父们希望他们做的事情。

政府的案子的前提与第 1 修正案起草者们的用意背道而驰。副检察长小心地强调：

"布莱能大法官先生，您对第 1 修正案的理解是众所周知的，我对此表示尊重。您说没有法律的意思就是没有法律，这是很明显的。我只能说，大法官先生，但是对我来说，同样明显的是'没有法律'的意思并不是'没有法律'，我将尽力说服法庭我的理解才是对的。宪法其他部分赋予行政部门其他权力和责任。第 1 修正案的目的并不是让行政权力部门无法施政或无法保护美国的安全。"

政府在辩护状中称，无论第 1 修正案是怎么说的：

"为了保护国家安全，行政权力部门必须禁止发布威胁国家安全的新闻，这种权威有两个来源：宪法赋予总统的外交权和他担任三军总司令的权威。"

换言之，政府要求我们判决，尽管第 1 修正案明令禁止，行政、立法和司法部门都有权制订法律禁止发布目前的新闻，并有权以"国家安全"的名义限制新闻自由。政府并不需要国会采取任何行动，而是放肆、危险地建议法庭应该以公平、总统和国家安全的名义自己"制订"限制新闻自由的法律，尽管国会的人民代表坚守第 1 修正案并拒绝制订这样的法律。让总统行使"固有的权利"，通过法庭来制止发布新闻，将会消除第 1 修正案，摧毁人民的自由和安全，而政府的职能恰恰就是希望让人民"安全"。所有读过第 1 修正案立法史的人毫无疑问都会相信，政府要求法庭颁布的禁令，正是麦迪逊总统和他的同仁想永远在我国用法律禁止的。

"安全"一词的含义太广、太含糊，我们不能用其轮廓来笼统地废除第 1 修正案所包含的重要法律。为了保守军事和外交机密而牺牲政府所代表的人民的知情权，这并不能为我们的共和国提供真正的安全。制订第 1 修正案的国父们充分认识到我们必须保护新生的国家不受英国殖民政府的肆虐，为了让我们的新社会更强大、安全，他们制订法律，规定我们的言论、新闻、宗教和集会自由不受侵犯。修斯先生是一位伟人，也是一位伟大的首席大法官。当本庭在 1937 年判决政府不得因为一个人参加了共产主义的集会而惩罚他时，修斯首席大法官雄辩地阐述了这种思想：

"为了保护我们的社会不被受煽动的暴民用武力和暴力推翻，我们就更应该保护宪法赋予我们的言论、新闻和集会自由,这样才能维护自由讨论政治的机会,政府才会顺应民意,如果需要改变,我们才能通过和平的方式变革。这就是立宪政府的基础,将保护共和国的安全。"

道格拉斯大法官附和,布莱克大法官加入。

除了加入本庭的判决之外,我觉得还有必要更充分地表达我的观点。

首先,第 1 修正案规定"国会不得通过任何法律限制言论和新闻自由",因此国会没有任何限制新闻自由的空间。

此外,并没有任何法律禁止《纽约时报》和《华盛顿邮报》刊登这些材料。《美国法典》18 条 793(e)节规定:"任何人未经授权拥有、接触或控制与国防有关的任何文件、书面材料或信息,若拥有者有理由相信这些信息可能被用来伤害美国,或对任何敌对国有利,将这些信息传递给任何无权接触这些信息的人,将被罚款 10 000 美元,或监禁 10 年以下,或两者俱罚。"

政府称"传递"一词的范围足够广泛,应该包括出版。

有关间谍活动和新闻检查的那一章共分 8 节,从 792 至 799 节,其中有 3 节特别提到"出版",其中 794(b)节规定:"在战争时期,任何人故意将(军队部署的)消息传递给敌人,搜集、记录、出版或传递。"

797 条则适用于"任何人复制、出版、出售或赠送"防御设施的照片。

798 条有关密码,适用于"任何人传递、提供、播送或用其他方式提供或出版"上述的材料。

因此,国会看来有能力,并在《间谍法案》中若干处对出版和传递做了区别。

另外,证据显示,793 条并不适用于新闻,793 条最初的版本被否决,内容如下:

"当美国作为战争的一方或受到战争的威胁,因此进入紧急状态,总统可以宣布紧急状态的存在,禁止出版、传递,或试图出版、传递任何与国防有关的信息,如果总统判断这种信息将可能被敌对国利用。"

参议院辩论时,还特别提到第 1 修正案,最终那条规定未获通过。

葛尔芬(Gurfein)法官在《纽约时报》案中判决《间谍法案》不适用于该案,他是有充分理由的。此外,1950 年 9 月 23 日修订的《间谍法案》的《美国法典》18 章793 条(b)规定:

"本法案不应该被解读为授权、要求或建立军事或民事的新闻检查制度,或通过任何方法限制美国宪法保证的新闻或言论自由,且不得通过具有那种效果的任何法规。"

因此,国会在这一领域忠实地遵守了第 1 修正案。

所以,政府所拥有的任何权力必须来自其"固有的权力"。

发动战争的权力是"成功地发动战争的权力。"但发动战争的权力来自于宣战。《宪法》第 1 条第 8 款将"宣战的权力"授予国会，而不是总统。总统是无权宣战的。因此，我们无需确定国会发动战争的权力究竟有什么样的效果。

上述的披露具有重要的影响。但是这并不能用来支持对新闻的提前限制。首席大法官修斯在尼尔诉明尼苏达案（Near v. Minnesota）中指出：

"肆无忌惮地攻击公众人物，谩骂那些努力忠实地执行公务的官员，将会造成极其恶劣的影响，应该受到民意最严厉的谴责。但我们不能说谴责比形成我们体制的特点更为重要，我们相信谴责的重要性较低。同时政府行政变得越来越复杂，渎职和贪污的机会成倍增加，犯罪率上升到严重的程度。依赖不诚实官员保护所带来的危险，以及犯罪团伙和官员疏忽对我们生命和财产安全造成的伤害，强调了我们需要高度警惕和勇敢的媒体，尤其是在大城市里。尽管新闻自由可能被散布丑闻的歹徒们滥用，但这并不能说明媒体报道官员不端行为时就不需要豁免权，还要继续受政府的提前限制。"

正如我们前几天在改良奥斯丁组织诉奇夫案（Organization for a Better Austin v. Keefe）中所说，"任何提前对言论的限制来到本庭，将背负违反宪法的假定的沉重包袱"。

政府声称其拥有固有的权力要求法庭下禁令以保护国家利益。在本案中，政府的理由是保护国家安全。

本庭在尼尔诉明尼苏达案中明确地驳斥了那种扩大化的理论。

第 1 修正案的主要目的是禁止政府压制使政府难堪的信息。众所周知，通过第 1 修正案的目的，是针对使用煽动性诽谤的普通法来惩罚传播使当局难堪的材料。我想本案将会用最戏剧性的方法阐述这一原则而流传青史。我国人民对越南战争展开了大规模的辩论，然后媒体便披露了这些文件的内容。这些文件是与正在进行的辩论有关的。

政府的秘密基本上是反民主的，其目的是延续官僚机构的错误。公开辩论和讨论公共事务对我们国家的健康至关重要。对于公共的问题，我们应该展开不受限制、激烈和全面公开的讨论[①]。

我将维持上诉法庭对《华盛顿邮报》的原判，撤销上诉法庭对《纽约时报》案的临时禁令，并责成上诉法庭维持地区法庭的原判。

暂停审理这些案件已经超过一星期，构成对第 1 修正案的藐视，这是本庭在尼尔诉明尼苏达案中的解释。

布莱能大法官附和。

第一部分

我之所以单独发表意见，是为了强调一个显而易见的观点：我们对本案的判决，不应该被解读为将来政府不得下临时禁令或限制令来阻止出版政府想压制的材料。就我所

---

① 此处援引《纽约时报》诉萨利文案（New York Times Co. v. Sullivan）。

知，美国政府还从来没有禁止过报社出版他们自由拥有的信息。

现在我们面临一些新的问题，法庭的判决比较匆忙，而涉及的利益又非常重大。此外，诉讼各方的辩论都集中在一个问题上，如果今后应该下永久禁令，那么就应该支持对这类案件至少现在应该加以某些限制。当然，下级法庭对有些争议持保留意见，希望由本庭作出最终的裁决，这种做法并没有错。即使我们假定下级法庭对这两宗案子加以临时限制是正确的，但这种假定并不能影响下级法庭今后对类似案件应该采取什么司法行动。首先，我们现在有充分的时间反思和判断，遇到新问题便留给上诉庭解决或许是可取的做法，但这不能成为今后下禁令的理由。更重要的是，第 1 修正案绝对不允许法庭对此类案件强加司法限制。

弗利德曼诉马里兰案（Freedman v. Maryland）和类似的要求法庭禁止出版淫秽材料的案件与本案不同，因为那些案件的理由是"淫秽内容不受言论和出版自由的保护"。在本案中，政府阻止公布的材料毫无疑问受到第 1 修正案的保护。唯一的问题是，我们是否应该暂时禁止公布保密材料，因为那些材料涉及重大的国家利益。同样，版权的案例也与本案无关：政府并非主张对文件中特定的文字形式的权利，而是要求禁止公布文件所表达的观念。版权法只保护表达的形式，而不是表达的观念。

第二部分

这些案件一开始的错误就是颁发禁令，无论是临时禁令还是其他禁令。政府在本案的全部论点是，那些材料一旦公开，就"会""可能""也许会"以各种方式伤害美国的国家利益。但是第 1 修正案绝不容忍司法机构揣测可能发生的后果而提前阻止媒体报道。确实，我们的案子显示，除了在极小范围内的一些案例之外，第 1 修正案禁止司法机构提前阻止媒体报道。根据我们审理过的案件，这种情况只有在国家处于"战争状态"时才会产生，因为在战争时期"没有人会质疑，政府可以制止妨碍征兵的行为，还可以制止媒体报道运输船舶的航行日期，或军队部署的地点和数量"。

哪怕现在的世界形势被认为是相当于战争状态，哪怕目前的军备力量可能导致人类的核毁灭，这两种情况都不足以支持在和平时期压制信息传播，更何况政府在两宗诉讼中根本就没有提出公布那些保密材料或有关保密材料的报道会导致发生那种情况。"第 1 修正案保护的主要目的是防止提前阻止出版。"因此，哪怕政府能够证明公布那些保密材料将不可避免地、直接地、立即导致发生那种情况，如威胁已经出海航行船舶的安全，都不足以支持颁发临时的禁令。光凭结论是不够的。如果行政当局请求司法援助阻止公开信息，就必须提交证据，以便司法部门审查。因此，在本案中已经颁发的任何禁令，无论是何种形式，都是违反第 1 修正案的，因为本庭必须有机会更彻底地审查必须颁发禁令的理由。除非政府已经清楚地提出证据，第 1 修正案命令我们不得下禁令。

斯图亚特大法官附和，怀特大法官加入附和。

在宪法建立的政府架构中，行政部门在国防和国际事务两个领域里大权在握。这种权力基本上不受立法和司法部门的制约，而且自从人类进入核导弹时代以来，这种权力已经利剑出鞘。无论这是好事还是坏事，事实上美国总统在这两个领域里的权力远远大于议会制政府首相的权力。因为国防和国际事务与其他民生领域不同，政府在这两个领域缺乏制衡机制，所以对行政政策和权力最有效的制约就是睿智的公民——他们用知情和批判的民意来保护民主政府的价值。因此，警觉、开放和自由的媒体是实现第 1 修正案基本目的的关键。如果没有知情和自由的媒体，就不可能有睿智的人民。

然而，成功的外交和有效的国防既需要秘密，也需要保密，这是基本常识。如果我们不能为友邦保守秘密，就很难在互相信任的氛围下交往。在我们的行政部门里，制订深思熟虑和明智的国际政策的主管人员需要自由、坦诚和互相信任的交流。在国防领域里我们经常需要保持绝对的机密，这是不言自明的。

我觉得解决这种困境的答案只有一个，权力归谁，责任也归谁。如果宪法赋予行政长官高度集中的权力开展外交和国防，那么根据宪法，行政长官就有高度集中的责任决定维护内部安全的级别，才能成功地行使外交和国防的权力。如此的重任要求敏锐的判断和高度的智慧。我想从道德、政治和实际的角度考虑，第一条明智的原则就是坚持避免为了保密而保密。如果所有的东西都是机密的，那也就没有机密可言了，整个系统将会被玩世不恭或粗心的人忽视，还会被自我保护或自我提升的人操纵。总之我觉得真正有效的内部安全系统的标志就是最大可能地披露信息，因为只有在维持信任的前提下才能保守秘密。尽管如此，我认为这是宪法赋予行政长官的责任，这是主权国家的特权，而不是法庭认知的法律要求，我们只有通过制订行政法规来保守秘密，从而在国际关系和国防领域里行使职责。

这并不等于说国会和法庭没有作用。毫无疑问，国会有权制订特殊的刑法来保护政府资产和保守政府机密。国会已经通过了这种法律，其中若干条显然与此类案件有关。如果通过刑事起诉，法庭有责任决定刑法是否适用于起诉的罪名。此外，如果国会通过特殊的法律，授权通过民事程序诉讼，法庭也有责任决定这样的法律是否符合宪法，以及民法是否适用于具体的案情。

但是在本案中，政府既没有要求我们解释具体的法规，也没有要求我们运用具体的法律，而是要求我们行使宪法授予行政长官的职能，而不是司法机构的职能。政府要求我们阻止两家报社公布行政部门坚持不得公布的材料，理由是公布这些材料可能损害国家安全。关于其中一部分文件，我认为行政长官的要求是对的。但是我并不认为公布这些材料肯定会直接、立即对我们的国家和人民造成不可挽回的伤害。既然如此，根据第 1 修正案，本案的争议只有一种司法解决方案。我加入本庭的判决。

怀特大法官附和，斯图亚特大法官加入附和。

我附和本庭今天的判决，因为媒体能够享受我们宪法系统非同寻常的保护，不被提前禁止公布信息。我并不是说在任何情况下第 1 修正案都不允许禁止公布有关政府计划和运作情况的信息。政府称那些资料极其敏感且具有毁灭性，看完之后我并不否认这些文件可能对公共利益造成重大伤害。我敢肯定公布这些文件真的会产生严重后果。尽管如此，我还是认为美国政府未能担负沉重的举证责任来要求禁止公布那些文件，至少国会也没有明确而有限的授权，让法庭提前阻止公布。

政府的立场很简单：行政长官的基本职责是外交和国家安全，所以总统有权要求禁止报纸发布一条消息，前提是他必须能够说服法庭，披露信息将对公共利益造成"严重且不可挽回的"伤害，无论公布的材料是否机密，无论公布材料是否违反国会通过的有关刑法，也无论报社是如何获得这些材料的。在没有国会立法的情况下，仅根据本庭调查的结果，我不同意行政长官和法庭有权批准禁止媒体报道的补救方式。本庭的难点在于美国政府提出的"严重且不可挽回的威胁"标准。如果我们采取这个标准判美国政府胜诉，本庭的判决对其他法庭审理其他案件并无任何指导意义，因为有争议的材料既没有出现在判决词中，也不是公开的档案，而且媒体还不能公布。尽管我们今天判决美国政府未能完成举证的责任，那些材料还是被封存在本庭的档案里，而且我们的判决词中也没有讨论材料的内容。此外，因为那些材料可能对国家利益造成威胁，而且公布那些材料还可能招致刑事惩罚，负责任的媒体也许选择永远都不公布那些敏感的材料。如果我们在此类案件中判政府胜诉，各级法庭将会走上一条危险的道路，至少在还没有得到国会指导的情况下，我不想走上这条危途。

美国政府善意地指出，公布那些材料将对国家造成严重的伤害，所以驳回美国政府的立场且拒绝补救并非易事。但因为提前下禁令的案件很少，所以这种困境得到化解。通常在政府有机会或有理由阻止时，材料已经公布，而且已经造成了伤害。在本案中，媒体已经开始公布材料，大部分伤害已经发生了。事实上，我们知道安全已经大规模地崩溃，许多未经授权的人士已经得到那些材料，防止预期伤害补救是否有效令人存疑。

此外，政府现在仅请求禁止公布少数敏感的文件，解除禁令并不等于法律要求或邀请报社或其他媒体公布那些文件，也不意味着公布那些文件的媒体可以免予刑事追责。根据第 1 修正案，提前禁止必须有非常重要的理由。虽然政府未能提出充分的理由要求提前颁发禁令，但是这并不影响宪法授予政府对公布那些材料的媒体追究刑事责任的权力。虽然政府错误地选择了要求法庭下禁令的程序，但这并不等于政府不能通过其他途径成功地阻止媒体公布那些材料。

1917 年考虑间谍法时，国会从提案中删除了一个条款，那个条款授予总统很广的权限，总统可以禁止公布各种与国防有关的信息，并可以对泄密者刑事追责。当时，国会并不愿意给总统那么大的监督媒体的权力。反对那个条款的人认为，这一权力的附加权力是"人为地过滤掉人民应该知晓的新闻"。然而，那些持反对意见的国会议员并不怀疑，如果报社坚持公布国会认为不应该泄露的信息，他们将会被刑事起诉。例如，参议员阿舍尔斯特（Ashurst）坚信，报社的编辑"假如公布有关舰队、部队和飞机的动向，炸药厂和防线的位置等信息，他就应该受到刑罚"。

刑法典里有若干条款与这些案件有关，第797条规定公布军事设施的照片和图纸属于犯罪行为。第798条也用精准的语言禁止刺探和故意公布任何与美国的密码系统和通讯情报有关的保密信息。如果本案涉及的任何材料属于这种性质，报社想必已经完全了解美国政府的立场，如果他们仍然公布那些材料就必须承担其后果。即使具体的事实也许还不足以支持提前颁发禁令，但我还是会毫不迟疑地根据上述的刑法条款维持他们的有罪判决。

《刑法典》的这些条款还撒下一张更大的网来保护国家安全。第793（e）条规定，如果任何人未经授权获得"与国防有关的"文件，并（1）故意将该文件交给无权获得该文件的人士，或是（2）故意持有该文件而不交给有权得到该文件的美国官员，以上两种行为均构成犯罪。这一条款是1950年后加的，因为当时的法律尚未规定未经授权持有文件的刑罚，除非政府已经命令交出文件。

"未经授权持有机密文件的危险是不言自明的，无论政府是否已经下令让他们交出，他们都应该交出文件，因为政府也许还不知道他们未经授权持有文件，否则早就会命令他们交出了。"

当然在本案中，美国政府已经命令报社交出尚未公布的文件，而且两家涉事报社的律师已经了解文件的重要性。早在《刑法典》第793条公布之前，本庭在郭林诉美国案（Gorin v. United States）中一致认为"国防"一词的"涵义已经被人们充分理解"，是"国家战备的普通概念"，这个概念"能使公众足够明确哪些行为是被禁止的"，也是符合正当程序的。根据本庭对郭林案的解读，"与国防有关的"信息显然并不仅限于会给美国造成"严重且不可挽回的"伤害的信息。

国会已经采取行动，防止未经授权公布可能对美国造成伤害的信息，来保护国家的安全和国防。但是国会并没有授权给法庭通过禁令的方式来禁止公布机密信息的威胁。显然，国会认为依赖刑事追责的威慑效果就足以阻止负责和不负责的媒体。当然，我并不是说这两家报社已经犯罪了，或是把它们持有的材料公布出去就会犯罪。如果美国政府要求，这个问题可以通过刑事诉讼来解决。一旦进入刑事诉讼，判决是否有罪的程序和标准与决定是否下禁令的程序和标准是完全不同的。

此外，《刑法典》794（b）条禁止以通知敌人为目的，在战时搜集或公布与部队调动有关的信息，"或有关海军和陆军的作战计划和行动，或任何其他可能对敌人有用的有关公共防务的信息"。

马歇尔大法官附和。

政府声称，在美国政府提诉的两个案件中唯一争议就是，"即使公布信息之后可能对美国的安全'立即造成严重的威胁'，第 1 修正案是否还是不允许法庭禁止报社公布材料"。

恕我直言，我认为这两宗案子最终的争议是，最高法庭和国会是否有制订法律的权力，这比总检察长提出的争议更为基本。

在这两宗案件里。总统有权将信息归类为"机密"或"绝密"，这是没有问题的。国会明确承认总统的权威，而且总统已经通过行政命令的形式，正式行使了他将信息和文件归类的权利。作为最高行政长官和三军总司令，为了保护国家安全，总统有权惩罚泄露机密的政府官员，还有权采取措施防范泄密，这也是没有争议的。

然而，这两宗具体案子的问题是，行政部门是否有权请求法庭行使衡平法管辖权来保护国家安全。政府辩称，政府除了有自我保护的内政权力之外，总统有开展外交的权力，而且他还是三军总司令，因此他有权对媒体进行新闻检查，使他能够更有效地与外国交往和指挥军队。

尽管总统的主要责任是开展外交，而且还担任三军总司令，他的权限还是超过了民事的范围。在某些情况下，除了政府固有的权力和总统的外交和军事权之外，行政部门还可以利用最高法庭的衡平法管辖权，来阻止公布可能损害"国家安全"的材料。

但是，行政部门让本庭以藐视法庭罪为震慑，阻止国会明确拒绝禁止的行为，这种做法完全不符合三权分立的概念。国会已经授予行政部门足够的权力保护"国家安全"，如果行政部门不行使国会授予的权利，转而选择要求法庭用藐视法庭罪来阻止有威胁性的行为，这也不符合三权平等的概念。宪法规定国会的职责是立法，总统的职责是执法，而法庭的职责是解释法律。宪法并没有授权给政府下禁令，因为那样就相当于让行政部门和法庭来"立法"而忽视国会。对于行政部门来说，请求法官下禁令阻止某种行为可能比请求国会立法更容易，执行藐视法庭的命令可能比通过刑事审判让陪审团作出有罪判决更容易。此外，如果行政部门相信有合理的理由逮捕违反法律的人，从政治角度来看，让法庭分担一部分责任是明智之举。然而，方便和目前的政治考量不能成为偏离政府系统原则的理由。

在目前两宗案件里，我们面临的情况是，国会已经授予行政长官广泛的权限，为了保护国家安全，总统可以防止公布可能伤害美国的机密信息。国会已经多次考虑如何保护美国的军事和战略机密信息。国会考虑之后通过了法律，将搜集、泄露、传送、扣留和公布某些文件、照片、仪器、装置和信息的行为入罪。大部分的法律在《美国法典》37 卷第 18 章，名称是间谍和新闻检查。在 18 章里，国会规定的惩罚从 10 000 美元罚款到死刑。

因此，为了让本庭颁发禁令，政府必须证明禁令会加强政府本来就有的权力。衡平法有一句传统的格言，衡平法的法庭不会做无用功，就像另外一句传统的格言，衡平法不是用来阻止犯罪的。在本案中，政府并没有试图提出任何证据。在案件摘要里，总检察长根本就没有提到政府有合理的理由相信已经有人犯罪，或是否有人合谋将来犯罪。

如果政府试图证明传统的刑法缺乏有效的补救方法，那就必须证明目前尚无适用的法律。当然，本庭在目前阶段还没有也无法确定是否有人已经触犯了某一条法律，或是任何法律违反了宪法。此外，本庭也无法确定政府是否可以根据任何法律起诉。

但是在许多条法律中至少有一条与本案有关。国会在《美国法典》第18卷793（e）条中规定，任何人"未经授权持有、能够得到或控制任何文件、书面材料、密码本、信号本或与国防有关的笔记，或与国防有关的信息，而持有信息者有理由相信这些信息可以被用来伤害美国或使任何外国获取优势，如果持有者故意将信息传达、送交或发送给任何无权获得这种信息的人，或是持有者故意扣留信息而不将信息送交给有权得到这些信息的美国政府官员或雇员……将被处以10 000美元以下罚款或10年以下监禁，或两者并罚。"

国会在《美国法典》第18卷793（e）条中还规定触犯该条法律的同谋者也属犯罪。

确实，葛尔芬法官认为国会并没有把公开发布793（e）条中提到的信息入罪。他认为"传达、送交和发送……"并不是指在报纸上发布新闻。立法的历史背景支持葛尔芬法官的观点，这也符合我们过去在实践中用这条法律来起诉普通的间谍案。

即使我们裁决政府不得用刑法起诉《纽约时报》和《华盛顿邮报》，国会显然也明确地拒绝通过立法授予总统要求将报社的行为入罪的权力。因为国会明确拒绝把这种行为入罪，本庭不应该否认国会的意愿重新解决这方面的争议。

国会至少两次拒绝通过法律宣布报社的行为非法，还拒绝总统在本案中要求授予他的权力。1917年国会辩论第一部间谍法时基本沿用了793条的条款。当时有一项建议，在战争期间或当国家受到战争威胁时，总统有权直接宣布禁止刊登与国防有关并对敌国有用的信息。当时的建议是这样的：

"当美国参战使国家进入紧急情况，美国总统有权宣布紧急情况的存在，并且宣布禁止刊登或传达，或试图刊登或传达任何与国防有关的信息，因为总统判断这些信息可能对敌国有用。任何人违反禁令将被处以10 000美元以下罚款或10年以下监禁，或两者并罚；前提是，上述法律不得被解释为限制讨论、评论或批评政府及其代表的行为或政策，也不限制刊登讨论、评论或批评的内容。"

国会拒绝这项建议时，美国已经向德国宣战。尽管许多人认为国家已经处于紧急状况，而且国家受到泄密和间谍活动的严重威胁。当时，行政部门并没有到国会要求重新考虑给总统授权。在本案中，行政部门也还是没有去要求国会，而是在国会已经拒绝给总统授权的情况下，要求把国会拒绝授予总统的权力通过本庭授予总统。

1957年，美国国家安全委员会认为"航空杂志、科学期刊和日报刊登的文章里有一些信息和其他数据，为了保护国家安全，这些信息和数据应该全部或部分删除。"

针对这个问题，国家安全委员会建议"国会立法。无论为何种目的，任何人未经授权故意泄露'机密'或'绝密'的信息，并知道或有理由知道这些信息是保密的，均构成犯罪"。

经过广泛的讨论，国会拒绝了以上建议。如果考顿（Cotton）参议员支持的建议被通过，媒体公布本案涉及的文件将肯定是犯罪行为。但是国会拒绝将媒体公布文件入罪。现在政府要求本庭重新作决定，本庭没有那种权力。

政府可以通过立法获得授权，诉诸传统的刑法诉讼来保护国家安全。然而，政府并没有理由辩称国会已经将这种行为入罪，因为国会已经明确地拒绝政府要求本庭授予政府这种权力。无论如何，本庭没有权力批准政府要求的补救。本庭不想介入每一宗政府官员认为构成泄密的行为，本庭也不想承担制订法律的责任，特别是一条国会已经拒绝通过的法律。

我认为，应该维持美国华盛顿哥伦比亚特区上诉法庭的原判，还应该推翻美国联邦第二巡回上诉法庭的原判，并将两案发回进一步听证。

首席大法官博格反对。

从 1931 年的尼尔诉明尼苏达案，到 1971 年的改善奥斯汀组织诉琪菲案，宪法明确限制通过禁令提前限制言论，所以我们几乎无需担忧涉及通过禁令提前限制媒体报道与公众利益有关新闻的案件。因此，在抵制禁令提前阻止出版的问题上，本庭的法官鲜有分歧。然而，遵守宪法原则并不能使案子变得简单。首先我们必须有自由而且不受限制的媒体，其次我们还必须有效地运行一个复杂的现代化政府。具体来说，行政长官应该能够有效地行使宪法授予他的某些权力，在目前的两宗案子里，这两者之间发生了碰撞。有人认为，第一修正案在任何情况下都有绝对的权威——我尊重这种看法，但不苟同——只有持这种观点的人才会认为这两宗案子既简单又容易。

这两宗案子之所以不简单，还有另外一个直接的原因，因为我们并不知道案情的事实。非但地区法庭的法官和上诉法庭的法官们不了解所有的事实，就连本庭的所有大法官也都不了解所有的事实。

我们中间有些法官认为第 1 修正案在任何情况下都具有绝对的权威，决不允许在任何情况下或以任何理由颁发禁令，既然我们都不了解事实，为什么那些法官可以采取行动呢？

我认为之所以如此，是因为我们审案的过程太匆忙了。哈兰大法官记录了事件发生的顺序，显示了我们是在何种忙乱的压力之下审理案子的，我就不想重复了。因为这两宗案子的节奏太快，反映了我们一致憎恨提前禁令。然而，迅速的司法行动并不等于匆忙的司法不作为。

此外，狂热的匆忙主要是因为《纽约时报》是在哪一天通过何种方式获得被盗的文件造成的。显然，匆忙使我们无法合理、深思熟虑地审理这两宗案子，这是不应该的。鉴于这两宗案子涉及重大的争议，而本庭仓促的行动导致尚未完成的一审匆匆收场，这种司法行为是极为不妥的。

根据第 1 修正案，这两家报社提出了一项衍生的诉求，他们把这一诉求称为公众的"知情权"。《纽约时报》称"独家报道"是新闻记者的天职，所以公众把他们的知情权委托给报社代为行使，而且这种权利是绝对的。然而，第 1 修正案的权利并非绝对的。正如霍姆斯大法官多年前的格言——如果并没有发生火灾，任何人都没有在客满的剧院里喊"失火了"的言论自由。当然还有其他的例外，如修斯首席大法官援引的尼尔诉明尼苏达案。另外，肯定还有许多没有机会叙述或讨论的例外。可想而知，如果没有不必要的期限和狂热的压力，这些例外应该可以被审判庭考虑。如此重大的争议，应该在一种有利于深思熟虑和辩论的氛围中审理和聆讯，况且《纽约时报》选择延迟公布那些文件的时间已经很久了，法庭完全无需争分夺秒地草草了事。

《纽约时报》未经授权持有那些文件已经长达三四个月之久，这一点是没有争议的。在这段时间里，《纽约时报》的专家们研究了这些文件，可能已经消化了这些文件并撰写了消息准备公布。在这段时间里，作为公众"知情权"的受托人，《纽约时报》为了正确的目的延迟公布信息，推后了公众知情的时间。当然延迟是有原因的。7 000 页文件来自于一个庞大的档案库，分析这些文件和撰写新闻文章都需要时间。有人从美国政府非法获得这些信息，为什么美国政府、所有的律师、一审法官和上诉法官都得承受不必要的压力？既然已经延迟了好几个月，为什么"知情权"突然就变成迫在眉睫了呢？

因为报社知道政府一定会反对公布机密材料，如果报社让政府有机会审阅其持有的所有文件，然后让政府决定是否可以与报社达成有关出版的协议，那难道不合理吗？涉案的材料跨越若干年，到 1968 年为止，无论是否被盗，肯定是机密材料。其实，报社可以跟政府一起将争议的范围缩小，先决定哪些文件是可以公布的，然后把其他的文件通过有序的诉讼来解决，这是声誉良好的报社一贯的做法，也是体面的媒体的职责。但难以置信的是，本案事关发现或持有被盗的财产或机密的政府文件，而一家知名的报社居然未能尽到每一位公民都应尽的责任。也许我太天真，认为那种责任就是向主管的政府官员报告。无论是出租车司机、法官还是《纽约时报》，都有报告的责任。然而，无论《纽约时报》的做法是否老谋深算，都排除了有序地通过诉讼来解决争议。即使到目前为止法官采取的行动是正确的，那也纯属偶然。

我们在地区法庭根据第二巡回上诉法庭的指示完成整套案卷之前就下达了调卷令，导致一审尚未最终判决就流审了。

这一系列可悲事件的后果是，我们完全不知道我们应该采取什么行动。以我之见，我们被迫在没有完整案卷的情况下处理涉及重大权利的诉讼，而且下级法庭和本庭都没有足够的时间审理案件。有趣的是，我们注意到双方律师在本庭口头辩论时经常无法回答有关案件事实的具体问题。不出所料，双方律师都说他们的工作是毫不夸张的"连轴转"，但还是来不及审阅，也不熟悉引发此案的所有文件。本庭的处境也好不了多少。我基本同意哈兰和布拉克曼两位大法官的看法，但是我还没准备好如何讨论具体的案情。

我会维持第二巡回上诉法庭的原判，因为我们颁发的调卷令导致地区法庭流审，我会允许地区法庭完成一审，同时维持《华盛顿邮报》案的现状。我还将指示地区法庭先撂下其他的案子，优先将《纽约时报》的案子结案，但是我不会武断地规定具体的期限。

此外，我基本同意怀特大法官的看法，我们应该通过刑法来惩罚传达或扣押有关国防的文件和信息。

我们都希望有一个迅捷的司法程序，但是在本案中，当法官受到压力时，结果造成了一场司法的闹剧。

哈兰大法官反对，首席大法官博格和布拉克曼大法官加入反对。

本案迫使我们想起霍姆斯大法官在北方证券公司诉美国案（Northern Securities Co. v. United States）的反对意见中明智的警示：

"重大案件和疑难案件一样，都可能制订坏的法律。重大的案件之所以重大，是因为他们的重要性可能形成将来的法律，但是因为有些事件涉及无法抗拒的眼前利益，吸引了我们的同情心并扭曲了我们的判断力。这些眼前利益就像一台液压机，使我们对原来清楚的事情产生疑问，导致毫无争议的法律原则被歪曲。"

恕我直言，我认为本庭在审理这两宗案件时，几乎是不负责任地头脑发热了。

在《华盛顿邮报案》中，吉赛尔（Gesell）法官从 6 月 21 日上午 8:00 开始听证，因为上诉法庭规定了时间限制，他不得不在当天下午 5:00 之前判决。在《纽约时报》案中，葛尔芬法官从 6 月 18 日开始听证，19 日就判决了。

6 月 22 日政府上诉，第二巡回上诉法庭和哥伦比亚特区巡回上诉法庭组成合议庭听证，同时在 6 月 23 日作出判决。《纽约时报》请求调卷令，并动议要求加快审理，并在 6 月 24 日上午 11:00 申请本庭给予临时救助。在《华盛顿邮报》案中，美国政府在 6 月 24 日晚 7:15 才申请本庭给予临时补救。本庭提前 24 小时下令在 6 月 26 日上午 11:00 听证，为了防止本庭采取更为专横的行动，我才同意听证。《华盛顿邮报》的案卷直至 6 月 25 日下午 1:00 才送交给本庭书记员，《纽约时报》的案卷更是在当天晚上 7:00 至 8:00 才送交本庭。本庭在 6 月 26 日听证前两个小时才收到诉讼双方的案情摘要。

如此疯狂的一连串事件，都是打着假定第 1 修正案不允许提前禁令的幌子。鉴于诉讼涉及非常重要和棘手的问题，本庭完全应该避免如此仓促的时间表。为了根据事实正确地判决这两个案子，本庭必须部分或全部面对以下问题：

1. 检察长是否有权代表美国政府提起诉讼？这个问题仅涉及《美国法典》第18章间谍法案的解读和合法性。

2. 第1修正案是否允许联邦法庭禁止公布可能对国家安全造成威胁的新闻？

3. 无论机密文件的内容，公布高度机密的文件是否足以威胁国家安全，而成为足以禁止公布文件的理由？

4. 公布任何文件是否会严重地伤害国家安全？

5. 有关上述3、4两个问题，行政部门高官的观点应该有多少分量？

6. 尽管文件的正本或副本毫无疑问是从政府的档案中盗窃的，而且报社接受文件时也明知文件的来源是非法的，报社是否仍有权继续持有并使用那些文件？

7. 鉴于公布文件可能伤害国家安全的威胁，文件的所有权归政府所有，并考虑到以下三个因素，本庭是否应该颁发禁令阻止报社公布文件：

a. 第1修正案强烈反对提前禁止公布文件；

b. 反对用禁令阻止刑事犯罪的理论；及

c. 有争议的文件在多大程度上显然已经通过其他途径被泄露了。

这些棘手的问题涉及事实、法律和判断力，一旦错判，其后果极其严重。本庭、下级法庭和诉讼双方所有的时间根本不足，所以这两宗案件都没得到本应得到的充分考虑。

这两宗案件是我担任最高法庭大法官以来遇到的最重要的案件，案件的争议是对司法程序稳定性的最大考验，从立案开始就淹没在媒体宣传的洪流之中，我们是否应该在如此的压力下作出判决？

我被迫调查案件的事实，我反对本庭的观点和判决。因为本案要求我在极其有限的时间内工作，我只能通过"望远镜"的形式表达我的理由。然而，在不同的情况下，我会觉得应该更充分地审理这两宗案子。

在《纽约时报》案中，因为时间关系，政府根本没有充分的机会向地区法庭提出自己的理由，所以本庭有充分的根据维持第二巡回上诉法庭的原判，至少这一结论并没有滥用法庭的酌情处理权。

在《华盛顿邮报》案中，报社称政府有更多的时间准备，显然这是哥伦比亚特区巡回上诉法庭拒绝重新听证的理由，从而使其判决与第二巡回上诉法庭的判决一致。但是我认为这一判决站不住脚，因为纽约时报也提出同样的理由，请求不要维持地区法庭的原判，结果被上诉法庭否决。我觉得，在外交领域里，司法部门对行政部门的监管被限制在很狭窄的范围里。我的观点符合三权分立的概念，这也是宪法的基础。

首席大法官当年曾是众议院的议员，1800年他在众议院的讲演中说："总统是我国外交领域的唯一首脑，也是与外国打交道的唯一代表。"

当时，美国刚刚建国，一百多年来，人们对行政权力的范围并没有重大的挑战。

根据宪法在外交领域的权威，我们只能得出某些结论。有些结论可以追溯到华盛顿总统。例如，1795 年美国和英国谈判"杰条约"①时，众议院要求政府提供与谈判的有关文件，被华盛顿总统拒绝：

"与外国谈判必须小心谨慎，谈判是否成功往往取决于保密措施。即使谈判已经结束，也不应该公布所有曾经建议或讨论过的措施、要求和最后的让步，因为公布细节是极其失策的，非但会对将来的谈判造成有害影响，还会造成眼前的不便，例如对外交关系造成危险和伤害。"

然而，评估过早公布机密的"有害影响"的权力并不只限于行政长官。为了保护第 1 修正案的价值免受政治压力的影响，司法部门的职责是审查行政长官的最初决定，确保有争议的问题在总统的外交权限之内。宪法考虑禁止"完全摒弃司法控制"。此外，有关泄密是否会对国家安全造成不可挽回伤害的问题，司法部门还可以坚持让有关部门的主管来考虑并决定，例如国务卿或国防部长。同样，当行政长官宣称行使国家机密特权时，还可以让有关部门的主管来决定特权的主张是否成立。

但是我认为司法部门的权限不能超过以上两个问题，也不能重新评估泄密可能对国家安全造成什么样的影响。

行政长官在外交政策方面的决定是政治性的，而不是司法性的。宪法把这些决定权交给政府的政治部门、行政部门和立法机构。这些决定是微妙的、复杂的，还涉及大量的预见能力，所以应该由直接负责国计民生的官员来决定。司法部门既没有资质和才能，也没有责任做这些决定，政治决定权应该属于政治领域，不应该受司法干预或调查。

即使司法部门还有否决行政决定的余地，司法审查的范围显然也是很有限的。在《华盛顿邮报》案中，尽管政府的行政部门是鼎立的三权之一，有宪法赋予的特权，但是我认为地区法庭和上诉法庭的判决对行政长官的决策不够尊重，还远不如对一个普通行政机构的尊重。

因此，我认为应该推翻哥伦比亚特区上诉法庭的判决，并将案子发回地区法院继续审理。开始继续审理之前，政府必须有机会得到国务卿或国防部长对国家安全发表的观点。接下来，地区法庭的审理应该根据他们的观点进行。根据同样的理由，我认为应该维持第二巡回上诉法庭的原判。

在根据诉讼规则继续听证期间，我认为应该继续禁止报社公布材料。即使宪法不允许提前颁发禁令，也不至于到了禁止法庭先维持现状的程度，使我们没有足够的时间负责地处理这两宗涉及重大国家利益的案件。

---

① 1795 年美国与英国签订的《友好、通商和航运条约》，因为代表美国出面谈判、签署条约的是外交家约翰·杰（John Jay），故称"杰条约"。——译者注

布拉克曼大法官反对。

我加入哈兰大法官的反对。我基本同意怀特大法官的意见，尤其是他在判决书结尾处的警告。

现在争议的焦点只剩下为数不多的文件，政府称那些文件很重要。至于其他绝大多数的文件，等紧张的气氛松弛下来，感情用事缓解下来，如果报社还有冲动想公布，那就让他们公布也无妨。

但是我们现在关心的是 47 大本里的少数几份文件。70 年前霍姆斯大法官在一宗著名的案件中发表反对意见：

"重大案件和疑难案件一样，都可能制订坏的法律。重大的案件之所以重大，是因为他们的重要性可能形成将来的法律，但是因为有些事件涉及无法抗拒的眼前利益，吸引了我们的同情心并扭曲了我们的判断力。这些眼前利益就像一台液压机……"

即使本案不算重大案件，其案情涉及面之广，至少也算是一宗不同寻常的案件，霍姆斯大法官的观点应该适用于本案。

《纽约时报》花了整整 3 个月的时间，来研究 47 大本非法获得的文件。开始公布这些材料之后，案子才露出水面。此后，该案立即以疯狂的速度推进。一旦开始公布材料，《纽约时报》就觉得公布的速度还不够快。从那时开始，《纽约时报》认为任何限制措施造成的延迟都是可憎的，都是违反第 1 修正案的，都是侵犯了公众的"立即知情权"。然而，报社在本庭口头辩论时批评政府的抗议不够及时，因为报社在星期日第一次公布之后，政府在星期一才打电报给报社表示抗议。

哥伦比亚特区的案子大同小异。

从立案开始到今天，在不到 3 个星期的时间里，两个联邦地区法庭，两个联邦上诉法庭和美国最高法庭被逼得匆忙地作出判决，这两宗案件涉及有关宪法的重大争议，而没有机会充分调查，许多事实都是基于假设而没有机会充分讨论，我们只能希望，难道这就是美国司法程序的特点？有关法律我们写得够多了，但是我们对具体的事实几乎不了解，更没有时间消化吸收。在《纽约时报》案中，一审和上诉法庭的法官们还没来得及研究基本的材料，报社就上诉到本庭了。在《华盛顿邮报》案中，法庭也没能多做什么事，上诉法庭唯一能做的就是决定将案子发回地区法庭重审。因为《华盛顿邮报》一开始拒绝透露究竟持有哪些材料，然后又称其必须对消息来源保密，迫使地区法庭只能假设报社持有机密材料。

我当然会尽可能尊重相反的观点，但是我认为我们不能这样审理一宗如此重大的案件。因为本案的争议涉及国家生死攸关的利益，联邦法庭不应该如此判决，我们也不应该要求联邦法庭如此判决。我敢肯定，如果我们不按照惯例充分地讨论，而是匆忙地审理案件，我们的国家将会受到伤害。据说最新材料的日期是 1968 年，距今已有 3 年之久，而且《纽约时报》花了 3 个月的时间制定计划和程序，又延迟了 3 个月公布。

第 1 修正案毕竟只是宪法的一部分。宪法第 2 条授予行政部门开展外交的权力，并对行政部门委以保护国家安全的重任。宪法的每一条都很重要，我不能支持第 1 修正案有不受限制的绝对权威的理论，从而降低其他条款的权威。本庭的多数法官从未支持过第 1 修正案的绝对权威，例如尼尔诉明尼苏达案和申科诉美国案（Schenck v. United States）都不赞成这种观点。现在我们需要制订正确的标准，来权衡媒体发布新闻的广泛权利和政府阻止公布机密信息的狭窄权力，但是我们现在还没有这种标准。现在诉讼的双方对具体的标准还有争议。尽管如此，报社也承认在有些情况下禁止公布是符合宪法的。

在申科案中，霍姆斯大法官建议："这是个接近战争程度的问题。当国家处于战争状态时，许多在和平年代可以说的事情会阻碍军事行动，只要军人还在战斗，阻碍军事行动的言论就会受到限制，法庭也不会认为这种言论受到宪法的保护。"

因此，我认为应该将这两宗案子发回迅速重审，当然必须通过取证程序，让诉讼双方都有足够的时间有序地提供证据，准备案情摘要，口头辩论，使法庭判决的水准能超过现在我们见到的判决。我最后的这段话并不是批评律师或法官。从我个人的亲身经历，我知道在时间的压力下诉讼有多么痛苦。这两宗案子涉及的争议，包括本庭在内的所有法庭，都应该受到更好的待遇。

如果我们允许这两宗案子正常地进展，让律师们能正常地办理，让法庭能够正常地听证，既没有压力也没有恐慌和感情用事，我们也许会恍然大悟。对我来说，也许相反的结论可能占上风。但目前诉讼的状况并非如此。

然而，本庭作出了相反的判决。因此我再加一段最后的评论。

我强烈地敦促并衷心地希望那两家报社能够充分意识到他们最终应该对美国承担的责任。哥伦比亚特区的威尔基（Wilkey）法官对《华盛顿邮报》案发表了反对意见。看到呈递给本庭的宣誓书后（诉讼双方均未向法庭呈递基本的文件），他的结论是，如果《华盛顿邮报》确实持有并公布了某些文件，"那显然将会对国家造成巨大的伤害"。他对"伤害"的定义是："导致士兵伤亡，摧毁我们与盟国的关系，加大我们与敌人谈判的难度，并使我们的外交官无法谈判……"

我对那份宣誓书做了一些粗浅的研究，还看了一些机密的材料。我很遗憾地说，威尔基法官的那番话是有根据的，所以我分享他的担忧。我希望伤害尚未造成。如果伤害已经造成，再加上本庭今天的判决，假如两家报社还是继续公布关键的文件，其结果将是"导致士兵伤亡，摧毁我们与盟国的关系，加大我们与敌人谈判的难度，并使我们的外交官无法谈判"。

除此之外，我还要加上几点，战争将会延长，从而进一步延迟释放美国的战俘，到那个时候，我国人民将会知道谁应该为这些悲惨的后果负责。

杨诉美国小型电影院公司

Young v. American Mini Theatres, Inc.

427 U.S. 50（1976）

1976 年 3 月 24 日辩论；1976 年 6 月 24 日判决。

发给美国第六巡回上诉法庭的调卷令。

摘要：

被请愿人经营两家成人电影院，请愿人为底特律市政府官员。被请愿人起诉请愿人，要求法庭下达禁令，并宣布底特律市 1972 年颁布的《土地使用规划条例》违反宪法，该条例修订了 10 年前通过的《反社区贫民化条例》。1972 年条例规定（除非有豁免）不得在任何其他两家"监管使用"商铺的 1 000 英尺之内开设成人电影院，也不得在住宅区 500 英尺之内开设成人电影院。除了成人电影院之外，"监管使用"一词还针对其他 10 种营业场所，包括成人书店、有歌舞表演的夜总会、酒吧、有舞女伴舞的舞厅和旅馆等。如果电影院放映的电影特别强调或描绘"具体的性行为"或"具体的人体器官"，便属"成人"营业场所。地区联邦法庭认为条例合法，未经审判便判决请愿人胜诉。然而，上诉法庭推翻原判，认为条例属于提前禁止宪法保护的言论，违反了宪法的平等保护原则。被请愿人一方面支持上诉法庭正确地判决了有关宪法的争议；另一方面，挑战条例因含糊其词而无效。因为条例没有给性行为和人体器官下定义，被请愿人称（1）他们无法确定在"特别强调"成人内容的电影中有多少应该是被允许放映的，（2）条例没有具体规定足够的程序和标准，使被请愿人难以获得 1 000 英尺限制的豁免。

判决：

1. 针对被请愿人的条例并不因为用词含糊而违反第 14 修正案的正当程序条款。

（a）被请愿人声称含糊的两个词对他们并没有影响，那两个词都是针对定期放映成人电影，被请愿人没有理由要求或期望政府豁免 1 000 英尺的限制。

（b）条例对放映受到第 1 修正案保护的电影并没有明显的重要影响。至于究竟描绘多少露骨的性行为才能算是"特别强调"，应该"取决于州法庭对法规狭义的解释"。被请愿人强烈要求法庭允许他们挑战法规，其理由并非因为他们自己的言论自由权被侵犯，而是因为条例可能使其他人不敢发表宪法保护的言论，因此本庭不应该在本案中采纳被请愿人的观点。

2. 根据第 1 修正案，条例规定营业执照和土地使用规划的要求并没有非法地提前禁止受到宪法保护的言论，所以并不违反宪法。尽管成人电影只能在有执照的电影里放映，所有的电影都必须在有执照的电影院里放映。政府管理放映电影的地点并没有侵犯言论自由，市政府有权进行城市规划并管理商业房地产的使用足以支持政府对营业地点的限制。

推翻原判。

斯蒂文斯大法官代表法庭发表判决，首席大法官博格、怀特、鲍威尔（除了第三部分之外）和阮奎斯特大法官加入，鲍威尔大法官还发表了附和判决，斯图亚特大法官发表反对意见，布莱能、马歇尔和布拉克曼大法官加入反对，布拉克曼大法官也发表反对意见，布莱能、斯图亚特和马歇尔大法官加入反对。

斯蒂文斯大法官代表法庭发表判决。

底特律市政府通过的《土地使用规划条例》对色情电影院和普通电影院区别对待。本案的主要争议是，该条例按照受第 1 修正案保护的言论内容分类是否违反宪法。

本诉讼挑战的底特律《土地使用规划条例》于 1972 年 11 月 2 日生效。该条例并没有把成人电影院集中在某些受限的区域，而是要求这些电影院分散开。具体的规定是，成人电影院不能开设在另外两家"监管使用"商铺的 1 000 英尺之内，也不能开设在住宅区的 500 英尺之内。除了成人电影院之外，"监管使用"一词还包括 10 种不同的营业场所。该条例对"成人"电影院的分类有明确的规定，如果电影院放映的电影特别强调或描绘"具体的性行为"或"具体的人体器官"，便属"成人"营业场所。

1972 年的条例修订了 10 年前通过的《反社区贫民化条例》。当时，底特律的平民委员会发现有些商铺如果集中在一个有限的地段会对社区特别有害。政府决定把成人电影院和成人书店列入有害商铺，除非获得特殊豁免，不得开设在另外两家"监管使用"商铺的 1 000 英尺之内，那是对当时成人电影院和成人书店的数目急剧增长的应对措施。支持该条例的城市规划和房地产专家认为，在同一个地段集中若干家这类营业场所会使房价下跌，犯罪率上升，特别是卖淫嫖娼，导致当地的居民和商铺搬走。

被请愿人经营两家成人电影院，其中一家从 1973 年开始放映成人影片，另一家是原来是街角的加油站，被改造成"小型电影院"，但是因为将放映成人电影，政府拒绝颁发营业许可证，这两家成人电影院都坐落在两家监管使用的商铺的 1 000 英尺之内，街角的小型电影院更是坐落在住宅区的 500 英尺之内。被请愿人起诉有关的市政府官员，要求法庭宣布条例违反宪法，并请法庭下令禁止执行条例。联邦法庭具有管辖权，将两宗诉讼并案判决。

联邦地区法庭同意被告的动议，未经开庭便判处原告败诉。根据市政府通过条例的理由，法庭认为市政府努力保护当地社区是合理的。法庭分析并驳回了被请愿人的论点，认为条例中对成人电影院的定义和有关豁免的规定并不含糊。法庭判决政府出于迫切的利益区别对待成人电影院和普通电影院是有道理的，并没有违反平等保护条款。而且，政府限制成人电影院的营业地点也没有违反第1修正案。

上诉法庭推翻了地区法庭的判决。多数派判决底特律的条例提前禁止受到宪法保护的言论自由，所以市政府"仅证明条例的目的是保护公众利益"，并没有充分的理由根据电影的内容而将成人电影院打入另类。上诉法庭援引芝加哥警察局诉莫斯利案（Police Department of Chicago v. Mosley）判决底特律的条例违反了平等保护条款。塞勒布莱兹法官（Judge Celebrezze）在他的反对意见里表示，底特律的条例合法地"限制时间、地点和方式"，并不是根据言论的内容而加以限制。

因为上诉法庭的判决意义重大，我们决定颁发调卷令。

就像在地区法庭那样，被请愿人称（1）条例过分含糊，违反了第14修正案的正当程序条款；（2）条例非法提前禁止第1修正案保护的言论；（3）根据电影的内容将成人电影院打入另类有悖第14修正案的平等保护条款。我们根据以上顺序逐一考虑。

第一部分

被请愿人分两部分挑战条例过分含糊。他们并没有攻击条例对"具体的性行为"或"具体的人体器官"的定义，而是辩称他们无法确定电影里究竟包含多少色情内容才算是"特别强调"性行为。此外，他们还辩称条例对豁免含糊其词，没有规定足够具体的程序或标准豁免1 000英尺的限制。

我们觉得本庭无需抽象地考虑以上两个论点的合法性。尽管我们也许还难以确定条例对其他诉讼当事人将会有什么影响，该条例无疑适用于本案的两位被请愿人。案卷记录显示，两家电影院都定期放映成人电影，而且两位被请愿人都没有提出任何为电影院申请豁免限制的理由。因此，即使条例中有含糊不清的成分，显然并没有对被请愿人造成任何影响。被请愿人挑战条例没有给他们充分的通知而违反了第14修正案的正当程序条款，我们拒绝这条理由。

尽管我们还无法确定条例将对被请愿人自己的权利造成什么影响，但是因为条例将会影响第1修正案保护的言论，被请愿人辩称他们可以挑战含糊不清的条例。在若干案例中，即使被告们自己的言论并不受宪法的保护，但是如果法律有可能禁止其他人发表受保护的言论，他们还是有资格挑战法律违反宪法。对于诉讼资格的传统规则来说，这是一条例外，因为本庭认为即使有些人并没有参加诉讼，也会因为某些法律的存在而不敢表达宪法保护的言论。这条例外的理由是，维持一个自由和公开地交流思想的言论平台更为重要。尽管如此，假如法律阻遏合法言论的效果并不"真实和严重"，而且"州法庭可以随时严格地解读"法律，诉讼的当事人不得替第三方伸张权利。

我们并不认为底特律的土地使用规划条例会严重地阻遏电影院放映受到第1修正案保护的电影。

上面已经谈到，该条例中唯一的含糊之处就是究竟描绘多少露骨的性行为才能算是"特别强调"色情。对绝大多数电影来说，这个问题的答案是现成的。即使有存疑之处，"州法庭也可以随时严格地解读法律"。与自由传播重要的社会或政治言论相比，放映介于色情和艺术之间的电影并不见得更重要。因为底特律条例中不定因素的数量有限，而且州法庭很容易严格解读，面对被请愿人出面替并未参加诉讼的第三方提出的假想诉求，我们认为本庭不宜受理。

底特律条例唯一可能阻遏的受保护言论，就是那些被定义为描绘"具体的性行为"和"具体的人体器官"的电影。第 1 修正案固然保护一些（但不是所有）色情电影不被封杀，但电影院是否可以放映某些模棱两可的电影的问题，对自由交流思想和言论的平台并不构成任何威胁，所以我们无需破例审查底特律的条例是否符合宪法。

对被请愿人来说，条例的效用很简单，即使该条例在其他情况下可能有不定因素，我们也还是同意地区法庭的判决，驳回被请愿人基于正当程序的论点。

第二部分

被请愿人承认底特律的条例禁止没有"成人电影院"执照的普通电影院放映受第 1 修正案保护的成人电影。被请愿人辩称该条例非法提前禁止言论自由。

没有人以底特律政府限制成人电影院的总数量为由挑战土地使用规划条例，也没有人声称成人电影的发行商和放映商被剥夺了市场，或是无法满足观众观看成人电影的欲望。总体来说，成人电影的市场并没有受到限制。

然而，成人电影确实只能在有执照的电影院里商业性放映，但是所有的电影院都需要放映执照。底特律政府要求所有的电影院满足地点和某些其他方面的要求。市政府无疑有权控制电影院和其他营业场所的位置，或者把它们限制在某些具体的商业区，或者要求它们在市区里分散开来。商业性放映第 1 修正案保护的电影受到城市规划的限制，并需要持有执照，但仅此两点并不足以证明条例是非法的。

成人电影院跟普通的电影院不同，其营业地点受到限制，我们姑且把这个问题暂时搁在一边。我们认为 1 000 英尺距离的要求本身并不算非法限制受保护的言论。计划和管理如何使用商业性房地产是市政府的权益，市政府有足够的理由在市区内限制所有的电影院。政府的条例对成人电影院和普通电影院区别对待，电影院分类的标准取决于电影的内容，管理电影的放映地点并不违反第 1 修正案。所以我们下一步考虑对电影院的分类是否违反平等保护条款。

第三部分

我们引用伏尔泰的一句话来说明我们坚持一条原则，那就是政府不能告诉公民他可以说什么，不可以说什么。伏尔泰认为用暴力推翻暴政也许是合法的，他说："尽管我不同意你说的话，但是我愿意用生命捍卫你的发言权。"这段话的精髓在我们的判决中反复出现，用来阻止政府有选择性地控制传播思想。

因此，公民可以在街上和公园里自由地谈论国是，而无需政府批准他可以说什么。政府不能因为言论可能引起争议，引起人们不满现状，甚至可能激怒别人而禁止言论。但政府是否同意言论的内容并不应该影响政府管理发表言论的时间、地点或表达方式。

如果政府允许工人在学校附近抗议示威表达他们的观点，政府也应该允许其他人在同样的地方表达别的观点。正如我们在芝加哥警察局诉莫斯利案中所说：

"芝加哥条例的核心问题是根据示威的主题来决定是否允许示威。政府只允许民众为学校的劳资纠纷和平示威，却禁止其他所有的和平示威。政府根据标语牌上的信息来区分示威的性质，但是第1修正案规定政府无权因为言论所表达的信息、思想、主题或内容而禁止言论。为了继续进行政治和文化建设，保证每个人的自我满足，我们必须保证人民有表达任何思想的权利，并免受政府的审查。这种非法审查的实质就是控制言论的内容。因为内容而限制言论将完全削弱我们国家对一条重要原则的承诺，那就是有关公共话题的辩论不能受到限制，而应该是激烈和完全公开的。根据平等保护条款和第1修正案，政府不得因为接受某些人的观点而允许他们使用论坛，却因为不喜欢另一些人的有争议的观点而拒绝他们使用论坛。政府不得选择哪些话题值得在公共场所商讨和辩论。在思想领域，人们的地位必须平等，政府必须给所有的人平等的机会，让他们表达所有的观点。如果某些群体可以在一个论坛集会或讲演，政府就不能因为言论的内容而不让其他的群体在那个论坛集会或讲演。政府不能仅因为言论的内容而选择性地排除某些群体使用公共论坛，言论的内容根本就不能成为理由。"

如果我们光从字面上理解上面这段话或其他类似的话，而不考虑那些话是在什么情况下说的，我们就应该排除任何完全或部分因为内容而禁止言论的法规。但是我们早就知道，有关笼统原则的叙述是否正确将取决于上下文，我们有时会在原则的绝对范围内作出不同的判决。当我们重温本庭在第1修正案领域所作的判决，我们的原则是绝对不能因为内容而限制言论。

某种言论是否受到第1修正案的保护取决于言论的内容。因此，在可容许的争辩跟不可容许的煽动犯罪和暴力的言论之间有一条界线，这条界线不仅取决于发表言论的场合，也取决于言论的具体内容。同样，一句话究竟是受保护的粗口还是不受保护的"约架挑衅"也取决于其内容。在战争时期，我们无疑会禁止"公布舰船出海航行的日期和军队的数量和位置"，尽管公布其他的新闻事件是受到保护的。

在受保护言论的领域里，政府对不同的言论内容有不同的反应。在《纽约时报》诉萨利文案（*New York Times* Co. v. *Sullivan*）中，我们认为第1修正案限制州政府强制执行诽谤法的权力。我们判决政府官员不能因为有人批评他的职务行为而得到赔偿，除非他能证明批评的人有"恶意"，我们在判决中对恶意下了具体的定义。我们的判决中还包含了一个假定：如果报纸文章的内容并不针对政府官员，原告就不用证明批评的人有恶意。

在此后的一系列案件中，又出现了许多不同的个人观点，本庭讨论了什么时候第 1 修正案才要求证明恶意。人们对此看法各异，比如除了涉及政府官员之外，涉及公共话题的案件是否也要求证明恶意？此外，伤害的性质是否也很重要？这一系列贯穿所有判决的问题基于一条假定的规则，即是否需要证明恶意的规则取决于言论的内容。但那种假定与规则后面的理由并不矛盾，那就是禁止政府根据受保护言论的内容加以限制。那条规则的精髓就是要求政府绝对保持中立，政府不能因为同情或敌视言论的观点而限制言论。因此，我们必须根据新闻的内容来确定言论是否涉及公众人物或公共话题，但法庭对公众人物或公共话题的好恶与是否要求被告证明恶意无关。

我们最近判决第 1 修正案也保护商业性言论。但是我们还明确指出，保护广告的程度也取决于其内容。公共交通系统可以接受某些广告，但是拒绝其他广告。州法可以规定高速公路边的广告牌只能宣传本地的企业，不能宣传外地的企业。此外，政府管理部门可以禁止商人发表字面上真实的言论，因为从字面上理解可能具有欺骗性。宪法对商业言论的保护措施也主要取决于广告的内容。

跟本案直接有关的问题是，第 1 修正案是否禁止各州和联邦政府完全禁止"淫秽"的色情材料？在金斯伯格诉纽约案（Ginsberg v. New York）中，被告向未成年人出售一本色情杂志，尽管那本杂志对成年人来说并不算"淫秽"，但被告还是被判有罪，本庭维持了下级法庭的原判。尽管本庭的一些大法官觉得应该尽可能保护色情杂志的言论自由，但他们还是反复地表示州政府可以禁止向未成年人和不愿意接受的成年人出售色情杂志或放映色情电影。第 1 修正案确实并不排除政府有权禁止向未成年人出售色情材料，但是因为色情材料也在宪法保护的范围之内，所以政府必须在审查了杂志的内容之后才能决定是否应该禁止出售给未成年人。

是否禁售必须根据具体的内容来决定，政府在管理受保护的言论时必须保持中立。政府可以规定色情电影在什么地方放映，但无论电影传递什么社会、政治或哲学的信息，是否嘲笑或表达什么观点，条例对所有的电影都应该一视同仁。

此外，尽管第 1 修正案不允许全面禁止色情材料，因为有些色情作品据说还具有一定的艺术价值，但是社会保护色情作品的力度远小于保护政治辩论的力度，伏尔泰就是因为受了政治辩论的启发而作出了不朽的评论。无论政治演说或哲学讨论使我们鼓掌还是喝倒彩，每个小学生都理解为什么我们有责任保护每个人的发言权。但是极少数的人会坚持一定要在自己选择地点的电影院里观看"具体的性行为"，并为维护这种权利而把自己的儿女送上战场。尽管第 1 修正案也保护色情言论不被全面禁止，我们也还是认为州政府可以合法地根据内容把色情电影和普通电影区分开来。

剩下的问题就是，因为市政府有保护社区特点的权益，是否就有理由通过土地使用规划条例区别对待色情电影和普通电影？关于这一点，我们同意地区法庭法官的观点。平民委员会认为限制色情电影院的位置可以达到期望的效果，本案记录显示这一结论是

有事实根据的 ①。法庭的作用不是评估决定让成人电影院分散和集中的利弊。无论分散还是集中，我们都必须尊重市政府维持生活品质的权益。此外，我们也应该允许市政府有机会尝试解决严重社会问题的方法。

因为本案最终的利害关系无非是限制成人电影可以在什么地方放映，尽管具体哪一部电影算是成人电影将取决于电影内容的性质，但我们认为市政府有权维护各个社区现在和将来的特点，这种权益足以支持市政府将电影分类。城市规划的条例要求成人电影院不得在其他两个监管使用的营业场所 1 000 英尺之内经营，我们判决城市规划条例并没有违反第 14 修正案的平等保护条款。

推翻上诉法庭的原判。

鲍威尔大法官附和。

尽管我大致同意本庭的判决，并附和判决的第一、第二部分，但我对本案争议的解决方法迥异，所以单独发表我的意见。我觉得本案是创新的土地使用规划条例，恰巧有限地涉及《宪法第 1 修正案》的顾虑。

第一部分

半个世纪前，本庭广泛地支持地方政府有权采用当时土地使用规划的新概念，以有效地应付城镇化对人民生活品质的影响。本庭对实际行使土地规划权的必要性有如下的考虑："随着人口不断地集中，已经产生并还将产生各种问题，这就要求我们在目前和今后对使用和占有市区的私有土地加以限制。"

本庭还规定了土地规划权的范围：限制使用私有土地的自由必须与"为了公共福利行使治安权有关"；限制措施是否合法取决于周围所有的情况和条件；如果某种土地规划条例"有待商洽"，立法机构可以酌情管控。

在过去的 50 年里，土地规划在我们城市化的社会里被人民接受为必需的措施，而且土地规划的限制措施日益变得更为复杂并不断创新。在贝尔泰尔村诉波拉斯案（Village of Belle Terre v. Boraas）中，我们审理了纽约长岛的一个小社区通过的土地规划条例，其目的显然是避免城市生活的不愉快。该条例规定在社区内只能建造一家庭居住的房子（Single family house），并对家庭下了定义，两个没有亲属关系的人不得居住在同一栋房子里。我们判决该条例合法，因为避免人口和车辆的拥挤和噪声是"根据家庭需要使用土地的合法指导原则"，而且村民完全有权"把社区建设成他们的保护区"。

① 这就是著名的注脚 34。平民委员会确定，如果"成人"电影院过于集中在一个地方，就会造成当地社区的环境恶化，犯罪率上升，而普通的电影院不会造成这种后果。土地使用规划条例的目的就是避免这种附带后果，而不是避免传播可能冒犯他人的言论。本案跟厄兹诺兹尼克诉杰克逊维尔市案（Erznoznik v. City of Jacksonville）案不同，杰克逊维尔市限制成人电影院的理由是保护公民不受"冒犯性"言论的滋扰。市政府提出唯一支持立法的附带后果是成人电影院可能影响交通，但即使没有放映裸体，普通的露天电影院同样也会转移来往车辆的注意力。——译者注

第二部分

根据以上案例，底特律的平民委员会显然有权通过反社区贫民化条例。本庭注意到，平民委员会认为如果让"监管使用"的营业场所集中在一起，将"引起周围地区的衰退"，还可能"导致周围社区的凋零或品位降低"。防止商业区的衰退肯定属于公共福利的范畴，而且在治安权的管辖范围之内。被请愿人显然同意 1962 年通过的条例是合法的，却反对 10 年之后的修订条例，因为新条例中包括了成人电影院、成人书店和"无上装"舞厅。这些修订是因为平民委员会认为最近成人娱乐场所泛滥，而且倾向于聚集在市区的某些地段，这将对周围的地区带来负面的影响，修订的目的就是防止出现这种情况。

被请愿人因为受到修订条例的影响而攻击新条例，他们的诉求很简单。被请愿人主张司法审查的标准是"权利的性质，而不是对权利的限制"，因此土地使用规划条例并没有护身符，他们完全可以挑战条例是否符合宪法。被请愿人辩称，政府限制成人电影院的营业地点，理由是成人电影院会影响周围的社区，但是政府的担心并没有证据支持，所以剥夺了第 1 修正案赋予他们的权利。此外，即使底特律政府有权防止商业区衰退，而且这种权益给政府充分的理由限制言论，土地使用规划条例还是非法的，因为政府完全根据电影的内容歧视成人影院。

我拒绝接受被请愿人的论点，理由如下：

第三部分

在本案中，第 1 修正案保护的言论自由跟市政府的商业区土地使用规划条例发生了冲突，本庭原来还没审理过此类案件。被请愿人要求我们机械地套用在不同的情况下建立的理论。但是本案既不像其他涉及在公共场所发表言论的案件，也不涉及个人言论，完全没有先例可循。该条例造成的特殊情况要求我们谨慎地考虑州政府的忧虑和宪法保障的言论自由。

无论用何种方式限制第 1 修正案的权利，州政府都必须承担举证的责任，具体说明究竟侵犯了哪项权利。宪法保障言论自由的主要考虑是人们必须有充分的机会用各种不同的方式传递自己希望表达的观点。本案涉及电影，我们在约瑟夫·博思廷诉威尔逊案（Joseph Burstyn, Inc. v. Wilson）中判决电影完全在第 1 修正案保护的范围之内。在博思廷案判决之后的四分之一个世纪中，本庭审理了若干个与电影和书籍有关的案例，提出第 1 修正案主张的人往往是电影院或书店的经营者。然而我们的案例显示，第 1 修正案的核心是允许创作人能够通过电影自由地向观众传递他想传递的信息。

道格拉斯大法官简明地总结了核心的观点："在这个国家，每一位作家、演员或制片人，无论他使用什么媒体，都应该免受检查。"在许多情况下，例如通过刑法、检查或许可证，只有电影院或书店的经营者才能捍卫这种权利。但是第 1 修正案最大的顾虑是观众或读者能否获悉言论。

在本案中，没有任何迹象显示针对成人电影院执行反社区贫民化条例会遏制拍摄或限制观看成人电影。在涉案的两家成人电影院中，一家将无法留在目前的地点，正在选址的另一家也将受到限制。条例对此案的限制确实可能给某些成人电影院造成经济损失，但是土地使用规划条例对其他商家也会造成同样的经济损失。因为土地使用规划而使商家蒙受经济损失的案例数不胜数。

第 1 修正案所关心的并不是经济影响，而是法律是否影响了言论自由。因此，我们主要应该审查两个问题：（1）条例是否限制成人电影的内容，或是影响电影院向观众放映电影的能力？以及（2）条例是否严重地限制了观众观看成人电影？本案的记录对上述问题的答案是否定的，条例对成人电影院的影响是附带和轻微的。底特律既没有禁止放映，也没有检查电影的内容，更没有限制观众观看。条例只是限制成人电影的放映地点，既没有干预电影的内容，也没有全面阻碍放映，更没有剥夺向观众传递信息的机会。根据地区法庭的审查结果，如果市场需求足够大，底特律的成人电影院数量并不会减少，都可以自由地提供成人娱乐信息。毫无疑问，一些观众会因为成人电影院分散而感到不方便，但是如果成人电影院不集中在市区的某个地段，另一些观众也许会觉得更方便，当然这主要是取决于他们的工作和居住地点。在这些情况下，我们应该用美国诉欧布利安案（United States v. O'Brien）中的 4 部分（译者注：4 个如果）检验标准来分析底特律政府采取的行动。根据那种检验方法，"如果政府得到宪法的授权；如果法律促进重要的政府利益；如果政府利益与压制言论无关；如果为了促进政府利益而附带限制第 1 修正案自由的程度恰如其分"，即使政府行动附带影响了第 1 修正案保护的权利，政府的管理还是合理的。

在欧布利安案中，政府起诉焚烧征兵登记证的人，跟本案很不相同。但是权衡利益冲突的方法是相同的。

上面已经提到，修订法规无疑是在底特律平民委员会的权限之内。此外，政府促进的利益无疑也是重要的。如果没有稳定的社区，无论是住宅区还是商业区，都可能迅速地衰败变成都市丛林，对社会、环境和经济造成悲剧性的后果。尽管我同意被请愿人的观点，治安权并不能免受宪法的审查，但不可否认的是，为了保护城市里某个区域的特色，土地使用规划是"地方政府最基本的功能之一，因为这是保护生活品质的主要措施，尽管我们很难为生活品质的概念下定义"。

本案的记录同样也能通过欧布利安的第三和第四个检验标准。无论在时间上还是事实上，底特律都没有压制言论的计划。土地使用规划的目的很明确，存在了 10 年之后才把成人电影院包括进去。条例修订之后并没有受到严重的挑战，政府把成人营业场所纳入条例跟压制言论并无关系。此外，促进政府利益的条例对言论自由造成的附带侵犯也被控制在最低程度。平民委员会的证据显示，城市衰败并非因为所有的电影院和其他"监管使用"的营业场所集中在一起造成的，而是因为成人电影院集中造成的。如果底特律把那些不会使周边地区衰败的电影院也纳入条例，情况就完全不同了。

第四部分

反对派认为，厄兹诺兹尼克诉杰克逊维尔市案（Erznoznik v. City of Jacksonville）支持他们的观点，我认为这种观念是模糊不清的。杰克逊维尔和底特律的条例不同，我们分析出来的杰克逊维尔条例的弱点，并不适用于底特律。厄兹诺兹尼克案中的条例的目的并不是全面的土地使用规划，而是防止滋扰，禁止在露天的汽车电影院放映有裸体镜头的电影，以免被来往车辆里的乘客和行人看见。条例保护的政府利益是：（1）保护公民，使他们看不见他们不想看的冒犯性材料；（2）不让儿童接触那种材料；以及（3）防止来往车辆减速而造成车祸。参照以上的目的，我们认为杰克逊维尔的条例不是涵盖面太广就是包含得不够全面。条例的第一个目的涵盖面太广，因为无论裸体镜头是无伤大雅的还是具有教育意义的，条例都一律禁止。此外，认为被冒犯的潜在观众并没有被强迫观看，他们转过头看别处就可以了。至于保护儿童，杰克逊维尔的条例涵盖面也太广，因为条例可能"禁止一场艺术展览会的宣传片或海滩上的泳装镜头。"最后，杰克逊维尔的条例自称是交通规则，却没有为此量身定做。其实该条例的涵盖面还不全面，虽然"禁止对裸体镜头漫不经心的一瞥"，却忽略了大量其他的银幕画面，因为那些画面至少会同样吸引过路司机的注意力。

总之，厄兹诺兹尼克案中的条例错误地试图直接管理言论的内容。对比之下，底特律的土地使用规划条例只是附带地影响言论，涉及的政府权益与管理言论毫无关系。至少对被请愿人来说，该条例并没有违反第1修正案。尽管法庭应该提高警惕，防止土地使用规划直接影响言论的可能性，特别是政府以行使土地规划权为借口压制言论，但本案并没有发生这种情况。

斯图亚特大法官发表反对意见，布莱能、马歇尔和布拉克曼大法官加入反对。

今天本庭判决第1和第14修正案并不禁止底特律市政府用一套提前限制和刑事检控的系统，根据电影的内容来限制成人电影院的营业地点，虽然那些电影院放映以性为主题的电影，但并不下流。我反对本庭严重地背离了公认的第1修正案的法律原则。

本案涉及的既不是简单的土地使用规划条例，也不是与内容无关，只是限制放映的时间、地点和方式，更不是限制不受第1修正案全面保护的下流或其他言论。对有些人来说，本案中有争议的言论无疑是有伤风化的，但是跟厄兹诺兹尼克案中的"冒犯性"言论相比，这两种言论都应该受到同样的保护（例如：在露天电影院放映裸体镜头、说粗话、撒村、在校园刊物上使用不雅的语言、穿印有下流话的衣服、种族歧视的语言，以及正面地描绘通奸行为）。

因为政府认为言论的内容有伤大雅，本案涉及宪法是否允许有选择性地解读言论，而第1修正案的主要功能恰恰就是禁止这种解读。本庭拒绝宣布底特律的条例无效，粗暴地践踏了第 1 修正案最重要的法律原则。第 1 修正案要求政府必须对言论的内容保持中立，只有在保护失去独立控制能力或未成年观众的前提下才能限制表达言论的时间、地点和方式。为了取代这些原则，本庭引进了一个对第 1 修正案来说是完全陌生的概念。因为"极少数的人会坚持一定要在自己选择地点的电影院里观看'具体的性行为'，并为维护这种权利而把自己的儿女送上战场"，所以本庭暗示成人电影不配得到宪法的全面保护。这种说法彻底颠倒了"伏尔泰的不朽评论"。假如第 1 修正案是否应该保护某种言论取决于超过"极少数的人"是否会扛起枪去捍卫那种言论，那么言论自由的定义和范围将取决于多数人的民意。《民权法案》保障的目的就是防止多数人限制少数人的自由。

用本庭的术语来说，"冒犯性"的言论并不涉及"重要的"主题，并非"重要的社会或政治言论"，但这并不等于冒犯性言论不太值得宪法的保护，"完全中立的废话跟济慈的诗或邓恩的布道同样都受到言论自由的保护"。此外，在执法机构没有对淫秽下定义的情况下，我们无法用本庭的术语来确认本案涉及的言论并不"重要"。

"性和淫秽并不是同义词……例如在艺术、文学和科学著作中对性的描绘并不能成为剥夺宪法保护言论的理由。性是人类生命中伟大、神秘的推动力，在各个历史时期都是吸引兴趣的主题，是人类兴趣和大众关心的重要问题。"

我只能把今天的判决看成一种偏差。本庭无疑跟我一样，对底特律市政府"清理"街道和防止"社区贫民化"所作的努力持同情的态度。但是在这种情况下，受保护的言论和理性的思维发生了令人不快的冲突，这就需要高度的司法警惕性。

直到现在，本庭还没有尽到保护"冒犯性"言论免受政府干预的责任。就在去年，本庭在厄兹诺兹尼克诉杰克逊维尔市案中判决，市政府不能因为附近的行人和来往车辆里的乘客可以看见露天电影院放映的裸体镜头而把露天电影院定为公害，这种做法违反第 1 和第 14 修正案。那个案例与本案惊人地相似。两个城市的法律都没有完全禁止"不雅"的言论，却都要求改变放映场所的地理位置。两个城市的官员都声称有权减少含有某种特定内容的言论的"不良"影响。最重要的是，厄兹诺兹尼克案中限制的言论跟底特律条例第 1 节定义的"具体的人体器官"相对应。换言之，厄兹诺兹尼克案的 4 个要件与本案几乎完全相同。大部分言论看起来并没有什么价值，甚至根本没有价值，却威胁了我们社会对话的氛围，甚至打破了生活的宁静。但这就是我们为了宪法自由必须付出的代价。

布莱克曼大法官反对，布莱能、斯图亚特和马歇尔大法官加入反对。

我加入斯图亚特大法官的反对意见，并另外发表反对意见，单独地提出一条理由——为什么底特律的条例违反了宪法？因为条例是含糊不清的。

第一部分

　　首先让我们跟电影院的经营者易地而处。假设一家电影院原来只放映普通的电影，但是后来决定某几天放映一部有露骨的性行为镜头的连续剧。电影院的经营商必须确定放映色情电影是否会把电影院纳入"成人"电影院的范畴，一旦被纳入那个范畴，就必须取得执照，而且还可能因为电影院所处的地点而被完全禁止营业。

　　一家电影院是否被定为"成人"电影院，取决于该电影院是否"被用来放映"那些"特别强调"某些具体行为的电影，包括性交或具体的人体器官。放映电影时一旦出现描绘某些器官或行为的镜头，那是很容易辨别的。但是如果描绘性的镜头只是电影主题的一部分，我不知道电影院经营者该如何判断电影是否"特别强调"那些器官和行为。条例没有具体的指导。假设电影是"特别强调"那些器官和行为的，条例也没有说明如何判断电影院是否算是"被用来放映"那些电影，因为"被用来放映"的意思可能是曾经、经常或主要被用来放映那些电影。

　　假设放映一部连续剧将使一家电影院被定为"成人"电影院，放映者还必须确定电影院是否会因为地处其他两家"监管使用"的营业场所 1 000 英尺之内而被禁。除了确定自己的电影院是否属于"成人"范畴之外，放映者还需确定电影院周围还有几家商铺属于"监管使用"的营业场所。换言之，除了审查自己放映的电影之外，放映者还必须审查在 1 000 英尺范围内竞争对手放映的电影。除了附近的电影院之外，监管使用的商铺还包括"成人"书店、"D 组舞厅"、供应酒精饮料的餐饮店、旅馆、汽车旅馆、当铺、撞球馆、公共客栈、"旧货店"、擦鞋摊和"无上装舞厅"等。放映者必须弄懂所有上述商铺的定义，其中有些是很明显的，但另外一些并不明显。例如，邻近的一家"成人"书店，其存书必须"主要是特别强调"跟成人电影院相同的主题。

　　此外，放映者用条例为自己和邻近的商铺下定义的任务是持续不断的。只要附近的一家商铺被划入"监管使用"的范畴，就会造成电影院违规。例如，电影院左邻的旅馆里增添了一家酒吧和擦鞋摊，放映者必须确定整个旅馆算一个还是几个"监管使用"的营业场所。又如，电影院右边的书店卖书的内容改变，什么时候才算是"成人"书店？为了不放松警惕，电影院经营者必须牢记，如果他弄错了其中任何一件事情，就可能被罚款甚至坐牢。

　　在这种情况下，放映者很可能选择干脆不放映那部电影连续剧。因为条例的管辖范围中存在"灰色地带"，可能阻遏受第 1 修正案保护的活动，这就是语言含糊的瑕疵之一。含糊的法律标准还可能给执法官员过分而无法追究的酌情权。本案涉及的条例便有这种瑕疵，因为上述的含糊标准让执法官员来解读和应用法律。该条例的危险性在于标准不明确，于是市政府的官员就有权决定是否给"成人"电影院发放执照，或者是否批准豁免 1 000 英尺的规定。

　　所有"成人"电影院都必须有执照才能营业，而执照是由市长颁发的。条例并没有规定具体的标准，但市长有权拒绝给"成人"电影院发放执照。如果"市长得到证据证明电影院在过去的两年内曾违反任何刑事或土地使用规划条例，明目张胆地无视顾客、雇员或在附近居住或营业人员的安全和福利，"就可以随时吊销执照。

如果"成人"电影院违反了 1 000 英尺的规定，放映者不仅需要得到市长批准，还需要市政规划委员会批准豁免 1 000 英尺的要求。除了满足其他比较明确的要求之外，还要市政规划委员会认为"成人电影院""不会侵犯公众利益，也不会对附近的房地产造成伤害"，并且不违反条例的"精神和目的"，才可以豁免 1 000 英尺的要求。

第二部分

就在几天前，本庭在海因斯诉奥拉戴尔市长案（Hynes v. Mayor of Oradell）中再次确认了一条原则，在第 1 修正案的领域里，"政府只可以在狭窄的范围内监管"，避免使用含糊的语言，"使得普通智商的人不得不猜测法律的含义"。在海因斯案中，我们判决语言含糊不清的法律无效，因为法律要求"为了慈善……政治运动或事业"而挨家挨户动员的"公民团体和组织"及个人去当地的警察局登记，以便识别他们身份。我们认为，那条法律含糊得令人难以忍受，因为我们不知道法律包括什么"团体和组织"，也不知道什么才算是"事业"，又不知道"识别身份"的具体要求。如果海因斯案中的条例因为含糊而无效，而针对"成人"电影院地点的 1 000 英尺规定同样难以理解和执行，为什么底特律的条例就可以有效呢？

底特律的条例中有关颁发执照和豁免的标准如此含糊，其实更有险恶的用心。如果申请人曾在过去的两年里"明目张胆地无视他人的安全和福利"，市长就有权拒绝颁发执照。但是我不知道为什么那些人就应该服从没有具体标准的酌情权，因为酌情颁发执照的权力已经被本庭多次谴责。如果电影院申请豁免 1 000 英尺的规定，城市规划委员会的作用就相当于内容审查员，完全取决于他们如何理解"公众利益"跟条例的"精神和目的"。本庭已经反复宣布，含糊的预先审查电影的标准是无效的·本案审批豁免的标准与格陵诉得克萨斯案（Gelling v. Texas）中的标准相似，但得克萨斯只是规定审查员可以禁止"有损本市人民最佳利益"的电影，还没有提到"公众利益"和条例的"精神和目的"。

底特律的市长和规划委员会只是审查电影院的申请，而不是审查每一部电影。也许有人会辩称他们只是坚持条例的"精神和目的"，他们主要是担心市容的凋零，而不是选民的思想。但无论是审查电影院的地点还是电影的内容，都掩盖了最基本的决定性事实：为了放映受保护的"成人"电影，电影院必须得到市长和城市规划委员会的批准，他们不可避免地会考虑电影的内容，在审批过程中他们并没有"量身定做的、合理的、明确的标准"限制他们。我们可以允许底特律的条例管控当铺、撞球馆和其他"监管使用"的营业场所，因为当初条例就是为那些场所制订的，但是电影涉及第 1 修正案，我们不能用这种方法来决定谁可以在什么地方放映电影。

第三部分

本庭今天并没有质疑这些公认的原则，也不怀疑被挑战的条例会通不过本庭的检验，而是认为这些原则并不适用于本案，因为原告们本身显然属于条例排斥的范畴，所以即使条例的语言含糊不清，对他们也没有影响。如果有人被法律排斥而从字面上挑战法律过于含糊、笼统，本庭通常都会受理。以下是本庭不受理挑战的理由：（1）法律并不会"严重地阻遏放映第 1 修正案保护的电影"；（2）条例很容易被"狭义地解释"；和（3）"不加限制地放映介于色情和艺术之间的电影所产生的利益肯定没有自由地传播重要的社会和政治观点那么重要"。

我不同意第一条理由，因为判决一开始就很清楚。至于第二条理由，"狭义地解释"并非易事，而且我怀疑是否能狭义地解释，特别是（1 000 英尺范围的规则）跟"成人"电影院有关的"用来放映"和"特别强调"的语言，还有跟执照和豁免条款中的"明目张胆地忽视"和"公共利益"的语言，以及其他监管使用的定义，都必须更具体。

第三条理由是"成人"材料没有资格受同样多的保护，这条理由向我们解释了为什么本庭在应用含糊原则的过程中有漏洞，而且解释了整个案子。我加入斯图亚特大法官的反对意见是为了驳斥一种谬论，那就是因为"很少有人"觉得需要保护"色情的材料"，所以第 1 修正案的保护就应该减少。

本庭把受到挑战的条例说成是"土地使用规划"的法规，而且把被影响的材料归类为"成人"性质，我们不应该因此而动摇。无论以什么名义，底特律的条例禁止在某些地点放映某些电影，并通过刑事检控来惩罚违反禁令的行为。即使我们讨厌成人电影，我们也不能因为本庭根据自己小心制定的标准认为成人电影淫秽而阻遏那些电影。

得克萨斯诉约翰逊

Texas v. Johnson

491 U.S. 397（1989）

1989 年 3 月 21 日辩论；1989 年 6 月 21 日判决。

向得克萨斯州刑事上诉法庭发出的调卷令。

摘要：

在 1984 年共和党全国代表大会期间，被上诉人约翰逊参加了一场政治示威，抗议里根政府和某些达拉斯公司的政策。当游行队伍通过市区街道时，示威者高呼口号，约翰逊焚烧了一面美国国旗。当时并无人受伤，也没有人受到人身伤害的威胁，只是有些目击者觉得焚烧国旗冒犯了他们。约翰逊被判有罪，罪名是亵渎一件神圣的物品，违反了得克萨斯的法律，州上诉法庭维持原判。然而，得克萨斯州刑事上诉法庭推翻原判，因为根据第 1 修正案，州政府不能因为约翰逊在那种情况下焚烧了国旗而惩罚他。法庭认为，约翰逊焚烧国旗是一种表达行为，应该受到第 1 修正案的保护。虽然州政府的目的是保护国旗，因为国旗是国家团结的象征，但是法庭认为州政府不能通过刑法惩罚亵渎国旗的行为。法庭还认为，得克萨斯的法律并不能达到防止骚乱的目的，因为法律覆盖的范围必须尽可能狭窄，除非焚烧国旗会导致严重的骚乱，而本案的焚烧国旗并没有骚乱的威胁。法庭还强调，得克萨斯另外有一条法律禁止骚乱，可以用来防止骚乱而无需惩罚亵渎国旗。

判决：约翰逊亵渎国旗的有罪判决违反了第一修正案。

（a）在当时的情况下，约翰逊焚烧国旗属于表达行为，应该受到第 1 修正案的保护。州政府也承认焚烧国旗是表达行为。焚烧发生在示威结束时，恰逢共和党正在召开全国代表大会，焚烧国旗显然是故意的政治性行为。

（b）在美国诉欧布利安案（United States v. O'Brien）中有一条检验标准，当某一行为同时具有言论和非言论的成分，如果政府为了保护本州的重要利益而管理非言论行为，就有理由限制第 1 修正案的言论自由。但是在本案中，除了压制言论之外，得克萨斯州并没有提出任何利益主张来支持对约翰逊的判决，所以就无法使用上述的检验标准。在本案的卷宗里并没有提到州政府防止骚乱的利益。我们不能因为旁观者被言论冒犯有可能导致骚乱而禁止言论，因为政府不可以假设任何挑衅性的言论都会引起暴乱，必须视言论当时的具体情况而定。约翰逊发表对联邦政府政策不满的言论，并不属于"挑衅性言论"，并不直接针对个人，也不是约架。本庭的判决并不禁止政府防止"迫在眉睫的不法行为"，实际上得克萨斯本来就有专门防止骚乱的法律。虽然国旗是国家和团结的象征，但是得克萨斯州保护国旗的利益与本案的言论有关，不在欧布利安检验标准的范围内。

（c）用防止骚乱为理由判决约翰逊有罪是不成立的。限制约翰逊的政治言论是基于他言论的内容，因为得克萨斯的法律并非在所有情况下都保护国旗的形体完整性，而是为了保护国旗不被故意侮辱而冒犯他人，因此焚烧国旗必须接受"最严格的审查"。政府不应该因为社会可能被文字或非文字的言论冒犯而禁止言论，哪怕言论涉及国旗。州政府也不能为了促进自己对国旗的看法而禁止与国旗有关的表达行为，因为州政府不能限制象征性符号所表达的意义。此外，本庭不能仅仅为了美国国旗而在第 1 修正案保护的原则之外创立一个例外。

维持原判。

布莱能大法官代表本庭发表判决，马歇尔、布拉克曼、斯卡利亚和肯尼迪大法官加入。肯尼迪大法官还发表了附和判决，阮奎斯特首席大法官发表反对意见，怀特、欧康纳大法官加入反对，斯蒂文斯大法官也发表反对意见。

布莱能大法官发表本庭判决。

格里高利·李·约翰逊在一次政治示威中公开焚烧了一面美国国旗，被判违反得克萨斯法律中的亵渎国旗罪。本案的问题是，他的有罪判决是否符合第 1 修正案，我们认为判决违反了第 1 修正案。

第一部分

1984 年共和党在达拉斯召开全国代表大会期间，被上诉人约翰逊参加了一场政治示威，口号是"共和党巡回筹款游行"。根据示威者散发的传单和讲演，示威的目的是抗议里根政府和某些达拉斯公司的政策。示威者在达拉斯的街上游行，呼喊口号，并停留在几个公司门前装死，把核战争的后果戏剧化。他们在多处建筑物的墙上用喷漆涂鸦并掀翻花盆，约翰逊本人并没有介入这种行动，但是他接受了一位示威者从一幢建筑物门前扯下的一面美国国旗。

当示威队伍最后到达达拉斯市政府门口时约翰逊掏出国旗，在国旗上喷洒煤油并点燃。当国旗被焚烧时，示威者高呼："美国，红、蓝、白，我们唾弃你"。示威者散去后，一位目击者把国旗的灰烬搜集起来掩埋在他的院子里。示威过程中并无人受伤，也无人受到人身伤害的威胁，只是有些目击者觉得焚烧国旗冒犯了他们。

在大约 100 名示威者中，只有约翰逊被控犯罪，唯一的罪名是他违反了 1989 年《得克萨斯州刑法》第 42.09（a）（3）条，亵渎一件神圣的物品。庭审后他被判处有罪，刑期为 1 年监禁，并罚款 2 000 美元。得克萨斯州达拉斯的第五上诉法庭维持原判，但是得克萨斯州刑事上诉法庭推翻原判，因为根据第 1 修正案，州政府不能因为约翰逊在那种情况下焚烧了国旗而惩罚他。

刑事上诉法庭认为约翰逊的行为是象征性的言论，应该受到第 1 修正案的保护："在有组织示威、演讲、喊口号和散发传单的情况下，任何目击上诉人行为的人都会理解上诉人想传递的信息。上诉人被判有罪的行为显然是第一修正案所涵盖的'言论'"。

为了判决发表象征性言论的约翰逊有罪，州政府称有两项利益：一是保护国旗的尊严，因为国旗是国家团结的象征；二是防止骚乱。上诉法庭认为上述两项利益都不能支持州政府对约翰逊的判决。

尽管本庭并未判决过政府可以通过刑法惩罚亵渎国旗的行为来维护国旗的象征性意义，得克萨斯州法庭还是认为本庭对西弗吉尼亚教育局诉巴奈特案（West Virginia Board of Education v. Barnette）判决的意思是政府不得通过限制言论来保护国旗的利益。州刑事上诉法庭解释道，"承认人民有表示不同意见的权利，是第 1 修正案的核心，政府不能通过法令要求人民团结一致。因此，政府不能从国旗里分割出一个团结的象征，并规定这个象征必须传递政府同意的信息，政府不能命令这种象征必须代表什么地位或感情"。

得克萨斯州法庭认为政府未能证明国旗面临"失去象征意义的重大风险"，所以约翰逊的行为并没有威胁到国旗的特殊地位。

至于州政府防止骚乱的目的，法庭认为有关亵渎国旗的法规并不是仅针对焚烧国旗可能引起的骚乱。事实上，法庭强调在本案中焚烧国旗并没有造成骚乱。法庭承认"焚烧国旗是严重的冒犯，但是没有引起骚乱，案卷中也没有任何证据表明当时的情况具有潜在的爆炸性。'严重的冒犯'与煽动骚乱完全不是一回事"。

法庭还强调了另外一条法律，1989 年《得克萨斯州刑法》第 42.01 条，该条法律是专门针对骚乱的。法庭引用了布斯诉巴瑞（Boos v. Barry）的案例，认为州政府无需惩罚焚烧国旗的行为，用 42.01 条就可以禁止骚乱。

州法庭认为对约翰逊使用 42.09 条是违反宪法的，所以推翻了原判。约翰逊还挑战 42.09 条在表面上就是违宪的，因为法律的语言太含糊、太笼统，但是州法庭并没有作出判决。本庭决定颁发调卷令，并维持原判。

第二部分

约翰逊是因为焚烧国旗而被判亵渎国旗罪，而不是因为使用侮辱性的语言。这一事实使问题复杂化，因为我们是根据第 1 修正案来考虑他的有罪判决的。我们必须首先确定约翰逊焚烧国旗是否具有表达性。然后才能允许他援引第 1 修正案来挑战有罪的判决。如果他的行为具有表达性，接下来我们才可以决定州政府的规定是否构成压制言论自由。如果州政府的规定与言论无关，我们就可以使用美国诉欧布利安案中针对非交流行为的比较宽松的标准。反之，如果州政府的规定与言论有关，我们就不能使用欧布利安标准来检验，而必须用比较严格的标准来确定政府的利益是否能够支持对约翰逊的有罪判决。第三种可能性是，本案的事实并不涉及州政府主张的利益，那我们就无需考虑州政府的利益。

从字面上来看，第1修正案只禁止限制"言论"，但是我们一致认为第一修正案保护的范围并不仅限于口头或书面的语言。"即使个人行为的目的是表达一种想法"，我们也并不认为"所有表达想法的行为都可以贴上'言论'的标签"。我们认为，"第1修正案和第14修正案的范围只包括具有足够交流因素的行为"。

我们必须决定某种具体的行为是否具有足够的交流因素，才能确定我们是否能够使用第1修正案。因此，我们必须确定"行为的目的是否为了传递具体的信息，而且目睹这种行为的人是否能够理解这种信息"。

因此我们认为，学生们佩戴黑袖标抗议美国介入越南战争是在表达一种信息，黑人们在"仅限白人"的地方静坐示威抗议种族歧视是在表达一种信息，穿军装戏剧性地抗议美国介入越南战争是在表达一种信息，为各种事业罢工也是为了表示信息。

与本案直接相关的是，本庭的判决承认与国旗有关的行为具有交流的性质。我们认为，在国旗上粘贴和平的标志、拒绝向国旗敬礼，以及展示红旗等行为，都应该受到第1修正案的保护。在斯密斯诉苟冠案（Smith v. Goguen）中，我们认为穿着臀部缝有小国旗的裤子侮辱国旗也具有表达性。在与国旗有关的行为中，我们能够轻而易举地找到具有表达性的因素，这并不使人感到意外。国旗本身的目的就是象征我们的国家。我们可以这么说，"国旗代表了我们建国200年的历史"。因此我们认为：

"向国旗敬礼就是一种说话的方式。象征性是一种原始而有效的交流方式。用标志或旗帜来象征某种制度、观点、机构或人格，是心心相印的捷径。事业和国家、政党和宗教团体常常用旗帜、颜色和图案来表达信徒的忠诚。"国旗充满了表达的内容，就相当于象征美国的7个字母"美利坚"（America）。

但是我们并没有自动地确认任何与国旗有关的行为都具有表达性，而是根据行为发生的背景来判断行为是否具有第1修正案所指的表达性。

例如，在斯班思诉华盛顿案（Spence v. Washington）中，我们强调斯班思把象征批评的标记粘贴在国旗上"与柬埔寨的军事冲突和肯特州立大学的悲剧基本上同时发生[①]，是因为这两个事件而触发的"。就连华盛顿州政府都不得不承认，斯班思的行为是一种交流方式，本庭认为"州政府的让步是不可避免的"。

得克萨斯州政府在为本案口头辩护时承认，约翰逊的行为具有表达性，这种让步与华盛顿州在斯班思案中的让步同样明智。

约翰逊焚烧美国国旗是那场政治示威的高潮，当时共和党正在召开全国代表大会，并重新提名里根为竞选总统的候选人。焚烧国旗的行为具有公开的政治性，非但是故意

---

① 1970年5月4日，俄亥俄的肯特州立大学的学生在校园抗议美军轰炸中立的柬埔寨，俄亥俄州的国民警卫队向手无寸铁的学生开枪，在13秒内发射了67发子弹，共击毙4人，击伤13人。

的，而且是极其明显的。在庭审时，约翰逊对他焚烧国旗的原因解释如下："焚烧美国国旗正好是在重新提名里根竞选总统的时候。无论你是否同意我的观点，没有任何其他的象征性言论能够比焚烧国旗更强有力。那是一种排比，我们有了一种新的爱国主义，同时却又失去了爱国主义。"

在这种氛围里，约翰逊焚烧国旗的行为"充满了交流的因素"，足以把本案置于第1修正案的范围之内。

第三部分

总的来说，政府限制表达性行为的自由度大于限制书面或口头语言的自由度。但是政府会因为某种行为具有表达性而加以限制。

"因为保护言论自由的概念比较笼统，所以我们不能把具有交流性质的行为单挑出来加以禁止。就像针对言论的法律一样，针对具有交流性质的行为的法律必须符合第1修正案的要求。"

总之，限制言论是否合法并不取决于言论的性质是语言的还是非语言的，而是取决于言论会危及什么政府利益。

"因此，尽管我们承认行为当中可能同时具有'语言'和'非语言'的成分，如果受到限制的非语言行为涉及重大的利益，政府有理由限制第1修正案的自由。因为欧布利安的标准比较宽松，所以其适用性仅限于跟政府利益无关的限制言论自由。"我们认为欧布利安检验标准"在上述的分析中与针对时间、地点和方式的限制几乎没有区别"，但是我们强调政府的利益必须跟言论无关，才能使用比较宽松的欧布利安规则。

因此，为了确定我们是否能在本案中使用欧布利安检验标准，我们必须先确定得克萨斯以何种政府利益为理由判决约翰逊有罪，这种利益是否与压制言论有关。如果政府伸张的利益与本案的事实毫无关系，我们就没有必要讨论欧布利安检验标准是否适用。为了判决约翰逊有罪，得克萨斯州政府提出两项利益：防止骚乱和保护象征国家和团结的国旗。我们认为第一项利益与本案无关，第二项利益涉及压制言论。

A

得克萨斯声称政府的利益是为了防止骚乱，所以才判处约翰逊犯了亵渎国旗罪。

然而，约翰逊焚烧国旗并没有引起骚乱，也没有将会发生骚乱的威胁。尽管政府强调示威者游行到市政府造成了混乱，但是政府也承认，"焚烧国旗时既没有发生骚乱，也没有引起骚乱"。政府强调示威群众抵达市政府之前秩序混乱，这使我们感到意外，因为政府并没有因此而提出控告。而且，政府也没有证据证明约翰逊的行为可能引起骚乱。在庭审时，为了证明目击者对焚烧国旗的反应，政府提出的证据是几位证人的证词，他们说约翰逊焚烧国旗严重地冒犯了他们。

因此政府的立场相当于声称目击者被某种言论严重地冒犯，必然引起骚乱，所以必须禁止这种言论。我们的判例并不支持这种假设。恰恰相反，过去的案例认为，"在我们政府体制下，言论自由的主要功能是邀请不同意见。当言论引起动乱，造成人们对现状的不满，甚至激起人们的愤怒，才能最好地达到言论的崇高目的"。

"如果发言的观点冒犯了一些人，正是因为这种后果，我们才有理由用宪法保护言论。"而政府毫无根据地假设有争议的言论会激起暴力冲突，所以政府可以禁止有争议的言论。我们不能同时接受这两种观点。

因此，我们不能允许政府假设每一种具有挑衅性的言论都会煽动暴乱，而是要求谨慎地考虑发表言论的实际氛围。我们面临的问题是，有争议的言论"是否会直接煽动或引起迫在眉睫的不法行为，或者将来有可能煽动或引起不法行为"。我们在布兰登堡诉俄亥俄案（Brandenburg v. Ohio）中调查了 3K 党集会和演讲的氛围。得克萨斯州的论点是，因为每一次焚烧国旗都可能导致骚乱，所以政府只需要证明"有潜在骚乱的可能"就可以了。如果我们接受得克萨斯州的论点，那将会阉割布兰登堡判决的精髓，所以我们拒绝接受得克萨斯的观点。

只有为数不多的"挑衅性言论可能激怒普通人采取报复行动，从而引起骚乱"，约翰逊的表达性行为并不属于那些类型。约翰逊的行为表达了他对联邦政府政策的不满，每一个理性的旁观者都不会认为约翰逊的行为是对他直接的人身攻击，也不会认为约翰逊是在约架。

根据这些事实，我们认为州政府维持秩序的利益与本案无关。州政府无需担忧我们的判决将会使政府失去维持秩序的能力。我们并不是说第 1 修正案禁止州政府防止"迫在眉睫的不法行为"。实际上得克萨斯州已经有一条专门禁止骚乱的法律。《得克萨斯刑法典》第 42.01 条相当于确认，得克萨斯州无需为了维持秩序而惩罚亵渎国旗的行为。

B

州政府还声称其有权保护象征国家和人民团结的国旗。在斯班思案中，我们承认政府保护国旗象征性意义的权利"与行为所表达的言论有直接的关系"，例如在国旗上粘贴和平的标志。我们同样认为政府的权利与约翰逊焚烧国旗的行为有关。政府显然担心这种行为会使人们不相信国旗象征国家和人民的团结，而是象征其他负面的概念，或者国旗象征的概念根本不存在，也就是说，全国人民并不团结。只有当一个人对待国旗的方式传递了某种信息，政府才会有这种担忧。根据欧布利安案的定义，政府的担忧是与"压制言论自由"有关的，所以我们根本就不能使用欧布利安检验标准。

第四部分

接下来，我们考虑州政府是否可以为了保护象征国家和人民团结的国旗的利益而判决约翰逊有罪。

在斯班思案中，"我们面临的案子是政府检控表达观点的行为。因此我们必须严格地审查政府主张的利益是否能够支持检控"。检控约翰逊的理由不仅是因为他想随便表达什么观点，更是因为他想表达的观点是对国家政策的不满。这种表达正是第一修正案要保护的核心价值。

此外，约翰逊之所以被检控，是因为他知道他想表达的政治观点会"严重地冒犯"他人。假如他是因为国旗脏了或破了而焚烧国旗，得克萨斯政府不会依法判处他亵渎国旗罪。"当国旗的状况已经不适于继续展示了"，联邦法指定焚烧是最佳的处理方法，得克萨斯政府对此并没有异议。所以，得克萨斯法律的目的并非是在任何情况下都要保护国旗的形体完整性，而是当某种行为可能冒犯他人才保护国旗。得克萨斯州政府承认：

"第 42.09 条仅针对可能冒犯他人的对国旗不敬的行为。该条法律针对故意亵渎国旗，那种行为不是无辜的，而是故意冒犯其他人。"

因此，约翰逊对待国旗的行为是否违反了得克萨斯法律，将取决于他的表达行为对交流造成的影响。本庭对布斯诉巴瑞案的判决告诉我们，限制约翰逊言论的根据是言论的内容。在布斯案中，我们考虑了一条法律是否符合宪法，该条法律禁止：

"在距离外国大使馆 500 英尺之内展示任何标志，如果该标志会给外国政府带来'公开的侮辱'或'公开的不敬'。"

政府称该条法律对言论保持中立，我们驳回了这一论点，因为支持该条法律的理由是"我们必须承担国际法的义务，保护外交官的尊严不被言论所冒犯。"我们认为，"言论对听众感情造成的影响并非与言论内容无关的次要效应"。

根据我们在布斯案中宣布的原则，政府限制约翰逊政治言论的原因是他想传递的信息的内容。因此，我们必须对州政府保护国旗特殊象征意义的利益加以"最严格的审查"。

得克萨斯州辩称，政府保护象征国家和人民团结的国旗的利益经得起严格的分析。政府旁征博引本庭的案例，按时间顺序叙述国旗对我们社会的历史意义和象征意义，并强调国旗在我们国家的"特殊地位"。无论国旗象征什么，州政府的理由并不仅仅是为了保护国旗的象征意义，如果真是如此，我们很难看出约翰逊的象征性行为会对州政府的利益造成什么威胁。

得克萨斯的立场是，政府有权利保护象征国家和人民团结的国旗，这种象征是有具体定义的。得克萨斯州认为，如果一个人对国旗不敬，从而使别人对国家和人民团结产生疑问，那么他传递的信息就是有害的，所以政府就可以禁止他的行为。

如果第 1 修正案具有一项坚不可摧的原则的话，那就是政府不能因为某种观点会冒犯别人或造成分歧而禁止个人表达那种观点。

即使案件涉及国旗，我们也不会允许这项原则有任何例外。在司翠特诉纽约案（Street v. New York）中，我们认为州政府不能因为被告口头批评国旗而对他予以刑事惩罚。纽约州政府要求本庭维持原判，因为司翠特"对象征国家的标志不敬，而每位公民都必须对国旗表示尊敬。"本庭驳回了那条理由，我们认为："宪法保证我们有'表达不同观点的自由'，而且我们'有权对触及现行制度的事物表示异见'，包括对国旗公开发表个人观点的自由，哪怕个人观点是背叛或鄙视国旗的。"

我们还认为，政府不能强迫个人尊敬国旗。

"《民权法案》保护个人表达思想的权利，如果我们维持强迫个人向国旗敬礼的原判，那就等于允许政府官员强迫个人说违心的话。"

在巴奈特案中，我们判决宪法不允许我们向政府开这扇门。杰克逊大法官阐述了为我们社会下定义的原则，他的话值得我们经常重温：

"如果在宪法的星座里有一颗固定的明星，那就是任何官员不管他的地位高低，都不能规定什么才是正统的政治、国家主义、宗教或其他观点，也不能强迫公民通过语言或行为坦白他们的信仰。"

在斯班思案中，政府主张的利益与得克萨斯州相同，我们认为政府主张的利益不足以支持判决在国旗上粘贴和平标志的行为有罪。

"斯班思的表达行为应该受到保护，政府也没必要保护一面私人拥有的国旗的形体完整性。"我们认为，"有罪判决必须推翻"（怀特大法官附和判决：被告将国旗缝在裤子的臀部，如果判决他"鄙视"国旗罪，"那并不是保护国旗的形体完整性，或防止使用国旗的方法不当，而是惩罚他交流的观点使立法机构的多数议员难以接受"）。

总之，在过去的案例中，我们从来都认为州政府不能通过禁止与国旗有关的表达行为来促进自己对国旗的观点。为了把自己的辩护理由置于案例之外，得克萨斯试图说服我们，即使政府不应该为了保护国旗的象征意义而禁止批评国旗的语言或表达性行为，还是应该有权禁止毁坏国旗的行为。我们认为政府的辩护理由不能依赖语言和非语言行为两者之间的区别。因为已经有证据证明本案的非语言行为具有表达性，而且限制的行为与言论有关，所以语言和非语言行为之间的区别与本案无关。此外，除了语言交流之外，巴奈特案和斯班思案都涉及表达性行为，我们认为这两宗案件里的行为都应该受到保护。

此外，得克萨斯辩护的焦点是约翰逊想表达的观点的具体性质，这就完全忽视了我们过去判例的要点：我们应该吸取的教训，也就是政府不能仅因为自己不同意某种观点而禁止表达，这与个人选择的表达方式无关。假如我们判决州政府可以禁止焚烧国旗，因为那将损害国旗的象征性，但是政府可以为了促进国旗的象征性而允许焚烧国旗，比如仪式性地焚烧一面肮脏的国旗，这就相当于说，如果遇到国旗的形体完整性受损，国旗本身就是一个标志，相当于书面或口头语言的替代物，或是相当于"心心相印的捷径"，但焚烧国旗只能是一条单行线。如果那样，我们将允许政府"规定什么是正统的"，那就相当于个人可以为了表达对国旗的态度而焚烧国旗，但是不能伤害国旗所象征的国家和人民的团结。

我们从来都不认为政府可以保证一个标志只能用来表达一种观点或象征的对象。在夏科特诉美国案（Schacht v. United States）中，我们判决一条联邦法律无效，因为该条法律允许扮演军人的演员"穿某一兵种的军装，前提是演员不得丑化那个兵种"。我们认为这个前提将"允许美国人自由地赞扬越南战争，但是把反对越南战争的夏科特送进监狱，在一个有第1修正案的国家里，我们不允许存在这样的法律"。

我们没有任何理由判决夏科特案的原则不适用于本案。如果我们允许政府规定象征性的标志只能表达一些有限的信息，那我们将进入一片没有明确边界且不可防守的领地。

根据这一理论，州政府是否就可以禁止焚烧州旗？禁止亵渎国玺或是宪法？根据第1修正案来评价这些选项，我们究竟应该如何决定哪一些象征性的标志才足够特殊，才有资格享受特殊地位？如果这么做，我们将被迫把我们自己的政治立场强加给人民，第1修正案禁止我们这么做。

此外，无论是根据宪法，还是根据我们解释宪法的案例，都没有任何迹象表明美国国旗属于一个单独的法律范畴。事实上，如果说起草宪法和宪法修正案的国父们对英国国旗并不尊重，我们并不会感到意外。有些概念在我们国家几乎是神圣的，比如种族歧视是可憎和有害的，但是在观点的市场里，这一原则还是会受到质疑。因此，我们拒绝在第1修正案保护的各种原则中为国旗创造一条例外。

我们并不反对州政府的目的，而是反对州政府为了达到目的而采取的手段。因为我们并不否认国旗在我们国家里的特殊地位，所以我们并不怀疑政府拥有合法的权益努力地"保护象征国家的国旗"。约翰逊的律师在口头辩论时称，政府没有"任何权益规定如何展示国旗"。例如国会通过了建议性的法规，要求人民如何正确地对待国旗，我们并不怀疑国会建议的合法性。然而尽管政府有权益鼓励人民正确地对待国旗，但是这并不等于政府可以用刑法来惩罚通过焚烧国旗来表示政治抗议的人。

"人民团结是一种目的，政府可以通过说服和例子来促进这一目的，这是毫无疑问的。问题是，宪法是否允许政府采取本案的强制手段来达到这一目的。"

我们深信禁止政府通过刑法惩罚约翰逊的行为并不会威胁国旗的特殊作用，也不会威胁国旗激发的感情。正如霍姆斯大法官所说，我们并不认为一个无名之辈的举动将会改变我们国家对国旗的态度。得克萨斯政府称焚烧美国国旗的行为"很可能引起骚乱"，而且得克萨斯法律暗中假设亵渎国旗是"严重的冒犯"。这恰恰说明国旗的特殊地位并没有受到威胁，如果受到了威胁，为什么没有人因为焚烧国旗而暴动呢？

我们不禁要说，我们今天的判决只会加强，而不是削弱人民对国旗的热爱。我们的判决再次确认了自由的原则和国旗所象征的包容。我们的判决同时也确认了我们的信仰，我们容忍约翰逊的批评正是我们力量的标志和源泉。事实上，最能使我们感到骄傲的国旗形象将被国歌的歌词流传千古，那就是英军炮击麦克亨利堡垒之后，国旗还在飘扬，我们今天再次强调的正是这种坚韧不拔的精神。

保护国旗特殊地位的方法并非惩罚那些持不同意见的人，而是说服他们认识错误。

"勇敢、自主的人坚信在政府的民选过程中自由和无畏的思维的力量。言论的危险并不是迫在眉睫，除非我们还没有机会全面地讨论，罪恶就已经降临了。如果我们有时间通过讨论来揭露谎言和谬论，通过教育来避免罪恶，最好的方法是更多的言论，而不是强迫民众噤声。"

正因为本案涉及国旗，我们对焚烧国旗的回应就更能够发挥国旗本身具有的特殊说服力。我们对焚烧国旗的人最好的回应是挥舞我们自己手中的国旗，对他焚烧的国旗敬礼。尽管国旗已经被焚烧，维护国旗尊严的最好方法，就是把烧剩的灰烬庄严地掩埋。惩罚亵渎国旗的行为并不能使国旗神圣化，因为那样做只会削弱我们热爱的标志所代表的自由。

第五部分

约翰逊因为他表达性的行为而获罪。州政府防止骚乱的权益并不能支持有罪判决，因为他的行为并没有威胁或扰乱秩序。州政府维护象征国家和人民团结的国旗的权益也不能支持约翰逊的有罪判决，因为他的行为是政治言论。

因此，我们维持得克萨斯刑事上诉法庭的原判。

肯尼迪大法官附和。

我并不想修饰布莱能大法官的言词，因为他遣词恰如其分，他雄辩地解释了我们的判决，该说的都说了。我毫无保留地加入他的判决，但就像我们的前辈那样，我强烈地感到本案将使我们付出个人的代价。因此，我还想加上几句话。

本案比大多数其他案子更能说明行使司法权力的困难。当一条法律有瑕疵或不够全面，我们却无法请其他政府部门来分担我们的责任，因为我们将根据宪法的精神来审查一条既清晰又简单的法律，我们责无旁贷。

本庭的难处是，我们有时不得不作出连我们自己都讨厌的判决。我们之所以要如此判决，乃因为那是正确的判决，乃因为法律和宪法迫使我们做出那样的判决。在极少数的例外情况下，鉴于我们对程序的庄严承诺，我们生怕削弱指导我们判决的原则的价值，但我们还是毫不犹豫地对自己的判决表示厌恶。本案就是极少数的例外之一。

持反对意见的同仁们提出了我们为什么应该判被上诉人的言论有罪的有力论点，反对意见还提醒我们，在那些对我们的判决感到沮丧的人中，有些人曾荣幸地在战场上高举国旗。在我们目前生活的年代里，绝对的真理被怀疑，人们不必要地为真相道歉。

我尊重这些观点，但是我相信宪法不允许我们按照反对派同仁的意见判决，尽管宣布判决是一件很痛苦的事情。标志是我们自己创造出来的，国旗表达了美国人民分享的信念，象征着支持人类精神的法律、和平和自由。本案迫使我们认识到这些信念的代价。国旗也保护鄙视国旗的人，这使我们感到悲伤，却至关重要。

被上诉人并不是哲学家，也许他根本就不理解他的言论会对国家造成什么样的伤害。但是无论他是否意识到他犯了多么严重的错误，根据宪法的技术和性质的定义，他的行为毕竟是一种言论。所以我同意本庭的判决，他应该被释放。

首席大法官阮奎斯特反对，怀特大法官和欧康纳大法官加入反对。

当本庭判决得克萨斯州的法律违宪时，忽视了霍姆斯大法官的格言，"一页史书胜过一本逻辑学"。200 多年来，作为国家标志的美国国旗具有特殊的地位，这种特殊性支持政府禁止像约翰逊那样焚烧国旗的行为。

在美国革命时期，国旗团结了 13 个殖民地，并使外国政府承认我们是一个主权国家。劳尔夫·瓦尔多·爱默森的协和赞美诗如此描绘独立战争打响的第一枪：

"粗糙的桥梁跨过洪水，他们的旗帜在春风中飘扬，昔日的农夫站起来了，他们的枪声响遍世界。"

在独立战争期间，各殖民地都有自己的旗帜，上面的图案有松树、水獭、船锚和响尾蛇等，旗帜上的口号则有"不自由毋宁死""希望""对天请愿"和"别践踏我"等。第一面代表 13 个殖民地的旗帜是"伟大联盟旗"，上面有 13 道红白相间的条纹，左上角是英国的米字旗。1776 年 1 月 2 日，波士顿附近的大陆军第一次打出伟大联盟旗。美国宣布独立之后，1777 年 6 月 14 日大陆国会作出决议：

"13 个州组成的美利坚合众国的国旗有 13 道红白相间的条纹，13 颗白色的五角星镶嵌在蓝色的背景上，代表一个新的星座。"

有了国旗后的第一个好处是，拦截英国船的美国船上悬挂了正式的国旗。如果没有国旗，英国人会把船上的水手作为海盗对待，可以把他们处以绞刑，而悬挂国旗的船上的水手一旦被俘，将被作为战俘对待。

1812 年，英国军舰驶进切萨皮克海湾，登陆后进军华盛顿大肆纵火，然后驶进帕塔普斯可河准备进攻巴尔的摩，但是要想打下巴尔的摩，首先必须摧毁巴尔的摩港的麦克亨利堡垒。当时有一位名叫法兰西斯·思考特·季（Francis Scott Key）的美国律师，他在一艘英国军舰上跟英军谈判释放一名美国战俘。那天夜里，季律师在英国军舰上看着英军炮击麦克亨利堡垒，拂晓时他看见美国的国旗还在堡垒上飘扬，英军的进攻失败了。季律师看到那个场景非常感动，他在一个信封的反面写了一首诗，这首诗变成了美国国歌的歌词：

"哦，你可看见，透过一线曙光，我们对着什么，发出欢呼的声浪？
谁的宽广条纹和明亮的星星，冒着一夜炮火，依然迎风招展，在我军碉堡上？
火炮在闪闪发光，炸弹也轰轰作响，它们都正在见证，国旗仍安然无恙。

你看星条旗不是还高高飘扬，在这自由国家，勇士的家乡？"

在南北战争期间，国旗也起了很大的作用。南方在萨姆特堡垒降下美国国旗象征内战的开始。为了正式脱离联邦，南方的州采用了自己的"星叉旗"代表邦联。北军冲锋时士兵们高呼："弟兄们，我们团结在国旗下面，让我们再一次团结在国旗下面。"有人建议把代表南方州的星从国旗上去掉，林肯总统拒绝了这种建议，因为他认为内战并非两国交战，而是 11 个州进攻联合政府。战后，美国国旗仍然飘扬在"由不可摧毁的州组成的不可摧毁的联盟"上空。

在"一战"和"二战"期间，数以万计的美国人在外国的土地上为美国作战。"二战"时，美国海军陆战队在硫磺岛上跟日本人短兵相接，他们冲上折钵山顶后用一根钢管竖起了美国的国旗，6 000 名美国军人为登顶献出了生命，为此我们在阿灵顿国家公墓里专门修建了硫磺岛纪念碑。富兰克林·罗斯福总统授权在运送援助物资的标签、包裹、盒子和集装箱上印上国旗，让其他国家的人民知道美国对他们的支持。

朝鲜战争期间，美军在仁川登陆，并在一小时之内竖起美国国旗。1967 年越南战争期间，因为焚烧国旗影响美军的士气，美国通过了《联邦国旗亵渎法》。当时的众议院军事委员会主席曼德尔·瑞弗斯（Mendel Rivers）作证说：

"因为焚烧国旗，我收到的信件增加了一倍，在越南打仗的士兵们写信问我美国到底发生了什么事情。"

众议员查尔斯·威金斯说：

"公开亵渎国旗将会打击美国军队的士气。许多议员都可以证实这是真的，因为他们收到军人们的信件，表达他们对这种行为感到震惊和反感。"

无论在和平年代还是在战争年代，国旗都是我们国家的象征。国旗在我们的军舰上、飞机上和军事设施上空飘扬，此外还在政府建筑上飘扬，从国会大楼到全国各地数以千计的法庭和市政府大楼。在我们的法庭里就有两面国旗，每到国殇日就会有成千上万面国旗被放在墓地。我们还有把国旗放在遇难军人棺木上的传统，葬礼后把国旗交给家属保存。国会还规定当总统、副总统和高级政府官员死亡时下半旗，以"表示我们的敬意和怀念"。国旗还是美国商船的标志，"无论商船驶向何处，都受到联邦法律的保护"。

没有任何其他标志像美国国旗那样在全世界都受到尊敬。1931 年，国会宣布"星条旗永不落"为我们的国歌。1949 年国会把 6 月 14 日定为"国旗日"，1987 年约翰·飞利浦·苏萨作曲的《不朽的星条旗》被定为国家进行曲。国会还规定了"向国旗效忠誓言"和宣誓方法。国旗作为主要标志 33 次印在邮票上，另外至少 43 次出现在邮票的图案中，超过任何其他的标志。

国会和各州的议会通过了若干针对滥用国旗的法规。1967 年前，国会让各州制订针对滥用国旗的法规。现在，《美国法典》18 卷 700（a）条规定：

"任何人公开毁坏、丑化、玷污、焚烧或践踏国旗，故意藐视国旗，将被罚款 1 000 美元以下，或监禁一年以下，或两者并罚。"

此外，国会还规定了国旗设计的具体细节，展示国旗的时间和场合，升旗、降旗和移交国旗的仪式。除了阿拉斯加和怀俄明州之外，其他的州都有禁止焚烧国旗的法律。大多数州的法律是根据 1917 年的《统一国旗法》版本：

"任何人都不得公开地毁坏、丑化、玷污、藐视、践踏，也不得用语言或行为藐视国旗的权威、色彩、徽章或盾牌。"

多数州在"一战"时通过了保护国旗的法律。

在 200 多年的历史中，美国国旗是象征美国的标志。国旗并不代表任何政党的观点，也不代表任何具体的政治哲学。在五花八门的观点中，国旗并不是另一个争取人们承认的观点或看法。数以亿计的美国人对国旗的敬意近乎神秘，无论他们的社会、政治或哲学信仰如何。

国会的立法和 50 个州中 48 个州的立法用刑法惩处公开焚烧国旗，我不能同意第 1 修正案宣布这些法律无效。

80 多年前，在哈尔特诉内布拉斯加案（Halter v. Nebraska）中，内布拉斯加的一条法律禁止用国旗在商品上做广告，本庭判决内布拉斯加的法律符合宪法：

"每一个真正的美国人不仅感谢国旗，还对国旗有深深的感情……因此，亵渎国旗经常会引起战争，在尊敬国旗的人面前公开侮辱国旗会被憎恨，有时当场就会被惩罚。"

在去年的旧金山艺术体育公司诉美国奥林匹克委员会案（San Francisco Arts & Athletics, Inc. v. United States Olympic Committee）中，本庭判决国会可以允许美国奥林匹克委员会独家使用"奥林匹克"一词。本庭认为，"限制其他人发表同样的言论符合国会鼓舞和奖励美国奥林匹克委员会的活动的目的"。

"当一个词（或标志）因为一个实体'组织和投入的努力、技能和金钱'而获得价值，宪法允许这个实体对这个词（或标志）拥有有限的产权。"

国会和州政府肯定可以承认国旗也具有类似的权益。

但本庭坚持得克萨斯禁止公开焚烧美国国旗的法律侵犯了约翰逊的言论自由。然而，言论自由并不是绝对的。本庭在查普林斯基诉新罕布什尔案（Chaplinsky v. New Hampshire）中一致认为：

"哪怕我们把第 14 修正案的范围和语言扩展到最大程度，我们都知道言论自由不是在任何时候任何情况下都是绝对的。对于一些能精准定义、类型有限的言论，防止和惩罚那些言论并不会产生违宪的问题，包括下流、淫秽、亵渎、诽谤、侮辱或'挑衅性'的语言，因为一旦说出那些语言，就会伤害他人，或立即煽动骚乱。大家都认为那些语言并非表达观点所必不可少的，对追求真相毫无任何社会价值，从社会道德和秩序的角度来看，那些语言造成的危害显然远远超过其带来的好处。"

本庭判决查普林斯基违反了州法。该条法律禁止"在公共场所用冒犯、嘲弄或使人厌恶的语言攻击他人"。查普林斯基对当地的警察说:"你是一个该死的敲诈犯和法西斯,整个罗切斯特政府都是法西斯或法西斯的代言人。"

在本案中,我们也可以说约翰逊焚烧国旗也不是表达观点所必不可少的,同时还可能煽动骚乱。约翰逊可以自由地用语言谴责国旗,而且可以私下焚烧国旗。他还可以公开焚烧其他象征政府的标志,或焚烧政治领袖的肖像。他带领示威队伍穿过达拉斯的街道,并在达拉斯市政府门前集会示威。他参加了"装死"示威抗议核武器。在游行过程中他呼喊了各种口号,包括"里根,蒙代尔,谁会当选?无论谁当选都意味着第三次世界大战;罗纳德·里根是当今的刽子手,美国霸权的代表;红、白、蓝,我们唾弃你,你象征掠夺,你将被打倒"。但是他并没有因为那些行为被捕,而是当他公开地焚烧偷来的美国国旗,违反了得克萨斯的法律才被捕的。

本庭不能说,也没有说查普林斯基所说的不是表达性的语言,那些话清楚简洁地传达了他看不起咒骂的对象。约翰逊公开焚烧国旗也同样如此,尽管他并没有表示他憎恨自己的国家。但是他的行为和查普林斯基的挑衅性语言一样,完全可以通过十几种其他的方式有力地表达出来。根据第 1 修正案,焚烧国旗就像"挑衅性语言"一样:

"不是表达观点所必不可少的,对追求真相毫无任何社会价值,从社会道德和秩序的角度来看,那些语言不利于避免骚乱,其造成的危害显然远远超过带来的好处。"许多州的高级法庭都支持禁止公开焚烧国旗的法律,因为焚烧国旗特别具有煽动性,很可能引起骚乱。

得克萨斯法律显然否认约翰逊的思维方式,否认无数"象征性言论"中的一种。他的行为根本就不是"一个图像胜过千言万语",焚烧国旗相当于无声的咕哝或咆哮,是一种并不能表达具体观点的放纵行为,而且会引起他人产生敌意。我们 5 年前在洛杉矶市政府诉文森特纳税人案(City Council of Los Angeles v. Taxpayers for Vincent)中说,"第 1 修正案并不保证在任何时间和地点使用任何交流方式的权利"。得克萨斯州法律仅剥夺了约翰逊用无声的象征性方式抗议的权利,因为那种抗议的方式极其冒犯他人,但是得克萨斯州法律允许他用每一种其他的标志或语言来表达他对国家政策的极度不满。因此,我们绝不能说得克萨斯惩罚他的理由是因为他的听众或任何团体不同意他想传递的信息。根据第 1 修正案,反对意见并非限制言论或表达的正当理由。惩罚约翰逊的原因是因为他使用的一种特定的标志,而不是因为他想表达的观点和他呼喊的口号。

我们过去处理过有关亵渎国旗法律的案例,但那些案例并没有回答今天案例中的问题。在司翠特诉纽约案中,被告在街上焚烧国旗,并高呼:"我们不需要这面该死的旗。如果他们任由迈瑞迪斯① 被暗杀,我们不需要美国国旗。"在司翠特案中,本庭认为如果被告完全是因为他的言论而被判有罪,那么判决是无法成立的。但是本庭明确地回避

---

① 　詹姆斯·迈瑞迪斯(James Meredith)是一位被暗杀的民权领袖。

了一个问题，那就是根据宪法，我们是否能因为被告焚烧国旗而判他有罪。

沃伦首席大法官在他的反对意见中说："我相信各州和联邦政府有权保护国旗不被亵渎和侮辱……假如面对这种案例，我很难想象本庭将会作出不同的判决。"

布拉克和福塔斯大法官也表达了他们的个人观点，禁止焚烧国旗并不违反宪法。布拉克大法官说，"我不相信联邦宪法会禁止州政府把焚烧国旗的行为入罪"。福塔斯大法官则认为，"州政府和联邦政府有权保护国旗不在公开场合受到侮辱"。国旗具有特殊的人格。在传统上，使用国旗是有特殊规定的。个人可以拥有国旗，但是拥有国旗的主人有义务承担特殊的责任。在某种意义上，国旗可能是财产，但是一种附带特殊义务的财产。这些特殊条件本身并不是无理的，宪法也并没有不允许政府制定特殊的条件。

在斯班思诉华盛顿案中，一名大学生在宿舍窗口上用胶带粘贴了一面镶有和平标志的国旗，本庭推翻了下级法庭的有罪判决。与本案不同的是，斯班思并不会引起骚乱，除了逮捕他的警察之外，别人并没有看见那面国旗，而且被告本人拥有那面国旗。本庭认为，那位学生的行为应该受到第 1 修正案的保护，因为"根据案件的事实，州政府没有权力保护私人拥有的国旗的形体完整性不被严重损害。"

然而，本庭谨慎地注意到，"政府并没有根据亵渎国旗的法律检控被告，而且被告既没有永久性地损害国旗的形象，也没有毁坏国旗"。

在类似的斯密斯诉苟冠案中，被上诉人在裤子的臀部缝了一面小国旗，马萨诸塞州政府根据滥用国旗的法律判决他有罪，该法律规定任何人公开蔑视国旗将受到刑事惩罚。下级上诉法庭推翻了有罪判决，本庭维持上诉庭的判决，因为"蔑视"一词太笼统、含糊，违反了宪法。但是本庭谨慎地指出，"但我们并不禁止立法机构更具体地规定禁止什么样的亵渎国旗的行为"。

怀特大法官附和判决。"国旗是国家的财产，国家可以规定谁可以制作、模仿、出售、拥有和使用国旗。我不会质疑那些禁止损毁、玷污或焚烧国旗的法律，也不会质疑那些保护国旗形体完整的法律，无论那些行为是否会引起暴力，国会毫无疑问有权禁止损毁林肯纪念堂，国旗本身就是一座纪念碑，也应该受到同样的保护。"布拉克曼大法官反对，"苟冠把国旗缝在裤子的臀部，损害了国旗形体的完整性，宪法应该允许惩罚他"。

但是本庭今天却罔顾这些案例。几乎所有人都深深地敬爱国旗，本庭却把国旗归类为第 1 修正案禁止政府"规定"的"指定标志"，便草率地打发了。人们对国旗的感情是在 200 多年的历史中形成的，政府并没有"规定"感情。当政府制定禁止公开焚烧国旗的法律时，只是承认历史形成了人们对国旗崇敬的事实。

遗憾的是，本庭的判决相当于给制定禁止焚烧国旗法的国会参众两院和 48 个州议会的议员们上了一堂居高临下的公民课，也是给反对焚烧国旗，并举着国旗在越南战斗的军人们上了一堂居高临下的公民课："保护国旗特殊地位的方法并不是惩罚那些持不同意见的人，而是说服他们认识错误。"

大家都同意，本庭的作用是对宪法做最终的解释。但是本庭像一个柏拉图式的监护人，训斥那些对舆论负责的人，就好像他们是一群逃课的小学生，这是我们的政府体制所不允许的。那些推翻英帝国统治的建国元勋们曾高呼"纳税人必须有发言权"，受政府管辖的人民应该对政府通过什么法律有发言权。民主社会的崇高目的之一就是通过法律禁止那些邪恶且严重冒犯多数人的行为，无论是谋杀、贪腐、污染还是焚烧国旗。

我们的宪法英明地限制立法机构中多数派的权力，但是本庭宣布的限制"永远是一个非常微妙的问题，应该谨慎决定，尤其是当我们有疑问的时候。"如果我们不加批判就把宪法的保护延伸到焚烧国旗，那将挫败建立一个有组织的政府的目的。本庭决定国旗只不过是另外一个标志，我们不仅必须容忍正反两方面的观点，而且还不能禁止公开地对国旗不尊重的行为。政府可以征兵上战场，他们必须为国旗而战，甚至为国旗献出他们的生命，难道政府就不能禁止公开焚烧国旗吗？我会判决得克萨斯州的法律对本案有效。

斯蒂文斯大法官反对。

本庭在分析本案时提出一个问题，得克萨斯州政府，或者说是联邦政府，是否有权禁止亵渎国旗的行为。这个问题很特殊。根据我的判断，有关其他标志的规定并不一定不适用于本案，例如各州的旗帜、袖章或其他私人的政治或商业性的象征。即使根据本庭对第 1 修正案在其他情况下的解读，哪怕焚烧国旗可以在逻辑上被认为是另一种类型的象征性言论，本案也具有另一种无形的维度，使那些规则不适用于本案。

国旗不只是"国家和人民团结"的标志，还象征着代表社会的理念。我们的社会除了选择了一个标志之外还选择了一段历史，那段历史鼓励了理念的成长并给予我们力量。国旗的图案和红、白、蓝三色除了象征"国家和人民的团结"之外，还有许多完全不同的意义。有些旗帜传递的信息，例如纳粹的万字旗象征一个组织严密的国家，在德国战败之后仍然死而不僵。

美国的国旗也有极强的生命力，不仅骄傲地象征着勇气和决心，还象征着大自然赐予我们的资源，使我们能从 13 个殖民地变成一个世界强国。国旗象征着自由、均等的机会和宗教的宽容，还象征着我们对分享我们意愿的民族的亲善。国旗还向国内外的持不同政见者传递信息，也许他们根本就不在乎我们国家的团结和存亡。

作为一个标志，国旗的价值是无法衡量的。尽管如此，我仍毫不怀疑，为了我们的将来而保护国旗的价值非但是重要的，也是合法的。可以想象，本庭今天的判决将会提高国旗的价值，我们如此致力于保护言论自由，就连美国这样言论自由的最终保护者，都没有禁止亵渎其特殊标志的权力。但是我并没有因此被说服。假如联邦政府创造一种权利，允许在华盛顿纪念碑上树立广告牌甚至涂鸦，那也许会扩大言论自由的范围，但我不愿意付出那种代价。同样，经过再三考虑，我还是认为支持亵渎国旗将会玷污国旗的价值，无论你是热爱国旗象征的理念，还是穿上烈士的战袍焚烧国旗。我们不能因为言论自由的琐碎负担而要求用其他变通的表达方式来玷污国旗，包括使用批评国旗的语言来玷污国旗。

我们应该强调某些本案没有提到的理论。禁止亵渎国旗的法律并不能"规定什么才是正统的政治、国家主义、宗教或其他观点，也不能强迫公民通过语言或行为坦白他们的信仰"。得克萨斯的法律并没有强迫人们作出任何行为，也没有强迫人们对任何观点或标志表示敬意。

得克萨斯州的法律也没有违反政府对受保护言论应该保持中立的义务。约翰逊想传递的信息其实与本案毫无关系。"亵渎"的概念并没有涉及约翰逊想传递的信息，而是取决于他的行为是否会严重地冒犯旁观者。因此，假如一个人想表示他对国旗的敬仰而在公共场所焚烧国旗，如果他知道焚烧国旗可能严重地冒犯他人，他就犯了亵渎国旗罪，因为旁观者可能会误解他的意思。哪怕他知道所有的旁观者都能理解他想表示他敬仰国旗，但是那种理解并不能减轻他对一些旁观者的冒犯，所以他还是犯了亵渎国旗罪。因此，本案并不是因为约翰逊"因言获罪"而必须给他宪法的保护。本案并不涉及"不同政见"，而是涉及他人无法接受的行为，因为他的行为削弱了重要的国家资产的价值。

因此。本庭的错误在于含糊地说约翰逊"是因为表达对国家政策不满的言论而被控罪，而那种言论是第 1 修正案的核心价值"。

约翰逊之所以被控罪，是因为他选择用某种方式来表示他对政策的不满。假如他选择用喷漆，或者使用电影放映机，在林肯纪念堂的墙面上表示不满，我们都不会质疑政府有权禁止他的那种表达方式。因为政府有权保护重要的国家资产，所以就有权禁止在林肯纪念堂涂鸦。尽管本案受到威胁的国旗是无形资产，但是因为国旗具有特殊的价值，所以政府同样也有权禁止亵渎美国国旗。

自由平等的理念是激励民权领袖的不可抗拒的力量，如帕特里克·亨利 [1]、苏珊·B. 安东尼 [2] 和亚布拉罕·林肯，小学老师内森·黑尔 [3] 和布克·T. 华盛顿 [4]，在巴丹半岛战斗的菲律宾童子军和诺曼底登陆的战士们。如果我们值得为这些理念而战——历史证明我们应该为这些理念而战——那么我们也应该保护象征这些理念的国旗不被亵渎。

我恭敬地反对。

---

① Patrick Henry，美国律师、农场主和演说家，最著名的话是"不自由毋宁死"。——译者注
② Susan B. Anthony，美国社会活动家和女权运动领袖，为妇女争取选举权。——译者注
③ Nathan Hale，中学老师，独立战争时因刺探情报被英军杀害，就义前的遗言是"很遗憾，我只能为我的国家献出一条生命"。——译者注
④ Booker T. Washington，黑人民权运动领袖。——译者注

第五章
生命的权利

这一章的四个案子是拼凑起来的，因为四个案子涉及三个不同的主题，也涉及不同的宪法条款和修正案。之所以将这三个案子收在同一章，因为它们涉及同一个主题，那就是人的生命，从生命的起源一直到生命的终点。

1. 柔诉韦德（Roe v. Wade）可以说是在美国无人不知的里程碑案例。之所以这么说，原因很简单，因为该案涉及妇女流产的权利。几乎每一个总统候选人在竞选过程中都会被问到其对柔诉韦德案的态度，而且在总统候选人公开辩论时，主持人也都会问两党的候选人，尤其是共和党候选人，一旦当选，是否会试图推翻这个案例。除了总统候选人之外，总统提名的每位最高法庭大法官人选，尤其是共和党总统提名的候选人，在参议院确认听证会上都会被问到对妇女流产权利的态度。该案涉及宪法第9和第14修正案的权利。该案的判决旁征博引，从盘古开天地一直论述到判决的当时，从古罗马到古希腊，从宗教到哲学，从神学到罗马法和教会法，从天主教到基督教，从人类学到社会学，从生物学到伦理学，从医学到法学，从公共政策到舆情民意，几乎是面面俱到，滴水不漏，是最精彩的案例之一。

2. 道布斯诉杰克逊妇女健康组织（Dobbs v. Jackson Women's Health Organization）是在特朗普总统卸任后最高法庭推翻柔诉韦德的案子。上面已经提到，特朗普在任上一共提名了三位保守的大法官，使最高法庭共和党人和民主党人大法官的比例从5∶4变成6∶3。特朗普在2020年卸任，两年后，占压倒多数的共和党大法官果然在2022年推翻了几乎半个世纪前——1973年判决的柔诉韦德案。

密西西比州的《孕龄法案》（*Gestational Age Act*）规定："如果胚胎的孕龄被确定已经超过15个星期，除非遇到医疗上的紧急情况，或是胚胎发育有严重的不正常，任何人均不得故意或明知故犯地进行或导致一个尚未出生的人类胚胎流产。"

被请愿人杰克逊妇女健康组织是一个人工流产诊所。该诊所及该诊所的一位医生在联邦法庭挑战密西西比州的《孕龄法案》，称该法案违反本庭判决宪法赋予妇女流产权利的案例，特别是柔诉韦德案（Roe v. Wade）和宾夕法尼亚州东南计划生育组织诉凯西案（Planned Parenthood of Southeastern Pa. v. Casey）。地区法庭未经开庭便即席判决被请愿人胜诉，并永久禁止密西西比州政府执行该法案，理由是该州的 15 周限制违反了最高法庭不允许州政府禁止在胎儿能够成活之前堕胎的判例。第五巡回上诉法庭维持地区法庭的判决。请愿人在本庭捍卫密西西比州的《孕龄法案》，理由是柔和凯西这两个案例的判决是错误的，而且该法案能够满足合理根据（rational-basis）的审查，所以是符合宪法的。

最高法庭驳回了请愿人的诉求，理由是，其实宪法并没有赋予妇女流产的权利；柔案和凯西案均应予推翻；管理流产的权利应回归给人民及人民选举的代表。换言之，柔诉韦德案是由最高法庭判决宪法授予妇女流产的权利，道布斯案则认为应该由立法机构来决定妇女是否有自我决定流产的权利，而不应该由最高法庭这样的司法来决定。因为州立法会和联邦国会的众议员和参议员是由人民选举产生的，所以能代表大多数选民的意愿。

3. 克鲁赞诉密苏里卫生部长（Cruzan by Cruzan v. Director, Missouri Department of Health）是一个关于植物人的案子。年轻的南希·克鲁赞因为车祸而脑部受伤，成为植物人卧床不起，全靠植入胃腔的管子提供营养和水维持生命。她完全没有知觉，只是对疼痛还有反应而已，虽然还有呼吸和心跳，但是活着的生活毫无品质，也没有尊严。南希的父母要求医院终止维持生命的医疗措施，遭到医院拒绝，因为密苏里州的法律禁止医生让患者死去。

本案的特殊之处是州政府对生命的态度。大家都知道，美国的医疗费非常昂贵，南希在州立医院住了 6 年之久，所有的医疗费用都由州政府支付。当南希的父母去法庭要求批准终止维持生命的治疗时，州卫生部长出面干预。一审法庭批准了南希父母的请求，州卫生部长上诉，上诉法庭推翻原判，拒绝批准终止维持生命的治疗，理由是克鲁赞家庭没有举出明确且令人信服的证据，而且南希在失去行为能力之前没有留下"活遗嘱"。最后这个案子一直上诉到最高法庭。最高法庭维持州上诉法庭的判决。

最高法庭判决的理由很简单："假如不终止治疗是一个错误的决定，其结果无非是维持现状。如果今后医学进步了或者患者不幸去世了，那个错误就被纠正或减轻了。然而，假如终止治疗的决定是错误的，那么错误就是无法纠正的。"

在许多国家，政府是不会为南希这样的植物人支付医疗费用的，如果患者的家属没有足够的财力支付医疗费用，南希早就被医院赶走了。即使政府有义务支付医疗费用，如果患者家属主动坚持要求终止维持生命的治疗，而且一审法庭都已经判决批准终止维持生命的治疗，那或许正是政府求之不得的，既可停止支付费用，也不至于背上草菅人命的骂名。可是，密苏里政府却上诉到州最高法庭，宁可承担昂贵的医疗费用，也要保护南希的生命，这种尊重生命的法律和尊重生命的政府官员是非常可贵且感人的。

下面是判决中没有的后话。

最高法庭 1990 年 6 月 25 日判决驳回上诉之后，克鲁赞家庭又向法庭提供了更多的证据，显示南希本人的心愿应该是终止维持生命的治疗。1990 年 9 月，密苏里州政府决定撤出诉讼，在没有反对的情况下，法庭判决克鲁赞家庭满足了明确且令人信服的举证责任，并下令撤除南希的饲喂管。1990 年 12 月 14 日，医生拔掉了饲喂管，12 天后，南希于 1990 年 12 月 26 日死亡。

4. 伐蔻诉奎尔（Vacco v. Quill）。

这是一宗有关安乐死的案子。所谓安乐死，亦称"慈悲杀人"（mercy killing）或是协助自杀，就是导致或允许得了不治之症的患者死亡。目前，美国只有 10 个州有允许安乐死的法律，按法律通过的时间顺序排列如下：

- 俄勒冈州（1994 年通过《有尊严死亡法案》）
- 华盛顿州（2008 年通过《有尊严死亡法案》）
- 蒙大拿州（2009 年的案例法允许协助患有不治之症的患者死亡）
- 佛蒙特州（2013 年通过《患者生命尽头选择和控制法案》）
- 加利福尼亚州（2015 年通过《结束生命选择法案》）
- 科罗拉多州（2016 年通过《结束生命选择法案》）
- 哥伦比亚特区（2016 年通过《有尊严死亡法案》）
- 夏威夷州（2018 年通过《我们的护理和选择法案》）
- 缅因州（2019 年通过《有尊严死亡法案》）
- 新泽西州（2019 年通过《帮助不治之症患者死亡法案》）

在纽约州，协助任何人自杀或试图自杀构成犯罪，但是患者可以拒绝维持生命的医学治疗。有些有行为能力但身患绝症的病人被病痛折磨，他们希望医生帮助他们早点结束生命。此案的原告是纽约的一些医生，他们认为给身患绝症的病人开致命的处方药是符合医疗道德标准的，但是他们不敢开处方，因为纽约禁止协助他人自杀。那些医生和三位后来已经去世的重症病人（他们没能等到案子判决就已经去世了）状告纽约州的检察长，称禁止协助自杀违反了第 14 修正案的平等保护条款。

《美国宪法》第 1 条第 8 款规定联邦政府的权力为造币、管理跨州商业、向外国宣战、招募并维持军队和建立邮政局（其实联邦政府的权力还不止这些，有许多法律只有联邦法而没有州法，如移民法、版权法、专利法、国土安全法、食品与药物安全法等）。同时《宪法第 10 修正案》规定："宪法未授予合众国也未禁止各州行使的权力，分别由各州或由人民保留。"因此，除了《美国宪法》第 1 条中罗列的权力之外，其他的权力都由各州保留。因为医生是否可以协助患者自杀属于州法管辖的范围，所以尽管在州法庭诉讼的诉因与联邦宪法有关，联邦最高法庭通常不会宣布州法违宪。

那些纽约医生的主要论点是，因为病人拒绝治疗和医生协助病人自杀其实"基本上是一回事"，所以把病人拒绝治疗和医生协助自杀区别对待违反了第 14 修正案的平等保护条款。从三权分立的角度来看，最高法庭的主要职责是解释法律，对法律是否合法通常会选择不表态，因为某一部具体的法律是否需要修改应该由国会和各州的立法机构来决定，而不是法庭的职责，所以判决那些医生败诉是意料之中的。

柔诉韦德

（Roe v. Wade）

410 U.S. 113（1971）

1971 年 12 月 31 日辩论；1973 年 1 月 22 日判决。

摘要：

一位单身的孕妇（化名"柔"）提起集体诉讼，挑战得克萨斯州的《刑事流产法》，该条法律禁止妇女寻求或尝试流产，除非医生认为流产的目的是挽救母亲的生命。哈尔福特（Hallford）医生两次因流产被州政府起诉结果未决，被允许介入此案。另有一对无子女的窦姓夫妻（Doe，无名氏），妻子并未怀孕，亦提诉攻击流产法，理由是避孕失败后怀孕可能造成伤害，夫妻尚未准备好当父母，以及怀孕对妻子健康的影响。

由三位法官组成的联邦地区法庭将两起诉讼并案处理，判决柔、哈尔福特医生和集体诉讼的所有原告均具有诉讼主体资格，并呈递了应该通过司法解决的争端。判决原告应该得到确认权利的判决，尽管并非禁令。法庭宣布流产法含糊不清且覆盖面太广，侵犯了宪法第 9 和第 14 修正案赋予原告们的权利。法庭还判决无名氏夫妻的申诉无法通过司法解决。上诉人对地区法庭拒绝发布禁令的判决直接上诉到最高法庭，被上诉人则对地区法庭给予柔和哈尔福特确认权利的判决反上诉。

判决：

1. 尽管《联邦法典》28 章 1253 条并不允许仅因允许或拒绝确认权利的判决直接上诉到最高法庭，如果上诉的诉求是拒绝某项特定的禁令，而且禁令和确认权利的判决所涉及的救助相同，则并不排除最高法庭复审。

2. 柔有诉讼主体资格，无名氏夫妻和哈尔福特不具备诉讼主体资格。

（a）与被上诉人的立场相反，尽管柔的怀孕已经自然终止，但是她的诉讼并未过时。尽管联邦诉讼程序规定一项争议不仅在提起诉讼时必须存在，同时在复审阶段也必须存在，然而因为诉讼涉及的怀孕"是可以重复发生的，却可能逃避复审"，所以应该作为例外处理。

（b）联邦地区法庭拒绝下令禁止州政府起诉哈尔福特是正确的，但是确认州政府无权起诉哈尔福特的判决是错误的，因为哈尔福特对州政府的起诉并未提出任何受联邦法律保护的辩护理由。

（c）无名氏夫妻的申诉完全基于可能发生的意外事件，其中的任何一种或几种都可能不发生，所以将其作为真实的诉因或争议纯属主观臆测。

3. 州政府的《刑事流产法》的唯一例外是不追究挽救母亲生命的流产手术，而不考虑怀孕的阶段和涉及的其他利益，故违反了《宪法第 14 修正案》的正当程序条款。该条款禁止政府侵犯个人隐私，包括妇女决定终止怀孕的权利。尽管政府不能剥夺那种权利，却有责任保护孕妇的健康和潜在生命的权益，这两种权益在怀孕不同的阶段达到"迫在眉睫"的程度。

（a）从受孕到初期妊娠（每一期为 3 个月）终了的阶段，是否流产的决定权取决于孕妇医生的医学判断。

（b）初期妊娠终了后的阶段，为了促进保护母亲健康的权益，政府可以选择合理地控制与孕妇健康有关的流产手术。

（c）进入胎儿已经能够成活的阶段，为了保护潜在的生命，政府可以选择控制甚至禁止流产，除非为了保护生命或孕妇的生命，应由医学判断是否必须流产。

4. 政府可以定义"医生"必须是有政府颁发执照的医生，并且可以禁止不符合这一定义的个人做流产手术。

5. 鉴于本庭已经明确判决得克萨斯州的《刑事流产法》违宪，该州有关当局无疑将充分认识到这一点，所以无需决定是否需要下禁止令。

判决：
布拉克曼大法官代表法庭下达判决。

得克萨斯州的联邦上诉案和在佐治亚州同时进行的窦诉博尔顿（Doe v. Bolton）上诉案对州政府的《刑事流产法》是否符合宪法提出挑战。受到挑战的得克萨斯流产法是类似法案的典型，此类法案在许多州已经存在了一个世纪。对比之下，佐治亚州的流产法则具有现代色彩，这种立法的产物在某种程度上反映了近年来人们对流产态度的改变，促进了医学知识和技术发展，是对一项古老的争议的重新思考。

首先我们意识到有关流产争议是敏感且情绪化的，即便在医学界，反对流产的观点也是强烈的，这一主题激发的信念是深远和绝对的。一个人的哲学观、经验、人类存在经历的磨炼、对生命和家庭的态度和价值观、道德标准等因素都可能影响他对流产的看法和结论。

此外，人口增长、环境污染、贫穷和种族色彩都会使这个问题进一步复杂化而不是简单化。

当然，我们的任务是摒弃感情和个人偏好，以宪法为准绳解决这项争议。正因为我们真心希望解决争议，我们通过调查研究，在判决中强调了医学史和医学法律史，以及历史揭示的人们数百年来对流产的态度。同时，我们也牢记霍尔姆斯大法官在洛克纳诉纽约案（Lochner v. New York）中的反对意见，如今他的反对意见已经被证明是正确的。

我们的宪法是为持不同观点的人们制定的。即使我们发现过去的某些判决很自然、熟悉、新颖，甚至骇人听闻，都不应该影响我们判断基于这些判决制定的法律是否有悖美国的宪法。

第一部分

此案涉及的得克萨斯法律是州刑法 1191-1194 和 1196 条。这些条例禁止"寻求流产"或尝试流产，除非医生认为流产的目的是挽救母亲的生命。在大多数州里都有类似的法律。

得克萨斯州最初于 1854 年制定《刑事流产法》，不久修订该法，此后大致维持原样至今。每次修订的最终版本都有一条例外，那就是除非"医生认为流产的目的是挽救母亲的生命"。

第二部分

简·柔为单身女性，居住在得克萨斯州达拉斯县。1970 年她在联邦法庭起诉该县的检察官。她要求法庭确认她的权利，判决得克萨斯州的《刑事流产法》明显违宪，并要求法庭下令禁止被告执行该法律。

柔未婚怀孕，希望请一位"称职且持有执照的医生在安全的诊所里"为她做流产手术。因为继续怀孕看来不至于威胁她的生命，柔无法在得克萨斯州"合法"地流产，也没有旅费到外地去合法进行安全的流产。柔称得克萨斯州的法律过于含糊而违宪，剥夺了宪法第 1、第 4、第 5、第 9 和第 14 修正案保护她的隐私不被侵犯的权利。柔后来又修改诉状，称她代表"自己和其他处境相似的妇女"起诉。

詹姆斯·胡博特·哈尔福特是一位有执照的医生，他要求并获准加入柔的诉讼。他在诉状里称，他已经因为违反得克萨斯州的流产法而被捕，两项起诉仍悬而未决。他描绘了请他流产的患者的情况，称作为医生的他很难判断那些人是否符合 1196 条规定的例外的条件。法律的语言含糊而不确定违反了《宪法第 14 修正案》，并违反了他自己和患者之间的医患关系隐私权，还违反了宪法第 1、第 4、第 5、第 9 和第 14 修正案保证他享有行医的权利。

约翰和玛丽·窦为夫妻，他们跟柔结伴起诉检察官，称得克萨斯州的《刑事流产法》违反宪法剥夺了他们的权利，要求法庭作出确认权利的判决并下禁令。无名氏夫妇无子女，太太患有"神经化学"失常症，她的医生"建议她避免怀孕，直至情况显著好转"（尽管目前怀孕对她的生命还没有"严重的风险"）。根据医生建议，太太停止服用避孕药，如果她怀孕，她希望请一位称职且有执照的医生在安全的诊所里终止妊娠。无名氏夫妻在修改诉状里称他们代表"自己和其他处境相似的妇女"起诉。

由三位法官组成的联邦法庭将以上两宗诉讼与柔的诉讼并案审理。诉讼包括了一位怀孕的单身女士，一对无子女的夫妻，太太尚未怀孕，还有一位有执照的医生，他们共同挑战得克萨斯州的《刑事流产法》。被告呈递宣誓书后提出动议，要求法庭驳回诉讼并即决判决。联邦法庭认为，柔及其代表的集体原告和哈尔福特医生具备诉讼主体资格，并提出了可以通过司法解决的争议，而无名氏夫妻没有提交足够目前有争议的事实，故没有诉讼主体资格。法庭的结论是，关于原告要求的确认权利的判决，法庭无法拒绝判决。根据具体的案情，联邦法庭判决，宪法第9及第14修正案保护单身和已婚女性选择是否生育的权利，得克萨斯州的刑事流产法明显无效，因为该法律语言含糊而违宪，覆盖面过宽而侵犯了《宪法第9修正案》赋予原告的权利。对于原告要求的禁令，法庭拒绝判决并驳回无名氏宣布流产法无效的诉求，并驳回了无名氏要求禁令的申请。

根据《美国法典》第28章1253条，柔、无名氏和哈尔福特就联邦法庭拒绝下禁令的判决上诉到最高法庭。被告的检察官则根据同一条法律，就联邦法庭为柔和哈尔福特确认权利的判决交叉上诉。诉讼双方同时到美国联邦第五巡回上诉法庭提出保护性上诉，该法庭下令搁置上诉，等待最高法庭的决定。我们对管辖权暂不做决定，先考虑案情。

针对下级法庭给予原告确认权利的补救，我们希望被告根据本庭第20条诉讼程序在上诉法庭判决之前向本庭申请复审令。本庭曾判决1253条不能仅因为下级法庭允许或拒绝确定权利的补救而上诉到本庭。尽管如此，因为禁令和确认权利的判决所涉及的救助相同，先前的案例并不排除我们同时复审禁令和确认权利的判决，反之则会浪费诉讼各方的时间和精力。

第四部分①

下一步我们面临的是可诉性、主体资格和拒绝判决的争议。柔和无名氏是否具有"争议解决中的个人利害"，确保他们要求解决的争议具有对抗性，且具有历来认为可以通过司法解决的形式？哈尔福特作为后介入的原告，检察官在州法庭对他的指控悬而未决，这对联邦法庭给他的救助有何影响？

A.简·柔。

尽管使用的是化名，无人提出柔是一个虚构的人物。在本案中，我们接受她是一个真实存在的人，我们也接受她在1970年3月起诉和同年5月31日用别名向联邦地区法庭呈递宣誓书时怀孕的事实，同时还接受她无法在得克萨斯州进行合法流产的事实。

从柔呈递诉状至5月，她的案子无疑提出了一项争议，除了集体诉讼的其他原告之外，作为一个怀孕的单身女士，得克萨斯州的《刑事流产法》使她无法流产，所以她具备诉讼主体的资格以挑战该项法律。其实，我们并不认为被上诉人的辩护状提出了相反的意见。柔的诉状既具有"提出的状况和需要判决的诉求之间的逻辑关系"，也具有足够的争论性。

然而被上诉人指出，1970年5月22日联邦地区法庭举行听证以及6月17日判

① 判决从第二部分跳到第四部分，缺第三部分，译者查了其他版本均如此，应系笔误。

决时，该案卷宗里并没有披露柔已经怀孕。因为目前柔和集体诉讼的其他原告已经跟1970年的怀孕无关了，所以检察官认为柔的案子已经过时了。

联邦案件诉讼程序通常规定，在上诉或复审阶段都必须存在争议，仅在提诉时存在争议是不够的。

妊娠是本案中诉讼要件，而通常266天的人类妊娠期如此之短，在上诉程序按常规完成之前妊娠就终止了。如果妊娠终止使案件过时，那么有关妊娠的诉讼甚至几乎无法挺过审判阶段，从而导致上诉被拒绝。我们的法律不应该那么死板。同一个女人怀孕可能不止一次，对所有的人来说，只要人类繁衍下去，怀孕总是会陪伴我们。所以怀孕是作出不过时结论的经典理由。怀孕确实是"可以重复发生的，却可以逃避复审"。

所以我们同意联邦地区法庭，简·柔具备诉讼主体的资格，她提出了可以通过司法解决的争议，她1970年终止的妊娠并没有使她的案件过时。

B. 哈尔福特医生。

医生的地位是不同的。他介入柔的案子而成为此案的原告，他在诉状中称：

他在过去曾因违反得克萨斯州《刑事流产法》被捕，目前还是达拉斯县的联邦刑事法庭里两宗案件的被告，被控协助他人流产。

在申请介入时，哈尔福特医生提到在州法院悬而未决的两宗流产案。在申请即决判决时，他呈递的宣誓书里也重复提到了这两宗案件。

所以哈尔福特医生在联邦法庭要求确认权利判决和禁令与州法庭悬而未决的刑事起诉涉及同样的法律。

尽管他曾因违反得克萨斯州的流产法被捕，却没有提出任何在州法庭被起诉时无法提出的辩护理由，即联邦法保证他应该享有的权利受到了严重而直接的威胁。此外，他也没有提出他受到了骚扰或恶意起诉。下面的案例中援引的诉讼程序规定，如果没有骚扰和恶意，在州法庭被起诉而未决的刑案事被告，不得在联邦法庭挑战州政府起诉他时所依据的法律。为了逃避这一规定，在州法庭被告的哈尔福特医生声称他可能是"联邦法庭的潜在未来被告"，并以潜在被告的身份争取获得诉讼主体的资格。

我们认为，州法庭被告和联邦法庭潜在的未来被告两者之间的区别并无法律意义。我们在散缪尔斯诉马凯尔案（Samuels v. Mackell）中的判决迫使我们得出以下结论，联邦法庭理应回避判决，却错误地批准给哈尔福特医生确定权利的救助。当然，联邦法庭拒绝下禁令救助医生的判决是正确的。散缪尔斯诉马凯尔和其他案例支持这一结论。

因此，哈尔福特医生要求介入的诉状必须驳回，他将回到州刑事法庭为他自己辩护。我们推翻联邦法庭救助哈尔福特医生的判决，并推翻联邦法庭允许他介入的判决。

C. 无名氏夫妻。

我们判决柔具备诉讼主体资格，但这并不适用于无名氏窦姓夫妻诉讼主体资格的争议。尽管他们的诉求与柔的诉求基本相同，也挑战同样的法律，但是我们认为他们的姿态无足轻重。

他们是一对无子女的夫妻，太太并未怀孕。因为医生建议太太避免怀孕，加上"其他非常隐私的原因"，他们目前并不准备要孩子。但是他们"惧怕有朝一日为人父母"。如果怀孕，他们希望通过流产"终止妊娠"。但他们又不能在得克萨斯州合法地流产，结果他们将不得不通过非法流产，或者到得克萨斯州之外的地方寻求合法的流产。

我们面临的原告是已婚夫妇，他们声称目前就面临伤害，这种伤害将"对他们的婚姻幸福造成不利的影响"，因为他们将被迫"选择节制正常的性生活，或是因为怀孕而损害太太的健康"。他们的诉求是，太太在将来的某一时候可能因为避孕措施失败而怀孕，届时她可能想流产，但是流产可能违反得克萨斯州将来的法律。

无名氏夫妇的措辞显示他们的诉求完全是主观臆测。他们估计的伤害取决于今后可能避孕失败，今后可能怀孕，今后可能尚未准备好便为人父母，以及今后怀孕可能有碍健康。上述的一种或几种可能也许并不会发生，而且所有的可能也许不会都发生。无名氏夫妇认为这些可能性也许会对他们的婚姻幸福产生一些真实的或想象的影响。但我们目前尚不能判断那些间接的伤害是否足以构成真正的诉因或争议。无名氏夫妇的诉求与我们过去的判例相差甚远。

所以无名氏夫妇不适合成为本次诉讼的原告。联邦地区法庭驳回他们的诉讼是正确的，我们维持原判。

第五部分

上诉人挑战得克萨斯州法律的要点是，该法律侵犯了孕妇选择终止妊娠的权利。上诉人的权利基于《宪法第 14 修正案》正当程序条款中个人"自由"的概念，或是《人权法案》明确或暗含保护的个人、婚姻、家庭和性隐私的权利，或《宪法第 9 修正案》为人民保留的权利。讨论原告的诉求之前，我们觉得有必要简单地回顾一下流产的历史，因为历史能给我们启示。然后我们再探讨《刑事流产法》的目的和利益。

第六部分

也许多数人并不知道，多数州现行的刑事流产法其实相当近代。这些法律通常禁止在妊娠期内流产或尝试流产，除非必须通过流产挽救妇女的生命。这些法律并不古老，也并不是源于习惯法，而主要是从 19 世纪后期成文法的改变衍生出来的。

1. 古人的态度。

我们很难精确地判断古人对流产的态度。据说波斯帝国时代的人就知道堕胎药了，且流产是法律严惩的罪行。古希腊和古罗马的法律几乎不保护胎儿。有的地方将流产入罪，主要基于流产侵犯了父亲传宗接代权利的概念。古代的宗教并不禁止流产。

2. 希波克拉底誓言。

希波克拉底是"最有智慧、最伟大的医生"，是"医学史上最重要、最完善的人物"，是当时医学院的泰斗，他总结了过去的医学知识，是公认的医学之父，以他命名的希波克拉底誓言历来被认为是医学职业道德的规范。希波克拉底誓言被翻译成多种文字，不同的版本或许有差异，但是任何版本的内容都是明确的：

"即使有人要求，我也不会给任何人致命的毒药，也不会做这样的建议。同样，我也不会为妇女流产。"

尽管在本案的辩护状中并没有提到，希波克拉底誓言代表了医学职业道德观的顶峰，其影响力延续至今。为什么希波克拉底和古罗马时代官方没有劝阻流产呢？已故的埃德尔斯丁医生给我们提供了这样的理论：希波克拉底誓言当时并非没有争议；只有毕达哥拉斯派的哲学家们不赞成自杀。大多数古希腊的思想家至少支持在胎儿能够成活之前流产。对毕达哥拉斯派的哲学家们而言，那只是一种教条。对他们来说，胚胎的生命是从受孕开始的，流产意味着毁坏了一个生物。因此，希波克拉底誓言中关于流产的部分是"希波克拉底教义的共鸣"，古希腊其他阶层并没有如此不能妥协的赞同或反对流产的看法。

埃德尔斯丁医生的结论是，希波克拉底誓言只代表古希腊少部分人的看法，并没有被所有的古代医生所接受。他指出，一直到噶伦年代（公元前200—公元前130年）的医学文献"证明在所有的地方都有违反誓言的情况。然而古典时代结束之后，发生了巨大的变化，反对自杀和流产开始普遍，希波克拉底誓言开始流行。新兴基督教的教义也同意希波克拉底的道德规范"。希波克拉底誓言"变成所有医学道德的核心"，并"被称赞为真理的化身"。埃德尔斯丁医生认为誓言是"希波克拉底的宣言，并不代表医学操守的绝对标准。"

我们认为这是对似乎非常死板的希波克拉底誓言的能够接受的满意诠释。他使我们能够在历史背景中理解历来被接受并尊重的医学道德。

3. 习惯法。

根据习惯法，在胎动（通常发生在妊娠的第16至18周）之前做流产手术不构成可起诉的违法行为。胎动前的流产在习惯法中不构成犯罪起源于早期的哲学、神学及罗马法和教会法对生命从何时开始的概念。这些学派对这个问题的出发点是胚胎或胎儿什么时候"形成"或被认为是人，或者"个人"是什么时候具有"灵魂"或"成活"。在早期的英国法律进化出一种松散的共识，这些事件发生在受孕和成活的分娩之间，属于"中期的生机"。尽管基督教和罗马法将男性和女性的生机点分别固定在40天和80天，那种看法一直延续到19世纪，但是人们对形成生机的精确时间并未达成一致的看法。然而在此之前有一点共识，即胎儿是母亲的一部分，所以毁灭胎儿并不构成杀人。因为人们不能确定生机开始的精确时间，而且40天或80天的观点缺乏经验基础，而阿奎那对运动的定义成为两条首要原则之一，布拉克顿将胎动作为关键点。胎动的重要性被后来的习惯法学者认同，才进入美国接受的习惯法。

根据习惯法，胎儿已经会动之后流产是否构成重罪或是轻罪？这一点还是有争议的。13 世纪初，布拉克顿认为胎动后的流产构成杀人，但是此后习惯法的伟大学者们认为至多构成较轻的罪行。后人常引用库克的观点，认为胎动后的流产属于"重大的渎职，但不是谋杀"。布莱克斯通同意这种观点，尽管胎动后的流产曾经被认为是杀人（不是谋杀），但"现代的法律"认为没有那么严重。然而，诸多习惯法的案例与库克的观点相反，认为胎动后流产并不构成犯罪。大多数美国法庭认为胎动前流产不构成犯罪，有的法庭采纳库克的观点，认为胎动后流产属于"渎职"，这一术语被理解为"轻罪"。其实对库克的依赖并不那么重要，所有被报道的案例和判决显示，即便是胎动后的流产，也并未肯定地成为习惯法的罪行。

4. 英国成文法。

英国的第一部刑事流产法是 1803 年的《艾伦波若勋爵法案》。该法案第 1 条将胎动后流产列为死罪，第 2 条对胎动前流产的惩罚则轻得多，从而保留了胎动前后的区别。1828 年的成文法保留了这种区别。1837 年的成文法取消了胎动前后的区别，同时也取消了流产罪的死刑。此后 1861 年的成文法没有改变，被作为反流产法的核心一直沿用到 1967 年。1929 年通过的《婴儿生命保护法案》的重点是毁灭"一个出生后能够成活的孩子的生命"，并将故意流产定为重罪，为了保护母亲生命的善意流产除外。

1939 年的瑞埃克斯诉伯恩案（Rex v. Bourne）是英国法律发展的典型案例。该案认为，为了挽救孕妇的生命而必需流产不应受到 1861 年法律的惩罚。法官在指示陪审团时指出，1929 年法案所指的罪行是"在自然生产时故意杀死婴儿"。因此他得出的结论是，尽管 1861 年法案中并未提到挽救母亲的生命，该法案中使用的"非法"一词与 1929 年法案明确表达的例外具有同样的意思。然后他解释"保护母亲的生命"是广义的，即"根据合理的常识"，这句话包括对母亲的健康造成严重和永久的威胁。法官告诉陪审团，如果他们认为伯恩医生善意地相信必须通过流产才能够保护母亲的生命，陪审团必须判决医生无罪，陪审团遂遵循法官的指示宣判医生无罪。

1967 年英国国会通过了一项新的流产法，该法案允许有执照的医生做流产手术，前提是必须有另外两名有执照的医生同意：

（a）继续妊娠将危及孕妇的生命，或给孕妇本人、孕妇已有的子女或家庭的身体或精神健康造成比流产更严重的伤害。

（b）如果孩子生出来可能身体或精神不正常，有严重残疾的风险。

该法案还规定，在做决定时"可以考虑孕妇现在所处或可能将处于的环境"。如果主治医生善意地认为"为了挽救孕妇的生命，或防止孕妇的身体或精神健康受到严重或永久性伤害，而必须立即流产"，该法案允许主治医生在没有其他医生同意的情况下为孕妇做流产手术。

5. 美国法律。

19 世纪中叶之前，除了少数几个州之外，美国一直沿用英国的习惯法。1821 年康涅狄克州率先通过流产法，其中采纳了艾伦波若勋爵法案有关"胎动"的章节，但是没有死刑的规定，1860 年该州才将胎动前流产入罪。1828 年纽约州通过的法律在两方面成为早期反流产法的范本。首先，该法案禁止胎动前和胎动后的流产，但是胎动前流产是轻罪，胎动后流产是二级杀人罪。其次，该法案提出了治疗流产的概念，规定如果为了保护母亲的生命而必须流产，或是两位医生认为必须流产，那么流产就可以被原谅。

1840 年当得克萨斯州采用习惯法时，美国只有 8 个州有关于流产的成文法。南北战争之后，成文法才基本上取代习惯法。大部分早期的法律都严惩胎动后流产，但是对胎动前流产处罚较轻，而且大部分州对既遂和未遂流产的量刑相同。尽管许多成文法包括了一个或一个以上医生认为有必要通过流产挽救母亲生命的例外，但那种例外很快就消失了。典型的法律要求流产手术本身是挽救母亲生命必需的治疗方法。到 19 世纪中叶和后期，胎动的区别在大多数州的成文法中逐渐消失，流产罪的严重程度和惩罚力度随之增加。19 世纪 50 年代末，大多数州禁止任何方式任何时候的流产，除非是为了挽救母亲的生命。只有阿拉巴马和哥伦比亚特区是例外，他们允许为了保护母亲的健康流产。三个州允许并不"非法"或并非"没有合法理由"的流产，将解释这些标准的权利交给法庭。然而，在过去几年出现了流产法自由化的倾向，约有三分之一的州通过了比较宽松的法律，大多数的格式遵循了窦诉博尔顿案（Doe v. Bolton）的判决。

显然，从通过宪法开始到 19 世纪大部分的时间，习惯法对流产的态度较大多数州的现行成文法宽松。换言之，大多数州的妇女享有更宽松的流产权利。至少是在怀孕初期，甚至很可能没有这种限制，早在 19 世纪就有选择流产的机会。

6. 美国医学协会的立场。

医学界在 19 世纪末也反对流产，其实医学界对流产的态度对当时通过严厉的刑事流产法起了很大的作用。

1857 年 5 月，美国医学协会成立了刑事流产委员会，在第 12 次年会上该委员会作了报告。报告提到委员会调查刑事流产的目的是"从整体上制止流产"。委员会为流产及流产的频繁感到悲痛，并指出了"道德沦丧"的三大原因：

第一个原因是人们普遍不知道流产罪的特点，甚至母亲们自己都相信胚胎在胎动之后还不算生命。

第二个原因是医生们自己对胎儿的生命也不够慎重。

第三个原因是法律的严重缺陷，习惯法和成文法，忽视有生命的孩子出生前独立和实际的存在。这些罪过源于错误的和被推翻的医学教条，在大多数情况下足以阻止判刑。此外，法律本身还具有奇怪的矛盾，在民事上，法律承认子宫里胎儿的权利；但是在个人层面和刑事上，法律不承认这种权利，并拒绝保护胎儿的生命。

根据刑事流产委员会提议，美国医学协会通过决议，抗议这种"不可原谅的摧毁生命"，号召州议会修改流产法，要求各州医学协会合作"对该问题施压"。

1871 年，刑事流产委员会呈递了一份详细的报告，报告结尾呼吁我们必须尊重人类的生命，在人命关天的问题上我们不能妥协。诚实的法官应该实事求是，我们也应该如此。

根据刑事流产委员会提议，美国医学协会再次通过决议，建议必须基于孩子的安全，至少有一位德高望重的医生同意，否则任何医生诱导流产或早产均属非法且违反职业道德。在这一重要问题上，决议还呼吁各教派的神职人员注意众多妇女和男人的道德堕落。

此后，除了间歇地谴责刑事流产之外，美国医学协会并没有进一步采取正式的行动。1967 年，美国医学协会人类生育委员会呼吁采纳反对流产的政策，除非：有"记录在案的医学证据"显示母亲的生命将受到威胁；或是孩子"出生后可能有残疾或精神缺陷"；或者怀孕是"强奸、法定强奸或乱伦造成，可能对患者的精神或身体健康造成威胁"；或是另有其他两位"因为医道精湛而被挑选的医生检查了病人并书面同意"；而且手术是"在经医院认证联合委员会认可的医院里进行"。医生还向州议会提供医学信息，以便州议员们"根据美国医学协会的职业道德标准考虑"有关治疗性流产的立法。1967 年 6 月，这一建议被美国医学协会以 40 票反对 51 票赞成通过。

1970 年，美国医学协会作出若干提议，董事会亦撰写了一份报告，协会的审查委员会注意到若干事项："医学界对流产的争议两极分化"；提供证词者分为两派；美国医学协会各理事会和委员会之间的意见分歧；因为"州法律迅速变化，且法庭的判决更倾向流产自由"，"导致 6 个月里证词明显转向"；感觉到"这一倾向将持续下去"。1970 年 6 月 25 日，代表大会通过了宗旨和审查委员会建议的多数决议。宗旨强调"患者的最佳利益""合理的临床判断""患者知情的同意"，而不"仅是默认患者的要求"。

决议称流产是一种医疗手术，持有执照的主治医生应请其他两位医生咨询，并遵循州法，在经认证的医院里进行，与手术有关的各方均不得违反道德规范。美国医学协会的司法理事会同时也提出了补充意见。

7. 美国公共卫生协会的立场。

1970 年 10 月，美国公共卫生协会的执行董事会通过了五条流产服务标准：

a. 通过州和地方的卫生部、医学协会或其他非营利组织的流产介绍服务必须迅速、简单且易于获取。

b. 咨询的一个重要功能是简化并加快提供流产服务，而不是延误获取这些服务。

c. 心理咨询不应该强制。与其他医疗专科服务一样，在确实有征兆的情况下才需要心理咨询，而不是例行公事地寻求心理咨询。

d. 大范围内具有适当培训的个人，包括从具有同情心的志愿者到医道精湛的医生都可以有资格担任流产咨询师。

e. 应该跟每位流产患者讨论避孕和 / 或绝育措施。

在与流产有关的生命和健康风险因素中，有三项"被认为是重要的"：

a. 医生的技能，

b. 流产手术的环境，以及最重要的是，

c. 通过子宫的大小和月经史来确定妊娠的长短。

与资源较少的办公室或诊所相比，"设备良好的医院"能提供更多的保护，以应对不可预见的困难。孕妇的年龄是最重要的考虑因素。

因此建议二期妊娠和有并发症早期妊娠的产妇住院接受流产手术。对于一期妊娠来说，在医院流产后住院或不住院均为安全的。借助医院外的医疗设施流产也是可以接受的变通方法，前提是"必须事先准备，若遇到不可预见的并发症时能够及时入院"。目前流产应由持有执照且有"足够训练"的医生或按摩师进行。

8. 美国律师协会的立场。

1972年2月，美国律师协会代表大会通过了统一流产法案，只有17票反对。该法案在前一年8月起草，并由统一州法委员会批准。法案全文及法庭会议的意见请见附件。

第七部分

下面列举三个原因，解释为何在19世纪通过刑事流产法，以及为何刑事流产法随后持续存在。

偶尔有一种论点，认为刑事流产法是维多利亚时代社会忧虑的产物，通过立法来阻止杂乱的性行为。然而，得克萨斯州在本案中并没有采用这一辩护理由，而且没有法庭或法律评论员会严肃地考虑这一论点。此外，上诉人和支持她们的法庭之友辩称阻止性行为根本不是州政府的目的，如果州政府真想阻止杂乱的性行为，那么得克萨斯州的成文法的涵盖面就太宽了，因为法律并没有对已婚母亲和未婚母亲作出任何区分。

第二条理由基于流产是一种医疗手术。最初制订刑事流产法时，流产对妇女是一种有风险的手术，这种风险在发明灭菌技术前尤为明显。灭菌术是基于里斯特、巴斯特和其他人的发现，在1867年首次公布，但是在20世纪前并没有得到普遍的接受和使用。原来流产的死亡率很高，从1900年到1940年发明抗生素之前，流产的死亡率仍然是很高的。而且当时的扩宫术和刮宫术也不如现在安全。因此，一种论点认为制订刑事流产法的目的是通过限制孕妇寻求高风险的流产来保护孕妇的健康。

现代的医疗技术改变了这一情况。上诉人和支持她们的法庭之友参考的医疗数据表明，尽管在妊娠前三个月的早期流产并非没有风险，但是相对来说还是比较安全的。合法的早期流产手术的死亡率等于或低于自然分娩的死亡率。因此，除非不接受流产手术的风险与接受流产手术的风险相等，政府已经无需为了保护妇女的健康而禁止妇女接受一种危险的手术。当然，州政府在保健和医疗领域的利益仍然存在。例如，州政府有责任确保流产和其他医疗操作一样，能够在最安全的条件下进行。这一利益涉及进行流产手术的医生和他的雇员，流产手术的设施，术后的康复，以及一旦出现并发症或意外时是否有足够的应对措施。非法流产诊所高死亡率并没有减弱，而是加强了州政府的决心，通过法律来规定流产手术必须在什么条件下进行。此外，怀孕时间越长，流产的风险也就越大。因此，对于妊娠晚期的流产手术，州政府对保护妇女的健康和安全责无旁贷。

第三个原因是州政府保护产前生命的责任。有的论点认为一条新的生命从受孕的时刻便开始了。权衡孕妇自己的生命和她腹中孕育的那条生命，只有当孕妇的生命受到威胁时，她腹中的胚胎或胎儿的生命才可处于次要地位。当然从逻辑上来说，州政府保护生命的利益是否成立，这与生命究竟是从受孕就开始还是怀孕后过一段时间才开始并无关系。在评估州政府的利益时，我们不必使用最严格的标准，只要涉及另一条潜在的生命就有必要评估，除了孕妇的生命之外，州政府还有责任保护另一条生命。

有人认为制订流产法的目的之一是保护尚未诞生的生命，挑战禁止流产州法的当事人对此观点表示强烈的反对。鉴于立法过程中并无证据支持这一观点，反对者坚称多数州的流产法的唯一目的是保护妇女。至少对早期妊娠的流产而言，因为医学的进步减轻了对妇女生命的顾虑，反对流产法的人认为州政府已经没有理由禁止早期流产了。有关流产法的立法初衷其实是有学术根据的。从19世纪末至20世纪初，一些州法庭解释流产法的重点集中在州政府有责任保护妇女的健康，而不是保护胚胎和胎儿的生命。持这种观点的人指出，在许多州，包括得克萨斯，根据成文法和司法解释，孕妇自行堕胎，或是请人协助她堕胎，孕妇本人是不会被起诉的。他们认为通过普通法采纳"胎动"的概念，表示各州成文法默认了晚期流产对健康的危害较大，同时也暗示地驳斥了生命始于受孕的理论。

本案的关键主要是基于以上所述的利益，以及附带的第八部分。

第八部分

宪法并没有明确地提到隐私权。然而在一系列的判决中，最早的可以追溯到1891年，本庭认为宪法中确实存在个人隐私权，或保证某种隐私的领域或范围。在不同的前提下，本庭及本庭的几位大法官确实曾判决隐私权来源于第1、第4和第5修正案，《民权法案》的前言，以及第9修正案或第14修正案第一部分所保证的自由概念。以上案例明确指出，只有那些可以被认为是"基本的"或"包含在自由概念中的"个人权利，才能被包括在受保护的个人隐私中。此外，个人隐私也引申到与婚姻、怀孕、家庭关系、抚养子女和教育有关的活动。

无论本庭认为隐私权是源于第14修正案中有关个人自由和限制政府权力的概念，还是本案地区法院认为隐私权源于第9修正案的还权予民，隐私权的范围均足以覆盖妇女决定是否要终止妊娠。假如彻底剥夺妇女选择的权利，政府对妇女造成的伤害就是显而易见的。即便是在妊娠初期，也有通过医学便能诊断出的危害。怀孕或更多的子女能够对妇女的生活和前途带来压力。心理上的伤害也可能迫在眉睫。照顾孩子可能影响精神和生理健康。不想要的孩子会给大家带来痛苦，如果因为心理或其他原因本来就不能照顾多余的孩子，孩子的降生本身就是问题。此外，本案还涉及未婚生子带来的困难和持久的污点。所有这一切都是妇女本人和有责任感的医生应该考虑的因素。

基于以上的考虑，上诉人和支持她的法庭之友认为妇女的权利应该是绝对的，她应该有权选择在任何时候、以任何方式、因任何理由终止妊娠。我们不同意这种看法。上诉人声称得克萨斯州完全没有合法的理由去监管流产的决定，或限制妇女自主决定权的理由不够充分，这种论点没有说服力。在认可隐私权的同时，本庭还指出有些州法在隐私权保护的范围实施监管是正确的。如上所述，保护健康、维持医疗标准和保护潜在生命对州政府至关重要。当妊娠进入某一阶段后，这些利益变得足够重要，从而迫使州政府监管有关流产决定的各种因素。所以这里所涉及的隐私权并非绝对的。有些法庭之友声称，一个人有对自己身体为所欲为的最终权利，此外本庭过去所作的判决中提到了隐私权，这两种权利之间有多紧密的联系事实上并不清楚。本庭过去曾拒绝承认这类最终的权利，如疫苗接种和绝育手术。

因此我们认为，个人的隐私权包括决定是否流产的权利，但是这种权利并非无条件的，必须在政府监管的重要利益前提下考虑。

我们注意到，近年来联邦法庭和州法庭在考虑挑战流产法的案子时都得出了同样的结论。除了审理本案的地区法庭之外，大部分法庭都宣布州法违宪，或至少是部分违宪，因为这些州法太含糊或覆盖面太广，并且简化了权利。

尽管判决的结果有分歧，大部分法庭还是同意无论隐私权基于何处，其范围都足以覆盖流产决定权。然而流产决定权并不是绝对的，应该受到一些限制，而且在某个阶段，州政府保护健康、医疗标准和胎儿生命的利益将占首要地位。

当涉及某些"基本权利"时，本庭认为只有在"迫切的政府利益"的前提下，州政府才可以制订限制这些权利的法规，而且立法必须精准地反映合法的政府利益。

在以上援引的案例中，法庭认可了这些原则。推翻州法的法庭严格地审查了州政府保护健康和潜在生命的利益，结论是这两种利益都不足以笼统地限制医生及孕妇在妊娠早期决定流产的权利。维持州法的法庭则认为州政府保护健康和胎儿生命的决定占首要地位，所以州法并不违宪。

第九部分

地区法庭认为，被上诉人未能充分证明得克萨斯州法律侵犯柔（上诉人）的权利是为了支持迫切政府利益而必需的，尽管被上诉人提出了"州政府介入流产领域的若干迫切理由"，法律条文超过了这些理由，并且"远远掠过迫切政府利益的领域"。上诉人和被上诉人都不服判决。如上所述，上诉人的诉求是禁止州政府对流产刑事惩罚的绝对权力。而被上诉人辩称州政府决定承认并保护从受孕开始就形成的胎儿生命构成迫切的政府利益。如上所述，我们对以上两种表述都不完全同意。

A. 被上诉人和某些支持他的法庭之友辩称，根据第 14 修正案的语言和含义，胚胎是一个"人"。为了支持这一论点，他们详细地罗列了有关胚胎发育的事实。如果他们建议的人格能够成立，上诉人将彻底败诉，因为胚胎的生命权是第 14 修正案明文保护的。上诉人在反驳时对此并无异议。然而被上诉人在第二轮辩论时承认，他无法援引任何案例证明第 14 修正案将胚胎定义为人。

宪法对"人"的定义并不冗长。第 14 修正案的第 1 条有三处提到"人"，其中第一处对"公民"的定义是"在美国出生或移民归化的人"。这个词在正当程序条款和平等保护条款中也出现过。"人"也被用于宪法的其他地方，如当选众议员和参议员的条件、分配条款、移民和进口条款、薪酬条款、选举人规定、当选总统的条件、引渡规定、在逃农奴条款、第 5 修正案、第 12 修正案和第 22 修正案，以及第 14 修正案的第 1 条和第 3 条。但是在几乎所有的例子中，这个词的用法只适用于出生以后。没有一处能确实地显示这个词可能适用于出生之前。

所有这一切以及我们的观察表明，19 世纪大部分时间合法流产的主流比现在更为自由，这说明第 14 修正案中出现的"人"这个词并不包括还未出生的"人"，这跟一些具有完全相同争议的案例判决结果相符。其实，本庭在美国诉维切案（United States v. Vuitch,）中的判决也能推论出同样的效果，如果流产的必然后果是剥夺第 14 修正案保护的生命，本庭不会因为支持在特定条件下流产而费时去解读成文法。

然而，这一结论还不足以完全驳倒得克萨斯州提出的论点，因此我们继续考虑其他的因素。

B. 孕妇不能被孤立在她的隐私之中。如果你接受医学对生命在子宫里发育的定义，她先怀着一个受精卵，然后发育成胎儿。[①] 因此这与夫妻之间的亲密行为或卧室里的下流读物、婚姻、繁衍后代或教育是完全不同的，而以上这一切是艾森斯达特、格力斯沃德、斯坦利、拉文、斯金纳、皮尔斯和梅尔等人所关注的。如上所述，到一定的时候，州政府便能合理且正确地决定另一种利益，即孕妇的健康和潜在生命的利益变得日趋重要，妇女的隐私便不再是唯一的考虑，但她拥有的隐私权也应该被适当地考虑。

除了第 14 修正案之外，得克萨斯州还辩称生命从受精的时刻便开始了，并在整个怀孕过程中持续，所以州政府有迫切的利益保护从受精开始和受精之后的那条生命。我们没有必要解决生命从何时开始的难题。当医生、哲学家和神学家们对此都无法达成共识，司法部门在人类知识还在发展时没有资格猜测答案。

我们必须指出，人们对这个敏感难题的看法有极大的分歧。有人认为生命在出生的那一刻才开始，这种观点得到了强有力的支持，古希腊和罗马的斯多葛学派便持这种观点。犹太教对此并无一致看法，但生命始于出生的观点也占主导地位。可以确定的

---

① 此处略去援引的医学词典。

是，大多数清教徒也认为生命始于出生。持明确观点且有组织的群体基本上都认为流产是个人和家庭的良心问题。我们注意到，普通法认为胎动更具有重要性。而医生和科学家们对胎动不太重视，他们更关注的是胎儿在什么时候"成活"，究竟是在受孕、分娩时，还是在受孕和分娩中的某个时间点。换言之，哪怕是借助人为的帮助，胎儿可以在母亲的子宫外活下去。胎儿通常到 7 个月（28 周）便可成活，有的更早，甚至在 24 周便可成活。亚里士多德的"延迟生机"理论在中世纪和文艺复兴时期的欧洲盛行，并且一直延续到 19 世纪都还是罗马天主教的官方教条，尽管教会中有人反对这种"灵魂附体"的理论，他们认为生命始于受孕。当然，如今天主教的官方信仰是生命始于受孕。一位法庭之友透露，许多非天主教徒和医生也坚持这种观点。然而，这种观点的精确定义受到质疑。新的胚胎学数据显示，受孕并非单一事件，而是一个跨越一段时间的"过程"。此外，月经浸出法、房事后服用避孕药、胚胎移植、人工授精乃至人造子宫等新医疗技术也使这种观点受到质疑。

除了刑事流产法之外，法律对是否应该支持生命在分娩之前就开始的理论犹豫不决。除了在非常有限的情况下，或是生命将取决于分娩后胎儿是否能成活，法律并不急于承认腹中的胎儿有法律上的权利。例如，根据传统的侵权法，对未诞生胎儿造成伤害无需赔偿，即使胎儿诞生之后成活了。如今几乎所有的州都改变了这条规则。在大多数州，只有在胎儿能够成活的前提下，或至少有胎动的情况下，需要赔偿对胎儿的伤害，但是很少法庭会作出这样的判决。最近有些州允许诞下死胎的父母以胎儿在腹中受到伤害造成意外死亡为由起诉侵权者，但这一倾向受到评论人士的反对。然而，这种侵权诉讼显然是为了维护父母的权利，所以跟胚胎最多只能代表潜在生命的观点是相符的。同样，尚未诞生的孩子可以得到继承财产的权利，并由法庭指定的监护人代表其利益。但是这种权利能否成熟还是取决于分娩后胎儿能否成活。简言之，法律从未完全承认腹中胎儿的人格。

第十部分

鉴于此，我们不同意得克萨斯州通过采用某种生命的理论来剥夺孕妇的权利。然而我们重申，州政府具有重要且合法的利益维护和保护孕妇的健康，无论她是本州的居民还是从外州来就医的居民。此外，州政府还有重要且合法的利益保护潜在的生命。这两种利益是分开的、不同的。这两种利益都随着怀孕接近预产期而增强，并在孕期的某一时间点变得"迫切"。

因为州政府具有重要且合法的利益维护和保护孕妇的健康，根据目前的医学知识，"迫切点"约在妊娠前三个月结束时。之所以如此，乃是根据已知的医学事实，在妊娠的前三个月里，流产死亡率低于正常分娩的死亡率。妊娠超过三个月后，州政府便应监管流产，但是监管的程度必须与维护和保护孕妇的健康相应。在流产领域允许州政府监管的例子包括对流产手术医师资质的要求、行医执照的要求、流产设施条件的要求，如医院、诊所还是其他非医院地点，以及流产设施的执照等。

换言之，在妊娠尚未到"迫切点"之前，医生向孕妇提供咨询之后，无需接受州政府的监管，便可根据自己的医学判断决定是否终止妊娠。一旦决定终止妊娠，医生便可在不受州政府干扰的情况下进行流产手术。

至于州政府具有重要且合法的利益保护潜在的生命，"迫切点"是成活力。之所以如此，乃是基于假设胎儿离开母亲子宫之后还能有意义地存活的能力。胎儿具有成活力之后，州政府对保护胎儿生命的监管必须具有逻辑和生物学的理由。如果州政府的利益是保护具有成活力胎儿的生命，州政府可以禁止流产具有成活力的胎儿，除非是为了保护孕妇的生命或健康而必须流产。

与上述标准相比，《得克萨斯州刑法》1196 条将合法的流产限制为"根据医生建议，以挽救母亲的生命为目的的流产"，这种限制范围太广了。该法律对妊娠早期流产和妊娠晚期流产不加区别，将"挽救"母亲的生命作为流产手术的唯一合法理由。因此，该法律禁不起宪法的推敲。

根据以上结论，得克萨斯州法律的语言过于含糊，我们还有必要进一步挑战。

第十一部分

综上所述，我们重申：

1. 凡类似于得克萨斯州现行法律的刑事流产法，仅对以挽救生命为目的流产手术免于起诉，而不顾妊娠处于何种阶段，也不顾是否还涉及其他利益，因此违反了第 14 修正案的正当程序条款。

（a）若妊娠尚未满三个月，流产的决定和实施应以孕妇的医生的医学判断为准。

（b）若妊娠即将满三个月或已超过三个月，为了保护母亲的健康，州政府可以选择与孕妇健康有关的合理措施监管流产。

（c）若胎儿已具有成活力，为了保护潜在的生命，州政府可以选择监管甚至禁止流产，除非根据适当的医学判断，为了保护孕妇的生命和健康而必须流产。

2. 州政府可根据本判决第十一部分前段落的用法对"医生"下定义，即仅限于目前持有州政府颁发的行医执照的医生，并禁止不符合医生定义的人员进行流产手术。

本庭在窦诉博尔顿案中考虑了一条现代流产法中有关程序的要求。该案的判决应与本案的判决一起解读。

我们认为，本案的判决与双方涉及利益的比重是一致的，既有医学、法律史的教训和例子，也有普通法的宽容，还有现代社会重大问题的诉求。随着妊娠时间的加长，本案的判决给州政府留下了足够的空间来限制流产，前提是限制措施必须符合州政府的利益。本案的判决肯定了医生有权根据其专业判断决定进行何种治疗，直至州政府的利益变成迫切的理由而进行干预。在州政府介入之前，流产的决定在本质上主要是医学的决定，基本的责任必须由医生承担。如果某位医生滥用医学判断的特权，则可通过正常的司法和医疗行业内的措施来补救。

第十二部分

我们认为《得克萨斯州刑法》1196 条违宪意味着得克萨斯州的流产法作为一个整体都违宪。1196 条中的例外不能被分开推翻，否则法律将允许州政府禁止所有的流产手术，无论出现何种医学上的危险情况。

尽管联邦法庭的判决确认了上诉人柔的权利，却没有颁发禁止得克萨斯州执行该流产法的命令。本庭认识到联邦法庭对确认权利判决和发布禁令有不同的考虑。此案的判决并不涉及得克萨斯法律明显地剥夺言论自由的问题，那是另外两个案例所特别关注的问题。

我们觉得没有必要决定地区法庭是否错误地决定拒绝颁发禁令，因为我们相信得克萨斯州的检察院将会全面遵守本庭宣布得克萨斯州现行的刑事流产法违宪的判决。

地区法庭对介入此案的哈尔福特未作判决，且拒绝受理哈尔福特医生介入此案的诉状。除了有关哈尔福特的判决之外，我们维持地区法庭的原判。被上诉人的诉讼的费用将由上诉人支付。

此令。

斯图亚特大法官附和。

1963 年，本庭在弗尔格森诉斯科茹帕案（Ferguson v. Skrupa）中称，该案判决将为实质性公证程序的学说敲响丧钟，许多州法就是根据这一学说而被判违反第 14 修正案的。布拉克大法官在斯科茹帕案的判决书中说：

"我们回到了宪法的初衷，法庭不能用自己的社会和经济的观点来替代立法机构的判断，因为法律是民选的立法机构制定的。"

两年后，在格里斯沃德诉康涅狄克案中，本庭判决康涅狄克州的计划生育法违反宪法。因为斯科茹帕案才判决两年，所以本庭在格里斯沃德案中尽可能避免用第 14 修正案的正当程序条款作为判决的依据。但是康涅狄克州的法律既没有违反《民权法案》中的任何条款，也没有违反宪法的具体条款。当时我就很清楚，现在同样也很清楚，格里斯沃德案的判决只能被理解为康涅狄克州的法律实质性地侵犯了第 14 修正案的正当程序条款保护的"自由"。按照这种理解，斯科茹帕案之前的一系列案件是按照实质性正当程序的理论判决的，现在我接受这一点。

"作为一部自由人的宪法，自由的定义无疑是广义的。"宪法里并没有具体提到个人对婚姻和家庭生活有选择的权利，但是第 14 修正案的正当程序条款保护的"自由"超过《民权法案》中明确罗列的自由。

哈兰大法官曾写道："宪法里既没有精确地规定，也没有限制正当程序条款保证自由的范围。这种'自由'并不是一连串孤立的自由，例如免予剥夺财产、言论、新闻和宗教自由、持枪自由、免受不合理搜查和扣留的自由等。自由是一种理性的连续统一体，广义地说，自由包括免受实质性的武断强迫和毫无目的的限制。就像合理敏锐的判断力，自由还承认某些利益，既要求州政府说出限制自由的理由，还要求我们严格地审查政府的理由。"

用法兰克福特大法官的话来说："我们故意让人们根据经验来体会'自由'这样伟大概念的含义。因为这些概念跟社会和经济的现实密切相关，建国的政治家们深知一成不变的社会是一潭死水。"

本庭判决的许多案例明确指出，个人对婚姻和家庭生活的自由选择权是第14修正案正当程序条款保护的自由之一。近在去年，本庭在在艾森斯达特诉拜尔德案中承认，"无论已婚还是单身，政府都不得未经个人同意就干预他们是否想怀孕生子的决定"。

这种权利必然包括妇女决定是否终止妊娠的权利。

"妇女在妊娠期间奉献自己的身体和感情，孩子的出生和抚养将影响她的一生，这种权益的重要性和个人私密性远远超过皮尔斯诉修女协会案所保护的将子女送到私立学校的权利，也远远超过麦尔诉内布拉斯加案所保护的教子女外语的权利。"

因此，本庭今天判决简·柔主张的权利包含在第14修正案正当程序条款保护的个人自由之内，这一判决显然是正确的。

得克萨斯州的流产法显然直接侵犯了这种权利。这条在整个得克萨斯州生效的刑法没有任何灵活性，完全剥夺了宪法赋予妇女的自由，我们很难想象出还有比这更严厉的法律。州政府以维护政府利益为理由支持剥夺妇女的权利，问题是这种利益是否能够禁得起第14修正案要求的"特别谨慎的审查"。

州政府主张的权利是保护孕妇的健康和安全，并保护孕妇体内的那条即将诞生的生命。这些都是合法的利益，允许政府像管理其他手术那样管理流产，也许还允许政府对流产管得更严，甚至在妊娠晚期禁止流产。但我们面临的并不是这样的法律，我认为本庭今天全面地显示这些州政府的利益不足以支持得克萨斯现行的法律剥夺个人自由。因此，我加入本庭的判决，根据第14修正案的正当程序条款，得克萨斯州的法律是无效的。

阮奎斯特大法官反对。

本庭的判决为这个令人烦恼的问题带来了广博的历史事实和丰富的法律学识。尽管我尊重判决，但我还是对判决中宣布得克萨斯法律无效的那些部分有原则上的分歧，因此我反对。

第一部分

本庭判决州政府在妊娠的第一个季度几乎不可以限制流产。我们过去的案例都有一个必要的前提，那就是原告在诉讼悬而未决的期间处于妊娠的第一个季度。诉讼的一方可以维护自己的宪法权利，但不可以通过诉讼维护其他人的权利。然而本庭陈述的事实中并没有显示本案存在这样一个原告。我们仅知道原告柔提诉时是一位孕妇，案卷显示她递交诉状时已经到了妊娠的最后一个季度。

本庭的判决并没有说得克萨斯政府禁止妊娠晚期流产是违反宪法的。然而本庭以她的诉状为由针对得克萨斯的法律，判决得克萨斯政府几乎不得禁止妇女在妊娠的第一季度流产。本庭背离古训判决了一个假想的案子，那就是法庭不得"制订一条宪法原则，其应用的范围超过了案件的事实"。

第二部分

即使本案原告可以对本庭判决的争端提起诉讼，我还是会作出跟本庭相反的判决。因为我认为本案并不涉及"隐私"，所以我很难得出跟本庭相同的结论。受到挑战的得克萨斯法律禁止有执照的医生为原告柔女士流产。在我们的日常词汇中，这种手术其实并不能算是"隐私的"。第 4 修正案保证公民有免予被搜查和扣留的权利，本庭在卡兹诉美国案（Katz v. United States）中把那种权利称为"隐私权"，然而本庭在本案中所说的"隐私"跟第 4 修正案中所说的"隐私权"之间的关系甚至都算不上"远亲"。

如果本庭所说的"隐私"就是个人不愿意州政府干预双方自愿的行为，那只能算是第 14 修正案保护的一种"自由"，根据那种自由的概念，本庭在过去无疑作出过若干相似的判决。我同意斯图亚特大法官的附和判决，那就是未经正当程序，任何人不得剥夺第 14 修正案保护的自由，那种自由的范围超过人权法案涵盖的自由。但第 14 修正案并没有保证不能剥夺那种自由，只是保证未经正当程序不得剥夺那种自由。根据威廉森诉李氏光学器材公司案（Williamson v. Lee Optical Co.）的判决，检验社会和经济立法的传统标准是，被挑战的法律跟州政府的合法权益之间是否有合理的关系。毫无疑问，第 14 修正案的正当程序条款限制立法机构制订此类法律的权力，尽管限制是广义的。根据威廉森案的检验标准，如果得克萨斯的法律禁止有生命危险的孕妇流产，那种法律跟合法的政府利益之间缺乏合理的关系。但本庭的判决不分青红皂白地禁止在妊娠的第一个季度内以任何形式限制流产，那是绝对不可能通过威廉森检验标准的。本庭的判决通过权衡各种互相竞争的因素来取代既定的检验标准，这其实是立法机构的功能，而不是司法机构的功能。

第 14 修正案的检验标准是"迫切政府利益"，但本庭回避这段历史，还在这条检验标准上加了一个新办法。迫切政府利益的检验标准本来是跟第 14 修正案的平等保护条款有关，本庭却把这条检验标准用于本案。本案的诉求跟平等保护条款无关，而是来源于第 14 修正案的正当程序条款。除非我误解了转移"迫切政府利益检验标准"可能产生的后果，我认为本庭的判决将使这个领域的法律变得比以前更加使人困惑。

本庭的判决援引了霍姆斯大法官在洛克纳诉纽约案（Lochner v. New York）中发表的反对意见，其结果跟首席大法官派克汉在该案中代表多数派公布的判决相似。洛克纳一类的案件在经济和社会福利立法中运用实质性正当程序的标准，如今又采取迫切政府利益的标准，这将不可避免地要求本庭审查立法政策，在审查的过程中还需要决定某项具体的政府利益是否"迫切"。例如，本案的判决将妊娠分成三个阶段，并列出在每个阶段应该允许政府如何限制流产，这就相当于由法庭介入立法，而不是由法庭确定起草第 14 修正案的先贤们的立法意图。

大多数州的立法反映了那些州大多数人的观点，在过去的一个多世纪，大多数的州都限制流产，我认为这就说明上诉人主张的流产的权利并非"深深地扎根于人民的传统和良知之中的基本权利"。即便在今天，人们对流产的态度也还在改变，但人们之所以还在辩论，是因为流产的"权利"并不是上诉人想让我们相信的那种已经被普遍接受的权利。

为了得出那样的结论，本庭不得不从第 14 修正案的范围里找出一种权利，但起草宪法修正案的先贤们当时显然根本就没有想到流产的权利。早在 1821 年，康涅狄克州的立法机构就通过了第一部直接针对流产的法律。1868 年通过第 14 修正案时，至少 36 个州或领地的立法机构通过了限制流产的法律。尽管许多州修订或更新了他们的法律，1868 年通过的流产法中至少还有 21 部至今仍然有效。今天本庭宣布无效的得克萨斯州的流产法于 1857 年通过，多数大法官承认该法律"至今尚未有实质性的改变"。

通过第 14 修正案时，并没有人质疑得克萨斯或其他州的流产法的合法性。这段历史使我们只可能得出一个结论，那就是起草第 14 修正案的先贤们并没有想从各州收回立法限制流产的权力。

第三部分

即便本庭今天判决的案子已经木已成舟，而且判决书中阐述的实质性宪法理论是恰当的，本庭还是无法支持对本案的处理方法。本庭实际上已经全盘否定了得克萨斯的流产法，只是允许政府限制妊娠晚期的流产。我向来认为如果本庭判决一条法律无效，那只能针对一个特定的被告，而不是宣布整条法律违宪，那条法律并没有被"废除"，而是本庭宣布该条法律对一宗具体的案子违宪了。

基于上诉理由，我恭敬地反对。

道布斯诉杰克逊妇女健康组织

Dobbs v. Jackson Women's Health Organization

No. 19–1392

2021 年 12 月 1 日辩论；2022 年 6 月 24 日判决。

摘要：

密西西比州的《孕龄法案》（*Gestational Age Act*）规定："如果胚胎的孕龄被确定已经超过 15 个星期，除非遇到医疗上的紧急情况，或是胚胎发育有严重的不正常，任何人均不得故意或明知故犯地进行或导致一个尚未出生的人类胚胎流产。"

被请愿人杰克逊妇女健康组织是一个人工流产诊所。该诊所及该诊所的一位医生在联邦法庭挑战密西西比州的育龄法案，称该法案违反本庭判决宪法赋予妇女流产权利的案例，特别是柔诉韦德案（Roe v. Wade）和宾夕法尼亚州东南计划生育组织诉凯西案（Planned Parenthood of Southeastern Pa. v. Casey）。地区法庭未经开庭便即席判决被请愿人胜诉，并永久禁止密西西比州政府执行该法案，理由是该州的 15 周限制违反了最高法庭不允许州政府禁止在胎儿能够成活之前堕胎的判例。第五巡回上诉法庭维持地区法庭的判决。请愿人在本庭捍卫密西西比州的《孕龄法案》，理由是柔和凯西这两个案例的判决是错误的，而且该法案能够满足合理根据（rational-basis）的审查，所以是符合宪法的。

判决：

其实宪法并没有赋予妇女流产的权利；柔案和凯西案均应予推翻；管理流产的权力应回归给人民及人民选举的代表。

（a）如果我们对宪法的理解是正确的，那么最重要的问题是，宪法究竟有没有赋予妇女流产的权利。凯西案的判决略过了那个问题，仅以判例具有约束力为由便再次维持柔案的原判。然而为了正确地遵循判例，我们必须评估柔案的判决是否有强有力的依据。因此本庭将考虑一些凯西案的多数法官当时没有考虑到的问题。

（1）首先，我们将审查本庭使用何种标准来判断第 14 修正案所说的"自由"是否保护某种具体的权利。我们的宪法并没有明确地提到孕妇有流产的权利，但是若干宪法条款可能含蓄地为这种宪法权利提供潜在的理论基础。柔案认为流产的权利是第 1、第 4、第 5、第 9 和第 14 修正案所提到的隐私权的一部分。凯西案的判决完全基于一种理论，即流产的权利是第 14 修正案中正当程序条款所保护的那种"自由"。有些人则提议在第 14 修正案的平等保护条款中寻找支持流产权利的理论基础，但是那种理论与本庭的判例直接抵触，因为本庭一直认为州政府管理流产的权威并非基于性别，所以无须受到因性别歧视之嫌所应该受到的严格审查，我们在审查有关流产的案件时，可以使用与审查其他与健康和安全有关案件同样的标准。

（2）其次，本庭将审查流产的权利是否扎根于我们国家的历史和传统，以及流产的权利是不是"有序自由"的一个基本组成部分。本庭认为流产的权利并非深深地扎根于我们国家的历史和传统。判决凯西案的理论基础是第 14 修正案的正当程序条款为"自由"提供了实质性和程序上的保护，但这种理论向来是具有争议的。本庭的判决认为正当程序条款两类实质性权利，包括宪法前 8 条修正案所保证的权利，以及虽然宪法并没有提到，但被认为是最基本的那些权利。为了确定某种权利是否在以上两个范畴之内，问题是那种权利是否"深深地扎根于我们国家的历史和传统"，以及这种权利对我们国家的"有序自由"是否必不可少。"自由"这个抽象的概念并不能指导我们，所以为了承认某种权利是正当程序条款所保护的"自由"权的一个组成部分，本庭必须追溯历史。当我们解读"自由"的含义时，我们必须防止人为地将第 14 修正案所保护的自由和本庭自以为美国人民所应该享有的自由混为一谈。因此，在认可宪法中没有提到的权利时，本庭向来持"犹豫不决"的态度。我们的历史和传统勾勒出有序自由的重要组成部分，在历史和传统的指引下，本庭认为第 14 修正案显然并不保护流产的自由。直至 20 世纪后半部分，美国法律并不支持妇女流产的权利是宪法赋予之说。没有一个州的宪法里有承认流产的权利的条款。在柔诉韦德案之前，没有一个联邦或州法庭承认妇女有流产的权利。实际上，流产在任何一个州都属于犯罪行为。根据普通法，至少在怀孕的某些阶段流产是非法的，而且在所有怀孕的阶段都会有严重的后果。美国法律一直遵循普通法，直至 19 世纪各州纷纷通过成文法限制，将流产入刑追责。当先贤们通过第 14 修正案时，怀孕任何阶段的流产在四分之三的州都属于犯罪。这种共识一直延续到本庭对柔诉韦德案作出判决。柔案不是忽略就是曲解了这段历史，然后凯西案则拒绝重新考虑柔案对历史的错误分析。

被请愿人辩称这段历史无关紧要，这种论点蔑视了本庭在确定某种宪法没有提及的权利是否仍应得到宪法的保护时所使用的标准。副总检察长也重申了柔案的主张，"即便在胎动之后，流产在普通法里是否肯定构成犯罪仍有待商榷"，而一系列普通法的案例均认为胎动后的流产构成犯罪。此外，许多案例认为胎动前的流产也是"非法的"，而且假如因流产而造成孕妇死亡，实施流产的医生应该按谋杀问罪。副总检察长称历史支持流产的权利，因为普通法并没有将胎动前的流产入罪，但是并非所有的案例都强调胎动，而且即便许多州在 18 世纪和 19 世纪初叶并没有将胎动前的流产入罪，这并不等于各州没有将胎动前的流产入罪的权力。

柔案和凯西案的支持者并没有尽力强调流产的权利本身是根深蒂固的，他们转而辩称流产的权利是某种广义权利不可分割的一部分。柔案将这种权利称为隐私权，而凯西案将这种权利描绘成人们作出"亲密和个人选择"的自由，这种自由是"个人尊严和自主权的核心"。有序的自由在两种互相竞争的利益之间设置了限度，并对两者之间的界限作出了定义。在孕妇流产的权益和"潜在生命"的权益之间，柔案和凯西案均作出了各自的权衡，但各州的民众对这些权益可能作不同的权衡。我们国家对有序自由的理解的历史并不排除民选代表决定如何管理流产的权力。

（3）最后，本庭还考虑了流产的权利是否属于其他案例所支持的广义权利的一部分。本庭得出的结论是，我们没有理由将流产的权利视为任何广义权利的一部分。试图将流产说成是广义的自主权，并以此来定义"存在的概念"未免太牵强附会。在高度概括的层面上，这些标准甚至可以将使用毒品和卖淫嫖娼等不法行为也变成基本的权利。柔案和凯西案所援引案例中的那些权利跟流产的权利截然不同，而且这两宗公案的判决书也承认这一事实：用柔案的术语来说，流产的权利之所以不同，乃因为流产摧毁的是一条"潜在的生命"，也就是请愿人所挑战的法律所说的"尚未出生的人"。柔案和凯西案援引的所有案例均不涉及流产所面临的严重的道德问题。因此，那些案例并不支持流产的权利，本庭认为宪法并没有授予妇女流产的权利，本庭这一结论并不削弱这些案例。

（b）遵循案例的原则并不能劝说我们继续接受柔案和凯西案的判决。遵循案例固然重要，可以保护那些依赖过去的判例而行事者的权益。遵循案例可以"减少向已有定论的判例挑战的动机，并节省诉讼双方和法庭为过去的案例无休止地诉讼的费用"，还能使"司法程序更加秉公无私"，尊重那些过去抓住重要问题作出判断的法官的判断，从而制止人们的狂妄自大。然而，遵循案例并非一道不可抗拒的命令，尤其是当本庭解读宪法时，遵循案例的原则被大大削弱。本庭的一些最重要的有关宪法的判决推翻了过去的判例，例如布朗诉教育局案（Brown v. Board of Education）便推翻了臭名昭著的普莱西诉弗尔格森案（Plessy v. Ferguson）及其后的一系列遵循该案的错误判例。

当本庭决定是否要推翻某个案例时，本庭的案例罗列了必须考虑的因素。以下讨论的五个因素强烈地支持推翻柔案和凯西案：

（1）本庭错误的性质。就像臭名昭著的普莱西诉弗尔格森案，柔案的错误也同样使人震惊，从判决那天开始便跟宪法大相径庭。凯西案则使得柔案的错误得以延续，激起双方辩论来解决争议，并在辩论中宣布其中一方胜利。失败的一方本来想争取州政府保护胚胎的权益，但是凯西案使反对派无法说服民选的代表按照他们的观点制定政策。虽然众多的美国人反对柔案的判决，本庭却使民主的过程短路而结束了。

（2）论证的质量。尽管没有宪法原文、历史或案例的基础，柔案将一套详细的规则强加给全国人民，将怀孕的过程分成三个季度，就像一部成文法或法规。使人震惊的是，柔案的判决对1868年法律的压倒多数的共识居然只字不提，而且判决中提到的普通法有明显的错误。回顾历史之后，本庭就像立法机构那样在判决中花费大量的笔墨调查事实，却没有解释那些事实的来源对理解宪法的含义究竟有何帮助。就案例而言，本庭援引的案例范围很广，以此来支持一种宪法赋予的"个人隐私权"。但是柔案把保护个人信息不被泄露的权利跟个人不受政府干预做决定并将决定付诸实施的权利混为一谈。柔案将流产的后果称为"潜在的生命"而柔案援引的所有案例都跟流产无关。柔案将一套规则强加给我们的国家，本庭在总结中称这些规则跟不同权益的分量是一致的，并满足了当今重大问题的需求。在权衡互相竞争的权益时，这些问题恰恰是立法机构所应该考虑的。柔案制定的规则看起来像是一条法规，本庭所做的解释则是人们期待立法机构的职能。更大的缺陷是，柔案没有对胎儿能够成活前后的流产作出合理的区别。凯西案将柔案里人为划分的成活前后的界线称为核心的规则，而试图将流产合理化的哲学家和伦理学家并不支持这条界线。这种论点最显而易见的问题是，成活的概念随着时间的推移而不断地变化，而且取决于若干因素，例如科学的进步和是否有良好的医疗条件，这些因素跟胚胎的特征无关。

柔案判决了 20 年之后，凯西案再次维持了柔案判决的核心，却并没有为柔案的论证过程背书。在柔案中，本庭放弃了对隐私权的依赖，转而将第 14 修正案的正当程序条款作为流产权的理论基础。多数法官的判决批判并否认了柔案的季度规则，用一种含糊不清的"过度负担"的新检验标准取而代之。长话短说，凯西案既拒绝维持柔案的原判，又否认了柔案分析方法的重要部分，且未能弥补柔案论证的缺陷，只是在指出多数派可能在没有意识到正确性的情况下赞同了柔案的所谓核心判决，除了承认柔案具有判例的地位之外，并未对流产权提出新的支持观点，在缺乏坚实的宪法原文、历史或判例的基础上，只是强加了一条检验标准而已。

（3）可操作性。一个判例是否应该被推翻，部分取决于判例强加的规则是否具有可操作性。换言之，该规则是否易于理解，而且在具体运用过程中是否具有一致性和可预见性。凯西案的"过度负担"检验标准在可操作性标尺上的得分差强人意。为了给"过度负担"的主标准下定义，凯西案的多数派又补充了三条次标准，但那些次标准又有本身的问题，于是将那些新规则运用到凯西案本身时就遇到了困难。凯西案提出了许可流产和违宪流产的概念，而各地上诉法庭的经验显示几乎不可能精确地在许可流产和违宪流产之间"划线"。凯西案列举了大量巡回法庭作出的有冲突的判决。假如我们坚持继续使用凯西案提出的不可操作的"过度负担"检验标准，那将无法促进我们制订不偏不倚、有预见性和一致性的法律原则。

（4）对其他法律领域的影响。柔案和凯西案歪曲了许多跟流产无关的重要的法律原则，那种影响进一步支持我们推翻这两个案例。

（5）依赖性权益。推翻柔案和凯西案并不会颠覆具体的依赖性权益，如"涉及财产和合同的案件"。在凯西案中，多数法官在判决中也承认传统的依赖性权益并未受到影响，因为流产通常"并非计划中的行为"，而且"计划生育的人也几乎立刻就会想到州政府随时都可能突然恢复禁止流产的权威"。于是，判决书想出了一种更模糊的依赖性，即"假如避孕失败，人们将能依赖他们可以流产的权利，所以建立的亲密关系和选择反映了自己的观点和社会地位，妇女之所以有平等的经济和社会地位是因为她们能够控制自己的生育"。宣扬这一立场的人热情洋溢地对流产权给妇女和胎儿带来的影响提出了自相矛盾的论点。判决凯西案的多数法官试图通过揣测来权衡胎儿和妇女的权益，这种做法背离了"宪法的初衷"，即"法庭不能用自己的社会和经济信仰来替代立法机构的判断"。

副总检察长认为推翻柔案和凯西案可能威胁正当程序条款保护的其他权利。本庭再次强调，本案的判决仅涉及宪法下的流产权，并不涉及其他任何权利。本案的判决并不会质疑跟流产无关的案件。

（c）凯西案还提出了另一种忧虑。如果推翻像柔案这种极具争议的"分水岭"案例将造成一种危险，即民众会认为本庭的判决是出于政治的考虑或受到民意的左右。但是本庭不应该让判决受到这种局外忧虑的影响。本庭的判例只应服从于判例约束的原则，遵循案例只是一种惯例，而非一道不可抗拒的命令。假如案例是一成不变的，那么错误的普莱西案至今也还是有效的法律。本庭的职责是解读法律并运用传统的遵循案例的原则，然后按照这条原则作出判决。

（d）根据本庭的判例，当州政府管理流产的法规受到宪法的挑战时，我们使用合理根据的审查标准是对的。鉴于流产的权利并非重要的宪法权利，州政府可以合法地制订管理流产的法规。当这种法规受到宪法挑战时，法庭"不能用自己的社会和经济信仰来替代立法机构的判断"。即使备受争议的法律涉及重大的社会和道德问题，我们也还是应该运用这一审查标准。跟其他有关健康和社会福利的法律一样，我们同样也应该先假设有关流产的法律是合法的。假如我们有合理的根据相信立法机构认为一条法律符合政府的合法权益，我们就不应该推翻这条法律。

密西西比的《孕龄法案》的根据是该州立法机构的具体调查结果，包括州政府声明的"保护尚未出生的生命的"权益。这些合法的权益是《孕龄法案》的合理根据，因此被请愿人基于宪法发起的挑战必须被驳回。

（e）流产是个严重的道德问题。宪法并不禁止各州的公民通过禁止流产的法规。柔案和凯西案傲慢地剥夺了州政府禁止流产的权力。本庭推翻柔案和凯西案，并将禁止流产的权力归还给民选的立法代表。特此推翻巡回上诉法庭的判决并发回重审。

阿里托大法官代表本庭判决，托马斯、郭瑟奇、卡文诺和巴瑞特大法官加入判决。托马斯、卡文诺大法官和罗伯茨首席大法官发表附和判决。布莱尔、索托马约和凯根大法官发表反对意见。

克鲁赞诉密苏里卫生部长

Cruzan by Cruzan v. Director, Missouri Department of Health

497 U.S. 261（1990）

1989 年 12 月 6 日辩论；1990 年 6 月 25 日判决。

向密苏里州最高法庭颁发的调卷令。

摘要：

请愿人南希·克鲁赞（Nancy Cruzan）遭遇车祸后失去行为能力，目前她躺在密苏里州立医院的病床上，持续处于植物人状态：尽管她对刺激还有运动反射，却没有任何认知能力。州政府为她支付所有的医疗费用。南希的父母是本案的共同请愿人，他们要求医院停止人工提供营养和水分，遭到医院工作人员的拒绝，因为那样将导致南希死亡，所以必须有法庭的命令。密苏里州一审法庭批准终止人工救治，根据州和联邦宪法，法庭认为南希有要求或拒绝撤销延长生命治疗的权利，而且南希曾跟她的室友说过，如果不幸有伤病的话她不想继续生命，除非她至少能半正常地活下去，这也说明她不希望继续接受人工提供营养和水分。然而，州最高法庭推翻判决。尽管普通法里的知情同意理论承认个人有拒绝治疗的权利，但是法庭质疑这一理论是否适用于该案。法庭还拒绝扩大州宪法赋予个人可以不受限制地拒绝治疗的隐私权范围，并质疑联邦宪法是否包含了这种权利。州最高法庭认为密苏里州有关活遗嘱（Living Will）的法律反映了州政府强烈赞成维持生命的政策，而南希对她室友说的话的可靠性并不足以确定她的意愿。法庭认为，南希的父母没有权利要求终止治疗而驳回了他们的请求，因为他们既不能满足活遗嘱要求的程序，也没有明确且具有说服力的证据来证明女儿的意愿，所以没有人可以为一个失去行为能力的人作出放弃生命的选择。

判决：

1. 美国宪法并没有禁止密苏里州要求提供明确且令人信服的证据，证明无行为能力者希望终止维持生命治疗的意愿。

（a）大多数州法庭认为普通法赋予个人拒绝治疗的权利，权利的基础是知情同意，或是再加上宪法授予个人的隐私权。除了州宪法和普通法之外，州法庭还参考州法寻求指导。然而，本庭不能依赖这些法律，我们面临的问题是联邦宪法是否禁止州法庭选择他们依赖的法律规则。

（b）根据宪法的正当程序条款，有行为能力的人有权拒绝他不愿意接受的治疗。然而，我们必须权衡个人的权利和州政府的权益，才能确定宪法授予个人的权利是否被侵犯了。在本案中，我们假设有行为能力的人具有宪法赋予他的权利，可以拒绝维持生命的水分和营养。但这并不等于没有行为能力的人也有同样的权利，因为他没有知情的能力，所以无法自愿选择行使那种假设的权利或其他任何权利。密苏里州实际上承认，在某些情况下患者的代理人可以代替他选择终止水分和营养，从而终止他的生命。因此，州政府建立了一套程序，确保代理人的决定尽可能符合患者在有行为能力时曾表达过的意愿。

（c）密苏里州允许法庭审理案件时采取明确且具有说服力的证据标准。尤其是当个人权利受到威胁，其重要性超过金钱的损失时，采用这种标准是恰当的。在本案中，密苏里州的权益是保护并维持人类生命，并保护其他更为特殊的利益免受威胁。当一个人面临生与死的抉择时，密苏里州有权依法采取措施保护个人的利益。此外，州政府有权采取措施防止代理人滥用权力而损害患者的利益。同样，州政府还有权保证司法部门在确定一个人是否有行为能力的过程中不存在争议，以确保案情调查的准确性。州政府可以拒绝评价某个特殊个人的生活"品质"如何，仅需笼统地伸张维持人类生命的权利，并权衡维持生命的权利和宪法保护的个人权利。在个人和社会的层面上，这些权利的重要性显然超过一般的民事纠纷。采取明确且具有说服力的证据标准是一种社会的判断，可以分配错误给诉讼双方带来的风险。法律允许密苏里州让要求终止维持生命治疗的一方承担错误决定造成的风险。假如不终止治疗是一个错误的决定，其结果无非是维持现状。如果今后医学进步了或者患者不幸去世了，那个错误就被纠正或减轻了。然而假如终止治疗的决定是错误的，那么错误就是无法纠正的。尽管密苏里州所要求的证据使我们无法实现南希尚未充分表达的意愿，宪法并不要求一条全面完美无缺的规则。

2. 密苏里最高法庭认为，一审得到的证据尚不能构成明确且具有说服力的证据，不足以证明南希本人希望终止提供水分和营养的意愿，所以州最高法庭的判决并不违反宪法。一审法庭并未采取明确且具有说服力的证据标准，此外南希表示不想过"植物人的日子"，与终止提供医疗及水分和营养并无直接的联系。

3. 若家属无法提供实质性的证据证明他们的决定确实反映了患者的意愿，正当程序条款并不要求州政府接受家属的"替代判断"。本庭曾判决政府应该尊重传统的家庭关系，但我们不能把这一判决说成宪法要求州政府在本案中将家庭关系置于首位。我们也不能把法庭允许家庭决策权的判决说成是宪法要求决策权属于家庭。假如宪法要求"替代判断"，那么南希的父母应该是最有资格的人。然而根据同样的理由，密苏里州可以要求明确且具有说服力的证据来证明患者的意愿，并选择尊重患者的意愿，而不是让其家属代替患者作决定。

维持原判。

阮奎斯特首席大法官代表法庭发表判决，怀特、欧康纳、斯卡利亚和肯尼迪大法官加入，欧康纳和斯卡利亚大法官分别发表附和意见。布莱能大法官发表反对意见，马歇尔和布莱克曼大法官加入，斯蒂文斯大法官也发表反对意见。

阮奎斯特首席大法官代表法庭发表判决。

请愿人南希·克鲁赞在车祸中受重伤而失去了行为能力。共同请愿人莱斯特和乔伊斯·克鲁赞是南希的父母和共同监护人。当他们看到南希显然不可能恢复她的认知能力时，他们请求法庭下令撤除维持女儿生命的人工提供水和营养的设备。密苏里州最高法庭判决没有明确且具有说服力的证据表明南希希望终止维持生命的治疗，而她的父母又不具有代替女儿要求终止的授权，我们向密苏里州最高法庭下达调卷令，并维持原判。

1983 年 1 月 11 日夜里，南希·克鲁赞驾车经过密苏里州加斯博郡的艾尔姆街时失去控制导致翻车，被警察发现脸朝下掉进沟里，当时已经没有呼吸和心跳。救护人员在车祸地点恢复了她的呼吸和心跳，然后将失去意识的南希送到医院。神经外科的医生诊断她遭受了脑震荡和脑缺氧。密苏里的一审法庭认为大脑缺氧持续 6 分钟之后就会导致脑损伤，而南希大脑缺氧的时间约为 12 至 14 分钟。她处于昏迷状态 3 个星期，然后进入无意识状态，但是可以通过口腔进食。为了便于喂食并帮助她恢复，她的丈夫同意外科医生给她植入一根胃管以便进食和饮水。接下来为她康复的努力无济于事。现在她躺在州立医院的病床上，处于植物人状态。尽管她对刺激还有运动反射，却没有任何认知能力。所有的医疗费用均由密苏里州承担。

当南希的父母看到女儿显然不可能恢复她的认知能力时，他们请求医疗人员终止维持女儿生命的人工提供水分和营养的治疗。大家都知道这将导致南希死亡。医疗人员拒绝了他们的要求，除非他们得到法庭的命令。南希的父母遂要求并从州一审法庭得到终止治疗的授权。根据州和联邦的宪法，法庭认为南希有要求或拒绝撤销延长生命治疗的权利。此外法庭还认定南希：

"曾在 25 岁时表达过她的想法。当时她在一次严肃的谈话中告诉室友，如果不幸有伤病，她不想继续生命，除非她至少能半正常地活下去，根据她目前的状况，说明她并不希望继续接受人工提供营养和水分。"

密苏里州最高法庭以微弱多数推翻了一审法庭的判决。尽管普通法里的知情同意理论承认个人有拒绝治疗的权利，但法庭质疑这一理论是否适用于该案。法庭拒绝将州宪法中的隐私权解读成"支持个人可以在任何情况下拒绝治疗"的权利，以免扩大州宪法的范围，并质疑联邦宪法是否包含了这种权利。州最高法庭认为，密苏里州有关活遗嘱的法律反映了州政府强烈赞成维持生命的政策，而南希对她室友说话的可靠性并不足以确定她选择生死的意愿，"不足以支持共同监护人可以代表南希行使替代判断的主张"。法庭认为，南希的父母无权要求终止治疗，因为"在无法满足活遗嘱要求的程序的情况下，没人可以代替无行为能力者作出放弃生命的选择，此外也没有明确且具有说服力的可靠证据"。法庭还表示，"有关生与死的政策问题应该由民选的代表们来决定，而非由司法机构来决定"。

我们颁发了调卷令，根据美国宪法和南希目前的状况，考虑她是否有权要求医院终止维持生命的治疗。

根据普通法，如果未经许可且无合法的理由，就连触碰他人都构成殴打。20 世纪初，本庭曾判决：

"每一个人都有占有并控制自己的身体的权利，任何人都不得约束或干预，除非得到法律毫无疑问的明确授权，这是普通法里最神圣、受到最严密保护的权利。"

人身不可侵犯的观点也体现在医疗领域，在开始治疗之前，医生必须得到患者的知情同意。本庭的卡多索大法官当年在纽约州上诉法庭时曾对这一理论精辟地阐述如下：

"每一个思维健全的成年人都有权决定谁可以对他的身体做什么，如果外科医生动手术之前未经患者同意，就构成了殴打，并必须赔偿损失。"

知情同意的理论已经在美国侵权法里深深扎根。

知情同意理论的逻辑是，患者有权不同意，那就是拒绝治疗。15 年前，判决拒绝治疗的案例还比较少。绝大多数拒绝治疗的患者是出于宗教信仰，所以除了普通法的自主决定权之外，此类案例还涉及第 1 修正案的权利。但是最近随着医疗技术的发展，医学已经能够维持和延长许多原来肯定会自然死亡的患者的生命，于是拒绝维持生命治疗的案例急剧增长。

在昆兰案（In re Quinlan）中，年轻的凯伦·昆兰（Karen Quinlan）因大脑缺氧而造成严重的脑损伤，持续处于植物人状态。凯伦的父亲遂请求法庭批准撤除女儿的人工呼吸机。新泽西州最高法庭同意请求，认为联邦宪法赋予凯伦终止治疗的隐私权。然而，法庭也承认隐私权并非绝对的，必须在州政府的利益和个人隐私权之间权衡。法庭注意到"随着凯伦身体被侵犯的程度增加，且康复的前景日趋暗淡，州政府的利益逐渐减弱，而个人隐私的权利与日俱增"，法庭认为州政府的利益必须让位。法庭还认为防止无行为能力的凯伦失去隐私权的"唯一可行的办法"是允许她的监护人和家庭成员来决定"她在这种情况下是否会行使她的隐私权"。

然而在昆兰案之后，大多数法庭或是仅根据普通法的知情同意理论判决拒绝治疗的案件，或是既根据普通法，也根据宪法赋予个人的隐私权判决。在贝尔彻镇州立学校校监诉赛科维奇案（Superintendent of Belchertown State School v. Saikewicz）中，马萨诸塞州最高法庭根据隐私权和知情同意这两条理论，允许一位 67 岁严重智障的白血病患者免予接受化学治疗。法庭判决的理由是，无行为能力的人和有行为能力的人都拥有同样的权利，"因为两者都有人格尊严的价值"。因此，法庭采用了"替代判断"的标准，由法庭来决定无行为能力的人在那种情况下将会如何决定。根据过去的案例，我们可以归纳出州政府的利益，那就是维护生命、保护无辜的第三者利益、防止自杀和保持医学专业的职业道德。在上述利益中，法庭认为当疾病还有可能被治愈时，维护生命是州政府的首要的利益，"而不像本案所面临的问题，并非一个人的生命是否能够被延长，而是需要付出多少代价才能简短地延长一个人的生命"。

在斯托拉案（In re Storar）中，纽约州上诉法庭拒绝根据宪法的隐私权来审理拒绝治疗的案件，而认为知情同意理论"足以支持"拒绝治疗的权利。又如在艾克那诉迪伦案（Eichner v. Dillon）中，一位83岁的患者因为大脑缺氧造成脑损伤并进入植物人状态，失去了行为能力而无法同意撤除人工呼吸机。然而，法庭认为无需决定是否可以由他人代他行使拒绝治疗的权利，因为有明确且具有说服力的证据表明，患者在丧失行为能力前曾说过，他"不想人们用呼吸机将他维持在植物人的昏迷状态"。

在同时判决的斯托拉案中，一生中大部分时间严重智障的52岁患者罹患膀胱癌。法庭拒绝遵循上述的赛科维奇案例，认为患者一生都没有行为能力，"揣测他假如有行为能力是否愿意接受可能延长生命的治疗是不现实的"。证据显示，输血并不涉及剧痛，如果不输血，他的精神和肉体状况将会恶化。对此，法庭认为不能"允许一个无行为能力的人失血过多而死亡，尽管最亲近的人如父母或兄弟姐妹觉得那是一个身患不治之症的人的最佳选择"。

后来的许多案件都遵循昆兰、赛科维奇、斯托拉和艾克那等案例。例如，在康若伊案（In re Conroy）中，一位住在养老院的84岁无行为能力的老人身患严重的精神和肉体疾病，判决昆兰案的法庭考虑是否应该拔掉他的鼻饲管。法庭承认联邦宪法赋予的隐私权也许适用，但法庭并未遵循昆兰案的判例，而是将判决基于普通法的自主决定权和知情同意："权衡之下，自主决定权通常高于任何相反的州政府利益，哪怕有死亡的风险，还是应该允许有行为能力的人拒绝治疗。除非案件涉及保护无辜第三者的利益，大多数判决相反的案例主要关心患者是否具有行为能力作出合理且深思熟虑的选择。"

即使个人没有能力察觉其权利受到侵犯，他也不应该失去自主决定权，因此法庭认为无行为能力的人仍然拥有拒绝治疗的权利。根据"主观性"标准，如果有明确且具有说服力的证据证明无行为能力的人会行使拒绝治疗的权利，法庭认为可以由他的代理人替他行使该项权利。即使缺乏这方面的证据，根据客观的"最佳利益"标准，法庭认为在某些情况下个人还是可以拒绝治疗。因此如果有可信的证据表明个人会希望终止治疗，但是按照主观性标准，证据还不足以明确地证明个人的愿望，而为了延长生命带来的痛苦又明显超过了延长生命带来的满足感，那我们可以采用"有限客观性"标准来决定是否要终止治疗。如果没有可信的证据，而延长生命的治疗给患者造成的痛苦到了不人道的程度，这时我们可以采用"纯客观性"标准来终止治疗。如果不具备以上任何条件，法庭认为我们宁可错误地决定继续治疗，也要把维持生命放在第一位。

因为缺乏有利决策的价值，法庭还驳斥了过去在拒绝治疗案件中的一些分类区别，如：终止治疗而积极加快死亡和消极允许患者死亡之间的区别；一开始治疗和后来终止治疗之间的区别；普通和特殊治疗之间的区别；人工喂食和其他维持生命治疗之间的区别。有关食物，法庭承认食物具有"感情重要性"，但通过插管喂食是"熟练的医护人员创立的一种医疗手段来补偿被削弱的人体功能",经分析,其风险和副作用相当于人工呼吸机。

与康若伊案相反,纽约州上诉法庭最近拒绝接受代理人替患者拒绝治疗的决定,因为患者并没有明确表示拒绝治疗的愿望。在该案中,一位 77 岁的妇女因为严重脑溢血而丧失行为能力,尽管患者的家属反对,法庭还是命令给她插入鼻饲管。在继续承认普通法授予个人拒绝治疗的权利的同时,法庭拒绝接受代理人的替代判断:

"因为这不符合我们信奉的理念,无论个人还是法庭都不应该代替他人判断什么才算是可以被接受的生活品质。因此我们坚持认为,尽管有陷阱和不可避免的不确定性,我们的判断必须缩小到患者曾表达过的意愿,并尽可能降低错判的机会。"

法庭认为,案情的卷宗里缺乏法律所要求的明确且具有说服力的证据,无法证明患者曾表达过她愿意终止维持生命的治疗。

其他法庭则援引各州的成文法来解决争议。在德拉比克管理员案(Conservatorship of Drabick)中,一位 44 岁的患者遭遇车祸后一直处于植物人状态,加利福尼亚上诉法庭授权拔掉他的鼻饲管。法庭认为,拒绝治疗的权利既基于普通法,也基于宪法赋予个人的隐私权。法庭还认为,加利福尼亚的遗嘱检验法可以授权给管理员下令终止维持生命的治疗,前提是那种决定必须是善意的,既遵循了医生的建议,也符合管理员的最佳利益。法庭承认"主张无行为能力患者的选择权至多是法律的虚构",但是法庭认为失去行为能力的人并没有失去社会对他的尊重,"与其纯粹靠技术来决定还可能采取什么措施,还不如让其他人替他做决定",那样才能更准确地反映患者的利益。

在隆奇威遗产案(In re Estate of Longeway)中,一位 76 岁的妇女因多次中风而丧失行为能力,伊利诺伊州最高法庭考虑她是否还有权要求终止人工提供营养和水分。法庭认为,宪法授予的隐私权不够确定,转而从知情同意的理论得出拒绝治疗的权利。此外,法庭还认为伊利诺伊州的遗嘱检验法暗含授权给患者的监护人代为行使拒绝治疗的权利,前提是患者身患绝症,而且处于不可逆转的昏迷状态。法庭拒绝采用最佳利益的标准来决定监护人应该在什么时候替患者行使拒绝治疗的权利,因为那将"让别人来决定患者的生活品质"。因此,法庭选择采用"替代判断"的标准。法庭认为,韦斯特切斯特县医疗中心代表欧康纳案(In re Westchester County Medical Center on behalf of O'Connor)采用的"明确表示意愿"的标准过于刻板,认为可以考虑其他明确且具有说服力的证据,来证明患者的意愿。法庭还采用了"人类共识观点,将人工提供营养和水分视为医学治疗"。

以上的案例显示,普通法的知情同意理论涵盖了无行为能力患者拒绝治疗的权利。此外,大家都认为这些案例极其使人困惑,并具有极其强烈的道德和伦理色彩,所以法庭的判决既有共同之处,采取的方法又各异。各州法庭判案的法律依据有不同的来源,如各州的宪法、成文法和普通法,而本庭不能引用这些法律。本庭面临的问题是,美国宪法是否禁止密苏里州法庭判决时所选择的规定。本案的争议是，美国宪法是否赋予个人"死亡的权利"，这是本庭第一次遇到的。我们沿用本庭对双城银行诉内贝克案（Twin City Bank v. Nebeker）的判决：

"面对如此重大的问题，智慧告诉我们不应该尝试用一段笼统的话来涵盖主题的每一个可能的段落。"

《宪法第 14 修正案》规定，"未经正当的法律程序，州政府不得剥夺任何人的生命、自由或财产。"有行为能力的人具有宪法保护的拒绝治疗的自由权，这一原则体现在我们过去的判例中。例如在杰克布森诉马萨诸塞州案（Jacobson v. Massachusetts）中，本庭权衡了个人的自由权和州政府防治疾病的利益，判决州政府不得强迫个人接种天花疫苗。在《宪法第 4 修正案》合并到《宪法第 14 修正案》之前，本庭的判决分析了正当程序条款管辖的人体搜查和逮捕，认为此类案件涉及重要的人身自由权。

本庭最近在华盛顿诉哈泼案（Washington v. Harper）中判决，州政府强迫在押犯人接受精神病药物的规定足以打消有关正当程序的忧虑。我们承认，"根据第 14 修正案的正当程序条款，在押犯仍拥有重大的自由权，可以拒绝他不愿意接受的精神病药物"。

但是确认正当程序条款赋予个人"自由权"只是第一步，接下来我们还必须权衡请愿人的自由权和有关的州政府利益，从而进一步确定宪法赋予请愿人的自由权是否受到侵犯。

请愿人坚称根据我们过去判决的案例，强制进行维持生命的治疗，甚至人工提供维持生命必需的食物和水分将会影响一个有行为能力患者的自由权。尽管我们认为上述案件的逻辑包含了这种自由权，但是拒绝治疗产生的戏剧性后果将告诉我们宪法是否应该允许我们剥夺那种自由权。然而，为了本案的目的，我们姑且假设美国宪法会保护有行为能力者拒绝接受维持生命的水分和营养的权利。

请愿人进而主张无行为能力的人应该跟有行为能力的人有相同的权利。他们的根据主要是本庭对帕翰诉 J.R. 案（Parham v. J.R.）和杨博格诉罗密欧案（Youngberg v. Romeo）的判决。在帕翰案中，我们判决精神受到刺激的未成年儿童有自由权，"免予不必要地被禁锢起来接受治疗"。但我们并不认为未成年儿童被精神病院收治之后还有自由权拒绝治疗。在杨博格案中，我们判决严重智障的成年人有人身安全和不受禁锢的自由，但是判决并没有涉及治疗或终止治疗。

请愿人诉求的难处在于，我们必须回答这样一个问题：无行为能力者无法知情并自愿选择是否要行使一种假想的拒绝治疗的权利或其他任何权利。如果必须行使那样的"权利"，那只有让代理人替她行使。在本案中，密苏里州实际上承认在某些情况下代理人可以替患者选择终止水分和营养，从而导致死亡，但法律制定了一套程序，确保代理人的决定在最大程度上符合患者在有行为能力时曾表达过的意愿。密苏里州要求明确且具有说服力的证据证明无行为能力者愿意终止治疗。接下来的问题是，美国宪法是否禁止州政府制订的程序要求。我们认为宪法并不禁止那样的程序要求。

至于密苏里州要求明确且具有说服力的证据是否符合美国宪法，这将部分取决于在这种情况下州政府希望保护何种利益。密苏里州的利益是保护和维持人类的生命，这种利益是不可否认的。总的来说，州政府——其实包括所有的文明国家——都珍惜生命，并将杀人定为重罪。此外，大多数州将协助他人自杀的行为入罪。即使一个身体健全的人知情并自愿决定把自己饿死，我们也并不觉得州政府在这种情况下应该保持中立。

但是在本案的背景下，州政府还有更多的特殊利益受到威胁。生与死的选择绝对是个人的决定，因为这显然是一种不可逆转的结局。我们相信密苏里州可以合法地通过严格的证据要求来保障生死决策中的个人因素。

毫无争议，正当程序条款既保护生命的权利，也保护拒绝维持生命治疗的权利。并非所有无行为能力的患者都有亲近的家人为他们当代理决策人。即使家庭成员在场，"在一些不幸的情况下，家人并不一定就会保护患者的利益"。州政府有权防止潜在的滥用代理权的行为。同样州政府有权认为，通过司法程序来确定无行为能力个人的意愿会有争议，而争议的过程将带来附加的保障，保证准确的事实调查。最后我们认为，州政府可以拒绝评价某个特定个人的生活"品质"如何，仅需笼统地伸张维持人类生命的权利，并权衡维持生命权利和宪法保护的个人权利。

我们的观点是，应该允许密苏里州在此类案件中采用"明确且具有说服力"的证据标准，从而促进其利益。

"证据标准的概念包含在正当程序条款和事实调查的领域中，其作用是指导调查人员，在特定的案件中，我们的社会认为他对认定事实的正确性应该有多大的信心。"

"在州法庭审理的案件中，如果涉及的个人权利'特别重要'，且'其重要性超过金钱的损失'，本庭则要求采取'明确且具有说服力'的中等证据标准。"

"甚至更严格的证据标准，那种标准适用于涉及民事欺诈和其他民事案件，如遗失的遗嘱和口头承诺赠予遗产等。"

不言自明的是，本案中受到威胁的利益无论在个人层面还是社会层面都比普通的民事纠纷更为重要。证据标准不仅反映了案件的重要性，同时也是一种"社会判断，来确定诉讼双方各自应该承担多少错误的风险"。错误决定对诉讼一方的风险越大，他承担的举证责任就越重。因为一方请求对无行为能力患者终止维持生命的治疗，我们应该允许密苏里州让其承担更大的风险。

假如不终止治疗是一个错误的决定，其结果无非是维持现状而已。假如今后医学进步了，或者发现了有关患者意愿的新证据，或者法律改变了，抑或尽管继续维持生命的治疗，患者还是不幸去世了，那么继续治疗就有可能最终纠正错误或减轻错误的影响。然而假如终止治疗的决定是错误的，那么错误就无法纠正了。在三托斯基诉克莱默案（Santosky v. Kramer）中，因为终止父母权利的判决是最终且无法逆转的，所以法庭要求明确且具有说服力的证据。同样，我们都认为终止南希的水分和营养将导致她死亡，这也是不可逆转的。

值得注意的是，绝大多数的州，尽管不是所有的州，干脆禁止用口头证词来证明交易双方的意愿。或许那些交易也很重要，但是其后果绝对不会像终止一条生命的决定那么严重。根据普通法和成文法，绝大多数州采用的口头证据规则禁止采信口头证词修改书面合同的条款。防欺诈法律不执行死者口头承诺将订立遗嘱馈赠遗产，所有的州都要求遗嘱必须是书面的。毫无疑问，要求书面遗嘱和禁止口头承诺订立遗嘱可能导致亲友无法实现某个死者的遗愿，同样，密苏里州在本案中对证据的要求也可能导致无法实现南希尚未充分表达的意愿，但是宪法并不要求一条全面完美无缺的规则，因为没有一条笼统的规则是完美无缺的。

总之我们的结论是，如果患者被诊断为持续处于植物人状态，其监护人要求终止提供营养和水分，州政府可以采用明确且具有说服力的证据标准。我们注意到，许多法庭采用某种类似的替代判断程序，无论是否限制采信有关无行为能力者过去表达意愿的证据，也无论是否允许泛泛地证明无行为能力者理应会作何种决定，那些法庭也会采取明确且具有说服力的证据标准。

密苏里州最高法庭认为一审得到的证词还达不到明确且具有说服力的标准，未能证明患者愿意终止营养和水分，所以推翻一审法庭的判决。一审法庭认为，证据"提议采信"南希理应不会愿意继续维持生命的治疗，但是没有采用最高法庭所说的"明确且具有说服力"的证据标准。一审的证词主要是南希在车祸前一年曾对她室友说，如果她面临"植物人"般的生活，她将不想活下去，以及室友对她观察得到类似的印象。但室友的观察并没有涉及终止医疗或终止营养和水分。我们认为，密苏里州最高法庭的结论并没有犯下违反宪法的错误。

尽管并没有实质性的证据证明家庭成员的看法能够反映患者的意愿，但请愿人仍主张密苏里州法庭必须接受他们的"替代判断"。他们主要的依据是本庭对麦克·H诉杰拉德·D案（Michael H. v. Gerald D.）和帕翰诉J.R.案（Parham v. J.R.）的判决。但我们认为这两个案例并不支持他们的诉求。在麦克案中，我们认为加利福尼亚支持传统家庭关系的做法并不违宪，这一判决不应该被曲解为宪法要求密苏里州政府在本案的情况下也承认家庭关系为首。在帕翰案中，患者是未成年人，州政府的政策允许父母为精神不健全的未成年子女作某些决定，我们认为州政府的政策是符合宪法精神的。在本案中，请愿人想把法庭允许州政府依赖家庭成员决策的判决转变成宪法要求州政府认可家庭成员的决策。但宪法并不是这么运作的。

毫无疑问，本案的记录显示南希的父母是关爱女儿的，假如美国宪法要求州政府委托任何人为南希作"替代判断，那么克鲁赞夫妇肯定是最有资格的"。但是，我们认为正当程序条款并不要求州政府委托任何人越俎代庖，而是要求患者本人决策。亲近的家人可能过于重感情，那种感情也许并非不高尚或毫无价值，但家人肯定是有利害关系的。他们不愿意看见他们所爱的人维持一条毫无希望、毫无意义，甚至是丢脸的生命。但是，假如患者有行为能力并面对同样的情况，我们不能保证家庭成员的观点会跟患者的观点相同。鉴于我们有理由允许密苏里州要求请愿人提供明确且具有说服力的证据，我们认为州政府可以选择只尊重患者的意愿，而不是委托家庭成员代替患者作决定。

本庭维持密苏里最高法庭的原判。

欧康纳大法官附和。

我同意可以从我们过去的判例推断，患者可以拒绝他不愿意接受的治疗，这种自由权应该受到保护，而且拒绝人工提供食物和水分在这种自由权的范畴之内。我单独发表自己的意见来澄清我的看法。

正如本庭所指出，拒绝治疗的自由权源于涉及州政府侵犯人体的判例。因为我们对自由权的理解与人身自由和自主决定权盘根错节，本庭认为州政府侵犯人身违反正当程序条款保护的权益。例如在若钦诉加利福尼亚案（Rochin v. California）中，"非法侵犯请愿人的隐私，扭打并撬开他的嘴，并将嘴里的东西取出，还抽取他的胃纳物……会冒犯最麻木不仁的人"。第 4 修正案的法理也与此相呼应。例如，在西莫泊诉加利福尼亚案（Schmerber v. California）中，"个人身体不受侵犯是我们社会珍惜的价值"；在温斯顿诉李案（Winston v. Lee）中，"强迫个人接受手术取证……即使可能获得罪证，如此严重地侵犯隐私和人身安全也是不合理的"。州政府强迫有行为能力的成年人接受他不愿意的治疗必然涉及某种约束或侵犯。即便是身患重病或濒临死亡的人，如果我们不尊重他的意愿，他也会觉得自己成了维持生命的机器或其他医学干预手段的囚徒。强迫治疗对个人自由权的侵犯并不亚于政府的官方胁迫。例如在帕翰案中，本庭认为"毫无争议，儿童和成年人一样，都有不被禁锢起来接受医学治疗的自由权"。

州政府人工提供营养和水分同样令人担忧。人工喂食与其他形式的治疗并无多大区别。将食物和水分送进患者消化道的技术手段是否属于"医学治疗"？这种技术手段显然涉及某种程度的侵犯和约束。通过鼻饲管喂食要求医生将一根很长的软管通过鼻孔、咽喉和食道插入患者的胃里，因为鼻饲管会造成刺激，"许多患者必须被强迫束缚，并给他们戴上无指手套防止他们把管子拔出来"。为南希提供食物和水分的鼻饲管或空肠造口管必须通过手术植入她的胃腔或小肠。强迫有行为能力的成年人忍受这种手术侵犯了她的自由、尊严和决定治疗方法的权利。因此，正当程序条款赋予患者的自由权必须保护患者的私密决策权，她有权拒绝医学治疗，包括人工提供食物和水分。

我单独发表附和意见的另一个原因是，我想强调本庭今天并没有决定州政府是否也应该考虑代理人的决定。我认为宪法很可能也要求考虑代理人的意见来保护患者拒绝治疗的自由权。其实很少的人会在丧失行为能力之前预先留下明确的口头或书面指示，表示他们拒绝治疗的意愿。

除了明确的口头或书面指示之外，有些州拒绝任何其他的证据，这将使患者的意愿经常被忽视。如果州政府也考虑其他同样有价值的证据来源，例如患者委托别人替她做医疗决定，便可避免忽视患者的意愿。授权给家人做医疗决策已经成为很普通的为将来做计划的方法。若干州认可这种做法的可行性，并通过长期有效授权书的法令，允许个人授权给代理人代替本人做医疗方面的决策。有些州法庭认为有关长期有效授权书的立法也应该适用于代替患者作医疗方面的决策。另一些州允许代理人执行活遗嘱的意愿。代理决策的方法正在被广泛接受，成为保护患者选择医学治疗的附加保障。此外，通常患者很可能选择家庭成员为代理人，采信代理人的决策还能保护"家庭生活中的个人选择权"。

今天的判决仅认为宪法允许州政府要求家人提供明确且具有说服力的证据，证明南希·克鲁赞确实希望终止人工提供食物和水分，但并不排除我们今后决定宪法应该要求州政府执行患者委托的代理人为患者作的决定。今天的判决也不阻止州政府通过其他方式保护个人拒绝治疗的自由。本庭调查各州法庭判决的结果表明，全国还没有对这个棘手且敏感问题的最佳解决方案达成共识。今天我们仅判决州政府的做法并没有违宪，更大的挑战是制定合适的程序来保护无行为能力患者的自由权，这个任务将委托各州的"实验室"首先来完成。被调查的个人有36%表示如果他们的病情太严重而无法作出决定，他们还是希望继续治疗；其中23%的人将具体的指示付诸书面；56%的人已经告诉家庭成员，假如他们进入无法逆转的昏迷状态，他们对维持生命治疗的意愿如何；15%的人已经订立活遗嘱明确他们的意愿。

至少有13个州和哥伦比亚特区已经通过了有关长期有效授权书的立法，明确授权指定代理人替他们作有关医疗的决定。

所有50个州和哥伦比亚特区都通过了笼统的长期有效授权书的立法。

13个州通过了立法，授权指定医学治疗代理人。

斯卡利亚大法官附和。

本案中不同的看法明确地勾画出一些令人困惑和烦恼的问题，因为不断进步的科学已经能将人类的肉体生命维持到合理的常人并不希望继续的程度。各州都希望通过立法来解决这个问题。今天的判决使我担忧，因为拒绝治疗和有关人工流产的立法一样都令人困惑。立法的背景需要联邦宪法的规定，但是我们面临诸多未知因素，因为每一届国会都在不断地修订立法，这是很不幸的。

尽管我同意本庭的分析，这也是我加入判决的原因，但我更希望我们及时明确地宣布联邦法庭不应该介入这个领域。美国法律向来都允许各州阻止自杀，包括阻止通过拒绝维持生命所必要的治疗导致死亡。至于生命到何时才变成"毫无价值"，维持生命的必要措施何时才变成"非常"或"过分"，宪法并没有明文规定。本庭的 9 位大法官对此的理解并不比随便从堪萨斯城的电话号码本里随便挑出来的 9 个人强。即便我们有明确且具有说服力的证据，表明患者本人并不愿意继续接受维持生命的治疗，他的意愿是否能实现，还是将取决于密苏里州人民选举的代表来决定。因为宪法没有明文规定，我们的判决并不见得就比民众的决定更合法。因为我们对"生与死"的理解并不见得就比民众更深刻，所以我们的判决并不见得就比民众的决定更合理。

正当程序条款并非不分青红皂白地保护个人的自由权不被剥夺，而是"未经正当法律程序"不得剥夺个人的自由权。如果无视南希·克鲁赞的意愿强迫她摄取水分和食物，那种强制措施是否构成剥夺她的自由权呢？对于这个问题，我们无需翻开历史的旧账或重温那些无休止的辩论，来确定"正当程序"是否包括实质性的限制。个人提出的违反"实质性正当程序"的诉求很难成立，除非他被州政府侵犯的权利是历史和传统都禁止政府干预的个人权利。本案的请愿人不可能证明州政府违反了实质性正当程序。

英国的普通法给自杀的定义是，一个人"故意终止他的存在，或是通过非法的恶意行为导致自己死亡"，所以自杀是有刑事责任的。尽管美国各州已经对自杀废除了刑事追责（没收死者财产并在下葬时谴责死者），其原因是保护无辜的家庭成员，而不是让自杀合法化。通过第 14 修正案当时的案例法认为协助自杀是刑事犯罪，"在 37 个州中有 21 个州禁止协助自杀，在 30 个批准第 14 修正案的州中有 18 个州禁止协助自杀，只有 8 个州和 7 个批准第 14 修正案的州不禁止协助自杀"。在 1868 年后的 50 年中，随着更多的州批准第 14 修正案，在尚未明文禁止协助自杀的州中，大部分都承认协助自杀和自杀未遂属于非法行为。因此：

"主张自杀的权利并没有重大的理论基础，并非扎根在我们的传统，不能被认为是'基本的'或'包含在自由的概念之中'。"

请愿人认为南希·克鲁赞的情况与普通的自杀有三个区别：（1）她已经永久失去行为能力而且非常痛苦；（2）她并没有采取任何积极的行动导致自己死亡，仅仅是拒绝提供营养的治疗；（3）阻止她实现死的愿望将侵犯她的身体。我认为仅有以上三点还不够。哪怕是为了避免无法忍受的疾病，自杀也是无法原谅的。

"当人们觉得生活成了一种负担，当他们得了不治之症或受了致命伤，甚至那些被判了死刑的罪犯，他们都受到法律的保护，他们的生命跟那些享受生活并渴望继续活下去的人是平等的。"

因此，当妻子得了不治之症，丈夫准备了毒药，并把毒药放在妻子伸手可及的地方，帮妻子结束她的痛苦，丈夫还是被判犯了谋杀罪。从法律的角度来看，即使自杀是为了结束无法治愈的痛苦，也并不影响罪行的轻重程度。即使患者必死无疑，也不影响协助自杀者的责任。

请愿人提出的第二个区别基于本庭最近判决的案例，该案有关患者拒绝治疗的权利，其理论依据是作为和不作为之间的二分法。请愿人称自杀的要件是采取积极的行动终止自己的生命，而拒绝治疗并非"导致"死亡的积极行动，而只是消极地接受死亡的自然过程。我觉得作为和不作为之间的区别跟立法机构判断应该防止何种形式的自杀有关，但是我觉得在作为和不作为之间精确地画一条线是没有道理的，还不如区分不同形式的不作为。如果我们说任何人不得走进海水淹死自己，但是可以坐在沙滩上让上涨的潮水淹没自己；或者说任何人不得将自己锁在冷库里，但是可以在气温降到零下时不进屋而冻死，这种区别是毫无意义的。换言之，从立法的角度来看，明智的划线不应该在作为和不作为之间，而应该是在不同形式的不作为之间；一种是不进行"普通的"治疗，另一种是不采取"过分的"或"英勇的"治疗措施。跟作为和不作为的不同之处在于，在不同形式的不作为之间划线并不是根据逻辑或法律分析就能分清的，所以我们无须假装在不同形式的不作为之间划线是合乎逻辑和法律的。

现在让我们回到本案的要点：跟本案无关的作为和不作为之间的区别。根据普通法对自杀的定义，把自己饿死和对自己的太阳穴开枪是没有区别的。这两种自杀的原因都是死者自觉地决定"终结自己的存在"。当然，普通法在其他剥夺他人生命的案件中也拒绝接受作为和不作为之间的区别。在检控母亲将其婴儿饿死的案件中，尽管婴儿的死亡并不是母亲采取行动"造成"的，而是死于饥饿，或是因为婴儿自己无能力进食。此外，如果医生不提供能够延长患者生命的治疗，尽管死亡是患者的疾病直接造成的，医生可能会承担刑事责任。

因此不出所料，早年的案例认为有关拒绝接受治疗权利的作为和不作为的区别是虚假的命题，那只是：

"消极地接受死亡和积极地寻求死亡。这两者之间的区别可能只是口头的，无非是一个成年人把自己饿死和服药身亡。既然州政府可以干预一种自我毁灭的方式，也可以干预另一种自我毁灭的方式。"

请愿人提出的第三个区别涉及侵犯南希的身体，使得她无法实现死的愿望，这种说法也是站不住脚的，因为是否允许侵犯南希的身体将取决于她本人拒绝治疗是否算自杀。无论州政府还是普通的公民，为了防止犯罪而侵犯他人的身体向来都是合法的。这一笼统的规则当然也适用于自杀。普通法允许个人使用暴力防止自杀。如果州政府有权防止一个人割腕，却没有权使用暴力阻止他那么做，而且一旦割腕成功，州政府还没有权强迫他接受止血的治疗，这种观点显然是不合情理的，也是有悖宪法的。在自杀是非法的州里，当一个人故意服用了超剂量的巴比妥，州立医院或私立医院强迫他洗胃，我敢肯定医院是没有责任的。

布莱能和斯蒂文斯两位大法官的反对意见只是明确地接受州法，暗含宪法的政治原则，即州政府可以自由地通过防止自杀的法律，但宪法对此并无明确的要求。布莱能大法官说：

"生命的权利属于拥有生命的本人，州政府对个人的生命并无合法的权益，不能超越个人选择不接受治疗的权利。"

上面的斜体字的听起来非常温和，但足够覆盖本案，而且这一条理论并不受逻辑的限制。我认为接受这一观点的人也必须接受另一条理论，即州政府的合法利益并不能超过"个人选择终止其生命的选择"。同样，如果一个人接受布莱能大法官的观点：

"州政府的整体利益必须服从南希·克鲁赞特殊强烈的自主选择治疗的权利。"

此外他还必须相信，州政府必须服从南希·克鲁赞"特殊强烈的自主决定继续活下去还是死的权利"。在权衡州政府的利益和个人利益时，无论通过拒绝"医学治疗"接受死亡，还是通过拒绝食物接受死亡，这两者之间并无区别，就像一个人下班后把车停在车库里，但是不关闭发动机也不下车一样（译者注：汽车排出的尾气也会致人死亡）。假如南希·克鲁赞处于同样的病情中，只是无需人工协助就能进食和水分，难道自我进食就能增加州政府让她活下去的利益，减少她决定是否活下去的权利？换言之，布莱能大法官的立场最终依赖一条理论，如果个人决定自杀，州政府无权干预。斯蒂文斯大法官明确地指出：

"选择死亡触及自由权的核心……除了信仰之外，我们无权妄议死亡，仅凭这个原因，我们就应该让个人的良心来决定是否选择死亡。"

有些社会认同这一观点，美国各州可以根据他们的意愿决定是否接受这一观点。但宪法传统并不把这一观点强加给各州，州政府禁止自杀的权力是毋庸置疑的。

如果我们能肯定南希·克鲁赞希望死去，我上面的这番话并不是说用人为的方法维持她的生命是更好的选择，而只是说宪法对此并没有明文规定。如果要把此案上升到宪法权利的高度，我们就必须无中生有地创造出一条宪法原则（无论是宪法的条文还是传统，都没有这样的原则）。尽管州政府可以坚持人必须吃东西才能获得能量，但不能坚持他必须服药；尽管州政府可以抽出胃液排除他吞下的毒药，但不能向胃里注入他无法进食的营养。当我们要求个人维持自己的生命时，是否有我们不应该超出的合理且人道的极限呢？这样的极限显然是有的，但是并没有写在正当程序条款中。宪法是所有保障的源泉，能确保我们不超出那些极限，例如，保证政府不向我们征收超过最低生活水准一倍的税，保证不禁止我们驾驶汽车，保证不要求我们送孩子到学校去每天上 10 小时课，所有这一切可怕的事情在宪法里都没有明文禁止。平等保护条款是我们的救星，要求民主的多数和他们的家人接受强加给你我的规则。本庭无需，也没有权威卷入人类活动的每一个领域。尽管可能发生非理性的事情和压迫，如果人类这样做，那将会毁灭自己。

布莱能大法官反对，马歇尔和布莱克曼大法官加入反对。

"医疗技术创造了一个让动画片停止的黄昏区，在此区间死亡开始，而生命仍以某种形式继续。但是有些患者并不希望用医学技术继续维持生命。他们宁可接受顺其自然的治疗，有尊严地死去。"

南希·克鲁赞已经在那个黄昏区逗留了 6 年。她根本不知道周围发生的事情，而且会一直处于那种状况。她的身体受到刺激时会有反射，却没有意识。她大脑里原来有知觉的感觉区已经遭受严重损伤，而且会继续下去。她的颅内充满了脊髓液。她的"大脑皮层萎缩已经不可逆转，而且是永久性的，并还在进一步继续萎缩。南希将永远不可能与她周围的环境有意义地互动了。她将持续地处于植物人状态，直至死亡。"因为她无法吞咽，她需要的营养和水分只能通过手术植入她胃腔的管子注入。

遭遇车祸时南希已经成年，她过去曾表示在这种状况下她情愿放弃继续治疗，她的家人和朋友也都相信这是她的愿望。一审法庭为她指定了一位监护人，该监护人也认为这是南希的愿望。但是密苏里州最高法庭判决不可逆转的植物人患者是医疗技术的被动囚犯，对于南希来说，这也许就是未来的 30 年。

今天本庭暂时接受的观点是，避免不愿意接受的治疗，包括人工提供营养和水分的维持生命治疗，在某种程度上是宪法保护的自由。尽管如此，本庭还是维持了密苏里州最高法庭的原判。根据我对多数判决的解读，本庭维持原判的理由是，州政府可以要求提供"明确并具有说服力的"证据，证明南希·克鲁赞曾决定在这种情况下情愿放弃维持生命治疗，以确保她的真实愿望能得到尊重。因为我相信南希·克鲁赞有基本的权利拒绝她不愿意接受的人工喂饲，州政府的权利不应该超过她的基本权利。而且，我相信密苏里州最高法庭强加的有偏见的程序障碍妨碍了南希的权利，这是不允许的，因此我不敢苟同。南希·克鲁赞应该有权选择有尊严地死去。

第一部分

A

"一个人死亡的时间原来取决于命运，现在却成了人类的选择。"在每年死亡的 200 万人中，80% 死在医院或长期治疗机构，大概有 70% 在决定放弃维持生命治疗后去世。几乎每一位死者都需要决定是否接受推迟死亡的医学治疗。这种决定是非常困难的，也是很私密的。这种决定基于个人的价值观和对医疗现实的了解，同时还受到法律的管辖。法庭的角色仅限于解释法律，并划分政府可以通过什么方式，可以或不可以介入这个决策的过程。

本庭面临的是一个很狭窄的问题：如果缺乏明确且具有说服力的证据，证明拒绝治疗是患者曾明确表示过的选择，正当程序条款是否允许密苏里州要求一位无行为能力的植物人患者继续维持生命的治疗？如果争议涉及一项基本的权利，密苏里州的决策规则必须按照本庭在这种情况下一贯使用的标准来审查。我们曾在泽不罗奇诉莱德海尔案（Zablocki v. Redhail）中说过，如果州政府强加的要求"严重地干预个人行使一项基本权利，除非政府权益足以支持这种要求，并精准地调整为仅维护这种权益，否则我们便不能支持这种要求"。

宪法要求本庭有义务"仔细地审查被挑战的法规在多大程度上能够为政府的合法权利服务"。

证据规则和实质性的禁止并无二致，如果证据规则严重地影响了基本的自由权，就必须满足上述标准。我们不仅要保护基本权利不受猛烈的正面攻击，也要保护基本权利不被隐晦的政府干预而扼杀。

B

我们法律分析的起点是，有行为能力的个人是否有宪法授予的权利，避免他不愿意接受的治疗。本庭稍早判决第 14 修正案的正当程序条款授予个人可以避免他不愿意接受的治疗的自由权。今天本庭承认我们过去的判例"支持认可一项笼统的拒绝治疗的自由权"。然而，本庭避而不谈保护那种自由权的具体措施，假定宪法赋予有行为能力的人可以拒绝人工提供的营养和水分，本庭也不讨论如何落实那种自由权。欧康纳大法官的观点并不那么惜字如金。她公开肯定"本庭认为州政府对人身的侵犯有悖正当程序条款保护的权利"，个人有权避免他不愿意接受的治疗，这也包括拒绝人工提供的营养和水分。

既然多数大法官和欧康纳大法官都承认，有行为能力的人有拒绝他不愿意接受的治疗的自由，这种权利应该是基本的。"我们现在面临的决定涉及最基本的人权之一。"在斯金纳诉俄克拉荷马案（Skinner v. Oklahoma ex rel. Williamson）中，阉割某些重罪犯的法律被宣布无效。正当程序条款还保护其他的基本自由，"深深扎根于我国历史和传统的那些自由"包括在其中。"这种传统应该受到尊重，因为宪法笼罩着历史的光彩。"

多数大法官承认，若个人不同意就可以不接受治疗，个人还可以决定允许别人对自己的身体做什么，这是深深地扎根于我国的传统中的。这种权利早就"牢固地确立于美国的侵权法"，而且牢固地扎根于普通法。在米尔斯诉罗杰斯案（Mills v. Rogers）中，"拒绝任何治疗的权利来源于非法入侵（trespass）和殴打（battery）的学说，同样也适用于患者不愿意被医生触碰"。

"英美法系开始的前提是彻底的自主决策。既然如此，每个人都是自己身体的主人，如果他思维健全，可以明确表示拒绝接受挽救生命的手术和其他治疗。"

跟其他的普通法权利一样，"人身不可侵犯"被认为是"神圣的"和"小心地保护的"权利。所以拒绝不愿意接受的治疗毫无疑问是深深扎根于传统和人们的良心之中的基本原则。

在本案中，拒绝治疗可能带来严重的后果，但根据普通法的医疗自主决策的传统，这并不能剥夺患者拒绝治疗的权利，因为这已经是"一条完善的法律规则……是否进行治疗最终应该由患者，而不是医生来决定……无论治疗的性质和目的如何，也无论接受或拒绝治疗会产生多么严重的后果，这条规则的使用从来就没有任何限制"。

"这条规则的理由是，如果一个有行为能力的成年人认为治疗会给他带来他自己认为是不可忍受的后果或风险，无论别人认为他的价值观有多么愚蠢，他都有权放弃治疗，甚至还有放弃痊愈的权利。"

南希·克鲁赞将继续接受人工提供的营养和水分，这跟其他任何医学治疗并无任何实质性的区别。人工提供营养和水分毫无疑问也是医学治疗。南希·克鲁赞将通过胃管接受人工提供的营养和水分，这将涉及外科手术切开她的腹腔，然后将胃管植入她的胃腔。胃管可能堵塞她的肠道，侵蚀，甚至穿破她的胃壁，或导致胃纳物泄漏到腹腔里。胃管还可能使胃纳物逆流到肺部导致肺炎。注入的营养通常是商业生产的配方奶，而不是新鲜的食物。配方奶的类型和注入的方法必须经过试验，以避免肠胃的问题。医务人员必须每天监控患者摄入营养的重量，摄入及排泄的水分，每周还必须验血。

医学界和联邦政府也认为人工提供食物和水分是医学治疗，根据美国神经病学会："人工提供营养和水分是一种医学治疗的形式……相当于其他方式的维持生命的治疗，例如使用人工呼吸机。当患者失去意识时，因为患者的人体功能受到影响，人工呼吸机和人工喂食被用来支持或代替正常的人体功能。"

尽管南希·克鲁赞已经丧失了行为能力，但这并不能剥夺她的基本权利。在杨博格诉罗密欧案中，尽管若干位严重智障的患者被强制住进精神病院，但他们并未失去人身安全、肉体不受约束和接受合理训练的权利。在帕翰诉 J.R. 案中，儿童有不被强制接受不必要的医学治疗的基本自由权。在杰克逊诉印第安纳案（Jackson v. Indiana）中，一位智障的聋哑人被控犯罪，尽管他没有行为能力出庭受审，州政府不得违反正当程序条款和平等保护条款赋予他的权利，将他无限期地关押在精神病院里。多数大法官承认，本案的问题不是无行为能力的人是否也享有宪法赋予他的权利，而是他将如何行使他的权利。我们在汤普森诉俄克拉荷马案（Thompson v. Oklahoma）中是这样解释的：

"如果一些人因为他们的处境而不能自由、理性地行使他们的权利，法律必须经常调整让他们享受权利的方法，如儿童、精神病患者，还有不可逆转地丧失大脑功能的患者，都应该保留他们的权利，但是为了使他们的权利具有意义，他们的代理人必须了解委托人的最佳利益，代替他们行使权利。"

"因为患者失去了知觉或没有行为能力，而不让他们行使权利，就相当于剥夺了他们的权利。"

第二部分

A

拒绝不愿意接受的治疗的权利，就是根据自己的价值观评估治疗的潜在好处和可能的后果，然后自主决定是否要让自己的身体受到侵犯的权利。像南希·克鲁赞这样的患者，治疗的唯一好处就是维持她新陈代谢的生命。无论人工饲喂还是其他治疗都无法治愈或缓解她的病情。不可逆转的植物人患者没有思维、感情和感觉，他们永久而且完全地失去了知觉。当总统委员会批准为不可逆转的植物人患者撤除维持生命的设备时，他们得出如下的结论：

"通常治疗的目的是通过维持生命使患者受益，解除痛苦、防止残疾和最大限度地恢复功能。然而如果患者已经被确诊将永远失去意识，即使继续治疗也不会带来任何好处。既没有痛苦和快乐，也没有满足和高兴。残疾是永久的，不可能恢复最低水准的社会或人际交流功能。"

我们还有正面的理由来说明，为什么像南希那样的患者可能选择放弃人工提供的营养和水分。死亡是私人的，也是不可测的。对许多人来说，不体面的、陷入腐烂的死亡是很可怕的。而安静的、有尊严的死亡，且身体保持完整，无非就是最极端的后果。"在某些情况下，保持肉体存在所造成的负担，恰恰会贬低附在肉体上的人性。"在布洛菲诉新英格兰西奈山医院案（Brophy v. New England Sinai Hospital, Inc.）中，诉讼主体的"状况继续恶化，且毫无尊严"。法庭判决"州政府维持生命的义务必须包括承认个人避免某种处境的权利，因为他本人觉得维持生命的努力将会降低或侮辱他的人格"。另外一个法庭在聆讯类似的案件时表示：

"证词显示，维持生命的胃管不仅会侵犯患者的身体，而且他处于毫无希望的永久性昏迷状态，原来健壮的身体正在被废弃，却还要让最私密的身体功能任人处置。"

对许多人来说，这种状况有失尊严。就如你去医院探视患不治之症的父母、配偶或子女，缓慢的死亡过程还会给家人造成痛苦。对有些人来说，如果留给家人的记忆是持续的植物人状态，而不是病倒或事故之前的形象，那将是一种令人不安的感觉。

B

就像宪法授予个人的其他权利一样，尽管拒绝自己不愿意接受的治疗的权利不是绝对的，鉴于南希·克鲁赞的处境，州政府的利益不应该超过南希的权利。无论州政府在其他情况下要求维持生命的治疗可能获得的利益，如果南希·克鲁赞真的不情愿接受维持生命的治疗，密苏里州坚持南希必须接受维持生命的治疗并没有任何好处。密苏里州既没有说出，也不可能说出让南希接受医学治疗会给整个社会带来什么好处。南希继续接受治疗既不会改善任何第三方的处境，也不会伤害任何人。

州政府只是笼统地声称维持生命会带来利益，但是州政府并不能从别人的生命得到任何笼统的合法利益，只是让一个人继续活下去的抽象利益，这种利益不应该超过个人选择避免治疗的权利。

"当个人决定受到宪法保护时……法规必须基于州政府的合法担忧，而不是因为州政府与个人的选择有分歧……否则正当程序条款保护的自由权将形同虚设。"因此，州政府对生命的笼统利益必须服从南希·克鲁赞特殊、强烈的自主决定选择医学治疗的权利。否决她的决定对州政府毫无合法的好处。

此外，密苏里州的决定可能带来相当的风险，非但不能为维持生命的目的服务，反而会削弱州政府的利益。如果患者还有一丝痊愈的希望，目前的医学建议采取英勇的治疗措施，假设患者一旦恢复便停止治疗措施。当总统委员会在 1982 年批准撤除维持植物人患者生命的设备时，他们做了如下的解释：

"更糟糕的错误是，医疗人员根本不敢开始治疗，尽管治疗可能挽救生命或改善健康，但治疗也很可能对患者并没有什么好处，反而增加患者的负担，而且治疗一旦开始，便很难停下来。"

新泽西州的法庭认识到，家庭成员和医生甚至不敢尝试某些治疗，因为维持生命的措施一旦开始便无法停止，这会迫使他们过早地决定让患者死去。

第三部分

然而，这并不等于说州政府没有合法的利益。多数大法官认为密苏里州有政府监管的责任，尽管南希·克鲁赞没有行为能力，法庭还是应该尽可能准确地决定她在这种处境里会如何行使她的权利。同时，如果法庭认为南希·克鲁赞会希望继续治疗，州政府便可以合法地主张继续治疗的利益。然而在确定南希的真实意愿之前，州政府的唯一利益就是保证决定的准确性。

因此，准确性应该是我们的试金石。密苏里州可以根据宪法规定的程序要求来加强南希·克鲁赞意愿的准确性，或要求决策至少符合正确的过程。然而，今天本庭判决维持密苏里州政府采取的"保护措施"并不能满足这一标准。我们在本案中要决定的是，无行为能力的患者究竟会选择接受维持生命的治疗而在永久的植物人状态中活下去，还是会避免这种治疗。密苏里州的决策规则强加了一个显然是不对称的举证责任。为了证明处于植物人状态的患者希望避免进一步治疗，法庭只接受患者在有行为能力时作过的有关选择治疗的明确陈述为证据。此外，证据还必须明确且具有说服力。但法庭不要求任何证据来证明无行为能力的患者希望继续治疗。

A

多数判决列举了密苏里州采用严格证据标准的理由。首先，多数法官解释，州政府可以根据宪法采用这样的证据规则来管辖如何决定无行为能力个人的愿望，其目的是推进政府的实质利益，包括不受限制的保护人类生命的利益。然而，密苏里的证据规则不能仅基于州政府在某一特殊案例中的自身利益。当然，法庭早就建立了明确且具有说服力的证据标准，将错误决策的风险让提出反对诉求的一方来承担。在那样的案件中，阻碍某些诉求符合宪法的政策性选择。对比之下，密苏里州没有权力反对南希·克鲁赞选择避免治疗，因为除非州政府能够证明继续治疗是南希的选择，为她提供治疗并不能给州政府带来任何利益。既然州政府不能直接地否决南希的选择，州政府也不能强加一条程序规则来间接地否决她的选择。

其次，密苏里采用明确且具有说服力的证据标准为什么能够增强证据的准确性？多数法官对此作了两种解释，但是两种解释都不能使人信服。一开始多数法官辩称"对抗性诉讼可以保障事实调查的准确性"，而本案属于非对抗性诉讼，采用明确且具有说服力的证据标准将能补偿非对抗性诉讼可能缺乏的保障，本庭援引俄亥俄诉阿克隆生殖健康中心（Ohio v. Akron Center for Reproductive Health）的案例，该案维持了在一方缺席的诉讼中采用明确且具有说服力证据标准的原判。我不支持本庭在该案中的判决。本案是决定无行为能力个人意愿的诉讼，而阿克隆案是决定未成年人是否可以不通知父母就去流产，这两个案件有很大的差异，因为阿克隆案中的当事人已经足够成熟，完全可以判定流产对她来说是否最佳的选择。

当诉讼涉及一方强烈的个人利益时，对抗性诉讼特别重要，因为对抗可以制衡个人利益，保证可以充分调查每一个问题。无论社会是否同意让一个未成年人作出成年人的决定，当一个未成年女孩强烈希望不通知父母去流产时，她应该可以挺身而出。而本案的性质完全不同。一审法庭排除了请愿人利己的动机，请愿人决定去法庭申请下令停止治疗，那是至少一位，甚至是几位成年人深思熟虑的决定，他们认为停止治疗是患者的意愿。

最后，在决定未成年人是否要通知父母才能流产的阿克隆案中，法庭是在另一方缺席的情况下秘密审理的。法庭不会通知未成年人的父母、兄弟姐妹和朋友。除了未成年人本人之外，没有人能够向法庭提交证据。本案的不同之处在于，决定南希·克鲁赞的意愿时既没有任何一方缺席，也不是秘密审理。当法庭听证决定无行为能力个人的治疗方案时，法庭可以调整举证的责任，以保证诉讼双方势均力敌。为了避免请愿人的一面之词，法庭可以指定一位诉讼监护人。这位监护人可以行使州政府取证的权力，搜集并向法庭提交有关患者意愿的证据。诉讼监护人的任务是揭露任何利益冲突，保证诉讼双方都有机会咨询律师，并向法庭提交相关证据，例如那些来自其他家庭成员、朋友、牧师或医生的证据。密苏里试图采用的严格证据标准排除一些证据来平衡双方的利益，而诉讼监护人的方法是接受更多的证据来平衡双方的利益。在本案中，家庭成员、朋友、医生和诉讼监护人都达成了共识，而不是像多数大法官认为的审理的过程失败了，因为大家对南希的意愿其实并无争议。

接下来多数法官辩称，阿克隆案和本案都涉及重要的个人利益，所以采用明确且具有说服力的证据标准是正确的，可以提高证据的准确性。本庭还援引了若干案例，说明需要通过什么正当程序才可以剥夺一个人的自由权。然而在那些案例中，本庭以明确且具有说服力的证据标准作为宪法要求的底线，经过评估后，如果一方的利益显然超过另一方，则利益小的那一方便应该承担决策错误的风险。在三托斯基诉克莱默案中，法庭要求州政府提供明确且具有说服力的证据，因为父母的权利非常重要，除非父母不合格，州政府没有合法的权力剥夺父母的权利。本庭判决在认定父母不合格之前，州政府无权为孩子寻找更好的寄养家庭。在阿丁顿诉得克萨斯案（Addington v. Texas）中，法庭在非自愿入住精神病院的听证会上要求州政府提供明确且具有说服力的证据，因为个人的利益远远超过州政府的利益，州政府没有合法的权利把既没有精神病，而且对自己和其他人也不构成危险的人强制送进精神病院。此外，我们一直认为转移错误的风险虽然可以降低一方面的错误风险，但同时又会增加另一方面的错误风险。例如在阿丁顿案中，法庭把证据标准升高到优势的证据标准，使诉讼双方"分担大致相等的错误风险"，因为社会不希望一种结局压倒另一种结局。在多数大法官援引的案例中，升高的证据标准不仅是可以接受的，而且是必须的，因为多数大法官承认采用升高的证据标准有利于保护个人行使重要的权利。反之，密苏里法庭强加的明确且具有说服力的证据标准成了个人行使重要权利的障碍。

多数大法官主张，分配错误决策的风险是合理的，因为如果一个人希望继续活下去，我们就不应该终止维持生命的治疗，这比尊重不想活下去的人的意愿更为重要。多数大法官认为，假如终止维持生命治疗是一个错误的决定，那将是一个不可逆转的错误，假如不终止治疗是一个错误的决定，其结果无非是维持现状。但是从患者的角度来看，无论哪一个错误的决定都是不可逆转的。如果错误地决定终止向南希人工提供营养和水分，那将导致彻底的脑死亡。而错误地决定继续人工提供营养和水分，将剥夺患者避免她不愿意接受的治疗的权利。她将永远没有尊严地活下去，她家人的痛苦将继续下去，她留在世间的记忆将越来越被扭曲。

即使法庭后来决定尊重她的意愿，也无法挽回已经造成的伤害。但是今后重新决定的希望很渺茫。多数大法官认为今后可能"发现新的证据"，这更可能是一种假设，而不是合情合理的现实。多数大法官还错误地认为今后"医学进步"的可能性与本案有关，并以此为理由违背患者的意愿强迫她继续接受治疗。医学奇迹的可能性固然是应该考虑的因素之一，但那应该是由患者来考虑的。假如目前的研究认为患者可能还有希望痊愈或略微好转，这将是我们在评估患者可能如何选择时应该考虑的一个重要因素。

B

除了采用严格的证据标准之外，密苏里州法庭绝对排除有关的证据，影响了事实调查的准确性。尽管法庭提到并无支持其判决的证据，但是仍判决请愿人没有提交明确且具有说服力的可靠证据，证明南希希望避免继续治疗。尽管法庭认为南希的家人有爱心，且没有任何邪恶的动机，法庭在判决时却没有考虑南希对家人和一位挚友说的话，也没有考虑南希的母亲和姐妹有关她希望终止人工提供营养和水分的证词。此外，法庭也没有考虑一审法庭指定的诉讼监护人的结论，他认为有明确且具有说服力的证据证明南希会希望终止治疗，而且终止治疗是南希的最佳选择。法庭并没有特别定义什么样的证据才算是明确且具有说服力的证据，只是泛泛地提到只有在患者有行为能力时订立的活遗嘱或类似的正式文件才能满足明确且具有说服力的证据标准。

很少有人会因为有这种证据规则而订立活遗嘱或形成类似的正式文件，以确保一旦丧失行为能力时，他们的意愿会得到尊重。尽管社会政策应该鼓励人们留下有关治疗的指示，但是不经过正式程序，就无法确认患者的选择。变成永久性植物人的概率极低，许多人并没有将他们的意愿形成正式文件的迫切感。有些人也许不希望在身体健康恶化的情况下拖得过久，有些人甚至会坚决选择避免南希那样维持生命的治疗，但是他们应该知道有活遗嘱这样的东西，以及如何订立活遗嘱。律师的帮助常常是必须的，尤其是因为多数大法官们显然愿意允许州政府坚持患者的意愿无法确定，除非他们列出具体的治疗。

加利福尼亚州的上诉法庭认为：

"多数人并不知道具体的法规，而且人性的拖延和勉强使他们不想考虑预先安排，乃至需要这种文件的人往往并没有使用。"

当一个人告诉家人或挚友她不想用人工维持生命时，她在"用她熟悉的方式表达她的意愿，就像我们要求非专业人士清楚地表达一样。更高的要求是不现实的，而且这种要求实际上剥夺了患者放弃维持生命治疗的权利"。

当密苏里州通过有关活遗嘱的法案时，还特别提到在没有活遗嘱的情况下，也不能因此假定患者希望继续治疗。

显然，就连密苏里州自己的立法机构都不相信，一个人之所以没有订立活遗嘱，难道是因为他在所有的情况下都希望继续治疗吗？

挚友和家人的证词可能是确定患者会如何选择的最佳证据，因为患者最可能跟他们讨论这些问题，而且他们也最了解患者。"家属对患者的了解最深刻，这在替患者作决定时尤为重要。"密苏里法庭的判决忽视了家人和朋友的证词，这种做法跟其他州是相抵触的。

密苏里法庭不仅蔑视南希在车祸前不久一次严肃谈话中所作的陈述，还蔑视家人对南希的价值观、信仰和某些选择的看法，甚至还蔑视州政府指定客观的第三方调查员的观点，这说明法庭蔑视南希自主选择的权利。确定无行为能力的人的意愿的规则，应该体现出确定意愿的过程中所作的种种努力。确定南希的意愿本应该尽可能准确地反映她自己的意愿和信仰，然而本庭对密苏里法庭采用的规则维持原判，从而扭曲了判决的结果。这样的规则把人变成医学技术的被动对象。

"医疗的决定必须符合患者的利益和价值观。允许他们决定自己的治疗至关重要，这是社会对人的尊重。此外，对人的尊重，不应该因为他们无法参与治疗的决策而消失。其他人还是可以替患者作决定，这种决定与根据纯粹的技术可能性作出的决定相比更接近患者的意愿。当患者失去决定的行为能力时，他有权得到一个考虑他的利益的决定。"

C

当无行为能力患者面临他的选择可能被忽视的危险时，我并不是说州政府应该无助地旁观。我本人觉得本庭应该判决密苏里的规则违宪，假如本庭判决密苏里的规则违宪，州政府仍然可以自由地制订程序保障措施，来保护无行为能力患者。宪法无非是提供了一个框架：保护措施必须保证决定符合患者的意愿，并且必须可靠地达到目的。许多州采取了保护措施，而密苏里州几乎是唯一的州，制定了一条降低患者决策准确性的规则。而宪法并不禁止州政府要求通过司法程序或指定一位公正的诉讼代理，来审查患者家庭的决策是否恰当。

目前，若干州使用不同的方法来确定无行为能力患者如何选择治疗，不同的方法各有利弊，此外尚无其他的方法。具体的选择应该由州政府决定，前提是各州如何以可靠的方法确定患者的意愿。但是因为需要权衡的利益如此重要，州政府必须避免对决策不利的程序。

"在生与死之间，无论错误偏向哪一方——尽管患者希望允许他死去，却仍被维持在那种状况中活下去，或是尽管患者选择抓住生命不松手，却被允许死去——这两种错误都是极其不幸的。"

D

最后，我跟多数大法官还有一个分歧。他们认为在无法确定无行为能力患者的选择时，作为官方监护人的州政府应该自动有权替患者决策。如果我们采用公平的证据规则，法庭不大可能无法确定患者的选择。然而，根据密苏里采用的决策规则，而且这种规则今天还被本庭维持原判，州政府替患者决策的情况应该是很多的。无论最终决策是生还是死，宪法是否总是会允许州政府替患者决策呢？仅仅通过掌握决策权并不能维护州政府保证患者的选择得到尊重的利益。

为了支持他们的立场，多数大法官的论点是，尽管这个问题对家庭成员至关重要，"假如患者在有行为能力的时候便预料到如今的处境。我们并不能自动保证家庭成员的观点跟患者的观点相同"。

有关这一点我并不想争论，但是这把我们引到另一个问题：我们是否有理由期待州政府会比了解患者的家人作出更好的决策呢？既然有了问题，我们就必须回答。新泽西州的最高法庭是这么说的：

"家庭成员最有资格代替无行为能力患者做决定，不仅因为他们了解患者的特殊人生观，而且因为他们跟患者之间的家庭纽带……他们对待的患者是一个人，而不是某一种事业的象征。"

反之，对患者来说，州政府完全是一个陌生人。

尽管州政府无法知晓无行为能力患者的选择，那也并不等于州政府无权保护患者的选择。但是我认为正当程序条款禁止州政府的权力超出保护患者的范围。州政府可以保证代替患者决策的人正是患者本人会选择替他决策的人。此外，州政府还可以排除任何可能有不良动机的人。但总的来说，州政府要么信赖患者最可能选择的代理人，要么让患者的家属代为决策。

第四部分

在全美国有多达 10 万患者被维持在永久植物人状态，而且预计这一数字在最近的将来还会大量增加。在过去 20 年中，医疗技术的发展能使已经停止呼吸和心跳的患者恢复生命，其中一些患者能完全恢复正常的生活。20 年前，无法吞咽和消化食物的患者将会死去，通过静脉注射并不能提供足够的热量，患者只能短暂地维持生命。如今研制出来的各种人工喂饲的方法能够维持患者的新陈代谢几年乃至几十年。此外，进入 20 世纪以来，因慢性病和机能退化疾病的死亡率已经超过了传染病。死在医院里的患者 80%"死前处于'昏迷状态；靠插入鼻腔、腹腔或静脉的管子维持生命；成了被操控的对象，而不是有生命的主体'。在能够活过 80 岁的人中，五分之一在死前患有不断恶化的疾病。"

"无论是从法律、公平还是正义的角度，我们面临现代科技奇迹带来的问题都不应该胆怯或绝望。"

新技术能够挽救那些几十年前无法挽回的生命，并让他们恢复正常生活。然而对南希来说，新技术还是回天无术。对其他患有不治之症的患者来说，新技术也可能注定失败。在这些不幸的情况下，受害者的肉体、选择和记忆不应该由州政府任意处理，我们的宪法也不允许州政府或其他政府部门作患者的主宰。作为官方代理人的政府对患者并没有丝毫的感情可言。经过多年的研究，总统委员会作出以下结论：

"在医疗领域里，没有任何有关经验的评估会像与死亡的性质和价值观有关的评估那么有争议和私密。对有些人来说，生命每一分钟的价值都是无法估量的；而对另一些人来说，没有精神或肉体功能的生活是毫无价值的负担。对某一个人来说，适度的痛苦也许是个人成长和宗教体验的重要组成部分，但是对其他人来说这也许是可怕的，而且在旁观者的眼中是可鄙的。"

然而，密苏里州和本庭却代替了南希本人完成了对与死亡过程有关的评估。它们抛弃了有关她自己意愿的证据，忽视了她的价值观，剥夺了她让别人代替她作出尽可能符合她愿望的决策的权利。它们言不由衷地说决策是以南希的名义，但显然是以密苏里州自己的名义。即使密苏里州和本庭可能真是出于对无行为能力患者的关心，那也并没有什么关系。几十年前，最杰出的法学家之一曾说过：

"经验告诉我们，如果政府的目的是仁慈的，我们就必须更加防范地保护我们的自由……当过分积极的人在暗中侵蚀我们的自由时，尽管他们并无恶意，却对问题缺乏了解，那才是最危险的。"

我恭敬地反对。

斯蒂文斯大法官反对。

我们宪法的目的基于一个前提，即所有的合法政府必须保证每个人的"生命、自由和追求幸福的权利。"通常，我们自然地假设这三个目的是一致的，相辅相成的，甚至是巧合的。

然而，本庭要在本案中制造一个例外。本庭允许州政府不分青红皂白地用保护生命的抽象利益压倒南希·克鲁赞的利益。根据毫无争议的事实，允许南希的监护人替她行使终止治疗的宪法权利才能更好地保护这种利益。具有讽刺意味的是，尽管本庭支持生命、自由和追求幸福的权利，而且这三项权利可以把我们从两难的境地中解救出来，本庭还是作出了今天的判决。第一，对于一个有行为能力的人来说，决定拒绝维持生命治疗是正当程序条款保护的自由的一部分。第二，经过适当的举证，有资格的监护人应该可以代表无行为能力患者作出拒绝治疗的决定。第三，为了回答这场悲剧提出的重要问题，最明智的方法是"不要试图用笼统的语言来涵盖主题的每一种不同的可能性"。结合以上三点，我们必须根据南希所处的特殊境况来理解她拒绝治疗的自由。

以我之见，我认为宪法要求州政府尊重南希本人的最佳利益来关心她的生命。

第一部分

本案是第一宗考虑宪法是否应该，以及应该如何保护重症病人拒绝维持生命治疗的自由的案例。因此，我们面临的问题范围广泛且意义深远，但我们无需抽象地解决这个问题。作为法官，我们的责任是根据案件里有争议的事实处理问题。

本案最重要的事实是："明确且具有说服力的证据"证明南希·克鲁赞"除了对声音和疼痛刺激的条件反射之外，她对周围环境毫无反应"；"她无法吞咽食物或饮水"；"她将无法恢复"这些功能；她的"大脑皮层萎缩是不可逆转的、永久的且继续不断地发展的"。她恢复知觉已经不可能，希望发生的最好可能是，当她被"疼痛刺激后，脸部会出现痛苦的表情"，或"对声音有明显的反应"。

评价了南希·克鲁赞的健康状况之后，一审法官接下来考虑的问题是，如果允许南希的父母要求替女儿拔出手术植入胃腔的插管，是否会影响第三方的利益。他认为，南希父母的要求并无任何出于金钱的动机，而且同意他们的要求既不会影响任何无辜的第三方利益，也不会违反医生的职业道德标准。然后，他考虑并驳回了出于宗教理由的反对意见，并解释为什么他觉得宪法赋予患者的"自由权"应该超过一般的公共政策。州政府依赖的公共政策是：

"我们的宪法里表达的'自由权'是一种基本、自然的权利。当一个人像本案的患者那样失去了大脑的功能，所有的医生都认为没有希望恢复功能，而大脑状况继续恶化，自由权允许他拒绝或指示别人终止人为地延长她生命的治疗。鉴于公共政策禁止在任何情况下武断地终止营养和饮水，也禁止安乐死，如果未经正当法律程序便剥夺她的自由权，那就违反了宪法赋予患者的权利。如果我们决定治疗一旦开始便必须继续下去——尽管治疗对患者并不起效果，那就相当于未经患者同意便强迫她接受治疗。"

"我们仅要求两位监护人行使法律授予他们的权利，他们行使职权时必须符合患者的最佳利益，根据他们的判断，他们既可以酌情采取行动，也可以不作为。"

第二部分

为了尽到他的责任，独立的诉讼代理人上诉到密苏里州的最高法庭。在上诉中，监护人告诉法庭他并没有不同意一审法庭的决定。他还明确支持最重要的结论，"终止胃腔导管喂饲符合南希的最佳利益"。

诉讼双方对上述的重要结论并无争议。人们也许会觉得案子已经有定论了：如果继续治疗对南希·克鲁赞并无好处，如果她有拒绝治疗的权利，如果终止治疗不会对任何第三方造成负面的影响，如果没有理由去怀疑南希父母的善意，那么州政府还可能有什么理由要坚持继续治疗呢？然而，州最高法庭并没有质疑或支持一审法庭有关南希·克鲁赞的利益的结论，却基本上忽视了一审的结论。

密苏里最高法庭的判决提到州政府有四种不同的利益，这四种利益适用于类似的案件，却认为此案涉及州政府"保护生命"的笼统利益。法庭对保护生命利益定义如下：

"州政府保护生命的利益包含两个忧虑：一是延长患者生命，二是生命本身的神圣性。"

尽管法庭并没有认为保护生命的利益是绝对的，却反复强调保护生命的利益超过基于患者个人"生活品质"的利益。州法庭多数法官认为，州政府保护生命的利益足以排除无行为能力患者拒绝治疗的决定，除非患者曾留下明确且具有说服力的证据证明拒绝治疗确实是她本人的决定。如果无行为能力患者从来没有遇到过这个问题，或者也许她生下来就没有行为能力，根据密苏里州最高法庭代表多数的四位法官，他的利益就完全可以不计。

三位反对的法官认为南希·克鲁赞的利益是紧迫的。他们同意一审法庭对州政府政策的评估。布拉克马法官（Judge Blackmar）的反对意见令人信服，他认为有关慢性病患者的治疗的决定向来是取决于个人：

"我与多数法官的观点的分歧是，他们过分强调州检察长提出的州政府的利益和作用。延长生命的决定是最近才发生的事情。在世界历史上，以及目前世界上大多数的国家里，这样的决定根本不会发生，因为技术还没有普及。有关治疗的决定向来都取决于患者本人的意愿，如果患者年幼或无行为能力而无法决定，则由最亲近的人替他们做决定。替代决定并不是新鲜事物。很少人会请州政府替他们做决定。"

"我不接受多数法官的判决。他们假定因为技术的进步，州政府必须介入决定是否要使用不平常的措施来延长生命。每天都有人在做有关治疗的决定，他们根据医生的意见来决定什么对他们最有利。为了治疗而对簿公堂的病例少之又少，如果南希不是躺在医院的病床上，我怀疑她的案子会一直上诉到联邦最高法庭。我并不强调患者表达的观点，除非是书本里找不到的极不寻常的病例中，患者表示要采用所有可能的治疗措施。

只有跟患者最亲近的人，才能最准确地判断什么是患者的最佳利益。"

布拉克马法官的下一个论点是，密苏里州的政策将有关生命意义的观点强加于濒临死亡的患者和他们的家属，而这种观点是具有争议和应该反对的：

"无论生活品质如何，将维持生命绝对化是不现实的。我之所以这么说，是因为本案的一审法官认为南希的状况没有好转的希望。多数法官也接受了这一结论。对于不平常的治疗措施，我们的决定应该考虑到生活品质。在那些不经过法庭的决定中，决策者肯定会考虑到生活的品质，并权衡不平常治疗会给患者带来什么不愉快的后果。证据显示，南希对疼痛的刺激会有条件反射。若她能察觉周围的环境，她会觉得自己生活在活地狱中。她既无法表达自己的愿望，也没有能力去做任何事来改变她的处境。她的父母是她最亲近的人，最了解她的感觉，能作出她最佳的决定。州政府不应该越俎代庖。我也并不佩服多数法官在判决书中援引的密码哲学家，他们认为无论生活品质如何，生命都是神圣的。他们生活在象牙宝塔里。"

布拉克马法官最后的结论是，密苏里州的政策是非法的，因为政策将生命作为理论的抽象物，把生命与南希·克鲁赞分开，甚至对立起来。

"克鲁赞家庭完全有理由要求法庭给予补救。巡回法庭的法官正确地调查了事实并运用了法律。案卷的记录支持他调查事实的结论，他的法律结论援引了雄辩的权威性文献和案例。多数法官的判决试图确立权力，却忽视了人性的因素。这种做法使南希和她的家人遭受不断的折磨，政府不应该将这种折磨强加于任何家庭。"

尽管布拉克马法官并没有上升到宪法的高度，他的论点对密苏里法庭的多数法官提出宪法的挑战：密室里的法规不合理地侵犯了传统上属于私人的事情，涉及正当程序条款保护的自由。

本庭判决书中调查事实的部分也同样无法使人满意，因为事实调查未能尊重患者的最佳利益。事实调查的依据相当于弃权的推理：濒死的患者利益被放在一边，整个调查过程的焦点集中在患者过去是否曾经表达过她的意愿。宪法赋予无辜的个人拒绝他们不愿意接受的治疗的权利，这种权利被本庭断然限制给那些有远见的患者，因为他们在有行为能力时曾清楚地表达了他们愿望。本庭的判决无法保护儿童，无法保护因为事故或疾病而受到伤病的年轻人，也无法保护千百万老年人，因为他们或是还没作决定，或是还没交代万一遭遇不测时希望得到什么样的治疗。因为南希·克鲁赞根本就没有预料到车祸，所以没有订立活遗嘱或是采取其他类似的"明确且具有说服力的"方法，来保护宪法赋予她的权利，于是她就永远失去了她的权利，她的命运就被交到州立法机构的手中，而不是交到她自己的家人、他的独立诉讼监护人和一位不偏不倚的法官的手中，所有这些人都同意什么是她的最佳利益。本庭却情愿认定南希已经放弃了宪法赋予她的权利，这显示了本庭对个人自由的重要性的严重误解。

第三部分

　　法庭可能低估自由权的价值，这是意料之中的。因为拒绝治疗是一件生死攸关的大事，公众的反应非同寻常。然而本案是一宗惨案，如果我们要负责任地面对现代环境中的死亡，公众反应必将成为普遍现象。医学的进步正以惊人的形式改变死亡的生理条件：具有高度侵犯性的治疗将人体和机器相结合，或许可以使人永远生存下去，但是有人也可以合理地认为那是对生命的一种侮辱，而不是对生命的延续。此外，医学的进步和对新科技的认可同时也改变了死亡的政治和社会条件：在家里死亡的人越来越少，更多的人会在比较公开的场所死亡，如医院和养老院。

　　原来应该由家庭和医生私下决定的终结问题，现在变成了政府机构的忧虑。例如本案，如果机构是州立医院，政府便介入了。尽管如此，死亡毕竟还是"家庭生活"的一部分。

　　"死亡的尊严如此重要，宪法明确保护死者权利的原则不止一条"，我们的判决圈出了一片"家庭生活的私有领地，州政府不得闯入"。家庭四周的围墙当然是墙内生活的重要保证。尽管如此，本庭早就认识到决定和选择的权利是私人生活的构成部分，这种权利对"有序自由的概念至关重要"，有时我们需要对这些选择给予更多的直接保护。

　　对这些选择的尊重，引导我们承认身体不可侵犯的权利。根据普通法的传统，有关这些权利的宪法决策过程应该牢记"制定宪法的国父们承认人类精神世界"的重要性。我们完全可以这么说，"有关自由的概念跟肉体的自由和自主决策有千丝万缕的联系"。因此，根据我们的解读，正当程序条款应该排除侵犯肉体获得的证据，因为侵犯人体取证的过程非但"残酷"，还践踏人的尊严。根据我们的解读，宪法禁止州政府阉割某些罪犯，不仅因为这种惩罚会对肉体的完整性造成"不可逆转的伤害"，还因为"婚姻和繁衍后代"乃是"最基本的人权"。神圣不可侵犯的人体和个人的隐私显然是最基本的自由。"每一次对人体完整性的侵犯，都是侵犯他的自由。"然而，宪法保护"家庭的庭院，其实是考虑到保护家庭成员隐私的结果"。同样，宪法之所以要保护人的身体，是因为考虑到人的头脑和精神存在于人体之中。

　　在决策法和宪法传统的背景下，我们必须理解拒绝维持生命治疗的权利。拒绝治疗的权利并不等于抛弃我们求生的欲望。我们不应该把拒绝治疗简化成保护身体不被医生以治疗的名义侵犯，或是防止治疗对身体造成不适。生死的选择是自由的核心价值。我们有责任和自由决定在何种条件下活着，因为这一问题深深地扎根于我们的传统和良知，其地位是至关重要的，这也是造物者赋予我们不可剥夺的生命和自由的权利。

　　我们很难更精确地描绘死亡在宪法里的重要性，除了从信仰的角度之外也无法赘述。然而仅此一个原因，就足以要求我们确保选择的自由出自个人的意愿。当然，我们还可以假定死亡并不简单地就是生命的对立面或终点，而是生命的完成。

　　我们的道德传统认为，对死亡的认识能够帮助我们理解生命的重要性。如果我们不准备为我们的事业献身，那我们就不可能为任何目标活着。我们从内森·海尔（Nathan Hale）或帕特里克·亨利（Patrick Henry）的著名遗言中可以看到，他们并不蔑视生命。他们的话恰恰说明他们热爱生命，使他们永远活在人民的心中。"崇高先烈们为了他们的事业而献身，我们将为他们未完成的事业作出更大的奉献。"

密苏里州对南希·克鲁赞的处理是非正义和违反宪法的，跟上面的例子大相径庭。南希的死亡并不是具有历史意义的英雄主义，而是那场悲剧性车祸的后果。然而，南希的生命的利益并不小于任何人，包括她死后留给家人的记忆，因为她在乎家人对她的看法。毫无疑问，她的生命对家人和朋友是宝贵的。她如何死去将影响她留给人们对她的记忆。一审法庭下令授权给南希的父母终止女儿的治疗，这将让在乎南希的家人把她的悲剧和生命画上句号。而密苏里最高法庭推翻了下级法庭的命令，把南希的身体、家人和生命交给州政府，让政府按自己的利益处置。我们审查的密苏里州最高法庭的判决干预了宪法授予个人最重要的权利。

为了得到宪法的许可，密苏里州侵犯的基本自由权必须跟合法的政府目的之间至少有合理的关系。密苏里州政府声称其政策与保护生命的利益有关。然而，我认为州政府其实是在为生命下定义，而不是保护生命，这才是密苏里州政策的核心。密苏里政府无视南希·克鲁赞本人的利益，坚称南希的生命等同于她持续的身体功能。我们必须切记的是，南希·克鲁赞不仅丧失了行为能力，她持续处于植物人状态已达 7 年之久。一审法庭认为南希已经没有可能恢复，而且她没有意识，这是不争的事实。

在我看来，本庭的错误在于把本案定性为涉及"判断某一特定个人的生活品质"。从生理学角度来看，南希·克鲁赞显然还"活着"。但是对类似南希的患者来说，他们既没有意识，也没有可能恢复，这就带来一个很严肃的问题，无论普通人如何理解生命这个词，还是宪法和《独立宣言》提到的生命二字，躯体的持续存在是否就算"生命"的延续呢？州政府不屈不挠地决定永远延续南希·克鲁赞肉体的存在，这只能被理解为州政府在努力地为生命下定义，而不是试图维持生命的神圣性。

密苏里州对生命的离奇定义充分地说明了这一点。生命，尤其是人类的生命，并非普通人理解的那样仅限于生理状况或功能。

生命之所以神圣，是因为我们根本无法按上面的逻辑作出推理。当人们说到生命，他们通常是在叙述构成某人历史的一段人生经历，比如说某人"一生过得不错"[①]。他们也许指的是人类精神的实际表达，如我们熟悉的，某人"为团队注入了生命力"。如果以上几种观点具有共同性，那生命可能是一种活力，是个人利益的排列与组合。无论如何，如果没有神学的抽象，生命和一个活着的人是无法分开的。然而，密苏里州政府恰恰就是把生命和活着的人分开，把州政府对南希生命的利害关系与南希本人的利益对立起来。所以结果得出的定义不同寻常。

---

① 英语里的 life 有两种意思，一是生命，二是生活。——译者注

　　本庭所依赖的惩罚杀人的法律也不支持相反的推理。显然，刑法既保护生命，也保护受害人的权益。就连反对自杀的法律的前提都是，想了结自己生命的人也有活下去的权利，而且沮丧的人被救活之后也会感谢政府的干预。同样，对于失去行为能力但是还有意识的患者来说，有关"生活品质"的决定也承认患者有权继续活下去，尽管从尊严和舒适的角度来看，这种权利可能黯然失色。但是本案不同，密苏里州保护的生命是活着的身体的抽象物，这种生命是畸形的。

　　根据多数大法官调查的结果，密苏里州对待南希·克鲁赞的做法并不符合许多州的司法案例。尽管本庭认为州法庭处理本案的争议显示了"共性和差异"，本庭调查的案例中并没有一宗绝对禁止持续处于植物人状态的患者选择终止治疗。例如，在威斯特彻斯特郡医疗中心代表欧康纳案（In re Westchester County Medical Center on behalf of O'Connor）中，患者没有行为能力，但她"并没有处于昏迷或植物人状态，因为她有意识，还能通过捏问话人的手或口头回答简单的问题"。同样在斯托拉案中，患者虽然有意识，却没有行为能力，因为他严重智障，智力年龄只相当于 18 个月的幼儿。在判决康若伊案时，新泽西州最高法庭认为康若伊女士并没有脑死亡、昏迷或持续处于植物人状态，然后又与昆兰案作对比，因为凯伦·昆兰持续处于植物人或昏迷状态。与本案相反，连续不断的案例授权允许持续处于植物人状态的患者终止治疗。考虑到其他涉及持续处于植物人状态患者的案例，而不是因慢性病而失去行为能力的患者的案例，密苏里州的判决是极其反常的。

　　总之，州政府认为南希·克鲁赞还活着，那么政府要延续的就是她的生命，我们没有任何理由相信这对南希的利益有什么好处。我已经提到过，基于神学或哲学的揣测，我们也许可以假定这种利益是存在的。但世俗的政府不能通过法规来限制人们的自由，而制订法规的目的是为生命下一个宗派主义的定义。

　　我与本庭的分歧并不是因为本庭支持采用明确且具有说服力的证据标准来证明此类案件。其实我同意我们必须正确无误地判断重大事实。然而，关键的问题并不是我们该如何证明重大事实，而是在已经证明的事实中辨别什么才是重大事实。我的观点是，宪法对此给出了明确的答案：个人的最佳利益，尤其是当个人利益得到所有第三关联方利益的支持时，必须超过州政府的政策，因为州政府制订政策时笼统地忽视了那些利益。州政府对生命的利益唯一的世俗基础就是政策对人民的说教效果，而不是对南希和她的家人。然而，"尽管州政府可以行使教育的职能"，尽管那种教育可以培养人民尊重生命的神圣性，但州政府不能因为追求"象征性的效果"而侵犯宪法保护的权利。在一个极其私密的案件里，密苏里州未能服从一个濒临死亡的人的利益，这就充分证明了其政策的非法性。

　　正因为密苏里州政府霸占了为生命下定义的权力，正因为本庭允许密苏里州政府篡夺这种权力，所以才使南希的生命陷入令人不安的冲突。如果我们根据南希自己的利益为生命下定义，当生命随着她生物存在的停止而告终结，那种结局就是符合她的自我利益的，宪法赋予她拒绝治疗的权利和宪法赋予她生命的权利就不会发生冲突。反过来说，如果让南希自己为生命下定义，其中包括人类的各种生物学延续，继续治疗将符合南希的自由权，那么生命和自由也不会发生冲突。本案中生命和自由的对立，并不是因为南希遭遇车祸的结果，而是人为造成的后果，因为密苏里州设法将南希的身体抽象化成为生命，而本庭也同意州法庭的判决。

第四部分

本庭和密苏里州法庭的多数法官都表示极大地尊重州立法机构的政策选择。我认为，这样的尊重说明本庭犯下了严重的宪法逻辑错误。本庭认为家人代表南希伸张的自由权特别有问题，因为"失去行为能力的人无法知情，所以无法自愿地选择行使假想的拒绝治疗的权利"。既然南希不可能行使权利，本庭认为州政府就可以酌情插入"一个程序上的要求"，从而有效地强迫南希继续接受治疗。

然而，南希拒绝治疗的权利是受到宪法保护的，并非"假想的"权利，尽管我们很难确定她的利益，但这并不等于州政府就有理由用自己的利益取代南希的利益。当此案上诉到本庭时，本庭需要回答的最关键问题并非南希的权利是什么，而是州政府是否应该尊重她的权利。当一个人失去行为能力而无法伸张宪法赋予她的权利时，允许朋友代替她伸张权利并非一件新鲜事。因此，如果因为南希无法"行使"她的权利，而打破了她和州政府之间的利益平衡，我们需要进一步解释为什么会失去平衡。本庭提出两种可能性，但都不能使人满意。

第一种可能性是，州政府保护生命的政策的本质不像其他选择那样具有侵犯性。本庭认为密苏里州政策的"结果无非是维持现状"，今后还可以推翻，而终止治疗的决定"是无法改正的"，因为死亡是不可逆转的。然而，我们不禁要对这种解释问下一个问题，因为法庭的两个假设是，（1）州政府的政策符合南希·克鲁赞的自身利益，或者（2）即使忽视了南希的利益，但并没有对她造成伤害。我们在庭审记录中找不到支持第一个假设的基础，所以州政府也无需依赖自身利益而不依赖患者的利益。第二个假设是违心的。南希的利益是，她希望人们记得她是怎么活着的，而不是怎么死的，延迟她死亡的过程将损坏这种记忆，这种伤害是不可逆转的。南希的另一个利益是结束她的疼痛，而延续生命的长痛也是不可逆转的。此外，南希还有另外一个利益，那就是在符合她自己信仰的前提下终结自己的生命，州政府把相反的观点强加给她更是不可逆转的。否认上述后果的严重性，实际上就是否认南希应该拥有的利益，州政府相当于打着维护生命神圣性的幌子否认南希的人格。

第二种可能性是，关于维持生命的治疗所涉及的利益，法庭必须允许州政府替无行为能力的患者下定义，因为在任何一个特定的案件中，没有一套程序能够判断维持生命的治疗究竟涉及哪些利益。本庭指出若干"滥用"和错误的可能性，这种可能性也许会影响批准终止治疗的程序。本庭正确地注意到在有些案件中，无行为能力患者的利益也许跟其家庭成员的利益有冲突。州政府的程序必须防止把家人利益误认为是患者利益的风险。然而，法庭已经委派了中立的诉讼监护人，一审法官也进行了仔细的调查，并采用了明确且具有说服力的证据标准，所有这一切都有效地避免了这种风险。为什么这些防范措施还不足以避免其他案件中类似的风险呢？本庭却干脆忽视了这个问题。

事实上，政府一方面辩称，如果在任何一宗案件里可能有错误，那就足以允许政府在每一宗案件里都用州的利益推翻无行为能力患者的个人利益；政府另一方面辩称，因为我们无法知晓无行为能力患者究竟有什么利益，所以就应该服从政府的担忧，这就一而再地否认了南希·克鲁赞的人格。我们应该尊重南希和其他患有不治之症且失去行为的患者的人格，却很难为尊重下定义：生与死的选择是重大的决定，不能靠医学或法律的规定来解决。也许最好的方法就是让那些最关心患者的亲友们仔细、谨慎地调查她的利益，代替她选择。本庭好像认识到这一点，并谨慎地反对制订任何笼统或死板的规则来处理这方面案件。然而，本庭尊重立法机构的意见本身就是一条死板的规则，尽管尊重立法机构的理由主要基于假想的情况，与南希·克鲁赞的利益毫无关系，但本庭还是愿意在本案中运用这条规则。

无论是哪一种可能性，本庭对立法机构的尊重源于一个前提：失去行为能力的人并无任何宪法认可的利益，所以也就不能算宪法意义上的人，这种尊重是明目张胆的违宪。这种尊重还会产生其他的危险，只是目前还没有显现出来而已。今天密苏里州政府宣布将耗资几十万美元继续维持南希·克鲁赞的生命，来捍卫其保护生命的政策。那么明天另一个州会以同样的热情提倡"生活品质"，也许会制订政策允许医院停止治疗几乎没有可能恢复的患者，使他们能够更快且舒适地死去。假如州政府有为生命下定义的利益，假如司法机构应该尊重州政府终止维持生命治疗的政策，那我们将如何解决个人利益和州政府政策之间的冲突呢？我相信在类似本案的案件里，宪法要求笼统的政策服从个人自由的重大利益。可想而知，多数大法官的理论将会产生相反的结果，如果州政府的政策会在个人的生命和他的自由和幸福之间造成理论冲突，本庭就不应该尊重那样的政策。如果一些人生命的利益要服从州政府的利益，这种理论的后果就是否认他们的人格。从神学和哲学推理的角度来看，这种后果也许是可以接受的，却和所有合法政府的基础背道而驰。我们的宪法尊重每个人的人格，司法机构经更应该严格遵守这条原则。

第五部分

在本案和类似的案件中，南希·克鲁赞的家庭成员陷入了困境，因此我们更应该强调一审法官为南希确定的最佳利益。我们每一个人都会在乎死者留给我们的记忆。因此，个人决策的动机往往会顾及他们的决定会给别人造成什么影响。根据一审法官对南希家庭成员的了解，他认为南希不仅会希望尽可能减少家人的负担，还会希望家人的记忆中充满了她过去的活力，而不是她目前的状况。南希生命的意义和终结应该由了解她最佳利益的人来控制，而不是只在乎"保护生命"的州立法机构。

克鲁赞家庭对此案的持续关注提醒我们，虽然南希·克鲁赞失去了活力和意识，但她的利益并没有因此而消失。无论保护生命的利益多么令人钦佩，州政府都不能用南希生命的象征性意义来为自己的目的服务。生命并不是抽象地存在于人体之外的，否认这一点不是尊重生命，而是玷污州政府保护生命的责任。为了显示对保护生命的承诺，州政府可以帮助那些正在为生活和健康而奋斗的人。为了保护生命，州政府可以做的事情太多了，毫无必要用南希·克鲁赞这样的悲剧来标榜自己。

我恭敬地反对。

伐蔻诉奎尔

Vacco v. Quill

521 U.S. 793（1997）

1997 年 1 月 8 日辩论；1997 年 6 月 26 日判决。

向美国第二巡回上诉法庭发出的调卷令。

摘要：

与大多数州一样，在纽约州协助任何人自杀或试图自杀均构成犯罪，但是患者可以拒绝维持生命的医学治疗。有些有行为能力但身患绝症的病人被病痛折磨，他们希望医生帮助他们结束生命。此案的被上诉人是纽约的一些医生，他们认为给身患绝症的病人开致命的处方药是符合医疗道德标准的，但是他们不敢开处方，因为纽约州禁止协助他人自杀。那些医生和三位现在已经去世的重症病人状告纽约州检察长，称禁止协助自杀违反了第 14 修正案的平等保护条款。联邦地区法庭不同意这种观点，但是第二巡回法庭推翻原判：（1）有些有行为能力但身患绝症的病人希望自己服用处方药加速死亡，而有些有行为能力但身患绝症的病人希望停止维持生命的治疗结束生命，纽约州对这两类病人区别对待；（2）这种不平等的对待与州政府的合法权益并无任何关系。

判决：

纽约禁止协助自杀并不违反平等保护条款。

（a）平等保护条款的规则是，州政府必须对相同的案子一视同仁，但是对不同的案子可以酌情区别对待。纽约禁止协助自杀的法律既不侵犯基本权利，也不涉及可疑的分类，因此我们强烈地倾向于假设该法律是有效的。表面上，无论是禁止协助自杀，还是允许患者拒绝治疗，这两条法律都没有对任何人厚此薄彼，也没有对不同的人区别对待。无论身体状况如何，每一个人都有权拒绝治疗，但是法律不允许任何人协助自杀。总的来说，如果在一条法律面前人人都是平等的，那条法律无疑是符合平等保护条款的。第二巡回法庭认为停止或拒绝维持生命的治疗"和协助自杀并无任何区别"，我们不同意这种观点。让一个病人死亡或是把一个病人弄死，这两者之间有重要的区别，这是合乎逻辑的、理性的，而且是得到公认的：这种区别符合一项法律原则，那就是因果关系，本庭在克鲁赞诉密苏里卫生部长案（Cruzan by Cruzan v. Director, Missouri Department of Health）中至少暗示承认了这项原则。此外，医学界、各州法庭和绝大多数州立法机构和纽约州一样，都承认并支持这一原则，允许病人停止或拒绝维持生命的治疗，但是禁止协助病人自杀。被上诉人称这两者之间的区别是"武断"且"非理性"的，我们不同意这种观点。这两者之间的界限并不总是清晰的，然而即使我们能够界定，法律并不要求我们界定。逻辑和实践都支持纽约州的判断，因为这两种行为是不同的，所以纽约州可以根据宪法区别对待。

（b）纽约州承认拒绝治疗和协助自杀两者之间的区别，包括禁止故意杀人和维持生命；防止自杀；医生的作用是治疗病人；保护弱势的病人不会因为冷漠、偏见以及心理和经济压力而结束他们的生命；避免坠入安乐死的可能性。纽约州的理由代表了合法和重要的公共利益，宪法要求立法的分类跟合法目的之间必须有合理的关系，纽约的法律完全符合宪法的要求。

推翻原判。

判决全文：

首席大法官阮奎斯特代表法庭发表判决，欧康纳、斯卡利亚、肯尼迪和托马斯大法官加入。欧康纳大法官发表附和判决，金斯伯格和布莱尔大法官加入，斯蒂文斯、苏特、金斯伯格和布莱尔大法官还分别发表附和判决。

请愿人是纽约州检察长德尼斯·C·伐蔻（Dennis C. Vacco），无律师自辩。

美国代副总检察长德菱格（Dellinger）以法庭之友身份替美国政府辩护，要求推翻原判。

劳伦斯·H·揣博（Laurence H. Tribe）代表被请愿人辩护。

首席大法官代表本庭发表判决。

跟大多数州一样，在纽约州协助任何人自杀或试图自杀构成犯罪，但是患者可以拒绝维持生命的医学治疗。本案提出的问题是，纽约州禁止协助自杀是否违反了第 14 修正案的平等保护条款。我们认为，纽约州的法律并不违宪。

请愿人是纽约州的几位政府官员，被请愿人是纽约州的三位医生。他们认为给精神正常但身患绝症的病人开致命的处方药是符合医疗道德标准的，但是他们不敢开处方，因为纽约州禁止协助他人自杀。那些和医生和三位现在已经去世的重症病人在联邦地区法庭状告纽约州的检察长。纽约州允许有行为能力的人拒绝维持生命的治疗，因为病人拒绝治疗和医生协助病人自杀"基本上是一回事"，所以被请愿人要求法庭宣布纽约州禁止协助自杀的法律违反平等保护条款。

地区法庭不同意医生的诉求："哪怕是最严重的病人，让生命自然结束和故意人为地造成死亡是不一样的，州政府承认两者之间有区别并无任何不合情理之处。"法庭注意到纽约州政府"显然有合法的权益维持生命并保护最脆弱的人群"，认为"根据美国宪法和宪法建立的联邦制度，这一争议应该在本州内通过正常的民主程序来解决"。

　　第二巡回上诉法庭推翻了地区法庭的判决。尽管禁止协助自杀显然普遍适用，"一些有行为能力但身患绝症的晚期病人希望早点结束他们的生命"，上诉庭认为"纽约州的法律不能对所有的病人一视同仁"。因为"法律允许晚期病人拒绝维持生命的治疗而加快死亡，却不允许同样的晚期病人自己服用处方药加快死亡"。法庭认为"通过拒绝维持生命的治疗和协助自杀基本上是一回事"。接下来，上诉法庭调查这种区别对待是否与州政府的合法利益有关，得出的结论是"纽约州的法律禁止医生开处方药给有行为能力但身患绝症的晚期病人，让他们自己服用，这种法律与州政府的合法利益并无关系"。我们颁发调卷令，并推翻原判。

　　平等保护条款规定州政府不得"剥夺任何人得到平等法律保护的权利"。这一条款并没有创造任何实质性的权利，但是包含一条总的规则，州政府必须对相同的案子一视同仁，但是对不同的案子可以酌情区别对待。如果立法的分类或区别"既不侵犯基本权利，也不针对某种可疑的分类，只要法律跟某些合法的目的之间有合理的关系，我们将认为法律是有效的"。

　　对所有的纽约州公民来说，禁止协助自杀的法律至关重要。这些法律既不侵犯基本权利，也不涉及可疑的分类。因此我们"强烈地倾向于假设这些法律是有效的"。

　　表面上，无论是禁止协助自杀，还是允许患者拒绝治疗，这两条法律都没有对任何人厚此薄彼，也没有对不同的人加以区分。无论身体状况如何，每一个有行为能力的人都有权拒绝治疗，但是法律不允许任何人协助自杀。总的来说，如果在一条法律面前人人都是平等的，那条法律"无疑是符合"平等保护条款的。

　　然而，上诉法庭认为纽约州的法律对依赖维持生命治疗和不依赖维持生命治疗的身患绝症的病人区别对待，因为前者可以拒绝维持生命的治疗而"加快死亡"，后者却不可以通过医生协助自杀来"加快死亡"。这一结论的根据是，停止或拒绝维持生命的治疗和"协助自杀基本上是一回事"。与上诉法庭不同，本庭认为协助自杀和停止维持生命治疗之间的区别是得到公认的，并且得到医学界和法律传统的支持，这种区别是重要的、合乎逻辑的，也肯定是理性的。

　　这种区别符合基本的法律原则，那就是因果关系和意图。首先，当一个病人拒绝维持生命的治疗时，他的死因是致命的疾病，但是假如病人服用医生开具的致命处方药，那他是被药物杀死的。

　　此外，如果医生停止或遵从病人的要求不开始维持生命的治疗，他只是有目的地遵从病人的愿望，"停止对病人进行毫无用处和效果的，甚至是有损病人尊严的治疗"。当医生采取止疼疗法时，止疼药也可能加快病人死亡，但医生的目的只是减轻病人的疼痛而已。然而，假如医生协助自杀，他"肯定且毫无疑问地想让病人死掉"。同样，在医生协助下自杀的病人的意图是死亡，而拒绝或停止治疗的病人并不一定想死。例如在康若伊案（Matter of Conroy）中，拒绝维持生命治疗的病人"并不一定想死"，而是可能"渴望活下去，却不想通过他不愿意接受的医疗技术、手术或药物"活下去。

法律用行为人的意图或目的来区别两种可能导致同样结果的行为。例如在美国诉贝利案（United States v. Bailey）中，"一个人知道他的行为将导致他人死亡，而另一个人行为的目的就是要杀死他人，这两种人在普通法上是有区别的"。在1847年的黑尔案（Hale）中，"如果某人因为想防止手上的坏疽蔓延，不经过医生指导便将自己的手剁掉，因而导致死亡，他并没有自杀。尽管他的行为是自愿的，但他并不想杀死自己。"换言之，一个人"因为"某种后果而采取行动，另一个人"无视"不想发生但可以预见的后果而采取行动，这两者在法律上是有区别的。"当艾森豪威尔将军命令美国士兵在诺曼底登陆时，他知道许多美国士兵一定会死亡。然而他的目的是解放纳粹魔掌下的欧洲。"

根据这些原则，包括纽约在内的许多法庭对拒绝维持生命治疗和自杀做了谨慎的区分。例如在福斯麦尔诉尼克劳案（Fosmire v. Nicoleau）中，法庭认为"仅仅拒绝治疗并不构成自杀行为"。事实上，第一个州法庭明确批准停止维持生命治疗的案例指出了"对自己施加致命的伤害和自主决定拒绝人为地维持生命之间的区别。"

最近，在科沃基恩诉汤普森案（Kevorkian v. Thompson）中，科沃基恩医生[1] 辩称"人为地延长生命和人为地缩短生命两者之间的区别在宪法上并不重要，只是一种毫无意义的文字游戏"。密歇根最高法庭否决了这种论点，坚持"克鲁赞案的多数法官不同意这种论点，我们也不同意"。

同样，绝大多数州的立法机构明确地区分协助自杀和停止或拒绝维持生命治疗，并禁止前者而允许后者。而且"几乎所有的州都明确反对自杀和协助自杀，并通过法律规定在永久医疗授权书或'活遗嘱'中有关自杀或协助自杀的条款无效。"因此，尽管许多州趋向保护患者在生命尽头的尊严，却仍然反对医生协助病人自杀。

纽约州就是一个典型案例。自从纽约州在1965年通过禁止协助自杀的法律以来，曾多次保护患者拒绝治疗的权利。最近，纽约州的生命和法律特别工作组研究了协助自杀和安乐死，1994年一致建议禁止协助自杀合法化。特别工作组认为"允许放弃维持生命治疗和协助自杀或安乐死对公共政策有完全不同的后果。"

本庭至少也暗示承认，让一个病人死亡或是把一个病人弄死，这两者之间是有区别的。在克鲁赞案中，我们认为"宪法保护有行为能力的人，他们有权拒绝他们不愿意接受的治疗，这项原则可以从我们过去判决的案例中推断出来"，我们在克鲁赞案中假设这种权利是存在的。但是我们假设的拒绝治疗的权利与上诉法庭假设的权利不同，并不是病人有一种笼统抽象的"加快死亡的权利"，而是基于公认的传统权利，那就是人身的完整性和免予触碰的权利。事实上，我们注意到"美国多数州通过法律，用刑法惩治协助他人自杀的行为"。因此，克鲁赞案的判决并不支持拒绝维持生命治疗"和自杀基

[1] 杰克·科沃基恩（Jack Kevorkian）医生倡导安乐死，自称先后协助过130位病人自杀。

本上是一回事"的论点。

被上诉人称拒绝维持生命治疗和协助自杀之间的区别是"武断"且"非理性"的,我们不同意这种观点。在有些案子中,两者之间的区别也许并不清楚,但法律并不要求两者之间的区别必须确定无疑。逻辑和实践支持纽约州的判断,拒绝治疗和协助自杀是有区别的,纽约州可以根据宪法区别对待。纽约州遵循早就建立的合理区别,允许病人拒绝他不愿意接受的治疗,同时禁止任何人协助他人自杀。

纽约州承认拒绝治疗和协助自杀之间的区别,并对两者区别对待,包括故意杀人和维护生命;防止自杀;维持医生的作用是治疗患者;保护弱势的病人不会因为冷漠、偏见以及心理和经济压力而结束他们的生命;避免坠入安乐死的可能性。本庭在华盛顿诉格拉克斯伯格案(Washington v. Glucksberg)中详细地址讨论了纽约州的理由。宪法要求立法的分类跟合法目的之间必须有合理的关系,纽约州法律代表的重要公共权益完全符合宪法的要求。

本庭推翻上诉法庭的原判。

此令。

苏特大法官附和判决。

尽管我并不认为我们目前应该承认协助自杀是一项基本权利,但是我认为本案和格拉克斯伯格案中的患者和医生提出的论点非常重要,并需要适当的理由。根据正当程序条款,在格拉克斯伯格案中我认为禁止协助自杀并非武断的。根据同样的理由,法律应该禁止协助自杀,但是允许停止人为的维持生命治疗和可能加速死亡的止疼药。因此,我附和本庭的判决。

第六章
性别和性取向歧视

性别歧视是人们对一个人性别的偏见和歧视，性别歧视的受害者主要是女性，那是源于人们意识中对女性的脸谱化和女性在社会里扮演的角色的认识。有的人甚至认为一个性别比另一个性别优越。极端的性别歧视甚至可能导致性骚扰、强奸或其他性暴力。

性别歧视最主要的表现形式是不平等的就业机会，其根源是社会和文化传统遗留下来的偏见。在历史上，性别歧视背后有多种因素，如员工的受教育水平、行业对员工性别的偏好、工作经验、工作时间的长短，以及工作的中断（如怀孕、生产和哺育等）。

此外，男性通常会从事报酬较高但风险也较高的职业，这就造成女性的平均工资低于男性。在美国，女性的平均工资大约是男性的78%。即使从事同样的工作，女性工资大约也只是男性的94%。因为男女之间的生理差别，有些职业历来以男性为主，例如战斗机飞行员和海军陆战队队员等；有些职业则以女性为主，如护士和康复师等。

随着职务级别上升，性别歧视也变得越明显，这就是所谓的"玻璃天花板"效应，比如一位女性从高级副总裁到总裁只有一步之遥，然而因为玻璃天花板，就使总裁的职位可望而不可即。

为了防止就业歧视，美国在1965年成立了平等就业委员会（Equal Employment Opportunity Commission），禁止在就业方面的性别、种族、年龄、宗教信仰等方面的歧视。例如，航空公司的空中服务员是一种特殊的职业，许多国家的空中服务员以女性为主，而且对年龄、身高、体重有很严格的要求，所以"空姐"往往是航空公司的一道风景线。然而在美国，航空公司的服务员根本不分种族、年龄、高矮和胖瘦，因为在美国任何行业都不得性别歧视，除非性别、身高和体重是某种特殊行业的"真诚的职业要求"（bona fide occupational qualification），如服装模特才必须限制性别、身高和体重。

性取向歧视包括女同性恋、男同性恋、双性恋和变性（lesbian, gay, bisexual and transgender，简称LGBT）。性取向歧视的根源是传统文化对非异性恋的排斥和偏见。反对同性恋的主要理由是同性恋不能生育后代，可能影响人类的繁衍。在美国，东西海岸和北方经济发达的州比较宽容，处于中西部和"圣经带"的南方各州则比较保守，宗教信仰比较虔诚，许多州甚至把同性之间的性行为入罪。从 1996 年到 2020 年，美国最高法庭先后在全国范围内废除了禁止肛交的法律，还禁止在就业方面歧视同性恋、双性恋和变性的员工。

美国最高法庭在 2015 年 6 月已经判决同性婚姻在全国合法化，而且在收养子女、住房、医疗福利、遗产继承等方面对同性恋一视同仁。

美国在历史上曾禁止同性恋服兵役。军队之所以排斥同性恋，是源于军队的特殊环境，因为军人多为男性，同性恋行为一旦蔓延就可能影响士气。此外，军人宿舍空间有限，更衣、盥洗、沐浴很难保护隐私，若有同性恋的同袍就会造成起居不便。1993 年，克林顿总统签署法令规定征兵时采取"don't ask, don't tell"的政策，也就是说，我不能问你是不是同性恋，你也无须告诉我你是不是同性恋。

其实，有些军队里的性别歧视并不具有恶意而伤害女性。例如，军队的传统是不招收女性战斗机飞行员，也尽量避免派遣女兵到战斗的前线，而是让女性从事医疗、后勤和劳军等方面的工作。这种性别"歧视"其实是基于女性的生理特征而照顾和优待女性。但是有些女权主义者不愿意受到优待，宁可冒生命危险而主动请缨参加高危的兵种，所以美军已经取消了优待女性的明文规定。

在诸多同性恋争取平等权利的案件中，同性恋人士往往处于攻势。以杰作蛋糕店诉科罗拉多民权委员会案（Masterpiece Cakeshop, Ltd. v. Colorado Civil Rights Commission）为例，两位同性恋的情侣去不同的蛋糕店试探，如果店主同意为他们定制结婚蛋糕，他们并不买，而是去找下一家，最后找到杰作蛋糕店。该店的面包师因为宗教信仰的缘故拒绝为他们定制结婚蛋糕，于是他们便层层打官司，一直打到最高法庭。在美国，请律师诉讼到最高法庭的费用高昂，但是因为同性恋组织有强大的资助，所以钱不是问题。据统计，从 2014 年至 2018 年，同性恋组织共筹集了 9 900 万美元用于宣传造势和诉讼。对于杰作蛋糕店的老板来说，这场官司实在是一场倾家荡产的飞来横祸。幸好有倡导保护宗教自由的组织在背后支持，才能把官司一直打到最高法庭。

其实，杰作蛋糕店案的两位原告完全可以让别的蛋糕店为他们定制蛋糕，所以他们打官司的起因并不是因为受歧视买不到蛋糕，而是想找到一家居然敢拒绝为他们服务的蛋糕店，通过诉讼给全国的蛋糕店、婚纱店、照相馆、教堂等跟婚庆有关的服务行业一个下马威，但最后还是以败诉告终。

如果换位思考，杰作蛋糕店的诉讼其实是可以避免的。宗教信仰本无是非可言，尽管信仰伊斯兰教的穆斯林不吃猪肉，但是清真馆子也接受异教徒用餐，前提是外来食品免进。但是假如有两位异教徒走进一家清真馆子要求店家做一份猪头肉，那不是寻衅滋事无事生非吗？真要吃猪肉，走几步到隔壁的馆子不就行了吗？

同性恋维权的案件也有被动的，如美国诉温莎案（United States v. Windsor）。该案的一对同性恋夫妻在加拿大登记结婚后回纽约居住，根据当时的法律，纽约州承认在州外合法登记的同性恋婚姻。温莎的伴侣去世后，因为联邦法不承认同性恋伴侣的"配偶"身份，她被迫缴纳 30 多万美元的遗产税。为此，温莎将官司一直打到最高法庭，终于获得联邦税务局的退税。温莎案的反对派大法官认为最高法庭应该拒绝受理，把争议留给国会通过立法解决，这是一种比较合理的做法。其实，国会完全可以修订捍卫婚姻法案，而无需改变配偶的定义，仅需在配偶之外增加合法登记结婚的同性伴侣可享受跟异性夫妻同等的待遇即可。

斯卡利亚是一位以保守著称的大法官，他是原义主义或原旨主义（originalism）的代表人物。他认为宪法是一份死的文件，宪法的含义应该是先贤们起草宪法及其修正案当时的含义。例如，他认为先贤们在起草宪法和修正案的时候绝对不会想到宪法的立法目的是在 200 多年之后保护同性恋肛交和婚姻的自由权利，我们不能在今天揣摩假如那些先贤们活到今天会如何看待同性恋的问题。在温莎案中，斯卡利亚发表了很长篇幅的反对意见，他的笔法犀利、尖刻，挖苦、讽刺和讨伐判决同性恋婚姻合法的多数大法官，是一篇难得且极其罕见的"刀笔檄文"，既通俗易懂，也刀刀见血。他对判决的总结更是精辟："赢的人并没有得到体面的胜利，而输的人还是不服。我们让双方都受了委屈。我反对。"

最近几年，社会对同性恋的接受程度已经大大提高，2000 年后出生的年轻人普遍认为同性恋是一项基本人权，2000 年以前出生的人对同性恋的态度也更为容忍。但是变性和性别认知成了争端的最新焦点。

2014 年，美国教育部的人权办公室发表了一份文件，意欲澄清《民权法案》对变性学生的保护："《民权法案》第 9 章禁止性别歧视，这一保护也应该延伸到对性别混淆和不符合传统的性别角色的歧视。人权办公室将受理这方面的投诉并进行调查。"

2016 年 3 月，北卡罗来纳州通过了一条"厕所法案"，禁止任何人使用跟其出生证上的生理性别不同的公共厕所。这项法案把变性人的权利推到风口浪尖。反对"厕所法案"的人认为，变性人使用符合本人生理性别的厕所时可能会受到骚扰和攻击。"厕所法案"的支持者多为女性，他们认为允许男性使用女厕所可能导致性骚扰和性犯罪。尤其是中小学学生的家长，他们极力反对不分性别的厕所。

近年来，美国法庭已经判决了若干宗有关无性别厕所的案件，有的支持按性别分厕所，有的则支持无性别厕所或中性厕所。到目前为止，最高法庭还没有受理过一宗这样的案子，但这类案子最终还是会上诉到最高法庭，结果如何，我们拭目以待。

此外，美国还有一股"政治正确"的力量。有人认为，任何能够反映性别的词汇都是有偏见的，引起了一种"谈性色变"的恐惧。第 117 届国会的众议院于 2021 年就有关性别新规则投票，该规则禁止使用许多能够反映性别的词汇，如起草《独立宣言》和《宪法》的"国父们"（Founding Fathers），既然如此那就叫"先贤"吧。此外，任何以

"男人"（man 或 men）结尾的词也不行，如"主席"（chairman）必须是坐在椅子上的"中性人"（chairperson），到此为止似乎还能接受。

以此类推，"父亲"和"母亲"也将成为禁忌，无性法律一旦通过后就只能说"家长"或"亲"（parents）。要求改变的起因是，同性恋家庭也可能收养孩子，或是通过捐精、捐卵和试管婴儿自己生孩子，禁用"父母"的概念可以避免孩子的困惑和同性恋伴侣的窘迫。此外"丈夫"和"妻子"，以及分别代表夫妻的"先生"（Mr.）和"太太"（Mrs.）也不行，使人感到无所适从。这一禁忌还扩展到儿子（son）、女儿（daughter）、兄弟（brother）、姐妹（sister）、叔叔（uncle）、婶婶（aunt）、侄儿（nephew）、侄女（niece）、公公和岳父（father-in-law）、婆婆和岳母（mother-in-law）、儿媳（daughter-in-law）和女婿（son-in-law）······

接下来的问题是，如果禁用所有跟性别有关的词汇，那势必就要创造一批新词汇来取代，那该怎么创造呢？例如"岳父"一词，那就是"妻子"的"父亲"，而妻子和父亲也都是跟性别有关的词，那似乎只有用无性别的"长辈"来代替了。英文称谓本来就比中文含糊得多，无论婶婶、伯母、舅妈、姨妈、姑妈都是 aunt，如果还不能用性别来区分，那就真是"一笔糊涂账"了。英语里第三人称分 he（他）、she（她）和 it（它），如果连 he 和 she 都不能用，所有的人都是 it，那岂不是都成了动物？如此看来，我们只能被迫得出一个结论——"政治正确"其实是一个伪命题。

菲利普斯诉马丁·玛丽埃塔公司
Phillips v. Martin Marietta Corporation
400 U.S. 542（1971）

1970 年 12 月 9 日辩论；1971 年 1 月 25 日判决。

发给联邦第 5 巡回上诉法庭的诉讼案卷调取令。

摘要：

根据 1964 年《人权法案》第 7 章的规定，在没有商业需要的情况下，雇主不得拒绝雇佣有学龄子女的女性，同时却雇佣有学龄子女的男性。

撤销联邦上诉庭的判决。

判决：

请愿人艾达·菲利普斯太太在佛罗里达中区联邦法庭根据 1964 年《人权法案》第 7 章起诉，称她因为性别而被剥夺了就业机会。中区联邦法庭不开庭判决马丁·玛丽埃塔公司胜诉，理由是：（1）1966 年，马丁公司告诉菲利普斯太太公司不接受有学龄子女的女性的求职申请；（2）在提出要求不开庭判决动议的同时，马丁公司雇用了有学龄子女的男性；（3）在菲利普斯太太申请时，在同一职位的申请人中 70% 至 75% 为女性，在被雇用的装配线练习生（菲利普斯太太申请的职位）中 75% 至 80% 为女性，所以并不存在请愿人指控的对女性的歧视。

联邦第 5 巡回上诉法庭维持原判，并拒绝请愿人要求上诉庭合议听证的要求。

1964 年《人权法案》703（a）条要求，无论求职者的性别，凡是资历相似者，都应该得到同样的就业机会。因此，上诉庭误解了该条法律，以为法律允许两种不同的招聘标准，一种针对女性，另一种针对男性，而男性和女性都有学龄子女。女性和男性对家庭的义务确实存在差异，如果家庭义务对女性的工作表现确实影响较大，或许可以辩称是《人权法案》703（e）条允许区别对待的依据。但是那条规定涉及举证，雇主必须证明有争议的条件"是一种真诚的职业要求，是某种特殊的行业或企业正常运作所必需的"。然而我们面临的卷宗里的材料不足以让我们解决这些重要的争议。因此，不开庭就判决是错误的，我们发回此案请补充资料，以便进一步考虑。

撤销判决并发回审判庭。

1964 年《民权法案》703 条规定如下：

（a）以下的招聘条件属于非法，（1）因为个人的种族、肤色、宗教信仰、性别或血统而不招聘，拒绝招聘或解雇任何个人，或通过其他方式在工作报酬、条件或待遇方面歧视任何个人……

（e）无论本章的其他规定，（1）如果宗教信仰、性别或血统是一种真诚的职业要求，是某种特殊的行业或企业正常运作所必需的……雇主因为宗教信仰、性别或血统而招聘员工并不违法。

马歇尔大法官附和。

尽管我同意本案必须发回以补充资料，但我并不同意本庭的看法。即使一些有学龄子女的妇女，哪怕是绝大多数有学龄子女的妇女，因为有家庭义务而影响工作表现，而男性通常没有这些家庭义务，也不能说明男女有别是一种"真诚的职业要求，是马丁·玛丽埃塔公司正常经营所必需的。"雇主完全可以要求所有的男女雇员都能满足起码的工作标准，并要求母亲和父亲都照顾子女，以避免影响工作，从而遵守法律。

然而，本庭建议不必要求统一的标准。尽管在本案里这一问题并没有直接摆在我们的面前，我担心本庭已经掉入一个陷阱，假设《人权法案》允许将历史上有关妇女的作用作为性别歧视的理由。其实，国会所要的结果恰恰相反。

国会之所以把禁止就业性别歧视加入1964年的《人权法案》，是因为国会希望防止雇主"因为性别成见而拒绝招聘某些个人"。尽管两性在家庭里的作用不同，也不应该成为限制就业机会的理由。"真诚的职业要求"这一例外并不是用来篡改法律规定的。

我们应该尽可能尊重平等就业委员的规定，平等就业委员会对"真诚的职业要求"这一例外的解释是只适用于那些要求特定的生理条件的工作，而只有一种性别才具有那种生理条件。因此，这一例外在必要时才能适用，"其目的必须具有真实性或诚挚性"，如招聘男女演员、服装模特，或类似的职业。如果需要按照国会的意图限制这一例外，那么平等就业委员已经对此作出了唯一可能的解读。

当涉及个人的工作表现时，即使考虑到父母不同的角色，除了对求职者的性别中立的条件之外，我们不应该允许其他限制就业机会的条件。

佛龙提埃罗诉理查德森

Frontiero v. Richardson

411 U.S. 677（1973）

1973 年 1 月 17 日辩论；1973 年 5 月 14 日判决。

摘要：

一位已婚的空军女军官要求根据法律的规定增加其丈夫的"受赡养人"（以下称"家属"）福利。这些法律纯属为方便行政，仅将男性现役军人的配偶视为家属，给予住房补贴、医疗保险和牙医保险，而女性现役军人的配偶不算家属，除非实际上男方一半以上的生活需要女方赡养。该女军官申请福利被拒，理由是她未达到法律规定的赡养标准。于是，她（上诉人）和丈夫在地区法庭起诉，称有关法律剥夺了女性军人的正当法律程序。地区法庭判决他们败诉后，夫妻俩上诉。

判决：

撤销地区法庭的判决。

我们面临的问题是，女性现役军人是否应该像男性现役军人一样，有权依法为其配偶获取"家属"的住房补贴，医疗保险和牙医保险。根据现行法律，男性现役军人可将妻子作为"家属"，无论妻子实际上是否部分需要丈夫的赡养。而女性现役军人不能将丈夫作为"家属"得到福利，除非男方实际上一半以上的生活需要女方赡养。所以，我们需要决定的问题是，这种男女有别的待遇是否构成对女性现役军人的歧视，从而违反了《宪法第 5 修正案》的正当程序条款。阿拉巴马州中区法庭由三位法官组成合议庭，两位法官驳回了原告的诉求，认为男女有别的法律并不违宪，另一位法官表示异议。我们承认下级法庭具有管辖权，我们推翻地区法庭的判决。

第一部分

为了吸引专业人员服役，国会通过了这两条法律，向现役军人提供与工商业有竞争力的福利。根据《美国法典》37 卷 403 条，有家属的现役军人可以得到额外的"住房补贴"，根据《美国法典》10 卷 1076 条规定向现役军人的家属提供全面的医疗和牙医保险。

上诉人莎蓉·佛龙提埃罗现任美国空军中尉，她以丈夫是她的"家属"为由，为丈夫约瑟夫·佛龙提埃罗（本案另一上诉人）申请住房补贴和提供住房，并申请医疗和牙医保险。尽管对于现役军人的妻子来说，这些福利会自动获得批准，但上诉人的申请被拒，原因是她未能证明丈夫一半以上的生活需要她赡养。上诉人随即起诉，称法律对男女军人不同的待遇是不合理的性别歧视，违反了《第 5 修正案》的正当程序条款。大体上，上诉人称那两条法律的歧视造成两种后果：第一，在程序上，法律要求女性军人证明其丈夫需要赡养，而男性军人无需承担举证的责任；第二，在实质上，即使男性军人并未向妻子提供一半以上的赡养仍能获得福利，而情况相同的女性军人不能得到这些福利。因此，上诉人要求法庭下禁令不得继续执行这两条法律，并命令被上诉人给予莎蓉·佛龙提埃罗中尉与男性军人相同的住房和医疗福利。

尽管这两条法律的立法史并无记录显示区别对待男女军人的目的，由三位法官组成的地区合议庭的多数想必推断国会认为在我们的社会里丈夫通常是"养家糊口的人"，而典型的妻子是充当"家属"的配偶。相对于直接推断女性军人的配偶不需要赡养，要求已婚的女性军人证明丈夫需要赡养可以为政府节省支出。鉴于 99% 的军人是男性，地区法院认为男女有别的做法可能节省可观的行政费用和人力。

第二部分

上诉人称，根据性别分类，就如根据种族、国籍和血统分类一样，本质上注定都是可疑的，所以必须接受严格的司法审查。我们同意这一观点，并认为本庭上期一致判决的礼德诉礼德案（Reed v. Reed）至少暗示了支持这种处理方式。

在礼德案中，本庭审理爱达荷州的一条法律是否符合宪法，该法律规定除了性别之外，当两个人都有资格被任命为遗产执行人时，男性候选人应比女性候选人优先。该案的上诉人为死者的母亲，被上诉人为死者的父亲，双方都递交了请愿书，争取当儿子的遗产执行人。因为双方是死者的双亲，具有同等的继承权，法庭便引用那条法律，任命父亲为遗产执行人。上诉人称该法律无视个人的资质而优待男性，违反了《宪法第 14 修正案》的平等保护条款。

本庭认为，爱达荷州的法律根据申请人的性别给予不同的待遇，根据平等保护条款，这种分类应受到审查。按照"传统的"平等保护分析，立法分类通常应予认可，除非分类的方法是"明显武断的"，并且与合法的政府利益没有合情合理的关系。

为了达到这一标准，被上诉人称该条法律设计了一条合理的措施，通过排除一类对立人士来减轻法庭检验遗嘱的工作负担。此外，被上诉人称法律强行规定优待男性申请人本身就是合理的，因为"男人通常比女人更熟悉生意上的事情"。上诉人称，人们都公认妇女介入政治、专业、商业或实业的程度确实没有男人深。

爱达荷最高法庭判决该法律符合宪法时表示，爱达荷的立法机构可能合理地得出了男人通常比女人更能胜任遗嘱执行人的结论。

尽管如此，本庭认为优待男性申请人的法律是违宪的。在得出这一结果的过程中，本庭暗示地驳回了被上诉人对该条法律所作的合理解释，认为被挑战的法律无视某一特定申请人的资质，对情况相同的男人和女人区别对待。因此本庭判决，尽管州政府提高行政效率的利益"并非没有一定的合法性"，但是仅为省去对案情的听证，而强行规定区别对待不同的性别，那便是宪法禁止的那种专横的司法选择。这种偏离"传统"理性基础对性别分类的分析是合理的。

毫无疑问，我们国家不幸有过很长的性别歧视的历史。在传统上，这种歧视被一种"浪漫家长主义"的态度理性化，不是将妇女放在塑像的底座上，而是关进笼子里。这种"家长主义"态度在我们的民族意识里如此根深蒂固，本庭的知名法官们不得不在100年前宣布：

男人是，或者应该是，女人的保护者和捍卫者。属于女人的自然而得体的羞怯和柔弱，显然使她们不适合从事日常生活中的许多职业。家庭的组织结构既源于神圣的传统，也源于自然的法则，将处理家庭内务划归属于女人的领域和职能。这种属于家庭的利益和观点的融洽，与女人选择独立于丈夫的事业的想法是格格不入的。女人的命运和使命就是完成光荣而温和的相夫教子的任务。这是造物者定下的法律。

因为这些观点，我们的法律条文逐渐变得充满了恶劣而僵化的性别区分，在19世纪大部分时间里，女人的社会地位在许多方面确实与南北战争前黑人的地位差不多。黑人和女人都不能从事政府工作，不能当陪审员，也不能以自己的名字提起诉讼。传统上已婚的妇女们被剥夺了法律上的行为能力，无法拥有或转让财产，或做自己子女的法律监护人。尽管黑人的选举权在1870年便得到保证，女人却仍被剥夺了选举权。而选举权本身是一种"保证其他基本人权和政治权利"的权利。直至通过了第19修正案，妇女才在半个世纪之后获得选举权。

当然，最近几十年来，美国妇女的地位确实有了显著的改善。然而，因为性别特征过于明显，在教育、就业方面，特别是在政治舞台上，妇女仍然受到广泛的，尽管有时是比较含蓄的歧视。

此外，因为性别就像种族和血统，完全是一种出生时就确定而无法选择的特征。仅因为性别而将特殊的劣势强加于某一性别，违反了"我们系统的基本概念，即法律上的负担与个人责任之间必须存在某种关系"。

性别与智力或体能不同，却与那些公认的可疑标准相同，因为性别特征通常与一个人的工作能力和社会贡献并无关系。因此，法律上不顾个人的能力而对两性的区别对待，通常会不公正地将所有的女性置于低人一等的法律地位。

另外我们还注意到，在过去的10年里，国会本身对按照性别来分类的做法越来越敏感。例如，在1964年《人权法案》第7条里，国会明确宣布雇主、工会或其他组织不得因为任何人的"种族、肤色、宗教、性别或血统"而歧视他们。同样，1964年的《同工同酬法案》规定雇主"不得因为性别而歧视雇员"。此外，国会于1972年3月22日通过的《平等权利修正案》第1条宣布"美国联邦政府或任何州政府不得因为性别而拒绝或剥夺法律赋予的平等权利"。因此，国会本身就得出结论，凡是根据性别分类的本质就是不公平的，这个在三权分立下平行的政府部门得出的结论，对本庭目前面临的问题并非无足轻重。

鉴于以上考虑，我们只能得出以下的结论，根据性别分类，就如根据种族、国籍和血统分类一样，本质上注定都是可疑的，所以必须接受严格的司法审查。运用严格审查标准规定的分析，我们面临的法律显然是违反宪法的。

第三部分

被挑战的法律中的分类完全是基于涉案人的性别。根据《美国法典》37 卷 403 条和《美国法典》10 卷 1076 条规定，若女性军人为其配偶申请住房及医疗福利，就必须证明配偶实际上需要女性军人来赡养，而男性军人就无需承担此责任。此外，因为上诉人莎蓉·佛龙提埃罗赡养丈夫不到二分之一，这两条法律拒绝给予其配偶福利，而即使男性军人赡养配偶不到二分之一，仍可得到福利。所以至少在这一点上，我们可以说那两条法律对情况相似的男女给予不同的待遇。

此外，政府称除了"方便行政"之外，制订这两条男女有别的法律并不是为了达到其他目的。实质上政府的观点是，根据经验，在我们的社会里妻子经常要靠丈夫赡养，而丈夫极少要靠妻子赡养。所以政府辩称国会可能合理地得出了结论，即假设男军人的妻子们都要靠丈夫赡养既省钱又容易，而女军人必须证明其丈夫实际上需要她赡养。

然而，政府并没有提供这种区别对待能够省钱的确凿证据。为了满足严格司法审查的要求，政府必须证明，向所有的男性军人发放额外的福利，确实要比先确定究竟哪些男军人应该得到福利，然后仅向妻子确实符合赡养要求的男军人发放福利的做法更省钱。其实大量证据显示，如果将男性军人的妻子也按照同样的条件衡量，许多妻子其实并不符合领取福利的标准。鉴于目前确定女军人的丈夫是否符合赡养标准完全根据申请人提供的宣誓书，而不是通过比较昂贵的听证过程，政府对法律规定的解释是值得推敲的。

无论如何，本庭过去的判决明确指出，尽管政府的行政效率并非不重要，"宪法认为除了速度和效率之外还有更高的价值。"一旦我们进入"严格司法审查"的领域，"方便行政"并非有魔力的咒语，只要念出来便符合宪法了。恰恰相反，仅为了"方便行政"而在两性之间设置明显界限的任何法律规定必定会"对相同处境的男女区别对待"，所以涉及"宪法禁止的武断司法选择"。因此我们可以断定，被挑战的法律仅为了行政方便而区别对待男女性军人，如要求女性军人证明其丈夫需要她赡养，这样的法律违反了《宪法第 5 修正案》的正当程序条款。

推翻原判决。

劳伦斯诉得克萨斯

Lawrence v. Texas

539 U.S. 558（2003）

2002 年 10 月。

发给得克萨斯州第 14 区上诉法庭的诉讼案卷调取令。

肯尼迪大法官代表法庭发表判决。

自由保护公民不受政府未经许可闯入民宅和其他私密地方。州政府在家中不是全能的，这是我们的传统。即使不在家里，政府也不应该主宰我们生活和存在的其他空间。自由是超越空间的。自由基于个人的自治，包括思想、信仰、言论和某些私密行为的自由。本案涉及个人的自由，不仅在空间内，甚至延伸到多维之外。

第一部分

得克萨斯州的一条法律规定，同性之间某些亲密的性行为属于犯罪，本庭面临的问题是这条法律的合法性。

在得克萨斯休斯敦，哈里斯郡警察局接到持械骚乱的报警，于是派员赴一处私宅调查。他们进入两名请愿人之一，约翰·葛迪思·劳伦斯居住的公寓。双方对警察是否有权进入公寓并无争议。警员们发现劳伦斯与另一位男人泰伦·夏纳从事性行为，遂将两位请愿人逮捕并羁押过夜。起诉后，治安法官判决他们有罪。

诉状中描绘他们的罪行是"与同性（男人）变态性交，具体来说是肛交"。检方引用的法律为得克萨斯州 2003 年《刑法》第 21.06（a）条，该条法律规定"任何人若与另一位同性人变态性交便属犯罪"。该条法律对"变态性交"的定义是：

（A）一个人生殖器的任何部分与另一个人的口腔或肛门之间的接触；或

（B）用一件物体插入另一个人的生殖器或肛门。

两位请愿人行使权利，要求在哈里斯郡的刑事法庭重审。他们辩称，该条法律违反了《宪法第 14 修正案》平等保护条款及《得克萨斯州宪法》中类似的条款。他们的辩护被驳回后，两位请愿人表示不欲争辩，法庭判他们各罚款 200 美元，另加法庭费用 141.25 美元。

得克萨斯州第 14 区上诉法庭审理了请愿人的联邦宪法辩护，包括第 14 修正案的平等保护条款和正当程序条款。

合议庭听证后的判决有分歧，驳回了请愿人基于宪法的辩护并维持原判。多数法官的判决显示，上诉法庭认为应该遵循本庭在鲍尔斯诉哈德威克案（Bowers v. Hardwick）

中有关联邦正当程序的判决，因为鲍尔斯具有权威性，所以上诉法庭的判决是对的。

我们颁发诉讼案卷调取令，以考虑三个问题：

1. 得克萨斯州的"同性恋行为"法律将同性伴侣之间的性行为入罪，但是异性伴侣之间同样的行为却无罪，那么判决请愿人有罪是否违反了第 14 修正案保证的平等法律保护？

2. 请愿人在家中的性行为系两个成年人双方同意的，判决他们有罪是否侵犯了第 14 修正案正当程序条款保证他们应该享有的至关重要的自由和隐私权？

3. 鲍尔斯诉哈德威克案是否应该被推翻？

两位请愿人被控犯罪时均为成年人。他们的行为在私下进行，而且是双方同意的。

第二部分

为了解决本案的争议，我们认为必须确定两位成年请愿人的私密行为是否属于自由地行使第 14 修正案正当程序条款赋予他们的自由权。为此，我们认为有必要重新考虑本庭对鲍尔斯案的判决。

过去的案例对正当程序条款下有关自由的范围有许多广义的叙述，包括皮尔斯诉修女协会案（Pierce v. Society of Sisters）和迈尔斯诉内布拉斯加案（Meyer v. Nebraska），然而最贴切的起点还是本庭对格里斯沃德诉康乃狄克案（Griswold v. Connecticut）的判决。

在格里斯沃德案中，本庭宣布一条禁止使用避孕药物或装置，指导、帮助和教唆避孕的州法无效。本庭将受保护的权益定义为隐私权，并强调了婚姻关系和受保护夫妇共享的卧室空间。此后，格里斯沃德案被引申到婚姻关系之外性行为的决定权。在艾森斯达特诉拜尔德案（Eisenstadt v. Baird）中，本庭宣布禁止向未婚人士发放避孕用品的法律无效。判决该案的依据是平等保护条款，但是有关未婚人士，本庭进一步表示了法律妨碍他们行使个人权利的立场。判决引用上诉法庭的陈述，认为该条法律与基本人权相冲突，然后本庭还做了如下陈述：

"格里斯沃德案中所述的隐私权确实局限于婚姻关系中……说起隐私权的含义，那就是个人的权利，无论已婚还是未婚，都应该免受政府从根本上对个人事务的干预，例如是否要怀孕或生育的决定。"

格里斯沃德案和艾森斯达特案成了柔诉韦德案的背景案例，该案挑战得克萨斯州禁止人工流产的法律，同时也影响了其他州的法律。尽管本庭认为妇女的权利并非绝对的，但是作为正当程序条款赋予的自由，她选择流产的权利得到了真实、充分的保护。本庭引用了若干保护空间自由的案例，以及远远超越空间的案例。

柔案认可妇女有权对影响她命运的事情作出重大的决定，并再次肯定正当程序条款保护的自由具有实质性的范围，对人权的定义具有重大的意义。

在凯瑞诉国际计划生育服务案（Carey v. Population Services Int'l）中，本庭面临一条纽约州禁止向 16 岁以下人士出售或分发避孕用品的法律。尽管本庭并未判决，该条法律还是被宣告无效。艾森斯塔德和凯瑞这两宗案子和柔案依据的理由确认格里斯沃德案的推理并不仅局限于保护有婚姻关系的成年人。当本庭审理鲍尔斯诉哈德威克案时，上述的案子与法律的发展有最密切的关系。

鲍尔斯的案情与本案相似。警察进入哈德威克的家中发现他与另一位成年男性有亲密的性关系，至于警察是否有权进入并无争议。哈德威克的行为违反佐治亚州禁止肛交的刑法。鲍尔斯案和本案唯一的区别在于，佐治亚州的法律既禁止同性，也禁止异性之间的肛交行为，而得克萨斯州的法律仅禁止同性之间的肛交行为。哈德威克并未被检控，但他还是在联邦法庭起诉，要求法庭宣布佐治亚州的法律无效。他承认自己是同性恋，称佐治亚州以刑事法律禁止肛交剥夺了宪法保证赋予他的权利。怀特大法官代表本庭判决佐治亚州的法律有效。首席大法官伯格和鲍威尔大法官附和，并各自发表了自己的判决。四位大法官反对。

本庭在鲍尔斯案辩论一开始就指出："本案争议的焦点是，联邦宪法是否赋予同性恋进行肛交的基本权利，以及是否应该推翻许多州多年来视肛交为非法的法律。"现在我们认为以上陈述揭示了本庭当时未能充分意识到这一有争议的权利的重要性。如果说鲍尔斯案的争议仅仅是进行某种性行为的权利，那就贬低了个人提出的诉求，就如说婚姻仅仅是为了获得性交的权利，那就贬低了一对结婚的夫妻。鲍尔斯案和本案涉及的法律其实不只是禁止某种特定的性行为。这些法律的惩罚和目的具有深远的后果，触及人类在最私密的地方进行的最私密的行为，那就是在家里（进行的性行为）。那些法律试图控制一种人际关系，无论那种关系是否得到法律的正式承认，人应该有选择那种关系的自由，而不应该像罪犯那样受到惩罚。

作为基本的规则，如果那种关系并没有对法律保护的其他个人造成伤害，或对制度造成破坏，我们就应该反对州政府或法庭企图为那种关系下定义或加以限制。我们只要承认成年人可以选择在自己的家里和私人生活中建立那种关系，同时保持自由人的尊严，那就足够了。当一个人与另一个人在亲密行为中能够公开地释放性欲，这种行为就是禁得起时间考验的人际关系的一个组成部分。宪法保护的自由允许同性恋者作出这种选择。

在审理鲍尔斯案时，因为本庭误解了追求自由的诉求，将那种诉求描述成人们是否有自愿地进行肛交的基本权利，所以在判决中表达为"禁止那种行为具有历史的根源"。在许多学术著作和法庭之友为了协助本庭审理鲍尔斯案而呈递的诉状中，多数法官的判决及附和判决所依赖的历史前提受到批判，包括作为法庭之友的凯投研究所、美国人权联盟和历史学教授协会。我们无需通过一场辩论来得到一个明确的历史定论，但是以下的论述建议我们不应该采用鲍尔斯案所依赖的定论。

首先我们必须注意，在我们国家里，针对同性恋行为的法律并没有悠久的历史。在殖民地时期，改革国会在 1533 年通过了从英国刑法衍生的法律禁止肛交。我们对英国法律的理解是，禁止的关系包括男人与女人，以及男人与男人的肛交。同样，19 世纪的法律评论家对美国禁止肛交、兽奸和反人性罪的解读是既包括男女关系，也包括男人和男人之间的关系。法律之所以没有禁止同性恋行为，也许可以从一些学者的观点中得到解释，即作为一个独特类型的同性恋的概念一直到 19 世纪末才出现。因此，早期禁止肛交的美国法律并不是针对同性恋的，而是泛泛地禁止非生育目的之性行为。当然，这并非表明支持同性恋行为，仅表明这种特殊形式的性行为与异性之间的相同行为并未被区分成一个单独的类型。

对于成年人私下自愿发生的行为，禁止肛交的法律似乎并不追究。大多数有记录的肛交案的检控和有罪判决是针对受害人无法同意或不同意的案件，如未成年人和性侵案的受害人。在这些案件中，禁止肛交的目的之一是，即使性侵者的行为尚不构成刑法定义的强奸，仍可保证法网疏而不漏。因此，在 19 世纪的文献中，起诉肛交的典型案例是成年男人性侵未成年的女孩或男孩。19 世纪检控肛交的案子通常是男人和未成年女孩或男孩的关系，成年人之间涉及暴力的关系，成年人之间地位相差悬殊的关系，或是男人和动物之间的关系。

至于检控本案所涉及的行为，19 世纪的证据规则要求控方承担举证责任，使得控方很难赢得有罪判决，更不要说检控自愿的私密行为可能遇到困难。根据当时通行的标准，控方不能根据同意肛交的性伴侣的证词判决另一个男人有罪，因为性伴侣被视为同谋的共犯。如果性伴侣并未同意肛交或是一方为未成年人而不具备同意的行为能力，他或她的证词才能被法庭接受。这一证据规则部分地说明为什么鲜见此类检控。鲜见的检控说明社会并不支持严厉、系统地惩罚成年人自愿的私密行为。通过刑法禁止同性恋肛交的历史由来已久，鲍尔斯案判决以此为依据，与社会谴责非生育目的之性行为是一致的，同时与非生育目的之性行为因具有同性恋的特点而被检控的传统也是一致的。

法律文献很少讨论惩罚自愿的成年人之间私密行为的政策。由此我们可以推断不讨论的原因之一源于这种行为的私密性。尽管不检控，某些历史时期的舆论也谴责同性恋，敦促严厉执行刑法来打击同性恋的行为。然而，同性恋入罪并无"历史根源"，针对同性恋的美国法律直至 20 世纪的后三分之一才发展起来。从 1880 年至 1995 年，被报道的检控自愿的成年人之间的同性恋肛交案例通常缺乏细节，但大多数涉及在公共场合发生的行为。

20 世纪 70 年代之前，没有一个州专门针对同性关系而提出刑事检控，而且只有 9 个州曾经检控过同性恋。判决鲍尔斯案之后，这些州也没有坚持打压同性恋的政策。在过去 10 年中，有禁止同性恋立法的州趋向废除这些法律。

综上所述，鲍尔斯案依据的历史背景比多数大法官的判决和首席大法官伯格的附和判决更为复杂。他们的历史前提是可疑的，或者至少是夸大了。

当然我们必须承认，本庭在审理鲍尔斯案时泛泛地指出，数百年来人们将同性恋视作不道德的行为而严厉谴责。这种谴责源于宗教信仰、行为的正确性和可否接受的概念，以及对传统家庭的尊重。对许多人来说，这些并非琐碎的担忧，而是意义深远的坚定信念，也是他们所接受的道德和伦理原则，成为他们渴望的目标，同时也决定他们生活的历程。然而这些考虑并不能回答我们面临的问题。争议的焦点是，多数人是否可以利用政府的权力，通过刑法把他们的观点强加给整个社会。"我们的义务是为所有人的自由下定义，而不是按我们自己的道德标准下指令。"

在鲍尔斯案中，首席大法官伯格加入判决，且进一步解释了本庭的观点："在西方的文明史中，与同性恋行为有关的判决一直受到政府的干预。谴责同性恋深深地扎根于朱迪亚（译者注：古代罗马所统治的巴勒斯坦南部）和基督教的道德伦理标准之中。"正如怀特大法官对历史的假设，首席大法官对有关自愿的成年人之间私密的同性恋行为的彻底否定，学者们对此存疑。尽管如此，我们认为在过去的半个世纪中，我们的法律和传统最能说明问题。这些参考资料显示，人们越来越意识到自由给予成年人更多保护，让他们决定在私人生活中如何处理与性有关的问题。"历史和传统只是起点，而不是探索所有正当程序案件的终点。"

当我们判决鲍尔斯案时，这种崛起的认识应该是很明显的。1955年，美国法律研究所颁布的《模范刑法典》明确指出，他们对"惩罚私密的自愿性关系"既不建议也不提供意见。这一决定基于三个原因：（1）禁止并惩罚许多人的行为导致人们对法律不尊重；（2）法律管辖的私密行为并不伤害他人；及（3）这种法律的执行是任意的，所以可能导致敲诈的危险。1961年，伊利诺伊州根据《模范刑法典》修改了州法，其他州也陆续仿效。

在鲍尔斯案中，本庭依据的事实是1961年之前所有50个州的法律都禁止肛交，在判决时24个州和哥伦比亚特区还有禁止肛交的法律。然而鲍威尔大法官指出，这些禁止肛交的法律其实是被忽视的，例如佐治亚州好几十年都没有执行这条法律。

首席大法官仅参照了西方历史以及朱迪亚和基督教的道德伦理标准，并没有考虑其他权威的反对意见。1957年，英国国会下面的同性恋及嫖娼委员会建议废除惩罚同性恋行为的法律。10年之后，国会根据这一建议通过了新的立法。

更重要的是，判决鲍尔斯案前5年，欧洲人权法庭审理了一宗与鲍尔斯案及本案相似的案子。北爱尔兰的一位成年男性居民称他是同性恋，并想与其他情愿的男性进行同性恋行为。北爱尔兰的法律禁止同性恋行为的权利。他说他被盘问，他的家被搜查，他恐惧会被刑事检控。欧洲人权法庭判决禁止同性恋行为的法律不符合欧洲的人权公约，故而无效。该判决在欧洲委员会所有成员国都具有权威性（当时有21个成员国，现在有45个成员国），但是与鲍尔斯案相悖，因为鲍尔斯案的前提是原告提出的诉求在西方文明中无足轻重。

在我们的宪法系统中，鲍尔斯案的不足之处在判决发表之后变得更为明显。在鲍尔斯案的判决中提到 25 个州有禁止肛交的法律，如今只剩下 13 个州了，其中只有 4 个州禁止同性恋行为。即使在那些还禁止肛交的州，无论同性还是异性，成年人之间自愿的私密行为通常也不会被检控。得克萨斯州承认，从 1994 年至今就没有检控过成年人之间的私密性行为。

鲍尔斯案之后的两个案子更为鲍尔斯案的判决增加了疑点。在南宾夕法尼亚州计划生育父母诉凯西案（Planned Parenthood of Southeastern Pa. v. Casey）中，本庭重新肯定了正当程序条款保护的自由。凯西案的判决再次确认我们的法律和传统对个人的决定给予宪法的保护，如婚姻、生育、避孕、家庭关系、抚养子女和教育。我们必须尊重宪法要求个人有决定的自主权，对此本庭解释如下：

"这些问题涉及个人一生中所作的最隐私的选择，这些选择对个人尊严和自主权至关重要，对第 14 修正案保护的自由也至关重要。自由的核心是有定义的权利，如个人的存在、意义、宇宙和人类生命之谜的概念。如果我们的信仰是在政府的强制下形成的，就无法对人格的属性下定义。"

就像异性恋一样，同性恋也需要自主权。但是鲍尔斯案的判决剥夺了同性恋的自主权。

鲍尔斯案之后的第二宗大案是罗摩诉埃文斯案（Romer v. Evans）。本庭在该案中判决针对同性恋分类的立法违反了平等保护条款。在罗摩案中，科罗拉多州修订宪法，将男同性恋、女同性恋和双性恋划分为孤立阶级人士，无论是因为他们的性取向、行为、习惯或关系，因为修订后的宪法剥夺了该州反歧视法对他们的保护，本庭判决科罗拉多州修宪无效。我们认为修宪是"出于对受影响人士的敌意"，而且与合法的政府目的并没有合理的关系。

请愿人的律师和一些法庭之友还辩称，罗摩案的判决为宣布得克萨斯州的法律违反平等保护条款提供了基础。这个论点是成立的，但是我们认为本案还要求我们决定鲍尔斯案的判决是否还应该继续有效。假如我们判决该条法律违反了平等保护条款，有些人便会提出另一个问题，如果该条法律改写为既禁止同性之间也禁止异性之间的肛交行为，那么一律禁止肛交的法律是否就应该有效呢？

平等待遇和正当程序是紧密相连的，正当程序的权利要求宪法保证的自由所保护的行为得到尊重，确定后者便能同时兼顾这两种利益。如果受保护的行为被入罪，而加罪于人的法律是否有效尚无定论，即使法律因为平等保护的原因而并不被执行，这种法律造成的耻辱犹存。当州法将同性恋行为入罪，加罪本身就是鼓励人们在公共和私密场所歧视同性恋。鲍尔斯案判决的中心被本案质疑，我们必须处理。继续遵循鲍尔斯的判例将贬低同性恋的人生。

此外，刑法加罪的耻辱并非微不足道。尽管在得克萨斯州的司法系统里只是 C 类的轻罪，但毕竟是涉及被告人尊严的刑事犯罪，而且请愿人的档案里将留下犯罪记录。我们就在最近驳回了几宗挑战要求性犯罪分子登记的法律的案子。据我们所知，如果得克萨斯州根据本案中有争议的法律判决一个私下自愿同性恋的成年人有罪，他将必须在四个有性犯罪分子登记法的州里登记备案。这一事实强调了罪与罚的后果，以及由州政府发起的通过刑法对同性恋的谴责。此外，得克萨斯州的有罪判决还有其他附带的后果，例如在工作申请表上注明有犯罪前科。

自从本庭判决了凯西和罗摩案之后，鲍尔斯案的基础已经被侵蚀。当我们的判例被削弱之后，其他方面的批评就变得更为重要。在美国，本庭对鲍尔斯案的判决连续不断地受到抨击，除了历史假定之外，各方面的论点也被反对。5 个州的法庭拒绝遵循鲍尔斯的判例来解释州宪法里与第 14 修正案相应的平等保护条款。

鲍尔斯案的依据是我们分享的广义文明，但我们知道该案的论证和判决在其他地方被拒绝。欧洲人权法庭并不遵循鲍尔斯的判例，而是遵循自己的判例。其他国家也采取行动肯定同性恋成年人有权进行自愿的亲密行为。请愿人寻求的权利在许多国家被认为是人类自由不可分割的一部分。在我们的国家并没有任何迹象显示政府禁止个人选择的权利比其他国家更为合法和紧迫。

参照判例的理论对尊重法庭的判决和维持法律的稳定至关重要，判例并不是坚决不能改变的命令。如佩恩诉田纳西案（Payne v. Tennessee）的判决，"判例并不是坚决不能改变的命令，而是政策的原则，并非机械地坚持上次判决的公式"。我们在凯西案中看到，当有人要求法庭推翻一个判例并承认宪法的自由，依赖那种自由的个人和社会强烈地要求我们在逆转方向时必须谨慎。"当法理上存疑时，自由是找不到避难所的。"然而，与一些涉及人们普遍接受的个人权利的例子相比，鲍尔斯的判决并没有带来有害的依赖性。个人和社会确实并没有依赖鲍尔斯的判决，除非有迫在眉睫的理由，并无必要推翻鲍尔斯的判例。鲍尔斯案判决公布前后的案例与鲍尔斯案判决的中心内容相矛盾，所以鲍尔斯案本身就具有不确定性。

鲍尔斯案的理论基础是禁不起仔细推敲的。斯蒂文斯大法官对鲍尔斯案的反对意见得出以下的结论：

"我们过去的案子对两个命题非常清楚。一方面，一个州占统治地位的多数人传统地认为某种行为是不道德的，仅此一点并非禁止这种行为的充分理由。无论历史还是传统，都不能抵御宪法对禁止异族通婚的法律的抨击。另一方面，已婚人士对他们亲密的肉体关系行为的决定，即使并非为了传宗接代，也是第 14 修正案正当程序条款保护的一种'自由'的形式。此外，除了已婚人士，这种保护也延伸到未婚人士。"

我们认为斯蒂文斯大法官的分析应该在鲍尔斯案和本案中占主导地位。

鲍尔斯案在判决的当时是不正确的，在今天也是不正确的，不应该继续作为有约束力的判例，所以我们现在推翻鲍尔斯案的判决。

329 性别和性取向歧视 | 329

现在，我们面临的案子并不涉及未成年人，不涉及可能被伤害或威胁的人，或是身处某种关系之中而不容易拒绝的人，不涉及在公开场合的行为或卖淫嫖娼，也不需要政府正式认可同性恋之间建立的关系。本案仅涉及两个成年人，自愿地进行同性恋生活方式中常见的性行为。请愿人的私人生活应该得到尊重。政府不应该贬低他们的存在，也不应该将他们私下的性行为入罪而控制他们的命运。他们根据正当程序条款得到的自由给予他们充分的权利进行他们的行为，而不受政府的干预。凯西案认为"宪法承诺政府不得进入个人自由的领域"。得克萨斯州的法律并不促进任何合法的政府利益，所以不能作为闯入私人生活的理由。

如果起草通过第 5 修正案正当程序条款或第 14 修正案的先贤们意识到自由的组成部分有多种可能，他们也许会写得更明确一些，但他们没有先见之明。他们知道时代有时候会使我们对真理视而不见，而后代才能看清曾经被认为是必须和正确的法律其实压迫了我们。当宪法受到时间的考验，每一代人都可以用他们的原则追求更大的自由。

我们推翻得克萨斯州 14 区上诉庭的判决，并将此案发回，由下级法庭按照本判决重审。

此令。

欧康纳大法官附和判决。

本庭今天推翻了鲍尔斯案的判决。当年我同意鲍尔斯案的判决，所以我并不同意推翻鲍尔斯案的判决。尽管如此，我同意得克萨斯州禁止同性恋肛交的法律违宪。我不像本庭那样依据第 14 修正案正当程序条款，我的结论基于第 14 修正案的平等保护条款。第 14 修正案的平等保护条款"基本上指引了方向，即我们对所有处境相似的人应该一视同仁。"根据我们检验的标准，"法律通常被假定为有效，如果把人分类跟政府的合法利益有合理的关系，那种分类就应该被支持。"

我们对经济或税收法律的合理仔细检验往往都能通过宪法的检验，因为"宪法认为哪怕是毫无远见的决定，最后都将在民主过程中被纠正"。然而，我们向来都认为有些目的并非合法的政府利益，如"赤裸裸地伤害一个不受欢迎的群体的欲望"便是一例。当一条法律显示出伤害一个不受欢迎的政治团体的欲望时，我们运用一种更严厉的检验标准，根据平等保护条款来废除这种法律。当受挑战的法律涉及压制人际关系时，本案便是一例，我们极可能运用合理检验来宣布违反宪法的平等保护条款。例如在农业部诉莫瑞诺案（Department of Agriculture v. Moreno）中，如果一个家庭里有一位成员与其他成员没有血缘关系，法律禁止该家庭得到食品券补助，我们判决这条法律因"歧视嬉皮士"而违反平等保护条款。政府声称，这条法律的目的是防止食品券欺诈行为，仅此一项政府利益还不足以满足合理检验的要求。在艾森斯达特诉拜尔德案（Eisenstadt v. Baird）中，一条法律禁止向未婚人士发放避孕用品，我们拒绝批准这条歧视未婚人士的法律。同样，在克莱伯恩诉克莱伯恩生活中心案（Cleburne v. Cleburne Living Center）中，州政府要求供精神病患者居住的房屋申请特殊使用许可，而兄弟会和公寓楼等住所无需申请许可，我们认为那样的法律是不合理的。在罗摩诉埃文斯案（Romer v. Evans）中，我们否决了一条广泛而不加区别地将同性恋作为残疾处理的法律。

反对意见显然同意，如果上述的案子具有判例的效果，那么无论我们使用何种合理检验的标准，得克萨斯州的禁止肛交法都是禁不起平等保护条款的检验的。有争议的法律规定，如果一个人"与另一个同性的人性交"便构成犯罪。然而，在得克萨斯州异性之间的肛交并不犯罪。也就是说，对同样的行为，得克萨斯州是根据参加者的性别而区别对待。因为受此法律伤害的人的性取向多为同性恋，所以他们更可能进行法律禁止的行为。

《得克萨斯州刑法》21.06 条仅将某种特定的行为入罪，所以同性恋在法律面前是不平等的。得克萨斯州的禁止肛交法是很罕见的，因为就概率而言，该法律对成年人之间自愿的行为是不会执行的。然而本案显示，按 21.06 条起诉确实发生过。尽管本案对请愿人的惩罚比较轻微，但被判有罪的后果并不轻微。正如本庭所注意到的，如果维持请愿人的有罪判决，他们将没有资格从事或被限制从事若干种职业，包括当医生、运动员教练和室内装修设计师等。此外，如果请愿人搬迁到爱达荷、路易斯安那、密西西比和南卡罗莱纳 4 个州里的任何一个州，他们的有罪判决将要求他们在当地的执法部门登记。

得克萨斯州的禁止肛交法还不仅限于被检控的威胁和被判有罪带来的后果。因为得克萨斯州的法律将所有同性恋者都扣上罪犯的帽子，使得同性恋者无法得到与其他人同样的待遇。事实上，就连得克萨斯州政府本身都承认该条法律的附带后果。上一次挑战本案的共识是：该条法律"在与刑法无关的若干方面合法地支持歧视同性恋"，包括"就业、家庭问题和住房。"

得克萨斯州试图为该条法律及其后果辩护，称该条法律促进州政府提高人民道德水准的合法权益，所以能满足合理检验的标准。

在鲍尔斯案中，本庭判决针对同性恋将肛交入罪的州法并不违反正当程序。我们驳回了禁止肛交法缺乏合理基础支持的论点，并指出了政府的目的是提高道德水准。在鲍尔斯案中，我们面临的唯一问题是，正当程序条款是否保护同性恋进行肛交的权利。因为同性恋肛交被入罪，而异性之间的肛交并不受惩罚，所以鲍尔斯案并不认为仅对一个群体的道德谴责能构成平等保护条款下的合理基础。

本案的争议与鲍尔斯案不同点是：根据平等保护条款，道德谴责是否能作为合法的政府利益，用来支持一条只禁止同性恋而不禁止异性恋肛交的法律？显然不是。对一个群体的道德谴责就如伤害那个群体的欲望，并不足以满足平等保护条款要求的合理基础审查标准。除非还有其他的政府利益，我们确实从来没有判决过道德谴责是平等保护条款所要求的支持歧视某个群体的法律的充分理由。

对一个群体的道德谴责并非平等保护条款之下的合法政府利益，因为法律分类的目的不应该是将一个群体置于劣势。得克萨斯州抬出道德谴责作为合法的政府利益，这只能证明得克萨斯有将同性恋肛交入罪的欲望。但是平等保护条款防止州政府"完全为了它自己的目的而将一种人打入另类"。因为得克萨斯对自愿的私密性行为极少用禁止肛交法来绳之以法，所以这条法律无非是表示对同性恋的厌恶和谴责，而非遏制犯罪行为的工具。得克萨斯州的禁止肛交法提出一种不可避免的推理，即把劣势强加于一类人完全是出于对他们的敌意。

然而，得克萨斯政府辩称其禁止肛交法并不歧视同性恋人士，仅仅是歧视同性恋的行为。这条法律确实只适用于行为，但是法律针对的行为是与同性恋紧密联系在一起的。在这种情况下，得克萨斯的禁止肛交法针对的就不仅是行为，还针对男同性恋的群体。把一个群体的行为入罪是再明显不过的群体歧视了。当一个州的法律将同性恋行为入罪，异性之间的"变态性交"则逍遥法外，"这种宣言本身就是邀请大家在公共场所和私人空间歧视同性恋人士"。

得克萨斯法律确实承认其目的是针对同性恋群体。在得克萨斯州，说一个人是同性恋便已构成诽谤，因为"同性恋"这个词本身便具有犯罪的含义。得克萨斯州政府承认，因为有了禁止肛交法，同性恋人士便已经被推定为罪犯。该条法律给男女同性恋人士扣上罪犯的帽子，从而合法地支持人们在与刑法毫无关系的方面歧视同性恋。所以得克萨斯州的禁止肛交法导致在刑法之外的若干领域歧视同性恋的群体。在罗摩诉埃文斯案中，我们拒绝支持一条将同性恋孤立于不受欢迎地位的法律。本案也是如此。平等保护条款"既不知道也不容忍在公民中划分阶级。"

州政府当然可以惩罚违反刑法的行为。但是一个州不能以道德谴责作为立法依据的唯一政府利益，将一个可识别的公民群体孤立出来加以惩罚，而不惩罚其他人。得克萨斯州的禁止肛交法使同性恋遭受"终生的惩罚和侮辱。那种立法的分类威胁要创造一个下层阶级，是无法符合"平等保护条款的。

如果一条禁止肛交法律的效果和运用都是中立的，那是否还违反正当程序条款呢？这个问题我们今天无需决定。然而我相信，只要平等保护条款要求禁止肛交法平等地运用于同性恋和异性恋之间的自愿的私密行为，那么这种法律在我们的民主社会里是无法长期存在的。用杰克逊大法官的话来说：

"起草宪法的国父们知道，我们今天不应该忘记，对付专制无理的政府最有效的保证，无非是要求政府强加给少数人的法律原则也运用到所有的人身上。反之，为专制行动打开大门最有效的方法是，挑拣选择少数几个执法的对象，从而逃避针对多数人的法律可能遭受的政治报复。"

本案审理的法律因为针对自愿的私密行为而违反了平等保护条款，但这并不等于其他将同性恋和异性恋区别对待的法律也不能通过合理基础审查。得克萨斯州在本案中未能提出合法的政府利益，如国家安全或保持传统的婚姻。得克萨斯在本案中声称的州政府利益是对同性关系的道德谴责，其实除了在道德上谴责一个被排斥的群体之外，家庭关系的促进还有许多其他原因。

无论我们使用什么检验标准，如果州政府仅因为在道德上谴责某一群体及与其有关的行为，便用法律给该群体中的个人带上罪犯的帽子，这种做法是与宪法平等保护条款的宗旨相悖的。得克萨斯州禁止自愿的同性成年人进行"变态性交"，但是并不禁止自愿的异性成年人进行同样的行为，因此我附和本庭判决得克萨斯州的禁止肛交法违宪。

斯卡利亚大法官携同首席大法官和托马斯大法官反对。

"当法理上存疑时，自由是找不到避难所的。"这就是 10 多年前本庭对那些想推翻柔诉韦德（Roe v. Wade）案的人的简洁的回答。然而，本庭今天对那些 17 年来一直试图推翻鲍尔斯案的人的回答却非常不同。我们对稳定和肯定的需求并不是障碍。

本庭的判决是，"得克萨斯的法律并不促进该州的合法利益，从而支持"，政府根据合理基础审查来对请愿人运用该条法律。尽管本庭判决中提到了"基本命题"和"基本决定"，却没有宣布同性恋肛交是公正程序条款下的一种"基本权利"。即使同性恋肛交是一种"基本权利"，本庭也没有用恰当的（严格审查）标准来检验得克萨斯法律。所以当本庭推翻鲍尔斯案时，很奇怪地避免触及其法律结论的核心："被请愿人希望我们宣布同性恋肛交是一种基本权利。我们不愿意就此表态。"本庭只是简单地将请愿人的行为说成是"行使他们的自由"，这无疑是行使他们的自由。然后本庭采用一种闻所未闻的合理基础审查的形式，这将会在今后造成深远的影响。

第一部分

我首先谈谈本庭出乎意料、有备而来地重新考虑 17 年前判决的鲍尔斯案。虽然我本人并不相信在审理与宪法有关案件时死板地坚持原来的判例，但我相信我们应该保持一致而不是用教条来操控法律。今天推翻鲍尔斯案的判决竟然懒得专门赞扬歌颂，甚至都懒得提到代表本庭多数的三位大法官在计划生育父母诉凯西案（Planned Parenthood v. Casey）留下的判例。在凯西案中，判例意味着维护司法创造的流产的权利。因为柔诉韦德（Roe v. Wade）饱受批评，我们更有理由重新确认：

"当行使司法义务时，本庭的判决是为了解决围绕柔案造成分裂的争议……该判决比解决其他普通案件的判决具有更深远的影响……如果没有迫在眉睫的理由，在众矢之的攻击之下推翻判例毫无疑问将摧毁本庭的合法性。"

就像柔案一样，鲍尔斯案解决的问题特别具有争议，然而今天本庭将人们普遍的反对意见作为推翻鲍尔斯案的理由。此外，在推翻鲍尔斯案时"本庭也没有像处理凯西案那样'调查'准备推翻的判例是否已经'被证明不可操作'。"

今天我们处理判例的方法邀请我们推翻以前所作的错误判决（包括特别具有争议的判决），如果（1）判例的基础已经被后来的判决"侵蚀"了；（2）判例受到严重且持续的批评；及（3）判例并没有引起"个人或社会的依赖"，因为人们的依赖而建议不要推翻案例。柔案与鲍尔斯案一样，都符合上述的三个条件，但问题是，本庭的多数法官今天肯定不会推翻柔案。

（1）我们先对上面第一个条件作一个离题的观察：本庭称凯西案给鲍尔斯案的判决"蒙上了阴影"，这种说法是经不起推敲的。凯西案提供的流产权利比柔案狭窄，而且凯西案的判决在鲍尔斯案之前。如果本庭所指的不是凯西案的判决，而是指该案那段闻名的甜蜜的生活奥秘（"自由的核心是定义的权利，如个人的存在、意义、宇宙和人类生命之谜"），那将给我们整个法理蒙上阴影，或者等于什么都没说（后者才应该是正确的答案）。我从未听说过一条法律试图限制人"定义某种概念的权利"；如果这段话质疑政府根据人们自己定义的"存在的概念"来管理人的行为的权力，那么这段话就吃掉了法治。

本庭称罗摩诉埃文斯案"侵蚀了"鲍尔斯案的合理基础的判决，我不想就此争论。然而柔案和凯西案同样都被华盛顿诉格拉克斯伯格案（Washington v. Glucksberg）"侵蚀了"——该案判决只有"深深扎根于这个国家的历史和传统的基本权利"才有资格按"实质性正当程序"的理论得到合理基础审查之外的任何东西。当然，柔案和凯西案都对限制流产的措施进行了高度严厉的审查，但根本没有尝试将流产说成是扎根于我们国家传统的自由。

（2）本庭说鲍尔斯案不断受到实质性的批评，除了其历史假定之外，还在各方面否定其论证的方法。至于那些非历史的批评究竟是什么，法庭并没有说，我们也不知道法庭是否同意那些批评，法庭只是引用了两本书。当然，柔案（并且延伸到凯西案）一直受到（并且正在受到）无情的批评，包括法庭引用的两位评论家的批评："柔案是遭扭曲的判决的典型案例"；最高法庭在柔案中的判决未能达到人们对司法判决期望的专业水准；并将柔案的判决描绘成"使人难堪的表现"。

（3）现在还剩下第三个条件，那就是将坚不可摧的柔案和等着被推翻的鲍尔斯案加以区别。本庭说"个人和社会对鲍尔斯案并没有依赖到不应该推翻其判决的程度"。我认为，在鲍尔斯案中被确定，今天又被抛弃的"社会依赖"原则一直是很重要的。无数司法决定和法规都依赖一条古老的命题，一旦占统治地位的多数人认为某种性行为是"不道德且不可接受的"，他们的看法便成为法规的合理基础。"建设和维护公共道德是合理基础审查之下无可争辩的合法政府利益；立法机构被允许根据道德立法，而不是被限制在防止明显的伤害"；依赖鲍尔斯维持禁止同性恋参军的联邦法规；依赖鲍尔斯判决"至少宪法并没有赋予人在婚外性交的权利"；依赖鲍尔斯驳回宪法授予人通奸的自由。我们自己就是依赖鲍尔斯，判决印第安纳州禁止公共场所下流行为的法律促进"维持秩序和社会道德的一项重要政府利益。"禁止重婚、同性婚姻、成年人乱伦、卖淫嫖娼、手淫、通奸、婚外性、兽交和猥亵下流行为的法律也一样，只有遵循鲍尔斯案，根据道德选择才能站得住脚。每一条这样的法律都受到今天判决的质疑；本庭根本不努力限制判决的范围，从而将这些法律排除在外。"人们越来越意识到自由给予成年人更多的保护，让他们决定在私人生活中如何处理与性有关的问题。"因为我们不可能将同性恋和其他传统的"道德"犯罪区分开来，这就是鲍尔斯案为什么要拒绝合理基础挑战的原因。"法律一直是建立在道德的基础上，如果根据正当程序条款宣布所有代表道德选择的法律都无效，本庭将会非常繁忙。"

因此，推翻鲍尔斯案严重地扰乱了社会秩序。推翻柔案还不至于如此，因为原来限制流产的法律是由各州的立法机构自行决定的，柔案即使被推翻，也无非是回到 1973 年以前的状况。然而，凯西案选择另外一种方式依赖判例。"人与人之间建立了亲密的关系并作出了选择，以此来定义他们自己的观点和社会地位，万一避孕失败，还可以依赖流产。"这种观点错误地假设推翻柔案将使流产重新非法。其实并非如此，推翻柔案无非是允许各州自行决定。许多州无疑会拒绝禁止流产，其他州也不会禁止怀孕 6 个月之内流产（6 个月之后想流产的也都已经流产了）。对于不在以上两种州的居民来说，他们的选择并非只有流产和生产，而是在家附近流产还是到邻近的州流产。

说实在的，我并不感到意外，大家也不会感到意外，因为本庭今天只是选择修改凯西案判例的标准。这就暴露了凯西案为了得到权宜之计而不同寻常地遵循案例。

第二部分

尽管决定无需遵循判例，本庭还是必须证明鲍尔斯案的决定是错误的，此外，得克萨斯州针对请愿人的法律是违宪的。

《得克萨斯州刑法》21.06 条无疑是限制了自由，就像禁止卖淫嫖娼、娱乐性吸食海洛因和在面包房每周工作 60 小时以上的法律一样。但是正当程序条款并不赋予"自由"的权利，尽管今天的判决反复地强调这一点：宪法保护的自由允许同性恋人士有选择的权利；这些事情是第 14 修正案保护的自由的核心；正当程序条款赋予他们自由的权利使他们有充分的权利从事这种行为而不受政府的干预。第 14 修正案明文允许州政府剥夺公民的自由，前提是必须通过正当的法律程序：

"州政府不得未经正当法律程序剥夺任何人的生命、自由或财产。"

我们不能运用"实质性正当程序的理论"判决正当程序条款禁止州政府侵犯实质性自由权利，除非是为了维护迫在眉睫的政府利益，而且必须把侵犯控制到最小的范围之内。在本庭今天没有推翻的案子中，我们反复地判决只有深深扎根于我们国家的历史和传统的基本权利才能有资格得到所谓"严格审查"的保护：基本的自由权利必须是扎根在人民的传统和良心中才能算基本；"我们一直坚持'自由'除了必须是'基本的'，还必须是一种在传统上受到我们社会保护的利益；第 14 修正案保护那些早已被普通法承认的特权，是自由人有序地追求幸福的基本特权。所有其他的自由权都可以被有效立法削减或废除，只要州政府的立法与合法的州政府利益有关。"

鲍尔斯案判决禁止同性恋肛交的刑法无须严格的审查，因为肛交不涉及正当程序条款所说的"基本权利"。"禁止那种行为有古老的根源，因为肛交在普通法里就是刑事犯罪，而且美国最初的 13 个州通过的《人权法案》就禁止肛交。许多州仍然保持了禁止肛交的法律。鲍尔斯案的结论是，肛交的权利并非'深深地扎根于我们国家的历史和传统'"。

今天本庭并没有推翻这个判决，也没有将同性恋肛交说成是"基本权利"或是"基本自由利益"，更没有严格审查得克萨斯州的法律。因为没有承认同性恋肛交的权利"深深地扎根于我们国家的历史和传统"。本庭的结论是，针对请愿人行为的得克萨斯州法律未能通过合理基础检验，于是推翻了鲍尔斯案。"得克萨斯州的法律并不促进合法的政府利益，所以政府没有资格闯入个人的私生活。"

马上我将讨论有关合理基础的判决。然而，我想提一下本庭对鲍尔斯案结论的中伤，尽管如此，本庭还是没有胆量推翻鲍尔斯案的结论，即同性恋肛交并非一项"基本权利"。

第三部分

本庭所描绘的鲍尔斯案当时的"法律状况"仅确认了鲍尔斯是正确的。本庭引用了 1965 年的格里斯沃尔德诉康涅狄克州案（Griswold v. Connecticut）的案例。但是那个案例明确地否定其依赖于"实质性正当程序"理论，将所谓的"隐私权"归结于宪法的边缘，而不是正当程序条款。同样，1972 年的艾森斯达特诉拜尔德（Eisenstadt v. Baird）案也与"实质性正当程序"毫无关系；该案宣布马萨诸塞州禁止向未婚人士发放避孕用品的法律无效，唯一的依据是平等保护条款。当然，艾森斯达特案包含众所周知与"隐私权"有关的附带意见，但这是格里斯沃尔德案中认可的权利，属于《人权法案》特别保证的边缘权利，而不是"实质性正当程序"的权利。

柔诉韦德承认流产的权利是正当程序条款保证的"基本权利"。然而在柔案中，本庭并未试图将流产的权利说成"深深地扎根于这个国家的历史和传统"，其结论基于"第 14 修正案的个人自由的概念，其广度足以包括妇女决定是否终止妊娠"，前提是她讨厌禁止流产法。柔案判决有关流产的法规必须控制在最小的范围来为州政府迫在眉睫的利益服务，这一判决已经被我们否决了，所以按照逻辑推理，柔案的判决应该是将流产作为"基本权利"。

讨论了禁止肛交法之后，本庭宣布"我们应该注意到，针对同性恋行为的法律在我们国家里并没有悠久的历史"。这一看法并不会给鲍尔斯案依据的历史定论蒙上疑点，我们国家禁止同性恋肛交的法律历史悠久，无论是在同性还是异性之间：

"以上两种公式显然都没有赋予同性恋自愿进行肛交的基本权利。禁止那种行为有古老的根源，因为肛交在普通法里就是刑事犯罪，而且美国最初的 13 个州通过的《人权法案》就禁止肛交。1868 年通过第 14 修正案时，合众国 37 个州中除了 5 个州之外都有禁止肛交的刑法。一直到 1961 年，所有的 50 个州都禁止肛交，今天 24 个州和哥伦比亚特区仍继续将成年人自愿私下肛交入罪。在这种背景之下，声称肛交的权利'深深扎根于我们国家的历史和传统之中'，或是'隐含在有序的自由概念之中'，至多只能是贻笑大方而已。"

正如鲍尔斯案所认可的那样，传统悠久的将同性恋入罪的法律是否"针对同性恋这一独特的现象"与本案完全无关。禁止同性恋肛交的法律究竟是针对同性恋的，还是既针对同性恋也针对异性恋的，两者唯一有关的共同点是将肛交入罪，这就足以表明同性恋肛交并非"深深扎根于我们国家的历史和传统"权利。今天本庭同意同性恋肛交确实被入罪了，因此对鲍尔斯案所依据的事实并无争议。然后，本庭辩称"禁止肛交的法律看来并未针对自愿的成年人私下的行为而执行"。因为本庭承认禁止肛交法是针对自愿的成年人执行的（尽管本庭认为检控并非频繁发生），关键问题是"私下的行为"。我不知道私下行为的含义，但是有一点可以肯定，自愿的肛交就和异性之间性交一样，鲜有在舞台上表演的。如果本庭所说的"在私下进行"的意思是"在关着门拉上窗帘的私宅"，那么无法获得执法证据必定是意料之中的。（试想，为了得到住宅的搜查证，那就必须证明有合理的理由相信，自愿的肛交行为此时正在那间私宅里发生。）在缺乏证据的情况下，如果在关着门拉上窗帘的私宅里自愿的肛交被视为"基本权利"，而其他自愿的肛交则是犯罪，这显然是站不住脚的伪命题。从 1880 年至 1995 年，在韦斯特报告系统和州政府官方报告里，检控自愿的成年人肛交的案例共有 203 起。在殖民地时期共有 20 起检控肛交和 4 起判处肛交者死刑的案例。鲍尔斯案的结论是，同性恋肛交并非一种"深深扎根在我们国家的历史和传统"的基本权利，这一结论是无懈可击的。

因为意识到这一点，于是本庭便换一种说法："我们认为过去 50 年的法律和传统才是最相关的。这些参考资料显示一种新兴的意识，即自由对成年人决定他们私生活中与性有关的行为给予实质性的保护。"这种"新兴的意识"除了并不能建立一种"基本权利"之外，以上这段话是不符合事实的。州政府一直在检控成年人"与性有关的"的犯罪行为，如卖淫嫖娼、成年人乱伦、通奸、猥亵和涉及儿童的色情物品。禁止肛交法"在过去半个世纪里"也一直被执行，其中包括 134 起涉及自愿的成年同性恋肛交。为了证明有"新兴的承认"，本庭依赖美国法律研究所 1955 年建议不要将私下进行的自愿的性关系入罪，却无视该建议"在大多数考虑采用标准刑法典的州里成为抵制的焦点"。

无论如何，"新兴的意识"绝非"深深扎根在我们国家的历史和传统"，而这又是"基本权利"的要件。宪法规定应得的权利，并不会仅因为某些州选择对某些行为从轻处理或不入罪而蹦跳出来，也不会像本庭相信的那样，宪法规定应得的权利更不会因为外国不将某些行为入罪而蹦跳出来。鲍尔斯案的多数判决从来就没有依赖"我们与更广泛的文明共享的价值观"，却是因为肛交的权利并非"深深地扎根于我们国家的历史和传统"，而驳回了肛交权的诉求。同样，鲍尔斯案的合理基础判决也没有依赖"更广泛的文明"。本庭讨论外国的观点，自然忽略了许多仍然用刑法禁止肛交的国家，所以是毫无意义的附加意见。但这又是危险的附加意见，因为"本庭不应该将外国的情绪、时尚或风格强加给美国"。

第四部分

现在我们来看判决的依据：本庭称被挑战的法律没有合理的基础。这一论点与我们的法理是格格不入的，也是与我们所知道的任何社会的法理格格不入的，这一点无需多讨论了。

得克萨斯州的法律无可争辩地争取让人们相信，某种形式的性行为是"既不道德也不可接受的"，该法律与禁止婚外性行为、重婚、通奸、成年人乱伦，兽奸和猥亵的刑法有相同的目的。鲍尔斯案判决这一目的是合法的政府利益，然而本庭今天却得出了相反的结论。本庭称得克萨斯州的法律"并不促进州政府的合法利益，所以并不能成为政府侵犯个人私生活的理由"。本庭今天引用了斯蒂文斯大法官在鲍尔斯案的反对意见中的宣言，"即使州里占统治地位的多数人在传统上认为某种特定的行为是不道德的，仍不足以维持禁止这种行为的法律"。这将有效地终止所有维护道德的立法。如本庭所主张，如果连促进多数人的性道德都不是合法的政府利益，那么上面所述的那些法律没有一项能够通过合理基础审查。

第五部分

最后，我们来看请愿人提出的平等保护挑战，除了欧康纳大法官之外，本庭其他的大法官都不支持。从表面上来看，《得克萨斯州刑法》21.06（a）条适用于所有人。无论是男人还是女人，异性恋还是同性恋，都不得与同性变态地性交。毫无疑问，21.06条对性交双方的性别是有区分的：男人只有跟男人才会触犯法律，女人只有跟女人才会触犯法律。但是仅此一点并没有剥夺平等保护，因为州法对配偶的性别也有规定，禁止同性结婚，允许异性结婚。然而在洛文诉弗吉尼亚案（Loving v. Virginia）中，尽管禁止异族通婚的法律仅对配偶的种族有区分，既禁止白人与异族结婚，也禁止黑人与异族结婚，我们判决禁止异族通婚的法律无效。在洛文案中，我们正确地运用了严格的审查，而不是普通的合理基础审查，因为弗吉尼亚法律的"目的是维持白人至上的地位"。如果一条法律的目的是种族歧视，这就足以要求严格审查这条法律，哪怕是一条表面上看似中立，并没有提到种族的法律。因为得克萨斯的法律并没有在整体上歧视男人或女人，所以我们应该运用合理基础审查。和鲍尔斯案一样，本案同样也能通过合理基础审查，即我们的社会认为某种形式的性行为是"不道德且不能被接受的"。这一理由同样也支持许多其他规范性行为的法律，这些性行为取决于双方的身份，例如禁止通奸、婚外性行为和成年人乱伦，以及拒绝承认同性恋婚姻的法律。

欧康纳大法官辩称禁止肛交法所歧视的并非性行为的参加者，而是歧视参加者的性取向。"尽管禁止肛交的法律只适用于性行为，但是针对的是与同性恋紧密相关的性行为。在这种情况下，得克萨斯州的法律所针对的不仅是性行为本身，而是针对整个同性恋群体。"

当然以上的论点适用于任何法律。例如，禁止在公共场所裸露的法律针对的"行为与天体主义者紧密相关"，所以"针对的不仅是行为"，还"针对整个天体主义者群体"。尽管如此，即使得克萨斯州的法律剥夺了"整个同性恋群体"应得的平等保护，我们并不需要超过合理基础审查的手段来支持这种剥夺。通过传统的性道德来执行法律，就已经满足了合理基础审查的要求。

欧康纳大法官简单地要求对得克萨斯州的法律使用"一种更锐利形式的合理基础审查"，然而她所援引的案例并不认可这种标准。根据传统的合理基础审查的要求，在认定不可想象得到的合法州政府利益来支持具有争议的群体划分之后，这些案子才得出了上述的结论。欧康纳大法官也没有准确地解释她所说的"更锐利形式"的合理基础审查是由什么组成的。然而，最起码的标准应该是，如果一条法律显示出"伤害某个政治上不受欢迎的群体的动机"，尽管有一些可想象的合理基础的支持，那条法律也仍然是无效的。

以上的推理方法把仅允许异性结婚的州法置于不稳固的基础之上。欧康纳大法官希望通过结论性的陈述来维持这些法律，"维持传统的婚姻"是合法的政府利益。但是"维持传统的婚姻"无非是州政府在道德上谴责同性结婚的一种比较委婉的表达方式。得克萨斯的州政府利益也可以用相似的委婉方式表达："维持我们社会传统的性道德"。根据欧康纳大法官创造的法理，法官可以为了"维持社会传统"而宣布法律有效（好的），也可以"表示道德上的谴责"而宣布法律无效（坏的）。

今天的判决是本庭法律专业文化的产物，主要是赞同所谓的同性恋议事日程，我指的是那些同性恋激进分子所促进的议事日程，旨在消除传统对同性恋行为的道德谴责。在早先的判决中我还注意到美国法学院协会（那是每个有声誉的法学院都想参加的组织）规定，凡是不允许公开进行同性恋行为的人成为合伙人的法律事务所（无论事务所的规模多小），如果法学院拒绝禁止这样的事务所到校园里面试学生，将被取消会员资格。

今天的判决中最能泄露内情的话是本庭冷酷的警告，将同性恋行为入罪将"邀请人们在公开场合和私下歧视同性恋人士"。从中我们可以清楚地看出本庭在一场文化抗争中倒向一边，而不是作为一个中立的旁观者，保证双方遵守民主的交战规则。许多美国人不愿意让公开进行同性恋行为的人做他们的商业合伙人、孩子们的童子军领队、孩子们学校里的老师，或是在他们家里寄宿。他们认为，这是保护他们自己和家庭免受不道德和具有毁灭性的生活方式的影响。然而，本庭认为这是"歧视"，是判决企图阻遏的行为。本庭受到法律专业的抵制反同性恋文化的影响之深，看来似乎并没有意识到这种文化的态度显然并非代表主流；在大多数州里，本庭所说的对同性恋行为的"歧视"是完全合法的；根据《民权法案》第7章，禁止这种"歧视"的建议反复被国会驳回；在有些情况下这种"歧视"是法律所要求的（进行或意欲进行同性恋行为的现役军人必须被开除军籍）；而且在某些情况下这种"歧视"还是一种宪法赋予的权利，请见美国童子军诉戴尔案（Boy Scouts of America v. Dale）。

我想明确指出，我既不反对同性恋，也不反对任何通过正常的民主程序促进他们议事日程的其他组织。社会对性和其他道德问题的看法随着时间的推移而改变，每一个组织都有权利去说服其他公民相信他们的观点是最正确的。得克萨斯是将私下自愿的同性恋行为入罪的少数几个州之一，这一事实说明同性恋群体已经获得了一些成功。然而说服其他公民是一回事，在没有多数人民主意志的情况下将自己的观点强加给他人则是另外一回事。我可以要求州政府将同性恋行为入罪或谴责同性恋行为，也可以禁止州政府这么做，在这两者之间，我并没有更倾向前者。得克萨斯州的选择完全是在传统民主行为的范围之内，政府的手脚不应该被一个对民主变革不耐烦的法庭新发明出来的"宪法权利"所束缚。确实，"我们的后代会看到曾经被认为是必须且正确的法律其实是压迫人的"，那就让我们的后代到那个时候再来否决那些法律吧。前提是应该由人民来作出这些判断，而不应该由自以为是的政府越俎代庖。

让人民而不是让法庭来管理这些事情有诸多好处，其中之一就是人民无需像法官那样推导出合乎逻辑的结论。人民也许会觉得他们反对同性恋的态度强烈到足以禁止同性恋婚姻的程度，却不足以将同性恋行为入罪，他们便可以酌情立法。今天本庭自以为也有类似的行动自由，所以我们无需恐惧本庭会像加拿大法庭那样将同性恋婚姻强加于我们。在废弃了我们法理所依据的合理基础之后，本庭在判决的结尾中说，本案"并不涉及政府是否需要正式承认同性恋人士争取建立的关系"。可别信这个。在这段赤裸裸的缺乏论证的免责宣言之前，本庭在判决中显示的思维过程昭然若揭，其中提到宪法提供保护"个人对婚姻、生殖、避孕、家庭关系、抚养及教育孩子的决定"，然后宣布"有同性恋关系的个人可以像异性恋人士一样争取自主权"。就正式承认婚姻而言，今天的判决摧毁了宪法结构中对异性和同性结合的区别。为了达到禁止同性恋行为的目的，如果对同性恋行为的道德谴责"不是合法的政府利益"，本庭（甚至不屑假装中立）辩称"当一个人与另一个人有亲密行为时，如果性欲能够得到释放，这种行为便是人际纽带中唯一能够持久的元素，那我们还有什么理由拒绝同性恋享受婚姻的待遇，行使宪法保护自由的权利呢"？当然这不是为了传宗接代，因为法律也允许不育者和长者结婚。如果你相信原则和逻辑与本庭的判决无关，那么本案就"并不涉及"同性恋婚姻的问题。当本庭安慰我们放心时，许多人都希望如此。

本庭需要正确裁决的只有三件事：得克萨斯禁止肛交既没有侵犯一项"基本权利"（本庭对此并没有争议），也得到宪法认为是合法政府利益的支持，更没有剥夺平等法律保护。因此我反对。

托马斯大法官反对。

我加入斯卡利亚大法官的反对意见。此外，我还单独提出本庭今天面临的法律"非常愚蠢"。假如我是得克萨斯州立法会的成员，我会否决这条法律。如果一个成年人与另外一个成年人通过非商业的自愿行为表达自己的性喜好，政府不值得动用有价值的执法资源去惩罚这个人。

尽管如此，作为本庭的一个成员，我没有权力去帮助请愿人和与他们处境相同的人士。我的责任是"根据美国宪法和法律判案"。就如斯图亚特大法官所说，"无论在《人权法案》还是在《宪法》的任何其他部分里，我都没有发现笼统的隐私权"，或者用本庭今天的话来说，就是人在空间和更抽象范围里的自由。

美国诉温莎
United States v. Windsor
570 U.S. 744（2013）

2013 年 3 月 27 日辩论；2013 年 6 月 26 日判决。

肯尼迪大法官宣判。

发给联邦第二巡回上诉法庭的调卷令。

摘要：

两位纽约的女性居民伊迪斯·温莎（Edith Windsor）和西亚·斯派尔（Thea Spyer）2007 年在加拿大安大略省结婚，婚姻被纽约州承认。2009 年斯派尔去世，将所有的遗产都给了温莎。温莎遂以未亡人配偶的身份申请减免联邦遗产税被拒，其依据是《联邦保卫婚姻法案》第 3 节，该法案对 1 000 多部联邦法律和法规的解释做了修正，将同性伴侣排除在"婚姻"和"配偶"之外。温莎被迫缴纳 363 053 美元的遗产税[①]后，向联邦税务局申请退税再次被拒，于是温莎为退税起诉，称《保卫婚姻法案》违反了《宪法第 5 修正案》的平等保护条款。诉讼候审期间，司法部长通知众议院发言人，司法部将不再为《保卫婚姻法案》第 3 节是否符合宪法做辩护。针对司法部的立场，众议院的两党法律顾问组则投票表决，决定干预诉讼，以捍卫《保卫婚姻法案》第 3 节。联邦地区法庭允许众议院干预诉讼，并根据案情判决美国政府败诉，认定《保卫婚姻法案》第 3 节违宪，并命令税务局退税给温莎并追加利息。第二巡回上诉庭维持原判，但美国国政府尚未执行判决。

判决：

1. 本庭对此案有管辖权。本案清楚地提出了双方之间的实质性争议，适合由联邦地区法庭审理解决，但是行政当局一方面决定不在法庭上为《保卫婚姻法案》第 3 节是否符合宪法辩护；另一方面，继续拒绝退税，因此使案子变得复杂。在政府让步的情况下，法庭之友认为联邦地区法庭下令退税之后此案就应该结案，上诉也应该被驳回。但是这种观点忽视了宪法第 3 条对管辖权的要求和管辖权的权限之间的区别，这种区别对司法权的自律至关重要。因为美国政府在本案中具有足够的利害关系，所以必须在上诉

---

① 美国的税收分为两部分，州政府和联邦政府分别收税，有的州没有个人所得税，各州的遗产税率也不同。俄勒冈州的豁免额为 100 万美元，康耐迪克州的豁免额为 1 292 万美元。所有州的居民都必须缴纳联邦税，但是配偶完全豁免遗产税。——译者注

庭和本庭的诉讼中支持《宪法》第 3 条的管辖权。即使行政部门对《保卫婚姻法案》第 3 节存异，地区法庭命令税务局给温莎退税已经构成了真实且直接的经济伤害。温莎持续地要求退税而美国政府拒绝退税，已经构成属于《宪法》第 3 条管辖的争议。

然而，谨慎的考虑要求案件必须有"具体的争议，根据这种争议的尖锐陈述，本庭才能阐述有关宪法的难题"。除了司法考虑前必须满足《宪法》第 3 条的要求之外，谨慎的因素倾向于不受理此类案件，但是"相反的考虑又可能超过法庭通常不愿意行使司法权的顾虑"。我们的顾虑之一是因为有法庭之友介入，他们坚决申辩立法并不违宪。在诉讼双方都同意判决的情况下，其实本庭本来无需受理上诉，但是众议院两党法律顾问组坚称第 3 条是符合宪法的，经过谨慎权衡还是决定受理此案。

这个结论并非表示行政部门可以例行公事地到法庭去挑战立法，而不是到国会去要求修订或废除法律。然而，本案并非例行公事，众议院两党法律顾问组的有力辩护保证谨慎的议题不至于混淆案情，这是对联邦政府和千百万人至关重要的问题。

2.《保卫婚姻法案》剥夺了第 5 修正案赋予个人的平等自由权，所以违反了宪法。

（a）根据历史和传统，对婚姻的定义和监管一直在各州政府的权力范围之内。国会也通过了立法管理对婚姻的定义，以推动联邦政策，但是《保卫婚姻法案》指导 1 000 多部法律和几乎所有的联邦规定，所以具有深远的影响。《保卫婚姻法案》的运用直接针对纽约州和其他 11 个州的法律争取保护的一个庞大群体。评估众议院两党法律顾问组对本案的干预要求我们讨论历史和传统上州政府的权力和对婚姻问题的权威。

除了宪法的保证之外，"对家庭关系的监管一直被认为是在州政府专有的权限范围之内"。州政府负责婚姻的定义和监管可以追溯到建国伊始，"当美国通过宪法时我们就形成了一种共识，即管理家庭关系中的夫妻、父母和子女的权力都由政府保留"。各州的婚姻法或许有所不同，但是在同一个州里婚姻法都是相同的。

然而，《保卫婚姻法案》却推翻了这个概念。州政府给同性恋群体结婚的权利，这对同性恋来说是一种极其重要的社会地位。但联邦政府将州政府定义的群体用于相反的目的，对他们强加限制和不利条件。问题是由此造成的伤害和侮辱是否构成剥夺第 5 修正案保护的自由的一部分，因为纽约州对同性恋一视同仁，而联邦政府对同性恋另眼看待，通过法律伤害州政府希望保护的群体。纽约州的行动属于正确地行使州的主权，既反映了社区对婚姻制度历史根源的考量，也反映了它们对平等的含义的理解在不断地进化。

（b）为了伤害纽约希望保护的群体，《保卫婚姻法案》违反了针对联邦政府的基本正当程序和平等保护的原则。宪法保证的平等"至少意味着国会赤裸裸地希望伤害一个政治上不受欢迎的群体不能"成为区别对待那个群体的理由。根据这些原则，《保卫婚姻法案》是不能继续存在下去的。《保卫婚姻法案》偏离了承认和接受州政府对婚姻定义的传统，从而剥夺了联邦一旦承认同性婚姻便应该给予同性配偶的福利和责任。这充分证明了联邦法的目的和效果是否认州法承认和保护的群体。《保卫婚姻法案》的目的和实际效果，是对所有同性婚姻强加不利条件和打入另册的社会地位和耻辱，而州政府承认同性婚姻是合法的。州政府行使其主权赋予同性婚姻平等尊严，而《保卫婚姻法案》立法的历史背景和条文显示了其对同性恋横加干预，这并非联邦法律的偶然效果，而是其实质所在。众议院两党法律顾问组的论点对国会的目的直言不讳。《保卫婚姻法案》的实施也确认了这一目的。国会将不平等的条文写进整部联邦法典，挫败了纽约州消除不平等的目的。

《保卫婚姻法案》的主要效果是将州政府承认的婚姻中的一部分人区别出来给予不公平的待遇，剥夺一些在州里合法结婚的伴侣的权利和责任，在同一个州里制造两种矛盾的婚姻，强迫同性伴侣过一种在州法下属于已婚，而在联邦法下属于未婚的生活，从而降低了个人关系的稳定性和可预测性，而州政府认为应该承认和保护这种个人关系。

维持原判。

判决全文：
肯尼迪大法官代表法庭发表判决。

2007 年，两位纽约的女性居民伊迪斯·温莎（Edith Windsor）和西亚·斯派尔（Thea Spyer）在加拿大的安大略省合法地举行婚礼，然后返回纽约。2009 年，斯派尔去世，她所有的遗产都给了温莎。作为斯派尔的未亡人配偶，温莎申请减免夫妇之间的遗产税。但是根据联邦《保卫婚姻法案》，"配偶"的定义不包括同性恋，所以温莎的申请被拒。温莎缴纳了遗产税之后提起诉讼挑战该条法律违反宪法。联邦地区上诉法庭判决该条法律违反宪法，并命令美国政府给温莎退税。本庭同意颁发调卷令，并维持温莎胜诉的判决。

第一部分

1996 年，有些州开始考虑是否允许同性结婚。在各州立法之前，国会通过了《保卫婚姻法案》（以下简称"DOMA"）。DOMA 的第 2 节允许州政府不承认根据其他州的法律登记的同性婚姻，这一条并没有受到挑战，但是 DOMA 第 3 节受到挑战，因为该节修改了《美国词典法案》，其对"婚姻"和"配偶"的定义如下：

"在确定国会通过的法案、规则、规定或解读美国行政机构规定的含义时，'婚姻'一词的唯一定义是一个男人和一个女人依法结为夫妻，'配偶'一词仅指异性的夫妻。"

法规中的定义并没有禁止各州通过法律允许同性结婚或提供夫妻可以享受的福利，但是影响了 1 000 多部联邦法中有关婚姻和配偶的定义。

伊迪斯·温莎和西亚·斯派尔于 1963 年在纽约相遇，并开始了一段长期的关系。1993 年，纽约州允许同性伴侣，温莎和斯派尔在纽约市登记为民事伴侣。因为斯派尔的健康状况不佳，她们俩 2007 年到加拿大旅行结婚，然后回到纽约居住。纽约州承认她们的婚姻是合法的。

2009 年斯派尔去世后，她所有的遗产都给了温莎。但是因为 DOMA 是联邦法，不承认同性婚姻，所以温莎无法以配偶的身份得到联邦的免税待遇。温莎缴纳了 363 053 美元的遗产税后向联邦政府申请退税。联邦税务局拒绝退税，因为根据 DOMA 的定义，温莎不算"存活的配偶"。于是，温莎在纽约南区联邦法庭起诉，她称 DOMA 违反了平等保护的保障，平等保护条款通过第 5 修正案适用于联邦政府。

退税案悬而未决之时，美国司法部长通知众议院议长，司法部将不再为 DOMA 是否符合宪法辩护。司法部长指出，尽管"司法部过去曾经接受过有关同性婚姻的挑战"，但司法部长通知国会，"根据一些因素，包括歧视的历史，总统认为根据性取向的分类将经受严格标准的检验"。多年来，司法部曾多次写信给国会，拒绝为司法部认为违宪的那些法律辩护。例如，若法庭驳回政府为一条法律所作的辩护，并判政府败诉，司法部通常就会拒绝为法律辩护。然而在本案中，因为法庭还没有判政府败诉，所以司法部写信给众议院议长表态是很反常的。尽管法庭还在对"配偶"的定义进行辩论和考虑，那封信其实反映了行政长官自己的结论，那就是根据性取向分类的法律必须经得起平等保护条款的严格审查。

尽管"总统指示司法部不要再为温莎案涉及的法律辩护"，总统决定"行政部门还是会继续执行 DOMA 第 3 节"，因为美国政府"应该给国会充分的机会参加此类案件的诉讼"。政府在确定法律违宪的同时还要继续执行违宪的法律，遵循这种矛盾程序的目的是"让司法部门对宪法的诉求作最终的裁决"。

作为对司法部长信件的回应，众议院两党法律顾问组投票决定继续本案的诉讼，为 DOMA 第 3 节作辩护。地区法庭并没有阻止两党法律顾问组有限度地干预诉讼。因为美国政府已经被司法部代表了，所以法庭允许两党法律顾问组以有利害关系的当事人的名义干预诉讼。

有关退税的诉讼，地区法庭判美国政府败诉。法庭判决 DOMA 第 3 节违宪，下令税务局退税并赔偿损失的利息。美国司法部和两党法律顾问组提出上诉，美国司法部副部长向本庭请愿下保护令——暂时不执行判决。在本庭回答请愿之前，第二巡回上诉法庭维持了地区法庭的原判。因为本案涉及根据个人的性取向分类，司法部和温莎都要求上诉庭按照严格的检验标准审查。因为美国政府拒绝执行判决，温莎还没有收到退税，而行政部门还在继续执行 DOMA 第 3 节。

有关 DOMA 第 3 节是否违宪，本庭要求双方对两个问题提出辩护理由：第一，美国政府已经同意温莎的立场，是否就无需进一步审查？第二，两党法律顾问组是否有资格上诉？尽管诉讼各方都同意本庭有管辖权判决本案，本庭还是委任维奇·杰克逊教授作为法庭之友辩论本庭是否有管辖权解决争端，她圆满地完成了这个任务。

在一个与本案无关的案件中，美国第一巡回上诉法庭也判决 DOMA 第 3 节违宪，该案的败诉方也请愿要求本庭颁发调卷令。

第二部分

也许我们应该先来讨论一下政府和两党法律顾问组是否有资格上诉，并以当事人的身份请愿要求本庭颁发调卷令。

当本案还在地区法庭时，诉讼双方确实有实质性的争端，需要通过司法解决。"纳税人有资格挑战政府征收的某一笔税款的合宪性，如果政府强迫纳税人缴税将对个人造成经济上的伤害。"温莎认为她符合免税的条件，但因为 DOMA 第 3 节违反宪法，税务局还是要求她缴纳遗产税，所以她有资格要求司法救助。

而行政部门一方面表示不在法庭上为 DOMA 第 3 节的合宪性做辩护，另一方面却继续拒绝退税，这种矛盾的做法使问题复杂化了。尽管行政部门是在地区法庭判决之前宣布其立场的，但政府和温莎的立场相同，那就不应该影响地区法庭对退税诉讼的管辖权，因为她所受的伤害（政府不按法律的要求退税）是实质性的、继续存在的，而且是尚未解决的。政府的立场是在同意温莎的法律诉求的同时却拒绝让判决生效，这就说明存在需要司法解决的争端，尽管政府的立场是自相矛盾的，温莎、政府、两党法律顾问组和法庭之友都同意确实存在需要司法解决的争端。剩下来的争端是，各方当事人是否具有资格在上诉庭提出上诉，以及当事人是否有资格向本庭请愿。

法庭之友的立场是，既然政府已经让步承认 DOMA 第 3 节是违宪的，那么地区法庭下令让政府退税的案子就应该结束了，而且上诉法庭就应该驳回上诉。法庭之友认为，一旦总统同意了温莎的法律立场，而且地区法庭都已经判决，诉讼双方便不再处于对抗状态。从这一点出发，美国政府跟温莎一样都胜诉了。因此，法庭之友认为本庭既不应该颁发调卷令，也无需根据案情作出任何判决，因为政府并没有因为败诉而要求法律救助。

然而，这种立场忽略了两条原则之间的区别，一条是《美国宪法》第 3 条对管辖权的要求，另一条是谨慎行使管辖权的限制，后者是"司法自律的基础"。法庭对这两条原则做了区别：《美国宪法》第 3 条执行对案件和争议的要求，而谨慎的诉讼资格要求司法部门自我限制行使管辖权。

我们都熟悉《美国宪法》第 3 条对诉讼资格的要求："首先，原告必须确实受到了'实际的伤害'，也就是法律赋予他的权利被侵犯了，这种权利（a）是实质且具体的，而且（b）是'实际的或迫在眉睫的'，而不是'猜测或假定的'。其次，在原告受到的伤害和被告的行为之间必须存在因果关系，原告受到的伤害必须能够'清楚地追溯到被告，而不是由不在法庭的第三方所造成的'。最后，原告受到的伤害必须'很可能'，而不仅是'也许有可能'，得到'胜诉判决的救助'。"

而谨慎资格的规则比较灵活，属于联邦上诉程序的惯例，其目的是防止法庭裁决那些对广大民众有重要意义的抽象问题，而其他政府部门也许更适合解决那样的问题，无需司法部门介入保护个人的权利。

美国政府在本案中有足够的利害关系，根据《美国宪法》第 3 条具有上诉和要求本庭颁发调卷令的资格。有争议的判决命令美国政府向温莎退税。命令国家财政部付款构成"实际和迫在眉睫的经济伤害"，就相当于命令个人纳税一样实际和迫在眉睫。如果退税的命令还附带总统想得到的有关合宪性的裁决，也许总统会欢迎退税的命令。但是总统的好恶并不能消除退税对国家财政部造成的伤害，也不能消除不退税对纳税人造成的伤害。如果没有法庭的判决，美国政府就不用付那笔钱。温莎缴纳遗产税的责任来自 DOMA 第 3 节，尽管总统不同意 DOMA 第 3 节，美国政府还是可以合法地争辩其受到伤害。温莎不断地要求退税遭到美国政府拒绝，这个争端就足以获得《美国宪法》第 3 条规定的管辖权。如果总统进一步采取行动要求给温莎退税，那将是一个完全不同的案子了。

本庭遇到一个类似的案子，那就是移民局诉查达案（INS v. Chadha）。有一条法律规定，参议院和众议院中任何一院都可以命令移民局把查达递解出境。就像本案一样，总统认为那条法律违宪，移民局把总统的看法转达给上诉法庭。但是移民局继续遵循那条法律，而且"移民局给上诉法庭的辩护状并没有改变其准备按照议院的命令将查达递解出境的决定"。本庭认为"上诉法庭禁止移民局采取行动，哪怕移民局欢迎这一判决，上诉法庭的判决也还是足以对移民局造成伤害。"《美国宪法》第 3 条之所以要求诉讼双方必须有"案子或争议"，是因为只有那样本庭才能作出有意义的判决：如果我们判查达胜诉，他将不会被递解出境；如果我们判移民局胜诉，移民局将执行判决，把查达递解出境。以上的结论并非法官的意见，而是本庭判决的前提，"在国会干预之前，案件必须具有《美国宪法》第 3 条要求的足够的对抗性"。案例的判决对我们有指导意义，查达案的判决说得很清楚，总统拒绝提供救助足以构成《美国宪法》第 3 条要求的争议，需要司法解决。简言之，尽管"政府对争议的事实基本上同意对方的意见"，案件还是有足够的对抗性，这就"足以提供行使管辖权的基础，因为政府还是想让对方执行有争议的法律。"

确实，如果诉讼的一方已经得到了他要求的救助，他就不应该再对救助他的判决提出上诉。"在实践中，如果胜诉的一方要求重新考虑，即使宪法允许，法庭通常也会拒绝重新考虑。"但是这条规则"并不是来源于《美国宪法》第 3 条关于司法限制的规定，在适当的案例中，如果上诉对胜诉的一方还有利害关系，而那种利害关系能够满足《美国宪法》第 3 条的要求，我们还是应该允许胜诉方继续上诉。"

尽管这些原则足以显示本案中仍然存在《美国宪法》第 3 条要求司法部门解决的争议，但因为总统的立场很不寻常，为谨慎起见，我们还是应该进一步深入讨论。因为总统同意温莎的法律辩护理由，本案的争议已经不再是"'真正的、诚挚的、至关重要的争议'，所以本庭面临的将是一场'友好的、非对抗性的诉讼'，在这场继续的诉讼中，已经承认法律无效的一方试图让法庭进一步确定那条法律是否符合宪法。"即使《美国宪法》第3条允许本庭行使联邦管辖权，基于谨慎的考虑，本庭还是应该坚持上诉必须具有"实质的对抗性，能够提出尖锐的争议，这样法庭才能阐明宪法的难题"。

即使诉讼的一方其实并不希望自己的立场胜诉，法庭也还是有理由审理案件并作出判决。司法审理之前，诉讼双方必须满足《美国宪法》第3条有关管辖权的要求。法庭常常会对是否应该行使司法权力犹豫不决，如果出于谨慎，法庭也许应该拒绝审理，但有时反面的意见会占据上风。在有些案子中，法庭之友会不惜一切代价捍卫一条立法的合宪性，这就说明诉讼一定会具有对抗性。同样，我们也应该谨慎地考虑诉讼的资格。在查达案中，本庭也遇到了类似的情况。"在没有当事人支持那条移民法的情况下，除了考虑《美国宪法》第3条之外，我们出于谨慎还是不应该判决那宗案件。上诉法庭已经邀请并接受参众两院的辩护状，应该可以打消我们的顾虑了。"其实，查达案并不反常。在迪克森诉美国案（Dickerson v. United States）中，即使司法部副部长已经承认下级法庭的判决是错误的——那就相当于承认国会的立法是违宪的，本庭也还是照例接受法庭之友的辩护理由。

在本案中，两党法律顾问组的律师已经呈递了很有分量的理由，捍卫DOMA第3节的合宪性。出于谨慎的考虑，我们通常不会接受诉讼的主要当事人并无争议的上诉，但是两党法律顾问组提出了尖锐抗辩，这就打消了我们的顾虑。假如本庭根据谨慎的规则驳回本案，而上诉法庭没有驳回，那将导致大规模的诉讼。如果发生那样的事情，全国的94个地区法庭将没有案例可循，不仅涉及退税的案子，而且还涉及与DOMA有关的所有案子，因为DOMA不仅涉及1 000多部联邦法律，还涉及不计其数的联邦法规。

例如，马萨诸塞州诉美国卫生与公众服务部案（Massachusetts v. United States Department of Health and Human Services）涉及一条与DOMA有关的法律，联邦第一巡回上诉法庭的判决很可能被撤销，并驳回上诉，有关的判决和指导方针将被删除。即使法庭慎之又慎，法庭对本案有司法管辖权，这一点并无争议。目前本案悬而未决，几十万人的权利和特权可能受到不利的影响。尽管我们无法确定具体的人数，但是有一点可以肯定，所有受到不利影响的人将消耗巨大的司法资源和诉讼费用。我们目前面临的现实是，鉴于DOMA影响的范围之大，即使法庭谨慎地行使管辖权，在DOMA的争议得到解决之前，类似的案件总有一天还会出现，解决争议所消耗的费用，以及争议所造成的不确定性和伤害还将持续数年。在这种非常而且紧迫的情况下，"谨慎"的法庭应该主动地行使管辖权的责任。因此，既然本案已经满足了谨慎和《美国宪法》第3条的要求，就无需再决定两党法律顾问组是否有资格挑战地区法庭的判决，因为上诉法庭已经确认两党法律顾问组有权上诉。

本庭已经决定审理此案的请愿，但是这并不等于在普通的案子里按照惯例行事就不会遇到困难。因为缺乏宪法理论的先例，总统已经决定不再为国会通过的法案的合宪性辩护，本庭在法律程序上处于两难的境地。一方面，政府同意温莎的观点，那就相当于政府要求本庭同意下级法庭宣布一条联邦法律无效并命令美国政府退税，问题是这种做法是否欠妥？另一方面，假如总统和原告都认为一条法律违宪，那岂不是就无需司法审查了？在本案中，受到法律伤害的原告提起诉讼挑战那条法律，本庭的责任是决定法律是否违宪，但因为总统已经表态，就把本庭主要角色放在次要位置了。这种做法显然违反三权分立的原则，"当国会通过的法律可能违宪时，'那条法律是否合法应该由法庭来定论'"。立法权也如此，当国会通过了一条法律，然后经过总统签字生效了。假如总统不经过法庭判决，自己就能废除法律，那也是肆无忌惮地对三权分立的挑战。

我们必须强调，本庭对管辖权的判决并不等于本庭出于谨慎，因为缺乏理由而驳回争议，但是我们必须指出总统面临的困境。当总统坚持原则而确定一条法律违宪，便面临一种困难的选择。尽管如此，总统并不一定要通过司法程序挑战法律，也可以要求国会修订或废除法律。如果总是把日常遇到的棘手的宪法争议交给法庭处理，我们的政治程序完整性就会面临风险。但本案并不是那种经常遇到的普通案例。两党法律顾问组提出了有力的辩护，确保法庭不至于因为谨慎而混淆是非，这对联邦政府和几十万人是至关重要的。鉴于上述情况，本庭决定审理案子的是非。

第三部分

当年，温莎和斯派尔渴望结婚，但是纽约和其他州都不给他们结婚的权利。等待多年后，他们终于在 2007 年到加拿大的安大略省成婚。直到最近，许多公民根本都不敢想象两个同性的人居然也可能享有跟异性夫妇同样的地位和尊严。在人类的文明史上，绝大多数的人一直认为只有男女结婚才符合婚姻一词的定义、作用和功能。尤其是当这种信仰被挑战的时候，人们才感觉到问题的紧迫。然而，对另一些人来说，这是一种新的视角和观念的开端。因此，有些州觉得如果同性的伴侣希望互相承诺结为夫妻，法律也应该承认同性婚姻的有效性。数千年来，合法的婚姻一直限于异性伴侣之间。如今，纽约和其他一些州认为排斥同性婚姻是不公平的。

由慢到快，纽约州的法律还是意识到承认同性婚姻的迫切性，因为同性伴侣们希望在他们的亲朋好友面前和社会上确定他们之间的承诺。因此，纽约开始承认在其他地方登记的同性婚姻，后来又修订了自己的法律，允许同性结婚。迄今为止，纽约州、其他 11 个州和哥伦比亚特区（华盛顿）已经决定同性伴侣应该有权结婚并骄傲地生活在一起，他们的结合应该与其他的已婚人士有相同的地位。经过全州居民讨论同性婚姻，根据支持和反对的意见，纽约州通过法律扩大了婚姻的定义。

因为同性婚姻在有些州是合法的，人们开始考虑 DOMA 的立法意图、目的和效果是否符合宪法。在传统上，婚姻的定义和管理历来在各州的权限之内。但是国会也有权通过有关婚姻的权利和特权的法律。本庭今年就判决国会立法可以优先于州法，联邦法允许原配妻子比前夫再婚的配偶优先得到去世丈夫的人寿保险。这个案例说明一条总的原则，当联邦政府行使其权力时，对立法的机制和手段有更宽松的选择余地。国会有权保证施政的效率，并选择宏观的目标和政策。

此外，其他涉及国会立法影响婚姻和家庭的案例也能说明这一点。为了解决各州的婚姻法和联邦移民法之间的矛盾，国会决定如果婚姻的"目的是让外国人移民到美国"，即便婚姻符合州法的要求，非公民仍然没有资格享受配偶的身份。另外，在制订社保福利的标准时，尽管州法通常可以决定什么人才算是申请人的配偶，国会决定也应该承认普通法事实婚姻的配偶，无论州法是否承认事实婚姻。

为了推动联邦政策，一些联邦法律规定了婚姻的定义，上边的例子确立了那些联邦法律的合宪性。但是 DOMA 的范围太广，不仅涉及 1 000 多部联邦法律，还涉及不计其数的联邦法规，这些法律是针对纽约和其他 11 个州希望保护的个人。

为了评估政府干预的合法性，我们必须讨论各州在历史传统上管理有关婚姻事务的权力。管理婚姻的州法当然也必须尊重宪法赋予个人的权利，但是管理婚姻一直被认为几乎是州政府专属的管辖权范围。

对各州的居民和公民来说，承认事实婚姻是州婚姻法的重要部分。为了"保护子女、财产权益和落实婚姻的责任"，为婚姻下定义是州政府广泛权力的基石。"通过宪法时，各州都有全权管理结婚和离婚，宪法并没有把管理结婚和离婚的权力委托给联邦政府。"在布儒斯案（In re Burrus）中法庭判决，"整个家庭关系，包括夫妻、父母和子女都属于州法，而不是联邦法"。

根据这种权力分配，联邦政府在家庭关系方面历来尊重各州的法律和政策。例如，在德西尔伐诉巴伦廷案（De Sylva v. Ballentine）中，本庭判决"为了确定谁是作者的未亡人，谁是作者的遗嘱执行人，以及谁是作者的最近亲属"，版权法"要求参照建立这些关系的州法，因为联邦法中并没有家庭关系法"。根据这条原则，即使有其他联邦管辖权的基础，联邦法庭通常也不会审理有关婚姻状况的争议。即使诉讼的双方并非同一个州的居民，联邦法庭也不会审理离婚和抚养权的案子，因为"家庭关系专属州政府管辖"。

州政府为婚姻定义并管理婚姻可以追溯到建国初期。因为"通过宪法时，我们的共同理解是，包括夫妻及父母子女的家庭关系，各州保留管理权。"各州的婚姻法不尽相同，例如佛蒙特州结婚的法定年龄是 16 岁，而新罕布什尔州是 13 岁。此外，允许结婚的血缘关系也不同，大多数州允许堂、表兄弟姐妹结婚，而少数州如爱荷华和华盛顿州不允许近亲结婚，但是那些规则都符合本州的法律。

在这种背景下，DOMA 不承认既定的观念，虽然宪法保障各州的法律可以不同，每个州所有的已婚伴侣并不享有完全相同的婚姻财产权、福利和义务。尽管如此，我们也无需决定联邦政府侵犯各州的权力是否违反宪法，因为联邦政府只是打破了联邦内的平衡。除了联邦制的原则之外，州政府为婚姻关系下定义的权力至关重要。在本案中，州政府在允许同性恋结婚的权利的同时，赋予同性恋人士尊严和重要的身份地位。当州

350 ｜ 一瓶九蝎：美国最高法庭经典判例选译

政府行使历史赋予的重要权力为婚姻关系下定义时，政府的作用和权力增强了对一类人的承认，并保护了他们的尊严。因为 DOMA 的涉及面太广，已经背离了由州法为婚姻下定义的历史和传统。"鉴于歧视的性质如此离谱，我们需要谨慎考虑歧视的法律是否违反宪法。"

联邦政府利用州政府定义的一个群体达到相反的目的，那就是对他们强加限制和障碍。因此，产生的后果要求本庭确定联邦法律对那个群体造成的伤害和侮辱是否剥夺了第 5 修正案保护的自由权。纽约州对同性婚姻一视同仁，而联邦法律伤害了纽约州想保护的群体。

同性恋群体希望发声决定他们自己的命运，纽约州对此的回应是，首先承认在外州登记的同性婚姻，然后通过法律允许同性婚姻。纽约州的行动无疑是在我们的联邦制之内行使州的主权，这正是国父们制定宪法的意图。州政府在联邦制里的作用是允许人们达成共识，尊重不同群体里的成员相处和互动的方式。

各州政府之所以要在宪法保障的范围内定义和管理婚姻关系，是因为婚姻不仅是为了享受法律规定的福利。州政府无权惩罚两个同性的成年人之间私密且两相情愿的性亲密行为，因为同性婚姻是"能够形成经得起时间考验的人际关系。"纽约州先承认在外州登记的同性婚姻有效，然后再通过法律正式允许同性婚姻，其目的是进一步保护那种结合的尊严。

对希望结婚的同性伴侣来说，州法对他们的合法行为给予合法的地位。这种地位表示法律承认两个人之间的关系，这种关系必须跟所有其他的婚姻一样得到尊重。这种法律既考虑到了婚姻的历史根源，也反映了人们对平等的理解不断进化。

第四部分

DOMA 伤害的人正是纽约州想保护的人。联邦政府的这种做法违反了正当程序和平等保护的原则。宪法保障的平等"至少表明，即使国会想伤害一个政治上不受欢迎的群体，也不能"对那个群体另眼相待。为了确定通过一条法律的动机是否不纯或有敌意，"不同寻常的歧视"要求我们仔细地审查。根据这些原则，DOMA 无法满足这一要求。各州政府负责管理家庭关系，政府将人群分类对人民的生活和习俗造成重大的影响。DOMA 背离了传统，既不承认也不接受州政府对婚姻的定义，剥夺了同性婚姻本来应该根据联邦法律享受的福利和责任。这一事实有力地证明该条法律的目的和效果是否认同性恋群体。虽然同性可以在州里合法登记结婚，DOMA 也还是将同性恋群体置于劣势，把他们单独区分出来并强加污名。

DOMA 的立法史和内容显示，联邦政府的目的是不让同性婚姻得到平等的尊重，而那种尊重正是州政府行使其主权赋予同性伴侣的，虽然这只是那条法律造成的后果之一，却是那条法律的本质。众议院的报告宣布了其结论，"国会应该尽力捍卫传统的异性婚姻，这种做法既正确也有必要……众议院第 3396 号提案正确地命名为《保卫婚姻法案》。有人试图将婚姻的定义包括同性婚姻，那是一种非常过激的建议，将从根本上改变婚姻制度"。众议院认为，DOMA 表达了"对同性恋的道德谴责，并从道德上肯定异性恋更符合传统（特别是犹太基督教）的道德标准"。国会公开表示，DOMA 的目的是促进"保护只允许异性结婚的法律的道德教育"。如果人们对此还有疑问，那条法律的名称确认了这一点：保卫婚姻。

两党法律顾问组提出的辩护理由也同样坦率，国会的目的就是影响或干预州政府决定什么样的人可以结婚的主权。提案的名称告诉我们，法律的目的是阻碍州政府通过同性婚姻的法律，即使通过了允许同性婚姻的法律，也要限制同性伴侣的自由和选择的权利。国会的目标是"按住天平的一端，影响州政府决定如何制定自己的婚姻法。"DOMA 显示的目的是，如果一个州决定承认同性婚姻，就用联邦法把同性婚姻当二等公民的婚姻处理。这种做法提出了一个有关第 5 修正案的严重问题。

在实际执行 DOMA 的过程中，我们也能确认这种目的。当纽约州通过法律允许同性婚姻时，其目的是消除不平等，但 DOMA 通过一系列的立法来挫败州政府的目的，而且我们看不出那部法律与任何具体的联邦法有什么关系，只是把不平等写进整部美国法典。本案有关遗产税，但是 DOMA 并不仅是简单地决定谁有资格得到遗产税的退税。在 DOMA 控制的 1 000 多部联邦法律和不计其数的联邦法规中，还包括社保税、住房、其他税种、刑事惩罚、版权和复员军人的福利。

DOMA 的主要作用是从州政府允许结婚的人士中分离出一个群体，并且不公平地对待他们。该条法律的主要目的是对那个群体强加不公的待遇，而不是为了提高政府的效率。责任和权利能够加强一个人的尊严。DOMA 企图剥夺某些根据州法结婚的伴侣的责任和权利，但不剥夺其他伴侣的责任和权利。DOMA 在一个州里把婚姻分为两类，强迫同性伴侣在州法下过着已婚的日子，在联邦法下却过着未婚的日子，从而削弱州政府承认和保护的一种人际关系的稳定性和预见性。DOMA 就是这样在公共和私人的层面上破坏州法批准的同性婚姻的重要性。DOMA 告诉那些同性伴侣和全世界，他们的合法婚姻不值得联邦法承认。这就把同性伴侣们置于二等公民的不平等地位，这种另眼看待对同性伴侣是一种侮辱，因为宪法保护他们的道德和性选择，州法也尊重他们之间的关系。此外，这种歧视还侮辱了成千上万同性伴侣养育的孩子。DOMA 使同性伴侣的孩子们很难理解他们自己家庭的完整性和亲密性，以及他们的家庭和其他的家庭在日常生活中应该如何相处。

在 DOMA 之下，因为政府颁发有形和无形的法令，同性伴侣的生活是有负担的。因为触角太长，从日常小事到重大事件，DOMA 涉及生活的许多层面。该法律禁止同性伴侣得到政府的医疗福利，剥夺他们享受破产法允许的特殊家庭赡养费，逼他们遵循非常复杂的程序向联邦和州政府合并报税，还禁止他们在复员军人的墓地合葬。

对有些已婚伴侣来说，DOMA 的不公平效果尤为严重。联邦刑法规定，若以恐吓或报复联邦官员为目的，"殴打、绑架或谋杀联邦官员、法官或执法人员的直系亲属"构成犯罪。尽管"配偶"属于联邦官员的"直系亲属"，DOMA 却把同性配偶排除在法律保护的范围之外。

DOMA 还从经济上伤害同性伴侣的孩子，因为法律规定如果雇主为雇员的配偶提供医疗保险，同性婚姻的医疗福利算收入必须缴税，这就增加了家庭的医疗费用。此外，在丧偶和失去父母的情况下，DOMA 还减少甚至拒绝给同性婚姻家庭发放抚恤金，对那些家庭来说这更是雪上加霜。

配偶之间是有责任和义务的，同性配偶其实是愿意承担那些责任和义务的，但是DOMA 不让他们承担婚姻的责任和义务。例如，配偶之间通常会在其中一个上学时互相支持，联邦法在计算助学金或学生贷款时会考虑学生配偶的收入，但是同性伴侣的收入不在考虑的范围之内。联邦职业道德规则也会遇到同样的问题。联邦官员"不得实质性亲自介入"对其配偶在经济上有利害关系的事务。此外，法律禁止参议员、参议院雇员和他们的配偶接受贵重的礼物，另一条法律要求高级官员和他们的配偶披露详细的财务信息。但是根据 DOMA，这些廉政措施不适用于同性的配偶。

宪法在授权的同时也对权力加以限制。虽然国会有权根据自己认为是合理的国家政策制订法律，但是国会不能剥夺第 5 修正案正当程序条款保障的自由权。

以上的解释已经足以证明 DOMA 的主要目的和不可避免的后果是侮辱那些合法登记结婚的同性伴侣。这就要求本庭判决 DOMA 违反宪法，因为该法律剥夺了《宪法第5 修正案》赋予个人的权利。

第 5 修正案正当程序条款保障的自由包含禁止政府剥夺法律对个人的平等保护。第5 修正案并没有授权给政府以 DOMA 的方式贬低或侮辱人民，第 14 修正案保障的平等保护把第 5 修正案保障的权利更加具体化，使法律更容易理解和用于维权。

DOMA 限制的群体是根据州法合法结婚的同性伴侣。州政府认为，应该承认和保护同性恋的群体，以加强他们的权利，而 DOMA 对这个群体另眼看待，拒绝承认州政府尊重他们的正确地位，将他们置于劣势。DOMA 告诉所有跟同性伴侣及他们子女打交道的联邦官员，同性婚姻不如异性婚姻。联邦的法案是无效的，因为该法案没有任何合法的理由可以抵销另眼看待并伤害一个群体的目的和后果，而各州通过法律来保护他们的人格和尊严。联邦法试图取消州政府对同性恋的保护，不像尊重异性婚姻那样尊重同性婚姻，所以联邦法违反了第 5 修正案。本判决仅限于合法的婚姻。[①]

维持第二巡回上诉法庭的原判。

此令。

斯卡利亚大法官反对，托马斯大法官加入，首席大法官加入反对意见的第一部分。

---

① 绝大部分州的法律不承认同性婚姻，截至 2020 年，全美国只有 13 个州承认同性婚姻。——译者注

本案在两个方面涉及权力，一是人民自治的权力，二是本庭宣布法律的权力。今天的判决扩大了法庭的权力，可想而知将会削弱人民自治的权力。其实，我们并没有权力判决本案。即使我们有判决的权力，宪法也没有赋予我们宣布民主立法无效的权力。本庭所犯的两个错误都源于同一条腐烂的根：高估了美国法庭的作用。

第一部分

A

本庭渴望告诉大家自己对本案提出的法律问题的看法。但是本庭面前有一道障碍，除了起草《独立宣言》的国父们之外，很少有人会对这个技术问题感兴趣，因为国父们为了防止法官干涉他们的生活而创造了这道障碍。《美国宪法》第3条只授予法官"司法权"，这种权力只允许法官审判实质性的"案件"和"争议"。然而，本案中的原告和政府对诉讼结果看法完全相同，他们非但同意下级法庭的判决是对的，还同意下级法庭的下级法庭的判决也是对的。既然如此，我们在这干啥呢？

对于这个问题的答案，就藏在今天的判决书中有关管辖权的部分里，其中核心的一句话暴露了多数派认为法庭应该担任什么角色。本庭说我们有权判决本案，因为我们的"主要角色是决定法律是否符合宪法"（至少是那些对原告造成伤害的法律）。如果我们不判决，我们的"角色就会屈居于总统之下"。但是请读者们等一下，你们也许会想，温莎在下级法庭胜诉了，她受到的伤害也得到了补救，总统对此很高兴，多数派也同意这一点。但即便如此，司法审查还是要大踏步前进，否则就会"削弱三权分立原则的意义，因为当国会的立法涉嫌违宪时，司法部门的权限和义务就是解释什么是法律"。

这种说法把我的下巴都惊掉了，因为这是把司法部门置于民选的国会代表和总统之上。我们似乎可以看见一个站在政府顶峰（戴着皇冠）的最高法庭，有权决定所有的宪法问题，随时随地都处于"第一"的地位。

然而，对于起草并批准宪法的国父们来说，他们脑海中本庭的形象并非如此。正因为他们知道"第一"权力的危险，才创造了三权分立的政府，三个部门可以"根据他们的共同职权完美地协调"，其中没有一个部门可以掌握排他的或优先的权力来决定各个部门的权力范围。人民这么做是为了保护自己，他们这么做是为了防止穿黑法袍的最高权力干预他们自治的权力，而今天本庭的多数派被这种至高无上的权力所诱惑。正因为如此，麦迪逊总统充满信心地告诉我们，除了权力分散和互相协调的政府之外，没有任何东西"更有内在的价值"，或是"受到有更高智慧的自由庇护者的授权"。

因此，每当"有人指控某条法律与宪法有冲突"，宪法禁止我们说法律应该是什么样的。只有当一方对法律的指控可能决定一场法律诉讼的结果，而对方又反对那种指控，我们才可以介入解释法律。并不像多数派相信的那样，"司法权"并不是"说法律应该是什么样的"，那样将使最高法庭成为"决定法律合宪性的主角"。多数派的同仁们应该记得有一部外国的宪法授予他们的宪法法庭第一权力，允许宪法法庭在非诉讼的前提下行使对法律的解释权①。美国人（和他们的英国先辈们）理解的司法权力是一锤定音地判决政府控诉个人的民事或刑事争议，或是判决个人控诉政府或其他个人的争议。有时（但不总是）诉讼双方对案子的事实并没有争议，而是对法律有争议，只有在这种情况下，才是"司法部门的权限和义务——去解释法律应该是什么样的"。

换言之，本庭的"主要角色"并不是宣布州和联邦法律是否有冲突，实际上本庭根本就不能扮演这种单独自立的角色。其实，本庭扮演这种角色只是巧合，那就是我们必须解决诉讼的争端。只有在那种情况下，才变成"司法部门的权限和义务去解释法律应该是什么样的"。这就是我们为什么在1793年礼貌地拒绝华盛顿的要求"解释法律应该是什么样的"，因为那是一项条约，而不是实质性的法律争端。正像我们的判决所说，这就是为什么有些法律的问题永远都不会放在本庭的面前，因为没有任何人有资格提起诉讼。布兰戴斯大法官曾经说过，在一场友好、非对抗的诉讼中，如果没有真正的至关重要的个人争端，我们不能评论法律是否违宪，这与我们无关，我们也无权过问。当一个受到伤害的人站在我们面前要求救助时，我们才开始有权力判决他应该有什么权利，判决之后我们的权力就终止了。

但是本案并没有任何争议。温莎胜诉之后伤害得到了救助。在普通的情况下，如果法庭判决美国政府退税，那也可以算是受到了伤害，但是本案远非那种普通的案子。无论受到何种伤害，美国政府也不会以诉讼当事人的身份请求本庭采取行动补救。司法部副部长辩护理由的最后一句说："鉴于上述原因，上诉法庭的判决应该被维持。"虽然这句话并不能为美国政府疗伤，却会被铭刻在石头上。你可以花许多个下午的时间上图书馆，也找不到一份请愿人要求上诉法庭维持让他败诉的判决。作为请愿人和被请愿人，美国政府和温莎的诉求是相同的：并不是要求执行下级法庭的判决补救温莎，而是要求本庭宣布下级法庭的判决是正确的。在上诉法庭也同样如此：双方都不想推翻温莎的胜诉判决，既然如此，上诉法庭应该（本庭也应该）以缺乏管辖权为由驳回上诉。因为双方都同意纽约南区联邦法庭的判决，其实诉讼本应该就此结束了。接下来的两轮诉讼纯属一种计谋，因为诉讼并没有标的，唯一的目的就是把地区法庭的判决上升到第二巡回上诉法庭，然后再从上诉法庭上升到本庭，因为地区法庭的判决对其他法庭没有约束力，第二巡回上诉法庭的案例对其下属的所有法庭都有束缚力，而本庭的判决对全美国的法庭都有束缚力。

在没有争议的情况下，我们从来就没有同意表态说"法律应该是什么样的"。从本庭创建到今天的两个多世纪里，如果诉讼各方对名义上的对手和下级法庭的判决都没有异议，我们从来没有说过我们有权介入。美国政府在口头辩论时也勉强同意了这一观点。

跟本案最相似的案子应该是移民局诉查达案。但是在那个案子里，诉讼双方对美

① 德国的宪法法庭的职责是解释宪法。——译者注

国政府和下级法庭的立场有争议，那就是参众两院出面干预了。因为查达案涉及国会行动的合法性，参众两院中任何一院都有否决权，这就威胁到参众两院的权力。因为总统选择不为参众两院的权力辩护，本庭允许参众两院介入干预诉讼。但是本案并没有这种情况。

有一点可以肯定，本庭在查达案中认为，受到法律影响一方的地位"并不会因为总统同意判决法律违宪"而有所改变。但是在那段话的注解里，本庭承认《美国宪法》第3条要求"可以判决的案件或争议"，并表明查达案已经满足了那个要求，"因为国会的参众两院是对立的当事人"。接下来本庭在查达案的判决中说，因为美国政府宣布打算执行那条法律，即使没有国会的介入也足以允许司法审理。即使没有参众两院的介入，上面这段话也适用于上诉法庭的司法审查。因为法庭没有撤销移民局的命令，查达面临被递解出境的局面。有关各方的一审诉讼资格，上诉法庭引用了下级法庭的判决，本庭判决似乎也在讨论这个问题。但如果是讨论上诉的资格，上面这段话纯属法官的个人看法，而且是错误的。当诉讼的一方已经得到司法命令防止对他的伤害，如果受到司法命令伤害的另一方要求推翻原判，上诉法庭才能继续采取司法行动。在查达案中，因为参众两院的介入干预，所以才满足了上诉资格的要求，但在本案中任何一方都不具有上诉的资格。

多数派讨论的《美国宪法》第3条的要求与本庭的法理毫无相似之处。他们指控法庭之友"忽视《美国宪法》第3条管辖权的要求和谨慎行使管辖权的限制之间的区别"。他们把要求对抗性说成是诉讼资格的"谨慎"考虑，这使人无法理解。原告（或上诉人）无论如何都有诉讼的资格，因为原告能够满足所有三个诉讼资格的要求，但是本案并没有争议。《美国宪法》第3条不仅要求原告（或上诉人）有资格提出控诉，还要求对立的一方否认控诉的合法性。其实，法庭之友并没有忽视，而是本庭的多数派忽视了管辖权和谨慎行使管辖权的限制之间的区别，他们把诉讼双方之间的对抗性说成诉讼资格的一个组成部分。我们面临的问题并非多数派所说的"美国政府的利害关系足以支持《美国宪法》第3条的管辖权"，而是美国政府和温莎女士之间是否存在争议。答案是，两者之间并无争议。

多数派试图忽视诉讼双方必须有对抗性的要求，认为那只是《美国宪法》第3条要求诉讼资格的"谨慎"行使管辖权，这种说法很可笑（把管辖权的要求说成是"谨慎"行使管辖权，那是一种神奇的策略，只要法庭认为自己已经够谨慎了，就可以忽视诉讼双方是否有对抗性，这真是一个好主意）。半个世纪之前，本庭也曾扭曲事实，宣布一部联邦法律的合宪性便可以达到行使管辖权的目的，但是本庭当年扭曲限制管辖权原则的手法与今天正好相反。在佛拉斯特诉科恩案（Flast v. Cohen）中本庭臭名昭著地判决，诉讼资格只是《美国宪法》第3条要求对抗性的一个组成部分，而且只是一个谨慎行使管辖权的组成部分。从那个时候开始，我们就一直在本庭争夺管辖权造成的混乱之中生活，从今以后，我们也将在本案造成的混乱之中生活。

多数派援引的案例远远不能支持他们违反直觉的说法，那就是即使诉讼双方意见相同，也还是可以存在《美国宪法》第 3 条要求的争议。在国家储蓄担保银行诉罗帕案（Deposit Guaranty Nat. Bank v. Roper）中，被告的银行同意全额赔偿，地区法庭判原告的个人胜诉。但原告还想上诉，因为地区法庭根据《联邦民事诉讼程序》第 23 条拒绝原告要求集体诉讼，所以在上诉中双方仍然继续有争议。此外，多数派援引的堪瑞塔诉格林案（Camreta v. Greene）也是同样，尽管地区法庭认为被告的州政府官员违反了第 4 修正案，却判他们胜诉，因为他们享有政府官员的豁免权，而且事发时他们并不知道他们违反了第 4 修正案。那些官员就违反第 4 修正案提起上诉，因为违反第 4 修正案的判决将会影响他们的前途，而原告坚持违反第 4 修正案的行为的确发生了。这两宗案件都提到谨慎的酌情考量权，但那只是指法庭可以在有争议的情况下酌情拒绝受理上诉，而不是在没有争议的情况下酌情受理上诉。法庭之所以可以酌情，是因为存在争议并不是我们发明出来的一个谨慎要求，而是《美国宪法》第 3 条要求的案件和争议的基本要素。多数派的论点是，即使诉讼的双方是友好的，法庭也还是可以受理诉讼，前提是"有法庭之友介入为争议辩护，从而保证确实有争议"。这种说法将为我们《美国宪法》第 3 条的法理掀起一场革命。

有人也许会争辩，如果我们的观点是对的，那么法庭就无权审理总统认为是违宪的法律。假如总统和原告都认为一条法律违反宪法，法庭就不应该再行使管辖权了。如果总统坚持执行一条违宪的法律，诉讼还是可以继续下去，但是如果在诉讼过程中总统承认那条法律违反宪法，诉讼就应该结束，法庭可以下达同意判决书阻止执行法律。而在本案中，尽管总统认为他相信法律是违宪的，但他还是要执行那条法律，所以本庭才受理本案。其实总统完全可以选择既不执行，也不捍卫他认为是违宪的法律，那样温莎就不会被伤害，地区法庭也就无需裁判这场友好的冲突，而且既然总统已经确定法律是违宪的，本庭也就不会失口说出对那条法律的看法。其实，这个案子应该成为总统和国会之间的一场拔河比赛，国会有许多办法（包括弹劾）逼迫总统强制执行国会通过的法律。因为总统同意地区法庭和上诉法庭的判决，他也可以拒绝上诉，就可以避免把法律是否符合宪法的争议交到最高法庭。有一点是可以肯定的：如果总统不想让最高法庭审核那条他认为是违宪的法律，他完全有能力做到。我的反对意见不是想跟司法审核切割，而是想跟总统的计谋切割。

多数派援引了马贝瑞诉麦迪逊案（Marbury v. Madison）中的一句名言，"解释法律绝对是司法部门的职责。"但是那句话并没有明说或暗示解释法律永远是法庭的职责，更不是法庭的"主要"责任。首席大法官马歇尔的判决接下来的一句话指出多数派忽视了什么："在具体案件中运用规则的人必须说明并解读规则。"只有当我们面临一个"具体案件"时，也就是《美国宪法》第 3 条要求我们解决的争议，我们才有解释法律的职责。本庭原来曾经更准确地讨论过我们今天面临的问题，多数派其实更应该援引首席大法官对洛德诉维亚奇案（Lord v. Veazie）的判决：

"我们正在审理的案件遇到反对意见，因为原告和被告的利益相同，但是他们的共同利益和第三方的利益有冲突。如果我们按照原告和被告的要求解释法律，将会严重地影响第三方的利益。"

"在这种情况下作出的判决只是一种形式。整个诉讼的程序构成藐视法庭……在法律上，如此作出形式上的判决不能算作法庭的判决，所以判决是无效的，并不需要纠错令，特此驳回。"

如果引用马贝瑞案的话，我们在该案中"无需解释法律"，仅需把本庭置于国家生活的中心就可以了。

B

阿里托大法官在反对意见里提出一种管辖权的理论，下面是我的回应。

多数派把宪法要求的对抗性变成酌情确定诉讼资格的一个要素，尽管阿里托大法官反对意见的理论并没有那么严重的后果，但是他的理论同样也把本庭升高到"第一"的位置，让本庭来决定涉及三权分立的宪法问题，并增加了"立法部门"的权力，而国会是三权中最危险的权力，因为国会的本性就是"把所有的权力都揽进自己的浮躁旋涡"。在我国的历史上，如果总统不能忠诚地执行法律，如果因为总统不作为而伤害人们的实质性利益，他们只能到司法部门控诉总统。阿里托大法官将创造一套系统，在这套系统里国会可以把总统告上法庭，这样不仅可以维护自己的权力，还可以纠正总统执法的不足。这将埋葬托克维尔对我们的司法系统的表扬，他说我们的司法系统"能够把法律上的案件和个人的案件紧密结合"，立法"将不会每天都被诉讼的双方攻击"，而且"法官必须解决的政治问题能够跟诉讼涉及的个人利益结合在一起"[①]。但是这个司法系统将被另一个系统所替代，只要总统认为某一条法律是违宪的，或是国会不喜欢总统执行某一条法律的方法，国会和总统就可以立即上法庭诉讼。

阿里托大法官有关诉讼资格的说法同样也大大地缩小了法庭批评立法的权力范围。例如，参众两院只需要简单多数就可以把总统告上法庭，控诉总统的福利政策太慷慨，这是其他人没有资格控诉的。此外，我们在瑞尼斯诉博尔德案（Raines v. Byrd）中指出，如果国会可以控诉总统错误地执行法律，导致"伤害"立法的权力，那么总统也可以控诉国会错误地制订违反宪法的法律，导致"伤害"总统行政的权力，或者控诉国会对总统的提名迟迟不表决通过。有些争端其实本来是应该通过政治解决的，却有无限的机会被拖到法庭对簿公堂。

阿里托大法官正确地认为，瑞尼斯案并没有正式解决这个争议，但是其论证方法解

---

① 亚历西斯·德·托克维尔（Alexis de Tocqueville, 1805 年 7 月 29 日—1859 年 4 月 16 日）是法国的政治思想家和历史学家。——译者注

决了这个争议。该案的判决花了整整 3 页的篇幅讨论总统和国会之间持续了几十年的争议，那就是有关国会可以禁止总统罢免行政官员的权力，有关国会的否决权，有关国会任命行政官员的权力，以及有关总统可以拒绝签署法律并阻碍其生效的权力。如果总统或国会的权力被削弱就足以有资格提起诉讼，那么这些争议都可以通过国会和总统之间的诉讼来解决。但事实并非如此，如果法庭能够解决总统和国会之间的争议，法庭由此"获得的巨大权力"将会"嘲笑汉密尔顿总统援引的孟德斯鸠语录，那就是'在三权之中，司法部门几乎没有任何权力'"。

有一点可以肯定，如果国会不能让本庭行使阿里托大法官认为本庭应该拥有的权力，那么解决争议的唯一途径就是国会跟总统直接交锋。其实这样做并没有什么想象不到的弊端，这无非就是"野心与野心的对抗"。如果参众两院的多数对一件事较真，他们无需通过诉讼，而是可以采取各种方法强迫总统采取行动，例如拒绝确认总统提名的人选，或是取消财政拨款（与其说"你必须执行法律"，还不如说"否则你就别想再拿到钱"）。但是先决条件很重要，国会必须有足够的决心跟总统较真，而不是让律师请求法庭来解决争议。宪法早就预料到政治上的权力斗争，永远让司法部门在总统和国会之间当裁判对我们的系统并没有好处。假如总统因为不忠诚地执行国会通过的法律而败诉，但他还是不忠诚地执行本庭的命令，我们该拿他怎么办呢？只用国会才能让总统听话，那就是直接跟总统交锋。

第二部分

根据上述的理由，我认为本庭和上诉法庭都没有权力判决本案。我们应该撤销下级法庭的判决，把案子发回第二巡回上诉法庭，并指示上诉庭驳回上诉。然而，鉴于多数派自愿表达了他们对本案事实的观点，接下来我也讨论一下案情。

A

多数派有关案情的判决也有许多值得注意之处。首先，本庭的管辖权并没有牢固的根基。例如，判决书的前 7 页篇幅都在讨论各州对家庭关系下定义的权力，一开始就愚弄了许多读者，使他们以为这只是一个有关联邦制的判决。但是最后法庭说"我们无需决定联邦政府的干预是否违反宪法，除了联邦制之外，州政府对家庭关系的定义是本案的核心，因为州政府决定赋予一个群体结婚的权利，使他们享有极其重要的尊严地位"。但是实际上并没有人质疑州政府为婚姻下定义并让同性恋伴侣享有尊严地位的权力，既然如此，本庭为什么还要花费 7 页的篇幅来叙述州政府权力的悠久历史呢？本庭的判决正式声明并没有依赖联邦制的原则之后，还是继续多次提到"承认和接受州政府为婚姻下定义的传统"。这是什么意思呢？判决书没有做任何解释。我猜是因为多数派不好意思说在联邦法律里为"婚姻"下定义并不在联邦政府的权限之内，但是他们还是需要通过修辞来支持他们的借口，那就是今天禁止的排除同性婚姻的法律仅限于联邦法（也许把有关州法的第二只鞋留到明年再掷地）。但这只是我的猜测。

同样令我不解的是判决中提到的"宪法保障的平等保护"。但在判决结尾处，多数派告诉我们"第14修正案保障的平等保护使第5修正案的正当程序权利更具体、更容易理解和维护"。这句话是什么意思？"第5修正案本身就是收回政府通过法律贬低和侮辱人民的权力。"对以上这句话唯一可能的解读就是平等保护条款（甚至是包括在正当程序条款中的平等保护）并非本案判决的依据。但是本庭在解释DOMA为什么违反宪法那部分判决（第四部分）的一开始就援引了博陵诉夏普案（Bolling v. Sharpe）、农业部诉莫瑞诺案（Department of Agriculture v. Moreno）和罗摩诉埃文斯案（Romer v. Evans），这三个案子都是有关平等保护的案子。除了劳伦斯诉得克萨斯案（Lawrence v. Texas）之外（那不是平等保护的案例），多数派在第四部分中仅援引了这三个案例来解释宪法的含义，来支持他们主张宪法保护同性伴侣的"道德和性取向的选择"。

此外，即便本案的判决是有关平等保护的，那也是一个使人困惑的判决。其实，判决并没有解决，甚至都没有提到这场诉讼的核心问题：根据平等保护条款，如果法律把婚姻限于男女之间，法庭审查的范围是否应该超过法律的合理性？这才是下级法庭诉讼双方的分歧所在。因为我原来就对本庭采用的"审查等级"的方法存疑，所以我只审查群体分类的合理性。据我所知，本庭同意这一点：本庭的判决并没有采用严格审查的标准，判决的核心主张来自莫瑞诺案的合理性基础。但是有一点可以肯定，本庭没有采用类似莫瑞诺案中的谦让框架。

多数派的判决既没有讨论究竟应该采取严格审查还是合理性审查的标准，也没有采取其中的一种标准来支持判决，本庭只是说DOMA违宪，因为该法案"剥夺了《宪法第5修正案》保障的个人自由权"，违反了"正当程序"的基本原则，并造成了"伤害和羞辱"，这种伤害和羞辱剥夺了"第5修正案保护的基本自由权"。多数派根本就没有敢说"实质性正当程序"这句要害的话，也许他们感觉到本案的争议落入了这条理论的范围，而本庭判决的含义正是"实质性正当程序"。但是判决并没有说同性婚姻"深深地扎根于我们国家的历史和传统"，因为这一主张当然是很荒唐的。本庭也没有进一步声称DOMA在一个失去了"有序自由"的世界中存在，因为那种说法也是很荒唐的。

有些人也许会说面包还可以在烤箱里多烤一会儿，但那也是错的，因为面包本来就已经烤过头了。一旦用错了食谱，再好的厨师也做不出好菜。总的来说，本庭的意思就是说DOMA是无效的（也许是根据平等保护原则，也许是根据实质性正当程序，也许是还有一些无形的联邦制成分），因为立法的动机是"一种赤裸裸的欲望去伤害"同性婚姻的伴侣。下面我将针对这种说法展开讨论。

B

我在上面已经说过，宪法并不禁止政府捍卫传统的道德观念和性取向，恕不赘述。我只想说宪法既不要求也不禁止我们的社会赞许同性婚姻，就像宪法既不要求也不禁止我们的社会赞许无过错离婚、一夫多妻制或饮酒。

然而，即使我们姑且不谈道德传统不赞成同性婚姻（或同性的性行为），实际上我们还是有许多合法的（也许是无聊的）理由来支持 DOMA。这些理由足够给本案画上句号。本庭的结论是，凡是对 DOMA 投赞成票的人都有一颗充满仇恨的心，而支持这条法律的理由将拆穿本庭的谎言。更重要的是，那些理由说明立法者的心愿与本案毫无关系："宪法有一条我们熟悉的原则，只要一条法律本身符合宪法，本庭不应该因为有人指控立法的动机不纯而废除那条法律。"这至少是一条我们熟悉的原则。但是多数派违反了这条原则，他们公开宣布如果反对的人或联邦合议庭的法官认为一条法律是出于卑劣的动机，那样的法律就是非法的。

多数派的结论是，DOMA 唯一的立法动机是"赤裸裸的……欲望去伤害一个政治上不受欢迎的群体"。请记住，本庭谴责的对象并不是当年一个南方邦联州的立法机构，而是三权分立中的另外两个权力机构，那是我们应该尊重的国会和总统，指控他们需要非常确凿的证据。我觉得本庭应该尽最大可能比较客气地解释法律。然而恰恰相反，多数派主动地对读者隐瞒了支持其观点的理由，只是提到那是法案捍卫者"提出的辩护理由"，完全懒得诠释或叙述辩护理由的具体内容。我想这是因为多数派很难维持那些 DOMA 的支持者的幻觉，他们是一群睁大眼睛精神错乱的私刑暴徒，只要有一个人说出他的观点大家便附和。

下面仅以 DOMA 捍卫者的一个论点为例，因为联邦法没有对婚姻下统一的定义，所以该法案选择回避法律的难题。假设两位女士在纽约的阿尔伯尼结婚，然后搬到阿拉巴马居住，但是阿拉巴马"不承认共性婚姻的合法性"。当这对伴侣下次报税时，她们可以合并报税吗？她们应该遵循哪个州的法律呢？究竟是她们登记结婚的州（承认同性婚姻）还是她们居住的州（不承认同性婚姻）呢？这个问题的答案是否取决于她们当时去阿拉伯尼的目的是否仅仅是旅行结婚呢？对这些问题的答案究竟应该遵循联邦的普通法呢？还是借用其中一个州的法律选择规则呢？如果借用一个州的法律选择规则，那么应该借用哪一个州的法律选择规则呢？如果一个州的法律对在外州登记的同性婚姻的合法性尚未下定论又怎么办呢？DOMA 回避了所有这些问题，只是规定联邦法承认什么婚姻，这就是那条法律里定义条款的经典目的。

此外，DOMA 保持了过去法律的效果，因为立法机构当时还无法预料形势将会产生什么变化。例如，当国会规定配偶可以免缴遗产税，而免税的优待又只限于异性配偶，因为当国会通过 DOMA 时，所有的州都只承认异性婚姻。当州法改变将打破原来的平衡时，DOMA 又增加了定义条款，确保各州的实验不至于自动地改变联邦法的基本运作，等到国会重新考虑再说。这种做法并无恶意，只是为了稳定而谨慎行事。国会并没有表示不愿意通过辩论重新考虑并修订法律。例如原来有一条法律规定，如果同性恋人士申请参军，军方不得询问，应征者也无需主动告诉军方自己的性取向，这条法律于 2010 年被废除。（因为军方已经不得拒绝同性恋人士入伍了）。

　　然而，本庭对此只字不提，反而指控国会通过了这条法律，然后总统签署了一条恶法，他们的行为超过了联邦政府的权限，所以他们对同性恋的区别对待是不合理的。尽管法律是错误的，但错误是善意的。多数派却说 DOMA 的捍卫者是恶意的，其"目的是蔑视与伤害"同性伴侣。本庭说 DOMA 的动机是"贬低""强加不平等""强加耻辱"，剥夺人们"平等的尊严"，给同性恋贴上"卑劣"的标签，并"侮辱"他们的孩子。

　　我敢肯定这些指控是不实的。那条法律的名称是 DOMA。但是捍卫传统的婚姻并不等于谴责、贬低或羞辱那些喜欢其他生活方式的人，就像我们捍卫美国的宪法并不等于谴责、贬低或羞辱其他国家的宪法。这种随意的指控贬低了我们的制度。多数派认为任何反对其判决的观点都是不合理的异见。多数派认为，质疑他们宣布一条法律无效就是"蔑视、降格、贬低和羞辱"那些同性恋的同胞和公民。人类自从有了婚姻之后，无论在我们的社会还是有史以来几乎所有的人类社会里，婚姻的概念从未被质疑，DOMA 无非是把婚姻的一个要素固定为成文法而已。社会选择改变是一回事，如果法庭采纳与人类为敌的那些人的反对意见而把改变强加给社会，那就是另一回事了。

　　多数派判决的倒数第二句赤裸裸地宣布"本判决仅限于那些州法承认同性婚姻而登记结婚的同性伴侣"。我还从来没有见过这种"大胆无理的推卸责任"。当本庭宣布宪法允许同性恋之间的肛交时，本庭保证案子的判决与"政府是否必须正式承认同性恋人士之间建立的关系"完全无关。现在多数派告诉我们 DOMA 是无效的，因为该法案"贬低同性伴侣，而他们的性选择是受宪法保护的"，同时还援引了劳伦斯案。今天的多数派真够不要脸的，居然向我们保证宪法要求正式承认同性婚姻在本案中并没有争议。多数派向我们保证之前教训大家，他们支持同性婚姻的道德判断是多么高尚，而国会充满仇恨地反对同性婚姻是如何低劣。我可以向你许诺一点：唯一可以"限制"本庭判决的东西，就是他们觉得如何可以逃避惩罚。

　　我不想反对首席大法官的观点。他认为当下级联邦法庭和州法庭面临州政府是否可以拒绝承认同性婚姻时，下级法庭是能够识别本案的，甚至本庭从理论上来说可以拒绝承认同性婚姻。上帝啊，判决书罗列的理由如猎枪射出的散弹一样多（其中还包括联邦制的噪音），可以从许多方面来识别。州法庭和下级联邦法庭应该听本庭的话来识别。

　　然而以我之见，除了今天判决的错误之外，本庭还将注意到州政府禁止同性婚姻。正如我所指出的那样，本庭在法律上左右摇摆的踪迹不定，无论你选择遵循哪一条理由，今天判决的真正理由是，DOMA 的动机是"赤裸裸的……欲望去伤害"同性婚姻的伴侣。这条理由就会很容易而且不可避免地得出相同的结论，那就是州政府拒绝承认同性婚姻的合法地位也是出于同样的动机。从今天的判决里可以很容易而且不可避免地替换出如下各种版本：

　　"这条州法的主要效果是从州政府允许的婚姻中找出一个群体，尽管他们的性关系受到宪法的保护，但还是要不公平地对待他们。州法的主要目的是强加不公平的待遇，而不是为了提高政府的效率。责任和权利能够加强个人的尊严和人品。该条州法剥夺一些根据州法结婚的伴侣享受宪法保护的性关系，但是却保证其他伴侣的权利和责任。"

或者我们也可以试试下一段：

"这条州法告诉那些同性伴侣和全世界，他们的合法婚姻不值得州法承认。这就把同性伴侣们置于二等公民的不稳定地位，这种另眼看待是对同性伴侣的一种侮辱，因为宪法保护他们的道德和性选择。"

或者除了人数之外我们甚至可以一字不改：

"这种歧视还侮辱了数以万计同性伴侣养育的孩子。该条法律使同性伴侣的孩子们很难理解他们自己家庭的完整性和亲密性，以及他们的家庭和其他的家庭在日常生活中应该如何相处。"

当然，本庭的判决还可以转换出若干类似的版本。总之，本庭认为国会蛮不讲理且充满仇恨地剥夺了州立法机构赋予同性伴侣的"人格和尊严"。既然如此，对那些同性婚姻尚未合法的州来说，不承认同性婚姻也是蛮不讲理且充满敌意的。对本庭来说，我们并没有把任何人当成傻瓜，你听着就行了，等着各州掷下第二只鞋吧。

本庭正式宣布反对同性婚姻的人是体面人类的敌人，为挑战不承认同性婚姻的州法的人提供了全副武装。从今以后，那些人将用本庭的宣言挑战州法"没有合法的目的"，并指控传统婚姻定义"的目的和效果是蔑视和伤害同性伴侣的人格和尊严"。多数派深知如此尖锐的语言将使他们有限的保证变得毫无意义。其实，这正是那种语言的目的，其结果将通过司法扭曲我们社会对婚姻的辩论，这场辩论看来需要我们笨拙的"帮助"，但这种帮助仅针对本庭的一位成员。[①]

有关这场辩论：极少数公共争端能触及对人民生活至关重要的司法机构，极少数公共争端能激起各方面好人的热情，极少数公共争端能如此生动地显示起草宪法的国父们给我们留下的遗产的妙处，而本庭今天把这份遗产送进当铺，去购买他们在聚光灯下偷来的短暂瞬间：这就是一个允许我们自治的政府。自从通过 DOMA 之后，辩论双方的人都看到了胜利，也看到了失败。我们看到了公民投票、立法、劝导和嘹亮的声音，换言之，这就是民主。一个地方的一些人胜利了，北卡罗来纳州的宪法规定"本州只承认男女之间的婚姻是唯一合法的家庭结合"（2012 年 5 月 8 日以 61% 赞成票，39% 反对票通过）。但这个胜利被其他地方另外一些人的胜利抵销了，马里兰州的事实婚姻法允许男女同性恋得到事实婚姻的结婚证（2012 年 11 月 16 日以 52% 赞成票，48% 反对票通过）。甚至在同一个州里，这个问题在不同的时间得到不同的结果。例如，缅因州"允许同性伴侣登记结婚"。（2012 年 11 月 16 日以 53% 赞成票，47% 反对票通过）。之前却拒绝"允许同性结婚的新法律"。（2009 年 11 月 16 日以 53% 赞成票，47% 反对票通过）。

---

① 就是发表反对意见的斯卡利亚大法官。——译者注

多数派认为这个故事是一部黑白片：你要么憎恨邻居，要么跟我们走。然而真理是很复杂的。我们很难承认自己的政治对手不是恶魔，特别是在这样的斗争中。对DOMA 的挑战最终并不是本庭所能摆平的。这就太糟糕了。请记住，像婚姻这样重大的争议其实还是可以做到政治正确，那就是先辈们所说的司法陶冶。其实，我们今天完全可以体面地处理，那就是向辩论的各方面承诺让他们自己来解决这个问题，我们将尊重他们的决定。其实，我们本来就应该让人民来决定的。

但是多数派不愿意那么做。一些人会为今天的判决高兴，另一些人则会失望。这就是争议的本质，因为这个争议对太多的人太重要了。但是本庭欺骗了双方，赢的人并没有得到体面的胜利，而输的人还是不服。我们让双方都受了委屈。我反对。

首席大法官罗伯兹反对。

我同意斯卡利亚大法官的意见，本庭缺乏审查下级法庭判决的管辖权。至于本庭决定要解决有关宪法的争端的事实，我也同意斯卡利亚大法官，国会通过的 DOMA 并不违反宪法。为了统一和稳定，国会有充分的理由决定保持婚姻的定义，因为在通过法案的当时全国所有的州和全世界对婚姻的定义都是相同的。

但是多数派觉得立法是出于邪恶的动机，他们指出联邦政府过去通常（尽管并不总是）会尊重州政府对婚姻的定义。当然事实确实如此，但是本案涉及的州法之间的差异特别巨大，用多数派的话来说，"绝大多数人都认为人类文明史上对婚姻的定义、作用和功能特别重要"。联邦政府对这个重要问题的处理完全不同于各州的法律对血缘关系和最低年龄的不同定义。对此，我并不感到意外。342 位众议员和 85 位参议员投票通过这项法案，而且总统也签署使法律生效，我并不认为他们的动机是赤裸裸的欲望去伤害。此外，立法史和法案的名称也不足以显示伤害的欲望。如果没有更具有说服力的证据，我们无法确定这项法案的主要目的是把恶意变成法律，或者这项法案并不能促进政府的合法利益。我不能用偏执的笔给政治权力部门抹黑。

尽管我并不同意多数派的分析得出的结果，我认为更重要的是指出多数派的分析不应该导致更严重的后果。本庭并没有面临而且判决的逻辑并未决定的问题是，当州政府今后行使它们"具有历史意义的重要权威时"是否可以继续使用传统的婚姻定义。

多数派在判决的倒数第二句里煞费苦心地挑明了这个问题，"本判决仅限于那些合法的婚姻"，他们指的是州法承认的同性婚姻，那是"当地社会根据婚姻的历史根源和对平等的理解的进化的结果"。斯卡利亚大法官认为这是"大胆无理的推卸责任"。在我看来，这条免责声明是多数派论点的必然后果。多数派判决的主要论点是，联邦政府闯入了一个"影响各州居民和公民的家庭关系的重要领域"，这种不寻常的行为足以拉响警报。我想多数派偏离了方向，但是我们也不能否认判决的依据是联邦制理论。

多数派按时间顺序追溯 DOMA 偏离了州政府和联邦政府之间的权力分配，并强调

DOMA "拒绝接受早就建立的规则"，那就是在同一个州里，所有结婚的伴侣都应该有相同的财产权、福利和义务。但是如果两个州对婚姻有不同的定义并不构成偏离，因为各州 "会根据各自不同宪法的保障" 对婚姻作出不同的定义，这本是意料之中的事情。因此对多数派来说，为了否决 DOMA，他们认为 "州政府对婚姻关系下定义的权力与本案密切相关。" 在今后的案子里，那种权力将站在对立面决定州政府对婚姻的定义是否符合宪法。此外，有关各州之间的差异和主权的考虑对 DOMA 的合宪性也是不利的。

多数派分析 DOMA 的核心特征并不是唯一的独特之处，核心周围还有许多不同的考量。例如，多数派把注意力集中在立法史和法案的名称上，但这仅限于一部特定的法律而已，与今后案件中遇到的其他法律并无关系。多数派强调 DOMA 是 "一系列的立法，看不出跟任何具体的联邦法有什么联系"，但是为了 "保护子女，财产权益和落实婚姻的责任"，对婚姻下定义是州政府广泛权力的基石。州政府已经行使主权让同性婚姻享有尊严，但多数派认为联邦政府的决定贬低了他们的尊严，而州政府决定是否扩大传统婚姻的定义却没有贬低同性婚姻之虞。

州政府对婚姻下定义会影响同性恋伴侣，将来我们还会解决这方面的挑战。然而，我们今天判决的案子却并不涉及这个争议，而且我们也缺乏解决这个争议的管辖权。我发表反对意见的目的是对多数派今天的判决和论证方法加以限制，以避免将来有人用今天的判决来解决 DOMA 是否符合宪法的问题，其实本庭无需解决这个问题，因为本案诉讼的双方已经就这个问题达成共识，而且本庭也明确承认这个问题并无争议。

阿里托大法官反对，托马斯大法官加入反对意见的第二、第三部分。

我们的国家正在激烈地辩论同性婚姻的问题，这场辩论的焦点是婚姻制度的性质。被请愿人温莎得到美国政府的支持，要求本庭介入这场辩论。尽管她的论点有所不同，她要求本庭根据宪法判决一种对婚姻的特殊理解，那就是婚姻应该与性别无关。然而，宪法并没有给我们这种选择。在州和联邦层面上，宪法让人民通过他们选举出来的代表来替他们选择。因此，我认为国会通过的 DOMA 第 3 节并没有侵犯宪法赋予温莎的权利，第 3 节根据联邦法对婚姻下定义，一方面给已婚人士某些联邦的福利，另一方面让他们承担某些联邦的义务。

第一部分

我首先来回答诉讼资格的问题。我认为美国政府显然不适合当本案的请愿人。美国政府并没有要求本庭推翻下级法庭的判决，或以任何方式改变判决。恰恰相反，美国政府竭力维护判决的正确性。在此之前我们还从来没有见过一个败诉的当事人要求我们如此维持败诉的判决。如果我们这么做便违反了《美国宪法》第 3 条，我们的判决至多只能算是顾问意见。根据斯卡利亚大法官的反对意见，我认为本庭的论点没有说服力。

至于两党法律顾问组是否有资格请愿，这是一个比较难回答的问题。今天，本庭在豪林斯沃斯诉派瑞案（Hollingsworth v. Perry）中也遇到了干预者是否有资格上诉的问题，本案的争议比豪林斯沃斯案更激烈。值得注意的是，在国家储蓄担保银行诉罗帕案中，尽管美国政府"在下级法庭完全胜诉"，本庭判决美国政府有资格作为请愿人介入干预，但与此同时判决豪林斯沃斯案中代表在下级法庭败诉方的干预者没有资格上诉。我认为，豪林斯沃斯案的干预者和两党法律顾问组都应该有资格上诉。

当诉讼的一方因为对方指控而"受到实际的伤害"，因为上诉对他有足够的利害关系，如果通过上诉有可能纠正，他可以要求法庭行使管辖权。在本案中，众议院就受到了这种伤害，故授权两党法律顾问组在本案中代表其利益。

在移民局诉查达案中，涉案的法律被参众两院其中的一院否决，本庭判决参众两院都有资格请愿，为法律的合宪性辩护。本庭允许参众两院介入，并对国会和总统的请愿做了判决。参众两院都有资格请愿，我对此并不感到意外。在查达案中，上诉法庭判决仅有一院否决是违反宪法的，这就限制了国会的立法权。在讨论《美国宪法》第3条的诉讼资格时，本庭认为当一条联邦法被否决时，国会就受到了伤害，因为"如果一个政府部门因为执行一条法律而成为被告，同时却又同意原告的观点，认为那条法律不适用或违反宪法，国会应该有资格出面为那条法律的合法性辩护。"

美国政府试图将本案与查达案区别开来，因为查达案涉及"一条不常见的法律，那条法律分别授予众议院和参议院特殊的程序权，可以对总统行动行使否决权"。但是这两个案子之间其实并没有什么不同：本庭维持了上诉法庭对查达案的判决，否决了一院否决权，从而削弱了国会的立法权，就像本庭维持了第二巡回法庭对本案的判决，否决了国会通过的 DOMA，同样也削弱了国会的立法权。美国政府并没有解释为什么查达案削弱的权力是"特殊的"或"程序的"，其实这和国会是否受到伤害并没有什么关系。因为国会的核心职能是立法，削弱立法权的伤害远远超过附加的程序伤害。

本庭对寇尔曼诉米勒案（Coleman v. Miller）的判决支持上面的结论。在寇尔曼案中，下级法庭判决州议会可以使用批准联邦宪法修正案的程序，我们判决州参议员有资格挑战下级法庭的判决，因为州参议员的票数本来应该是够了，却因为不能满足批准联邦宪法修正案的程序要求而作废。该案的原告包括 20 位州参议员，他们投票反对修订州宪法，他们的票数本应足以否决修正案，却因为程序而失效。我们认为，那些参议员显然有直接充分的利害关系维护他们投票的有效性。"我们认为如果 20 位参议员的主张是对的，他们的投票应该足以推翻修订州宪法的决议，投票的争议对那 20 位参议员有利害关系，州法庭就是因为他们有利害关系而受理并判决有关宪法的问题，他们的利害关系也足以让本庭行使管辖权审查下级法庭的判决。"第二巡回法庭宣布 DOMA 第 3 节违宪，其效果就是否决了一项国会法案。寇尔曼案中的州参议员可以决定是否批准修改州宪法，本案中的众议员就相当于寇尔曼案中的州参议员，DOMA 就是他们当年通过的。假如本庭并没有选择通过司法程序来废除 DOMA，众议员的投票足以阻止废除

DOMA。

美国政府和本庭委任的法庭之友认为瑞尼斯诉博尔德案正好相反，他们都错了。在瑞尼斯案中，本庭认为投反对票的国会议员没有资格在联邦法庭挑战他们反对的法律。瑞尼斯是一个不恰当的案例，原因有二：一是，瑞尼斯只针对个别的国会议员，因为他们缺乏国会的支持，所以他们的诉讼资格成问题："被上诉人并不是参众两院的授权代表，实际上参众两院都主动反对他们介入诉讼。"

二是，瑞尼斯案中的国会议员跟寇尔曼案中的州参议员不同，他们并不是关键人物，如果没有挑战，他们的投票足以阻止法案通过。如果议员的投票足以阻止（或促成）一条法案通过，但是因为他们的投票都被作废，结果那条法案通过了（或没通过），议员们就有资格提起诉讼。然而本案正好相反，众议院的选票并没有作废，DOMA 需要那些选票才能通过。[①]

有人认为，宪法授权给总统在诉讼中为联邦法律辩护，我对这种看法表示理解。但是我认为本庭对查达案的判决是相反的，本庭认为"如果总统基于宪法的考虑拒绝为一条法律辩护，国会有资格为法律的合法性辩护"。因此，当法庭否决国会通过的法律时，如果总统拒绝捍卫那条法律，国会有资格为那条法律辩护，而且是合适的当事人。

第二部分

温莎和美国政府辩称，DOMA 第 3 节违反了第 5 修正案正当程序条款的平等保护原则，本庭就是根据这一论点作出判决的。

同性婚姻是公共政策的一个高度情绪化的重要问题，但并不是一个很难的宪法问题，因为宪法并不保障同性结婚的权利。事实上，宪法里并没有任何条款提到同性婚姻。

本庭认为，正当程序条款具有一种实质性的组成部分。本庭判决"DOMA 剥夺了宪法第 5 修正案保障的自由权，所以是违反宪法的"，这说明本庭今天的判决有一部分是以实质性正当程序为根据的。但是人们都认为正当程序条款中"实质性"的部分只保护"那些最基本的、深深地扎根于我们的历史和传统中的权利和自由"，以及那些"包含在有序自由概念中的"权利和自由，"如果这些权利和自由被牺牲掉，那么自由和正义都将荡然无存"。

同性婚姻并不是深深扎根在我们的历史和传统之中，这是毫无争议的。在我国，直到 2003 年，马萨诸塞州的最高法庭才首次判决限制同性婚姻违反州宪法。此外，同性婚姻也不是深深地扎根在其他国家的历史和传统之中。直到 2000 年，荷兰才是世界上第一个承认同性婚姻的国家。

温莎和美国政府要求的并不是保护一项深深扎根的权利，而是要求承认一项很新的权利，他们不是要求民选的立法机构来实施改革，而是要求并非选举产生的法官来实施

① 《美国宪法》第 1 条第 7 款规定必须经过参众两院都批准才能通过法律。——译者注

改革。面临他们的请求，法官必须谦虚谨慎。

家庭是一个古老的人类普世制度。家庭的结构能反映出一种文明的特征，家庭结构的改变以及人们对家庭和婚姻理解的改变具有深远的意义。例如，人们逐渐认识到浪漫的爱是婚姻的先决条件，这种理解具有深远的意义。这种理解的过程是很复杂的，涉及多种因素的互动，需要很长的时间才能完成。

我们预期同性婚姻将来也会被人们普遍地接受。我们现在还不知道这一改变将会产生什么结果，也许还需要很长时间才会知道。有些人认为允许同性婚姻将严重地削弱婚姻制度，另一些人认为承认同性婚姻将使目前动摇的婚姻制度更加牢固。

现在还没有人，包括社会学家、哲学家和历史学家，能够准确地预测广泛接受同性婚姻将产生什么长期后果。法官们也无法对此进行评估。本庭的职责是解释和运用宪法。如果宪法里有一个条款保障同性结婚的权利，我们就有义务落实那项权利，但是宪法根本就没有提到同性婚姻的问题。在我们的政府体制下，最终的权利属于人民，人民有权控制他们自己的命运。对一个如此重要的问题，任何改变都必须由人民通过他们选举出来的官员来完成。

第三部分

也许因为温莎和美国政府都无法证明同性婚姻是一项重要的宪法权利，他们用平等保护作为辩护理由。他们辩称 DOMA 第 3 节是性取向歧视，按照性取向的分类必须经受严格的审查，而第 3 节并不能通过严格的审查。他们还辩称第 3 节对政府的利益并不重要，并且也没有证据能够证明第 3 节很好地维护了政府的利益。本庭的判决也是依据第 14 修正案的平等保护条款，但是本庭很小心地尽可能不采用温莎和美国政府的论点。

我认为，温莎和美国政府的主张偏离了方向。他们依赖的平等保护框架是一种司法结构，被法庭用来分析平等保护的案件。但是那个框架并不适合用来评估法律对传统婚姻的理解是否符合宪法，因为第 3 节的焦点在于什么是婚姻。

平等保护法理依据的核心是，"分类必须合理，而不是武断的。不同类别之间的差异必须跟立法目的有充分重要的关系，使所有处境相似的人都能得到相同的待遇"。温莎和美国政府主要依赖现代审查标准的层次，以此来启发和帮助法官确定分类跟立法目的有充分重要的关系。

例如，必须严格审查的分类应该是"量身定做"，来达到"必要的"政府利益，但如果这些分类"跟达到政府的合法利益几乎没什么关系，根据这些分类通过的法律将被认为是偏见和反感的写照"（本庭在克莱伯恩诉克莱伯恩生活中心案中判决，"根据身高和体重决定是否颁发开办智障人士之家的执照，就像根据肤色一样非法。这些身体特征跟公民是否愿意并能够行使民权毫无关系"）。

与之不同的是所谓的中等审查标准，这种审查标准针对那些跟"重要的政府目的"有"实质性关系"的分类。立法机构可以考虑这些分类的特点，但不同类别的不同待遇

"通常并不符合情理"。例如，本庭曾判决跟 18 岁以下未成年女性性交构成法定强奸，但是与未成年男性性交就没有刑事责任，两者之间的区别是，"就性交造成的问题和风险而言，男孩和女孩的处境不同"。法庭的理由是，"只有女性才会怀孕，她们因性行为遭受的肉体、情绪和心理上的伤害大大超过男性"。但是在其他情况下，本庭认为根据性别的分类是"武断的"，因为男女能力不同的看法早已过时，比如州法规定在男女的资历相同的情况下，法律应该首先考虑让男性担任遗产管理人。

最后一种就是理性审查标准，这种审查标准适用于"跟州政府有权落实的利益有关的"那些分类。我们早就认识到，"法律的平等保护必须与大多数立法的分类共存，那些分类可能使某些群体或个人处于劣势"。在理性审查的案件中，法庭不会认为分类是"本质上可疑的。在联邦制下，我们尊重三权分立，法庭会很不愿意严格地审查立法部门选择是否追求、如何追求以及用多大的力度追求政府的利益"。

温莎和美国政府要求本庭确定 DOMA 第 3 节必须按照严格的标准审查，并确定该法案无法通过严格审查，这就相当于要求本庭判决两位异性和婚姻之间的关系就相当于白皙的肤色和投票权之间的关系，或是 Y 染色体和管理遗产能力之间的关系。这种要求使人感到震惊，非民选产生的法官应该三思而后行。如果我们接受这种论点，那就相当于把坚持传统婚姻的概念的人变成偏执的狂人或迷信的傻瓜。

温莎和美国政府要求本庭以 DOMA 无法通过严格的审查为理由而废除那条法案，其实是要求本庭在一场有关婚姻的辩论中充当裁判。

第一种是老观点，我称其为"传统"或"夫妇"的观点。这种观点认为，婚姻的本质就是异性之间的结合。两党法律顾问组指出，几乎所有的文明社会，包括那些不受亚伯拉罕宗教影响的文明社会，都把婚姻限于异性之间。两党法律顾问组援引了赫尔南德斯诉罗伯斯案（Hernandez v. Robles）的判决，"几十年前，几乎所有的社会都只允许异性结婚"。两党法律顾问组试图解释这种现象，他们辩称婚姻的目的是使异性性交成为一种社会结构，其目的是生儿育女。另一些人则从哲学的角度来解释婚姻。他们认为婚姻基本上是使一种完整、排他、永久的结合神圣化，其本质是产生新的生命，虽然有的夫妇也许不生育。尽管现代文化的改变已经在大众的心目中削弱了婚姻和生殖的关系，在历史上的许多文明社会中，婚姻被认为仅限于异性之间的结合，跟生殖和生物学的血缘关系有盘根错节的关系。

另一种新的观点是我称之为"两相情愿"的婚姻。这种观点把婚姻定义为两个人互相许诺的神圣化，包括感情的纽带和性欲的吸引。对于异性伴侣来说，这种观点是社会主流对婚姻的理解。实际上，我们的大众文化充满了这种对婚姻的理解。主张同性婚姻的人辩称，因为性别的差异跟这种观点无关，把同性伴侣排斥在婚姻之外是一种丑恶的歧视。

我们的宪法并没有把这两种观点纳入成文法。（尽管我认为在通过宪法或第 5 修正案的时候几乎所有的人都会认为传统的观点是理所当然的。）既然宪法在这个问题上保持沉默，司法部门就不应该讨论这个问题。但温莎和美国政府暗示要求我们为"两相情愿"的观点背书，并拒绝传统观点，让我们独霸决定这个问题的权力。其实，哲学家、史学家、社会学家和宗教学家更有资格探讨这个问题。因为我们的宪法把解决这类问题的权力交给了人民，我不会把这两种有关婚姻的观点里任何一种观点供奉在宪法法理的神坛之上。

然而，立法部门责无旁贷，必须在这两种观点里选择一种。我们早就表明，联邦政府的政治部门和各州的政府无需在这两种对立观点之间保持中立，前提是他们择优通过的法律不违反宪法即可。在拉斯特诉萨利文案（Rust v. Sullivan）中，本庭认为"政府可以选择价值观，鼓励生育而不是收养"。因此，国会和各州都有权通过法律承认对这两种婚姻观点的任何一种理解。政府的规模如此之大，管理人民日常生活的范围如此之广，无论他们如何努力，都很难完全保持中立。

本庭并没有完全采纳温莎和美国政府的论点，而是取消 DOMA 第 3 节，因为法案的目的并不支持将人们分类的方法。本庭之所以得出这个结论，部分原因是第 3 节篡夺了州政府对婚姻定义的神圣特权。"正如法案的名称和力度表明，法案的目标是阻碍州政府通过同性婚姻的法律，并在通过允许同性婚姻法律的州里限制同性伴侣的自由和选择权。国会的目标是'按住天平的一端，影响州政府决定如何制定自己的婚姻法'"。实际上，本庭的最终结论是 DOMA 违反了第 5 修正案，因为该法案"专门挑选出一个群体，而州政府认为这个群体应该得到承认和保护，以增强他们的自由权"。此外，该法案还"对这个群体强加不利条件，拒绝承认州政府赋予他们令人尊敬的正确地位"。

本庭的立场是，有关同性婚姻的问题主要应该由各州自己来决定，我完全同意。我希望本庭最终将允许各州的人民自行决定这个问题。本庭今天判决中散发出来的联邦主义气息将随风飘散，我想这并非本庭的原意。

无论如何，我并不认为 DOMA 第 3 节侵犯了各州的特权，当然前提是许多受到 DOMA 影响的联邦法还没有侵犯各州的特权。第 3 节并不禁止任何州政府承认同性婚姻，也不禁止州法赋予同性伴侣任何权利、特权、福利或义务。第 3 节无非是界定了一个群体，并通过联邦法赋予这个群体某些特殊的福利，并强加某些特殊的负担。国会无非是在法案的条文里对婚姻状况下定义，一方面因为国会认为婚姻是一种有价值的制度，应该予以鼓励，另一方面国会认为已婚的伴侣是一种独特的经济结合体，应该给予特殊的政策待遇。假设宪法授权给国会制订受到第 3 节影响的法律，国会就应该有权对受这些法律影响的人群分类。

鉴于以上理由，我认为 DOMA 第 3 节并没有违反第 5 修正案。我恭敬地反对。

欧泊吉费尔诉豪吉斯
Obergefell v. Hodges
576 U.S. 644（2015）

判决摘要：

密歇根、肯塔基、俄亥俄和田纳西州对婚姻的定义是一个男人和一个女人的结合。原告们挑战这些法律违反了《宪法第 14 修正案》。地区法庭判原告们胜诉，第六巡回法庭合并上诉的案件后推翻原判，最高法庭又推翻第六巡回法庭的判决。《宪法第 14 修正案》要求州政府为两个同性的人登记结婚，并承认两位同性人士在外州合法登记的婚姻。本庭还注意到其他有关婚姻的变化，如包办婚姻在减少，禁止异族通婚的法律被废除，允许避孕，以及废弃剥夺妻子在法律上的行为能力的法律。第 14 修正案所保护的基本权利延伸到某些对个人尊严和自主权很重要的选择，包括隐私的选择，如对个人身份的定义和信仰。婚姻是社会秩序的重要组成部分，也是宪法里的基本权利，跟生育、抚养和教育子女的权利有关。有争议的婚姻法伤害并侮辱了同性伴侣养育的子女，限制了同性伴侣的权利，剥夺了平等的精髓。也许人们的第一反应是等待今后的立法、诉讼和辩论，但是公民投票、立法辩论、基层造势、研究成果和文献，以及大量的诉讼，增强了我们对问题的了解。根据宪法，变化应该通过民主程序来实现，被伤害的个人无需等待便可以争取基本的权利。《宪法第 1 修正案》保证有信仰的人和其他的人都应该得到保护，并遵循他们生活和信仰中的原则。

判决：

密歇根、肯塔基、俄亥俄和田纳西州对婚姻的定义是一个男人和一个女人的结合。请愿人是 14 对同性恋伴侣，另有 2 位男性的同性伴侣已经去世。他们分别在各自所在州的联邦地区法庭提起诉讼，诉因是州政府的官员违反了《宪法第 14 修正案》，拒绝他们结婚的权利，或是拒绝承认他们在外州合法登记的婚姻。每个地区法庭都判他们胜诉，但是第六巡回上诉庭将所有的案子并案后推翻原判。

裁决：《宪法第 14 修正案》要求州政府为两个同性的人登记结婚，并承认两位同性人士在外州合法登记的婚姻。

（a）在讨论管辖原则和先例之前，有必要先了与本案有关的历史。

（1）在历史上，婚姻是两位异性之间的结合。对于被请愿人（政府）来说，如果将婚姻延伸到同性伴侣，那将是对那种永恒制度的亵渎。但是请愿人并非请求让婚姻贬值，而是基于自身的经历，出于自尊和需要而去争取婚姻的特权和责任。

（2）婚姻的历史既是持续的，也是不断变化的，如包办婚姻在减少，剥夺妻子在法律上的行为能力的法律被废除。这些变化深刻地改变了婚姻的结构，影响了曾被认为是婚姻最基本的若干方面。这些新的见解非但没有削弱，相反增强了婚姻制度。随着一代代新人的诞生，自由的范围不断扩大，人们对婚姻的理解也不断地改变。

这种动力反映了男、女同性恋权利在我们国家走过的历程。许多州在 20 世纪谴责并认为同性之间的亲密关系是不道德的，同性恋被认为是一种疾病。20 世纪后期，文化和政治发展允许同性恋的生活可以在社会上公开。随着大量的公开和私下的对话，公众的态度逐渐改变。有关男、女同性恋法律待遇的问题很快就到了法庭，可以通过正式的法律程序讨论。2003 年，本庭推翻了 1986 年对鲍尔斯诉哈德威克（Bowers v. Hardwick）一案的判决，鲍尔斯支持佐治亚州的法律将某些同性恋行为入罪，推翻鲍尔斯案的理由是，将同性亲密关系入罪贬低了同性恋人士的生活。[①]此外，联邦的《保卫婚姻法案》也被否决。此外，若干在联邦法庭和州最高法庭审理的案子也成了话题。

（b）《宪法第 14 修正案》要求州政府为两个同性的人登记结婚。

（1）第 14 修正案所保护的基本权利延伸到某些对个人尊严和自主权极其重要的选择，包括隐私的选择，如对个人身份的定义和信仰。法庭必须通过合理判断来分辨个人的利益，这些利益如此重要，州政府必须尊重。历史和传统只是指导和训练我们探索，但是并不设置任何限制。当新的见解揭示宪法保护与法律限制发生冲突时，我们就必须处理有关自由的诉求。

运用以上的原理，本庭一直认为结婚的权利是受到宪法保护的。例如：洛文诉弗吉尼亚案（Loving v. Virginia）判决禁止异族通婚的法律无效，特纳诉萨弗雷案（Turner v. Safley）判决不得剥夺服刑囚犯结婚的权利。这些案子无疑也假定同性之间的关系，就像 1972 年的贝克诉纳尔逊案（Baker v. Nelson）用一行字简短地判决排除同性伴侣结婚并非重大的联邦法问题，然而其他更有指导意义的案例表达了更广泛的原则。在评估案件的影响力和合理性是否应该适用于同性伴侣时，本庭必须尊重结婚的权利一直受到保护的基本原因。这一分析迫使我们得出同性恋也有权利结婚的结论。

（2）四条原则和传统显示，婚姻是宪法的基本权利，同样也适用于同性伴侣。本庭相关判例的第一个前提是，对婚姻的选择是个人自主权概念的一部分。正因为婚姻和自由之间的关联，洛文案才根据正当程序条款废除了禁止异族通婚的法律。无论性取向如何，婚姻是个人最切身利益的决定之一。

本庭依据法理的第二条原则是，婚姻是一项基本的权利，因为婚姻支持两个人之间的结合，对作出承诺的双方来说，这种结合的重要性超过任何其他的关系。这种权利所保护的亲密关系是格里斯沃尔德诉康乃狄克案（Griswold v. Connecticut）的中心，该案

———————————
① 请见本书中劳伦斯诉得克萨斯案。

判决宪法保护结婚的夫妻使用避孕用品的权利，上面提到的特纳案也承认这一点。同性伴侣跟异性伴侣一样，也有权享受亲密的关系。这种权利超过了同性恋关系在法律上不构成犯罪的自由。

保护婚姻权利的第三个依据是保护儿童和家庭，从而使有关的权利变得更有意义，如生育、抚养和教育子女的权利。如果没有承认婚姻带来的稳定性和可预见性，孩子们将因他们的家庭缺失什么而受到羞辱。他们还将承担被无婚姻家长抚养而增加的费用，从而陷入一种更困难且不确定的家庭生活中。因此有争议的婚姻法伤害并侮辱了同性伴侣的子女。这并非说结婚的权利对不想生孩子或不能生育的人就不那么重要了。过去的先例保护结婚的伴侣不生育的权利，所以生育的能力和承诺并非婚姻权利的先决条件。

最后，本庭的判例和国家的传统表明婚姻是社会秩序的基石。各州把婚姻置于法律和社会秩序的中心，从而确立了婚姻的基本地位。这一原则对同性和异性婚姻并无任何区别，但是同性伴侣得不到政府提供的与婚姻有关的福利，而不得不承受异性夫妻所无法容忍的不稳定性。将同性恋伴侣拒于国家最重要的制度之外，是贬低他们的人格，因为他们也同样向往婚姻的崇高目的。

尽管人们历来把婚姻仅限于异性之间，已经显得很自然而正确，但是这种做法显然不符合结婚这一基本权利的最重要的意义。

（3）同性恋伴侣结婚的权利也是从《宪法第14修正案》保证的平等保护条款衍生出来的。正当程序条款和平等保护条款之间的关联意义深远。自由内涵的权利和平等保护确立的权利可能基于不同的理念，而且并非总是共存的，但是两者能互相指出对方的意义和范围。这种互动在洛文案中显示出来，因为本庭在洛文案中同时引用了平等保护条款和正当程序条款。在扎布罗基诉莱戴尔案（Zablocki v. Redhail）中，一条法律禁止拖欠子女抚养费的父亲结婚，本庭判决该法律无效。本庭认识到新的观点和社会认识能够揭露出重要制度中被忽视和未经挑战的不合理和不公正，因此本庭运用平等保护的原则判决那些性别歧视的婚姻法违宪，并确认了自由和平等之间的关系。

本庭承认对待同性恋的法律中各种宪法保证之间错综复杂的关系。这一互动同样也适用于异性之间的婚姻。被挑战的法律限制同性伴侣的自由和平等的理念。被挑战的婚姻法在本质上是不平等的：同性伴侣被剥夺了异性伴侣享受的待遇，并被禁止行使一项基本的权利。特别是同性关系历来被谴责，这种剥夺对他们造成了严重且持续的伤害，使男、女同性恋不被尊重而处于次要地位。

（4）结婚是人身自由中包含的基本权利，根据第14修正案的正当程序和平等保护条款，同性伴侣不应该被剥夺结婚的权利和自由。同性伴侣可以行使结婚的基本权利。本庭推翻贝克诉乃尔逊案（Baker v. Nelson）的判决。被请愿人挑战禁止同性恋伴侣按照异性恋伴侣相同的条件结婚的州法，本庭宣布歧视同性伴侣结婚的州法无效。

（5）最初本庭倾向于等待进一步立法、诉讼和辩论，然而公民投票，立法辩论、基层造势、研究和其他文献，以及在州和联邦法庭旷日持久的诉讼，已经加强了我们对争议的了解。根据宪法，变化应该通过民主程序来实现，被伤害的个人无需等待便可以争取基本的权利。鲍尔斯案实际上支持了州政府剥夺男、女同性恋基本权利的诉讼。尽管该案最终被否决了，那些男人和女人在否决之前遭受的痛苦和羞辱以及他们所受伤害的后果，在鲍尔斯案被否决之后仍然久久挥之不去。反同性伴侣的判决也会造成同样的后果，是违反《宪法第 14 修正案》的。请愿人的故事显示了他们诉诸法庭事端的紧迫性，法庭有责任处理他们的诉求并回答他们的问题。被请愿人辩称，允许同性伴侣结婚会破坏婚姻制度，这种论点基于对异性伴侣决定结婚生子的非直觉观察。最后，《宪法第 1 修正案》保证遵守各种宗教信条的人和无神论者都能得到保护，因为他们都努力传授对生活和信仰有成就感的重要原则。

（c）《宪法第 14 修正案》要求州政府承认从外州获得的有效同性结婚证书。因为现在同性伴侣可以在所有的州行使结婚的基本权利，州政府没有合法的理由拒绝承认在外州获得的合法同性结婚证书。

推翻第六巡回上诉庭的判决。

杰作蛋糕店诉科罗拉多民权委员会
Masterpiece Cakeshop, Ltd. v. Colorado Civil Rights Commission
584 U. S. ____（2018）

2017 年 12 月 5 日辩论；2018 年 6 月 4 日判决。

发给科罗拉多上诉法庭的调卷令。

杰作蛋糕店是科罗拉多州的一家面包房，老板杰克·菲利普斯是烤点心的专家，并且是一个虔诚的基督徒。2012 年，他告诉一对同性恋的情侣不能为他们定制结婚蛋糕，因为他的宗教信仰反对同性婚姻，而且科罗拉多州当时还不承认同性婚姻，尽管如此，他还是可以卖给他们其他的焙烤食品，如生日蛋糕。这对同性情侣根据科罗拉多州的反歧视法向科罗拉多州民权委员会投诉，因为反歧视法禁止"向公众提供商品和服务的商家"因为性取向而歧视顾客。根据科罗拉多州反歧视法的审查制度，科罗拉多州民权部门认为有理由相信蛋糕店违反了民权，并将案子送交民权委员会。随后，民权委员会将本案送交州行政法官听证，结果法官判决同性恋情侣胜诉。行政法官驳回了菲利普斯引用第 1 修正案的辩护：菲利普斯称，要求他为同性恋婚礼定制一个蛋糕违反了他的言论自由，因为那将强迫他用艺术天赋表达一条他并不认同的信息，而且还侵犯了他的宗教信仰自由。民权委员会和科罗拉多州上诉法庭都维持行政法庭的原判。

判决：

民权委员会在此案中的行为违反了宗教信仰自由条款。

（a）法律和宪法可以保护，并在一些情况下必须保护同性恋个人或同性恋情侣行使他们的民权，但是反对同性恋婚姻的宗教和哲理也是受保护的观点，在某些情况下还是受保护的言论。科罗拉多州法律可以保护同性恋人士跟社会上其他人按照同样的条件获取商品和服务，这并不例外，但是在运用法律时必须对宗教保持中立。对菲利普斯来说，他认为用他的技艺来发表声明，用他自己的声音和创造力来为一场婚礼做背书，其中就有重要的第 1 修正案有关的言论色彩，还涉及他虔诚的宗教信仰。他的困境是可以理解的，因为 2012 年科罗拉多尚未承认同性恋婚姻的合法性，而且本庭尚未对美国诉温莎案（United States v. Windsor）和欧泊吉费尔诉豪吉斯案（Obergefell v. Hodges）作出判决。菲利普斯认为他的决定是合法的并非没有道理，鉴于州政府当时的立场，这种论点具有一定的说服力。当时的州法还给店主一定的自由，可以拒绝书写他们认为冒犯他人的文字。在本案悬而未决之时，有三位面包师拒绝焙制上面书写有贬低同性恋或同性婚姻信息的蛋糕，州民权部门在这三宗案件中认定面包师拒绝焙制的行为是合法的。菲利普斯在本案中的主张也应该得到中立和尊重的考虑。

（b）然而，人权委员会对菲利普斯案的处理并非中立和尊重。对于菲利普斯因虔诚的宗教信仰而反对同性恋婚姻，委员会明显地表示出法律不允许的敌意。案卷中的资料显示，在委员会举行的正式公开听证会上，一些委员表示不得将宗教信仰带进公众或商业领域，贬损菲利普斯的信仰是可鄙的、傲慢的，甚至还将他虔诚的宗教信仰与捍卫奴隶制和大规模屠杀犹太人相提并论。没有一位委员反对这些评论，州法庭的判决中甚至都没有提到这些评论，交给本庭的诉状中对这些评论也没有否认或不赞成。因此，这些评论使我们对民权委员会是否公正地处理菲利普斯案产生了怀疑。此外，菲利普斯案和其他拒绝写反同性恋信息的面包师的案子受到不同的待遇，委员会裁决那些面包师胜诉，这也说明委员会对菲利普斯有敌意。民权委员会判菲利普斯败诉的理论之一是，顾客要求在蛋糕上写的任何文字将由顾客本人负责，而不是面包师负责。然而，在顾客要求面包师在蛋糕上画反同性恋婚姻的符号的案子中，民权部门并没有使用这一理论。民权委员会还考虑到其他的面包师都愿意向顾客出售其他的商品，菲利普斯也愿意向同性恋的顾客出售其他商品，但是委员会认为菲利普斯是否愿意出售其他商品与案件无关。尽管州上诉法庭简短地讨论了这种不同的待遇，但是并没有回答菲利普斯的忧虑，即州政府不赞成他出于宗教信仰的理由而反对同性恋婚姻。

（c）鉴于以上的原因，第1修正案规定州政府的法规不得对宗教或宗教观点持敌对态度，民权委员会在处理菲利普斯案时违反了这一责任。宪法保护宗教信仰自由，政府不得将对宗教信仰怀有敌意的法规强加给公民，也不得武断或先入为主地把宗教信仰和习惯说成是非法的。判断政府是否中立的因素包括"挑战决定的历史背景，导致制定政策的一系列具体事件，以及立法和行政的历史，如决策机构的官员在当时发表的言论"。对照这些因素，记录显示民权委员会考虑菲利普斯案时既不容忍也不尊重他的宗教信仰。在审查菲利普斯案时，民权委员会在各方面都采用负面标准来评价他反对同性婚姻的具体理由和宗教背景。然而，鉴于菲利普斯的宗教背景和出于良心而反对同性婚姻，政府的职责不应该对其合法性发表意见或建议。因此我们可以推断，民权委员会并没有按照宗教自由条款的要求站在中立的立场考虑菲利普斯因为宗教而反对同性婚姻。其实，州政府完全可以按照宪法的严格要求保持信仰中立，来权衡州的权益和菲利普斯出于虔诚的宗教信仰反对同性婚姻。然而，民权委员会一些委员们代表官方所作的评论对宗教充满了敌意，这是不符合中立的要求的。此外，民权委员会审理菲利普斯案的方法与审理其他几位面包师的案件的方法迥异，这也说明了同样的问题。

推翻上诉庭的判决。

肯尼迪大法官代表本庭下达判决书，首席大法官罗伯兹和布雷尔、阿里托、凯根和郭瑟奇大法官加入。

2012 年，一对同性恋情侣到科罗拉多州的杰作蛋糕店，询问是否可以为他们的婚礼定制一个结婚蛋糕。店主说，他不能为他们的婚礼专门制作结婚蛋糕，因为他信奉的宗教反对同性婚姻，且当时科罗拉多州还没有承认同性婚姻。于是，那对同性恋情侣便向科罗拉多州的民权委员会投诉，称他们因为性取向而受到歧视，违反了科罗拉多州的反歧视法。

民权委员会确认蛋糕店违反了反歧视法，并判那对同性恋情侣胜诉。科罗拉多州法庭维持民权委员会的原判和执行令。现在，本庭必须决定民权委员会的命令是否违反了宪法。

本案面临一些棘手的问题，因为我们必须适当地协调至少两条原则。第一条原则是州和州政府机构保护同性恋人士的权利和尊严的权威，他们有的已经结婚，有的正打算结婚，但是当他们寻求商品和服务时却受到歧视。第二条原则是所有的人都有享受《宪法第 1 修正案》赋予他们的基本自由的权利，这种权利通过第 14 修正案落实到各州。

本案主张的自由是言论自由和宗教信仰自由。然而其中言论自由比较难理解，因为在见过美丽的结婚蛋糕的人群中，很少有人会意识到创作蛋糕也是一种受到保护的言论自由。然而，这是一个启迪思想的例子，当我们在新的环境中落实宪法自由的时候，可以加深我们理解自由的含义。

本案的难点之一是，控辩双方对面包师拒绝提供服务的程度有争议。假如面包师拒绝设计一个特殊的蛋糕，例如蛋糕上面有庆祝婚礼的文字和图案且具有宗教的意义，那与完全拒绝出售任何蛋糕是不同的。当我们决定面包师的创作是否受到保护，这些细节便很重要了。

另一个难点是如何确定面包师主张的宗教自由是否能成立。比如，面包师拒绝参加婚礼，那就无法确保切蛋糕的方法是正确的，或是拒绝将某些宗教的文字或装饰放在蛋糕上，甚至拒绝出售一个公开出售的上面有某些宗教文字和标志的蛋糕；这只是无数可能中的三个例子。

无论言论和宗教自由这两条原则在不同的案例中如何组合，科罗拉多州民权委员会考虑本案时都没有尽到州政府应尽的宗教中立义务。

面包师拒绝的原因和动机出于他虔诚的宗教信仰和理念。本庭的先例很清楚，面包师是为公众服务的蛋糕店的店主，他在法律允许的范围内有宗教信仰的自由。尽管如此，当我们面临宗教信仰自由在什么情况下必须服从州政府行使其合法权力这一敏感的问题时，必须通过司法裁决来确定，在权衡利益的过程中，州政府不应该掺杂敌视宗教的因素。然而，政府并没有满足这一要求。当科罗拉多民权委员会考虑本案时，并没有按照宪法的要求对宗教保持中立。

基于以上的考虑，正确的判决是，无论今后遇到类似案例的结果如何，民权委员会在本案中的行为违反了宗教信仰自由条款，所以其判决是无效的。

第一部分

A

杰作蛋糕店是科罗拉多州丹佛市郊湖边森林的一家面包房，为公众提供各种烘焙的食品，如日常消费的曲奇和布朗尼，并为生日、婚礼和其他应酬定制的精美蛋糕。杰克·菲利普斯是专业面包师，开面包房已经 24 年了。菲利普斯是虔诚的基督教徒。他解释道，他"人生的主要目标是侍奉"耶稣基督，听从"基督在生活各方面的教诲，通过在杰作蛋糕店工作努力地供侍奉上帝"。菲利普斯的宗教信仰之一是"有史以来，上帝认为婚姻应该是一个男人和一个女人的结合"。对菲利普斯来说，为同性婚姻创作一个结婚蛋糕就相当于参加婚庆，这与他自己坚定的信仰相违背的。

2012 年夏天，菲利普斯在店里接待了查理·柯瑞格和大卫·穆林斯，他们俩准备结婚。因为当时科罗拉多州还没有承认同性婚姻，所以他们准备到马萨诸塞州法定登记结婚，然后再回丹佛请他们的亲友参加婚礼。为了准备婚礼，柯瑞格和穆林斯来到蛋糕店，告诉菲利普斯他们想"为我们的婚礼"定制一个蛋糕。他们并没有提到想如何设计蛋糕。菲利普斯告诉这对情侣他不为同性婚礼"创作"结婚蛋糕。他解释道，"我可以为你们做生日蛋糕和送礼的蛋糕，卖给你们曲奇和布朗尼，但就是不能为同性婚礼做结婚蛋糕"。那对情侣没有多说便离开了蛋糕店。柯瑞格的母亲陪着二位恋人到蛋糕店，并目睹了他们与菲利普斯的交锋。第二天，她打电话到店里，问菲利普斯为什么拒绝为他的儿子服务。菲利普斯解释道，他之所以不为同性婚姻创作结婚蛋糕，是因为他的宗教反对同性婚姻，而且科罗拉多州（当时）并不承认同性婚姻。后来，他又对自己的信仰做了解释："创作一个结婚蛋糕来庆祝一件违背圣经教诲的事情，那就相当于我支持并亲自参加那场仪式和他们即将建立的关系。"

B

科罗拉多州历来禁止提供公共服务的场所歧视任何人。1885 年，科罗拉多州建州还不到一年，州议会便通过了《保护所有公民和他们的权利法案》，该法案保证"所有的公民充分、平等地享受"某些公共设施，无论他们的种族、肤色或过去是否当过奴隶。十年之后，州议会将法案的范围扩大到"所有其他公共服务设施"。

如今，科罗拉多州的反歧视法继承了禁止在公共服务场所歧视的传统。在 2007 年和 2008 年，该法案经过进一步修订，除了其他因素之外，还禁止因为性取向而歧视任何公民：

"任何人若因为残疾、种族、宗教信仰、肤色、性别、性取向、婚姻状况、民族或血统而直接或间接地拒绝、阻挡或不给予任何个人或群体充分、平等地享受商品、服务、设施、特权、优惠或公共服务，即构成非法歧视。"

该法案对"公共服务"的定义很广泛，包括任何"向公众出售商品和提供服务的营业场所"，但是不包括"主要用于宗教目的的教堂、犹太教堂、清真寺或其他场所"。

反歧视法还建立了一套行政系统，专门处理有关歧视的投诉。一旦有歧视的投诉，先由科罗拉多州的民权部处理。民权部负责调查每一宗投诉，如果民权部认为有理由相信公共服务场所违反了反歧视法，便将案子送交给科罗拉多州民权委员会处理。民权委员会决定是否请州行政法官举行听证，法官听取证据和双方辩论之后书面裁决。行政法官裁决之后可以上诉到民权委员会，上诉庭由 7 位成员组成。委员会将举行公开听证并辩论，然后投票表决。

如果民权委员会认为证据能证明违反了反歧视法，便根据法律的规定要求采取补救措施，包括停止歧视，定期向委员会汇报遵守法律的情况，以及"采取正面的行动，包括张贴公众应享有的重要权利的告示"。科罗拉多州法律不允许民权委员会要求经济赔偿或罚款。

C

柯瑞格和穆林斯造访杰作蛋糕店后不久，于 2018 年 8 月投诉杰作蛋糕店和菲利普斯。诉状称，柯瑞格和穆林斯因为他们的性取向而被剥夺了在蛋糕店"充分、平等地享受服务"的权利，因为菲利普斯的营业政策标准是不向同性婚礼提供蛋糕。民权部立案调查后发现菲利普斯"不止一次因为顾客的性取向而回绝他们，称他不能为同性婚礼或婚宴创作蛋糕"，因为他的宗教信仰不允许他那么做，而且顾客"在做一件（当时还是）非法的事情"。调查发现，菲利普斯还拒绝为大约 6 对其他的同性恋情侣定做结婚蛋糕。根据柯瑞格和穆林斯的宣誓证词，调查显示菲利普斯的蛋糕店还拒绝卖杯装蛋糕给一对女同性恋庆祝她们"互相许诺"，因为蛋糕店"规定不得为这种庆典出售烘焙的食品"。根据以上的调查结果，民权部认为有理由相信菲利普斯触犯了反歧视法，于是将案子上报到州民权委员会。民权委员会决定将案子送交给行政法官举行正式听证。行政法官认为重要证据并无争议，便批准即决审判的动议，判决那对同性恋情侣胜诉。菲利普斯辩称，拒绝为柯瑞格和穆林斯定制结婚蛋糕并不违反科罗拉多州的法律。行政法官首先驳回了这一论点。蛋糕店受州公共服务法的管辖，双方对此并无争议。行政法官认为，菲利普斯因为顾客的性取向歧视他们，而不仅仅是反对同性婚姻，所以是非法的。

菲利普斯根据宪法向行政法官提出了两条辩护。首先，他辩称运用科罗拉多州的反歧视法要求他为同性恋婚姻定制结婚蛋糕，相当于强迫他用艺术天赋表达一条他不同意的信息，这侵犯了《宪法第 1 修正案》赋予他的言论自由。行政法官驳回了制作结婚蛋糕是一种受保护的言论的论点，他不认为替柯瑞格和穆林斯创作结婚蛋糕相当于强迫他支持"一种意识形态的观点。"根据证据运用科罗拉多州的反歧视法并未干预菲利普斯的言论自由。

　　菲利普斯还辩称要求他为同性婚姻制作蛋糕侵犯了他的宗教信仰自由，这也是受到《宪法第 1 修正案》保护的。行政法官援引本庭在俄勒冈人事部诉斯密斯案（Dept. of Human Resources of Ore. v. Smith）中的判例，确定科罗拉多州反歧视法是一部"有效、中立且具有普遍适用性的法律"，所以对菲利普斯使用这条法律并没有侵犯他的宗教信仰自由。因此，行政法官赞同柯瑞格和穆林斯，驳回两条基于宪法的辩护理由，判决菲利普斯和他的蛋糕店败诉。随后，民权委员会维持行政法官的判决。民权委员会命令菲利普斯停止歧视同性情侣，不得拒绝向同性情侣出售结婚蛋糕或其他仅向异性夫妻出售的烘焙食品。民权委员会还命令菲利普斯采取另外一些补救措施，包括"就反歧视法的公共服务部分进行全面的员工培训，并根据民权委员会的命令修改公司制度"。民权委员会还要求菲利普斯在将来两年之内每季度呈交"合规报告"，详细记录"被拒绝服务的顾客人数"，以及拒绝的原因，并附上采取何种补救措施的记录。

　　菲利普斯上诉到科罗拉多州上诉法庭，上诉法庭维持民权委员会的法律决定和补救令。菲利普斯辩称"民权委员会的命令违反宪法，强迫他和蛋糕店转达庆祝同性婚姻的信息"，上诉庭驳回了这一申辩。菲利普斯还辩称民权委员会的命令侵犯了他的宗教信仰自由，上诉庭也驳回了这一申辩。援引上述的斯密斯案的判例，上诉庭认为宗教信仰自由条款"并不免除个人遵守有效、中立且具有普遍适用性的法律的义务"，遵守法律并不会干预宗教活动和信仰。上诉庭得出的结论是民权委员会要求菲利普斯遵守法律并没有侵犯他的宗教信仰自由。科罗拉多州最高法庭拒绝接受菲利普斯进一步上诉。于是，菲利普斯要求本庭审查此案，本庭遂向科罗拉多上诉法庭颁发调卷令。菲利普斯重新要求《宪法第 1 修正案》赋予他的言论自由和宗教信仰自由。

　　第二部分

　　A

　　我们认识到，社会不能排斥同性恋个人和伴侣，贬低他们的尊严和价值。因此我们的法律和宪法可以，而且在有的情况下必须保护他们行使他们的民权。同性恋应该享有与其他人平等的自由，法庭必须对他们同样重视和尊重。本庭在欧泊吉费尔诉豪吉斯案中指出，"第 1 修正案保证宗教组织和个人能得到适当的保护，因为他们努力传播对生命和信仰最有成就感的重要原则"。尽管宗教和哲学的反对意见是受保护的，一般的规则是，根据全面适用中立的公共服务法，这些反对意见不允许商家和社会上的其他经济实体拒绝受保护的人得到相同的商品和服务。（"当立法机构有理由相信某个群体成了歧视的目标时，这些法规在州政府的立法权范围之内，并不违反第 1 或第 14 修正案"）。

　　当我们遇到婚礼时，我们不能强迫因为道德和宗教原因反对同性婚姻的神职人员为同性恋主持婚礼仪式，因为那将剥夺他的宗教信仰自由。根据宪法的理解，拒绝为同性恋主持婚礼是宗教信仰自由，这种宗教信仰自由是可以接受的，并不至于贬低同性恋人士自己的尊严和价值。但是，如果这种例外不受限制，那么为婚礼提供商品和服务的各种人都可能拒绝为同性恋人士服务，结果造成整个社会鄙视同性恋，这便违背了保证大家都能得到相同的商品和服务的民权法的历史和动力。

保护同性恋人士的科罗拉多州法律不应该有例外，因为法律同样也保护其他个人和群体都能够按照相同的条件得到他们所选择的商品和服务。毫无疑问，不计其数的商品和服务根本不会涉及《宪法第 1 修正案》。但是请愿人辩称，如果面包师拒绝向同性恋出售婚礼用的食品和蛋糕，那就又当别论了。根据本庭的案例，州政府的案子是稳赢的。如此拒绝提供商品和服务超越了面包师受保护的权利的范围，因为他向社会上的公众提供这些商品和服务，所以他受到中立且普遍运用的公共服务法的制约。

然而，菲利普斯认为他提出的争议是很狭窄的。菲利普斯辩称他必须运用他的艺术技巧来明确地表达，通过他自己的声音和创造力支持一场婚礼。对菲利普斯来说，本案具有重要的第 1 修正案言论自由的成分，且涉及他坚定、虔诚的宗教信仰。在这个前提下，面包师很难确定一条界线，在什么时候顾客得到商品和服务的权利变成一种需求，要求他用自己的言论自由为他们表达一条信息，而这条信息又违背了他的宗教信仰。

基于当时科罗拉多州的法律原则和司法的背景，菲利普斯进退两难的境地是完全可以理解的。他的决定和他拒绝提供服务的行为都发生在 2012 年，当时科罗拉多州还没有承认同性恋婚姻的合法性，而且本庭还没有对美国诉温莎案和欧泊吉费尔诉豪吉斯案作出判决。因为科罗拉多州政府本身就不允许在州内举行同性恋婚礼，所以面包师的论点是有一定分量的，因为他并没有无理拒绝做一件事，而且他理解的那件事相当于表示支持同性恋婚姻的合法性，而那种表达又违背了他虔诚的宗教信仰。至少他的行为仅限于拒绝创作和表达一条支持同性恋婚姻的信息，尽管计划的婚礼将在另外一个州举行。

当时，科罗拉多州的法律还允许商家酌情拒绝创作他认为会冒犯他人的信息。当针对菲利普斯执行判决的诉讼正在进行时，科罗拉多民权部还在涉及其他面包师定制蛋糕的案件中支持了这种观点，至少三次确认面包师拒绝创作侮辱同性恋或同性恋婚姻的蛋糕是合法的。

当州政府对面向公众提供服务的商家执法产生不同的结果时，这种论点肯定会引起反响。任何支持面包师的决定都必须尽可能受到限制，以免所有因为道德或宗教的原因反对同性婚姻的商家都在招牌上写"不提供用于同性婚姻的商品和服务"，那将严重地侮辱同性恋人士。尽管如此，菲利普斯的论点还是有资格得到中立和尊重的考虑。

B

菲利普斯本应该得到的中立和尊重的考虑却不得不让步。菲利普斯反对同性婚姻的动机源于他的宗教信仰，民权委员会处理他的案子时明显地对宗教信仰充满了敌意，这是法律所不允许的。根据本案的记录，民权委员会举行正式的公开听证时显示了那种敌意。2014 年 5 月 30 日，由 7 名成员组成的委员会公开审理了菲利普斯的案子。在听证会上，委员们数次支持宗教信仰不得进入公共和商业领域的论点，暗示宗教信仰和教徒在科罗拉多州的商业界是不受欢迎的。一位民权委员说菲利普斯可以相信"他愿意相信的任何宗教"，但是如果他决定在这个州里做生意，就不能按照他的宗教行事。稍后，这位委员又重新强调了他的立场："如果一个商人想在这个州做生意，但是法律跟他个人的宗教信仰有冲突，他就必须作出妥协。"如果我们孤立地看这段话，便可能解读出不同的含义。

一方面，这段话可以被理解为无论店主的个人观点如何，商店不可以因为顾客的性取向而拒绝提供服务；另一方面，这段话也可以被看成一种不恰当和轻蔑的评论，显示对菲利普斯的宗教信仰和面临的两难处境不屑一顾。但是如果跟后面的评论结合起来看，这段话更可能是第二种意思。

2014 年 7 月 25 日，民权委员会召开第二次公开会议，且有记录在案。在这次会议上另一位委员特别提到了上次会议的讨论，但是对菲利普斯的宗教信仰做了更加蔑视的评论。他说："我还想再次强调我们在上次听证会上所说的话，宗教自由和宗教在历史上向来被用作歧视的理由，无论是奴隶制、无论是屠杀犹太人，无论是……我的意思是……我们可以罗列数以百计的用宗教自由支持歧视的例子。对我来说，这是人们可以用他们的宗教来伤害他人的最卑劣的说教之一。"

将一个人的信仰描绘成"人们可以用的最卑劣的说教之一"，相当于至少从两个方面来蔑视他的宗教：把宗教描绘得很卑劣，并将宗教描绘成仅仅是说教，那是一种没有实质，甚至是虚伪的东西。那位委员甚至把菲利普斯出于虔诚的宗教信仰与捍卫奴隶制和屠杀犹太人相提并论。民权委员会的神圣职责是公平、中立地执行科罗拉多的反歧视法，因为这条法律既保护个人的宗教信仰，也保护个人的性取向免受歧视，所以委员们的这种感情色彩是极其不妥的。

记录显示，其他的委员并没有反对这些言论。后来，州法庭的判决审阅了民权委员会的决定，也没有提到这些言论，更没有对这些言论的内容表示忧虑。即使在送交给法庭的诉状中，民权委员们也没有否认这些言论。因此本庭不可避免地认为，这些言论使我们对民权委员会是否公正、中立地处理了菲利普斯案产生怀疑。至于立法者的言论是否可以作为证据，来确定法律是否出于宗教的原因而故意歧视，本庭的法官们对此有分歧。然而，本案的背景就不同了，因为这些言论是办案人员发表的。

此外，其他几个面包师出于良心而拒绝为顾客定制蛋糕，民权委员会却判他们胜诉，这跟他们对待菲利普斯案的态度迥异，这也说明了他们对菲利普斯案的故意。

前面已经提过，科罗拉多民权部至少处理过三宗面包师拒绝定制蛋糕的案子，因为顾客要求在蛋糕上表达反对同性婚姻，还有其他的宗教言论，民权部每一次都判面包师拒绝提供服务是合法的。用民权部的话来说，他们之所以判面包师胜诉，是因为面包师认为顾客要求定制的蛋糕上的"文字和图像是侮辱人的"；"语言和图像宣扬仇恨"；或

"传递的信息是歧视人的"。

在这三宗出于良心而拒绝提供服务的案件里，民权委员会的处理方法与处理菲利普斯拒绝提供服务形成鲜明对比。民权委员会判菲利普斯败诉的理论是，顾客要求在蛋糕上传递的信息将归咎于顾客，而不是面包师。而在其他三宗案子里，民权委员会却没有对反同性婚姻的信息表态。此外，民权委员会之所以认为其他三宗案子里的面包师没有触犯反歧视法，部分原因是每位面包师都愿意向顾客出售其他商品，包括以基督教为主题的。其实菲利普斯也愿意向男女同性恋顾客出售"生日蛋糕、送礼蛋糕、曲奇和布朗尼"，但是民权委员会却以其他商品与案件无关为由而驳回。

就拒绝定制蛋糕是否涉及言论自由而言，菲利普斯案可以被理解为是否受到了不同的待遇，而不是他的案子与其他三宗案子是否应该加以区别。简言之，民权委员会对菲利普斯出于宗教信仰拒绝提供服务的案子与其他人拒绝提供服务的案子给予不同的待遇。

菲利普斯在科罗拉多州上诉庭抗议，称他受到的不同待遇说明民权委员会对他的宗教信仰怀有敌意。他指出，民权委员会判决其他面包师出于良心拒绝提供服务是合法的，他拒绝提供服务却成了非法的，相当于判决他的宗教信仰。上诉法庭对这种不同的待遇草草地一笔带过，只是将争议分析的全部内容放在一条脚注中。法庭在脚注中说："最近科罗拉多民权委员会判决丹佛的几个面包师并没有因为顾客信仰基督教而拒绝为他们定制蛋糕，那些案子与本案是有区别的。因为民权部认为那几家面包房是因为顾客要求写的文字冒犯他人才拒绝，所以在那些案子里并没有法律不允许的歧视。"

但是政府不应该自己评估文字是否冒犯他人，然后来决定如何区别对待两种不同的案子。就好像"无论职位高低，任何官员都不可以规定什么样的政治、民族主义、宗教或其他见仁见智的事情才是正统的"。正如本庭多次判决的那样，政府和官员的角色不是规定什么样的言论才是冒犯人的。科罗拉多的法庭尝试为不同的待遇辩解，将一种冒犯他人的看法置于另一种看法之上，这种做法本身就传递了一种信号，表示了不赞同菲利普斯宗教信仰的官方立场。

因为政府的做法是不赞成面包师拒绝为同性恋定制结婚蛋糕的宗教原因，所以法庭的脚注并没有回答面包师的忧虑。

C

《宪法第 1 修正案》规定州政府的责任是，不得因为对某种宗教或宗教观点持有敌意而制定法律，基于上述原因，民权委员会对菲利普斯案的处理方法违反了第 1 修正案。

本庭在过去的案例中明确指出，如果要尊重宪法保证的宗教信仰自由，政府不可以把敌视宗教信仰的法规强加给公民，也不可以对宗教信仰和实践的合法性妄加评判或假设。宗教信仰自由条款禁止对宗教采取偏离中立的立场，哪怕是细微的偏离都不行。在本案中这段话的意思是，民权委员会在处理菲利普斯案的过程中应该遵循宗教信仰条款，义不容辞地对他的宗教信仰采取中立和容忍的态度。

宪法要求政府承诺容忍宗教，如果政府有敌视或不信任宗教之嫌而建议干预宗教事务，只要有丝毫的嫌疑，所有的政府官员必须三思而行，牢记宪法赋予他们的重任和宪法保护的权利。

当我们评估政府是否中立时，应该考虑的因素包括"受到挑战的决策的历史背景，有哪些具体的事件导致政府制定受到质疑的政策，以及立法和行政的历史，包括决策人员在当时说过的话。"根据以上这些因素，本案的记录显示，民权委员会在考虑菲利普斯案时对他的宗教信仰既不能容忍也不尊重。"无论哪一方面都显示"民权委员会对菲利普斯的宗教异议的判决是基于负面地评价他反对的具体原因和宗教背景。尽管没有必要，但我们还是要重复指出，政府的职责不是决定或建议菲利普斯出于良心的异议是否合法。根据本案的证据本庭不得不推断，政府没有按照宗教信仰自由条款的要求中立地考虑菲利普斯的宗教异议。

尽管本案的争议很难解决，在政府的利益和菲利普斯虔诚的宗教信仰之间，其实可以严格站在宗教中立的立场上来权衡。一些民权委员们发表的敌视宗教的言论违反了宗教信仰条款的要求，从上诉到维持原判的过程中，民权委员会并没有否认这些言论。民权委员会处理菲利普斯案和其他几位面包师的案子的方法迥异，也说明了这一问题。

第三部分

《宪法第1修正案》保证我们的法律对宗教保持中立，民权委员会的敌意违反了宪法。审理菲利普斯案的决策者应该是中立的，在立案、审理和判决的过程中，应该全面、公平地考虑他主张的宗教异议。本案判决的背景今后很可能改变，但是今后相同或类似的案子将留给后人解决。因此，民权委员会的判决和州法庭执行判决的命令必须推翻。

在不同背景下发生的类似的案子，将等待法庭进一步详细阐述，前提是我们必须认识到解决此类争议必须宽容，切忌不尊重宗教信仰，当同性恋人士在市场上寻求商品和服务时，不能让他们失去尊严。

科罗拉多州上诉法庭的判决必须推翻。

此令。

凯根大法官附和，布莱尔大法官加入。

"一般的规则是，根据全面适用中立的公共服务法，宗教和哲学的反对意见不允许商家和社会上的其他经济实体拒绝受保护的人得到相同的商品和服务。"但是在坚持这项原则时，政府工作人员不能敌视宗教的观点，他们在考虑这些观点时必须"保持中立和尊重"。我完全同意本庭的判决，因为我相信科罗拉多民权委员会没有尽到这项义务。我单独书面阐述本庭判决的依据之一。

民权委员会审理菲利普斯案的方法与审理其他三位面包师的案件的方法迥异，那三位面包师"出于良心而拒绝定制蛋糕"，这是本庭判决的部分原因。在那些案子里，一位名叫威廉·杰克的顾客要求定制"上面有反对同性婚姻，并带有宗教内容的蛋糕"。他找的几位面包师都拒绝了他的要求。

科罗拉多州民权部和民权委员会都判三位面包师胜诉。菲利普斯因为宗教的原因而拒绝为一对同性恋伴侣制作结婚蛋糕，却败诉了。本庭认为州政府处理杰克案和菲利普斯案的法律论证迥异。本庭特别注意到，科罗拉多州上诉法庭在比较这些案子时指出，州政府机构认为杰克要求书写的信息具有"冒犯他人的性质"。本庭指出，"政府不应该根据自己评估的文字是否冒犯他人，来决定如何区别对待两种不同的案子。"

其实，这两个案子之间非但有差异，而且差异很明显，所以州政府机构审理案件的方法更令人不安。科罗拉多州的反歧视法规定，为公共服务的场所如果因为个人的某些特征，包括性取向和宗教信仰，而剥夺他们充分、平等地享受商品或服务的权利，便属于违法。杰克案中的三位面包师没有违反那条法律。杰克要求他们定制一个诋毁同性恋和同性婚姻的蛋糕，那是他们不会为任何顾客制作的。拒绝杰克的要求时，三位面包师并没有因为杰克的宗教信仰而对他另眼看待，他们按照反歧视法的要求，就像接待其他顾客那样地接待了杰克。相比之下，那对同性恋伴侣要求菲利普斯制作的结婚蛋糕，就是菲利普斯会为异性伴侣制作的结婚蛋糕。反歧视法要求无论顾客的性取向如何，都应该能够充分、平等地享受公共服务。菲利普斯拒绝他们的要求便违反了法律。如果我们不受任何宗教成见的干扰，光从字面上解读并中立地运用科罗拉多法律，杰克案和菲利普斯案不同的结果便是合理的。[①]

我觉得本庭的判决完全符合这种观点。本庭的分析仅限于州政府机构（和上诉法庭）的论证，"不仅限于菲利普斯和杰克两案最终的区分"。本庭认可的原则将正确地

---

① 　郭瑟奇大法官不同意。他认为杰克和菲利普斯的案子应该同样对待，因为这些案子里所有的面包师"都不会向任何人出售杰克要求定制的蛋糕"。这样描述杰克的案子恰如其分，也解释了为什么那几位面包师没有非法歧视。但是如此描述菲利普斯案就出人意料了，因为菲利普斯会向异性伴侣出售结婚蛋糕。

　　郭瑟奇大法官之所以有如此的看法，是因为他并不觉得结婚蛋糕与其他蛋糕有何区别。在郭瑟奇大法官看来，菲利普斯拒绝出售的蛋糕，是一个庆祝同性婚礼的蛋糕，所以他不会卖给任何人。但是这种看法是不对的。

　　其实柯瑞格和穆林斯要买的蛋糕并不是一个专门用来"庆祝同性婚姻的蛋糕"，而是一个普通的结婚蛋糕，就像其他的结婚蛋糕一样，既可以用于庆祝同性婚姻，也可以用于庆祝异性婚姻。事实与郭瑟奇大法官的看法相反，当菲利普斯将结婚蛋糕卖给一个具有"宗教意义"的顾客时，那个蛋糕并没有变得不同。本庭一贯判决，今天再次维持判决，商贩不可以出于宗教原因而拒绝将商品出售给某一群顾客，无论顾客的性取向、种族、性别或其他受保护的特征。本庭在 1968 年的纽曼诉皮奇公园（Newman v. Piggie Park Enterprises, Inc.）一案中判决烧烤店必须接待黑人顾客，即使他认为种族平等违反了他的宗教信仰。商店可以选择出售什么商品，但是无论什么原因都不能选择顾客。菲利普斯出售结婚蛋糕，就这一商品而言，他歧视了顾客，因为他只卖给异性伴侣，而不卖给同性伴侣。

说明这些案子的结果为什么不同。本庭认为科罗拉多的法律"既能保护同性恋人士，也能保护其他人群，使他们都能像其他人一样，以同样的条件获得他们挑选的商品和服务"。

因此，如果一位面包师因为性取向而歧视顾客，而另一位面包师没有因为性取向或其他法律禁止的原因歧视顾客，可以对两者区别对待。但是就如本庭所说的那样，前提是州政府的决定没有受到宗教歧视的敌意或偏见的影响。对此，我附和。

郭瑟奇大法官附和，阿里托大法官加入。

本庭在俄勒冈就业与人事部诉斯密斯案中判决，中立并普遍适用的法律通常能够经得起宪法赋予的宗教信仰自由的挑战。斯密斯案在许多方面具有争议，但至少有一点是肯定的：当政府不能中立地对待宗教信仰自由时，便会产生麻烦。此后，政府若想获胜，就必须通过严格审查，证明政府对宗教的限制既是为了维护迫在眉睫的利益，也是严格制订的。

今天的判决遵守了这些原则。正如本庭所解释的，科罗拉多民权委员会未能对菲利普斯的宗教信仰保持中立。也许最值得注意的是，民权委员会允许其他三位面包师拒绝顾客的要求，因为顾客的要求违反了他们的世俗承诺。但是民权委员会不允许菲利普斯拒绝顾客的要求，因为顾客的要求违反了他的宗教信仰。本庭还解释了民权委员会歧视菲利普斯的唯一原因，是因为委员会认为他的宗教信仰"冒犯他人"。当然，如此专横地驳斥一个人虔诚的宗教信仰是与《宪法第1修正案》对立的，从一开始就不能通过严格审查。宪法不仅保护受欢迎的宗教信仰，也保护所有的宗教信仰不受政府的谴责。因为本庭对这些要点做了严谨、彻底的记载，我很高兴地全面同意判决。

唯一的波折是，我们的两位同仁单独书面表示，尽管有如此多的证据显示民权委员会对菲利普斯先生的虔诚宗教信仰怀有敌意，尽管民权委员会对菲利普斯案的处理与其他面包师的案子不同，但是对他的宗教信仰还是中立的。换言之，民权委员会很容易就能用符合第1修正案的方法处理菲利普斯案。

但是恕我直言，我认为我们无法挽回民权委员会所犯的错误。经过全面审理，证据指向问题之所在。我们先从威廉·杰克的案子开始，他前往三家面包房，要求面包师为他定制一个上面书写宗教反对同性婚姻信息的蛋糕。三位面包师都拒绝了杰克的要求，因为他们认为杰克的要求冒犯了他们的世俗观念。随后杰克向科罗拉多民权部投诉那三位面包师。他引用科罗拉多的反歧视法，该条法律禁止提供公共服务的商家因为顾客的宗教信仰、性取向和某些其他特征而歧视他们。

杰克先生辩称他要的蛋糕反映了他的宗教信仰，面包师们不可以因为他们不同意这种宗教信仰而拒绝定制蛋糕。但是民权委员会不认为面包师们违反了反歧视法，因为他们并没有因为杰克先生的宗教信仰而拒绝向他提供服务，而是因为他要的蛋糕冒犯了他们自己的道德观念。民权委员会的证据是，三位面包师都说他们对杰克和其他的顾客一视同仁，如果要求定制的蛋糕上有类似的信息，他们都会拒绝，无论顾客的宗教信仰如何。民权部还指出，面包师说他们将很高兴为信教的人提供表达其他观念的蛋糕。杰克先生随后到科罗拉多民权委员会去上诉，民权委员会即决审判拒绝杰克请求的法律补救措施。

下面是菲利普斯案中无争议的事实。查理·柯瑞格和大卫·穆林斯到菲利普斯的蛋糕店要求定制一个蛋糕庆祝他们的婚礼。菲利普斯说他不能违反他的宗教信仰做一个庆祝同性恋婚礼的蛋糕。但是菲利普斯表示可以为他们做另外的东西，包括其他庆典用的蛋糕。菲利普斯先生的证词并无自相矛盾，他说他拒绝为任何顾客定制庆祝同性婚姻的蛋糕，无论顾客的性取向如何。（"我不会为同性婚礼设计、创作蛋糕，无论顾客的性取向如何。"）记录显示，菲利普斯显然拒绝了柯瑞格先生母亲的这种要求。（若有人说菲利普斯先生愿意为异性恋顾客制作庆祝同性婚姻的蛋糕，或是不愿意向同性恋顾客出售其他商品，这种说法不符合本案无争议的记录。）尽管如此，民权委员会判决菲利普斯先生违反了科罗拉多州的公共服务法。

证据显示，这两宗案子在法律上有相同的特征。这两宗案子对顾客的影响是相同的，都是面包师拒绝向应该受保护的顾客提供服务（宗教信仰或性取向）。

但是在两宗案子里，面包师之所以拒绝提供服务，都是为了维护个人的信念。可以肯定的是，面包师知道他们的行为将使应该得到保护的顾客得不到服务。但是面包师们实际上并不是因为顾客受保护的特征而拒绝为他们服务。我们之所以这么认为，是因为所有的面包师都解释，他们不会向任何顾客出售那样定制的蛋糕，但是他们都会向受保护群体的成员（以及任何其他人）出售别的蛋糕。例如，第一宗案子里的面包师也会拒绝向无神论的顾客出售侮辱同性婚姻的蛋糕，就像第二宗案子里的面包师，他也会拒绝向异性恋的顾客出售庆祝同性婚姻的蛋糕。第一宗案子里的面包师会高兴地为有宗教信仰的人服务，就像第二宗案子里的面包师会高兴地为同性恋人士服务。在这两宗案子里，重要的是卖什么样的蛋糕，而不是卖给什么样的顾客。

无论是在生活中还是在法律上，我们想达到的效果和明知将会产生的效果是很相似的。刻意追求一个有价值的目标要求我们接受我们不愿意接受的（但又是完全能预见的）副作用：例如，选择与家人共度时光，便能预料到牺牲为慈善事业工作的时间；就像选择在办公室里加班，你就有意识地放弃了与家人共享的时间。故意的效果和可预见的效果在法律上也是有区别的。当然，法律有时采取不同的方法，或是将故意和认知相结合，或是根据法律从行为人的明知推断出故意。

本案的问题是，民权委员会未能中立地运用统一的法律规则。在杰克先生的案件里，民权委员会选择谨慎地区分故意的和明知的结果。尽管面包师明知拒绝为受保护人士服务，民权委员会认为他们没有违反法律，因为他们只是想对"顾客要求写在蛋糕上的冒犯他人的信息"敬而远之。（商家有权因各种原因拒绝订单，包括他们认为顾客要求的特定的商品会"冒犯他人"。)但是在菲利普斯案中，民权委员会却驳回了完全相同的理由，称"故意和明知两者之间的区别并无不同"，因此得出的结论是，明知顾客属于被保护的范畴而拒绝为其服务，从而可以推断他"故意怠慢"受保护群体的成员。委员会断定菲利普斯的故意与"涉案一方的性取向密不可分"，而且是"非理性的"。

在民权委员会的判决中，我们看不出任何中立的原则来调和这两种不同的判决。如果菲利普斯的异见与受保护的群体"密不可分"，那么杰克先生案子中面包师的异议也应该是与受保护的群体"密不可分"。因为要求定制庆祝同性婚礼蛋糕的顾客通常都具有某种特定的性取向，那么要求定制反对同性婚礼的顾客（通常）也都会有某种特定的宗教信仰。在两宗案子里，面包师的异见（通常）都会回绝具有受保护特征的顾客。民权委员会的决定可以用一言蔽之：因为菲利普斯先生能预见到他的行为，所以民权委员会推断他故意歧视应该受保护的群体，但是拒绝对杰克先生的案子做同样的推断，尽管面包师行为的后果同样也是可以预见的。为了避免双重标准，州上诉法庭干脆说，在菲利普斯案中"无需显示"实际的"故意"，或是故意歧视受保护群体中的个人。

然而，民权委员会不能正反都有理，不能在犯罪意图的标尺上随意上下滑动，按照他们同情心之所在而选择精神状态的标准，来迎合他们的口味。要么要求确凿的证据证明面包师因为顾客属于受保护的群体而歧视（如民权委员会在杰克先生案中的判决）之，或者是从面包师明知顾客属于受保护的群体而拒绝提供服务的事实便足以推断歧视的故意（如民权委员会在菲利普斯先生案中的判决），也许民权委员会可以首先任选其一。但是民权委员会处理世俗异见的标准不能比处理宗教异见的标准更宽松。这就是中立地对待宗教。

民权委员会对杰克案和菲利普斯案厚此薄彼的解释很快就清楚了，其中的原因并不能帮助委员会实现其使命。民权委员会在此案中既不是有意地改变其对所有公共服务案运用的规则，厚此薄彼也缺乏既有说服力又能经得起严格审查的理由。本庭认为，民权委员会看来是想谴责菲利普斯发表的"非理性"或"冒犯他人的信息"，而这种信息恰恰是杰克案中的面包师拒绝支持的。有些人认为，菲利普斯误解了宗教对他的教诲。确实，本庭判决同性婚姻是宪法赋予的权利，许多州也立法禁止性取向歧视。

但是官僚机构谴责虔诚的宗教信仰同样也不能通过第 1 修正案的严格审查。在我们的国家里，世俗官员的职责不是坐着对宗教信仰品头论足，而是只能保护信仰自由。就像我们引以为豪的言论自由法理学，我们保护我们憎恨的言论；也就像我们引以为豪的信仰自由法理学，我们也保护我们认为冒犯他人的宗教信仰。捍卫受欢迎的宗教观点是很容易的，而保护不受欢迎的宗教信仰才能证明我们国家承诺成为宗教自由的避难所。

本庭同仁的事后操作并不能解救民权委员会。例如，杰克先生要求定制一个上面有文字的蛋糕，而柯瑞格和穆林斯先生只是想买一个蛋糕庆祝他们的婚礼，并没有讨论蛋糕的装饰，然后强调两者的区别，这种做法并不能回答本庭面临的问题。

即使进一步提高问题的普遍性，重新描绘菲利普斯先生的蛋糕只是跟任何其他蛋糕一样的蛋糕，如果他能够为某些人定制蛋糕，那他就必须为所有的人都做同样的蛋糕。这种论点并不是对他的宗教信仰保持中立和尊重。

我们先来讨论蛋糕上有无文字的问题。为了原谅杰克案中的三位面包师，却惩罚菲利普斯先生，便说上面有字的蛋糕传递信息，无字的蛋糕不传递信息，这种做法是缺乏理性的，就连民权委员会和上诉法庭都没有把有字和无字的区别作为依据。试想，如果杰克先生是要求定制的蛋糕上面只有反对同性婚姻的图像，却没有反对同性婚姻文字呢？

民权委员会肯定也会同意那三位面包师想避免卷入反同性婚姻图像的意愿。毫无疑问，即使结婚蛋糕上并没有文字，也传递了信息。无论有无文字，也无论蛋糕的形状和颜色如何，都是为了庆祝婚礼，如果结婚蛋糕是为同性伴侣定制的，那就是为了庆祝同性婚礼。柯瑞格和穆林斯先生"要求菲利普斯设计并制作一个庆祝他们同性婚礼的蛋糕"，就像"徽章和旗帜"，为同性婚礼制作的蛋糕是一个标志，充当"心灵沟通的渠道"，象征着支持一种特定的"系统、观念或制度"。这恰恰就是菲利普斯先生因为宗教信仰而不愿意支持的。民权委员会剥夺了菲利普斯先生的选择权，却给予杰克案中那三位面包师选择拒绝在蛋糕上书写他们认为会冒犯他人的信息的权利，这就不是中立了。无论本庭还是任何法庭，都不应该说强迫一个人制作一个标志没关系，只有强迫他书写文字才违背了他的宗教信仰。

民政部门"无论高低"，都没有权利宣布什么样的宗教信仰才是"正宗的"，或者一位信徒是否"正确地理解了"其他宗教的戒律，而是不拘泥于书面文字，保护任何虔诚的宗教行为。（"宪法的眼光超越作为言论媒介的书面或口头文字，文字并不是宪法保护的先决条件。"）

同时，围绕蛋糕的咬文嚼字也不见得高明。把这个案子说成只是有关"结婚蛋糕"，而不是庆祝同性婚礼的蛋糕，恰恰指向问题之所在。泛泛而谈，菲利普斯先生案中的蛋糕只是面粉和鸡蛋的混合物；更具体一点地说，那是一个庆祝柯瑞格和穆林斯两位先生同性婚礼的蛋糕。民权委员会要求我们采取一种"中庸之道"：用蛋糕的材料来描绘太笼统，把蛋糕理解成庆祝同性婚姻又太具体，于是把它看成一个普通的蛋糕便恰如其分了。但问题是，在杰克先生案中民权委员会并没有运用同样的"中庸之道"。例如，民权委员会并没有宣布因为杰克先生要求的蛋糕只是一般的结婚蛋糕，而且所有的结婚蛋糕都是一样的，所以那三位面包师都必须为杰克定制蛋糕。但是民权委员会接受了那三位面包师的观点，因为杰克先生要求传递的信息冒犯了他们的信仰，所以允许他们拒绝为杰克先生服务。既然民权委员会允许那三位面包师拒绝为杰克服务，那也就应该允许菲利普斯拒绝为同性伴侣制作结婚蛋糕。

任何其他的结论都会鼓励民政部门根据他们的好恶来左右他们的调查。为什么要在菲利普斯案中将尺度定为"结婚蛋糕",而不是笼统的蛋糕,也不是更具体的"上面有关于同性婚姻信息的蛋糕"呢?如果把概括的尺度定为"蛋糕",那么民权委员会就必须像命令菲利普斯先生那样,也得命令三位面包师制作杰克先生要求的蛋糕。反之,如果把概括的尺度定为"传递有关同性婚姻信息的蛋糕",那么民权委员会就必须像尊重那三位拒绝为杰克先生制作蛋糕的面包师那样,也得尊重菲利普斯拒绝制作顾客要求的蛋糕。简言之,如果在两宗案子里使用相同的概括尺度,那么对所有的面包师都必须一视同仁。只有调整标尺,根据每宗案子当事人的身份和他们的观点将概括的尺度上下微调,才可能得出民权委员会的结果,判杰克案中的三位面包师胜诉,但是判菲利普斯败诉。这种追求结果的推理是不正确的。无论是民权委员会还是本庭,都不能在杰克案中使用一种比较具体的概括尺度(一个传递有关同性婚姻信息的蛋糕),却在菲利普斯案中使用一种比较笼统的概括尺度(一个并不传递有关同性婚姻信息的蛋糕)。当然,根据斯密斯案,商家不能因为自己的宗教信仰对某件事不以为然而逃避公共服务法的管辖。但是为了遵循第 1 修正案和斯密斯案的判决,任何法律都必须对宗教保持中立和尊重。这就意味着政府必须对所有的案子都运用同样的概括尺度,但是本案没有做到这一点。

在概括的标尺上滑动还有一个问题:因为有的宗教信仰对事物的区分比政府选择的描绘方式更为具体,所以就有被政府剥夺宪法保护的风险。对有的人来说,也许所有的结婚蛋糕看起来都没有什么区别。但是对菲利普斯先生来说就不一样了,这是因为宗教信仰对他的教育使然。菲利普斯的宗教信仰应该跟杰克案中的三位面包师的世俗信仰受到同样的尊重。

本庭多年来对这些论点"在不同的情况下反复解释过"。例如,在托马斯诉印第安纳就业保证部复审委员会案(Thomas v. Review Board of the Indiana Employment Security Division)中,一位钢铁工人是虔诚的耶和华见证人信徒同意帮助生产钢板,尽管他知道钢板可能被用于制造武器,但他不愿意在生产坦克炮塔的流水线上工作。当然,托马斯先生的道德底线与其他人的道德底线不同,甚至与跟他有相同信仰的其他人的道德底线也不同。但是本庭既没有说炼钢就是炼钢,也没有说只有某种特殊形状的钢材才会冒犯他的宗教信仰,而是认可托马斯先生有权为自己的宗教承诺的性质下定义,这种承诺是由教徒自己定义的,而不是由政府官僚或法官来定义的,这种承诺是受《宪法第 1 修正案》保护的。即便是美国的最高法庭,也不能告诉菲利普斯先生这个结婚蛋糕跟任何其他结婚蛋糕是一样的,而不顾蛋糕对他具有宗教的神圣意义。正如本庭不能把圣餐面包说成只是一个面包,也不能把奇帕①说成只是一顶帽子。

在我们的前面只剩下一条路。因为民权委员会未能中立地考虑菲利普斯先生的宗教异议,也没有迫在眉睫的理由不保持中立,那就必须让菲利普斯先生得到和杰克案中三

---

① kippah,一种犹太小帽。——译者注

位面包师得到的同样结果。本庭认识到这一点，因此推翻原判，民权委员会的命令"必须驳回"。对于拒绝提供服务的案子，民权委员会也许可以在今后制定政策或审理案件中采取一种新的"故意"标准，并给出中立的理由。但是正如本庭所观察到的，"无论今后出现的类似案例是怎么判决的，民权委员会的命令以及州法庭强制执行民权委员会的命令的判决都必须被宣布无效。"菲利普斯先生确凿地证明了政府违反了第 1 修正案，经过 6 年多的不公正民事指控，他有权得到今天的判决。

托马斯大法官携郭瑟奇大法官，部分附和，并同意判决。

我同意科罗拉多州民权委员会确实侵犯了杰克·菲利普斯的宗教信仰自由。正如郭瑟奇大法官解释的那样，民权委员会处理菲利普斯案的方法与在类似案件中处理另外三位面包师的方法迥异，至于厚此薄彼的原因，我们只能用委员会敌视菲利普斯的宗教信仰来解释。本庭也认为民权委员会处理菲利普斯案的方法不同，并指出一些民权委员会成员的评论蔑视菲利普斯的宗教。不仅民权委员会成员的评论令人不安，他们还运用科罗拉多公共服务法歧视，仅此一点就足以构成侵犯菲利普斯的民权。在本庭同意的范围内，我加入判决。

虽然菲利普斯是因为主张宗教自由而胜诉，我另外书面讨论他主张的言论自由。本庭因为一些不确定的问题而没有讨论言论自由的主张。具体来说，菲利普斯究竟是拒绝为被上诉人定制一个结婚蛋糕，还是拒绝向他们出售任何结婚蛋糕？诉讼双方对此有争议。但是科罗拉多上诉法庭在事实的争议上做了对菲利普斯有利的认定，将他的行为描述为拒绝"设计并定制一个庆祝同性婚姻的蛋糕"。此外，上诉法庭还认定民权委员会的命令是要求菲利普斯出售"任何他会向异性伴侣出售的商品，"包括定制结婚蛋糕。

即使如此描绘菲利普斯的行为，上诉法庭还是判决他的行为不算表达信息，所以不是受保护的言论。上诉庭的理由是，在外人眼中，菲利普斯只是遵守科罗拉多的公共服务法，而不是表达一种信息，他完全可以在面包房里张贴一张告示来说明他的立场。这条理由是在嘲弄言论自由原则的基石，将为任何强迫个人发表言论的法律提供理论基础，所以我们必须对此发表评论。

第一部分

《宪法第 1 修正案》通过第 14 修正案适用于各州，禁止限制"言论自由"的州法。本庭解释这条法律时，对言论监管和行为监管作了区分。尽管对行为的监管可能对表达造成"附带的负担"，但通常不会限制言论自由。正如本庭今天的解释，公共服务法通常只是监管行为。"通常来说"，公共服务法并不"针对言论"，而是禁止"向公众提供商品、特权和服务过程中的个人歧视行为"。

尽管公共服务法通常只是监管行为，但是在具体执法的过程中也可能干扰言论。当公共服务法的"效果是宣布言论本身就是一种公共服务"，第 1 修正案就完全适用了。

在赫尔利诉波士顿美籍爱尔兰男同性恋、女同性恋及双性恋组织案（Hurley v. Irish-American Gay, Lesbian and Bisexual Group of Boston, Inc.）中，马萨诸塞州的一条公共服务法禁止"因为性取向在公共场所接待顾客时加以区别、歧视和限制"。当该法律要求圣帕特里克节游行的赞助商在游行队伍中包括同性恋和双性恋方队时，本庭一致判决那条法律侵犯了赞助商的言论自由。本庭认为游行是"一种表达的形式"，运用公共服务法强迫赞助商增加一个新的方队"篡改了游行所表达的内容"。增加方队迫使游行组织者"见证一些爱尔兰人是同性恋或双性恋这一事实，表示具有那些性取向的人与异性恋同样有权要求社会无条件地接受他们"，暗示他们参加游行"是值得庆祝的"。虽然本庭认识到排斥同性恋和双性恋的方队可能产生误导，甚至对他们造成痛苦，但本庭还是拒绝他们的主张，因为即使"某种思想或言论被某些群体或所有的人接受"，但是由政府下令让异见人士接受思想或言论，仍然是与言论自由"相对立的"。

因此，个人的"行为可能包含足够的人际交流因素，从而进入第 1 修正案和第 14 修正案的范围"。根据这项原则，本庭承认许多行为属于表达的范畴，包括裸体舞蹈、焚烧美国国旗、在倒挂的美国国旗上粘贴和平的标志、穿军装、佩戴黑纱、静坐示威、拒绝向美国国旗敬礼以及挥舞红旗。

当然，仅因为"行为人想表达一种观念"，并不等于那种行为就是应该受保护的言论。为了确定某种行为是否具有足够的表达性，本庭首先要问这种行为"是否为了交流的目的"，而且在具体的环境中，观众是否也能合理地理解该行为交流的内容。但是我们并不要求行为必须具有"特殊的含义"，否则言论自由将永远都无法包括杰克逊·波洛克①（Jackson Pollock）的绘画、阿诺尔德·勋伯格②（Arnold Schönberg）的音乐，或是刘易斯·卡罗尔③（Lewis Carroll）的胡诌诗（Jabberwocky verse）。

一旦法庭认定某种行为具有表达性，宪法便约束政府不得限制或强迫这种行为。"言论自由原则最重要的表述之一是，选择说话的人也可以选择不说"，并且可以根据自己的尺度"调整"信息的内容。这条规则"既适用于表达价值、观点或支持，也适用于沉默者想避免陈述的事实"。至于政府是监管言论的创作、传播还是使用，这三者都没有区别。

第二部分

A

科罗拉多上诉法庭认为菲利普斯的行为是创作和设计定制的结婚蛋糕，这种行为具有表达性。菲利普斯认为他是一个艺术家，杰作蛋糕店的招牌上有一块画家的调色板、一支画笔和面包师的搅拌器，柜台后面有一幅画，画中人是菲利普斯正在画布上作画。

---

① 美国的抽象派画家。——译者注

② 犹太裔作曲家，纳粹指责其音乐颓废，是毒害德国青年的垃圾，把他赶出了其执教 8 年的柏林普鲁士艺术学院，此后勋伯格定居于美国，先后在波士顿和洛杉矶任教。——译者注

③ 英国作家，以童话《爱丽丝梦游仙境》（Alice's Adventures in Wonderland）著称。——译者注

菲利普斯对每一个蛋糕都认真制作，在纸上设计图案，选择颜色，创作糖霜和装饰，烘焙蛋糕，造型修饰，最后亲自送到婚礼上。他的创作过程请见杰作蛋糕店的网页。

菲利普斯还积极参与婚庆。定制蛋糕之前，他会先坐下来与每一对新人商量如何制作。他与新人讨论他们的喜好、性格和婚礼的细节，确保每个蛋糕都能反映出每对新人的特点。除了创作和送蛋糕到婚礼上之外，菲利普斯有时还留下来跟贺喜的宾客互动。宾客们熟悉了他的创作之后，有的还会专程上门。对菲利普斯来说，一个结婚蛋糕传达的信息是，"婚礼举行了，婚姻开始了，让我们来祝贺新人"。

结婚蛋糕确实传递这样的信息。这是维多利亚女皇时代英国的传统，这一传统在美国内战后传到美国，"结婚蛋糕充满了象征性，使人都不知从何说起"。如果一位普通的人走进房间看见一个洁白的多层蛋糕，他立即会意识到他遇到了一场婚礼。蛋糕"是婚礼的标配，是结婚不可或缺的一部分，这是毫无疑问的"。

无论多寒酸，几乎没有一场婚礼是没有蛋糕的。"如果没有蛋糕，一整套预期的婚礼程序将无法进行：一组照片、切蛋糕的镜头、干杯，然后分发切好的蛋糕，以及在婚礼上和婚礼后的祝贺"。蛋糕最终是被吃掉，但这并不是蛋糕的主要目的。（我们常听见别人说不喜欢结婚蛋糕，意思是他们不喜欢吃蛋糕。这包括为婚礼定制蛋糕的新人。吃蛋糕本身并没有什么意义。这是解释结婚蛋糕向来被认为是不可以吃的理由。）

蛋糕的意义代表新婚的起点，目的是向新人表示祝贺。[1]

因此，菲利普斯定制的结婚蛋糕具有表达性。用他的艺术天赋创作具有一眼就能认出婚庆标志的蛋糕来传递的信息，比裸体舞蹈和挥舞红旗所传递的信息更加清楚。[2]

科罗拉多州的公共服务法强迫菲利普斯为同性婚礼创作蛋糕，因此"篡改了他想传递的信息内容"。本庭认为表达性行为的含义取决于"行为发生的背景"。强迫菲利普斯为同性婚礼定制蛋糕至少是强迫他承认同性婚礼也是"婚礼"，暗示我们应该祝贺同性伴侣们，这种信息是他的宗教信仰所不允许的。《宪法第 1 修正案》禁止科罗拉多州政府要求菲利普斯"见证这一事实"，或是"确认一种他不愿意认同的信仰"。

---

① 科罗拉多上诉法庭承认"在有些情况下，结婚蛋糕可能传递庆祝同性婚姻的特殊信息"，这将取决于蛋糕的"设计"，以及蛋糕上是否有"题词"。但是结婚蛋糕其实并不需要特殊的设计或文字来表达婚礼举行了，婚姻开始了，和我们必须向新人祝贺的信息。尽管结婚蛋糕有不同的色彩、装饰和式样，但是这些差异并不会影响人们辨认出这个蛋糕是结婚蛋糕。民权委员会的命令并没有对普通的结婚蛋糕和特殊设计有题词的结婚蛋糕加以区分，而是命令他为同性婚礼和异性婚礼制作同样的蛋糕。

② 反对意见称，菲利普斯未能提供证据来证明结婚蛋糕会传递信息，但是过去的判例并不支持举证的要求。本庭从来没有要求当事人提供证据说明游行、旗帜或裸体舞蹈所表达信息的细节。在本案中我们并不需要大量的证据来认定菲利普斯的艺术具有表达性，或是认定结婚蛋糕至少表达"这是一场婚礼"。我们也无需认定那对情侣也想通过蛋糕来传递信息。在同一时间受言论保护的可能并不止一个人。科罗拉多州政府强迫菲利普斯提供蛋糕，就相当于要求他与同性情侣的言论"紧密地捆绑在一起"，这就涉及第 1 修正案赋予菲利普斯的言论自由。

B

尽管如此，科罗拉多上诉法庭还是认定菲利普斯的行为"不具有足够的表达性"，所以不能免受法律的强制。上诉庭认为合理的旁观者并不会认为菲利普斯的行为是"支持同性婚姻"，而只是"遵守"科罗拉多的公共服务法而已。上诉庭还强调，杰作蛋糕店可以在店里张贴一张"告示"，表明其与同性婚姻"切割"，上面写科罗拉多法律要求他"不歧视顾客"，或是"提供服务并不表示他对顾客表示支持"。这种理论非常误导。

1. 科罗拉多上诉法庭认定菲利普斯的行为不具有表达性，因为合理的旁观者认为他只是在遵守科罗拉多的公共服务法，这种看法是错误的。这种论点将会支持任何强制言论的法律，本庭从来没有接受过这种论点。从一开始，本庭的判例就拒绝了强制言论，因为这种论点"在裁决权力争端时将有利于代表权威的那一方"。

例如赫尔利案判决，运用马萨诸塞州的公共服务法将会"要求游行组织者篡改游行所想表达的内容"，而不是合理的旁观者认为组织者只是在遵守马萨诸塞州的公共服务法而已。

为了支持这种论点，科罗拉多引用了三个案例，都是有关强迫为第三方提供发表言论的平台，这些案例脱离了主题。（法学院拒绝军队在校园内招兵，公立大学拒绝为学生出版的宣传宗教的报纸提供资助，购物中心拒绝个人在商场内收集签名。）在那些案例中，本庭判决要求为第三方提供平台并不等于要求他们支持第三方在平台上发表的言论。但是那些判例并没有表示政府可以强迫言者改变他们的言论（并无迹象显示会影响购物中心房东本人发表言论的权利）。

科罗拉多上诉法庭还指出杰作蛋糕店是"向顾客收费的盈利面包房"。但是本庭反复驳斥了个人盈利的动机等于允许政府强制他发表言论自由的主张。（即使发表言论的方式是"为了盈利"，言论本身也还是应该受到保护。）此外，即使我们假设大多数以盈利为目的的公司会把利益最大化置于传递信息之上，杰作蛋糕店并非如此。菲利普斯照例是放弃利润，确保按照他的基督教信仰来经营杰作蛋糕店。他星期天不开门，他发给员工的薪水高于平均水准，当员工有困难时他还会借钱给他们。菲利普斯还拒绝焙制含有酒精的蛋糕，写有种族歧视或憎恶同性恋信息的蛋糕，批评上帝的蛋糕和庆祝万圣节的蛋糕——尽管万圣节是面包房最赚钱的季节之一。这些控制杰作面包房传递信息的措施进一步证明菲利普斯的行为是具有表达性的。

2. 科罗拉多上诉法庭的另一个错误是，建议菲利普斯可以张贴一张告示，撇清杰作面包房与同性婚姻的关系。这种论点同样也支持强制言论的法律，本庭也多次驳回这种论点。我们认为，此类论点等于在"求我们问核心的问题"。因为政府不可以强迫言论，所以也不可以"要求沉默者发表言论肯定他们否认的另一种言论"。州政府不可以强迫个人选择"被逼而肯定别人的信仰"，或是"在他们希望保持沉默的时候被逼发表言论"。

第三部分

因为菲利普斯的行为具有表达性（科罗拉多上诉法庭便是如此描绘的），所以科罗拉多的公共服务法不可以惩罚他的行为，除非法律能够经受严格的审查。尽管本庭有时采取比较宽松的标准审查政府监管具有表达性的行为，那种宽松的标准不适用于本案，除非无论某种行为是否具有表达性，政府都会惩罚。（如运用全面禁止裸体的法律决定是否禁止裸体舞蹈，或是运用全面禁止野外露营的法律决定是否禁止在公园里举行示威。）然而在本案中，如果菲利普斯拒绝为顾客定制任何蛋糕，便不会受到州政府的惩罚。州政府之所以惩罚菲利普斯，是因为他拒绝为顾客定制表示支持同性婚姻的蛋糕。在此类案件中，我们的判例要求"最严格的审查"。上诉法庭并没有谈到科罗拉多的法律是否能够通过严格的审查，我也不会贸然对此下结论。然而，支持科罗拉多法律的若干理由中有一条明显的瑕疵。被请愿人辩称，科罗拉多州可以强迫菲利普斯的言论，阻止他"贬低同性恋情侣的尊严，让他们感到自卑，让他们受羞辱、感到沮丧和难堪"。这些理由与我们有关言论自由的法理是完全相悖的。

州政府不能因为某些群体觉得受保护的言论冒犯、伤害、贬低了他们，不合理或不庄重，而惩罚发言者。如果第1修正案有一条奠定基础的原则，那就是政府不能因为社会认为某种看法冒犯人或使人厌恶而禁止言论，如果背道而驰，那将允许政府任意扼杀任何言论。（"归根到底，许多政治和宗教的言论都可能冒犯某些人。"）本庭今天再次强调，"州政府及其官员的职责不是规定什么是冒犯人的。如果发言者的看法冒犯了别人，这种后果恰恰就是应该受到宪法保护的"[①]。如果公共服务法监管言论的唯一理由是"为了营造一个对受保护群体没有偏见的社会"，这种目的本身便使法律致命性地违宪，"因为这种法律建议限制正统的言论"。（如果限制言论内容的法律是为了保护听众的感受能力，总的原则是言论获胜）。"因为听众的反应而限制言论，其实是为政府对言论的敌意披上伪装。"

现在让我们来看看菲利普斯究竟对那对同性伴侣说了些什么。请他们坐下之后，菲利普斯说："我可以为你们做生日蛋糕和送礼会蛋糕，卖给你们曲奇和布朗尼，但就是不能为同性婚礼做结婚蛋糕。"与拒绝同性恋参加游行，把同性恋开除出童子军，或是张贴"上帝憎恨同性恋"的海报相比，菲利普斯说的话并没有贬低同性恋，更何况就连前面的那些行为，本庭都认为是受到第1修正案保护的言论。

[①] 此处引用的是《皮条客》杂志起诉法沃尔案（Hustler Magazine, Inc. v. Falwell）。1983年《皮条客》在给烈酒金巴利做广告时讽刺基督教牧师法沃尔少年时和自己的母亲发生过性关系，而且总是在酩酊大醉时宣教。不过，打油诗末了注明"打油诗，请勿当真"。1984年，法沃尔把《皮条客》杂志告上法庭，陪审团指出，《宪法第1修正案》规定，言论自由是绝对的，观点无论对错都有发表的自由，法庭无权裁判它的对错，因为它不属于法律的范畴。不过，法庭还是判定《皮条客》赔偿法沃沃20万美元。1988年，联邦最高法院一致作出有利于《皮条客》的判决：根据过去的法律惯例，公众人物不得从感情被伤害的控告中获得金钱赔偿，因为如果公众人物都因为被媒体伤了感情而索取赔偿的话，新闻与言论自由就无法得到保障。——译者注

　　此外，本庭在过去的判例中甚至都容忍了对黑人种族歧视、贬损甚至威胁的言论，对比之下，我们实在看不出菲利普斯的话能比那些言论更糟糕。本庭曾判决白人至上组织有权焚烧 25 英尺长的十字架，在马丁、路德·金的生日示威，放映带着头套的三 K 党人挥舞武器威胁要"活埋黑鬼"的电影。在那些案件中，对"尊严"和"侮辱"的担忧都没有超过宪法保护的言论自由。

　　即使本庭对欧泊吉费尔诉豪吉斯案作出了判决，这一事实也并不能削弱菲利普斯言论自由的权利。"宪法保护同性婚姻的权利是一回事，把不同意这种看法的人说成是偏执狂而不让他发表不同的言论则是另外一回事。"本庭并不是良心法庭的权威，我们的判决是可以被（而且常常应该被）批评的。至于欧泊吉费尔案的判决是否正确以及同性婚姻是否道德，第 1 修正案赋予个人持不同意见的权利。欧泊吉费尔案本身就强调，"美国和全世界理性和真诚的人，过去和将来都会善意地对婚姻持有传统的理解"。欧泊吉费尔案之后，如果菲利普斯对婚姻继续坚持传统的理解，而使它成为少数，我们就更有理由坚持他的言论必须受到保护。（"既然社会上越来越多的人同意并且提倡接受同性恋已是既成事实，我们就更应该保护第 1 修正案赋予那些持不同看法人士的言论自由权利。"）

　　我曾在欧泊吉费尔案中警告过，本庭的判决与宗教自由将"不可避免地发生冲突"，因为"人们将面临同性情侣要求他们参加并支持同性婚礼"。本案证明这种冲突已经开始了。因为本庭的判决宣布菲利普斯的言论自由是合法的，看来宗教自由能够活下去继续战斗。但是在今后的案子里，言论自由可以防止有人利用欧泊吉费尔案来"扼杀各种不同意见，并将不愿意接受新思想的美国人妖魔化"。如果言论自由能保持活力，科罗拉多上诉法庭的逻辑推理必须被否决。

金斯伯格大法官反对，索托马约大法官加入。

　　我从若干方面反对本庭的判决。

　　"一般的规则是，根据全面适用中立的公共服务法，宗教和哲学的反对意见不允许商家和社会上的其他经济实体拒绝受保护的人得到相同的商品和服务。科罗拉多法律既可以保护同性恋人士，也可以保护其他阶层的个人，使大家都能根据自己的选择并按照同样的条件得到相同的商品或服务。因为道德或宗教信仰的原因而反对同性婚姻的商家，不得张贴'本店出售的商品或服务不得用于同性婚姻'的告示。"同性恋人士如果能够在面向公众的商店得到商品或服务，便能免受羞辱。然而，我强烈反对本庭判决柯瑞格和穆林斯败诉。我上面引用的论点都与判决相反。本庭认为"民权委员会审理菲利普斯的宗教异议时没有按照言论自由条款的要求采取中立"。这一结论的证据是民权委员会敌视宗教。本庭称，菲利普斯受到的待遇与其他三位拒绝为威廉·杰克（本案中的法庭之友）定制蛋糕的面包师受到的待遇不同，从中可以看出敌意。

此外，本庭还从菲利普斯上诉时举行的两次听证会上民权委员们的陈述中找到敌意的证据。本庭过去曾判决有种敌意显示侵犯言论自由，而菲利普斯案和杰克案不同的判决并不能成为敌视宗教的证据。此外，审理此案四个决策，其中一个机构的一两位成员发表了一些评论，但并不能因此就推翻下级法庭的原判。

第一部分

2014 年 3 月 13 日，大约在行政法官判同性伴侣柯瑞格和穆林斯胜诉三个月之后，民权委员会聆讯菲利普斯上诉两个月之前，威廉·杰克造访了三家面包房，他的遭遇与菲利普斯雷同。他要求定制两个蛋糕，看起来就像"一本翻开的圣经"，并要求两个蛋糕上都用圣经语录做装饰。在第一个蛋糕上画两个新郎手牵着手，然后用红色在图像上画一个 X，在另一个蛋糕上一边写"上帝憎恨犯罪"，另一边写"同性恋是一种可憎的罪行"。在两个新郎带红 X 的那个蛋糕上，另一边写"上帝爱罪人"和"当我们还是罪人时，基督为我们去死了"。

与杰克不同的是，柯瑞格和穆林斯只是要求定制一个结婚蛋糕，并没有要求任何与菲利普斯卖的其他结婚蛋糕不同的信息。一位面包师告诉杰克他可以定制一个圣经形状的蛋糕，但是不能写上他要求的信息。店主告诉杰克他的面包房"不歧视顾客"，而是"接受所有的人类"。第二家面包房告诉杰克他"做过许多翻开圣经或书本的蛋糕，好看极了"，但是拒绝按照杰克的要求定制蛋糕，因为面包师认为他要求写的信息"宣扬仇恨"。第三家面包房表示可以定制蛋糕，但是不能写上他要求的信息。

于是，杰克向科罗拉多民权部投诉三家面包房。民权部认为杰克并没有合理根据证明他因为宗教信仰受而到不平等待遇，并被剥夺了获得商品和服务的权利。对此，民权委员会观察到，那三家面包店平时制作有基督教标志的蛋糕和其他烘焙食品，但是他们都拒绝顾客让他们设计侮辱他人尊严的食品的要求，这些人的尊严正是民权委员会要保护的。民权委员会未经听证便维持了民权部的无合理根据的裁决。

本庭认为"民权委员会考虑菲利普斯的宗教异议与对待其他面包师异议的方法不同"。但是本庭相提并论的两宗案件几乎没有可比性。那三位面包师会拒绝任何人提出类似杰克的要求，无论他们的宗教信仰如何。那三家面包房会向杰克出售任何卖给其他顾客的商品，也会拒绝任何顾客让他们定制杰克要求他们定制的蛋糕的要求，这与菲利普斯拒绝为柯瑞格和穆林斯服务几乎没有任何相似之处：菲利普斯拒绝向他们出售他会卖给其他顾客的蛋糕，唯一的原因就是他们的性取向。

当一对情侣到面包房订蛋糕时，他们要的是庆祝他们婚礼的蛋糕，而不是一个庆祝异性婚礼或是同性婚礼的蛋糕，这就是柯瑞格和穆林斯被拒绝的服务。本庭并不否认柯瑞格和穆林斯受到的歧视正是科罗拉多所要禁止的那种歧视。同时，杰克并不是因为他的宗教信仰或其他受保护的特点而被拒绝服务。他受到的待遇与其他顾客一样，既不比其他顾客受到优待，也不比其他顾客更被怠慢①。

　　菲利普斯愿意向同性恋出售其他的蛋糕和曲奇这一事实，其实与柯瑞格和穆林斯提出的争议无关。重要的是，菲利普斯拒绝向同性恋情侣提供的那种商品，他却会向异性恋情侣提供。反之，另外三位面包师向基督教徒顾客出售其他商品与本案有关：这一事实显示，凡是他们拒绝向基督教顾客出售的商品，他们也不会出售给非基督教顾客。此外，科罗拉多上诉法庭对这两类案件区别对待的原因并非基于政府自己对冒犯性的评估。

　　菲利普斯拒绝定制蛋糕是因为商品具有冒犯性，而他之所以认为冒犯完全是因为要求定制蛋糕顾客的性取向所决定的。而其他三家面包房拒绝定制蛋糕的原因却是因为顾客要求在蛋糕上写侮辱人格的信息。本庭承认拒绝"设计一个有文字和图像的特殊蛋糕与拒绝出售任何蛋糕有所不同"。科罗拉多上诉法庭之所以区别对待菲利普斯和其他三位面包师，并不仅仅是因为法庭认为杰克要求定制的蛋糕上的信息会冒犯他人，而柯瑞格和穆林斯要求定制的蛋糕上没有冒犯他人的信息。科罗拉多法庭区别对待两类案件的原因是柯瑞格和穆林斯因为他们的身份而被拒绝服务，而那正是州政府致力保护免受歧视的身份。（"民权委员会认定那三家面包房并不是因为杰克的宗教信仰而拒绝他的要求，而是因为他要求的信息冒犯他人，并没有任何证据显示那三家面包房因为杰克的宗教而作出决定。而菲利普斯是因为性取向而歧视顾客。"）根据我对本庭判决的解读，科罗拉多立法机构决定在反歧视法中包括某些应该受保护的特点，我并不认为我们不应该允许政府来判断言论是否具有冒犯性。我想再重复强调，本庭确认"科罗拉多法律既可以保护同性恋人士，也可以保护其他阶层的个人，使大家都能根据自己的选择并按照同样的条件得到相同的商品或服务。"

　　第二部分

　　在民权委员会对菲利普斯案公开听证时，一些委员作出了陈述。但这并不能有力地支持本庭今天的判决。无论人们在历史的背景下如何看待这些陈述，我认为没有理由因为一两位委员发表了评论，便原谅菲利普斯拒绝向柯瑞格和穆林斯出售结婚蛋糕。

　　本案的诉讼涉及若干层独立的决策机构，民权委员会只是其中之一。首先，民权部必须有合理的根据认定菲利普斯违反了反歧视法。其次，行政法官根据诉讼双方的交叉动议作出即决判决。再次，民权委员会受理菲利普斯的上诉。最后，民权委员会裁决之

---

① 　郭瑟奇大法官辩称，这两种情况在法律上具有所有鲜明的共同特征。但是两者最重要的区别是，当他们被拒绝服务时，顾客受法律保护的特征所起的作用。如果改变柯瑞格和穆林斯的性取向（或是改变其中一人的性别），菲利普斯就会向他们提供蛋糕了。而那三位面包师只是拒绝定制写有侮辱反歧视法所保护人士的信息的蛋糕。尤其是杰克要求的第二个蛋糕上有两个新郎被红 X 覆盖，还写有"上帝爱罪人"和"当我们还是罪人时，基督为我们去死了"。那三位面包师表示，他们根本不是因为那些宗教的词汇，而是因为侮辱人的图像才拒绝了顾客的要求。鉴于菲利普斯是因为性取向而歧视，而其他三位面包师并没有因为宗教信仰而歧视，所以民权委员会正确地裁决两者一个涉及歧视，另一个不涉及歧视。

后，科罗拉多上诉法庭从头开始重审。在民权委员会之前和之后，究竟是哪个环节的偏见影响了案子的判决呢？本庭对此没有表态。因此菲利普斯的案子和本庭引用的唯一判例相差甚远。在卢库米巴巴鲁阿耶教会诉西亚丽案（Church of Lukumi Babalu Aye, Inc. v. Hialeah）中，被控违反宗教中立原则的政府决策机构只有一个，那就是市议会。

　　根据上述原因，对于拒绝向同性情侣出售任何结婚蛋糕，明智地运用反歧视法的结果应该是维持科罗拉多上诉法庭的原判。我就会这么判决。

第七章

刑事被告的权利

还记得在法学院时，一年级选修民事诉讼程序，除了一本案例教科书之外，还有一本类似成文法的民事诉讼程序规则（Rules of Civil Procedure）。二年级选修刑事诉讼程序，就只有一本案例教科书，并无成文的刑事诉讼程序规则。后来方知刑事诉讼规则其实就是宪法修正案赋予刑事案被告的种种权利。其中主要是第 4 和第 5 修正案，援引如下：

第 4 修正案

人民保护其人身、住房、文件和财物不受无理搜查扣押的权利不得侵犯；除非有合理的根据认为有罪，以宣誓或郑重声明保证，并详细开列应予搜查的地点、应予扣押的人或物，否则不得颁发搜查和扣押证。

第 5 修正案

非经大陪审团提出报告或起诉，任何人不受死罪和其他重罪的惩罚，唯在战时或国家危急时期发生在陆、海军中或正在服役的民兵中的案件不在此限。任何人不得因同一犯罪行为而两次遭受生命或身体伤残的危害；不得在任何刑事案件中被迫自证其罪；未经正当法律程序，不得剥夺任何人的生命、自由和财产；除非有恰当补偿，不得将私有财产充作公用。

为了实施第 4 和第 5 修正案，法庭制订了一条诉讼程序上的证据规则，凡是违反第 4 修正案得到的物证和违反第 5 修正案得到的口头证据，均不得被法庭接受为证据，这就是"证据排除规则"。

这是一条最省事的规则。如果警察违反第 4 和第 5 修正案赋予嫌疑人的权利而获得非法的物证或口供，并且法庭接受非法获得的证据，嫌疑人既被警察侵犯了权利，还被判有罪，那显然是不公平的。既然如此，从逻辑上来说，法庭也应该追究警察侵犯嫌疑人权利的责任，那就会同时出现两宗案子，一宗针对被告，另一宗针对警察。但是有的警察并非故意侵犯被告的权利，而且警察执行公务享受有限的豁免权，许多人认为判警察有罪也不公平。为了杜绝非法取证对警察的诱惑，最简单有效的办法就是干脆排除所有非法获得的证据，这就从根上让警察断了非法取证的念头。警察取证的目的无非是证明被告人有罪，如果法庭拒绝接受非法获得的证据，就无法判决被告有罪，于是被告就可能逍遥法外，这显然违反警察非法取证的初衷。

反对排除证据的人认为，这条规则对受害人是不公平的。美国有一句话："The criminal is to go free because the constable has blundered."（因为警察犯了个愚蠢的错误，罪犯自由了。）

虽然话是这么说，但在司法实践中还是有许多其他变通的方法将罪犯绳之以法。从下面的案例可以看出，在一些没有受害人的案件中，如持有淫秽材料等轻微犯罪，法庭确实因为警察非法取证而放过了一些嫌疑人。然而在有些谋杀之类的重大犯罪案件中，即使非法获得的证据被排除，而且最高法庭推翻下级法庭的有罪判决，最高法庭也还是会把案子发回重审，罪犯最终还是被判有罪，为受害人伸张正义。

为了帮助理解这两条修正案的真实含义，下面结合几个具体的案例来讨论。

1. 若钦诉加利福尼亚（Rochin v. California）

若钦的案情很简单，有人举报若钦贩卖毒品，三位警察进入他家，看见床头柜上有两粒胶囊便盘问他，若钦将胶囊放进口中。警察与若钦扭打并想从他口中抠出胶囊未果，遂将他送进医院，并强迫他服用催吐药。若钦呕吐后，警察从其胃纳物中找到两粒胶囊，经化验成分为吗啡。庭审时，尽管若钦反对，法庭还是接受胶若钦囊为证据，于是若钦被判持有毒品罪。最高法庭认为从被告口中强行取得的胶囊物证跟强迫被告作出的口供并无区别，都是让被告自证其罪。根据第14修正案的正当程序条款，最高法庭推翻下级法庭的有罪判决。

在美国，未经个人同意，政府不得强迫任何人提供DNA样本，除非警察有合理根据，才可以到法庭申请搜查证。例如某地发生一起强奸案，警察不能叫周围的几公里之内的男性都提供DNA。在许多电影和电视剧中，警察通常是从嫌疑人的垃圾箱中寻找含有DNA样本的证据，或是跟踪嫌疑人，捡他扔掉的烟头或通过用过的水杯提取DNA。

然而，美国公民免予不合理搜查和扣留的权利只限于美国的国境之内。美国电视上经常可以看见从国际机场入境的旅客被搜查。海关的执法人员可以随意拦截旅客，无需搜查证就可以搜查旅客的行李，甚至用X光透视旅客体内是否藏有毒品。无论入境旅客是美国公民还是外国人，都不享受人身和财物免受无理搜查和扣押的权利，因为从技术上来说，在通过移民局和海关检查之前，旅客还没有正式踏上美国的国土，所以不受美国宪法的任何保护。

英国和美国都属于普通法系的国家，法律也很相似，所以下面借用一个英国的例子。2018年1月17日，一位名叫拉马尔·钱伯斯（Lamarr Chambers）的年轻人因涉嫌贩毒被警察逮捕。警察怀疑他体内藏毒，遂把他羁押等他上厕所排出。没想到钱伯斯拒绝进食固体食物，硬是憋了 47 天不上厕所，最后法官下令释放。出狱后他马上进医院，当然，未经他的同意，警察还是无法得到他的排泄物作为有罪证据。这个例子充分说明英美国家的警察取证所受的限制。

2. 马普诉俄亥俄（Mapp v. Ohio）

这宗案子其实是一宗报复性起诉的案子，但是从判决书中并看不出端倪，因为政府不承认故意报复，被告也无法证明政府的故意，只是诉讼的双方都心知肚明。

马普是一位年轻女子，警察去她家本想逮捕一个涉嫌跟她男友合伙非法赌博的男子，扑了个空，但发现了赌具，还顺便发现了一些淫秽书籍、图画和相片。

一开始，政府起诉马普涉嫌非法赌博，但是她被判无罪。此外，政府还要求马普在另一宗案子里作证指控一个黑社会头目和他的犯罪团伙。因为马普拒绝作证，政府在马普被判无罪几个月之后才开始起诉她拥有淫秽书籍、图画和相片，所以才有了此案。

其实本案的搜查是有问题的。还记得在法学院里，教授曾经谈起警察申请搜查证的诀窍，那就是尽可能包括一些体积尽可能小的东西。以本案为例，警察去马普家的目的是去逮捕一个涉嫌跟她男友合伙非法赌博的男子，因此警察可以搜查整栋房子，包括可以藏得下人的壁橱、厕所、储藏室、地下室和阁楼等，但是警察不可以打开抽屉或行李箱，因为那显然不是能够藏得下人的地方。如果警察的搜查证包括了一张照片，那才能搜查几乎所有的空间，甚至包括嫌疑人的钱包。

最高法庭推翻州法庭的判决，判决书中有两段话反映了美国的司法哲学和价值观：

"犯罪分子可能逍遥法外，因为警察被戴上了脚镣。"毫无疑问，在某些案件中会出现这种结果。但正如我们在埃尔金斯诉美国案（Elkins v. United States）中所说，"我们还有另外一层考虑，那就是司法人格的使命"。如果我们不得不放走一个犯罪分子，那是法律让他自由的。世界上没有任何人能比政府自己就不遵守法律更快地毁灭政府，遑论连政府都无视自己存在的人格？布兰戴斯大法官在欧姆斯特德诉美国案（Olmstead v. United States）的反对意见中说："政府是我们强大的、无处不在的老师。无论善恶，政府用自己的榜样教育人民。如果政府自己就犯法，那就洒下了藐视法律的种子。那就相当于让每一个人去制订自己的法律，那就是邀请无政府主义。"

"也许我们在某一个具体案例中坚持遵守证据排除规则的技术性规定会放过一个坏人，但是刑法的历史证明，如果我们容忍在执法过程中抄近路，那将会影响长久的执法效益。"

3. 布瑞迪诉马里兰（Brady v. Maryland）

美国的刑事律师常说"布瑞迪证据"，这个术语就来源于布瑞迪诉马里兰案。此案的核心可以用一句话来概括，那就是政府（警察和检察官）不得故意藏匿对被告有利的证据。故意藏匿证据的警察还因为此案得了一个"布瑞迪警察"的外号。

所谓"布瑞迪证据"的包含面很广。一种是有关嫌疑人本人的，例如嫌疑人的不在场证据、不同的目击证人在指认过程中出现的矛盾等。另一种"布瑞迪证据"是有关证人的，例如证人曾有过不诚实或欺诈的行为，如简历造假、伪造文件、骗取政府福利等。简历造假虽然不算犯罪，但属于不诚实，而证人最重要的就是可信度，所以跟证人的可信度有关的任何证据都属于"布瑞迪证据"。此外，美国警察有时会收买一些不法分子充当线人，甚至跟一些证人达成协议：只要你愿意当污点证人就可以免于起诉或减刑。因为这些证人有金钱或个人利益的利害冲突，可能为了自己的利益而作伪证，所以基于证人跟警察之间的这种关系，此类证据也属于"布瑞迪证据"。

4. 米兰达诉亚利桑那（Miranda v. Arizona）

在美国，米兰达诉亚利桑那可以说是一个家喻户晓的案子。就连中小学生都知道警察在逮捕一个人时必须先说这么一段话："你有权保持沉默。你所说的一切都可以在法庭上作为指控你的不利证据。审问之前，你有权与律师谈话、得到律师的帮助和建议。开庭审判审时，你也有权让律师在场。如果你没有钱聘请律师，法庭可遵照你的意愿，为你指定一位律师。"

当然，嫌疑人也可以放弃保持沉默和要求律师的权利，警察会让嫌疑人签署一张弃权书，到时候可以向法庭呈递，证明嫌疑人自愿地放弃了其权利。嫌疑人签署的弃权书并非永久有效，即使嫌疑人签了弃权书，他还是可以在任何时候要求行使保持沉默和要求律师的权利。一旦嫌疑人重新要求行使权利，审讯就必须立即停止。

米兰达的案情很简单。他在审讯室里戴着手铐站了4个小时。在审讯过程中，他聘请的律师到了警察局，但是警察拒绝了他与律师谈话的要求，并禁止律师向他提供咨询，米兰达终于承认杀人。在庭审时，州政府不顾他的反对，将对他不利的坦白呈堂作证，米兰达因此被判有罪。《宪法第5修正案》规定任何人在面临刑事指控使时有保持沉默的权利，所以最高法庭推翻了有罪判决，将案子发回下级法庭重审。

下面是判决中没有的后话。

其实，被最高法庭推翻有罪判决的被告并不等于就能逍遥法外。重审时，因为检方不能用米兰达本人的坦白作证，于是便让他的女友作证。女友说米兰达告诉她人是他杀的。米兰达遂于1967年再次被判有罪，刑期是20至30年。

5. 泰瑞诉俄亥俄（Terry v. Ohio）

类似泰瑞诉俄亥俄的案件每天都会在美国上演千百万次，那就是警察截停汽车或拦截路人，把他们从上到下搜一遍，看有没有武器，然后让他们出示证件，扫描一下看有没有犯罪记录。因为这个案子如此家喻户晓，就连老百姓都知道被警察截停搜身叫"Terry Stop"（泰瑞截停）。

所谓"泰瑞截停"，就是如果警察合理地怀疑路人可能犯了罪，正在犯罪或即将犯罪，就可以截停车辆或拦截路人盘问和简单地搜身，而"泰瑞截停"又是警察最常滥用的执法手段。

例如，2015年12月7日，64岁的佛罗里达老人丹尼尔·拉幸开车回家时被警察谢尔比·霍普金斯截停，说他在30英里限速区域开42英里。既然超速那就开罚单吧。不，警察坚持要搜查老人的车，结果在仪表盘上面发现一些可疑的白色粉末，警察当场就在公路边用简易的试剂测试，结果显示安非他命阳性。老人反复解释那是他在车里吃甜甜圈时掉下来的糖霜，警察不为所动，逮捕老人，并将老人收监过夜11个小时，直至翌日早晨老人的儿子将其保释出狱。后来经过化验室正式化验证明那些白色粉末是糖霜，总算还了老人清白。此后老人状告警察侵犯他免受不合理搜查和扣留的宪法权利，政府赔偿老人37 500美元后双方庭外和解。

在日常生活中，警察截停车辆后常常并不开罚单，而是要求搜查车辆，如果对方不同意，他们就用对讲机呼叫警犬来嗅。截停车辆的理由通常是超速、换车道没有打指示灯之类毫不重要的交通"违规"，其实那都是借口，醉翁之意不在酒，警察真正的目的就是想搜车，而背后的真正原因大多为对方是黑人。这一点大家心照不宣，只是很难证明而已。

再举一个更荒唐的例子。2020年10月1日，意大利奢侈品牌范思哲（Versace）的一位副总裁兼男鞋部总设计师萨勒西·班布瑞在洛杉矶的贝佛利山庄行走。贝佛利山庄是影星和名人云集的高级住宅区，邮编是90210，专门有一部描写富人生活的电视连续剧就叫"90210"，可见住在那儿的人非富即贵。那位设计师正在走路，突然被三个警察拦下，理由是他过马路闯红灯了。警察命令他把双手放在背后，分开双腿，搜他的身，看他身上有没有武器，并命令他出示身份证。当他准备出示身份证时，警察不许他把手伸入口袋，而是自己把手伸进他的口袋取出身份证，然后交给另一位警察扫描，看他有没有犯罪记录。

美国人比较散漫，不像德国人和日本人那么守纪律，过马路时遇到红灯，左右观看一下，如果没有来往车辆便过马路了。这种事情每天发生百万次、千万次，乃至上亿次，鲜有被警察拦下来搜身的。然而在贝佛利山庄那样的地方，除了大牌的球星之外，极少有黑人居住，所以当班布瑞过马路闯红灯时，一直盯着他的三位警察便有了搜查他身体的借口和机会。黑人在路上被警察拦下来搜身的事情每分钟都在发生，我就目睹多次，那是一种非常侮辱人的经历。虽然我们很难证明警察种族歧视，但拦截黑人过马路闯红灯至少是"选择性执法"，也许这就是黑人犯罪更容易被警察抓住的原因吧。

最荒唐的例子是，2015年6月20日，得克萨斯州哈里斯郡的警察截停20岁的洽内西亚·郭丽的汽车，理由是她闯过了停车信号牌。警察称在她的车里闻到了大麻的气味，但是搜查汽车没有找到大麻。警察随身佩戴的执法仪显示一个女警察将郭丽带到一家方便店的停车场，把戴着手铐的郭丽按在地上，将她的裤子脱下，分开她的双腿，用电筒照她的私处，并将手指伸进她的阴道搜查大麻，结果还是一无所获。郭丽随后状告警察侵犯她的隐私，最后双方达成协议，以 185 000 美元的赔偿庭外和解。

6. 库里奇诉新罕布什尔（Coolidge v. New Hampshire）

这是一宗排除非法获取证据的案子。警察去库里奇家询问有关一宗谋杀案的事情。谈话过程中他给警察看了 3 支枪，并同意测谎。测谎的结果对谋杀案并不确定，但趁他不在家时，两个警察去库里奇家询问其妻，因为不知道其他警察已经去过库里奇家并看见过他的枪，那两位警察问库里奇的妻子家里是否有枪，她给警察看了 4 支枪，并同意警察把枪带走，此外还带走了一些库里奇的衣物。库里奇被捕当天警察局长还申请搜查证搜查库里奇的汽车，搜查证是检察长以治安法官的身份签发的（他已经开始负责调查，而且是本案后来的首席检察官）。汽车被拖到警察局，警察搜了汽车，一年后又搜了两次，用吸尘器从请愿人车内和衣物上吸取的灰尘成为庭审的证据，此外，库里奇妻子给警察的一支枪也成为庭审的证据。开庭前，请愿人提出动议要求排除物证被法庭拒绝，并被判有罪。

此案的关键是，搜查证是由"政府的首席执法官员"来签发的，那就是州检察长，他非但积极地负责调查，而且后来还在庭审时担任首席检察官。最高法庭认为，检察长是最没有资格签署搜查令的，因为检察官和警察在他们自己调查的案件中无法保持中立，他们从事的"竞争性事业"肯定要求他们单方面思维。政府称，汽车放在明处且可以开走，所以应该符合证据排除规则的"放在明处"和"汽车可能开走"的两条例外。但拖走汽车时库里奇已经被捕，不可能开走汽车，而且警察早就知道汽车停在何处，并非警察在明处偶然地"意外发现"，所以两条例外均不成立。于是，最高法庭推翻原判并将案子发回重审。

通常，最高法庭发回重审都有下文，并不等于被告就可以逍遥法外。例如上面的米兰达诉亚利桑那案，因为他向警察坦白时没有律师在场，他的坦白被排除在证据之外。但重审时检察官用米兰达女友的证词第二次判决米兰达有罪。又如下面的布鲁尔诉威廉姆斯案，律师不在场的情况下威廉姆斯被警察的"基督教葬礼"那番话打动，并带领警察找到女孩尸体，法庭接受尸体为证据判决威廉姆斯谋杀罪成立。但是最高法庭推翻原判后，尸体不能成为证据，谋杀也就无法成立。于是，法庭便创造了尸体将"不可避免地被发现"的例外，第二次判决威廉姆斯有罪。

而本案是个例外。最高法庭推翻原判发回重审后便没有了下文，无论图书馆还是网上都没有关于重审的消息和文字资料。最高法庭于 1971 年判决此案，但维基百科[①]显示库里奇于 1991 年被释放出狱，说明他还是被监禁了 20 年，至于凭什么监禁，却没有任何资料可查，所以这是个非常奇怪的案例。译者猜测是下级法庭并没有重审，而是控辩双方达成认罪协议（plea bargain），被告缩短了刑期，控方得到了有罪判决，还节省了纳税人的钱。

---

① https://en.wikipedia.org/wiki/Coolidge_v._New_Hampshire. 最后访问日期：2024 年 10 月 8 日。

7. 布鲁尔诉威廉姆斯（Brewer v. Williams）

这就是译者在法学院印象最深的"基督教葬礼"案。

罗伯特·威廉姆斯患有精神疾病，他从精神病院逃逸之后，在爱荷华州德莫因的基督教青年会绑架了 10 岁女孩帕梅拉·鲍尔斯，并将其杀害抛尸野外。后来，威廉姆斯决定在达文波特自首，自首前他分别咨询了达文波特和德莫因的两位律师。德莫因警察局遂派遣两个警察前往达文波特将威廉姆斯押送回德莫因。在达文波特的监狱里。德莫因律师和达文波特律师都嘱咐他，在他回到德莫因并在德莫因咨询律师之前不要说任何话。达文波特的律师想陪威廉姆斯一起乘坐警车回德莫因，但被德莫因的警察拒绝。

德莫因的一位警察叫黎明（Leaming），他破案心切。在 3 小时的车程途中，他对威廉姆斯晓之以理、动之以情，发表了让帕梅拉父母为女儿举行"基督教葬礼"的讲话，终于使威廉姆斯良心发现，带领警察到抛尸的地点。法庭接受尸体为物证，判决威廉姆斯有罪。

假如威廉姆斯回德莫因见到他的律师，律师一定会让他保持沉默，让政府承担举证的责任。因为在没有尸体的情况下，政府很难证明帕梅拉已经死去，那也就很难以谋杀罪起诉威廉姆斯。在美国，控辩双方可以"讨价还价"（plea bargain），律师至少可以用尸体作为谈判筹码，争取为威廉姆斯减刑。所以，那位黎明警探用"基督教葬礼演讲"打动威廉姆斯带他们到抛尸地点就是引诱他自控其罪。

最高法庭推翻原判，理由是"针对个人的抗争性程序一旦开始，当政府审讯威廉姆斯时，他就有请律师代表他的权利。因为警察所作的'基督教葬礼演讲'相当于审讯，他说出犯罪证据时有权得到律师的协助。"因为违反第 5 修正案得到的口供是无效的，法庭不能接受自证其罪的坦白为证据。换言之，按照证据排除规则，一审法庭接受尸体为证据是违反宪法的。

谋杀案的第一个要件就是尸体，一旦尸体被排除，谋杀案就无法成立了。读者也许会担心，最高法庭的判决岂不是放走了一个罪犯？

下面是判决中没有的后话。

在重审时，威廉姆斯的律师再次提出动议，要求排除警察在押送威廉姆斯途中从他口中得到的所有证据。法官判决威廉姆斯在押送途中所说的一切都不能作为证据，但帕梅拉的尸体仍可被接受作为证据，因为尸体最终还是不可避免地会被执法机构发现。既然尸体被接受为证据，威廉姆斯第二次被判一级谋杀罪，刑期为终身监禁。于是，威廉姆斯再次上诉，最高法庭维持原判，并判决"不可避免被发现"是证据排除规则的例外，并不违反宪法。

从法律的角度来看，"不可避免被发现"的例外是有漏洞的，因为帕梅拉的尸体被抛在荒无人烟的野外，很可能被野兽吃掉或腐败而难以辨认甚至完全消失，所以控方并不能证明帕梅拉的尸体一定会被发现。即使发现残骸，也不一定能够确定残骸的身份。

但法庭还是凭主观制定了这条"不可避免被发现"的例外，其目的无非是惩罚真凶，同时至少在表面上维护程序公正。

8. 杰克布森诉美国（Jacobson v. United States）

这是一宗有关钓鱼执法的案子。杰克布森通过邮购获得两本跟男孩和性有关的色情读物，当时法律并不禁止通过邮购获得此类读物。美国政府得到邮购者的信息之后，便通过一些虚假的公司、组织和笔友主动跟杰克布森联系，鼓吹性自由，并引诱他订购色情读物。经过 26 个月的引诱，杰克布森终于订购了色情读物，当他签收邮件时被逮捕。

政府指控杰克布森本来就有犯罪的倾向，而杰克布森则辩称他本来并无犯罪的倾向，只是因为政府在两年多的时间里不断地引诱他，才导致他中了政府的圈套。一审法庭判决他有罪，州上诉法庭维持有罪判决，他最后上诉到联邦最高法庭。

最高法庭认为政府设置陷阱已经越过了"不知情的无辜民众"和"不知情的犯罪分子"，而且未能依法证明即使没有陷阱，请愿人本来也有犯罪的倾向，故推翻上诉法庭维持的有罪判决。

反对派则认为多数派的判决会影响政府钓鱼执法，因为每个被告都会说他原来并不想犯罪，都怪政府探员在引诱他犯罪之前干了点什么事情，从而导致他产生犯罪倾向。例如，受贿的官员会说政府探员对那一笔钱的描绘如此诱人，在他脑子里植入了犯罪倾向，导致他后来接受贿赂。

通常来说，受贿的官员用政府引诱犯罪为理由辩护很难脱罪。而本案的特殊情况在于，整个钓鱼的过程超过两年，有强烈的诱惑色彩。

9. 巴克卢诉普利赛斯（Bucklew v. Precythe）

这是一宗有关死刑执行方法的案件。《宪法第 8 修正案》禁止"残酷且不人道的惩罚"。密苏里州采用注射的方法执行死刑，巴克卢称他有血管瘤，注射死刑可能使他遭受剧烈的疼痛，可是他又找不出一种"既可行又有效"的替代执行死刑的方法，所以最高法庭最终还是驳回了他暂缓执行死刑的请求。

此案中有大量篇幅讨论医生和专家的证词，专业性较强，恕不置评。

此案揭示了美国死刑制度的特殊性，从判决死刑到执行死刑之间，死刑犯可以通过各种方式延迟执行。制定这种制度的原因有二：一是，死刑是不可逆转的极刑，一旦执行后才发现有错已无可挽回，所以美国对执行死刑慎之又慎。二是，在美国的 50 个州里。28 个州有死刑，22 个州废除了死刑，即使在有死刑的州，反对死刑的呼声也是很高的。反对死刑的民间组织会通过募捐为死刑犯提供法律帮助，有些顶级的法律事务所也会为死刑犯免费（pro bono）提供服务。①

判决书中提到："从判决死刑到执行死刑之间总是会有旷日持久的拖延。巴克卢早

---

① 此处"pro bono"为拉丁语，原意是"为了公众的利益"（for the public good），在法律上用于律师为公益提供免费的法律服务。——译者注

在 20 年前就被判处死刑，但是像他这样的案例并不反常。从判处死刑到执行死刑之间的时间平均长达 18 年，最长的甚至超过 40 年。"

下面是判决中没有的后话。

最高法庭 2019 年 4 月 1 日驳回了巴克卢的请愿，密苏里州最高法庭将死刑日期定在半年后的 10 月 1 日，行刑的早晨州长拒绝赦免。考虑到巴克卢的身体状况，行刑时调整了他的体位，以免仰卧造成他窒息。行刑很顺利，巴克卢的血管瘤并没有破裂，他也没有窒息。注射后 8 分钟即宣布巴克卢死亡。

若钦诉加利福尼亚
Rochin v. California
342 U.S. 165（1952）

1951 年 10 月 16 日辩论；1952 年 1 月 2 日判决。
发给加利福尼亚联邦第二地区上诉法庭的调卷令。

摘要：

有"消息"称请愿人贩卖毒品，三位州警察进入他家并闯入他跟妻子居住的卧室。警察看见床头柜上有两粒胶囊便盘问请愿人，请愿人将胶囊放进口中。警察与请愿人扭打并想从请愿人口中抠出胶囊未果，遂将请愿人送进医院，并强迫请愿人服用催吐药。请愿人呕吐后，警察从其胃纳物中找到两粒胶囊，经化验成分为吗啡。庭审时，尽管请愿人反对，法庭还是接受胶囊为证据，于是请愿人被判持有毒品罪。

判决：

因为警察在取证的过程中违反了第 14 修正案的正当程序条款，本庭推翻原判。

法兰克福特大法官代表法庭发表判决。

有"消息称本案的请愿人贩卖毒品"，1949 年 7 月 1 日早上，洛矶县的三位警察前往若钦居住的二层楼房，房子里还住着若钦的母亲、妻子和兄弟姐妹们。因为大门没上锁，警察进入房子，并强行上楼破门闯入若钦的卧室，若钦坐在床上，其妻躺在床上。在"床头柜"上，警察看见两粒胶囊，便问他"这东西是谁的？"若钦抓起胶囊放入口中，警察们"扑上去"跟他扭打起来，想把胶囊从他口中抠出来，但是因为他反抗而未果。警察遂给若钦戴上手铐送到医院。警察要求医生通过鼻饲管将催吐药强行注入若钦的胃腔，导致他呕吐，并从他的胃纳物中找到两粒胶囊，经化验其成分为吗啡。

若钦在加利福尼亚高等法庭受审，审判没有陪审团参加。他的罪名是"持有吗啡制品"，被判违反 1947 年加利福尼亚《健康及安全法》11500 节，刑期是 60 天监禁。有罪的证据主要是那两粒胶囊，尽管若钦强烈反对，胶囊还是被法庭接受为证据，但是一个警察作证时如实地叙述了获得证据的手段。

上诉时，联邦地区上诉法庭维持原判，但同时也判决警察"非法闯入被告的房间，在房间内非法殴打被告，折磨被告，并在医院里非法羁押被告"。

尽管三位法官中有一位认为"本案记录揭露了一系列使人震惊的违宪行为"，但他还是附和了判决，因为他觉得必须遵循加利福尼亚州最高法庭过去判决的案例。他认为那些案例"相当于鼓励，甚至邀请警察从事非法的行为"。若钦请求加利福尼亚最高法庭举行听证，州最高法庭拒绝听证，却没有发表判决。两位法官反对拒绝听证，并发表了他们的观点：

"有罪判决的证据是通过侵犯被告人身而获得的物证，这种证据应该像通过刑讯逼供获得的坦白一样无效。假如被告是被警察强迫而口头承认他非法持有毒品，他将得到法律的保护，因为有一条法律的规则排除刑讯逼供得到坦白。但是因为警察从他口中得到的证据是具体的物证，于是州政府便可以根据物证判决他有罪。在法律上，我们认为通过逼供获得的口头坦白和通过人身暴力从被告体内取出的物证之间并没有任何区别。"

本庭颁发调卷令，因为本案涉及一系列第 14 修正案对州政府的刑事诉讼程序加以限制的问题。

在我们的联邦体制内，刑事司法的工作主要由州政府负责。国会有权对各种罪行下定义，但那只是宪法赋予立法机构的有限权力。总体来说，美国的刑法是各州根据宪法第 1 条第 10 款和宪法第 13、第 14 修正案制订的，宪法禁止剥夺公民财产，也禁止事后制订秋后算账的法律。

除了预先规定属于联邦政府的权力之外，这些限制的目的并非限制州政府制订刑法，而是限制州政府如何执行刑法。因此，当我们审查一宗可能侵犯第 14 修正案保障的权利的案子时，我们的决定可能对联邦政府经常挑战各州刑事执法具有深远的影响，

"我们必须牢记各州刑事执法的责任，并谦卑地行使第 14 修正案正当程序条款授予我们的有限权力，仅对州法庭的有罪判决作有限的审查，以免产生副作用。"

正当法律程序"本身就是历史的产物"，不应该变成针对各州刑事执法系统的破坏性教条。

然而，本庭也有自己的责任，为了尊重正当程序条款"对本庭的要求，本庭必须对有罪判决的整个过程作出判断，以确定判决是否违反了文明和公正的准则，因为那将对所有的英语国家显示我们的司法正义，特别是对那些被控犯下了令人发指的罪行的被告。"

这些司法标准的具体细节并不是由权威制订的。正当法律程序是宪法确保尊重个人豁免权的总结，卡多索大法官曾两次代表本庭宣布，"正当法律程序深深扎根于我国人民的传统和良知，包含了有序自由的概念，属于最基本的权利。"

为了遵守正当程序条款公认的概念，本庭充分遵循宪法的指导对州政府的刑事诉讼程序作出判断。我们并不是跟政府机器打交道，而是跟人权打交道，因为人权没有精确和固定的定义，这是宪法条款不同寻常且令人遗憾的特点。具有象征性的辞藻上都笼罩着光环。一方面，光环上也许有历史的沉淀，从而在技术上获得具体的含义。因此，第 6 和第 7 修正案严格要求联邦法庭必须有陪审团，"陪审团"一词是无法改变的，那是

一个由 12 个人组成的团体，如果要判被告有罪，所有 12 位陪审员必须一致通过。另一方面，宪法中另一些词汇上的光环在技术上并没有固定的内容，必须在不断运用的过程中汲取具体的含义。

如果光环并没有固定的内容，就必须由法官判断来决定，同一个词汇在不同的时间可能有不同的含义，即使在同一时间，不同的法官也会有不同的解读。就连那些比较具体的条款，例如保证言论自由和保护公民免受不合理搜查和扣留的细节，都在本庭不可避免地引起了尖锐的分歧，遑论保护公民自由的正当程序条款？因为那是一条最不具体却又无所不包的条款。

正当程序条款的模糊轮廓并不能让法官随心所欲。我们不能用我们自己个人的观点而忽视在司法程序中约束法官的限制措施。尽管正当法律程序的概念并非固定而一成不变的，那些限制措施融汇在整个司法的过程中。

这些考量深深地扎根于理性和法律专业的传统之中。正当程序条款让本庭承担判断的义务，兼顾社会上互相对立的利益，在严格定义的司法权限内审查州政府的有罪判决。

我们不应该嘲笑以上所述的正当法律程序是"自然法律"的复活。《宪法》第 3 条的目的是确保法官的中立，要求他们按照司法的行为准则判案。如果我们相信把"正当法律程序"冻结在某个时间点就能让司法机构避免行使判断的义务，则无异于相信用机器来替代法官就能判决重大的宪法案件。就连控制论学者都不会发表这种谬论。要做到置身事外并保持充分客观，就要求法官养成一种习惯，那就是自律和自省其身，不自以为是，并容忍不同意见。这正是我们的司法程序的前提，因为社会授予我们司法大权，便期望我们有这种职业道德。

除非宪法的某一条款被废除或修订，本庭的判决是无法上诉的，所以我们行使管辖权时务必自律。正当法律程序容不得司法任性。尽管正当程序条款的语言并不明确甚至含糊，法官不能按照自己的意志行事。"正当法律程序"要求我们抛开自身利益，根据科学精神，精确公正地权衡事实，中立地考虑对立的诉求。我们的判决不能随心所欲或心血来潮，必须牢记在社会的持续性跟社会进步变化之间的妥协和折中。

将上述的原则运用到本案的实际情况，我们不得不作出一个结论，尽管有些吹毛求疵、神经分分的人认为执法机构只是破案心切，但下级法庭判决的程序所冒犯的人已经远远超过吹毛求疵和神经分分的那一小撮人。警察的行为已经到了泯灭良知的程度。他们强行闯入请愿人的家，使用暴力试图从他的口中抠出证据，然后又强行洗胃获取其胃纳物，政府人员的行为甚至足以冒犯那些铁石心肠的人。在宪法上，这种方法跟拇指夹板的酷刑并无区别。

有种观点认为，只要证据跟案子有关而且是可信的，正当法律程序并不在乎获得证据的手段，这种观点早就过时了。最近一系列判决加强了一条宪法总则，凡是通过刑讯逼供得到的坦白，即使经过核实，州政府也不得根据强迫的坦白判被告有罪。各州固然有权为刑事审判制订证据规则，但本庭的一系列判决并非武断地为证据规则制订例外。那些判决并非宪法里的体育竞赛，而是具体运用的总体原则。那些案例要求各州在检控犯罪时必须尊重某些文明行为的准则。作为历史和不断繁衍的原则，正当法律程序通过定义和限制，精准地排斥一些行为标准，而不是笼统地禁止州政府采取冒犯"正义感"的方法。有人也许会说，为了判被告有罪，警察不得通过刑讯逼供得到被告脑子里的思想，却可以使用暴力获得被告胃腔里的东西。宪法赋予本庭历史重任，假如本庭如此判决，那将是对本庭历史重任的一种嘲笑。

假如我们在本案中像律师那样区别"物证"和口供，那就相当于忽视了禁止刑讯逼供的理由。我们之所以禁止州政府使用通过刑讯逼供得到的坦白，是因为屈打成招的口供缺乏可信度。即使口供里的一些陈述经过核实证明是真实的，正当法律程序也还是禁止法庭接受那种坦白，因为刑讯逼供违反社会的公平和道德文明。在本案中，下级法庭已经在判决书中谴责了警察的暴力行为，如果我们视而不见就相当于为这种暴力行为披上司法的外衣。那将是藐视法律，并伤害社会的感情。

在判决本案的过程中，我们并未质疑各州处理其他不同案件所遇到的问题。许多州法庭使用现代化的方法和设备将罪犯绳之以法，我们将那些案件搁置在一边，因为那些案件并没有把警察用侵犯个人尊严的方法从嫌疑人身上获取证据的行为合法化。加利福尼亚最高法庭并没有惩罚那种获得有罪判决的手段，而仅仅是行使法庭酌情处理的权力拒绝审查有罪判决。所有对本案发表过观点的加利福尼亚法官都用最强烈的语言谴责了警察的行为。

我们当然不会忘记，有人也许会变出一些跟本案有细微差别的假想情况，然后通过逻辑的延伸逐渐转变得面目全非。然而，宪法的"目的是维护实际的基本权利，而不是维持不同的理论"。

本案的事实显示，警察用违反正当法律程序的方法取证，并用非法证据判请愿人有罪，所以下级法庭的判决必须被推翻。

推翻判决。

闵顿大法官未参加本案的审理和判决；布拉克大法官附和。

根据亚当森诉加利福尼亚案（Adamson v. California）的理由，我认为各州和联邦法庭，以及执法机构都应该遵循第 5 修正案的训诫，"不得强迫任何人在刑事案件中自证其罪"。除了强迫一个人当证人自证有罪之外，用现代科学从他体内强行取出罪证也相当于强迫他自证有罪。因为加利福尼亚用非法取得的证据判决请愿人有罪，我同意道格拉斯大法官，本案的判决应该被推翻。

虽然本庭的多数法官认为第 5 修正案并不限制各州，他们还是判决加利福尼亚用非法获得的证据判决请愿人有罪违反了第 14 修正案的正当程序条款。多数大法官跟我作出同样的判决，但是我很遗憾，因为我不能接受他们对法律的解读，所以我表示抗议。多数大法官制订的标准模糊不清，我相信只要忠实地坚持《权利法案》的具体保障，将能保证更长远地保护个人的自由权。

多数大法官的判决是，如果任何州法"震撼良知"，冒犯了"正义感"，或是违背了"文明行为准则"，正当程序条款授权给本庭宣布那种法律无效。多数大法官强调他们的判决与他们自己的良知、正义感和行为准则无关。多数大法官说，"我们不能仅凭私人的见解"，我们的判决必须基于"深深地扎根于理性和法律专业传统的考虑"。多数大法官甚至还进一步忠告，我们不应该用自己的理性或法律专业传统，而是应该用"社会的公平道德准则""人民的传统和良知"以及"英语国家人民表达正义的道德规范"来衡量州政府的行为。因为"社会利益之间有冲突"，所以我们必须采用这种规则。

如果正当程序条款确实授予本庭宣告州法无效的有限权力，我还是质疑我们为什么只应该考虑英语国家的规则来决定永远不变的基本司法原则。此外，有人也许会问，我们怎样才能找到放之四海而皆准的行为准则，然后本庭就可以将其写入宪法呢？就我们所知，为了找到行为准则，我们必须"用科学的精神权衡事实，并中立地评估"。

有些宪法条款的语言是绝对无条件的，例如第 1 修正案规定法律不得禁止人们行使宗教、言论和新闻自由的权利。有些宪法条款则要求法庭在对立的政策之间做选择，例如第 4 修正案的语言就要求法庭决定什么算是"不合理的"搜查和扣留。尽管宪法里的语言并没有明确授权给司法机构废除本庭认为"不合理"或有悖道德文明的法律，但是多数大法官会用他们的宪法哲学否决州政府有权限制汽油价格，并否决州政府有权禁止面包房用小面包冒充大面包。这些案例和其他案例显示，多数大法官用日渐式微的个人哲学标准来否决州政府打击经济欺诈的立法。我们不可能预料这种哲学是否将在我国经济领域里起瘫痪的作用。更使人担忧的是，这种哲学将被用来否决《权利法案》。我很久以前就得出了一个结论，因为这种哲学就像手风琴那样具有伸缩性，所以将不可避免地伤害《权利法案》中罗列的所有个人自由。本庭最近的判决缩减了言论和新闻自由，进一步证明我的结论是正确的。

道格拉斯大法官附和。

在大多数州里，从被告的胃腔里取出的证据可以被法庭接受。被报道出来的案例显示，只有阿肯色、爱荷华、密歇根和密苏里州不接受这种证据。

但是本庭今天说大多数州的证据规则违反"文明行为准则"。对此我不敢苟同。证据规则是法庭制定的，法庭是负责的，多数州的法官对司法标准跟我们同样敏感。

第 5 修正案规定"不得强迫任何人在刑事案件中自证其罪"，这条规定是否有利于伸张正义尚有待商榷。并非所有文明的法律程序都接受这一规定。但这是起草修正案的先贤们的选择，他们制定了我国法律审判的标准。

先贤们将第 5 修正案作为联邦法庭的正当程序标准。如果联邦法庭的审判要求正当程序，我不可能说州法庭的审判不要求正当程序。最近本庭在亚当森诉加利福尼亚案中否定强迫的证词必须被排除，本庭判决州政府可以强迫在州法庭受审的被告出庭自证其罪。我不同意。政府当然可以强迫被告在审判时出庭，他可以站着、坐下、东张西望、试戴帽子或试穿大衣。但是我认为被告嘴里说出来的口供、从他胃腔里取出的胶囊和从他血管里抽出来的血，如果未经被告同意，都不应该被法庭接受为证据，因为第 5 修正案禁止强迫被告自证其罪。

这是一条明确且可行的证据规则，既适用于州法庭，也适用于联邦法庭。出于公平，如果州法庭接受强迫得到的证据，我们不能一方面原谅法庭不遵守宪法的戒律，另一方面严厉谴责法庭嘲笑"文明行为准则"。这样做就相当于不按照宪法，而是按照主审法官的个人好恶执行证据规则。

虽然本庭在本案中支持的观点造成的伤害并不明显，但这种观点是本庭司法哲学的一部分。这种司法哲学造成了拜兹诉布瑞迪案（Betts v. Brady），该案违反了第 6 修正案的戒律，在州法庭的审判中拒绝为被告提供律师。此外，这种司法哲学还造成了沃尔夫诉科罗拉多案（Wolf v. Colorado），该案的法庭允许警察将违反第 4 修正案不合理搜查得到的证据呈堂作证。这是近年来侵蚀公民权利的例子。

马普诉俄亥俄

Mapp v. Ohio

367 U.S. 643（1961）

1961 年 3 月 29 日辩论；1961 年 6 月 19 日判决。

从俄亥俄州最高法庭上诉

克拉克大法官代表法庭发表判决。

上诉人因为拥有并控制淫秽书籍、图画和相片，违反了俄亥俄州法律第 2905.34 条，被判有罪。

俄亥俄州最高法庭在判决的摘要中坦承，尽管判决是基于非法搜查上诉人家时扣押的淫秽书籍和图画，但判决仍然是有效的。

1957 年 5 月 23 日，警方得到消息称"一位爆炸案的嫌疑人可能躲在上诉人家中，而且上诉人家中可能还藏有大量的警用器械"，于是，三位克利夫兰警察便前往上诉人家。马普小姐和她女儿住在一栋两家庭房子的楼上。警察抵达后敲门要求进入房间，但是上诉人跟她的律师通电话之后拒绝让没有搜查证的警察进入。警察向总部汇报后，便在房子周围布控监视。

3 小时后，又有至少 4 名警察到达现场，马普小姐没有立即到门口，警察便破门而入。同时，马普小姐的律师也来到现场，但是警察已经进入马普小姐的房间，他们还是继续无视法律，既不让律师见到马普小姐，也不让他进入房间。当警察破门而入时，马普小姐已经走下楼梯的一半。她要求警察出示搜查证，一个警察举起一张据说是"搜查证"的纸，马普小姐抓过那张纸放在她的胸罩里。然后便发生了撕扯，警察将那张纸夺回，并给她戴上手铐，因为她在警察从她身上夺回"搜查证"时"有敌对行为"。在粗暴执法的过程中，一位警察"抓住她"并"扭她的手"，因为警察"把她弄疼了"，她"尖叫并求他放手"。警察强迫上诉人上楼，他们在她的卧室里搜查了梳妆台、衣柜、壁橱和一些箱子。他们还翻看了她的影集和个人的文件。然后他们搜查了整个二楼，包括孩子的卧室、客厅、厨房和饭厅。此外，警察还去了地下室，搜查了一口大箱子。判决上诉人有罪的物证，那些淫秽材料，就是在大面积搜查的过程中发现的。

庭审时，检察官并没有出示搜查证。他既没有解释不出示搜查证的理由，也没有交代搜查证的下落，只是说，"记录当中有相当的疑点，不知道搜查被告家究竟有没有搜查证"。俄亥俄州最高法庭相信被告可以有"合理的辩护"推翻判决，"因为获得证据的方法冒犯'我们的正义感'"。但法庭还是认为证据不是"使用粗暴或冒犯肉体的暴力从被告身上取得的"。

俄亥俄政府称，哪怕搜查未经授权或不合理，违反宪法搜查得到的证据仍可用于庭审，因为本庭确实曾在沃尔夫诉科罗拉多案（Wolf v. Colorado）中判决，"当检方在州法庭起诉违反州法的案件时，第14修正案并不禁止采用不合理搜查扣留的证据"。因为本庭同意对本案的上诉有管辖权，俄亥俄政府再次要求考虑本庭对沃尔夫案的判决。

第一部分

75年前，本庭在包爱德诉美国案（Boyd v. United States）中认为第4修正案和第5修正案"几乎完全相同"，这两个修正案的理论"适用于政府及其雇员侵犯个人的家庭和生活隐私的案件。非法入侵的本质并不在于破门而入和乱翻抽屉，而是在于侵犯了神圣不可侵犯的个人安全、自由和私有财产权……破门而入、打开箱子和抽屉固然可恶，然而强迫个人自证其罪，夺取个人私有的文件判他有罪或没收他的财产，那才是第4、第5修正案谴责的行为。"

本庭认为"解读与个人安全和财产有关的宪法条款应该尽可能宽松……法庭的义务是保护宪法授予公民的权利，防止公民的权利被偷偷地侵蚀"。

为了维护个人权利不受侵犯，本庭为麦迪逊总统的远见注入了生命力，"独立的司法机构自然会抵抗政府侵蚀宪法明确宣布的权利"。总之，本庭所指的就是"违反宪法"取得的证据。判决包爱德案后不到30年，本庭在威克斯诉美国案（Weeks v. United States）中指出：

"第4修正案对美国法庭和联邦官员行使权力加以限制和约束，永远保护每一个人，使他的人身、房屋、文件和个人财产不被任何人以法律的名义不合理地搜查和扣留，这是我们联邦体制授权给每一位执法人员所附带的义务。"

特别针对使用违反宪法获取的证据，本庭认为"如果政府可以扣留个人的信件和文件作为控诉公民犯罪的证据，第4修正案宣布禁止政府对个人非法搜查和扣留的权利就成了一句空话。对于那些被非法搜查的人来说，那就相当于把他们的权利从宪法中删除。法庭和法官们为惩罚罪犯所作的努力固然值得赞誉，但是我们不能牺牲先辈们经过多年的努力和苦难所建立的伟大原则，使那些权利成为我国法律的一部分"。

最后，本庭在威克斯案中明确指出，使用非法扣留的证据涉及"剥夺宪法赋予被告的权利"。因此，本庭在1917年的威克斯案中"第一次"判决，"第4修正案禁止在联邦起诉的案件中使用非法搜查扣留的证据"。此后，本庭一直要求联邦执法人员严格遵守这一守则，本庭认为宪法明确、具体、毫无例外地要求这一条戒律，否则第4修正案将变成"一句空话"，这是霍姆斯大法官在希尔佛通木材公司诉美国案（Silverthorne Lumber Co. v. United States）中的名言。很简单，这就意味着"法庭不能允许用非法得到的证据和刑讯逼供得到的坦白判被告有罪，而且法庭根本就不能允许使用这种证据"。

本庭曾在过去的一些案例中将威克斯案的规则作为证据规则引用，但是威克斯案平铺直叙的语言跟此后沃尔夫案对威克斯案的解释均说明威克斯案的规则源于宪法。在拜尔斯诉美国案（Byars v. United States）中，联邦警察在没有合法搜查证的情况下搜查，被搜查的嫌疑人对搜查提出挑战后，警察便停止搜查，检方称已经发现的证据仍可以用来证明被告有罪，本庭所有法官一致宣布宪法不能容忍这种论点。在欧姆斯特德诉美国案（Olmstead v. United States）中，本庭清楚地重述了威克斯案的规则："威克斯案和其后一系列案件最显著的结果显示，第 4 修正案并没有针对或限制如何在法庭使用证据，而是禁止警察把违反第 4 修正案搜集到的证据呈堂作证"。

在麦克纳布诉美国案（McNabb v. United States）中，我们认为"有的警察无视宪法授予公民的基本权利非法搜集证据，用这种证据作出的有罪判决是无效的。根据宪法，本庭在包爱德案和威克斯案中推翻了联邦法庭和州法庭的判决，因为那些判决是基于被告的坦白，而那些坦白是通过疲劳审讯愚昧而没有经验的嫌疑人非法获得的。在嫌疑人的心目中，警察的权力被无限扩大。或是警察禁止嫌疑人与外界联系，使他们无法获得朋友或律师的帮助"。

在麦克纳布案中，本庭制定了一条规则，"我们对案件的观点是，我们必须上升到宪法的高度，因为在联邦法庭的刑事案中，我们不能接受违反宪法获得的证据"。

第二部分

判决威克斯案 35 年后，在 1949 年的沃尔夫诉科罗拉多案中，本庭根据第 14 修正案的正当程序条款再次讨论了第 4 修正案对州法庭的影响。

"我们毫不犹豫地说，如果州政府支持警察侵犯个人隐私，那就违背了第 14 修正案保护的公民权利。"

本庭宣布"警察不得武断地侵犯个人隐私，因为个人隐私是有序自由的一部分。既然如此，州政府必须根据正当程序条款执行。"本庭虽然宣布仍将坚决遵守威克斯案的判决，却没有把威克斯案排除证据的规则作为"个人隐私权的一部分"强加给各州。本庭之所以没有把隐私权作为最基本的权利，是有事实根据的，因为宪法通过正当程序条款要求州政府保护个人隐私权，而在几十年以前，个人隐私权是第 4 修正案的一部分，用来限制联邦政府侵蚀个人隐私权。

第 4 修正案与正当程序条款似乎并无关系，因为本庭判决的证据排除规则是第 4 修正案的一部分，而第 4 修正案包含的权利却通过正当程序条款限制州政府的权利。下面我们将根据事实来考虑沃尔夫案的判决今天是否仍然合法。

本庭在沃尔夫案中说，"各州对是否应该采用威克斯案规则的看法存在矛盾。"有些州认为"警察非法搜查不是什么大事，完全可以忽略，无需通过推翻州法庭的有关证据规则来震慑"，在沃尔夫案之前，1949 年几乎 2/3 的州反对采用证据排除规则，现在那些州里有超过一半的州已经通过立法或司法解释全部或部分采用了威克斯案规则。加利福尼亚是其中的典范。加利福尼亚州最高法庭认为，"除了排除证据之外，其他的措施根本无法保证警察会遵守宪法的规定执法。"根据加利福尼亚的案例，我们认为沃尔夫案之所以没有强迫州政府采用证据排除规则，是因为"其他的方式也能保护隐私权。"而根据加利福尼亚的经验，其他州支持的措施毫无用处。沃尔夫案之后，本庭也意识到用第 4 修正案来保护个人权利的措施显然是毫无作用的。

沃尔夫案将人民诉迪福案（People v. Defore）的判决说成是"有分量的证词"，这一理论同样也经不住时间的考验。在迪福案中，卡多索法官拒绝在纽约采用威克斯案的证据排除规则，他认为联邦的证据规则不是太严格就是太宽松。然而，那种观点大体上已经被本庭后来判决的案例所否定，包括最近废除的"银盘子"理论，[①] 禁止州警察使用违反宪法获取的证据。原来法庭对任何人挑战使用非法获得的证据有很严格的"资格"要求，现在法庭已经放松了资格的要求，排除证据的程序"最终被称为宪法的保护"，任何人只要在非法搜查的时候"合法地在场"，就有资格挑战非法获取的证据。最后，法庭还规定了禁止州法庭采用联邦警察违反宪法获取的证据。因为我们没有固定的规则，所以我们不得不常常面临"搜查是否合理"的问题，一旦涉及宪法，这样的问题会更多。无论如何，"搜查是否合理"是应该由一审法庭决定的事情。

1949 年，沃尔夫案承认州政府不得侵犯个人隐私，却没有采用威克斯案的证据排除规则，因为沃尔夫案基本上与宪法无关，所以沃尔夫案对本案并没有束缚力。

第三部分

因为沃尔夫案认为威克斯案证据排除规则不适用于各州，沃尔夫案判决 5 年之后，面对各界反复请求本庭推翻沃尔夫案的判决，本庭表示应该先让各州有"充分机会决定采用或是拒绝威克斯案证据规则"。本庭在该案中说，在 1949 年 6 月之前，本庭从未判决第 14 修正案禁止非法搜查和扣押也适用于各州。

一直到去年，本庭在埃尔金斯诉美国案（Elkins v. United States）中重温了沃尔夫案的理论并指出，自从沃尔夫案宣布"第 14 修正案的正当程序条款本身并不要求州法庭采用威克斯案的证据排除规则，有关搜查和扣留以及是否接受证据的原则才变得清晰起来"。同时，本庭还指出，"沃尔夫案建立了联邦宪法禁止州警察不合理搜查和扣留的理论"，这才推翻了"联邦法庭可以接受州警察扣留的证据的理论基础"。因此本庭认为必须判决，无论证据来源于何处，联邦法庭均不得接受任何违反宪法搜查得到的证据，尽管这一判决的覆盖面比较窄。今天，我们再次重温沃尔夫案有关州政府不得侵犯个人隐私的宪法原则，虽然这一原则已经在书面上存在了十多年，但是对警察侵犯基本人权搜查到的证据，本庭还是敞开大门，沃尔夫案的宪法原则要求法庭对非法证据关上大门，因为只有保证人权才能禁止非法的行为。根据这条原则，我们判决所有违反宪法

① 1914 年威克斯案建立证据排除规则的同时还建立了一条例外，那就是"银盘子"理论。因为威克斯案当时只针对联邦执法人员，而州执法人员无需遵守严格的证据排除规则。为了规避严格的联邦规定，联邦警察往往会跟州警察勾结，让州警察去违规搜查证据，然后把得到的证据放在"银盘子"里交给联邦警察。

搜查和扣留的证据，州法庭都不得接受。

第四部分

因为我们可以通过第 14 修正案的正当程序条款来禁止州政府侵犯第 4 修正案保护的个人隐私权，我们同样也可以用惩罚联邦政府的证据排除规则来惩罚州政府。假如我们不这样做，就相当于允许联邦警察进行不合理搜查和扣留，那么威克斯案的证据排除规则就变成了毫无价值的"一句空话"，还空谈什么自由诚可贵？同样，如果没有证据排除规则，保护个人自由不受州政府侵犯将是昙花一现，个人不被刑讯逼供的自由将被阉割，因为个人的权利"被包含在有序自由的概念之内"。在沃尔夫案中，本庭判决第 4 修正案通过正当程序条款也适用于州政府。第 4 修正案规定排除联邦警察非法获取的证据。就连沃尔夫案都坚持这个观点。当法庭承认州政府也不得侵犯个人隐私时，即使没有包爱德、威克斯和希尔佛通等案规定的惩罚，个人隐私也不至于被摧毁。证据排除规则是保护个人隐私权的重要组成部分，当我们把正当程序扩展到所有联邦或州警察的违宪搜查时，根据逻辑和宪法，证据排除规则也成了沃尔夫案的一部分。总之，既然沃尔夫案已经承认宪法保证个人隐私不得侵犯，我们就不能剥夺宪法授予被告最重要的特权，那就是排除警察非法搜查获取的证据。如果我们不这样判决，那就是剥夺了公民享受隐私不被侵犯的权利。就在去年，本庭认识到证据排除规则的目的"是震慑，也就是强迫警察敬畏宪法保障的唯一有效办法，那就是从根本上打消他们藐视宪法的念头"。

事实上，我们不知道还有任何类似的约束也能够落实其他基本的宪法权利。与其他所有授予人民的权利相比，个人隐私权尤为重要，因为隐私是"自由社会的基础"。无论是针对联邦政府还是州政府，本庭都会毫不犹豫，同样地严格落实言论自由和新闻自由的权利，以及公民得到通知和公开审判的权利，包括禁止政府使用刑讯逼供得到的坦白作为判决被告有罪的证据，无论非法获得的证据多么合乎逻辑，多么可靠。毫无疑问，假如警察对被告刑讯逼供而得到了坦白，无论警察的行为是"偶然的还是经常的"，那都是藐视"有关证据规则"的行为。刑讯逼供得到的坦白就相当于违反宪法搜查获得的物品、书信、财物和文件。既然如此，我们为什么就不能对物证也使用同样的证据规则呢？我们认为第 4 和第 5 修正案是针对联邦政府的，而对于各州来说，免受政府不合理侵犯隐私和免予依据被政府刑讯逼供得到的坦白判处有罪，这两者之间具有"密切的关系"。然而，我们必须经过多年抗争，才能使"人道和人权的原则"得以永存。尽管第 4 和第 5 修正案跨越两个不同的阶段，"但它们相辅相成地表达了同一个宪法目的，那就是最大范围地保护个人隐私不受侵犯"。虽然这两个修正案的哲学和各自保护的两种自由相辅相成，但其影响力并不互相依赖，两者结合至少能够保证政府不得用违反宪法得到的证据判决任何人有罪。

第五部分

此外，我们之所以认为证据排除规则是第 4 和第 5 修正案的重要组成部分，不仅是因为过去案例逻辑的要求，更是因为排除证据的规则合乎情理，因为宪法和常识之间并没有矛盾。现在联邦检察官不能使用非法得到的证据，而马路对面的州检察官就可以使用非法得到的证据，照理说同样的修正案也应该禁止后者使用非法得到的证据。因此，如果州政府可以接受非法获得的证据，那就相当于鼓励人们去藐视联邦宪法，而州政府本来也应该有义务去捍卫宪法。此外，我们在埃尔金斯案中说过，"健康的联邦体制的精髓取决于避免州和联邦法庭之间毫无必要的冲突"。这种毫无必要的冲突就在今年的威尔逊诉西奈特勒案（Wilson v. Schnettler）中出现了。尽管我们在利亚诉美国案（Rea v. United States）中曾经做过许诺，本庭在威尔逊案中也还是完全站在州政府一边，拒绝禁止在执行公务时非法搜查得到证据的联邦警察在州法庭作证。我们直到今天才承认的双重标准在实践中仍然存在。在不排除证据的州里，政府邀请联邦警察穿过马路，带着违反宪法搜查获得的证据到州检察官的办公室去。于是，州检察官可以在州法庭起诉被告，而第 4 修正案对他无可奈何。如果州和联邦法庭都不可以接受违反宪法搜查得到的证据，我们马上就能够打消警察规避法律的念头。那我们也就无需再在利亚案和西奈特勒案之间调和了，因为这两宗案子都充满了危险的不确定性和自相矛盾。

如果联邦政府和州政府都有义务尊重相同的基本标准，我们将能够促进联邦和州合作打击犯罪。"也许我们在某一个具体案例中坚持遵守证据排除规则的技术性规定会放过一个坏人，但是刑法的历史证明，如果我们容忍在执法过程中抄近路，那将会影响长久的执法效益"。在两个合作的执法部门之间，如果我们只禁止其中一个抄近路，人们自然就会合理地怀疑，两者之间是否会达成某种"工作上的默契"，这种默契的结果同样也受到了污染。

就如当年的卡多索法官，有些人认为实施宪法的证据排除规则，"犯罪分子就有可能逍遥法外，因为警察被戴上了脚镣"。毫无疑问，在某些案件中确实会出现这样的结果。但是正如我们在埃尔金斯案中所说，"我们还有另外一层考虑，那就是司法人格的使命。如果我们不得不放走一个犯罪分子，那是法律让他自由的。世界上没有任何人能比政府自己就不遵守法律更快地毁灭政府，遑论连政府都无视自己存在的人格？"布兰戴斯大法官在欧姆斯特德案的反对意见中说，"政府是我们强大的、无处不在的老师。无论善还是恶，政府用自己的榜样教育人民。如果政府自己就犯法，那就洒下了藐视法律的种子。那就相当于让每一个人去制定自己的法律，那就是邀请无政府主义"。我们也不能轻易地假定，采用证据排除规则就是执法机构的桎梏。就在去年，本庭特别考虑了这种桎梏的说法，却发现并不缺乏相反的"现实证据"。本庭在埃尔金斯案中注意到：

"联邦法庭采用威克斯案的证据排除规则近半个世纪，但是从来没有人说证据排除规则使联邦调查局失去了效率，也没有人说证据排除规则打乱了联邦法庭的刑事司法。此外，各州的经验给人留下深刻的印象，尽管采用证据排除规则受到阻挠，但是这一趋势势不可挡。"

抄近路判被告有罪是不光彩的，这为州政府打开了摧毁整个宪法约束体制的大门，而人民的自由有赖宪法对政府的约束。既然我们已经承认第 4 修正案所包含的隐私权也适用于州政府，而且个人隐私不被州警察野蛮侵犯的权利源于宪法，我们再也不能让宪法授予人民的权利仍然停留在一个无法兑现的承诺。因为隐私权应该和正当程序条款保护的其他权利一样得到落实，我们绝不能允许任何警察以执法的名义随意选择剥夺人民的权利。我们的判决基于理性和事实，我们给予个人的权利并没有超过宪法保证他应该有的权利，我们给予警察的权利也没有少于诚实的执法人员应该得到的权利。我们给予法庭的则是秉公司法的完整性。

我们推翻俄亥俄州最高法庭的判决，并发回本案按照本庭的判决重审。

推翻原判并重审。

布拉克大法官附和。

在本庭判决威克斯案之后近 50 年里，联邦法庭不允许检方违反第 4 修正案用"不合理搜查扣留"的文件控诉被告。在 1949 年判决的沃尔夫诉科罗拉多案中，本庭却认为"如果在州法庭起诉违反州法的罪行，第 14 修正案并不禁止法庭接受不合理搜查得到的证据。"我附和本案判决的原因如下：

"我在亚当森诉加利福尼亚案（Adamson v. California）中发表了反对意见，我同意本庭的结论，第 4 修正案禁止'不合理搜查和扣留'也适用于各州。如果我认为第 4 修正案除了禁止'不合理搜查和扣留'之外还禁止使用非法获得的证据本身，那我就会推翻本案的判决。但是我同意本庭判决中明确地暗示，联邦的证据排除规则并不是第 4 修正案所要求的，而是司法部门创造出来的一条证据规则，国会可能否认这条规则。"

我认为光靠第 4 修正案还不足以禁止检方用违反宪法搜查获得的证据控诉被告。因为第 4 修正案并未明文规定禁止使用这种证据，我高度怀疑我们是否能够从最基本的禁止不合理搜查和扣留的条款中解读出一条排除证据的规则。鉴于沃尔夫案之后的案例，我考虑了这个问题，得出的结论是，第 4 修正案禁止不合理的搜查和扣留，而第 5 修正案禁止强迫被告自认其罪，如果把这两个修正案结合起来，便形成了一个非但支持而且要求排除证据规则的宪法基础。

对于排除证据的问题来说，本庭早已承认第 4 和第 5 修正案之间的紧密关系，成为本庭判决包爱德案的理论基础。本庭在包爱德案中全面讨论了这两个修正案之间的关系，并宣布"用非法获得的文件作为证据控诉被告跟强迫他自证有罪其实并无实质性区别"。在沃尔夫案中，儒特列奇大法官就是以此为根据发表他的反对意见的。尽管当时我并不同意他的观点，但是从最近的案子里我对这个问题有了更深刻的理解。尽管宪法并没有明确地说，但在最后的分析中，我觉得包爱德案的理论完全合乎历史，合情合理，并完全符合正确地解读《民权法案》。布拉德利大法官在包爱德案中是这么说的：

"我们应该宽松地解读宪法中有关人身和财产安全的条款。如果我们仅按照字面保守地解释，那将至少会剥夺这些条款的一半功效，使人身和财产安全的权利逐渐贬值，甚至名存实亡。法庭的义务是保护宪法赋予公民的权利，防止这些权利被偷偷地侵蚀。"

沃尔夫案判决 3 年之后，若钦诉加利福尼亚案（Rochin v. California）验证了布拉德利和儒特列奇两位大法官的观点，也就是第 4 和第 5 修正案之间的关系要求排除违反宪法搜查得到的证据。在若钦案中，3 名警察既没有法庭出具的搜查证，也没有合理的怀疑便进入若钦家搜查，他们破门闯进若钦夫妇的卧室，进门时看见若钦吞下两个小胶囊。他们立即将他逮捕，戴上手铐并把他送到医院，然后用胃泵把胶囊吸出来，化验显示胶囊里的成分是吗啡。然后州法庭便以此为证据判决他有罪。

若钦挑战判决的合法性并上诉到本庭，该案是第 4 和第 5 修正案之间关系的完美案例。本庭审理该案的每一位大法官都承认这两个修正案之间的关系，并以此为理由推翻了州法庭的原判。第 5 修正案规定"任何人都不得被强迫自证其罪"，尽管多数法官并没有引用第 5 修正案条款的具体文字，但他们至少表示知道该条款的存在并做了如下的表述："强迫被告坦白冒犯社会的公平和正义感。宪法对本庭委以历史的重任，假如有人要求本庭判决警察不可以从嫌疑人的脑子里掏出思想，却可以从他的肚子里掏出胃纳物，那就是对本庭责任的嘲弄。"因此，多数法官认为警察使用的方法"近乎酷刑，脑子和胃在宪法上并无实质性的区别"。鉴于警察对待若钦的方法"震撼良知"，冒犯人类的正义感，而且"无视文明社会的行为准则"，本庭推翻了州法庭的原判，因为警察使用的方法违反了正当程序条款。

我同意本庭应该推翻若钦案的原判，但我的理由是，因为有了第 14 修正案，才使禁止被告自认其罪的第 5 修正案也针对各州。如果我们广义而非狭隘地解释宪法，第 5 修正案禁止使用的"胶囊"证据，就相当于对若钦刑讯逼供后得到的口供。我援引并依照包爱德案中的宪法理论才得出以上的结论，然而在当时，持这种观点的人肯定是少数，因为只有道格拉斯大法官和我反对多数派采用的灵活且不确定的"震撼良知"的检验标准。

若钦案判决两年之后，本庭又审理了尔湾诉加利福尼亚案（Irvine v. California）。该案的证据也是通过违宪和泯灭良知的手段获得的，本庭必须决定根据这种证据作出的判决是否合法。本庭共有 5 位大法官各自发表了判决书，这些判决书显示了沃尔夫案和若钦案引起的混淆和不确定性。附和判决的克拉克大法官强调了本庭"震撼良知"检验标准的不足，因为这种检验标准"如此不确定且无法预测，除了猜测之外，我们根本无法预知多么明目张胆的侵犯个人家中的隐私，才能把案子震撼到宪法保护的双臂之中。"在实践中，这种因人而异的方法的必然后果是，当 5 位大法官的良知被警察的行为震撼时，有罪判决就会被推翻，犯罪嫌疑人也就会被释放了。

尔湾案至少有一点是完全清晰的，那就是 7 位大法官联名反对沃尔夫案和若钦案宣布的"震撼良知"的宪法检验标准。然而，这也并没有减轻法律的混淆，因为许多案例还是自相矛盾，再加上本庭仍然无法对尔湾案中多数派的观点形成一致看法，所以不确定性依然存在。今天我们终于澄清了不确定因素。以我对本庭今天判决的理解，我们再次否定了沃尔夫案和若钦案的"震撼良知"的检验标准，用我们在包爱德案中宣布的宪法理论推翻州法庭的判决，因为包爱德案的理论更精确、易懂，而且更容易预测。我完全同意布拉德利大法官的观点。判决包爱德案的理论基础是第 4 和第 5 修正案，这两个修正案对宪法保护的自由至关重要，而且这两个修正案都可以广义而非狭隘地解读。各级法庭应该尽可能明确地知道他们管辖的范围。我认为，本庭今天的判决可以消除宪法领域的疑虑和不确定性。鉴于上述原因，我终于被说服了。我应该抛弃过去的观点，在州法庭的案件接受包爱德案的理论，并加入本庭根据宪法理论作出的判决。

道格拉斯大法官附和。

尽管已经加入本庭的判决，我还想再加几句话。本案的起因是一次非法的搜查和扣留。警察强行闯入上诉人的家，扣留了一些文件，然后用这些文件判处上诉人有罪。

上诉人与 15 岁的女儿住在克利夫兰一栋房子的二楼。1957 年 5 月 23 日下午 1 点 30 分，3 名警察来到她家。他们按门铃之后，上诉人开窗问警察想干什么。根据警察后来的证词，他们从"可靠的来源得到消息，有一个人躲在上诉人的家里，警察想传讯此人了解有关最近的一起爆炸案"。对上诉人提出的问题，警察只是说他们想问她一些问题，但是拒绝告诉上诉人他们想问什么问题。

上诉人为另一宗案件聘请了律师，她告诉警察她要打电话问律师是否应该让他们进家。咨询律师之后，他告诉警察必须出示有效的搜查证才能让他们进家。接下来的两个半小时，警察包围了房子。到 4 点钟，警察人数增加到至少 7 位。上诉人的律师到达现场，一个警察告诉律师他们已经得到了搜查证，但是拒绝出示给律师看。然后警察走到后门并试图踢开门，但是没有成功，于是砸碎了门上的玻璃，从里边打开门。

上诉人在楼梯上要求警察出示搜查证，警察拒绝让她看，只是在她面前挥舞一张纸。她一把抓过那张纸塞进胸前的衣服里。警察抓住她，抢回那张纸，用手铐把她跟另外一个警察铐在一起带进大卧室，并强迫她坐在床上。然后警察彻底搜查了她家所有的 4 个房间和地下室。

有关搜查的证词基本上没有争议。警察的行动包括长时间在外面等候并监视所有的门，带着搜查证的增援到达现场，破门而入，抓住上诉人并给她戴上手铐，把上诉人关在卧室，然后搜查了所有的房间和家具。然而，控辩双方对警察具体在什么地方找到证据有争议。为了理解争议的焦点，必须指出本案的证据是上诉人持有 4 本小册子，几张照片和一支涂鸦笔，警方称这些物品是淫秽材料。

参加搜查的警察称，这些物品是从上诉人的梳妆台和床边的箱子里发现的。上诉人称，大多数物品放在地下室的纸箱里，只有一件放在她床边的箱子里。上诉人和他的朋友说这些物品是一位房客留下的杂物，该房客突然离开克利夫兰去纽约，后来被捕。但是根据俄亥俄最高法庭对法律的解读，无论那些物品属于谁，上诉人都有罪。

尽管警察的搜查是非法的，俄亥俄最高法庭还是判处上诉人有罪。在俄亥俄州，即使证据是非法搜查得到的，只要"不是用残酷或侵犯人身的暴力从被告的身上获得"，都可以在刑事案中使用。但是联邦法庭不接受非法搜查得到的证据，因为第 4 修正案的目的是限制和约束美国的法庭和联邦官员的权力，所以无证搜查得到的文件和书信不可以在联邦法庭作为证据。

在沃尔夫诉科罗拉多案中，我们认为通过第 14 修正案的正当程序条款，第 4 修正案也适用于各州。但是多数大法官认为威克斯案的证据排除规则并不针对各州，州政府可以自行决定采用什么惩罚措施。尽管这一立场得到了多数法官的投票，但是既缺乏理性也不讲原则。本庭在威克斯案中说，如果政府可以把违反第 4 修正案搜查得到证据作为控诉被告犯罪的证据，"个人免受非法搜查和扣留的权利就成了一句空话……那就相当于把他们的权利从宪法中删除"。

如果我们允许各州用宪法来袒护非法闯入住家的"卑劣勾当"（这是墨菲大法官在沃尔夫案中的表达方式），我们就削弱了第 4 修正案的影响力。当然在理论上我们还有其他的补救措施，其中之一就是警察系统内部的纪律惩戒，包括起诉违法的警察。但是正如墨菲大法官在沃尔夫案中所说，"自律固然是一个崇高的理想，但是如果警察是根据检察官或他的同事的命令进行搜捕的，尽管他们违反了禁止非法搜查和扣留的宪法修正案，但他们并无恶意，而我们期待检察官起诉自己或他的同事未免是一种奢望"。

除了排除非法搜查得到的证据之外，剩下来唯一的补救措施就是让房主以非法侵入罪起诉非法搜查的警察。墨菲大法官告诉我们，民告官的诉讼将会是多么艰辛和困难，即使公民胜诉，他们能够得到的补偿也是微乎其微。事实上，控诉警察非法侵入搜查和扣留的官司基本上是一种虚幻的补救措施。

正如儒特列奇大法官所说，如果司法部门不要求各州采用证据排除规则，沃尔夫案的判决将削弱禁止不合理搜查和扣留的保护，使之成为"一纸空文"。

1949 年判决沃尔夫案之后立即刮起了一阵宪法争议的旋风，这场旋风直到今天才平息下来。沃尔夫案使法律失去平衡，我觉得选择本案来结束这种状况是最合适的。本案之所以合适，是因为很少有案例能够像本案一样揭露警察的傲慢，他们有不受约束的权力，可以随意入侵民宅并实施抓捕。

从狭义的技术角度来看，本案也是一个合适的选择。上诉人在州法庭就提出搜查和取证是非法的，此后又根据程序规则向本庭提出争议。此外，上诉人还在上诉通知书、管辖权陈述书和辩护状中再次提出这个问题。尽管本案辩论的焦点是另外一个问题，这也是很常见的。真诚的律师总是相信只要再给他一个申辩的机会他就会赢，但法庭总是会酌情决定什么时候必须结束辩论，本案的争议尤其如此。去年本庭在埃尔金斯案中曾说过，"双方已经辩论了这么多次，没有必要再继续冗长地阐述了"。

此外，沃尔夫案的继续存在导致威尔逊诉西奈特勒案揭露挑拣管辖地的现象。如果联邦法庭不接受非法获得的证据，而州法庭能接受，便形成了"双重标准"，那就会导致"互相勾结"，从而规避了联邦政策，并将执法变成一种"卑劣勾当"。支持这种做法的证据规则是毫无道理的。

斯图亚特大法官的备忘录。

我完全同意哈兰大法官反对意见的第一部分。我对今天本庭确定的宪法争议不加置评。但我还是会支持本庭推翻原判，因为州法庭判处上诉人有罪的依据是俄亥俄州修订法典的 2905.34 条，正如哈兰大法官所说，该条法律侵犯了上诉人的思想和言论自由，违反了第 14 修正案。

哈兰大法官发表反对意见，法兰克福特和维特克大法官加入反对。

我认为本庭推翻沃尔夫案的判决时忘记了一件事，那就是司法克制，因为当我们决定是否要推翻本庭过去的判例时，必须尊重服从先例的原则。此外，我还觉得沃尔夫案的规则比替代它的新规则更符合宪法。

第一部分

从本庭对本案的叙述，我们可以看出本案争议的焦点，那就是宪法是否允许在州法庭使用非法搜查获得的证据，所以我们理应回顾沃尔夫案。然而，现在的情况并非如此。尽管上诉人已经在下级法庭提出了这个问题，但本案上诉到本庭时又提出了一个新的问题。俄亥俄州修订法典第 2905.34 条规定拥有或控制淫秽材料构成犯罪，上诉人就是根据该条法律被判有罪的，而第 14 修正案禁止州政府侵犯思想和言论自由的权利，问题是第 2905.34 条法律是否违反宪法。这个问题是俄亥俄州最高法庭判决的主要争议，上诉人在管辖权陈述书中已经提出，并在本庭进行了辩护。

既然如此，我认为本庭的 5 位大法官推翻沃尔夫案时"超出了"争议的范围。尽管我尊重多数派的观点，但因为涉及宪法案件的判例与不涉及宪法案件的判例重要性不同，所以我觉得本庭不宜在本案中重新审查沃尔夫案。

当我们遇到有关宪法的争议时，只要可能避免就应该尽量避免，而本庭对本案的判决违反了这条规则。本庭推翻沃尔夫案判决时并没有讨论俄亥俄州修订法典第 2905.34 条的合法性，而是在两个宪法问题之间选择其中之一。我认为本庭选择了比较困难而且不太恰当的那个问题。俄亥俄州最高法庭解读了第 2905.34 条，该条法律惩罚故意持有或控制淫秽材料的人，无论持有或控制的目的是什么，也无论持有或控制人发现材料里的淫秽内容后是否有机会丢弃那些材料。俄亥俄州的法律确实提出了一个宪法问题，但这个问题比本庭今天判决的宪法问题简单得多，而且又不像今天判决的问题那么意义深远。许多州的刑事司法遵循沃尔夫案的判决，在我看来，如果不推翻沃尔夫案也同样能够维持正义。

因为本案并没有要求我们决定沃尔夫案的合法性，所以我认为本庭最不宜用本案来重新讨论沃尔夫案。哪怕是最粗浅的审视都会揭示沃尔夫案对各州刑事执法的重要性。沃尔夫案确实不要求州法庭排除非法搜查得到的证据，但其判决只是提到各州当时假定联邦法庭使用的证据排除规则"对各州并没有约束力，因为根据他们的解读，联邦宪法第 4 和第 5 修正案并不适用于州政府"。当然，这并没有全部反映各州对沃尔夫案的倚赖。例如在过去的三年里，光是本庭即决审理的贫民诉讼案，平均每年就有 15 起涉及禁止州法庭接受非法搜查得到的证据。以上事实说明，我们现在作出的决定今后将对各州依赖沃尔夫案的诉讼产生重大影响，假如我们真想重新审视沃尔夫理论，今后肯定有的是机会。

此外，上诉人在辩护状里根本没有提到本庭判决的问题，只是在口头辩论时非常间接地一带而过。在没有充分辩论的情况下推翻沃尔夫案是不明智的，更何况沃尔夫案还算是比较新的案例（1949 年），本案多数派中有 3 位大法官曾在不同的案例中对沃尔夫案明确地投了赞成票，只有一位曾明确地对沃尔夫案表示质疑。因为我们要把这条新规则强加给各州，所以我们应该对各州承担义务，有序地遵守我们自己的程序，那就要求我们寻求帮助，通过充分的书面和口头辩论，才能决定如此重要的争议。司法权力从来不主张法官变相判决或是争取今后能够在最高法庭得到一席之地而推翻一条慎重地决定的宪法规则。

因此，如果本庭倾向于重新考虑沃尔夫案，我想很快就会有充分辩论的机会。无论如何，鉴于本庭收到有关沃尔夫案的辩护状和聆讯的口头辩论严重不足，本案至少应该发回下级法庭重新辩论。

对于不同的利益和目的，本庭今天的行动相当于未经辩论就即决推翻了沃尔夫案。

我不得不说，今天的判决既不会促进人们对本庭司法程序的尊重，也不会增强本庭判决的稳定性。但因为我无法说服多数派采用不同的程序，下面我转而讨论本案的事实。

第二部分

多数派反对沃尔夫案的理由是，威克斯案有一条证据排除规则，禁止在联邦刑事案中使用违反第 4 修正案获得的证据，这条规则并不是来源于本庭对联邦司法系统的"监督权"，而是来源于宪法的要求。之所以如此，是因为并没有人会说本庭对各州的法庭有监督权。尽管我对这种说法的正确性存疑，但是为了本案的目的，我们姑且假设威克斯案的规则"来源于宪法"。

多数派判决的核心是下面的三段论：（1）在联邦法庭排除非法搜查得到的证据的规则是第 4 修正案"不可或缺的一部分"；（2）沃尔夫案判决第 4 修正案禁止联邦政府侵犯"个人隐私"，第 14 修正案则保护个人隐私不受州政府侵犯。（3）根据"逻辑和宪法"，威克斯案的证据排除规则也应该适用于各州。

以上推理的前提是不对的，因为沃尔夫案把第 4 修正案的"隐私"原则当成 14 修正案涵盖的"有序自由概念"的一部分引入各州。这就意味着联邦案例中为第 4 修正案建立的结构将被视为"有序自由"的一部分，于是也就适用于各州。对我来说，这种推理根本就不成立。

必须强调的是，沃尔夫案并没有承认第 4 修正案是正当程序的一部分，所以也应该适用于各州，但这种观点早就被否决了，因为"第 4 修正案的核心"是隐私原则，而第 14 修正案是正当程序条款。在第 4 和第 14 修正案之间，无论是权利的范围还是落实的方法，我们都不应该期待或强加任何精确的等同和对应。与沃尔夫案描绘的第 14 修正案不同，第 4 修正案并不是一条笼统的原则，而是一条具体的戒律，我们至少必须在现存的法律框架上建立解读的案例和落实的法规。

即便是一宗控诉州警察侵权的诉讼，案件里也只有一个很简单的宪法问题，就是搜查和扣留是否"不合理"，我们不能把个人隐私的原则放在本来是专门为有关第 4 修正案的联邦判例铺设的普罗克汝斯忒斯之床①上拉伸，这种削足适履的做法对第 14 修正案是不公平的。

但是本案的涉及面更广，因为我们并不需要决定州警察的行为是否违反宪法（州法庭显然已经认定违宪了），而是决定上诉人的有罪判决是否正确，前提是宪法允许州政府惩罚这种行为。因为没有丝毫的迹象表明俄亥俄州的政策是"主动鼓励警察侵犯隐私"，本庭的做法不但将联邦政府的标准强加给州政府，而且还将违反联邦政府标准的补救措施也强加给州政府。我认为，威克斯案的证据排除规则只是一种补救措施，通过惩罚过去的不法行为来震慑将来的不法行为。

我不会把联邦的证据排除规则强加给各州。我认为，多数派突然推翻沃尔夫案判决的理由没有说服力。

首先，"沃尔夫案的事实依据"已经改变了，因为判决沃尔夫案之后，更多的州已经采用了威克斯案的证据排除规则。最近的调查显示，半数的州仍然沿用普通法的不排除证据规则，其中马里兰州只有在重罪案中才不排除证据。但是这一切都不重要，看来多数派也认识到这一点。正如沃尔夫案，我们所关心的不是证据规则的可取之处，而是宪法是否让各州自己决定是否采用这条规则。各州之间之所以对排除证据持不同观点，是因为沃尔夫案的判决值得商榷。此外多数派依据的事实显示，我们无需用联邦的强制手段来取代各州的自愿行动。

①　希腊神话中的 Procrustean bed，指逼人就范之物，强求一致的政策。——译者注

在刑事司法领域，为了保持各州和联邦政府之间的责任平衡，那些急于求成的州必须有耐心。各州在刑事执法中遇到的问题各异。一个州考虑到法律的整体性，也许会认为有必要采用威克斯案的规则，因为其他的补救措施不足以保证警察遵守宪法的原则。另一个州同样也关心宪法的权利，但也许会选择分步骤达到目的，先允许所有的有罪证据进入刑事审判，然后再通过其他方法来处理警察违反宪法的行为。还有一个州也许会觉得证据排除规则太极端，因为这条规则仅针对警察违反宪法的行为，相当于惩罚受害人。更有一个州也许尝试过证据排除规则，但觉得效果并不好，又决定回到不排除证据的规则。凡此种种，不一而足。至于宪法是否允许我们命令各州往东还是往西，我不理解当年纽约上诉法庭的首席大法官卡多索为什么有时间紧迫感，匆忙地在人民诉迪福案中拒绝了威克斯案的证据排除规则。我们面临的问题是各州的权力，而不是评价州政府选择那一条道路更明智。我的观点是，本庭需要继续采取克制态度，不要用强硬的规则束缚各州，免得他们在刑事执法中遇到特殊的问题而难堪。

此外，有人说强制执行威克斯案的规则"合情合理"，因为这条规则促进州和联邦官员在执法过程中"有互相尊重同样重要标准的义务"，并可以避免"州和联邦法庭之间不必要的冲突"。本庭的多数派现在发现要求"有序自由"和尊重"隐私的基本权利"之间的矛盾，以及各州保护自由和隐私的不同方法。以上概念的基础是对联邦体制的尊重和本庭与各州具体问题保持的距离。对我来说，这才是威克斯案判决的力量所在。

我们采取的方法是为了达到程序的对称和司法的方便，这就扭曲了本庭与州法庭和联邦法庭关系之间的界限。本庭制定了威克斯规则，并将那条规则延伸到利亚、埃尔金斯和里奥斯（Rios）等案件，但那些案件与本案不同。那些案件是落实第4修正案，我们的地位是上诉法庭，我们的责任是在司法系统内建立标准和程序。然而在本案中，我们审查了州法庭的程序，但这些程序并不是针对第4修正案的戒律，而是正当程序条款的灵活轮廓。我不相信第14修正案授权给本庭，按自己的意志为各州制定补救措施纠正"警察武断侵犯"自由的权利，就好像加利福尼亚最高法庭在人民诉卡汉案（People v. Cahan）中为下级州法庭制定程序，或是像本庭在威克斯案中为下级联邦法庭制定程序。

州法庭做出的有罪判决是州司法系统主权的产物。上诉到本庭的典型案例经过审判庭，然后上诉到州终审法庭，通常诉讼便到此为止了。只有在很罕见的情况下，有罪判决才可能以违反正当程序条款为理由上诉到本庭。当我们处理一宗从未经手过的案件时，我们的任务并非全面监督，而是仅限于决定整个起诉和判决过程是否符合宪法要求的公平。至于具体的审判程序，在每一个成熟的法制系统里，各州在细节上都可能有很大的差别，这完全是在各州的权限之内。无论证据是如何得到的，如果证据有助于法庭决定被告是否有罪，我认为州法庭决定让陪审团看到证据并没有什么不公平之处。当然，除了正确地解决争端之外，法庭也可以将程序用于其他的目的，比如威克斯案的规则。尽管我们认为威克斯案的规则能够有效地保护宪法权利，但是如果州政府选择不让法庭这么做，我认为本庭没有权力强迫地方法庭接受有争议的程序。

最后，有人认为推翻沃尔夫案的判决是有理论基础的，因为使用非自愿坦白为证据的有罪判决是无效的。但坦白也许是完全可靠的，所以与案子有直接的联系。这种理论认为证据的可靠性固然重要，但在宪法层面上，获取证据的方法对审判的公正性更为重要。我认为这个比方不恰当。"强迫坦白"的规则并不等于说凡是非法获得的口供都不能作为证据。在非法拘禁期间得到的口供应该算是非法得到的证据，但本庭反复拒绝推翻基于这种证据作出的有罪判决。

其实多数派的论点本庭早就有定论了，例如本庭在州政府强迫被告坦白的黎三巴诉加利福尼亚案（Lisenba v. California）中说：

"我们可以假定，警察没有经过正当程序便剥夺了请愿人的自由。如果他能够到法庭要求救助，就可以防止这种情况发生。"

"但是警察在获得坦白过程中的非法行为并不能回答我们必须决定的宪法问题。请愿人抱怨用他的坦白做证据是不公平的，至于警察通过什么手段得到他的坦白只是与证据本身有关。"

我想说的是，当我们要求排除被告的非自愿口供时，我们不应该只关心采取什么措施来补救警察的非法行为，而是用什么方法才能保证司法程序的公正。"我们的程序体制是控告式的"，而不是审问式的。这就是英美刑事司法的特点。这跟英国星式法庭（Star Chamber）从大陆法系借用的做法不同，在大陆法系里，被告会被秘密审讯，每次甚至长达数小时之久。除了在庭审时使用坦白之外，向被告施加压力与侵犯被告的隐私不同，并不一定涉及违宪的行为。关键是，被告在庭审中得到辩护的权利不应该因为迫使他坦白而成为一句空话，因为那样将让受骗的被告自证有罪。这是一种程序权利，如果法庭接受非法得到的口供，那就侵犯了被告的权利。无论被告还是证人，如果没有程序权利，一切保护作证的措施将流于形式，因为不受监督的警察早已得到了最有说服力的罪证，那就是被告本人的坦白。

就像非法搜查得到的证据，我们之所以排除违反宪法得到的口供，是因为我们要保护程序权利，而不是惩戒警察。总之，我认为把非法获得的物证比喻成强迫被告坦白并不能支持本庭今天的判决。

我的结论是，多数派对本案的判决只是推翻沃尔夫案，并没有说清其中4位大法官如此判决的原因。我的同仁布拉克大法官并不认为威克斯案的证据排除规则源于第4修正案，但仍然加入多数派的判决，因为他认为如果把第4和第5修正案结合起来也能达到同样的结果。"4-5修正案"的概念是包爱德案提出来的，对于这种看法，我只想说本庭最近才重申了本庭早就建立的论点，第5修正案授予公民无需自证其罪的特权，但是这种特权并不适用于各州。

本庭判决的动机是一个崇高的目的，那就是加强人们对宪法权利的尊重，但遗憾的是，这一判决无论在原则上还是政策上都是不明智的。但是在我最后的分析中，我认为我们只有遵守宪法为本庭设置的限制，并遵守我们自己的程序原则，才能加强人们对宪法的尊重。在本案中，我认为我们已经超越了宪法和程序，所以我们的声音是权力的声音，而不是理性的声音。

罗宾逊诉加利福尼亚
Robinson v. California
370 U.S. 660（1962）

1962 年 4 月 17 日辩论；1962 年 6 月 25 日判决。

上诉加利福尼亚洛杉矶高级法庭上诉庭的判决。

摘要：

加利福尼亚州的一条法律将任何人"使用毒品上瘾"定为轻罪。为了维持下级法庭对请愿人的判决，这条加利福尼亚的法律被解释为毒瘾的"状况"即属于犯罪，"在戒毒之前任何时候"都可以被检控，尽管请愿人并没有在加利福尼亚州使用或持有毒品，也没有任何反社会行为的犯罪前科。

判决：

如此解读并运用这条法律，属于施加残酷且不人道的惩罚，违反了宪法第 8 和第 14 修正案。

推翻原判。

斯图亚特大法官发表法庭判决。

一条加利福尼亚的法律规定，任何人"使用毒品上瘾"即构成犯罪。本案上诉的问题是，加利福尼亚法庭如此解释法律是否违宪。

洛杉矶市法庭的陪审团经过审理，判决上诉人有罪。两位洛杉矶警官提供了有罪的证据。布朗警官作证称，4 个月前，他在洛杉矶的街上察看了上诉人的手臂。当时他观察到上诉人右臂的"内侧有伤疤和变色"，"看起来像若干注射的针眼，此外在左胳膊肘下方还有一块 3 英寸左右的痂"。警官还作证称，当他询问上诉人时，他承认偶尔使用毒品。

林德奎斯特警官作证称，第二天早晨他在洛杉矶中心监狱察看了上诉人，他看到上诉人的手臂上有变色和一块痂，并确认了头天晚上上诉人被捕后不久拍的手臂的照片。该警官在洛杉矶警察局缉毒科工作了十多年，根据他的经验，"这些痕迹和变色是因为使用未经消毒的注射器静脉注射造成的"。他还说那块痂已经有几天的时间了，当时上诉人并没有受到毒品的影响，也没有毒品戒断症状。他还作证说，上诉人承认他过去曾使用过毒品。

上诉人自证称，他没有跟警察对话并否认曾经使用过毒品，更没有使用毒品上瘾。他说他当兵时感染了皮肤过敏症，手臂上的痂是皮肤过敏造成的。上诉人的证词得到另外两位证人的证实。

一审法官指示陪审团，加利福尼亚的法律规定以下行为构成犯罪：

"一个人使用毒品，或使用毒品上瘾……法律中所说'使用'的依据是'行为'，而法律中所说'使用毒品上瘾'的依据是一种情况或状态。这两种情况是不同的……使用毒品上瘾是一种状态或情况，而非行为。毒瘾是持续的犯罪，与多数其他的罪行不同，因为毒瘾是慢性的，而不是急性的，一次毒瘾发作完成之后，还会继续有下一次，所以在戒毒之前随时都可以被捕。这种慢性条件的存在通过一次检测即可确定，如果被测者对测试的反应为阳性即可证明。"

法官还指示陪审团，如果他们认为上诉人有毒瘾的"状况"，或是有法律所谴责的"行为"，均可判决上诉人有罪。

"代表本州人民的检察官只要证明被告曾经在洛杉矶市使用过毒品，或是被告在洛杉矶期间有毒瘾……"

根据法官的指示，陪审团判决上诉人"被控的罪名成立"。

请愿人到加利福尼亚洛杉矶高级法庭上诉庭上诉，该上诉庭是州的终审法庭。尽管上诉庭对"毒品上瘾罪"是否符合宪法有所怀疑，但还是维持了原判，但是该案的判决没有公布，只是援引了另外两个未经公布的判例，认为该条法律是符合宪法的。我们认为本庭对此上诉有管辖权，因为此案的争议是，加利福尼亚法庭对该法律的解释是否有悖于《宪法第 14 修正案》。

在加利福尼亚州境内，州政府对稽查毒品运输有广泛的权力，这一点在本案并不存在争议。40 多年前，本庭在惠普尔诉马丁森案（Whipple v. Martinson）中明确承认州政府的缉毒权：

"毫无疑问，政府可以行使其警察权力，来控制和管理危险且会成瘾的药物销售、处方权和使用……政府之所以可以行使这种权力，源于保护公众的健康和福利，对此我们无需讨论，因为这种权力已经如此牢固地确立，无人可以质疑。"

可想而知，政府可以通过不同的方式来执行这种规定。例如，州政府可以通过刑事处罚来禁止未经授权在州内生产、开处方、销售、购买或持有毒品。为了阻遏违反法律的行为，保护人民的健康和福利，州政府可以强迫使用毒品上瘾的人戒毒，戒毒治疗可以要求非自愿的拘禁，不配合戒毒治疗者将受到刑事惩罚。州政府还可以选择在其边界上禁止毒品贩运，例如通过公共卫生教育，或是改善毒品泛滥地区的经济和社会条件。总之，州政府在禁毒方面选择的范围无疑是很广的，我们无需决定在法律允许的范围内任何一种选择的利弊。在这一前提下，让我们来探讨有关加利福尼亚法律的争议。

除非有证据显示上诉人确实在州政府的管辖范围内使用了毒品，我们不可能解释判决上诉人有罪的法律。但加利福尼亚法庭并不是这样解释这条法律的。尽管本案有上诉人在洛杉矶使用毒品的证据，法庭给陪审团的指示是，哪怕他们并不采信那些证据，他们还是可以判决上诉人有罪。法庭告诉陪审团，只要他们认为上诉人的"状态"或"慢性状况"是"使用毒品成瘾"，就可以判决上诉人有罪。从陪审团的判决来看，我们无法确定陪审团并非根据法庭的指示而判决上诉人有罪。

上诉法庭的判决暗示批准了一审法庭对陪审团的指示，这就相当于"上诉法庭判决的用语好像被一字不改地写进了法律，将对我们有约束力。我们只能根据州法庭的解读理解加利福尼亚州的法律"。确实，州政府的律师在案情摘要中强调：

"证明上瘾的间接证据……注射针眼和手臂静脉上的痂，正是该条法律的要点。"

因此，该条法律并非惩罚使用毒品的人，既不是惩罚购买、销售或持有毒品，也不是惩罚使用毒品后的反社会或不守秩序的行为。据称该条法律的目的是提供并要求治疗，其实并非如此。我们现在面临的法律将毒品上瘾的"状况入罪，在戒毒之前任何时候"都可以被检控。加利福尼亚政府称上瘾者可以持续有罪，无论他是否曾在加利福尼亚境内使用或持有毒品，也无论他是否在加利福尼亚州有反社会的行为。

目前，没有一个州会试图把精神病人、麻风病人或性病患者入罪。为了保护公众健康和福利，州政府可以决定强制治疗患有这些疾病或其他疾病的人，如检疫、拘禁或隔离。但是根据人类目前的认知，如果法律将疾病入罪，所有的人都会认为那是一种残酷且不人道的惩罚，违反宪法第8和第14修正案。

我们不得不认为，目前我们审理的这条法律就在此范畴之内。政府律师在本庭承认毒瘾是一种疾病。毒瘾确实是一种疾病，人们可能无辜或非自愿地染上毒瘾。尽管一个人并没有在加利福尼亚碰过毒品，也没有行为不轨的前科，法律还是可以把他作为罪犯监禁起来，这将是违反第14修正案的残酷且非人道的惩罚。抽象地来看，监禁90天肯定不能算残酷且非人道的惩罚。但是我们不能抽象地考虑这个问题。如果"犯罪"的原因是着凉感冒，哪怕监禁一天都是残酷且非人道的惩罚。

我们并非忽视政府对贩卖毒品造成罪恶的担忧。如上所述，我们可以通过各种方法来合法地禁毒，而目前我们面临的仅是一部法律中的一个具体条款，以及法庭对该条款的解读。

推翻原判。

法兰克福大法官不参加本案的判决。

加利福尼亚《健康与安全法》第11721条规定：

"任何人不得使用毒品，受毒品的影响，或使用毒品上瘾，除非是根据有州政府颁发执照且有资格开处方的医生的指示使用。被告的辩护律师必须承担举证责任，证明毒品的来源属于上述例外。任何人触犯此条款即构成轻罪，一旦被判有罪，刑期为不少于 90 天，但不超过 1 年。法庭可以缓期执行不超过 5 年的判决，但即使被假释，所有的被判刑者均需在县监狱服刑至少 90 天。在任何情况下法庭均不得免除至少 90 天的监禁。"

审判时，上诉人称他是违反宪法搜查和扣押的受害者，并抗议法庭接受布朗警官的证词，但未能成功。本案包括这一诉求，但是本庭并不会触及这一诉求，所以无需追究布朗警官究竟为什么要搜查上诉人身体的细节。但是有一点就足够了，当警察接近上诉人时，他并没有任何非法或不轨的行为，警察亦无理由相信上诉人有这方面的前科。

法官对陪审团的指示中并没有解释"受毒品影响"的意思，且已确认并无任何证据可以证明上诉人违反了那条法律中有关受毒品影响的条款。具体的指示如下：

"本案面临的法律，将罪行定义成一种受到谴责的行为和一种状态或情况，无论二者居其一或二者兼而有之，均构成犯罪。只要控方能够证明被告有其中任何一种行为或两种行为，便能支持指控被告作出了被谴责的行为或处于被谴责的状态或情况。然而你们必须记住，为了判决被告有罪，你们必须一致同意被告确实作出了那种行为或处于那种状态或情况。但是在你们的裁决中，无需说明具体的行为、状态或情况。"

法官继续指示道：

"然后被告必须证明，使用毒品或使用毒品上瘾，是根据有加利福尼亚州政府颁发执照且有资格开处方的医生的指示使用，或被告至少能够提出合理的怀疑。"

因为被告否认曾使用毒品或有毒瘾，自然无法提供医生处方的证据来为自己辩护。

上诉人要求地区上诉法庭和加利福尼亚最高法庭颁发人身保护令，但未能成功。

加利福尼亚州在《福利和机构法案》的第 5350 至 5361 条里作了这种举证规定，但是在案卷里法庭并没有说明为什么在本案中没有采用立法机构通过的民事诉讼程序。

上诉人在案情摘要中说："当然，大家都认为有毒瘾的人，特别是海洛因上瘾的人在精神和肉体上都处于疾病状态，就像酗酒的人一样。"37 年前，本庭认为有毒瘾的人"属于病人，亟须（医学）治疗。"

人们不仅可能因为使用医生开处方的毒品药物而无辜地染上毒瘾，还可能生下来就已经有毒瘾了。

道格拉斯大法官附和。

尽管我加入本庭的判决，我还希望说出我的具体理由，根据宪法第 8 修正案，为什么我认为把有毒瘾的人作为罪犯对待属于"残酷且非人道的"惩罚。

在 16 世纪的英国，对精神病患者的一种治疗方法是，对他进行殴打，"直至他恢复理性为止"。

"有暴力倾向的精神病人被捆绑在柱子上鞭挞，囚禁在监狱的地牢里，有时甚至被绑在柱子上烧死或被处以绞刑。有精神病的乞丐经常像野人那样在乡间到处游荡，有时被戴上枷锁，鞭挞和囚禁。"

艾萨克·瑞医生多年前曾说过：

"有人认为精神病人的犯罪行为必须受到惩罚，以此来震慑其他精神病人，使他们不敢再做同样的事情，这显示了大众对精神病的无知，这种看法既违反人性，也不合乎逻辑。"

今天我们对精神病的定义存在分歧。然而，无论我们如何对精神病下定义，最终还是要把精神病作为疾病来治疗。为了治疗或是为了保护社会，精神病患者可以被拘禁起来，但我们不应该给他们贴上罪犯的标签。

但是对于某些疾病，恐惧和惩罚仍阴魂不散，最近有人说：

"在医学上，用不道德的涤罪和折磨的方法治疗疾病由来已久。这种方法可以被追溯到旧约的信仰，因为任何疾病，无论是精神还是肉体上的，都代表神对罪恶的惩罚，所以最终必须用英雄般的行为来赎罪。这种迷信成为支持各种谬误的治疗方法的理由，如清洗肠胃、放血、引诱呕吐和水疱疗法，其他还有一整套恐怖的精神病疗法，包括休克疗法，例如'水疗'（浸水、潜水和几乎导致死亡的溺水）、旋转座椅法、离心旋转法及早期的电击疗法。所有这些疗法的目的是祛除体内的邪恶和排毒。"

上述疗法继续被用于戒毒。与其他西方国家相比，美国的毒瘾问题更为猖獗。人们有时将毒瘾称为"传染病"。生活在黑白分明的世界里的人，把有毒瘾的人归入可以弃恶从善的类型，当然前提必须是自愿的。

最无辜的上瘾的第一步无非是男孩在胡同里第一次抽烟。处方药也可以使人上瘾。有人甚至一出生就有毒瘾。厄尔·乌贝尔（Earl Ubell）最近写道：

"在贝尔维尤医院的育婴室里，小儿科主任索尔·克鲁格曼（Saul Krugman）医生发现刚生下来的婴儿就是海洛因上瘾者。"

"最近两年里有一百多个染上毒瘾的婴儿，他们显示出各种毒品戒断症状：易怒、紧张、食欲不振、呕吐、腹泻，有时甚至抽搐和死亡。当然，他们是在娘胎里染上毒瘾的，因为他们的母亲有毒瘾。我们用镇静剂来控制那些症状。你应该看看那些孩子。他们哭的声调很高，他们看起来很饿，但是喂食物他们又不吃，他们在摇篮里乱动，他们的鼻子和手指发红，而且会脱皮。"

"纽约大学贝尔维尤医院的刘易斯·托马斯（Lewis Thomas）教授在一次讲座上谈到儿童毒品上瘾的问题。通过孩子对治疗的反应，他得到了治愈率低的原因。大部分有毒瘾的成年人通常几天就能克服戒毒的症状。但是治疗有毒瘾的婴儿需要几个星期，甚至几个月，还是会继续显示毒品的作用。也许成年人戒毒之后还是会有生理反应，这段时间比我们想象的要长。这就意味着这些人在很长一段时间里还是需要毒品，这就是他们往往会再吸毒的原因。"

有毒瘾的人患有强迫症，若无外界的帮助便无法管理自己。精神健康委员会认为：

生理性依赖的定义是一种反复使用毒品后产生的变态生理状况，需要不断地使用毒品来防止发生病态，即我们所说的戒毒综合征。当上瘾的人说他有一种习惯，那就是对毒品的依赖性。当他说一种毒品会上瘾，另一种毒品不会上瘾，那就是第一种毒品会产生依赖性，而第二种毒品不会产生依赖性。生理依赖性属于一种生理的紊乱，会使人容易激动，需要多神经元弧来调节。动物也会有依赖性，例如上瘾的狗会后肢瘫痪，大脑皮层被切除的狗也会有依赖性。

有些人说毒瘾是一种疾病。有些人则认为毒瘾并不是疾病，而是一种"精神或心理失常的症状。"

极端毒瘾的症状如下：

"被确诊有毒瘾的人相当于行尸走肉……牙齿都烂掉了，失去了食欲，肠胃功能失常。胆囊发炎，眼白和皮肤出现黄疸。有些人的鼻腔黏膜发红，两个鼻孔之间的间隔烂掉，且呼吸困难。血液里的含氧量降低，导致气管炎和肺结核。性格里的优点消失，缺点出现。性器官受影响。静脉堵塞，紫色的疤痕不褪色。皮肤上布满了疖子和脓肿，全身疼痛。精神崩溃，身体扭曲。脑子里充满了妄想和恐惧，有时导致完全精神失常。提前死亡……这就是毒瘾的折磨，即我们所说的行尸走肉。"

有些州惩罚有毒瘾的人，但大部分的州不惩罚。1932 年通过的《统一毒品法》在大多数的州生效，并不惩罚有毒瘾的人。从 1920 年开始，英国用医务人员来治疗有毒瘾的人。英国的医生"有几乎完全的自主权决定如何治疗有毒瘾的人。"根据英国法律，"有毒瘾的人是病人，而不是罪犯"。尽管有毒瘾的人并没有在英国消失，但是人数减少了，与毒品有关的毒瘾罪极少。

尽管英国把有毒瘾的人作为病人看待，而美国少数几个州，包括加利福尼亚，把有毒瘾的人当成罪犯，这种区别并不等于加利福尼亚的刑法是违宪的。但我们知道有些"顽固、长期且无法治愈的瘾君子，他们已经失去了自我控制的能力。"具体的治疗方法也存在争议，强制住院治疗和门诊治疗究竟哪一种更好？但是大家都同意查尔斯·威尼克（Charles Winick）的观点："上瘾的人对毒品如此依赖，我们几乎需要颠倒传统的格言，鸦片是吸食者的宗教。"

我们都知道毒品戒断的症状和治疗的方法。因为上瘾的因素非常复杂，所以治愈是非常困难的。

"毒品戒断之后，职业的活动、娱乐和一些心理治疗至关重要，最理想的疗程是持续 4 至 6 个月。"

马瑞·尼斯旺达（Marie Nyswander）医生告诉我们，毒品上瘾的人通常需要住院才能治愈。

毒品上瘾的人对社区的影响敲响了警钟，往往导致人们对其采取惩罚性的措施。如果吸毒者犯了罪，那些措施当然是合理的。但是在我们的制度下，我们不能把毒瘾本身作为犯罪来惩罚。假如我们因为某人有毒瘾而惩罚他，那么精神病人发疯也将受到惩罚。这两种人患有疾病，所以我们都应该把他们当成病人对待。查尔斯·威尼克认为：

"毒瘾是一种很复杂的疾病，会对社区造成很大的精神负担，我们不能只依靠一种方法来铲除。为了面对毒品的问题，跨学科合作的研究、各地社区的参与、培训各种专业人员学习治疗毒瘾的技术、地区性的治疗设施、宣传中心，以及治疗后的全面康复计划是最起码的要求。我们应该把有毒瘾的人看成是病人，对他们的慢性病采取紧急行动。"

精神健康委员会的报告称，把毒品上瘾的人判刑，将会影响"他们的治疗和康复，所以这种做法应该被废除"。

第 8 修正案禁止"残酷且不人道的惩罚"，这一概念源于 1688 年的《人权法案》。后来通过了第 14 修正案的正当程序条款，第 8 修正案也就适用于各州了。

历史上的残酷且不人道的惩罚包括"绑在柱子上烧死、钉十字架、绑在轮子上粉身碎骨、四马分尸、木架刑和拇指夹板"。在某些情况下，单独监禁也算酷刑。

在过去的案例中，我们讨论的问题是针对具体的罪行施加刑罚的残酷程度，或是残酷的类型。如果惩罚与具体的罪行不成比例，那就属于应该禁止的"残酷且不人道的惩罚"。此外，是否残酷还取决于惩罚的方式，例如把一个活人剖腹掏肠。禁止将犯轻罪的人判处极刑的原则，同样也适用于对一个病人罚款或监禁。

第 8 修正案表达了文明人对野蛮行为的厌恶——对非人道行为的"恐怖呐喊"。

在寇克①的年代，人们开始认识到应该尊重精神病患者。寇克认为处死一个精神病人是"惨不忍睹的，既违反法律，也是极其非人道和残忍的，并没有震慑的作用"。

我们也应该以同样的态度对待有毒瘾的人，因为他是一个病人。当然，我们会为了治疗或保护社会而限制他的自由。残酷且不人道的惩罚并不是因为限制他的自由，而是因为判他有罪。《健康与安全法》11721 条法律的目的并非治疗，而是惩罚。

假如我们的目的是治疗，那就没有必要硬性规定不少于 90 天的监禁。我不同意克拉克同仁②的看法，我认为这种措施和期望达到的效果都必须经得起宪法的考验。起诉一个有毒瘾的人给被告蒙羞，还会不可挽回地损坏他的名誉。我们不能以保护社会为理由，因为通过民事程序也可以限制他的自由。其实在《福利和机构法典》5350 条中，加利福尼亚州明确规定可以通过民事程序限制有毒瘾人士的自由。而《健康与安全法》11721 条其实是用于惩罚那些州政府无法通过民事程序限制自由的人。起诉有毒瘾的人其实与治疗疾病毫无关系，因为起诉的目的是惩罚一种疾病，而不是提供医学治疗。如果我们允许把疾病入罪，因为病人有病而惩罚他们，我们将忘记第 8 修正案的教导。我

① 爱德华·寇克勋爵（Sir Edward Coke）是英国的律师、法官和政治家，是伊丽莎白和雅各宾时代最伟大的法学家。

② 大法官。——译者注

们处于启蒙的时代，不能允许这种野蛮的行为。

哈兰大法官附和。

州政府认为毒瘾并不是疾病，根据目前的医学知识，我并不认为州政府的这种看法是毫无道理的违宪行为。此外，我也不认为州政府动用刑法构成残酷且非人道的惩罚。如果毒瘾跟在州内（或州外）使用或持有毒品有关，违反了当地禁毒的法律，州政府当然可以当刑事案处理。但是在本案中，一审法官指示陪审团，除了上诉人在加利福尼亚州居住期间有毒瘾之外，无需其他证据，便可以判上诉人有罪。法官的指示如下：

"政府无需证明被告非法使用了毒品。政府仅需证明被告在洛杉矶市使用了毒品，或是证明被告在洛杉矶市居住时有毒瘾，二者居其一即可。"

尽管法官还指示，如果上诉人能够提供以下证据，便可以判他无罪：

"使用毒品上瘾，是根据有加利福尼亚州政府颁发执照且有资格开处方的医生的指示使用。"

这部分指示并没有包括其他合法使用毒品导致上诉人染上毒瘾的可能性，因为仅凭毒瘾一项只能证明被告有使用毒品的倾向，如此指示陪审团相当于授权给陪审团用刑法惩罚一个可能犯罪的人。

如果加利福尼亚的法律也涵盖这种行为，那么一审法庭对法律的解读就是有约束性的，这种武断的欲加之罪超过了州政府制定刑法的权限。因此，我同意在本案中使用加利福尼亚的法律是违反宪法的。我加入推翻原判的判决。

克拉克大法官反对。

加利福尼亚《健康与安全法》11721 条将"使用毒品上瘾"入罪，本庭判决该条法律违反了正当程序条款，属于"残酷且非人道的惩罚"，我不同意。

我们应该透视这条法律。加利福尼亚有全面控制毒品的计划，其基础是防止和治疗相结合的政策。

20 世纪 50 年代中期，一批卓越的科学家、医生、执法人员和当时的检察长（现任州长）任命的普通民众组成了一个委员会进行了大量的调查，这条法律便是根据他们调查的产物。该委员会编辑的"有关毒瘾的报告"引起了各界的注意。该委员会并没有建议废除 11721 条，州议院决定继续贯彻该条法律的政策。

除了禁止具体的行为之外，如购买、持有和销售毒品，加利福尼亚还通过了有关毒瘾的立法，因为大家都认为毒瘾对政府和个人都构成威胁。加利福尼亚的法律对毒瘾分期处理。加利福尼亚《健康和安全法》第 11721 条主要针对毒瘾的早期。该条规定，使用毒品上瘾的人必须在县监狱至少服刑 90 天，但不超过 1 年，90 天的刑期适用于所有的人，没有例外。并规定在假释期内必须接受检测，以防再次上瘾。

在对陪审团的指示里，一审法庭对 11721 条例所说的"毒品上瘾"定义如下：

"'上瘾'一词的定义是，特别想某种味道、做某件事情，或习惯的行为，特别是对毒品。确定一个人是否使用毒品上瘾，其实就是确定他是否有使用毒品的习惯。如果他经常使用或每天都使用，那就是习惯性地使用。"

在本案中，"有毒瘾的人"并不包括非自愿或没有控制能力的人。尽管该条法律看起来是惩罚性的——也许是比较简单的借用——其规定与民事拘押和治疗相似，都是针对失去自我控制能力的人，其目的都是遵照 11721 条的规定："治疗有毒瘾的人，本州关注防止持续的毒瘾"。

当毒瘾已经超越最初的自愿期，加利福尼亚州《福利及机构法案》5355 条规定，政府可以强制有毒瘾的人在州立医院住院治疗 3 个月至 2 年。5355 条将有毒瘾的人定义为：

"任何人习惯性且失去自制力地使用鸦片、吗啡、可卡因及其他毒品，以上毒品的定义请见《健康及安全法》第 10 部分第 1 章第 1 条。"

5355 条显然是民事程序，其目的是康复和治疗。重要的是，根据 5355 条，被强制住院的病人如果对社会已经没有危险，就无需再继续治疗，可以出院，但前提是必须至少住院 3 个月。

因此，对初期上瘾且有自制能力的人来说，"刑事"规定仅要求强制住院 3 个月至 1 年，在假释期间经常检验，以防重新使用毒品。该条的主要目的是治疗毒瘾较轻的人，并防止其继续使用毒品。另一方面，所谓"民事"强制住院，是针对已经失去自制力的毒品上瘾者，要求住院治疗 2 年。刑事和民事各针对一类毒品上瘾者，但目的是相同的。

很显然，11721 条和 5355 条其实是重叠的：假如毒品上瘾者通过民事强制住院后并没有治愈，将根据"刑事"的自愿上瘾规定强制住院至少 3 个月。

在本案中，法庭是根据自愿上瘾的条款审理请愿人的。有证词显示，他使用毒品仅 4 个月，每个星期使用小剂量的毒品 3 至 4 次。他被捕和受审时看起来是正常的。他的证词既清楚又准确地否认他曾经使用毒品。至于他手臂上的痂痕，他说是去海外服兵役之前的"出国注射"造成的。

上诉人的证词口齿清晰，但是陪审团不相信他，显然是因为他被捕后体检时曾告诉诊所医生，他曾使用毒品。逮捕他的警官也做了相同的证词，此外他还提到了大概有 10 至 15 天的旧痂痕，是注射毒品留下的痕迹。案卷中还有戒断症状的证据。因为他并未完全"失去自制力"，显然不能根据 5355 条的规定通过民事强制住院。法庭指示陪审团，11721 条对毒品"上瘾"的定义是，特别想某种味道、做某件事情，或习惯的行为，具体来说就是经常或每天使用毒品。陪审团对请愿人的裁决是 90 天监禁，然后假释 2 年，其间要求他定期接受毒品检验。

本庭的多数法官推翻了有罪判决，他们的主要原因是请愿人被剥夺了正当程序，仅因为一种状态而受到刑事惩罚。这种观点的前提是，11721 条是"刑法"，授权政府刑事惩罚。多数法官承认，"州政府可以制订强制毒品上瘾者接受治疗的计划"，且这种治疗"可以要求非自愿拘禁一段时间"。我认为加利福尼亚正是这么做的。多数法官的错误在于，他们指示加利福尼亚的立法部门，住院是治疗毒瘾的唯一方法——其他任何方法都是剥夺正当程序的惩罚。经过调查之后，加利福尼亚得出不同的结论，我认为加利福尼亚的调查比本庭的调查更广泛。

就连本庭赞同的加利福尼亚强制毒品上瘾者住院的计划，对有些上瘾者并不一定有效，有些上瘾者也许并不需要住院。11721 条的规定对毒品上瘾者的惩罚与强制住院其实是相同的——都是至少 90 天。对于自愿的上瘾者来说，除了假释后定期检查是否继续使用毒品之外，11721 条规定的强制住院的目的是治疗。尽管 11721 条被贴上"刑事"标签，但这一标签与本案无关，因为本庭的检验标准是"治疗"，并不违反第 14 修正案的"有序自由概念"，因为州政府需要维持秩序。我们检验州政府行为的标准是法律的目的和效果，我认为加利福尼亚针对毒品的政策，包括"刑事"和"民事"的目的都是治疗，都是在州政府的权限之内。

然而，我们并不需要依赖对加利福尼亚法律的解读来支持下级法庭的判决。即使我们忽视法律的总体结构，尽管 11721 条附带惩罚的目的和效果，该条法律还是没有违反第 14 修正案。多数大法官承认，州政府可以惩罚购买、持有和使用毒品的人。尽管这些行为本身对社会并不造成伤害，但是染上毒瘾的人今后可能受到伤害，根据宪法，州政府可以通过惩罚来防患于未然。毒瘾，包括该条款所说的初期的自愿毒瘾都是一样的。加利福尼亚法庭注意到，"过度地使用毒品会产生一种无法抑制的渴望，形成继续使用的习惯，直至染上毒瘾。上瘾的人不遵守规则和义务，或说谎、偷窃，或使用任何其他卑鄙的手段来满足他的毒瘾，根本不考虑他的责任和社会地位"。

加利福尼亚法庭认为初期的自愿毒瘾具有严重犯罪的潜在威胁，类似购买或持有毒品的威胁，本庭岂能否定州法庭的判断呢？如果毒瘾带来的威胁是固有的，本庭岂能说加利福尼亚政府无权通过刑事惩罚来震慑这种行为呢？

可以说我们面临的是一种非自愿的状态，所以刑事惩罚既无效，也不公平，但这并没有回答我们的问题。该条法律仅针对经常甚至每天使用毒品，但还没有失去自我控制的人。加利福尼亚政府通过其民事的《福利和机构法典》5355 条处理非自愿毒品上瘾人士。也许我们可以说 11721 条并不仅限于自愿毒品上瘾的人，但不可否认的是，本案的请愿人还有自制力，所以对他使用 11721 条是符合宪法的。此外，将"状态"入罪早就被刑法承认。例如醉酒状态显然是一种非自愿的状态，喝酒成瘾与吸毒成瘾是一样的。

至于请愿人是合法地养成了使用毒品的习惯与本案无关。他在一审时并没有说他是如何上瘾的，所以州政府无需逐一反驳各种可能导致毒品上瘾的合法来源。

以上我们讨论了 11721 条是否构成残酷且非人道的惩罚。

正确的解读是，该条法律提供了一种治疗，而不是惩罚。即使该条法律属于刑法，当一个人使自己自愿进入一种状态，从而对社会造成严重的威胁，监禁 3 至 12 个月的量刑并不过分。无论刑事还是民事，与本庭多数大法官认可的 5355 条规定的 3 至 24 个月的强制住院相比，3 至 12 个月的监禁并不过分。

我会维持原判。

怀特大法官反对。

如果仅仅因为上诉人的状态、情况或疾病，或因为他使用毒品失去了自制能力，而判决他有罪，我也许还会有其他的想法。但本案并非如此。本庭在本案中背离了两条明智的惯例：第一，除非不得已，尽可能避免裁决有关宪法的问题；第二，只要有可能，解释州法时尽量避免讨论其是否符合宪法。

我还不至于把使用毒品排除在各州刑法的管辖权之外。我并不认为判处上诉人有罪是因为他有病或处于某种状态或情况，而是因为他在被捕前经常、反复或习惯性地使用毒品，违反了加利福尼亚的法律。一审法庭对毒瘾的定义是经常使用毒品，并有使用毒品的证据。陪审团必须相信上诉人在被捕前曾经常使用毒品，才能断定他有毒瘾。如果没有确切的证据证明被告究竟在哪个县使用了毒品，就无法满足辖区的要求，而州政府的目的是无视使用毒品的具体地点，都允许起诉毒品上瘾人士，所以政府方面有权如此下定义。

案卷里也没有任何迹象显示，加利福尼亚会对无助的毒品上瘾人士使用 11721 条法律。我同意克拉克同仁的看法，没有任何证据显示上诉人已经失去了自制力。没有证据能够证明上诉人在被捕前的 3 天内使用过毒品，最近的疤痕可能是 3 天前，也可能是 10 天前留下的。在开庭前，上诉人承认他在被捕前 8 天曾使用过毒品。但是在庭审时，他说他根本就没使用过毒品。但是证据显示，上诉人被捕时并没有受到毒品的影响，也没有毒品戒断的症状。他属于初期使用毒品，还可以治愈，所以州政府选择将他监禁 90 天，而不是根据另一条民事法律强制他住院治疗，因为民事法律是针对失去自制能力的毒品上瘾者。根据本案的记录，我认为州政府有权通过刑事程序监禁他，因为他经常使用毒品，已经形成习惯。

一审法官并没有明确地指示陪审团，如果他们认为上诉人使用毒品已经失去控制，就不能判决他有罪，因此本庭推翻原判并不仅限于这一条理由。本庭忽视了毒品上瘾的程度，认为无论使用毒品的频繁程度，第 14 修正案都禁止起诉毒品上瘾者，所以今天的判决将会产生许多后果。令人费解的是，如果因为上诉人有毒瘾而判决他有罪是"残酷且非人道的惩罚"，那么我们依据他有毒瘾的证据来证明他使用了毒品而判决他有罪，难道那就不违反第 14 修正案了吗？重要的是，本庭一方面确认州政府有权打击贩毒，另一方面却把州政府惩罚使用毒品的权力排除在外。

我认为本庭忽略使用毒品并非疏忽。加利福尼亚控制毒品的法律确实有些过时，于是本庭不仅清理了一些过去遗留的问题，至少还剥夺了加利福尼亚处理反复发生的毒品案件的权力。例如本案中有大量证据证明上诉人使用过毒品，却苦于没有证据证明他使用毒品的确切地点。此外，本案的判决对各州通过刑法惩罚使用毒品的权力提出质疑。我简直不敢相信，本庭居然会禁止在任何情况下使用刑法来惩治使用毒品。现在各州和联邦政府都已经接到了通知，他们将等待另一宗案件给出的答案。

最后，我认为使用"残酷且非人道惩罚"的理由十分新颖，不禁使我产生怀疑，本庭是否绞尽脑汁，想把今天的判决结果归结到起草宪法的国父们的头上，而不是自己所说的有秩序的自由。如果本案涉及经济法规，本庭对实质性正当程序的敏感将会保护经济法规，并不让本庭把自己的哲学偏好强加给州立法部门和国会。我不知道本庭为什么要把自己认为应该如何处理毒品问题的抽象观点写进宪法，因为本庭的观点与州政府和国会专家的理解显然是相悖的。

我恭敬地反对。

季迪安诉温赖特

Gideon v. Wainwright

372 U.S. 335（1963）

1963 年 1 月 15 日辩论；1963 年 3 月 18 日判决。

颁发给佛罗里达最高法庭的调卷令。

布拉克大法官代表法庭发表判决。

请愿人被控破门闯入一家台球馆，这在佛罗里达是一项重罪。因为没钱，请愿人请不起律师就自己出庭了。请愿人请求法庭为他指派一位律师，于是便有了下面这段对话。

"法庭：季迪安先生，抱歉，我无法指派律师在本案中代表您。根据佛罗里达的法律，法庭只能为死刑案的被告指派律师。我很抱歉，但我只能拒绝您请求我指派律师在本案中代表您。"

"被告：美国最高法庭说我有得到律师代表我的权利。"

开庭后，尽管季迪安不是专业律师，他还是在陪审团面前尽力为自己辩护。他先向陪审团做了开场白，交叉盘问了政府的证人，然后请自己的辩护证人出庭，他拒绝自己作证，并简短地辩论，"强调自己是无辜的，并没有犯起诉书里指控的罪行"。尽管如此，陪审团还是判请愿人有罪，刑期 5 年。随后请愿人向佛罗里达最高法庭申请人身保护令，他想推翻判决的理由是一审法庭拒绝为他免费提供律师，剥夺了《宪法》和《民权法案》赋予他的权利。州最高法庭接受了他的申请，"经过考虑后"拒绝颁布人身保护令，但是没有发表判决书。1942 年，本庭在拜兹诉布瑞迪案（Betts v. Brady）中有意见分歧，尽管美国宪法赋予被告得到律师协助辩护的权利，这个问题在各州和联邦法庭仍然是争议和诉讼的主题。为了重新审查这个问题，我们决定颁发调卷令。因为季迪安的司法程序属于没有律师代表的贫民诉讼，我们为他指派律师，并请控辩双方书面和口头辩论如下问题："我们是否应该重新考虑本庭对拜兹诉布瑞迪案的判决？"

第一部分

拜兹声称政府违反宪法，剥夺了他得到律师协助的权利，这跟本案中季迪安控诉政府违反联邦宪法的诉求几乎完全相同。在马里兰州的法庭上拜兹被控抢劫，初审时他告诉法官他没钱聘请律师，请求法庭为他指派一位律师。法官告诉拜兹，该县的法庭不为贫穷的被告指派律师，除非是杀人或强奸案。拜兹拒绝认罪，他传讯了自己的证人，交叉盘问了政府的证人，盘问了自己的证人，并选择自己不作证。因为是无陪审团审判，法官判他有罪，刑期是 8 年。

像季迪安一样，拜兹申请人身保护令释放他，称政府违反第 14 修正案，剥夺了他得到律师协助的权利。本庭审查了案卷之后维持原判，拜兹没有被释放。本庭认为，政府拒绝为被控犯有重罪的贫穷被告提供律师并没有违反第 14 修正案的正当程序条款。本庭判决：

"我们必须根据具体的个案评估所有的事实，才能确定政府是否剥夺了被告的正当程序权利。在一个案子里构成不公平和非正义的行为，也许因为另一个案子的情况不同而不足以构成剥夺被告的正当程序权利。"

本庭认为，正当程序是一个"不太严格的概念，比《人权法案》中的其他条款更为捉摸不定"。在拜兹案的特殊情况下，本庭认为法庭拒绝为他指派律师还没有到"冒犯普世价值和基本公平观念"的程度，所以还不能构成剥夺正当程序的权利。因为拜兹案和本案的情况几乎完全相同，如果不推翻拜兹案，那就要求我们也驳回季迪安提出的宪法保证他可以得到律师协助的诉求。全面考虑之后，我们的结论是拜兹诉布瑞迪案必须被推翻。

第二部分

第 6 修正案规定，"在所有的刑事检控中，被告享有律师协助他辩护的权利"。我们对此的解读是，在联邦法庭上，法庭必须为请不起律师的被告提供律师，除非具有行为能力的被告明智地放弃这一权利。拜兹辩称这一权利通过第 14 修正案被延伸到州法庭里的贫穷被告。本庭对此的回应是，第 6 修正案：

"并没有规定州政府应该如何处理这个反复出现的问题，亦即第 6 修正案对联邦法庭的限制是否也表达了一条规则，这条规则对公平审判和正当程序如此重要，乃至我们必须通过第 14 修正案将其变成州政府的义务。"

为了确定第 6 修正案保证律师的权利是否如此重要，本庭在拜兹案中考虑了"有关这一问题的资料，我们先回到将《人权法案》纳入全国宪法之前，各殖民地和各州的宪法和成文法是如何规定的，然后循着宪法、立法和司法的历史轨迹一直追溯到今天。"

根据这些历史资料，我们得出的结论是"对公平审判来说，指派律师并不是一项基本的权利"。因此本庭拒绝将第 6 修正案保证联邦法庭的被告有律师协助的权利延伸到各州，用本庭的话来说，那就是拒绝"通过第 14 修正案将为刑事被告提供律师变成州政府的义务"。换言之，假如本庭相信为贫穷的刑事被告指派律师的权利对"公平审判和正当程序如此重要"，我们就会判决第 14 修正案也要求州法庭为被告指派律师，就像第 6 修正案要求联邦法庭为被告指派律师一样。

本庭在拜兹案之前其实已经有了足够的案例，我们应该承认《人权法案》保证的权利是最基本的权利，可以保障人们的自由不被联邦政府剥夺。既然如此，第 14 修正案的正当程序条款也应该保护人们的自由免受州政府侵犯。尽管本庭在赫塔窦诉加利福尼亚案（Hurtado v. California）中作出了相反的判决，我们在鲍威尔诉阿拉巴马案（Powell v. Alabama）中承认、解释并运用了这项原则，认为第 14 修正案"拥抱了"这些"自由和正义的原则，这些原则是我们民事和政治机构的基石"，尽管这些原则"具体出现在联邦宪法的另一个部分里"。除了鲍威尔和拜兹案之外，本庭在其他许多案子中考虑到第一部《人权法案》保障的重要本质，从而确定第 14 修正是否应该把这些保障也变成州政府的义务。正因为我们认识到第 1 修正案的重要本质，所以我们才通过第 14 修正案禁止州政府侵犯第 1 修正案赋予人民的言论、出版、宗教、集会、结社和请愿伸冤的自由。根据同样的理由，也许并非相同的术语，本庭还把其他宪法修正案赋予人民的权利也变成州政府的义务，例如第 5 修正案规定政府不得无偿剥夺公民的财产，第 4 修正案禁止不合理的搜查和扣留，以及第 8 修正案禁止残酷且非人道的惩罚。另一方面，本庭在帕尔克诉康乃狄克案（Palko v. Connecticut）中拒绝把第 5 修正案中的一罪不得两审（double jeopardy）的条款变成州政府的义务。卡多索大法官代表本庭谨慎地强调了拒绝的理由：

"某些修正案保证公民免受联邦政府的侵犯，我们认为这些有效的豁免权包含在有序自由的概念中，所以通过第 14 修正案，这些豁免权对州政府也应该有效。"

根据过去的案例，我们把有些原来只是对联邦政府有效的保障"从最初的联邦《民权法案》中延伸出来，吸收到第 14 修正案里"。

就像过去的案例那样，我们接受拜兹诉布瑞迪案的假设，因为《民权法案》的那条规定对"公平审判至关重要"，所以第 14 修正案将其变成州政府的义务。我们认为本庭在拜兹案中错误地判决第 6 修正案保障被告有律师协助的权利并不是一项基本的权利。但是在拜兹诉布瑞迪案之前 10 年（1932 年），本庭在鲍威尔诉阿拉巴马案中却明确宣布"律师协助是一项基本的权利。"尽管本庭在结尾处把判决限制于该案的特殊事实和情况，我们认为被告应该得到律师协助是一项基本的权利，至少这个结论是正确的。1936 年，本庭在格罗斯金诉美国出版公司案（Grosjean v. American Press Co.）中又重新强调律师协助是一项基本权利：

"我们认为，前 8 条修正案保障某些基本权利不受联邦政府侵犯，这些权利通过第 14 修正案的正当程序条款也适用于州政府，其中包括刑事案的被告有得到律师协助的权利。"

此后在 1938 年，本庭在约翰逊诉泽布斯特案（Johnson v. Zerbst）案中指出：

"律师协助是第 6 修正案的保障之一，我们认为律师协助是保护生命和自由所必需的。第 6 修正案不断地训诫我们，一旦失去宪法的保障，我们就无法伸张正义。"

鉴于上述案例和更多其他的案例，本庭在拜兹案中面临的诉求是，"一个人被控犯罪，又没有能力聘请律师，州政府应该为他提供律师"。对此我们不得不承认"本庭过去判决的案例确实为这一论点增加了色彩"。我们在拜兹诉布瑞迪案中判决，"对公平审判来说，指派律师并不是一项基本的权利"。事实上，本庭已经猝然背离了过去我们自己深思熟虑的案例。我们相信拜兹案之前的那些老案例更合理，重返那些老案例无非是恢复那些已经成熟的宪法原则，以保证实现一个公正的司法系统。无论是过去的案例，还是那些案例中的理由和反思，都要求我们承认在我们对抗制的刑事司法制度下，任何人被拽进法庭，如果他没有钱聘请律师的话，就很难保证审判的公正，除非政府为他提供律师。这显然是一条真理。各州和联邦政府花费巨额资金建立一套审判被告的机制。为了保护一个有序社会的公众利益，大家也都认为应该由律师来检控刑事犯罪。同样，绝大多数的被告都会聘请最好的律师来代表他们辩护。因为政府聘请律师来检控犯罪，而有钱的被告也聘请律师为他们辩护，所以这一事实充分表明人们都认为在刑事案件中律师是必不可少的，而不是一种奢望。在有些国家里，刑事被告有律师为他辩护的权利也许并不是基本和必要的，但在我们国家这是一项基本和必要的权利。我们各州和联邦的宪法从一开始就强调通过程序和实质性的措施来保障公正的法庭和公正的审判，在法律面前所有的被告一律平等。假如贫穷的刑事被告没有律师协助他面对指控，这一崇高的理想是不可能实现的。在鲍威尔诉阿拉巴马案中，萨瑟兰大法官精辟地阐述了被告为什么需要律师：

"尽管被告有辩护的权利，但是如果没有律师替他辩护，被告的权利就形同虚设。即便被告既聪明又受过良好的教育，但是作为普通人，他还是缺乏法律技能。如果被控犯罪，他自己也无法判断起诉书是好还是坏。因为他不熟悉证据规则，在没有律师协助的情况下，即使检方的指控是站不住脚的，或者证据不足，证据与案件无关，甚至证据根本就不应该被法庭接受，被告还是可能被判有罪。即使被告有完美的辩护理由，他还是没有足够的技能和知识准备他自己的辩护。在检控程序中，被告每一步都需要律师的指导。即使被告本来应该是无罪的，但是如果没有律师协助，他也将面临被判有罪的风险，因为他不知道如何证明自己是无辜的。"

在拜兹诉布瑞迪案中，我们背离了本庭对鲍威尔诉阿拉巴马案判决的睿智。有2个州支持佛罗里达要求本庭不推翻拜兹诉布瑞迪案的判决，22个州以法庭之友的名义要求本庭推翻拜兹案的判决，因为该案"在判决的当时就已经过时了"。我们同意。

我们推翻原判，并发回佛罗里达州最高法庭按照本判决重审。

道格拉斯大法官加入。

我加入本庭的判决，因为我认为《人权法案》和第14修正案的第一部分之间的历史渊源与本案有关。自从国会通过第14修正案之后，10位大法官认为第14修正案禁止各州政府侵犯《人权法案》赋予公民的特权、保护和保障措施。

在欧尼尔诉佛蒙特案（O'Neil v. Vermont）中，菲尔德大法官、哈兰首席大法官，可能还有布鲁尔大法官都采取这一立场。在亚当森诉加利福尼亚案（Adamson v.

California）中，布拉克和道格拉斯大法官也采取这一立场。布拉德利和斯韦恩大法官在屠宰场案（Slaughter-House Cases）中表达了这一观点。在瓦尔克诉索维奈案（Walker v. Sauvinet）中，克里福特和菲尔德大法官在反对意见中也接受这一观点。不幸的是，这一观点从来没有在本庭占上风。但令人欣慰的是，所有宪法的问题都是公开的。我们今天的判决也并不是一劳永逸。

我的兄弟哈兰大法官认为第 14 修正案把《人权法案》的保障延伸到各州，但是相对于联邦政府而言，州政府的版本只是一个简化版。杰克逊大法官也分享这一观点。

但是这一观点并没有占上风，第 14 修正案的正当程序条款禁止州政府侵犯的权利并不是在《人权法案》保护的权利中掺水勾兑的稀释版。

克拉克大法官同意判决的结果。

在布特诉伊利诺伊案（Bute v. Illinois）中，本庭认为没有特殊情况需要指派律师，但是指出："如果起诉的罪名是谋杀的话，无论是州法还是本庭解读第 14 修正案判决的案例都会要求法庭采取指派律师的步骤。"

在布特案之前，我从未发现本庭在任何案件中说过第 14 修正案要求在所有的死刑案中为被告指派律师。半年后，礼德大法官透露，本庭对非死刑案的被告是否需要指派律师有分歧，但是同意"正当程序条款要求为所有被控严重罪行的被告提供律师"。最后，在汉密尔顿诉阿拉巴马案（Hamilton v. Alabama）中，我们说"当一个没有律师协助的被告面临死刑的指控时，我们必须确定自我辩护是否会对他不利"。

无论是在书面上还是根据本庭的解读，第 6 修正案明确要求在"所有的刑事案中"为被告指派律师。在拜兹诉布瑞迪案之后，本庭判决的所有案子都明确指出，所有的死刑案都要求为被告指派律师。本庭今天的判决无非是抹去了一个区别，因为这个区别既不符合逻辑，也日益失去权威性。金塞拉诉美国公诉辛格尔顿案（Kinsella v. United States ex rel. Singleton）涉及美国军事法庭审判为军队服务的平民被告，我们在该案中明确驳斥了死刑案和非死刑案在宪法上的区别。在此前的礼德诉寇佛特案中，我们判决宪法不允许剥夺宪法第 3 条、宪法第 5 修正案和第 6 修正案赋予死刑案被告的权利，所以我们在金塞拉案中判决非死刑案跟死刑案应该是同样的结果。金塞拉案的判决为我们今天的判决埋下了伏笔，该案的判决说：

"有关州政府行为的第 14 修正案显然不适用于本案，但是假如第 14 修正案也适用于本案的话，我们相信在陪审团面前剥夺宪法对平民被告的保障是非法的，就像在死刑案中一样。"

就像金塞拉案一样，我的结论是，宪法对死刑案和非死刑案并没有加以区分。第 14 修正案禁止政府未经正当程序剥夺人民的"自由"，就像第 14 修正案也禁止政府剥夺人民的"生命"一样。死刑案和非死刑案只是惩罚的方式不同而已，审理这两种案件的程序在宪法上并没有质的不同。第 14 修正案怎么能够容忍一种在死刑案中被谴责的程序，难道是因为剥夺自由没有剥夺生命那么严重吗？这种价值观并非人们所普遍接受，或是仅因为剥夺生命是不可逆转的吗？我找不出任何理由支持这样的结果，所以我附和本庭的判决。

哈兰大法官附和。

我同意拜兹诉布瑞迪案的判决应该被推翻，但是我觉得我们应该给这个案子举行一场更隆重的葬礼，至少是为了那几位本庭判决该案时还没当上大法官的同仁。

我并不认为拜兹诉布瑞迪案的判决"猝然背离了我们自己过去深思熟虑的案例"。1932 年，本庭在鲍威尔诉阿拉巴马的死刑案中宣布，在该案的特殊情况下：

"被告是一位年幼无知的文盲，他面对公众的敌意，正处于生死攸关的时刻。"

州法庭有义务给他指派庭审的律师，因为那是正当法律程序所必需的。显然，这些事实并非事后想起来才加进去的，而是法庭反复强调的。对判决的结果至关重要。

10 年之后，当本庭判决拜兹诉布瑞迪案时，我们只是承认无论在死刑案还是非死刑案里都可能存在特殊的情况，同时还坚持要求被告说明具体的情况，以证明政府剥夺了他的正当程序权利。在约翰逊诉泽布斯特案中，我们认为联邦法庭系统广泛地接受政府应该为被告指派律师，但是如果我们要求州法庭也为被告指派律师，那将是"猝然背离"几乎是昨天的过去。根据鲍威尔诉阿拉巴马案，我们在约翰逊诉泽布斯特案中宣布州法庭必须为被告指派律师并不限于死刑案，那其实并不是背离，而是延伸了过去的案例。

然而，我们在鲍威尔案和拜兹案中宣布的原则在一年中遇到了许多麻烦，类似的案子接踵而来。在判决拜兹案时，大法官至少已经在一个案例中发表意见，认为在州法庭的死刑案中被告得到律师协助的权利是绝对的。这条意见此后在若干个案例中出现，有关这条意见的困惑在本庭判决汉密尔顿诉阿拉巴马案之后才消除。

在非死刑案件中，"特殊情况"规则在形式上还继续存在，在实质上却不断被大大地削弱了。判决拜兹案后的第一个 10 年里，本庭判决有些案子并不存在特殊情况，但判决通常都是以一票之差的微弱多数通过。1950 年本庭判决奎克萨尔诉密歇根案（Quicksall v. Michigan）之后，我就再也没有见过，州政府在本案中也没有援引缺乏特殊情况的案子。然而就在那 10 年中，本庭判决的许多宗案子里都有特殊情况，而所谓的特殊情况也无非就是案子里有"复杂的"法律问题，而那些复杂的法律问题本来就是日常遇到的难题。换言之，本庭开始认识到，其实严重的刑事指控本身就是特殊情况。需要律师在庭审时提供协助。实际上，拜兹诉布瑞迪案已经脱离了现实。

州法庭的责任是在第一线负责捍卫宪法赋予人民的权利，然而，许多州法庭似乎并不接受这一演变。继续敷衍了事地维持本庭制订的一条规则是一种不健康的现象，长此以往将会伤害我们的联邦制度。

在死刑案中，特殊情况规则已经被废除了，现在到了在非死刑案中也废除特殊情况规则的时候了，至少在刑期较长的案件中我们应该废除特殊情况规则。（此处暂且先不谈是否要在所有的刑事案中都废除这条特殊情况规则。）今天的判决无非是明确了我们在过去的案例中埋下的伏笔而已。

我同意本庭的看法，我们应该明确地承认本案中被告得到律师协助的权利是第 14 修正案包含的基本权利。我还希望进一步表达我的观点，当我们享有一项"包含在有序自由概念里的"权利或豁免权时，如果这项权利对联邦政府有效，也就应该对州政府有效。但是根据我的解读，我们在过去的案例中并没有这样判决，所以我们今天的判决把一整套联邦法律全部自动地运用到各州。因为各州和联邦政府的合法权益迥异，他们各自面临的问题和那些问题的后果也很不相同，所以上述概念忽视了各州和联邦政府之间的差别。根据我对今天判决的理解，我认为判决并无意背离本庭在帕尔克诉康乃狄克案中制订的原则，也没有接受第 6 修正案被"纳入"第 14 修正案的概念。

根据以上的前提，我加入本庭的判决。

布瑞迪诉马里兰
Brady v. Maryland
373 U.S. 83（1963）

1963 年 3 月 18—19 日辩论；1963 年 5 月 13 日判决。

发给马里兰上诉法庭的调卷令。

道格拉斯大法官发表判决，布莱能大法官宣布判决。

请愿人布瑞迪和他的同伴鲍勃利特因一级谋杀罪被判死刑，上诉后马里兰州上诉法庭维持原判。请愿人和他的同伴被分开审判，请愿人先被审判。布瑞迪出庭作证时承认他参加了犯罪，但他说是鲍勃利特动手杀人。布瑞迪的律师在庭审结束时对陪审团说，布瑞迪承认一级谋杀有罪，但是请陪审团"不要判他死刑"。

开庭之前，请愿人的律师要求检察官让他审阅鲍勃利特的庭外陈述。鲍勃利特在 1958 年 7 月 9 日的陈述中承认人是他杀的，检察官提供了几份文件，但是那份文件被检方扣留，一直到开庭、判决、量刑和上诉维持原判之后，请愿人才知道还有那份文件。

请愿人遂提出动议，请审判庭根据最新发现被检方隐匿的证据重新开庭审理。根据马里兰州的《判决后程序法案》，上诉法庭驳回了请愿人要求重新开庭的动议。此外，一审法庭驳回了判决后纠错的请愿。随后，上诉法庭认为检方隐匿证据剥夺了请愿人的正当法律程序权，并将案子发回一审法庭重审。但是重审的范围仅限于重新量刑，并不推翻有罪判决。于是，请愿人要求本庭颁发调卷令。

本案的罪行是在抢劫的过程中杀人。根据马里兰法律，刑期为无期徒刑或死刑，陪审团可以在无期徒刑后面加上"免于死刑"的字样。根据马里兰州的宪法，刑事案的陪审团相当于"法律和事实的法官"。现在我们面临的问题是，上诉法庭把重新开庭审理的范围限于量刑的问题，这一判决是否剥夺了请愿人的联邦权利。

我们同意上诉法庭的判决，隐匿鲍勃利特的坦白违反了第 14 修正案的正当程序条款。上诉法庭判决的依据主要是第三巡回上诉法庭的两个案例，阿尔梅达诉巴尔迪案（Almeida v. Baldi）和汤普森诉黛案（Thompson v. Dye），这两个案例正确地表述了宪法的规则。

上诉法庭的判决沿用了穆尼诉赫萝翰案（Mooney v. Holohan），该案判决检察官隐匿何种证据构成违反正当程序：

"如果检方明知证词是虚假的，仍提交伪证故意欺骗法庭和陪审团，通过这种手段谋取有罪判决而剥夺被告的自由，在这种情况下，仅仅发送通知和举行听证并不能满足宪法的要求。州政府通过这种计谋判被告有罪并监禁被告有悖最基本的司法公正，相当于通过恐吓得到相同的结果。"

在派尔诉堪萨斯案（Pyle v. Kansas）中，我们将这条规则扩展如下：

"尽管请愿人的文件是外行起草的，但明确指出他的有罪判决是伪证的结果，指控州政府明知证词是虚假的，却用来判被告有罪，而且州政府还故意隐匿了对被告有利的证据。这些指控如果是真的，便足以证明州政府剥夺了联邦宪法赋予请愿人的权利，他应该被无罪释放。"

在巴尔迪案中，第三巡回上诉法庭对派尔诉堪萨斯案的解读是，"隐匿对被告有利的证据"本身就构成剥夺正当程序。在纳皮尤诉伊利诺伊案（Napue v. Illinois）中，我们将穆尼诉赫萝翰的判决扩展为："尽管州政府并没有主动地寻求虚假证据，但是发现之后不加改正，仍然允许使用伪证，同样也构成剥夺正当程序。"

我们现在判决，如果证据对被告是否有罪和刑期至关重要，而检方隐匿对被告有利的证据，无论出于善意还是恶意，均构成剥夺正当程序。

穆尼诉赫萝翰定下的原则并非因为检察官的行为不端而惩罚社会，而是避免对被告的审判不公正。将罪犯绳之以法固然会造福社会，公正的刑事审判同样也会使社会受益；当被告受到不公平的待遇，司法正义将受到伤害。有关联邦管辖的领域，司法部墙上铭刻着这样一段话："当公民在法庭得到正义，美国就胜利了。"如果被告要求检方提供隐匿的证据，一旦这些证据被公开，将有可能为被告脱罪或是减轻量刑，便能使审判对被告有利。让检察官来充当司法程序的设计师不符合正义的标准，尽管用上诉法庭的话来说，他的行为"尚不构成诡计"。

剩下的问题是，上诉法庭把重新审判的范围限制于量刑，这样做是否剥夺了宪法授予请愿人的权利？为了支持这样的判决，上诉法庭说：

"即使陪审团看到鲍勃利特的坦白，我们也怀疑检方隐匿的证据会给布瑞迪带来多少好处。证据显示，布瑞迪想掐死受害人，鲍勃利特也想杀死受害人，但是他选择用枪。我们无法代替陪审团，但是我们可以假设他们会怎么想，无论是布瑞迪还是鲍勃利特用手把衬衫缠在受害人的脖子上，陪审团会在乎是谁的手吗？然而在考虑如何惩罚布瑞迪时，我们不能武断地说陪审团会认为鲍勃利特的坦白毫不重要。"

"尽管并不肯定，但是我们的结论是，隐匿鲍勃利特的坦白对布瑞迪是不利的。"

"上诉人唯一的诉求是关于量刑。即使陪审团看到鲍勃利特的坦白，也不至于把布瑞迪的罪行降低到一级谋杀以下。所以我们觉得没有必要重审定罪的问题。"

如果陪审团不能决定法律方面的问题，也许我们会面临不一样的问题，但是马里兰州的陪审团相当于法律的法官，既然如此，马里兰州的上诉法庭怎么可以说隐匿的坦白不可能把请愿人的罪行降低到一级谋杀以下呢？如果马里兰州的陪审团在刑事案中可以决定是否应该接受某项可能证明被告无罪的证据，这个问题似乎就不存在了。

但马里兰州的宪法规定刑事案的陪审团相当于"法律的法官"，这句话的意思并非完全如此。法庭根据自己的解读对那条法律添加并规定了若干例外的情况，最近的盖尔斯诉州政府案（Giles v. State）重新审查了那些例外。其中最重要的例外是"一审法庭向来有权决定并继续有权决定是否接受某项证据，以帮助陪审团决定被告是否有罪"。该案的判决援引了一长串案例，跨度接近一个世纪。此外，维勒诉州政府案（Wheeler v. State）认为，法庭给陪审团的指示仅仅是建议性的，"除了什么证据才能被认为是证据的问题"。而且，法庭"既然有这项权利，就理所当然地有权不让律师提出相反的意见"。

我们探索州法的道路是崎岖的，因为根据联邦制，州法庭、州政府机构和州立法机构对州法有最终解释权。然而，根据马里兰州法庭的判决，如果某项证据跟被告是否有罪有关，应该由法庭决定是否接受这种证据，而不是由陪审团来决定。在本案中，上诉法庭一致认为被隐匿的证据"不可能把布瑞迪的罪行降低到一级谋杀以下。"我们认为这段话是决定接受鲍勃利特的坦白来证明布瑞迪是否有罪。

主持正义的理论也许会假设，如果被隐匿的坦白被一审法庭接受，但是法官裁定鲍勃利特的证据不得用于决定布瑞迪是否有罪，陪审团也许会嘲笑法官，就像法庭先接受了一份坦白，然后又将其从案卷中删除一样可笑。

但是我们不能无视宪法权利的尊严使用那种庭审的策略，然后说再次开庭剥夺了被告的取胜机会，从而剥夺了他的正当程序或是违反了第 14 修正案的平等保护条款。

维持原判。

怀特大法官单独发表判决。

1. 马里兰州上诉法庭宣布，"州政府隐匿可能证明被告无罪的重要证据的行为违反了正当程序条款"，但是并没有明确援引美国联邦宪法或马里兰州的宪法。因为马里兰州的宪法里也有正当程序条款，所以我们不知道下级法庭指的究竟是哪一部宪法。鉴于州政府是唯一受到本案判决的一方，即使州政府想提出争议，我们都不一定允许州政府那么做。但是州政府既没有反请愿，也没有挑战下级法庭根据正当程序将本案发回重新量刑的裁决。所以我认为本庭其实并没有必要讨论正当程序的问题。但是如果不涉及正当程序，有人也许会说我们面临的只是一个有关州法的问题，[①] 其实并非如此。假设下级法庭正确地判决隐匿证据侵犯了请愿人的权利，他还请求我们决定另外一个问题，那就是拒绝重新开庭审理他罪与罚的问题是否剥夺了平等保护条款赋予他的权利。因此，本案中还是有一个联邦法的问题需要本庭处理，这个问题与涉及隐匿证据的正当程序

---

① 美国最高法庭只受理涉及联邦法的案件，对州法不具有管辖权。——译者注

毫无关系，多数派对这个问题的判决十分清楚。在处理正当程序的问题之前本庭指出，"上诉法庭把重新开庭审理的范围限制于量刑，而我们面临的问题是请愿人是否被剥夺了联邦权利"。根据联邦宪法详细讨论了隐匿证据的问题之后，我们还需要再决定一个问题："剩下的问题是，上诉法庭把重新开庭审理的范围限制于量刑，是否也剥夺了请愿人的宪法权利。"

当然，有关正当程序的讨论完全是指导性的。

2. 无论如何，本庭有关正当程序的意见在下级法庭判决的范围之外。我会用比较严谨的语言，避免为刑事案的取证制定笼统的宪法规则。我觉得应该把这个任务交给立法程序，让立法机构、法庭和律师协会充分讨论后完成。

3. 我附和本庭对请愿人平等保护诉求的判决。

哈兰大法官反对，布拉克大法官加入反对。

我认为，本案只提出了一个联邦法的问题：马里兰州上诉法庭命令将本案发回重审，但是把重审的范围限制于量刑，如此判决是否侵犯了宪法第 14 修正案赋予请愿人平等保护的权利？假如一审法庭可以接受鲍勃利特的坦白，用来证明请愿人是否有罪，我认为把重审的范围限于量刑是违反宪法的。我认为，这显然就是本庭判决的言外之意。

然而，本庭裁决上诉法庭的判决并没有违反第 14 修正案，因为本庭考虑了上诉法庭的判决以及一系列有关马里兰州宪法的案例，马里兰州宪法规定刑事案的陪审团相当于"法律和事实的法官"，即使一审法庭接受了鲍勃利特的坦白，也不能用来证明请愿人是否有罪。

但是我对上诉法庭判决的解读并不如此肯定。上诉法庭的判决更容易被解读为，上诉法庭之所以限制重新开庭的范围，是因为其本身权力有限。根据马里兰州《判决后程序法案》的第 645 节和《马里兰州诉讼程序》的第 870 条，上诉法庭的判决只是根据本案的特殊情况给予适当的救助而已，并不是因为上诉法庭认为假如鲍勃利特的坦白被一审法庭接受只会影响量刑。上诉法庭原先曾讨论过是否应该接受第三方坦白，讨论的结果并没有提出任何解决这个重大争议的具体办法，与我的解读相吻合。

本庭还援引了一些马里兰州的案例，其中并没有任何案例谈到法庭是否可以接受鲍勃利特的坦白来证明被告无罪。那些案例无非是说重新审判的陪审团不能"推翻"一审法庭对是否接受证据所作的裁决。假如陪审团真的推翻了一审法庭的裁决，我们不知道将会发生什么情况。在本案中，一审法庭告诉陪审团，"在最后分析阶段，陪审团是法律和事实的法官，陪审团将对判决负全部责任"。

此外，在本庭口头辩论时，州政府承认被隐匿的鲍勃利特的坦白应该被一审法庭接受，用来证明被告是否有罪。

因为我们不知道应该如何正确地回答有关州法的重要问题，而且上诉法庭也没有谈到平等保护的问题，我认为本庭无法在这个节骨眼上解决这个问题。我觉得正确的方法是撤销马里兰州上诉法庭的判决并发回重审，让上诉法庭参考本庭判决中阐述的宪法原则重新考虑本案。

米兰达诉亚利桑那

（Miranda v. Arizona）

384 U.S. 436（1966）

1966 年 2 月 28 日至 3 月 1 日辩论；1966 年 6 月 13 日判决。

发给亚利桑那最高法庭的调卷令。

首席大法官沃伦下达判决书。

本案提出的问题追溯到美国刑事法理概念的源头：当我们检控个人犯罪时，社会必须受到联邦宪法的制约。具体来说，那就是个人被警察羁押审讯时所作的口供是否可以呈堂作证的问题，以及我们必须遵守的程序，以确保个人享受宪法第 5 修正案赋予的特权：不被强迫自证其罪。

最近我们在埃斯科贝多诉伊利诺伊案（Escobedo v. Illinois）中讨论了这个问题的某些方面。就如我们正在审理的其他 4 个案件一样，执法人员将被告羁押在警察局里审讯，希望让被告坦白。警察未能有效地告知被告他有权保持沉默，并有权咨询律师。当被告否认指控，并说"我没有枪杀曼努埃尔，是你们开的枪"，警察给被告戴上手铐，并把他带到审讯室。他在审讯室里戴着手铐站了 4 个小时，一直到他坦白为止。在审讯过程中，他聘请的律师到了警察局，但警察拒绝了他与律师谈话的要求，并禁止律师向他提供咨询。在庭审时，州政府不顾他的反对，将对他不利的坦白呈堂作证。根据宪法，我们判决法庭不能把在那种情况下作出的口供接受为证据。

自从埃斯科贝多案在两年前判决，该案成了司法解释和法律辩论的主题。各州和联邦法庭在评估该案的含义时得出了不同的结论。许多学者也发表文章，讨论该案的后果和理论根据。警察和检察官也猜测埃斯科贝多案的影响和可取之处。[①] 我们为这些案件颁发了调卷令，以进一步探讨如何在羁押审讯过程中落实被告免予自证其罪的特权，并按照宪法作出具体的指导，以便执法部门和法庭遵守。

就像埃斯科贝多案那样，我们的前提是，我们的判决并非法理上的创新，而是一条在其他情况下早就被认可和运用的原则。我们只是在重新彻底审阅了埃斯科贝多案的判决之后宣布并重新确认这条原则而已。埃斯科贝多案其实就是在解释宪法中神圣地记载的基本权利："在刑事案中任何人都不能被强迫自证其罪"，以及"被告者应该得到律师

---

① 洛杉矶警察局长认为，如果要求警察保证被告了解宪法保证他可以保持沉默，并可在认罪或坦白之前咨询律师，而他明智地放弃了这些权利，这将打开潘多拉的盒子。被告究竟在什么情况下可以明智地放弃这些权利？有人说现代化刑事调查可以弥补缺失的坦白或认罪，这纯属无稽之谈。

的帮助"。然而，因为政府的傲慢，埃斯科贝多的这两项权利被践踏。人民经过几个世纪的被迫害和抗争之后，这些宝贵的权利才被宪法确定下来。正如马歇尔首席大法官所说，"只要人类存在一天，这些权利将世世代代得到保证"。

70 多年前，我们的先辈在本庭雄辩地宣布：

"我们不得让任何人自证其罪或自控犯罪，[①] 这句格言源于我们抗议用不正当手段逼迫被告招供。刑讯逼供在大陆法系中盛行，即使在英国也很常见，直至 1688 年斯图亚特王室被推翻后，英国才建立屏障来保护人民不受专制权力的迫害。如果被告自愿认罪或坦白，他的供词具有很高的控罪证据价值。但是当警方要求被告解释他为什么跟正在调查的案件显然有关系，当审问的方式涉嫌逼供，不正当地对被告施压，如果被告胆怯或吞吞吐吐便恫吓他，把他逼到死角，就会诱惑他堕入自相矛盾的致命陷阱，这在许多州法庭早期案件中显而易见，例如在尼古拉斯·斯洛克莫顿爵士（Sir Nicholas Throckmorton）案中[②]，清教徒牧师乌达尔（Udal）主持的司法系统腐朽不堪，终于被要求废除。英国刑事诉讼法的改革似乎并没有成文法或案例法的基础，而是法庭根据民意要求而达成的默契。但是一旦被采用之后，便扎根于英国和美国的法理之中。因为古老的司法系统给美国殖民地留下如此邪恶的印象，各州一致同意将禁止对被告刑讯逼供写进基本法。这句英国的格言变成了美国宪法的一部分。"

为了把贯彻这些宪法的权利变成司法机构的义务，本庭在威姆斯诉美国案（Weems v. United States）中指出：

"我们不能只着眼过去，而且还要展望将来。运用宪法越宽松，宪法的效果和力量就越弱，宪法的基本原则就会失去价值，而变成一些无用的判例和毫无生气的公式，用文字宣布的权利将在现实中消失。我们已经认识到这一点。宪法含义和效应的发展已经超越了狭义的解释。"

以上我们用意义深远的语言描述了如何限制警察狂热执法，以保护宪法赋予个人的权利。无论埃斯科贝多案还是本案，我们都必须确保宪法宣布的内容不会在政府官员的手中"流于形式"。本着这种精神，我们法官的职责是坚持埃斯科贝多案的原则。

我们下面的判决将包括许多具体的细节，但是简言之：无论口供可能为被告脱罪或入罪，检方都不能使用被告在羁押期间审讯取得的口供，除非检方能够证明采取了有效的程序防范措施，确保被告免予自证其罪的权利。我们所说的羁押审讯，意思是个人被收押或剥夺了行动自由后，执法人员对其审讯。至于程序防范措施，除了通过有效方式告知被告个人有保持沉默的权利，还必须保证他们能够随时行使保持沉默的权利，此外还必须采取以下措施：审讯之前，必须告知当事人他有权利保持沉默，他的任何陈述将

---

① 　原文为拉丁语 nemo tenetur seipsum accusare。——译者注

② 　玛丽都铎女皇在位时，尼古拉斯·斯洛克莫顿爵士于 1554 年 1 月涉嫌叛乱被捕，4 月 17 日出庭受审。他说服陪审团自己是无罪的，但是法官对他有敌意，非但把他关进伦敦塔，还将陪审团监禁并罚款。1558 年伊丽莎白女王就位后，斯洛克莫顿被平反，并自 1559 年至 1564 年任英国驻法国大使。——译者注

可能成为对他不利的证据，并且告知他有权要求律师在场，他可以自己聘请律师，也可让法庭委派律师。被告可以放弃这些权利，前提是必须自愿、明智地放弃。如果被告在审讯过程中任何时候表示希望咨询律师，审讯就必须立即终止。同样，在被告独处的情况下，如果他不愿意被审问，警察就不能审问他。即使被告已经回答了一些问题或主动陈述了一些事情，这也并没有剥夺他拒绝继续回答问题的权利，直至他咨询了律师后表示同意才可继续审问。

第一部分

以上案件判决有关宪法的争议是，在被羁押或被剥夺行动自由的情况下取得的口供是否可以呈堂作证。在每个案件里，被告都是在与外界隔绝的房间里被警察、侦探或检察官审讯。审讯开始前，没有一位被告被全面有效地警示他有什么权利。在所有的案件里，审讯获得了口供，其中三个案件还有被告签名的书面供词，这些供词在审判时被法庭接受为证据。这些案子都有显著的特点，与外界隔绝的审讯是在由警察控制的氛围下进行的，结果是在没有全面警示的情况下得到了被告自认其罪的陈述。

理解羁押审讯的性质对我们今天的判决至关重要。在我们的国家，因为羁押审讯都是在与外界隔绝的情况下进行的，所以我们很难知道审讯时究竟发生了什么。根据 20 世纪 30 年代的广泛调查，包括著名的总统委员会向国会呈交的维克山姆报告（Wickersham Report）[1]，警察暴力和"第三度"[2]在当时盛行。

即使在调查报告发表之后，在本庭审理的一系列案件中，警察还是通过肉体暴行，如殴打、吊打、鞭挞，还有与外界隔绝的连续长时间审讯，来强迫被告坦白。1961 年，民权委员会得到的证据显示，"有些警察还是使用肉体暴力来获得口供"。不幸的是，肉体暴力并不仅限于过去或某些地区。最近在纽约市的国王郡，警察为了获取第三方有罪的证据，对一位潜在证人暴打、脚踢，并用燃烧的烟蒂烫他的后背。

虽然上面列举的例子如今已经比较少见了，但仍是值得我们关注的问题。除非能够根据本庭的判决对羁押审讯加以限制，否则我们很难保证在可预见的将来杜绝刑讯逼供。30 年前维克山姆报告的结论现在仍不过时：

"针对'第三度'是了解事实的必要手段的说法，记者们巧妙地用英国杉齐（Sankey）大法官的话来回答"：

"为了大善而作小恶是不可以接受的。通过非法或不正当手段来得到正确的结果，是无法伸张正义的。"

"采用'第三度'不仅涉及执法人员知法犯法，还涉及虚假坦白的风险，并使警察和检察官缺乏并失去寻找客观证据的热情。正如报告引用的一位纽约检察官的话，'刑

[1] 1929 年 5 月 20 日由胡佛总统成立的守法执法委员会。——译者注
[2] 英语的原文是 third degree，"第三度"是折磨的委婉说法，即通过施加肉体或精神的痛苦取得口供。——译者注

讯逼供是一条捷径，使警察变得懒惰并丧失进取心'。报告还引用了另一位官员的话：'如果你用了拳头，就不会用你的才智。'我们同意报告得出的结论"：

"'第三度'会使警察变得野蛮，使囚犯更加坚定地反社会，并降低公众对司法的敬畏。"

我们再次强调，现代的羁押审讯主要是心理上的，而不是肉体上的。正如我们以前说过的：

"自从钱伯斯诉佛罗里达案（Chambers v. Florida）之后，本庭认识到威胁既可以是肉体上的，也可以是精神上的。被告的血迹并不是违宪审讯的唯一印记。"

审讯是在私下进行的。私密性会产生神秘性，继而产生认知的空白，使我们不知道审讯室里究竟发生了什么。然而，警察的各种工作手册是我们了解警察工作的源泉，里面既记载了过去成功的经验，也推荐了其他行之有效的策略。执法机构也用这些资料作为行动指南。这些资料呈现了目前使用的最开明、有效的通过羁押审讯获得口供的方法。通过这些资料，我们能够描绘全国各地遵守和注意的程序。

这些工作手册告诉警察：

"审讯成功的心理要素是私密性，就是单独面对被审讯人。"

这一策略的效益如下：

审讯应该尽可能在审讯人的办公室里进行，或至少是由审讯人挑选的房间。被审讯人必须没有任何心理优势。如果被审讯人在自己家中，他会比较自信、愤慨甚至反抗。他心里会更清楚自己有什么权利，他会更不情愿在自己的家里说出自己的不端行为或罪行。此外，他的家人或其他朋友就在旁边，会给他道德上的支持。如果审讯人在审讯人的办公室里，他便掌握了所有的优势，整个气氛显示法律是不可战胜的。

为了强调隔离和陌生的环境，工作手册教警察对嫌疑人的罪行要表现很自信，而且表面上显得只是想确认某些细节而已，至于嫌疑人则早已被推定有罪了。审讯人应该直截了当地问嫌疑人为什么犯罪，而不是灭自己的威风，问那事是不是他干的。跟别人一样，也许嫌疑人家庭不和，童年不幸福，喝酒过量，单相思一个女人。工作手册教警察对犯罪的严重性轻描淡写，把责任推给受害人或社会。这些策略的目的是把嫌疑人置于一种心理状态，好像他的供词只是佐证警察早就知道他有罪而已。对于嫌疑人的任何解释都不予理睬或打断。

因此，工作手册强调审讯人最重要的素质是耐心和锲而不舍。

一位作家如此描绘这些策略的效果：

"上面的段落强调了友好的态度和谋略。然而审讯员将会遇到许多情况，这时他的人格魅力便成了决定因素。当动之以情和哄骗都不能奏效时，他必须依靠高压的环境和志在必得的坚持。他必须坚持审讯，决不能软下来，使嫌疑人觉得根本没有停止的迹象。他必须掌控嫌疑人，用坚定不移查清真相的顽强意志来压倒对方。他必须几小时连续不停地审讯，只有当嫌疑人必须停止时才暂停一下，以避免嫌疑人抓到他受胁迫的把柄。若遇到重大案件，审讯可以持续几天，除了吃饭和睡觉之外，嫌疑人都在被掌控的氛围之中。这样便有可能不通过威胁恐吓让嫌疑人开口。这种方法只有在被审讯人有重大犯罪嫌疑时才能采用。"

工作手册建议给嫌疑人一个法律上的犯罪借口，先让他承认。例如杀人的动机是复仇，审讯人可以说：

"乔，我想你不会就是因为想杀人而出去找他。我猜你可能预料他会干点什么，所以才带把枪保护自己。你知道他是什么样的人，他是个坏人。当你遇到他时，他可能满口粗话，而且让你觉得他很可能掏把枪出来，这时你就必须采取行动来保你自己的命。就是这么回事，对吗？乔。"

一旦嫌疑人承认开了枪，审讯人可以把话题转到那些否认自卫的细节，这样便可以得到完整的故事。工作手册有一段是这么说的：

"即使嫌疑人不和盘托出，他一开始否认开枪和后来承认开枪是自相矛盾的，在法庭审判时便可以用来反驳他的自我防卫的辩护。"

如果以上的策略都不能奏效，工作手册建议换一种显示敌意的策略。有一种经常使用的手段是"敌友交替"，或称"穆特与杰夫"（Mutt and Jeff）[①]：

"这种方法需要两个人搭档。穆特冷酷无情，他认定嫌疑人有罪，不想跟他浪费时间。他已经把 10 个人送进监狱，并准备从严判决嫌疑人。杰夫心比较软，他也有家庭，他弟弟也曾犯过类似的错误，他不喜欢穆特，也不赞成他的方法，如果嫌疑人能够配合，他将设法把穆特调离这个案子。但他不能把穆特摆在一边太久，所以嫌疑人必须赶快拿定主意。这种方法一开始两个人都在场，先让穆特表演。杰夫不说话旁观，偶尔表示不赞同穆特的做法。当穆特离开审讯室时，杰夫便劝嫌疑人配合。"

审讯人有时还会用计谋引诱嫌疑人坦白。这种策略在需要证人指认的情况下比较有效。审讯人可以中断审讯，把嫌疑人和其他几个人放在一起让证人指认。

"证人或受害人（若有必要可以预先排练）一个个地看过来，然后很有信心地指着嫌疑人说就是他。"

这时审讯便可以重新开始，"好像嫌疑人有罪已经毫无疑问了"。这种策略还有一个变种，叫"反向指认"：

"嫌疑人与一群人被指认，但是这次他被几个伪装的证人或受害人指认他犯了另外一项与他无关的罪。于是，嫌疑人会变得绝望，为了撇清错误的不实指控，反而承认了正在被调查的那项罪行。"

工作手册还教警察如何对付那些干脆拒绝讨论案子的嫌疑人，或是要求找律师或家人。这时审讯人必须认输，表示嫌疑人有保持沉默的权利。

---

① 1907 年面世的连环漫画人物，穆特是赛马赌徒，杰夫是精神病院的病人。两人性格迥异。——译者注

"这种认输通常会有很强的釜底抽薪的效果。首先，嫌疑人会觉得意外，因为警察并没有像他预料的那样作出对他不利的反应。其次，警察承认他有保持沉默的权利是一种让步，这会让嫌疑人觉得警察办事还是公正的。"

然而经过这种心理战之后，警察就会告诉嫌疑人，如果他拒绝开口将会有什么对他不利的后果：

"乔，你有保持沉默的权利。这是你的特权。在这个世界上，我是最后一个会剥夺你这种权利的人。如果你想就这么离开，可以。但是我问你，如果我们俩易地而处，你找我来问话，我跟你说，'我不想回答你的任何问题，'你会猜我一定想隐瞒什么，你的猜测很可能是正确的。现在我也正是这么想的，而且所有的人都是这么想的。所以我们最好还是坐下，把这事儿说清楚。"

如果警察表演得好，很少人会继续坚持守口如瓶。

如果嫌疑人希望与律师或家人交谈，下一步就是：

"警察应该建议嫌疑人先把真相告诉警察，而不是把别人扯进来。如果嫌疑人要求咨询律师，警察可以建议嫌疑人为自己和家庭节省律师费，特别是如果他认为自己是清白的。警察可以说：'乔，我只是想知道事情的真相，只要你说真话，那不就行了嘛？你自己就能把这事情搞定。'"

根据上面列举的具有代表性的审讯技巧，工作手册设计的环境和警察的审讯方法便一目了然了。我们概括如下：让嫌疑人单独受审，防止外界干扰，并使他得不到外界的支持。警察对他的有罪充满自信，从而摧毁他抗拒的意志。他所要做的无非就是确认并叙述警察已经知道的一切。耐心和坚持，再加上不间断的审讯。为了让嫌疑人坦白，警察必须"耐心地把自己和问题巧妙地放在一个能够达到预想目的的位置"。如果正常的方法不能奏效，警察可以用欺骗的计谋，如向他提供假的法律建议，重要的是让嫌疑人失去平衡，例如利用他的不安感或他周围的环境。然后警察通过说服、使用诡计或哄骗，让嫌疑人不行使宪法赋予他的权利。

即使不使用暴力、"第三度"或上面所述的计谋，羁押审讯本身对个人自由就有天大的压力，并能利用个人的弱点。

在判决埃斯科贝多案之前，本庭已经审理了三宗类似的案子。在汤森德诉塞恩案中（Townsend v. Sain），被告是一位 19 岁的海洛因瘾君子，可以说是"几乎精神残疾"。在林努恩诉伊利诺伊案中（Lynumn v. Illinois），女被告向逮捕她的警察坦白以表示"合作"，因为她不想警察把她的孩子托管给政府照看。在海恩斯诉华盛顿案中（Haynes v. Washington），本庭推翻了判决，因为被告在审讯时多次要求给他的太太或律师打电话。在其他环境中，这些人也许会行使宪法赋予他们的权利。但是在警察掌控与外界隔绝的环境里，他们屈服了。

在这种背景下，本庭对今天审理的案子主要的担心是审讯的气氛和这种气氛带来的邪恶。在 759 号米兰达诉亚利桑那案（本案）中，警察逮捕了被告，把他带进一间特殊的审讯室，然后得到了被告的坦白。在 760 号维格奈拉诉纽约案（Vignera v. New York）中，被告在下午审讯时向警察坦白，当天晚上被检察官审讯时签署了一份认罪书。在 761 号韦斯特欧佛诉美国案中（Westover v. United States），地方警察连续审问被告，从晚上一直持续到第二天早上，然后把他移交给联邦调查局。两个小时后，联邦警察得到了被告签署的坦白书。最后，在 584 号加利福尼亚诉斯图亚特案（California v. Stuart）中，地方警察将被告羁押在警察局 5 天，其间审讯了他 9 次，终于得到了他的认罪书。

按照传统的观念，我们在这些案件中也许并不能发现被告的陈述是不自愿的。但是我们决不能因此而放松我们的注意力，我们必须确保有足够的防范措施，来保护《宪法第 5 修正案》赋予人民的宝贵权利。在上面的每一宗案件里，被告都是被逼进一个陌生环境，在警察的威胁下被审讯。被告受胁迫的可能性是十分明显的。例如，米兰达案的被告是贫穷的墨西哥裔，有严重的心理障碍，还有明显的性幻想。在斯图亚特案中，被告是贫穷的洛杉矶黑人，六年级就辍学了。当然，从案卷里我们绝对看不出有明显的肉体威胁和心理攻势。而事实上，警察从审讯一开始就没有采取适当的防范措施，以保证被告的陈述确实是他们自由选择的产物。

综上所述，我们很容易看出，在免予自证其罪的特权和警察的羁押审讯之间有密切的关系。现在让我们回顾与自证其罪条款有关的历史和判例，来决定如何处理本案。

第二部分

有时，我们会忘记免予自证其罪特权的源头，为了建立这一特权我们走过漫长道路，为了捍卫这一特权我们付出了不懈的努力。免予自认其罪的特权源远流长，在我们研究其起源和演变过程时，也许最重要的历史事件就是审判约翰·利尔伯恩（John Lilburn），他是一位公开反对斯图亚特王朝的丈量员。1637 年，他被要求在星法院（Star Chamber）宣誓，一旦宣誓，他就必须回答所有的问题。他拒绝宣誓并在法庭上慷慨陈词：

"我争取的另一项基本权利是，任何人的良心都不应该受誓言的折磨，他不应该在刑事案中被强迫回答有关他自己的问题，或是佯装回答那些问题。"

利尔伯恩案审判之后，英国议会废除了宗教裁判的星法院，并慷慨地赔偿了利尔伯恩。他在法庭受审时力争的崇高原则被英国的大众接受。后来，这一原则传到了英国在美国的殖民地，经过艰苦的奋斗，终于被纳入美国的《人权法案》。起草《宪法》和《人权法案》的国父们充分意识到个人的自由受到微妙的侵蚀。他们知道：

"非法和违宪的行为首先是通过对合法程序的无声侵蚀和细微偏离站稳脚跟的。"

特权被上升到宪法高度，而且"涵盖的范围尽可能广泛，以防特权遭到侵害"，我们不能放弃这一崇高的遗产。

因此，我们可以把特权的历史发展过程看成我们对凌驾于公民头上的政府权力范围的探索。特权往往是"超越其起源的崇高原则",我们承认特权是个人的实质性权利,"也是一片私有的领地,我们在领地里私密地生活,这种权利是我们民主的标志"。最近我们指出,免予自证其罪的特权是我们控辩对抗的法律体制的支柱,建立在复杂的价值观之上。所有这些政策都指向一个主题思想:特权之下的基础是政府,无论州政府还是联邦政府,都必须尊重公民的尊严和人格。为了维持"政府和个人之间的公正平衡",政府必须"承担所有的负荷",尊重不可侵犯的人性。政府若想惩罚一个人,我们刑事司法系统的控辩对抗制要求政府必须自己努力独立举证,而不是通过残酷、简单、方便的手段强迫被告,从他的口中掏出口供。总而言之,只有保证被告保持沉默的权利,我们才能落实这种特权,除非被告在没有镣铐束缚的情况下自愿选择开口。

问题是,在整个羁押审讯的过程中,特权是否完全适用。

本庭对特权向来都采取宽松的解释。我们感到满意的是,所有包含在特权里的原则都适用于警察在羁押审讯过程中使用的非正式的强制措施。当一个人从他熟悉的环境被警察逮捕羁押,周围都是敌对力量,警察又采用上述策略说服他坦白,除了被迫开口之外他还有什么选择呢?警察局的环境与世隔绝,警察采用的强制措施,比法庭或其他官方调查的压力更大,因为法庭和官方调查常有中立的旁观者参加,可以防止恐吓或设计陷害。

其实早在70年前,这个问题就在联邦法庭里有了定论。本庭在布兰姆诉美国案(Bram v. United States)中判决:

在美国的法庭里审理刑事案时,当我们遇到非自愿的坦白是否可以采纳为证据的问题,这种争议受《宪法第5修正案》的管辖:第5修正案要求"在刑事案件中,不能强迫任何人当证明自己有罪的证人"。

在布兰姆案中,本庭回顾了英国和美国的历史和案例法,并定下了第5修正案有关强制的标准,今天我们就具体落实这一标准:

"究竟需要多少证据才足以确定坦白是否自愿呢?当我们设法从过去的案例中推断证据的分量时常会产生困惑,这是因为我们有一种误解,认为是否自愿坦白应该视证据本身的内容而定。其实证据规则并非如此,为了让法庭接受一项证据,就必须有足够的证据表明陈述中包含的对话是自愿的,而且还必须有足够的证据表明那段陈述也是自愿的。换言之,这将取决于被告作出陈述的原因,如果被告头脑里对所控罪行的希望或恐惧引起他作出陈述,而如果没有这种影响他便会保持沉默,在这种情况下,法律就会认为有足够的证据表明他是被迫才作出陈述的。"

本庭一直坚持这种推理方法。1924年在宦祥生诉美国案[①](Ziang Sung Wan v. United

---

① 1919年,中国驻美大使馆游美学务处招待所里三个人被谋杀,一位李姓中国学生称当天宦某在华盛顿,警察遂携李某赴纽约找到宦某。一开始,宦某不愿意跟警察到华盛顿,李某称他俩都是嫌疑人,宦某才同意去华盛顿。宦某有病,多次要求警察找弟弟来照顾他,其他弟弟也被带到华盛顿,但是警察不予理睬。经过连续审问,有时甚至通宵达旦,宦某终于在第12天被逼"坦白"。——译者注

States）中，本庭一致同意推翻依靠强迫的坦白对被告作出的有罪判决，布兰戴斯大法官在判决书中指出：

"在联邦法庭，仅证明坦白不是通过许诺或威胁得到的，这还不能满足坦白必须是自愿的要求。在法律上，只有当被告真正自愿坦白，那样的坦白才算是自愿的。即使被告在羁押中被警察审问时坦白了，这种坦白也有可能是自愿的。但是我们必须拒绝强迫得到的坦白，无论强迫是什么形式，也不论是司法程序或其他程序。"

除了特权的历史发展和有利于特权演变的合理政策之外，司法判例清楚地确立特权适用于与外界隔绝的审讯。政府在 761 号韦斯特欧佛诉美国案中也承认这一既成事实：

"我们并不怀疑，嫌疑人在羁押期间被警察审问时，《宪法第 5 修正案》赋予他的权利可能被侵犯了。"

因为国会通过了《联邦刑事诉讼规则》第 5（a）条，本庭在麦克纳博诉美国（McNabb v. U.S.）和麦罗瑞诉美国（Mallory v. U.S.）两案中有效地运用了这一规则，所以我们在过去四分之一个世纪中很少遇到有关联邦审讯的宪法争议。这些监督性的规则要求警察"不得拖延"将被捕的人交给行政长官，并排除违反上述规则得到的任何证据。这些规则是根据第 5 修正案制定的，现在这些同样的考虑将面临各州的政府。本庭在麦克纳博和麦罗瑞两案中承认了审讯的危险性和预防措施的正确性。

我们在判决麦劳埃诉何根（Malloy v. Hogan）案时，也检验了在州法庭案件中特权涵盖的范围。我们明确地判决同样的特权也适用于各州，而且特权的实质性标准应该全面地运用于州法庭的诉讼。因此，我们在若干案件中运用了当时的第 5 修正案标准。除了判决之外，麦劳埃的推理方法明确指出，至于坦白是否能够在州法庭案件中呈堂作证，有关的实质性和程序上的防范措施已经变得十分明确，反映了特权包含的所有政策。麦劳埃案显示，州法庭案件里有关自愿的教义涉及所有的审讯方法，警察对个人施加的压力如此巨大，乃至他失去了自由和理性的选择能力。特权被运用于州法庭的麦劳埃案一个星期后，本庭判决了埃斯科贝多案。

在埃斯科贝多案的判决书中，本庭强调了警察在审讯开始时没有告知被告宪法赋予他保持沉默的特权，并在判决书中数次强调这一事实。这并不是一个孤立的因素，而是判决书的要点。就如今天所有的案件一样，警察审讯的切入点是将被告置于一种精神状态，使他失去理性的判断能力。被告并非自愿或明智地放弃宪法赋予他的特权而选择对警察开口，因为他已经无法了解他有什么权利。导致被告开口的是羁押审讯的强制气氛，而不是他本人独立的决定。

埃斯科贝多案的另一个要点是，审讯过程中没有律师在场。就像本案一样，我们在埃斯科贝多案中寻求一种保护机制来消除羁押审讯的强制气氛。然而在埃斯科贝多案中，警察没有让被告放松焦虑，因为那是他们在审讯室里故意营造的气氛。反之，他们拒绝他请律师协助的要求，更使他处于两难的境地，最终被迫作出有罪陈述。因为被告要求律师被拒，降低了他行使特权的能力。如果有律师在场，他既可以保持沉默，也可以选择在不受威胁的情况下开口，无论威胁是明目张胆的还是含蓄的。我们今天面临的所有案件中，律师在场将是足够的保护机制，能使警察在羁押审讯过程中尊重被告的特权。律师在场将能保证被告在政府掌控的环境中作出的陈述不是强迫的产物。

在这一背景下，埃斯科贝多案阐述了庭审前被告特权的另一个方面，本庭先前在若干判决中已经提到：保护庭审时的权利。在审讯过程中如果有律师在场，得到的陈述显然能够增强法庭上听证的公正性。有律师在场提醒，便能消除环境压力造成的恐惧，让被告作出有效的陈述，并排除审讯过程中的邪恶。如果没有律师足够的提醒和保护，"无论对被告还是证人来说，所有精心设置的防范措施将变成空洞的形式，警察不受监管便能得到最确凿的罪证，那就是被告自己的坦白"。

第三部分

毫无疑问，今天在刑事诉讼之外同样也有第 5 修正案的特权保护所有人的自由，使人们不被强迫自证其罪。如果没有适当的防范措施，羁押审讯嫌疑人的过程注定包含了强迫性压力，削弱个人的抵抗意志力，榨取他在自由情况下不会作出的陈述。为了抵御这些压力，并让被告有充分机会行使免予自证其罪的特权，被告必须能充分、有效地了解他有什么权利，而且能行使那些权利。

我们无法预料国会或州议会在创造性的立法过程中将会通过什么其他保护特权的法规。因此，我们无法说宪法要求我们必须坚持任何具体的办法，来解决目前审讯程序中固有的强迫性。我们的判决既不是创造一种宪法的约束来妨碍改革的努力，也不希望产生那样的效果。我们鼓励国会和州议会继续探索更有效的保护个人权利的方法，同时促进刑事执法的效率。然而，除非其他的程序至少能够同样有效地让被告了解他有保持沉默的权利，并保证他随时都有机会行使他的权利，我们仍然必须遵守以下的防范措施。

在羁押审讯开始之前，警察首先必须清楚、毫不含糊地告诉嫌疑人他有保持沉默的权利。如果嫌疑人原来不知道这项特权，警察必须提醒并让他知道。这是让嫌疑人能明智的决定是否行使特权最起码的要求。更重要的是，这种警示是绝对的前提，以克服审讯环境中固有的压力。除了亚正常或无可救药的弱智人士之外，正常的人同样也会屈服于审讯者暗示或明示的咒语。例如，如果被告不坦白，审讯将会一直继续下去，或者面临指控还保持沉默本身就表示有罪，以及如果我们告诉陪审团你保持沉默那将对你很不利。此外，审讯前的警示将向嫌疑人表明，如果他选择保持沉默，警察将会认可他的特权。

第 5 修正案对我们以宪法治国的体制如此重要，而提醒嫌疑人他有保持沉默的特权又是如此简单，我们不禁要问，如果我们不提醒被告，他是否知道有这种权利呢？如果我们根据被告的年龄、受教育程度、智商或过去是否与执法部门打过交道来评估他是否了解他有保持沉默的权利，那将是不能再主观的臆测，因为警示才是无可争辩的事实。

更重要的是，无论被审讯人的背景如何，在审讯开始前的警示不可或缺，既可以克服压力，也可以保证他自由地行使他的特权。

提醒被告他有权保持沉默的同时，警察还必须向他解释，他说的任何话将可能在法庭上被用作对他不利的证据。这一警示的目的是既让他知道自己的特权，也让他知道放弃特权可能产生的后果。只有当被告了解了这些后果之后，才能保证被告真正地理解并明智地行使其特权。此外，警示还可以让被告更清楚地了解他面临控辩对抗的第一阶段，他面前的人并不完全是代表他的利益。

即使警察已经提醒被告有什么权利，羁押审讯的环境也能很快压倒他的意志。因此，审讯时让律师在场也是不可或缺的，以保护被告能够在我们今天所述的系统中行使第5修正案赋予他的特权。我们的目的是在整个审讯过程中保证被告能够毫无拘束地选择行使沉默还是开口的权利。如果警察只提醒被告一次，然后还是由他来审讯，这对最需要了解他权利的被告来说还是不够的。仅由审讯者提醒还不足以达到那个目的。连检察官自己都承认，如果除了保持沉默的警示之外没有任何其他的措施，"那将只能使屡教不改的重犯和职业罪犯受益"。即使被告自己聘请的律师提醒他有保持沉默的权利，这种警示也还是很快会被秘密审讯的过程所压倒。所以为了保护第5修正案的特权，被告不仅需要在被审讯之前咨询律师，如果他要求的话，审讯过程中还应该有律师在场。

律师在审讯现场还能起若干重要的附带作用。如果被告决定开口，律师的协助可以减轻他对警察的不信任。警察在律师面前威胁被告的可能性会降低，假如警察还是威胁被告，律师就可以在法庭上作证。律师在场还能保证被告对警察的陈述被准确无误地记录下来，而且检察官在庭审时将准确无误地呈交给法庭。

被告并不需要在审讯之前要求律师。即使他一开始没有要求律师，也并不构成他放弃要求律师的权利。除非警察已经根据上述的警示提醒被告，我们便不能承认被告有效地放弃了要求律师的权利。如果被告因为不知道自己的权利而没有要求律师，那样的被告就正是最需要律师的。加利福尼亚最高法庭恰如其分地指出：

"最后我们必须承认，如果我们强行规定被告必须主动要求律师，就相当于歧视那些不知道自己还有那种权利的被告。不要求律师的被告恰恰就是最需要律师的被告。如果被告不知道宪法赋予他的权利，不正式要求律师而显得无助，我们不能因此而惩罚他。如果我们要求他主动请求律师协助，那就相当于我们偏爱那些因为有教养或地位而主动要求律师的被告。"

我们在卡恩利诉考克然（Carnley v. Cochran）一案中指出：

"律师的协助是宪法要求的，被告得到律师的权利并不取决于他是否要求律师，这一点已成定论。"

以上的论述同样也适用于被告面临审讯时提供律师保护是第5修正案赋予他的权利。尽管律师在庭审和审讯时起的作用是不一样的，这种区别与被告是否必须主动要求律师无关。

因此我们认为，羁押审讯前警察必须清楚地告诉被告他有权咨询律师，并在审讯过程中要求有律师在场，以保护他在司法系统中的特权。至于提醒被告有保持沉默的权利以及他说的任何话将可能被用来作对他不利的证据，这种警示是审讯的绝对要求。任何间接证据说明被告可能知道他有那样的权利都不足以代替明确的警示。只有通过这种警示才能确保被告知道这种权利。

如果一个人在审讯开始前表示他希望有律师协助，警察不得因为他没有律师或请不起私人律师而无视或拒绝他的要求。个人的经济能力跟他享有权利的范围没有关系。宪法保证的免予自证其罪的特权对每个人都是一样的。无论穷人还是富人，都需要律师来保护他的特权。如果只有能够请得起律师的人才能享受这些宪法的权利，那我们今天的判决就没有多大意义了。今天的案子和我们过去判过的绝大多数有关坦白的案子都涉及那些请不起律师的人。尽管当局并没有扶贫的义务，但政府有义务不让贫穷影响司法的公正。如果在审讯过程中政府拒绝向穷人提供律师，而允许有财力的人聘请律师，无论从情理上还是逻辑上，都跟在庭审时拒绝向穷人提供律师是一样的，因为没有律师而得到的有罪判决，在上诉时也会被推翻。

为了让在这套系统下被审讯的被告充分理解他的权利，我们不仅要提醒他有咨询律师的权利，如果他是穷人，我们还要告诉他政府可以委派律师代表他。如果没有这附加的提醒，先前告诉他有咨询律师的权利很可能被理解为，如果他有律师或有财力聘请律师，才可以咨询律师。贫穷的人常常会被警察审讯，如果不具体地告诉他，尽管他贫穷，审讯时也可以要求律师在场，而仅提醒他有咨询律师的权利，那种警示便成了空洞的。只有明确有效地向贫穷的被告解释他有保持沉默和要求律师的权利，才能真正保证他能行使那些权利。

警示之后，下面的程序就清楚了。如果被告在审讯之前或审讯过程中任何时候用任何方式表示他希望保持沉默，审讯就必须停止。这时，他已经表示他要行使第 5 修正案赋予他的特权，此后得到的任何陈述都将是强迫的产物。如果被告行使其保持沉默的特权后没有要求终止审讯的权利，羁押审讯的环境将抵消被告的陈述会是自由选择陈述的可能。如果被告说他需要律师，审讯也必须停止，直至律师到场。被告必须有机会与律师讨论，并在其后审讯时要求律师在场。如果被告还没聘请到律师，但是表示他必须有律师才会打破沉默，警察就必须尊重他保持沉默的权利。

这并非像有人所建议的那样，每个警察局都必须有一个"常驻律师"随时向被羁押人士提供咨询。然而这表示如果警察想审讯一个人，就必须告诉他有权请律师，如果他请不起的话，审讯前政府将为他提供一位律师。如果实地调查正在进行，而当局认为在一段合理的时间内不会向被告提供律师，只要在那段时间里不审讯被告，政府可以暂时不提供律师而不侵犯第 5 修正案赋予被告的权利。

如果律师不在场，而警察继续审讯得到被告的口供，政府就必须承担沉重的举证责任，证明被告自愿且明智地放弃了免予自证其罪的特权及聘请或得到政府委派律师的权利。本庭对放弃宪法权利向来采取很高的举证标准，而且反复强调这些标准也适用于羁押审讯。因为州政府有责任说清与外界隔绝的审讯的情况，而且只有政府才能提供警察在隔离审讯时警告了被告的证据，所以举证的责任落在政府的肩上。

如果个人明确宣布愿意作出陈述，并宣布不需要律师，紧接着便作出一份陈述，这可以构成放弃权利。但是我们并不能仅因为警察警示之后被告沉默不语，或是仅因为被告最后还是坦白了，便假设他有效地放弃了他保持沉默的权利。我们在卡恩雷案中的观点也适用于本案：

"我们不允许根据无声的卷宗假设被告放弃权利。卷宗、主张或证据必须显示，警方已经向被告表示可以提供律师，虽然被告完全理解，却明智地回绝了警察的一番好意。少于上述的证据便不能证明被告放弃了他的权利。"此外，如果审讯是在羁押时进行的，在被告要求行使保持沉默的特权之前，即使他已经回答了一些问题或提供了一些信息，也并不能表明他已经放弃了特权。

无论当局如何作证声称被告放弃了他的权利，若被告在陈述前被长时间隔离审讯，这一事实便能强有力地证明他并没有放弃他的权利。在这些情况下，被告最终还是作了陈述这一事实只能使我们得出一个结论，那就是他在强迫审讯的影响下终于被迫作了陈述。因此，任何自愿放弃特权的说法都是不符合事实的。此外，任何显示被告受到威胁、诱骗或哄骗而放弃特权的证据，当然都可以用来证明被告并没有自愿地放弃他的特权。要求警示后放弃权利是第5修正案的基础，而不仅仅是现行审讯方法的开场白仪式。

在没有其他同样有效替代方法的情况下，根据我们今天的判决要求警示后才放弃特权是法庭能否接受被告的陈述为证据的前提。无论被告的陈述是直接坦白，还是相当于部分或全部"承认"罪行，这两者之间并没有什么区别。免予自证其罪的特权保护个人不以任何形式证明自己有罪，认罪到什么程度并没有什么区别。因为完全同样的原因，无论是有罪陈述，抑或据称是"无罪"陈述，这两者之间也没有什么区别。如果一段陈述真正是证明被告无罪，检察官是绝对不可能用来作证的。事实上，那些证明被告无罪的陈述，常被检察官用来质疑被告在法庭上的证词，以显示被告在审讯时所作的陈述是虚假的，从而暗示被告是有罪的。如果无罪陈述的字里行间有任何认罪的意思，无罪陈述便不能使用，除非其他陈述充分满足了警示后有效地放弃权利的所有要求。在埃斯科贝多案中，被告希望通过指控别人是凶手来为自己脱罪。

我们今天宣布的原则有关保护被告免予自证其罪的特权，当他被警察羁押或用其他方法剥夺自由，审讯之前警察必须告诉他有这样的特权。我们的控辩对抗制是从这个时间点开始的，这与其他国家承认的纠问制不同。根据今天阐述的警示系统，或是任何其他有效的系统，我们必须在这个时间点就采取防范措施保护被告的特权。

我们的判决并非用来妨碍警察调查犯罪时采用的传统方法。当一个人因合理怀疑被羁押，警察当然可以在实地寻找证据，供法庭审判时用。这种调查可能包括并没有被羁押的人。询问犯罪现场周围的民众不受我们今天判决的影响。公民们有责任把他们知道的信息告诉司法人员协助办案。在那种情况下，羁押审讯固有的强制气氛并不存在。

在处理通过审讯得到的陈述时，我们并不认为所有的坦白都不能呈堂作证。使用坦白仍是正当的办案方法之一。任何自由、自愿且不受强制的陈述当然可以被接受为证据。当一个人被羁押时，重要的并不是他在没有警示和律师的情况下是否可以与警察交谈，而是警察是否可以审讯他。当一个人自己走进警察局要求坦白罪行时，我们并不要求警察阻止他坦白，或是他打电话给警察坦白或作其他陈述。第 5 修正案并不禁止其他任何自愿的陈述，而且我们今天的判决并不影响将自愿陈述呈堂作证。

简言之，我们认为一个人被当局羁押或剥夺行动自由后再被审讯，他免予自证其罪的特权将会被侵犯。我们必须采取程序上的防范措施或其他充分有效的手段来保护他的特权，告诉他有保持沉默的权利，并将会一丝不苟地尊重他行使权利，具体措施如下：审讯前必须提醒被告他有保持沉默的权利，他说的任何话将可能在法庭上被用来做对他不利的证据，他可以要求律师在场，如果他请不起律师，政府可以委派一位律师在审讯前到场。在审讯的全过程中，被告任何时候都可以行使这些权利。警示被告并给他行使权利的机会之后，他可以自愿明智地放弃这些权利，并同意回答问题或作出陈述。检察官必须在法庭上证明警示和弃权，否则通过审讯得到的任何证据都不能在法庭上用来证明被告有罪。

第四部分

此类案件中反复有人主张，审讯对社会的重要性超过被告的特权。这种论点对本庭并不陌生。我们上述讨论的要点是，当个人在政府权力的面前，宪法赋予个人权利，并在第 5 修正案里规定个人不能被强迫当证人指控自己有罪。这种权利是不可以被剥夺的。正如布兰戴斯大法官指出的那样：

"道德、安全和自由都要求政府官员与公民遵守同样的行为准则。在一个法治政府里，如果政府不严格遵守法律，政府的存在就会受到威胁。我们的政府就是一个强大且无处不在的老师。无论好坏，政府用自己的榜样教育全体人民。犯罪是有传染性的。如果政府变成立法机构，那将会导致藐视法律，并邀请每个人制定自己的法律，那将造成无政府主义。我们宣布，在刑事司法中，如果用目的来决定手段，那将遭受可怕的报应。本庭必须坚决反对那种有害的教义。"

有关这一点，我们国家最伟大的法学家之一指出，"一个国家的文明，可以从其刑事执法所采用的方法来衡量"。

如果个人想行使他的特权，他应该有权利那样做。这不是当局可以决定的。律师可以不让他的客户与警察谈话，以便他有机会调查案件，或是警察审讯客户时他能在场。律师这么做无非是运用老师教他的知识作出专业判断，我们没有道理认为律师对执法人员造成了威胁，他仅仅是在做他宣誓要做的事情，尽最大能力保护他客户的权利。

根据宪法，尽职的律师在刑事司法过程中的作用至关重要。

当我们宣布这些原则时，我们并没有忘记警察在艰难的条件下肩负的责任。我们也充分认识到所有公民都有义务协助刑事执法。在保护个人权利的同时，本庭对执法部门依法行使职权总是给予宽松的酌情权。我们对审讯过程的限制并不构成对执法系统的过分干预。我们的判决并没有不让警察进行传统的调查。尽管坦白在定罪时起很大的作用，我们面临的案子是过分强调"需要"坦白的生动例子。在每个案子里，尽管使用正规的调查方法已经掌握了每位被告可观的罪证，警察还是对被告们连续审讯，最多的长达 5 天之久。

还有人极力主张警察应该有权不受限制地羁押审讯嫌疑人，并称那样往往会对嫌疑人更有利。据说当警察觉得没有理由相信某人犯了罪，他被释放之后就无需再经过正式的程序了。然而，如果一个人没有犯罪，如果对他警示并有律师在场，他应该能够更好地证明自己的清白。在那种情况下，想必律师会鼓励他的客户畅所欲言来证明自己无罪。

对比之下，羁押审讯并不一定能给清白的人证明自己无罪的机会。有人居然说现行审讯方法的一个严重的后果是对清白的人有好处，因为警察逮捕大批无辜的人，将他们羁押并审讯是为了"调查"。在我们目前审理的第 584 号加利福尼亚诉斯图亚特案中，因为警察抓捕被告时有 4 个人在被告家中，警察也把他们抓捕并羁押了 5 天，一直到被告坦白他们才被释放。警察说"没有证据显示他们涉案"。统计资料显示，这 4 个人经历的情形并非个案，他们在没有合理怀疑的情况下被捕、被长时间关押，并被审讯。

若干年来，联邦调查局编了一套有效的模范执法手册。在面谈之前，告诉嫌疑人或被捕的人他可以不作陈述，他的陈述可能在法庭上被用来证明他有罪，他可以聘请自己选择的律师，如果请不起律师，他有权要求提供免费的律师。司法部副部长在回答本庭问题的信中清楚地表明，联邦调查局目前遵循的警示和尊重个人权利的做法符合本庭今天阐述的程序，信中说：

"在辩论以上问题时，福塔斯大法官问我是否能提供有关联邦调查局遵循的业务实践的信息。我把这些问题转给联邦调查局局长。现在敬呈我们收到回答。"

"（1）当本局探员与个人面谈时，给过他什么警示？"

"多年来，联邦调查局探员给嫌疑人或被捕人士的标准警示是，他有保持沉默和要求律师的权利。如果他说了什么，他的陈述可以在法庭上用来证明他有罪。"

"1964 年刑事审判法案规定，如果联邦刑事案的被告请不起律师，联邦政府可以向他提供免费律师，此后我们便为探员加了一条指示。任何人在联邦调查局管辖权之下被捕，或是面谈之后有可能被捕，我们还必须告诉他，即使他请不起律师，也有得到免费律师的权利，法官将会委派免费律师。同时我们还加上了他可以自己选择律师，也可以跟他希望的任何人交谈。"

"（2）什么时候警示？"

"在面谈开始之前就必须警示，也可以在嫌疑人被捕之后尽快警示。无论如何，如果我们希望嫌疑人坦白承认犯罪，就必须在面谈前警示。"

"（3）如果（a）嫌疑人要求聘请律师，然后（b）律师到场了，此时联邦调查局探员将如何处理？"

"我们提醒他有请求律师的权利之后，如果他决定要咨询律师后才开口，此时面谈就必须停止。但是除了嫌疑人是否有罪之外，其他的话题可以继续。如果他对是否需要律师犹豫不决，嫌疑人是否已经放弃要求律师的权利便成了问题。这种情况将由面谈的探员自行判断。在西岚诉美国案（Hiram v. U.S.）中，探员判断嫌疑人放弃了请求律师的权利，法庭认为他的判断是正确的。"

"如果被约谈的嫌疑人希望在电话里咨询律师，我们必须允许。如果律师到场，他可以与律师私下交谈。"

"（4）如果嫌疑人要求律师，但是又请不起律师，贵局将如何处理？"

"我们提醒他有权请求律师之后，如果他想咨询律师后再继续，如上所述，此时面谈将停止。探员无权决定嫌疑人是否请得起律师。但是探员必须告诉已经被捕的嫌疑人或面谈后可能被捕的嫌疑人，如果他请不起律师，他有权得到免费的律师。具体的律师将由法官来委派。"

州和地方的执法机构可以仿效联邦调查局的做法。有人辩称，联邦调查局处理的刑事案件与各州处理的刑事案件不同，这种不同并不能降低联邦调查局经验的重要性。

某些国家的经验显示，有人担忧对警察审讯加以限制不利于执法，但是这种担忧被夸大了。从1912年开始，英国的法官规则程序法就很重要，最近又被加强。法官规则要求警察一旦发现合理怀疑的证据，便必须对嫌疑人警示。此外，嫌疑人的任何陈述都不是回答警察的问题而作出的。

法官规则还确认，嫌疑人被审讯时有权咨询律师。

苏格兰法律的防范措施比英国更为健全。苏格兰司法判决禁止使用绝大部分通过警察审讯得到的坦白。1872年印度还在使用英国法律，那时的证据规则便禁止使用警察得到的坦白，除非坦白时有地方法官在场。1895年锡兰的证据法中关于坦白的条款与印度的完全相同。同样在我国，《军法审判统一法典》早就规定审讯前必须提醒嫌疑人有保持沉默的权利，他的任何陈述可能被用来证明他有罪。军事法庭也禁止拒绝嫌疑人被审讯时咨询律师的权利。在那些司法管辖区域里，上述防范措施并未明显地妨碍刑事执法。我国的执法条件与上述的管辖区域足够相似，提醒嫌疑人有什么权利，并允许他行使那些权利，并不会使我国变得无法无天。此外，我们的司法系统应该像上述管辖区一样，至少保护相同的权利。我国权利的基础是《宪法第 5 修正案》，而其他管辖区的司法原则并没有具体的定义。

有人敦促我们对此争议暂缓判决，等州立法机构和顾问团体有机会通过立法来解决这些问题。我们已经指出，为了在羁押审讯中保护免予自证其罪的特权，宪法并不要求我们通过任何具体的程序法规。国会和州议会可以各自制订保护特权的防范措施，只要跟上面所述的一样有效即可，包括告诉被告有保持沉默的权利，并给他持续行使权利的机会。然而，我们面临的争议有关宪法，就必须由法庭来决定。如果警察可能侵犯了宪法赋予被告的权利而得到他的陈述，有关这种陈述能否呈堂作证的争议向来是由法庭来解决的。几十年来，通过司法解决有关宪法的问题不断进化。面对保护宪法权利的需求，法庭已经找到了解决的办法。审理埃斯科贝尔案的责任落在我们肩上，今天审理本案的责任同样也落在我们肩上。只要涉及宪法保护的权利，制订规则和立法都不能取代法庭。

第五部分

鉴于问题的性质，并因为其重要性在许多案件中反复出现，我们讨论了第 5 修正案特权和警察审讯之间的关系，而并没有把我们的目光集中在具体的案情。现在我们把注意力转向案件的事实，考虑如何将上面讨论的宪法原则运用到具体的案件中去。在每一个案件中，我们都认为警察是在不符合宪法保护特权的标准的情况下获得了被告的陈述。

第 759 号案，米兰达诉亚利桑那。

1963 年 3 月 13 日，请愿人俄奈斯托·米兰达在家被捕，然后被关押在凤凰城的警察局。他在警察局被报警的证人指认，警察随后把他带进侦探局的"2 号审讯室"，并被两名警察审讯。那两位警察在法庭上承认，当时并没有告诉他有要求律师在场的权利。两小时之后，那两位警察获得了一份米兰达签署的书面坦白。在坦白书的上面有一个打字的段落，称坦白是自愿的，没有威胁或承诺豁免权，而且"充分知道我的法律权利，并理解我所做的任何陈述可能被用来证明我有罪"。

在有陪审团审判的法庭上，尽管律师反对，米兰达的书面坦白还是被法庭接受为证据，而且两位警察作证说米兰达在审讯过程中还口头坦白了。于是，米兰达被判犯绑架和强奸罪，每一项罪名是 20 至 30 年监禁，二罪并罚同时服刑。上诉时，亚利桑那最高法庭认为警察获得坦白并未侵犯他的宪法权利，故维持原判。判决时法庭反复强调米兰达并没有特别要求聘请律师。

我们推翻原判。根据警察的证词和请愿人的坦白，米兰达显然并不知道他有权咨询律师并可以要求审讯时律师在场，此外警察也没有用任何方法有效地保护他不被强迫自证其罪的权利。在没有警示的情况下，他的陈述不能呈堂作证。仅凭他签署的陈述上有一个打字的段落说他"完全知道"他的"法律权利"这一事实，并不能满足宪法规定的自愿和明智地放弃权利的要求。

第 760 号案，维格奈拉诉纽约。

1960 年 10 月 14 日，请愿人维格奈拉因涉嫌 3 天前抢劫布鲁克林的一家服装店被警察逮捕。他被带到曼哈顿的第 17 侦探组总部，然后又被带到第 66 侦探组接受审讯。维格奈拉对侦探口头承认他抢劫了服装店。在法庭上，被告律师交叉询问那位侦探在审讯之前是否警示过维格奈拉他有聘请律师的权利。检察官反对辩护律师的问题，法官裁定反对成立，因此辩方便不能证明警察没有警示被告。维格奈拉在第 66 侦探组被服装商店的店主和售货员指认就是他抢劫的，下午 3 点他正式被捕，然后警察将他带到布鲁克林第 70 警察分局"羁押"。半夜 11 点钟，一位助理检察官当着速记员的面再次审讯维格奈拉，速记员将问题和维格奈拉的答案记录下来。在这份一字不漏地审讯记录中，检察官没有对维格奈拉做任何警示。维格奈拉被控一级抢劫罪，那位侦探在法庭上作证，提到了他的口供。那份审讯记录也呈交法庭作为证据。作证结束后，审判庭的法官对陪审团作了如下指示：

"法律并没有说因为警察没有告诉被告他有什么权利，于是他的坦白就变成无效了。你们听见我说什么了吗？我正在告诉你们纽约的法律是什么样的。"

维格奈拉被判犯有一级抢劫罪。然后他被定为三次重犯，被判 30 至 60 年监禁。纽约第二上诉庭维持原判，但没有发布判决书。纽约州政府在上诉时辩称，宪法并没有授予维格奈拉可以有律师在场的权利，以及免予自证其罪的权利。

我们推翻原判。以上事实表明在审讯前，侦探和助理检察官并没有警示维格奈拉有什么权利，也没有采取任何其他措施保护这些权利。因此他并不了解第 5 修正案赋予他的特权，也不知道他可以要求有律师在场的权利，所以他的坦白不能呈堂作证。

第 761 号案，韦斯特欧佛诉美国。

1963 年 3 月 20 日晚约 9 点 45 分，请愿人卡尔·卡尔文·韦斯特欧佛因为涉嫌抢劫，被堪萨斯城的警察逮捕。警察还接到一份联邦调查局的报告，他因在加利福尼亚州的一项重罪被通缉。他被带到当地警察局被指认，大约 11 点 45 分被收监。当天夜里，堪萨斯城的警察审问了韦斯特欧佛，他否认任何犯罪活动。次日，警察再次审问了他整个上午。中午前，警察通知联邦调查局他们审问完了，让联邦调查局继续审问他。卷宗里没有任何迹象表明，当地警察曾警示过韦斯特欧佛他有什么权利。中午，三位联邦调查局的探员在堪萨斯城警察局的一间私密的审讯室继续审问韦斯特欧佛，这次是有关加利福尼亚萨克拉门托储蓄信贷社的一起抢劫案。两个半小时后，韦斯特欧佛签署了两份坦白书，承认两项罪行都是他犯的。那两份坦白书是联邦调查局的一位探员在审讯时记录的。审判时有一位探员出庭作证，在两份坦白书上都有一个段落，说探员们告诉韦斯特欧佛他可以保持沉默，他说的任何话都可能成为对他不利的证据，他有权咨询律师。

我们推翻原判。根据本案的事实，我们看不出韦斯特欧佛在作出陈述之前自愿、明智地放弃了保持沉默的权利和咨询律师的权利。当联邦调查局开始审讯韦斯特欧佛时，他已经被关押了 14 个小时，而且被长时间审讯。堪萨斯城警察局和当地警察总部的警察刚审讯完韦斯特欧佛，联邦调查局便立即开始继续审讯他。尽管两组执法人员在法律上是各自独立的，他们各自审讯的罪行也是不同的，但对韦斯特欧佛来说，那是一场不间断的审讯。卷宗里既没有证据显示联邦调查局在审讯前警示过韦斯特欧佛，也没有证据显示联邦调查局开始审讯后韦斯特欧佛明确地表示他放弃了权利。记录仅显示当地警察审讯被告后将其移交给联邦调查局，然后被告很快就坦白了。尽管联邦调查局的探员在审讯前警示过韦斯特欧佛，但是对他而言，警示是在审讯结束之后。在这些情况下，我们不能假定韦斯特欧佛明智地放弃了宪法赋予他的权利。

我们的意思并不是说，如果被告被一个执法部门关押了一段时间，并不予警示就审讯他，此后另一个执法部门就不能再审讯他了。如果第二个执法部门抓捕被告，在不同的时间把它关押在不同的地点，然后充分地告诉他有什么权利，并给他行使权利的机会，那就不同了。但在此案中，州警察审问完被告后，联邦调查局立即在同一个警察局里继续审问被告，两场审讯都在同一个强制的环境里。因此，联邦探员之所以能够得到韦斯特欧佛的坦白，其实是得益于地方警察对他羁押审讯时施加的压力。根据这些情况，仅向韦斯特欧佛提供警示还不足以保护他的特权。

第 584 号案，加利福尼亚诉斯图亚特。

在一系列抢手提包案件中，一位受害人因为伤重死亡，在调查过程中，洛杉矶警方接到举报，其中一起案件中被抢的一张支票上有请愿人罗伊·阿伦·斯图亚特的背书。1963 年 1 月 31 日晚 7 点 15 分，警察在斯图亚特家中将其抓捕。其中一名警察问斯图亚特是否可以搜查他的房子，他回答"搜吧"。搜查结果发现一些从 5 位受害人处抢来的财物。逮捕斯图亚特时，警察还逮捕了他的妻子和他家的 3 位客人。这 4 个人和斯图亚特被关押在一起并被审问。斯图亚特被带到洛杉矶大学的警察署。随后 5 天里，警察共审问斯图亚特 9 次。除了第一次审讯时有一位控诉他的证人在场，其余 8 次他都是单独面对警察。

第 9 次审讯中，斯图亚特终于承认他抢劫了那位死去的受害人，但是他并没有想伤害她。然后警察将他第一次带到法庭。因为警察没有关于其他 4 个人的证据，便将他们释放了。

卷宗里没有具体证据显示斯图亚特被警示他有保持沉默和要求律师的权利。审问他的警察若干次要求他复述审讯时说的每一件事，但是警察从来没有一次提到他曾告诉过斯图亚特有什么权利。

斯图亚特被控绑架、抢劫、强奸和谋杀。庭审时，第一次和最后一次的审讯记录被呈堂作证。陪审团判决他犯了抢劫和一级谋杀罪，并判处他死刑。上诉时，加利福尼亚最高法庭推翻原判。上诉庭认为根据埃斯科贝多案的判例，斯图亚特应该被告知他有保持沉默和要求律师的权利。法庭不能根据无声的卷宗假定警察告知了那些权利。

我们维持上诉庭的判决。处理羁押审讯的案件时，如果没有任何记录显示警察警示了被告或是采取了其他有效方法，我们不能假定被告免予自证其罪的特权得到了充分的保护。我们也不能根据无声的记录假定被告放弃了他的权利。此外，斯图亚特在连续 5 天的 9 次审讯中，8 次坚决否认犯罪，我们对此唯一的解读就是，他在连续不断审讯下被迫放弃了第 5 修正案赋予他的特权。

因此，根据上述事实，我们推翻亚利桑那最高法庭第 759 号案、纽约上诉法庭第 760 号案、联邦第 9 上诉庭第 761 号案的原判，维持加利福尼亚最高法庭第 584 号案的原判。

此令。

克拉克大法官反对第 759 号、第 760 号和第 761 号案的判决，同意 584 号案的判决。

很遗憾我必须发表对这些案子的看法。然而我不能加入多数，因为他们的判决太过分，理由太不充分，而反对多数派的兄弟们① 又太保守。我也不同意本庭批评警察和调查机构羁押审讯的方法。我认为他们所说的"警察工作手册"仅仅是在这一领域里的教授和警察写的。记录显示，没有一本是任何警察局的官方手册，更不是通用的破案手册。此外，在每年成千上万的案件里，本庭提到的警察暴力仅是少数的例外。从所有市、州的警察局到联邦调查局，都负责我们国家的执法和公共安全。我为他们的努力感到骄傲，我认为本庭的判决对他们的描绘有欠公正。

第一部分

在这些案子里多数法官的武断结论是缺乏根据的。本庭承认"按照传统的观念，我们在这些案件中也许并不能发现被告的陈述是不自愿的"。除了被告有权咨询律师，以及警察必须警示他有权保持沉默，他说的任何话都有可能成为对他不利的证据之外，本庭又增加了一些东西。现在本庭制定了一条宪法规则，警察在羁押审讯之前还必须告诉被告根据第 5 修正案，审讯时他有权让律师在场，如果他请不起律师，政府会为他提供。在审讯过程中任何时候，如果被告明确或暗示他将行使保持沉默的权利，或是要求律师，审讯就必须停止或延期。本庭还判决如果警察未能遵守新的程序，任何陈述和根据陈述发现的证据都将被无情地排除。对破案的中枢神经注射如此严格的具体要求，很

---

① 当时美国最高法庭还没有女法官。——译者注

可能将病人置于死地。

因为我们缺乏信息，而且几乎没有跟多数法官宣布的要求有可比性的任何实际操作经验，我将保持谨慎以免过分。

第二部分

人们向来认为羁押审讯"无疑是有效执法的重要工具"。承认这一事实可以防止我们制定教条主义的规则。尤其是本庭认为"宪法命令我们"如此判决，我们就更应该防止教条主义，因为从霍普特诉犹他案（Hopt v. Utah）到海恩斯诉华盛顿案（Haynes v. Washington）等一系列过去的判例与本案的判决完全相反。甚至在埃斯科贝多案中，本庭都没有迹象表明肯定的"弃权"是审讯的先决条件，证明弃权的责任在于检察官，在没有弃权的情况下审讯必须要求律师在场，被告可以任意收回放弃的权利，在指控阶段如果被告请不起律师便必须由政府提供，或是承认和脱罪的陈述都属于"坦白"。如果一下子要求所有这一切，本庭将会被案件噎住。

哥德伯格大法官是埃斯科贝多案判决书的作者，他在海恩斯诉华盛顿案中说，"证明非自愿认罪取决于所有的间接证据"，这是今天之前的证据规则。他认为：

"当然，侦查和破案是一项困难而艰辛的任务，需要所有肩负执法责任的警察的决心和毅力。当然我们的意思并非所有的审讯都是不允许的，审讯无疑是有效执法的重要工具。有的警察行为是正确和许可的，有些技巧和方法是违反正当程序的，这两者之间的界线是很模糊的。尤其是今天判决的案子，我们必须判断心理威胁的压力和诱惑对被告的精神和意志有什么效果。根据以上的事实，我们只能得出一个结论，本案的判决超越了正当程序的底线。"

第三部分

下面我继续讨论那条规则。根据我的兄弟哥德伯格在海恩斯案中所说的"所有的间接证据"规则，在每个案子里我都会考虑羁押审讯前警察是否加上了被告可以有律师到审讯现场的警示。此外，如果他请不起律师，他可以要求法庭为他委派律师。若没有警示，州政府则必须举证证明被告自愿、明智地放弃了要求律师的权利，或者根据所有的间接证据，包括警察未能警示被告，推断坦白显然是非自愿的。我不赞成使用本庭今天制定的第 5 修正案规则，而是倾向使用比较灵活的第 5 修正案的正当程序条款和第 14 修正案，因为这两条我们用得比较习惯，而且我们从具体案子中了解到，这两条能比较有效地保护被警察羁押的人士。这样我们就不至于暗中摸索，也不用一蹴而就地全面改变传统的羁押审讯规则，多年来，本庭一直认为传统的规则是平衡个人和社会权利的有效工具。当我们能够更精确地了解本庭今天判决的影响之后，便可以进行下一步了。

对 759 号米兰达诉亚利桑那案、760 号维格奈拉诉纽约案，以及 761 号韦斯特欧佛诉美国案，我会维持原判。在以上每个案子里，我觉得间接证据无法支持推翻原判。对

584 号加利福尼亚诉斯图亚特案，我会驳回调卷令，因为下级法庭的判决还不算终审。但是如果考虑具体的案情，我会维持原判，因为没有证据显示警察正确地警示了被告，也没有间接证据显示被告自愿放弃了权利，所以州政府未能完成举证责任。如果重审该案，我会让州政府证明以上的要素。

哈兰大法官反对，斯图亚特和怀特大法官加入。

我相信这一判决反映出本庭的宪法水准太差，并且可能给我们的国家带来有害的后果。至于后果会有多严重，我们只有将来才会知道。但是对我来说，只要全面考虑问题，本庭论点里的破绽现在就很清楚。

第一部分

引言

首先，本庭为坦白制订新的宪法规则时，我们必须知道具体的要求。为了使坦白能被法庭接受，最重要的要求是警察审讯被羁押的嫌疑人时必须给他 4 条警示如下：他有保持沉默的权利；他说的任何话都可能成为对他不利的证据；在审讯时他有权利要求律师在场；如果请不起律师，他有权得到免费律师。放弃这些权利必须有表示拒绝的肯定陈述，通过威胁哄骗让嫌疑人弃权是被禁止的。在审讯之前或审讯过程中，如果嫌疑人行使他保持沉默的权利，审讯必须停止。如果嫌疑人要求律师，审讯也必须停止，直至找到律师为止。最后还有一系列次要的指示，例如政府必须证明嫌疑人放弃了特权，承认和脱罪的陈述也作为坦白处理，嫌疑人可以随时收回弃权，等等。

尽管这套规则的要点是很明显的，但是细节并不清楚。新的规则并不能防止警察使用暴力或其他形式的威胁。那些使用"第三度"刑讯逼供的警察一定会在法庭上否认使用暴力，既然如此他们同样也会巧舌如簧地谎称他们警示了被告或被告放弃了权利。新规则主要的作用是降低压力，帮助紧张或无知的嫌疑人，其最终目的是阻碍被告坦白。简言之，新规则的目的是具有乌托邦色彩的"自愿"，从另一个角度来看，那就是口服心服的自愿。

若要将新规则纳入宪法，就必须采取克制态度阅读历史和判例，以及克制背后的实用主义考虑。我相信合理审视将显示正当程序条款为处理坦白提供了足够的手段。即使援引第 5 修正案免予自证其罪的特权以及这方面的判例，两者相加也还是不足以支持新规则。即使作为一种纯政策性两面兼顾的选择，如果考虑到互相竞争的利益和普遍的反对，当环境要求司法克制时，新规则便更值得商榷了。

第二部分

宪法前提

首先我们来讨论宪法的判例。本庭根据第 14 修正案的正当程序条款为坦白设置的限制经过一番演变。我们之所以要讨论判例，是因为这些案子显示我们可以通过可行且有效的司法手段来处理坦白，因为这些案子显示了本庭现在偏离的底线，所以我们可以用这些案子来衡量本庭偏离底线的实际距离，而不是本庭承认的距离，因为讨论案例还可以帮助我们揭露本庭是如何堕入现在的立场的。

本庭最早处理的坦白案是联邦检控，都是通过非宪法的方法解决的。本庭采用共同法规则，如果没有引诱、承诺或威胁，便认为坦白是自愿的，且可以被接受为证据。后来有一个案子说，坦白是否能被接受为证据取决于第 5 修正案的特权，但是这一立场并没有在后来的判决中进一步完善。然而本庭强调用"事实上"的自愿来检验坦白是否可以被接受为证据。此后，本庭开始在一系列州法庭的案子里衍生出一套标准，并让联邦法官采用相同的标准。

从 1936 年的布朗诉密西西比案（Brown v. Mississippi）开始，本庭判决了一系列新案子，用正当程序条款来检验坦白是否可以被接受为证据，至今大约已经一共判了 30 宗案子。虽然自愿的标准在许多案子里重复，本庭却从未对自愿的标准作出统一的定义，而是采用了不同的标准值。下面让我们简单地回顾一下主题：一开始是强调坦白的可靠性，然后增加了考虑警察的审讯是否合法、公平，继而加上"指控性"执法系统的背景，最后将注意力转向个人的精神和行为能力是否能作出有效的选择。这一系列案子的结果是不断地重新评估每个案子的案情，来确定究竟应该允许警察对嫌疑人施加多少压力。

通常考虑的标准是，威胁或迫在眉睫的危险，肉体的剥夺如缺乏睡眠或食物，反复或长时间的审讯，限制与律师或朋友接触，州法规定超过多长时间便构成非法羁押，以及个人的弱点或缺乏行为能力。然而，除了直接的肉体威胁之外，没有任何单一的违规或固定搭配的违规足以保证排除坦白，而且那些案件的摘要并没有多大用处，因为总体的标尺不断地改变，通常是趋向限制接受坦白为证据。然而，究竟从哪一个时间点开始，本庭才在埃斯科贝多案中脱离原来的轨道呢？我们有必要回顾当时刚出现的海恩斯案。警察违反州法将海恩斯羁押了 16 个小时后，他才签署了坦白，其间警察没有给他任何警示，而且不顾他的请求，拒绝他与妻子、律师联系，表示当他坦白之后便能允许他与妻子、律师联系。本庭特别强调了警察以允许他与妻子、律师联系为诱惑，并排除了一些其实并不能证明他自愿坦白的证据，以 5 比 4 判决他的坦白不能被接受为证据。

从以上回顾的宪法史，我们能够吸取若干经验教训。首先，在 25 年积累的判例基础上，本庭发展了一套详细、复杂和敏感的方法，来确定坦白是否能够被接受为证据。通过"司法"区别对待每一个案件，灵活地应付变幻无穷的具体案情，使下级法院尽可能了解本庭。

当然，在这个发展的过程中仍有不确定的因素，这是宪法原则所难免的，由此产生的争议往往限于那些模棱两可的案子。

其次，本庭在实践中和原则上充分认识到，作为执法的手段，审讯嫌疑人对社会的重要性。我们很容易找到赞成施加压力的案子，下级法庭通常会采取容忍态度。当然，我们今天增加的限制，多年前就在许多案件中被本庭拒绝。即使是在最近的海恩斯案中，本庭还公开承认审讯证人和嫌疑人"毫无疑问是有效执法的重要工具"。

最后，案例揭示许多判决书的语言夸大了具体的决定过程。例如，法庭可接受的坦白必须是"嫌疑人不受拘束地按照他自己的意愿"作出的，而且"我们不能引诱在押的犯人充当判决自己有罪的工具"。尽管我们反复强调，却很少遵循这些原则。就连"自愿"这个词都显得误导，特别是当我们看到许多在自愿掩盖下得到的坦白。夸大其词的倾向部分归咎于本庭遇到的一些明目张胆的案情。但是无论如何，我们必须认识到语言能够强化我们的态度，并使本庭采用的方法蒙上一层权威的色彩。

现在让我们来看看本庭所依据的第 5 修正案，我坦率地认为这种方法其实是一种障眼法。我认为本庭的判决并没有足够的根据将第 5 修正案的免予自证其罪的特权延伸到警察局。更重要的是，今天的判决未能显示第 5 修正案的判例支持本庭制订的新规则，遑论第 5 修正案迫使本庭制订这样的新规则？其实新规则是援引第 6 修正案判例的比拟衍生出来的，与警察审讯毫无关系。

本庭的开场白辩称警察局的坦白受第 5 修正案管辖，我们不能允许这样延伸法律，牵强附会地运用到目前的情况中去。在历史上，免予自证其罪的特权与使用法律之外的坦白毫无关系，法律之外的坦白另有一套独特的标准：

"这两条原则的历史相差甚远，其起源相差一百多年，而且是从两组不同的案例衍生出来的。"

这两套法理所采用的方法也在许多方面迥异。

甚至那些愿意扩大特权的人也会承认有语言困难，因为第 5 修正案只是禁止任何人"在刑事案中证明自己有罪"。

尽管我的说法也许过分，这并不表明我的观点和其他类似的观点已成定论。正如本庭反复强调的那样，特权所包含的基本原则总是能够扩展的。当然，特权并不代表保护被告的考量，并不是强调执法的指控价值而不是质问的价值，大陪审团的要求和合理怀疑标准之间的区别也是如此。然而，指控价值已经公开渗入管辖坦白的正当程序标准，因此"管辖坦白和自证其罪的两套规则之间明显的血缘关系是不可否认的。"因为基本原则已经被扩展，如果我们一味坚持使用免予自证其罪的特权，只会卷入不适当的历史细节和修辞技巧，反而模糊了监管坦白的政策选择。

既然我们已经决定第 5 修正案的特权不适用于警察局，本庭揭示特权所要求的限制比第 14 修正案检验自愿性的标准更为严格。

然后，从埃斯科贝多案的讨论中又浮现出一个论点，为了让法庭接受坦白为证据，坦白的人必须清楚地了解他有保持沉默的权利，而且免受审讯时"强制气氛"的影响。在这些关键的前提下，本庭最后才开始阐述警示和律师等防范措施。我认为，这些前提并没有得到第 5 修正案的支持。

更重要的是，我们必须排除对嫌疑人的压力，哪怕是气氛和环境的细微影响。然而，我从来就不认为第 5 修正案禁止任何自证其罪的压力。恰恰相反，过去的案例是，如果嫌疑人拒不认罪，法庭将会拒绝把案子从州法庭转到联邦法庭，拒绝通过军法审判，拒绝破产免除债务的要求，以及若干其他的后果。当然这并不是说，除了监禁和折磨之外，任何案件中任何形式的惩罚都是允许的，政策和历史都能加以严格的限制。然而，本庭没有明说的假定是，任何压力都是侵犯特权的，并没有案例支持这种假定。此外，本庭未能说明为什么第 5 修正案禁止正当程序条款所允许的比较轻微的压力。

本庭还错误地认为，第 5 修正案要求被告确切地了解他的权利，否则他便失去了法律的保护，其实这一要求并无定论。若干下级联邦法庭的判决并不要求警察提醒大陪审团的证人有什么权利。[①] 对法庭的证人来说，威格摩尔[②] 认为这是一条比较好的规则。本庭并没有援引第 5 修正案的判例来支持相反的观点。当然，除了第 5 修正案之外，也许还有其他要求警示和防范措施的判例，但那就完全是另外一个回事了。

本庭从来就没有明确地依赖第 6 修正案的律师协助条款，但是有关律师协助条款的判例对本庭今天宣布的坦白规则至关重要。为了支持要求自愿明智的弃权，本庭援引了约翰逊诉泽布斯特案。为贫穷的嫌疑人委派律师的根据是季迪安诉韦恩莱特案（Gideon v. Wainwright）和道格拉斯诉加利福尼亚案（Douglas v. California）。有关缺失记录和明确许诺提供律师的权利则是借用卡恩利诉考克然案（Carnley v. Cochran）。所有这些为第 6 修正案添加光彩的案例都是有关被告在一审和上诉时有要求得到律师协助的权利。然而，本庭居然没有对司法程序和警察审讯加以区分，我认为两者之间的区别如此之大，足以使这些判例完全无法成为适用于本案的比拟。

为了把被告在一审和上诉时有要求律师的权利搬到警察局，本庭仅尝试引用埃斯科贝多案，并反复强调审讯阶段与司法审判至少同样"重要"。埃斯科贝多案几乎没有什么说服力，当我们考虑到大陪审团听证，申请调卷令，被告向卧底探员购买毒品等案件，所有这些情况难道不是都与庭审同样"重要"吗？但是从来没人认为宪法也强迫规定在那些案子里必须为被告提供律师和咨询。在刑事审判中要求提供律师的权利之所以重要，是因为当遇到证据和庭审策略等法律上的技术问题时，检察官对此了如指掌，而没有受过专业训练的被告却一无所知，这就会产生严重的司法不公的风险。而在警察局里，这种风险就会明显地降低，律师行使专业职责反而可能成为寻求真相的障碍。在我看来，本庭蜻蜓点水地援引第 6 修正案，就相当于"用多米诺骨牌的方法审理宪法的案子，将前一个案子里的解释性陈述变成后一个完全不同的案子的基础。"

---

① 大陪审团的证人并非被告，所以无需警示。

② 约翰·亨利·威格摩尔（John Henry Wigmore），美国证据学的权威学者。——译者注

第三部分

政策考虑

从公共政策的角度来看，本庭制订的新制度如此可疑，实在无法弥补宪法上的不足之处。上面的讨论显示，本庭暗示宪法兼顾的平衡支持本庭采取的方法，这其实是错误的。过去的判例显示，第 14 修正案兼顾的平衡其实是另一种平衡，第 5 修正案并不支持本庭的观点，而第 6 修正案也与兼顾平衡毫无关系。为了满足社会的需要，法律史曾被夸大。然而在本案中，本庭并不能强有力地证明新的规则显然对社会有利。如果要将这些新规则移植到宪法里并强加给每一个州和郡，新规则就必须对社会有利才行。

我不同意本庭把警察的行为描绘得一团漆黑，我认为正当程序案例允许的警察审讯注定会对嫌疑人造成压力，而且可能利用嫌疑人的无知和弱点。尽管审讯的氛围和策略本身可能是正确和公平的，但还是会迫使嫌疑人坦白。因此：

"如果说被捕之后坦白罪行是'自愿'或'没有胁迫'，这种说法其实并不确切，然而传统上都是这么说的。只有当一个有罪的人自首并指控自己有罪，他才是算完全、无可争辩地自愿坦白了。"

迄今为止，宪法唯一的作用是筛选出不正确的压力，而不是保证自发主动的坦白。

本庭新规则的目的是抵消任何警察审讯过程中内在的次要压力和对嫌疑人不利的条件。如我上面所述，本庭的新规则并不能防止明目张胆的胁迫，也不能抑制从一开始就准备要说谎的警察。本庭的新规则只能在匹克威克 [①] 的意义上保证坦白的可靠性，因为这样的规则只能使嫌疑人根本不坦白 [②]。简言之，新规则的唯一目的就是减少或消除审讯固有的强制和控辩双方的不平等，而本庭居然为此花了 9 页的笔墨来描绘。

本庭基本上忽视了一点，新的规则将削弱，甚至最终完全挫败一种执法手段，而多年来人们觉得为这种执法手段付出代价是值得的。然而毫无疑问的是，本庭的新规则将明显地减少坦白。警示嫌疑人他可以保持沉默，并提醒嫌疑人他的坦白可以呈堂作证其实只是次要的障碍。要求嫌疑人明确弃权，而且当他反对时便必须停止审讯，将是审讯的主要障碍。警察建议为嫌疑人提供律师更是相当于主动请求终止审讯。

我们很难精确地预料本庭今天的判决将对执法部门造成多大的伤害。坦白究竟有多大的作用？我们缺乏这方面的证据。本庭提到联邦调查局的经验以及审讯会浪费掉多少资源。我们知道如果没有坦白，有些刑事案是无法侦破的。众多专家的证词表示坦白对控制犯罪至关重要。本庭把新的方法强加给全国的执法部门，这将对社会福利带来风

---

① 此处的典故源于《匹克威克外传》（*The Pickwick Papers*），狄更斯的代表作品，于 1836 年出版。全书透过天真善良、不谙世事的匹克威克（Samuel Pickwick）与三位朋友外出旅行途中的一连串遭遇，描写了当时英国的社会生活与风俗民情。——译者注

② 本庭所说如果律师在场见证并协助保证坦白的准确性，便能够减少坦白的不可信度，这其实是一种天真的幻想，因为一旦律师到场，嫌疑人几乎不可能在警察局坦白。"任何有资格收费的律师都会告诉嫌疑人在任何情况下都不能向警察做任何陈述。"

险。我们的社会为犯罪付出巨大的代价，所以我们只能说本庭制订的新规则将是一场冒险的实验。

本庭避而不谈这场实验的代价和风险，却用夸张的语调来描绘正常的警察审讯。尽管正当程序条款规定了严格的限制标准，但对嫌疑人来说，审讯无疑是既不方便，又不愉快。然而，当一个人被捕后被关进监狱，家也被搜查了，甚至在法庭上受审，起因是合理的怀疑、搜查证、逮捕证或起诉书，所有这一切都可能发生在一个无辜的人身上，这种遭遇当然是更不方便，更不愉快。我们的社会总是会为法律和秩序付出高昂的代价，心平气和的审讯并不能算法律的阴暗面。

上面简短提到对立面的考虑，我认为能充分证明本庭的好恶十分值得商榷，至少不能被解读为宪法的意图。然而如果我们考虑本庭推翻的 4 个案子之一，米兰达案的案情能使我们的分析更加生动，因为在本庭的标准之下，米兰达案既不是 4 个案子中最难的，也不是最容易的。

1963 年 3 月 3 日，一位 18 岁的女孩子在亚利桑那州凤凰城附近被绑架并强奸。10 天后，3 月 13 日早晨，请愿人米兰达被捕后被带到警察局。他 23 岁，生活贫困，只读完 9 年级的上半年。医生检查他后，发现他患有"情绪疾病"精神分裂症。医生的报告还说他"神志清醒，知道时间、地点，也认得人"，智力在正常范围之内，可以受审，根据法律的定义算是心智健全。受害人在警察局指认了米兰达，两个警察将他带到另一个房间审讯。米兰达口头坦白了犯罪细节，然后自己手写并签署了一份简短的陈述，承认并描绘了犯罪过程。所有这一切在两个小时之内就完成了，我们姑且假定警察没有使用暴力、威胁和许诺，也没有对他有效地警示，因为记录里没有这方面的内容。

根据本庭的新规则，米兰达的口头和书面坦白都不能呈堂作证。宪法居然被解读成产生这样的结果，未免使人震惊。米兰达的坦白是在白天被两个警察审讯时作出的，并没有传统的胁迫的迹象。除了被害人指认之外，警方并没有任何其他证据，且不说受害人的指认有时并不可靠，所以他的坦白可以保证获得有罪判决。总之，这是警方的合法目的，并没有什么不正当，而且在审讯过程中也没有不公正的风险。但是结果产生的坦白，和坦白背后的警察策略，将因为本庭微妙的公正概念而牺牲。我很怀疑许多有思想的公民会与本庭有这样的共识。

司法判决也不能支持本庭的新方法。尽管埃斯科贝多案被许多人解读为本庭公开邀请下级法庭重新书写有关坦白的法律，但绝大多数州和联邦法庭的判决还是采取比较狭义的解读。在那些接受本庭邀请的法庭中，不知道有多少是被迫猜测本庭对法律的解释，没有一个州的判决依赖州法里免予自证其罪的特权，而且也没有任何判决比本庭今天走得更远。

在本案之前还有三个案子，约翰逊诉泽布斯特案（Johnson v. Zerbst）、马普诉俄亥俄案（Mapp v. Ohio）和季迪安诉韦恩莱特案（Gideon v. Wainwright），如果将本案中执法人员的态度和那三宗案件里修正警察策略的官方立场相比，我们将会受到启发。约翰逊案建立了必须为贫困的被告在联邦刑事案审判中委派律师的先例，联邦政府只好在争议中认输，并将这一案例定为司法部的政策。马普案规定违反第 14 修正案的州必须采用排除证据的规则，半数的州已经采用了这种规则。季迪安案把约翰逊案延伸到各州，22 个州呈递了一份法庭之友报告鼓励这种做法，除了被请愿人之外，只有两个州反对。而在本案中，对警察审讯新添加的限制被美国政府反对，此外还有 27 个州呈递了一份法庭之友报告。没有一个州要求本庭强制执行新宣布的规则，也没有一个州自己选择走得那么远。

本庭引用了联邦和外国的案例向各州推行对坦白新增的限制。然而简单地调查一下便能发现，无论联邦还是外国，都没有像本庭今天的判决那样偏向一面倒。本庭主要的依据是联邦调查局的做法。因为情况不同，联邦调查局的做法与本庭的新规则之间的对比并不可信，但是联邦调查局的做法不像本庭的新规则那么严格。例如，联邦调查局的探员无须在审讯前得到嫌疑人肯定的"弃权"。此外，如果嫌疑人开口之后改变了主意，他是否还可以行使保持沉默的权利并不清楚。有关律师的警示，只有当嫌疑人见法官时，法官才会委派一个律师给他。本庭规则的要点是劝说嫌疑人在面谈之前要求委派律师。此外本庭还简单地提到军事法庭也有这种限制，但不像联邦调查局对嫌疑人那么优待，并没有提到委派律师。

当我们考虑数据时，在嫌疑人的权利和社会之间，本庭描绘的外国法律也反映出一种比较折中的概念。英国的经验最有价值。在英国，"法官"规则要求警示嫌疑人有保持沉默的权利，但是无须警示嫌疑人有要求律师的权利。还有一些并不很精确的限制警察交叉询问嫌疑人的规定。然而根据普通法的检验，如果法庭认为坦白是自愿的，法庭显然经常可以不顾法官规则而酌情接受坦白为证据。此外，如果开庭前的陈述被法庭接受为证据，有关坦白是非法获得的证据显然也可以被法庭接受，而且如果被告拒绝作证，法官常常可以用自己的权威作出对被告不利的评论。本庭还选择引用了印度、锡兰和苏格兰的例子。在印度和锡兰，警察诱供得到的坦白通常是不能作为证据的，但是有一个例外，如果警察通过审讯得到的证据与坦白能够对接，只要坦白不是明目张胆地胁迫的结果，则证据和坦白都能被法庭接受。苏格兰的法庭对审讯加以限制，但是允许法官对拒绝作证的被告发表克制性的评论。苏格兰法律还允许补偿检察官的劣势，这是美国所不允许的。本庭纵览外国的法律之后指出，美国之所以更强调免予自证其罪的特权，是因为宪法的明文规定。考虑到本庭在宪法史和判例上自作主张，这种强调实在不具有说服力。

当我们结束讨论坦白新规则的政策考虑时，恕我直言，这种讨论未免为时太晚。目前，我国正在对执法程序进行规模空前的重新审视。参加重新审视的包括由第二联邦上诉法庭首席大法官伦巴德（Lumbard）领导的美国律师协会特别委员会，由沃伦伯格

（Vorenberg）教授和巴托（Bator）教授领导的哈佛大学法学院美国法律研究所卓越的研究小组，以及美国总统成立并由司法部长领导的执法和司法委员会。哥伦比亚特区刑法委员会、乔治城大学法律中心及其他研究人员也参加了研究工作。此外，一些州的立法机构也正在准备重新审视我们面临的问题。

因为法庭正在迅速地偏离现存的宪法标准，人们对可持续长远的改革感到忧虑。尽管本庭并不承认，本庭今天判决的实际效果将不可避免地阻碍改革的进程，甚至剥夺了人们在利益冲突中采取折中方案的选择。当然，立法改革并不是迅速或一致通过的，尽管本庭在过去比较耐心。但是当立法改革到来时，将带来经验数据和全面研究的巨大优势，这将允许法庭继续无法进行的实验和采取的解决方案，并恢复刑法改革的初衷，使刑法改革返回其归属的平台。①

第四部分

结论

今天判决的四个案子都明确地声称，坦白之所以不能呈堂作证，并非因为嫌疑人受到正当程序传统意义上的威胁，而完全是因为没有律师，或是因为警察没有告知嫌疑人有保持沉默和要求律师的权利。根据判决中引用的理由，我会坚持用正当程序来检验，而摒弃本庭今天推出的新要求。在这个前提下，下面简单地陈述我将如何处理这几个案子。

三个案子是从州法庭上诉到本庭的，其中两个是759号米兰达诉亚利桑那和760号维格奈拉诉纽约。在这两个案子里，州法庭判决坦白可以被接受为证据，请愿人没有提出其他值得我评论的错误。

我会维持这两个案子的原判。另外一个案子是584号加利福尼亚诉斯图亚特，州最高法庭判决坦白不可以被接受为证据，并推翻了下级法庭的有罪判决。对那个案子，我会拒绝颁发调卷令，因为案子还没有终审判决。我们姑且不谈州法庭将重审此案，就连坦白本身都没有完全被排除，因为加利福尼亚最高法庭允许州政府提供被告放弃特权的证据。如果光就斯图亚特案的判决而言，我相信应该推翻原判，并将案子发回重审，以便加利福尼亚最高法庭审理请愿人可以提出的其他主张。

在联邦法庭的761号韦斯特欧佛诉美国案，除了本人已经反对的一项争议之外，请愿人还提出了若干项争议，其中没有一项是站得住脚的，也不值得继续讨论。请愿人要求法庭不接受坦白为证据，因为即使用正当程序的标准来衡量，坦白也不是自愿的。此外，联邦和州之间的合作，通过安德森诉美国案（Anderson v. United States）引入了麦克纳博 - 麦罗瑞规则。② 但是我认为，被告提出的证据根本达不到威胁，而且我相信，

---

① 刑法改革本应在立法平台上进行，而不是在法庭上进行。——译者注
② 这些监督性的规则要求警察"不得拖延"将被捕的人交给行政长官，并排除违反上述规则得到的任何证据。——译者注

仅因为联邦探员协助了州警察逮捕和羁押请愿人，还不足以援引安德森案。我同意政府的立场，请愿人抗议法庭接受证据至多只是一个无害的错误。被告的另外两个论点，一个涉及证据的分量，另一个称检察官的评论欠妥，在我看来都没有法律依据。因此我觉得应该维持韦斯特欧佛的有罪判决。

结论：本庭以履行宪法义务为名，下重手采取偏激的行动，无论从字面的解释还是对精神的理解，都是与宪法或判例相悖的。本庭今天的突然袭击使我想起高瞻远瞩的杰克逊大法官曾在道格拉斯诉简奈特案（Douglas v. Jeannette）中说的话：

"本庭永远会在宪法圣殿里添加新的故事，最后总有一个故事会把圣殿压垮。"

怀特大法官反对，哈兰大法官和斯图亚特大法官加入反对。

第一部分

本庭称，如果不按多数法官判决中的具体规定警示嫌疑人，而且没有嫌疑人明显的弃权，那么免予自证其罪的特权将禁止羁押审讯，然而特权的历史和第 5 修正案的文字并不支持这种论点。根据英国的法学权威和普通法的历史，免予自证其罪的特权在 17 世纪下半叶被确立，除了禁止强迫的司法审讯之外，法庭很少应用这一特权。100 年之后，排除受胁迫的坦白进入证据的规则终于成熟：

"但是报告并不认为那种理论源于免予自证其罪的特权。案例显示只有在司法程序中特权才有效，包括授权的地方行政官的初步审讯。"

我们美国的宪法条款规定，任何人"都不得在刑事案中被迫成为控诉自己的证人"。当我们：

"根据语法和词典解读，这段话意味着，任何人成为被告之后，我们不能强迫他在刑事诉讼中作出对自己不利的口供。"

无论是通过宪法第 5 修正案时的历史背景，还是当时各州的宪法条款或司法实践，都不能给宪法条款更广义的解读。然而，这种解读比普通法的特权更为狭义，当我们最终面临争议时，本庭将宪法赋予的特权延伸到强迫交出账本和文件，延伸到面对大陪审团作证的普通证人，甚至延伸到所有的证人。即使这两种规则在美国宪法条款中并没有基础，也在普通法历史上有雄厚的基础。

几年之后，第 5 修正案的特权同样也延伸到当时已经确立的禁止强迫坦白的规则：

"在美国法庭的刑事审判中，如果坦白不是自愿的，是否就不能进入证据呢？第 5 修正案解答了这个问题：'任何人都不得在刑事案中被迫成为控诉自己的证人'。"

尽管这种观点得到一些案例的支持，但是又在其他案例中受到质疑，并且很少得到英国和美国法律权威的支持。（"坦白被排除的原因并非免予自证其罪的特权。"）无论排除被迫坦白的起源是什么，但是有一点很清楚，在特权适用于州法庭之前，州检察官与联邦检察官使用同样的标准来检验坦白是否可以进入证据。

然而，布兰姆案拒绝本庭支持的论点。布兰姆案的争议是，通过羁押审讯得到的坦白是否被迫作出，如果审讯本身是有弱点的，法庭就无需进一步探究了。研究了英国和美国的法律权威之后，本庭宣布：

"本庭也同样，嫌疑人被捕在押时，如果他向警察坦白，或是被警察审讯后坦白，仅此并不能说明坦白是不自愿的，那只是考虑的因素之一，为了确定被羁押的嫌疑人是否自愿坦白，他被羁押受审的事实必须纳入考虑之中。"

在这方面，本庭在布兰姆案前后的声明是一致的。

在布兰姆案之前，本庭对霍普特诉犹他案的判决认为，如果没有被告和警察在审讯前的对话记录，嫌疑人被捕后向警察所作的坦白还是可以进入证据的。根据霍普特案的判决，本庭在斯帕夫和汉森诉美国案（Sparf and Hansen v. United States）中判决：

"被告的律师坚持认为，当被告在狱中戴着镣铐，被控犯下了可以判死刑的罪行，他不可能自愿开口坦白。但是被告律师并没有援引任何权威性的判例来支持他的立场。当然我们不能忽视被告是在被羁押的情况下坦白的，因为这关系到坦白是自愿的，还是被告受到恐吓或暴力，出于恐惧才坦白的。但是如果坦白看来是自愿的，而不是因为恐惧或承诺而作出的，羁押或监禁本身并不足以支持排除坦白。"

在威尔逊诉美国案（Wilson v. United States）中，本庭考虑了在没有预先警示嫌疑人有权保持沉默并要求律师情况下的羁押审讯。被告在没有得到预先警示的情况下回答了警察局长提出的问题，尽管后来他抗议说是非自愿的，他的答案还是被接受为证据。

"被告被羁押并戴镣铐本身并不表示他说的话一定是不自愿的，也不能说那是被审讯前短暂的激动所导致。即使警察警示被告说的话可能被用来证明他有罪，这对坦白能否呈堂作证并不重要。相反，即使被告并没有被警示，如果他的坦白是自愿的，那就足够了。"

布兰姆案之后，许多案例重复提到在什么情况下羁押审讯得到的陈述可以被接受为证据。鲍尔斯诉美国案（Powers v. United States）引用威尔逊案，尽管并没有警示被告所说的可以被用作对他不利的证据，法庭判决他在初次听证时所作的陈述属于自愿，可以被接受为证据。或许法庭认为没必要讨论是否有警示，许多案子宣布，"仅因为被告是被羁押后坦白的，并不等于坦白就不能呈堂作证了"。尽管坦白是警察在审讯过程中得到的，本庭认为：

"光凭警察'羁押嫌疑人和警察在与外界隔绝的环境里审讯他'这一事实，并不能把被羁押嫌疑人的坦白排除在证据之外。"

最后，在希森尼亚诉拉盖伊案（Cicenia v. Lagay）中，被告被捕后，尽管警察不让被告咨询律师，法庭还是认为他在审讯中作出的坦白是自愿的。

凡是审理过羁押审讯案件的法官，只有极少数（包括今天本庭的多数）法官会认为羁押审讯本身是违反第5修正案的。在座的每一位大法官都知道，本庭会使千万个案子的被告逍遥法外，因为这些案子的证据至少有一部分是被告被捕后在审讯中所作的坦白。

第二部分

第 5 修正案的语言既没有迫使，也没有建议本庭今天应该作出与美国和英国法律史相悖，并偏离一系列案例的判决，这既不能证明本庭超越了其权限，也不能证明本庭现在对第 5 修正案的解读是错误或不明智的。然而，显而易见的是，本庭的判决既没有新的法律依据，也不是从无争议的原始资料衍生出来的。就像本庭解释其他宪法条款那样，本庭今天的判决相当于在制定新的法律和公共政策。其实，本庭历来都是这么做的，而且也必须这么做，今后还将继续这么做，除非宪法有重大改变重新分配政府权力。

但是如果本庭今天在这里宣布我们有关某些事务的重大新政策，就理应审视本庭今天和过去判案的风格，并从国家的长远利益出发评估本庭的最终产品是否恰当。至少本庭的判决书和推理方法必须经得起推敲，而且判决书解释宪法条款的说明必须公平。如此重要的判决不能仅靠演绎推理、形而上学或定义含糊的自然正义概念，尽管每种方法会有各自的作用。在今天宣布解释结果之前，本庭也应该考虑与本案有关的所有因素和利益，至少需要所有能够得到的材料。如果必需的考虑并没有记录下来或没有可靠的来源，本庭不应该仅凭主观臆测而制订重要的政策。

第三部分

首先我们可以考虑这一条重要的新规则的文字和事实的依据。为了宣布事实依据产生的结果，本庭不能超出第 5 修正案的范畴。除非有不可抗拒的原因，第 5 修正案禁止自证其罪。因此本庭的判决是，在没有采取本庭规定足够的防范措施的情况下：

"因为羁押的环境注定会有强迫的成分，没有一个嫌疑人在羁押时所作的陈述是真正的自由选择的产物。"

然而本庭并没有指出，究竟从什么地方突然涌入了新的知识，要求我们推翻过去 70 年的经验。此外，本庭的结论既不是各州法庭突然改变共识而产生的结果，也不是因为一系列的案例强烈地冲击并证明旧规则是不可行的。在没有新知识的情况下，本庭称我们无法知道羁押审讯的过程中会发生什么事情，因为羁押审讯的程序本身就是私密的。根据 1959 年和 1962 年出版的调查手册，本庭自以为是地推断出一套规范。然而警察根据州上诉法庭和本庭最近的判例已经改变了执法手段，本庭却没有因此而作出相应的调整，就算残酷地使用本庭描绘的程序可能导致不自愿的坦白，而且所有案子中的每一个案子都采用这种审讯方法并产生这种后果。从判决书我们可以看出，本庭并没有看过任何一次警察审讯的记录，更不用说是本庭今天判决的那些案子中任何一个案子的审讯记录。如果我们用社会科学经验调查的标准来检验，本庭的假设严重地缺乏事实根据。

尽管本庭认为羁押审讯注定是具有强迫性的，本庭还是说，在逮捕与羁押的强迫下主动的陈述还算是自愿的。尽管被告被捕之后与外界隔绝，也没有迹象显示他知道可以保持沉默和坦白可能带来的后果，他脱口而出的坦白还是可以进入证据的。但是根据本庭的规则，哪怕警察只问被告一个问题，如"你有什么可说的吗？"或"你有没有杀你的妻子啊？"即使警察已经警示被告他可以保持沉默，他的回答也还是被迫的。然而常识是相反的。你可以说因为警察提问才会有答案，所以答案是"非自愿的"。换言之，如果被告既没有被捕也没有被问，他本来是可以不说话的，所以他是被引诱而说话的。说他的回答是被强迫其实是很荒谬的。

即使我们同意羁押审讯注定具有强迫性，也并不会产生今天的结果。我们的检验方法是，所有的间接证据是否剥夺了被告"自由选择承认、否认或拒绝回答的权利"？以及肉体和心理上的胁迫是否已经到了如此程度，"使被告的意志被摧毁而坦白"？隔离羁押的性质和时间长短，被告是否被告知宪法赋予他的权利，以及警察是否允许被告要求与律师沟通，这些都是我们审案所需的重要基本信息。

然而至今还没有人提出，因为审讯具有如此的强迫性，而被告又是如此之胆怯，以至于我们必须结论性地假定，羁押开始后被告对第一个问题的回答就是意志崩溃的产物。

如果本庭今天宣布的规则是所有的羁押审讯得到的坦白都是被迫的，这种结论是完全没有合理依据的。进一步说，这条规则是否也要延伸到脱罪的陈述呢？因为本庭经过简短的讨论之后认为，脱罪的陈述也应该被看作入罪的陈述，然而本庭并没有讨论为什么脱罪的陈述也应该被看作被迫的。我们假定本庭并不在乎警察审讯得到的所有坦白是否都是被迫的，而是关心那些被迫的坦白，但是我们现行的司法程序还不足以断言哪些坦白是被迫的，哪些坦白不是被迫的。即便如此，我们还是无须强迫贯彻本庭今天制订的规则。我们可以根据具体的情况在特定的时间内要求查看审讯的记录并询问见证人，或是采取其他的措施，防止难以察觉的强迫产生不能作为证据的坦白。

另外，即使我们有充分的事实依据，从而可以断定所有在羁押审讯中得到的坦白都是强迫的产物，本庭提出的新规则也还是不合理的。原因很明显，如果警察警示被告他有要求律师在场的权利，但是被告非但放弃了要求律师在场的权利，还放弃了免予自证其罪的权利，那么注定的强迫难道就消失了吗？但是如果被告没有被警示，他就连"昨晚你在哪里"这样的问题都不能回答，因为那将是被迫回答的。既然如此，当警察问被告是否想咨询他自己聘请的律师或法庭委派的律师时，如果他回答"不"，本庭怎么就能接受他否定的回答呢？如果律师在场，被告还是坦白了，或是律师告诉被告他应该说实话，被告便如实招来，对被告来说，有律师在场的环境就不具有强迫性了吗？本庭显然意识到自己处于进退两难的境地：一方面，如果警察不作必要的警示便无法审讯被告；另一方面，又要让坐在同一把椅子里面对同一个警察的被告放弃他咨询律师的权利。然而，本庭预期被告不会轻易放弃他的权利，所以一旦警察说被告放弃了权利，公诉方便会担负沉重的举证责任，这种责任几乎无法承担。

对于第 5 修正案禁止的强迫而言，所有这一切实在不合情理。第 5 修正案是针对被告本人，涉及他的自由意愿。坦白本身并非受到禁止的证据，只有被强迫的坦白才是被禁止的。我怀疑本庭今天是否注意到这两者之间的差别。无论坦白的内容和审讯的过程如何，如果认为任何审讯得到的任何回答都是被迫的，并把证明被告弃权的要求提高，本庭不仅禁止了被迫的坦白，而且实际上是禁止了没有律师在场的所有审讯。这就是本庭并没有把自己限制于保护被告免受强迫自证其罪，而是为第 5 修正案创造了有限的要求律师的权利，或者用本庭的话来说，"有必要让律师来保护第 5 修正案赋予被告的特权"。这样一来，我们所注意的将不再是被告的意愿，而是律师的意愿，以及律师对被告能有多大的影响。第 5 修正案显然没有让我们设置律师来裁决被告的特权。

总之，本庭在描绘警察审讯程序的威胁气氛时，并没有为其得出的结论和采取的措施提供任何依据。

第四部分

然而，批评本庭判决的人不断抗议新规则的事实和文字的依据并不令人信服。此外，我们还应该评估新规则的后果对社会价值观造成的损害。本庭固然指出我们的刑事司法系统的价值在于"尊重人格的不可侵犯性"，并要求政府靠自己独立的辛勤努力寻找被告有罪的证据，但仅这么说还不够尽到评估新规则后果的职责。除了被告的尊严之外，我们还必须保护社会上其他人的人格。因此，免予自证其罪的特权反映的价值并非唯一必不可少的，社会安全的利益也同样重要。

很明显，本庭判决的基础是对所有坦白根深蒂固的怀疑。本庭宣布如果被告没有放弃要求律师的权利，没有律师在场就不能审讯被告，而且本庭还训诫律师告诉被告保持沉默。所有这一切结果的总和变成了一个司法判决：任何从被告得到的证据，无论是强迫的还是自愿的，都不能用来证明被告有罪。判决书几乎是直截了当地说，警察从被告本人搜集证据注定是错误的，这正是我反对的要点。无论嫌疑人是否杀害了他的妻子，如果警察有合理怀疑并逮捕他后问他一些问题，或是用为什么要逮捕他的证据来质问他，只要警察告诉他有保持沉默的权利，我觉得这么做并没有什么错误或不道德之处，更谈不上违反宪法。到今天为止，自愿的承认或坦白一直是可信度较高的刑事证据。特别是在有旁证的时候，例如警察根据被告的坦白而确认了作案工具或赃物的藏匿地点，这种坦白的可信度最高，并使人确信被告是有罪的。此外，我们完全不能确定坦白会对被告造成伤害。恰恰相反，坦白可能是一种心理上的解脱，并有助被告悔过自新。这并不是说尊重被告的人格不受侵犯的价值是无足轻重的，也不是说所有的坦白都应该不分青红皂白地进入证据。本庭对宪法的解读向来是禁止强迫的坦白，我们不应该在这一点上退缩。然而本庭得出的结论是，因为禁止接受被迫坦白的现行规则不足以筛选出不应该接受的证据，所以必须被一条禁止所有坦白进入证据的新规则所替代。但是我看不出新规则有什么合理的事实根据，而且本庭也没有给出任何合理的事实根据。即便新概念在某些方面比现行的法律更具有优势，新概念对其他重要的利益所产生的不良影响也远远超过其优势。

任何政府最基本的职能是保护个人及其财产的安全，我们的社会必须通过刑法来达到这一目的，而刑法的主要目标就是防止犯罪。如果我们不能有效地防止暴力和报复，个人的尊严和文明的价值便成了纸上谈兵。

刑法通过各种不同的方法来维持社会安全。首先，我们不能让剥夺别人生命的杀人犯逍遥法外，我们必须剥夺他的自由，从而防止他再次犯罪。根据我们国家重新犯罪的统计数字，以及重犯之后又被逮捕的案例的数字，谁敢说刑法不能防止犯罪？又有谁敢否认刑法对普通公民人身安全所作的贡献？

其次，惩罚那些拒绝尊重邻居的人身安全和尊严的坏人，毫无疑问会震慑其他也想仿效的人。有人称刑法对社会上某些人或许多被捕并被判刑的人只是部分有效甚至完全无效，于是便认为刑法对大多数人是无效的，甚至认为如果没有刑法或不执行刑法，犯罪率也不会上升，这种结论是很谬误的。迄今为止，我还没见到过任何支持这种论点的可靠证据。

最后，刑法只是与被监禁的罪犯有关。然而幸运的是，现代刑罚学的希望和目的是把服刑的犯人改造成更好、更守法的人，让他们尽快回归社会。我们有时会成功，有时会失败。但是我们至少是努力了，无论现在还是将来，我们都应该尽最大的努力。

今天宣布的规则将会削弱刑法完成这些任务的能力，是故意地阻碍审讯，减少坦白和主动认罪，增加开庭审判的数量。无论警察的工作多么有效，检察官对刑事审判并没有胜诉的把握，证据不足更可能败诉。目前在联邦法庭 30% 的案件中，检察官因为证据不足而败诉。迄今为止，许多坦白被认为是被告自愿作出的，如果把所有这些坦白排除在不同的刑事案之外，并为追求真相的司法程序设置一道宪法的障碍，那就完全是另外一回事了。我认为有足够的理由相信，因为本庭原来认为坦白是最强有力的证据，所以许多被告本来是应该被判有罪的。但是根据新版的第 5 修正案，这些被告也许根本就不会被审判，即使被审判，也会因为政府的证据里缺少了坦白而被判无罪。这将严重地影响我们现在的刑事诉讼程序，我不想为此分担责任。

不知道本庭的规则将会使多少个杀人犯、强奸犯或其他罪犯重新回到我们的街道和产生犯罪的温床上，他们随时都可以重新犯罪。新规则的后果是，我们将无法得到人的尊严，而是失去人的尊严。刑法只是一些抽象空洞的权威性戒律，真正使我忧虑的并不是本庭今天的判决将会对刑法带来什么不幸的后果，而是将会对那些信赖公共权威保护的人们造成什么影响。一旦失去了公共权威的保护，他们只能拿起刀枪用暴力自卫，与他们的邻居同舟共济。当然还有一根救命稻草：下一位受害者是不确定的、无名的，本案并不代表他们的利益。

刑法本应是防止犯罪的有效手段，但是本庭的判决将会侵蚀刑法。刑法有效性的主要构成部分是迅速果断的执法行动。如果强奸犯和杀人犯很容易就能逍遥法外，刑法对那些有犯罪倾向的人就失去了震慑作用，这一点仍然是常识。如果刑法根本不能控制人类的行为，我们还不如让整个执法机构趁早关门大吉。

有些被告已经坦白了，有些被告会回答简单、非胁迫性的问题，如果坦白不能呈堂作证就无法证明他们有罪，我们该如何对待这些人呢？是不是应该全部释放他们？每当我们遇到此类案件时，如果不要他们坦白，让他们回到原来的环境中去，也不设法帮助他们，难道那就是较好的解决方案吗？我并不是那么认为的。对许多被告来说，释放他们非但麻木不仁地忽视了他们的自身利益，更是忽视了下一个受害人的利益。

对于警察根据合理怀疑逮捕的人来说，本庭的新规则将会对他造成另外一种影响。如果他是清白的，警察只要告诉他被逮捕的原因，并让他解释，也许他能很快、很简单地撇清自己。有了新规则之后，他将必须聘请律师，或者等待法庭为他委派律师，先咨询律师，然后才能跟警察和检察官解释。如果警察在几个人居住的房子里发现受害人的尸体，便有合理怀疑逮捕好几位嫌疑人，其中一位嫌疑人也许需要等到警察审讯其他嫌疑人之后才能获释，所以本庭的规则将延迟他被释放。

此外的麻烦是，无论罪行的轻重或具体的案情，本庭的新规则将运用于所有刑事案件。新规则将针对所有的被告，无论是职业罪犯，还是非组织的激情犯罪。有些案件时间性很强，新规则将降低调查和逮捕同案犯的速度，如绑架案、涉及国家安全的案件，和一些有组织犯罪案件。尤其是有组织犯罪，到场的律师可能还是被告同伙的律师，他们都靠这个律师保护整个犯罪团伙的安全，而被告也许觉得跟政府合作对他本人最有利。

同时，本庭的新规则法提供一条"黑白分明的线"，让当局预先判断是否可以安全地进行审讯，而不至于使审讯得到的坦白被排除，然而即便如此，我们也不能不分青红皂白地排除坦白。此外，假定司法的时间和资源也是应该考虑的因素之一，运用新规则固然容易，但并不能节省时间和资源。今天的判决遗留了许多有待回答的问题，如被告是否被羁押？他是主动陈述还是在审讯中陈述？他是否有效地放弃了他的权利？庭审时提供的证物是否根据非法审讯时被告的陈述而得到的成果？以上这一切都是调查、检控和诉讼过程中的不确定因素。因此，如果我们认为还应该进一步限制警察审讯，采取灵活的方法比本庭定制的宪法紧身衣更合情理，而且还能避免通过法规进一步限制警方执法。

运用传统的标准，我认为本庭今天审理的案子中所有的坦白都是自愿的。因此我会维持第 759 号、第 760 号和第 761 号案件的原判，推翻第 584 号案件的判决。

泰瑞诉俄亥俄

Terry v. Ohio

392 U.S. 1（1968）

1967 年 12 月 12 日辩论；1968 年 6 月 10 日判决。

发给俄亥俄最高法庭的调卷令。

首席大法官沃伦代表法庭发表判决。

本案提出了一个非常严肃的问题，当警察在街上调查可疑情况与公民发生冲突时，第 4 修正案将起什么作用。

泰瑞因为携带隐藏的武器，被依法判处 1 至 3 年监禁。克利夫兰的警员马丁·麦克法登扣留了泰瑞和第二被告理查德·其尔顿携带的两支左轮手枪和数发子弹，开庭之前，泰瑞提出动议排除枪支和子弹进入证据，法庭驳回了动议，于是检察官提交的枪支和子弹被法庭接受为证据。在排除证据动议的听证会上，警员麦克法登作证说，1963 年 10 月 31 日下午 2 点 30 分，他身穿便衣在克利夫兰市区巡逻。他注意到两个人，其尔顿和泰瑞站在休伦路和尤克里德大道交界处。麦克法登原来从未见过他们俩，但是他也说不清究竟因为什么使他注意到那两个人。他说他从警 39 年，其中 35 年当侦探，被分配到克利夫兰的这个地段当巡警已 30 年，主要任务是抓扒手和处理商店盗窃案。他说多年来他养成了观察的习惯，并"站在原地或行走中观察行人"。他说："当时我一眼看过去就觉得他俩不对劲。"

于是，警员麦克法登便站在 300 至 400 英尺外的一家商店门口继续观察那两个人。"看见他俩的行动，我更觉得可疑。"他看见一个人沿着休伦路往南走，经过几家商店，然后又转身经过那些商店往回走。途中他驻足从一家商店的橱窗往里看，继续走几步，转身又走回街角，途中又停下从橱窗往那家商店里看。他回到街角与另外那个男的汇合并与他简短地交谈。然后第二个人又走同样的路，先沿休伦路向南走，看同一家商店，走一小段路后又转身往回走，再次看那家商店的橱窗，然后走回街角与第一个人交谈。他俩就这样轮流地来回走了五六次，加起来 10 多次。其中当两人都在街角时，第三个人走到街角跟他俩简短地交谈后离开，顺尤克里德大道往西走。其尔顿和泰瑞则继续来回走动，往商店里看，并互相交谈。10 至 12 分钟后，他俩一起离开，随着第三个人离开的方向，沿尤克里德大道往西走。

此时，警员麦克法登的疑心就更重了。他说那两个人看起来很随便，反复地勘察休伦路上那家商店的橱窗，他怀疑他们正在"为抢劫踩点"。作为一名警察，他有责任进一步调查。他还说，"他们也许有枪"。于是，麦克法登警员跟踪其尔顿和泰瑞，看见他们在一家商店门口停下来，跟先前在街角碰头的那个人交谈。麦克法登警员觉得时机已经成熟，便走向那三个人，表明自己的警察身份，并问他们的姓名。当时，他只是凭自己的直觉，既不知道他们的姓名，也不面熟，此外就一无所知了。当那些人"含糊其词"地回答问题时，麦克法登抓住泰瑞，把他转过身面向另外两个人，从上到下拍了他的外衣，觉得他外套的口袋里有一把手枪。他把手伸进口袋，但是没掏出枪来。于是，他把泰瑞挡住自己，命令他们三人走进商店。他脱下泰瑞的外套，从口袋里掏出一把0.38口径的左轮枪。他命令三个人都举起手面对墙，接着拍了其尔顿和第三个人卡兹的外衣。他在其尔顿的外套口袋里发现一把左轮枪，没发现卡兹携带武器。他说，他先是拍了他们的外衣，并没有把手伸进泰瑞和其尔顿的衣服，直到他摸到衣服里有枪。案卷的记录显示，他没有把手伸进卡兹的外套里。麦克法登警员扣留了手枪，并请店主打电话给警察。警车到后，他把三个人送进警察局，然后正式指控其尔顿和泰瑞携带隐藏的武器。

在反驳排除枪支证据的动议时，检察官称警察是在依法逮捕嫌疑人时附带搜查并扣留了枪支。一审法庭驳回了检方的理由，认为检察官"无理扭曲事实"，因为麦克法登警员在搜查到武器之前并没有合理的根据逮捕嫌疑人。然而，法庭还是驳回了被告的动议，理由是麦克法登警员根据他的经验，"有合理的根据相信被告们形迹可疑，所以他有必要查问"。法庭认为，警察有理由相信被告们可能携带武器，为了保护自己的人身安全，警察有权拍他们的外衣。法庭认为，调查性"拦截"和逮捕不同，拍外衣"搜身"找武器和全面搜查找罪证也不同。法庭认为，搜身对警察执行调查任务是很重要的，因为如果不搜身，"警察得到的回答可能是一颗子弹，所以在搜身时找到的子弹上膛的手枪是可以被接受为证据的"。

法庭驳回了被告排除枪支为证据的动议之后，其尔顿和泰瑞都拒绝认罪并放弃陪审团审判。一审法庭判决两位被告有罪，上诉法庭维持原判。俄亥俄州最高法庭也驳回他们的上诉，理由是他们的上诉并不涉及"重要的宪法问题"。我们颁发调卷令，以确定一审法庭接受手枪为证据是否侵犯了第4修正案赋予请愿人的权利。我们维持对请愿人的有罪判决。

第一部分

第4修正案规定："人民的人身、住所、文件和物品免受不合理的搜查和扣留，任何人不得侵犯这种权利……"无论是在大街上行走，还是躲在自家书房里料理私密的事情，每个人都享有人身安全的宝贵权利。本庭向来承认：

"普通法赋予每个人拥有和控制自己身体的权利，除非得到法律明确无疑的授权，任何人均不得限制和干预，没有任何权利比人身自由权更神圣，更需要小心地保护。"

最近，我们判决"第4修正案保护的是人，而不是地方"。无论一个人在什么地方合理地"期望隐私"，他都有权免受政府不合理的侵扰。当然，这项权利的具体内容和附带条件将取决于具体的情况，因为"宪法并没有禁止所有的搜查和扣留，而是禁止不合理的搜查和扣留"。毫无疑问，当请愿人在克利夫兰的大街上行走时，他有权享受第4修正案的保护。问题是，鉴于他在街上与警察遭遇的种种情况，他的人身安全是否因为警察不合理的搜查和扣留而被侵犯。

我们必须承认这个问题涉及警察执法的敏感性，而本庭原来并没有直接面对这个棘手的争议。有关警察对可疑人员"拦截和搜身"的问题，激烈的公开辩论反映了警民之间的紧张关系，还涉及执法实践和宪法之间的争论。

一方认为，街头随时都可能出现危险的情况，警察处理时应该有更大的灵活性，这种灵活性可以视警察掌握的信息多少而调整。为了这个目的，有人敦促必须对"拦截"和"逮捕"（或"扣留"① 一个人）加以区别，还必须区别"搜身"和"搜查"。因此，有人提出一个论点，如果警察怀疑路人可能与犯罪活动有关，应该允许警察"拦截"他并简短地扣留询问。如果警察怀疑路人可能携带武器，警察还应该有权对他搜身，看有没有武器。"拦截"② 并"搜身"③ 后，若有合理的根据怀疑此人可能犯了罪，警察就应该有权正式"逮捕"他，并附带全面"搜查"④ 他的身体。支持这种做法的人认为"拦截"和"搜身"仅涉及"轻微的不便和微不足道的侮辱"，如果警察有怀疑，为了更有效地执法，强制公民止步并搜身也未尝不可。

另一方则认为，传统的第4修正案法理对逮捕和搜查已经形成了一套法律，警察必须严格遵守法律。他们认为，许多警察的执法行动不可能完全依靠公民的自愿配合，但是警察又没有足够的合理根据正式逮捕嫌疑人。第4修正案的精髓是严格要求警察必须有具体的理由才能侵犯宪法保护的个人安全，同时还有一套完善的司法控制系统要求州政府的公务员按照宪法执法。法庭通常默许警察在现场盘问时的那种难以抗拒的冲动，这种默许非但摒弃了司法控制，甚至还鼓励警察干预个人的自由和安全。因为警察主要从事"捕猎罪犯的竞技"，他们的判断必然会带上有色的眼镜。在人口密集的城市里，这种做法必然会使警察和社区的关系进一步恶化。

在千变万化的日常生活中，警察和公民在大街上发生遭遇，在这个前提下，我们处理本案时必须牢记司法功能所受的限制。州政府把本案的争议说成是"警察有权在街上拦截路人，盘问并搜查身上有没有武器（即所谓的'拦截并搜身'⑤）"。但这种说法并

---

① 此处"扣留"的英文是"detain"，意为让嫌疑人留在原地不得离开，但是并没有采取任何限制自由的措施，如戴上手铐。——译者注
② 此处"拦截"的英文是"stop"，就是让嫌疑人止步站在原地。——译者注
③ 此处"搜身"的英语是"frisk"，意为警察隔着衣服用手从上往下粗略地摸、撸、拍一遍嫌疑人的身体，看有无隐藏的违禁品（主要是枪支），有点类似机场的安检。——译者注
④ 此处"搜查"的英文是"search"，比"frisk"更为全面、细致、彻底。——译者注
⑤ 此处"拦截并搜身"的英文是"stop and frisk"，是一个"艺术性的术语"（term of art）。——译者注

不准确。本案的争议并非抽象的警察行为是否妥当，而是警察从请愿人身上搜到的枪支是否能呈堂作证。排除证据的规则禁止法庭接受违反第 4 修正案扣留的证据，这条规则向来被认为是阻止警察非法行为的主要措施。因此，这条规则的作用主要是威慑，经验表明这是刑事案中防止警察违法最有效的方法。假如没有这条规则，宪法保护公民免予不合理的搜查和扣留将成为"一句空话"。这条规则还有另外一个重要的作用，那就是"促进司法诚信。"假如根据宪法设置的法庭允许政府使用非法获得的证据，那将成为非法侵犯公民的宪法权利的帮凶。因此在我们的司法制度下，证据规则规定了各种情况，法庭根据司法程序决定哪些证据符合宪法的要求可以接受，哪些证据是警察非法扣留的而必须排除。在刑事案审判中，裁决接受证据的效果相当于肯定取证的过程是合法的，排除证据则表示取证的过程违反宪法。

然而，排除证据规则是有限度的，只是司法控制的一种工具。我们不能用这条规则排除警察使用合法的调查方法取得的证据，尽管许多合法的调查方法与违反宪法的调查方法非常相似。此外，在有些情况下，排除证据的规则只是一种有效的威慑措施。公民和警察在街上遭遇的方式繁多，有的是互相友好的问候，或交换有用的信息，有的遭遇则充满了敌意，如果遇到携带武器，则可能涉及逮捕甚至伤亡。敌对的遭遇也不完全相同，有的一开始是友好的，突然因为出乎意料的情况而变成敌对的。警察有很多原因拦截路人，有些与检控犯罪毫无关系。毫无疑问，有些警察的"现场盘问"违反第 4 修正案。尽管本庭绝不容忍这种行为，但这并不等于本庭就一定会排除证据。尽管警察的主要目的是得到有罪判决，但无论排除证据的规则多么有效，还是无法阻止警察侵犯宪法保证的权利，也许警察并不在乎是否能得到有罪判决，抑或警察为了其他的目的而宁可放弃有罪判决。

在处理排除证据的案件时，我们必须牢记种种限制。有些警察肆无忌惮地骚扰公民，少数民族，尤其是黑人群体经常抱怨，其实在刑事案中排除警察的证据并不能阻止警察侵犯公民的权利。但是如果我们死板而不假思索地运用排除证据规则来抗议警察的违法行为，其结果也许是徒劳无功，因为排除证据并不能有效地控制犯罪，结果也许会付出使人民受到伤害的惨重代价，并妨碍警察防止犯罪的努力。没有一个司法判决能够预料警民遭遇将会发生什么状况，我们只能根据不同的案情来判决。我们今天的判决并不表示我们准许警察的行为超过合法调查的范围。即使有了我们的判决，下级法庭还是有传统赋予法官防止警察的专横或骚扰行为的责任，同时还有防止警察违反宪法的要求，在没有客观理由的情况下取证而侵犯被告的个人权利。一旦发现这种行为，司法机构必须加以谴责，并把非法获得的证据排除在刑事审判的法庭之外。当然，我们允许警察有充分的事实根据合法、克制地进行调查，除了惩戒之外，我们还应该鼓励使用其他补救措施。

我们已经根据宪法概括了有关警察调查行为的辩论以及本案发生的背景，现在我们把注意力转向有关案情的一个问题：如果警察并没有合理的根据逮捕一个人，他是否可以拦截那个人，并有限度地搜身，看有没有武器。

因为这个问题的范围非常狭窄，在没有合理的根据逮捕一个人的情况下，我们无需梳理宪法限制的细节，然后再确定警察与路人遭遇时行使执法权力的范围。

第二部分

我们面临的第一个任务是需要确定警民遭遇在哪一个时间点才变得跟第 4 修正案有关。换言之，我们必须确定麦克法登警员在什么时候才算"扣留"了泰瑞，后来在什么时候才算"搜查"了泰瑞。而有人则建议应该用"拦截"和"搜身"，因为警察"搜身"和"拦截"还算不上宪法定义的"搜查"和"扣留"，所以不在第 4 修正案的管辖范围之内。我们强烈反对这种说法。第 4 修正案明文管辖"扣留"个人，最后并不一定把嫌疑人抓到警察局并检控他犯罪，后者是传统意义上的"逮捕"。我们必须认识到，只要警察上前跟一个人搭讪，而且不让他自由地离开，那就算"扣留"了那个人。如果警察从上到下仔细地检查一个人的外衣，看他是不是携带武器，谁还能狡辩那不算"搜查"呢？此外，如果警察在大街上让一个人无助地面对墙壁，举起双手接受搜查，难道那还只是"微不足道的侮辱"吗？那是一种严重的人身侵犯，非但让人感觉到奇耻大辱，而且还使人憎恨，没有人会毫不在乎。有人认为"截停"和"逮捕（或称扣留）"之间有区别，"搜身"和"搜查"之间有区别，这种逻辑有两种危险性。区分的目的是想让警察和公民遭遇的开始阶段免受宪法的审查。如果我们根据第 4 修正案采用一种死板的"不全有则全无"的理由和法规模式，那将会混淆宪法对警察采取行动和执法范围的限制。本庭曾判决，搜查也许一开始是合理的，但是如果搜查的仔细程度和范围一旦超过了可以容忍的限度，那就违反了第 4 修正案。如果一开始的情况允许警察搜查，此后的搜查必须"严格限于并符合"一开始的情况。

所谓"截停和搜身"的经典理论将转移我们根据第 4 修正案调查的注意力，那就是在什么情况下政府才可以合理地侵犯公民人身权利。"搜查"和"扣留"这两个词并非护身符。有人认为只要警察的行为还没达到"技术性逮捕"或"全面彻底搜查"，就不在第 4 修正案的管辖范围之内，我们驳回这种说法。

在本案中，当麦克法登警员拦下请愿人，并从上到下摸了一遍他的外衣，此时他已经毫无疑问地"扣留了"并"搜查了"请愿人。我们现在必须确定，在那个时间点麦克法登警员干扰请愿人的人身权利是否合理。如果我们想确定扣留和搜查是否"不合理"，我们的调查必须分两个步骤：警察的行动一开始是否合理；警察后来的行动范围是否符合一开始允许他干预的情况的要求。

第三部分

如果本案还涉及第 4 修正案有关搜查证的条款，我们还必须确定警察是否有"合理的根据"搜查和扣留请愿人。然而，我们认为本案并不涉及搜查证。我们并没有撤回过去的判决，那就是在可行的情况下，警察必须按照搜查证程序预先向司法机构申请搜查和扣留的许可。在绝大多数情况下，如果警察未能预先申请搜查证，那就必须有紧急情况为理由。但我们现在面临的是完整的一系列警察行动，巡警根据他在现场观察到的情况必须迅速地采取行动，在这种情况下我们历来不要求，而且在实践中也无法要求警察停止执法去按程序申请搜查证。因此，我们必须按照第 4 修正案禁止不合理搜查和扣留的标准来检验本案中警察的行动是否合理。

尽管如此，要求警察申请搜查证和要求警察有合理的根据仍然跟本案有关。为了评估麦克法登警员的行为是否合理，我们必须"把注意力先集中在政府的权益，那就是警察侵犯宪法赋予私人权利的理由"。因为我们"并没有现成的标准来检验警察的行为是否合理，所以我们只能在搜查（或扣留）的必要性跟搜查造成的侵权两者之间权衡"。为了支持某种侵权行为，警察必须提出具体而且可以用语言表达出来的事实，以及他根据事实所作的合理判断，来说明他的侵权行为是合理的。为了使第 4 修正案变得有意义，就必须保证有中立的法官来审查执法人员的行为，根据具体的情况来评估搜查和扣留是否合理。在评估过程中，我们必须用客观标准来判断：根据警察在扣留和搜查当时所掌握的情况，"一个谨慎且有理性的人是否会相信"他采取的行动是恰当的？如果低于这个标准，那就相当于邀请警察仅凭无法言表的直觉侵犯宪法保护的权利，这种结果是本庭不能容忍的。此外，仅凭"实施逮捕的警察的诚信和善意是不够的。如果我们用主观的诚信和善意做检验的标准，第 4 修正案的保护将会烟消云散，人民的人身、住所、文件和物品免受不合理搜查和扣留的权利将会由警察来酌情决定"。

根据这些原则，我们首先考虑本案所涉及的政府利益的性质和程度。当然，政府的主要利益是有效地防止和查处犯罪，即使警察没有可靠的根据逮捕一个人，也可以在适当的情况下用适当的方法拦截，调查那个人是否有犯罪的行为。当麦克法登警员决定拦截请愿人和他的同伙时，他就是在行使这种合法的调查权。他观察到泰瑞、其尔顿和卡兹的一系列行动，也许每一个行动本身看起来都很正常，但是把所有的行动都加在一起就值得进一步调查了。两个人站在街角上并不反常，也许他们在等一个人。无论一个人还是两个人，在街上来回闲逛也没有什么可疑的。此外，商店的橱窗本来就是让路人看的。但是，本案的情况就不同了，两个人从一个街角来回走了相当长一段时间，显然他们俩并不是在等什么人或什么东西；这些人在同一条路线上轮流地来回走，停下来看同一个橱窗 24 次之多，每走完一次两个人就立即在街角交谈，有一次还有第三个人加入他们的谈话，然后匆匆离开；最后两个人跟随第三个人的方向走两条街与第三个人汇合。作为一个在这个街区有 30 年反盗窃经验的警察，如果他还不上前继续调查那就是玩忽职守了。

然而，本案的重点并不是麦克法登警员调查请愿人可疑行为的方法是否妥当，而是在调查的过程中是否有理由侵犯请愿人的人身权利，搜查请愿人的身上是否有武器。我们关心的不仅是政府调查犯罪行为的权益，此外警察还有更为迫切的利益，他们必须采取措施保证被拦截的人身上没有武器，以免被他们枪击甚至丧命。要求警察在执行公务时承担不必要的风险显然是不合理的。美国的罪犯有持械暴力犯罪的传统，每年都有许多执法人员在执行公务时被杀，受伤的更是数以千计，几乎所有的死亡和绝大部分的受伤都是枪和刀造成的。

基于这些事实，即使执法人员没有合理的根据逮捕嫌疑人，他们也必须保护自己和其他潜在的受害人，我们不能对此视而不见。如果警察有理由相信被调查的嫌疑人可能携带武器，可能对警察和周边的人有危险，警察应该有权力采取必要的行动，确定嫌疑人是否有武器，以避免人身伤害的危险，所以剥夺警察的搜查权显然是不合理的。

然而我们还是应该考虑警察侵犯人身权利的性质和程度，如果没有合理的根据逮捕嫌疑人，我们还是应该接受警察搜查武器的权力。尽管摸索外衣搜查武器很简略，也还是构成严重的侵犯人身自由，搜身肯定是一种极其令人讨厌、可怕和羞辱的经验。请愿人辩称，只有在逮捕时才能允许这种侵犯人身的搜身，或者涉及持有武器罪，或者犯罪已经发生而导致警察调查。但是我们必须仔细审查这种论点。

请愿人并没有辩称如果警察没有合理的根据逮捕就不应该调查可疑的情况；他也没有否认警察在调查过程中可能遇到嫌疑人携带武器的风险。此外，请愿人也没有说警察搜查嫌疑人身上是否有武器都是不对的。他的论点是，如果警察不等到有合理的根据逮捕嫌疑人就先搜身是不合理的。请愿人认为只有逮捕之后，警察才有权附带搜查武器、赃物、犯罪工具或犯罪证据。

然而，以上的论点有两个弱点。

一是，请愿人没有考虑到传统上法律对搜查范围的限制，没有认识到逮捕附带搜查的目的、性质和程度跟仅限于搜查武器有什么区别。逮捕附带搜查的理由是保护警察免予被隐藏的武器伤害，所以可以比较彻底地搜查嫌疑人的身体。然而，如果没有合理根据逮捕嫌疑人，警察就必须严格地按照紧急情况的要求仅搜查武器。所以搜身仅限于搜查隐藏的武器，以免嫌疑人用武器伤害警察和周围的人，所以尽管搜查武器也是一种严重的人身侵犯，但是要比"全面"搜查简略得多。

二是，请愿人的错误在于，他假设有关逮捕的法律已经权衡了两种对立的权利，那就是在调查过程中降低警察的危险和维护个人尊严之间的矛盾，但事实并非如此。逮捕对人身自由的侵犯跟有限地搜查武器完全不同，而且两者所保护的利益也大不相同。逮捕是检控犯罪的开始，是社会惩罚违反法律的行为，所以被捕嫌疑人的人身和行动自由还将继续被侵犯，一直持续到开庭审判。而保护性的搜查武器虽然侵犯人身自由，但属于比较轻微地侵犯个人尊严。如果警察在评估事实后相信嫌疑人已经犯了罪或正在犯罪，才可以依法逮捕他，但这并不等于说，即使警察没有足够的证据逮捕嫌疑人，也同样有理由侵犯嫌疑人的人身自由。此外，在警察得到足以拘捕一个人的信息之前，他可能早就感觉到可能会有危险。请愿人所援引的案例中检验合理性的标准是有关逮捕和搜查之后的"扣留"，而不是仅限于武器的搜身。请愿人的假设是，无论"扣留"还是仅限于武器的搜身，都同样保护了社会的利益并侵犯了人身自由，这就忽视了一个重要的问题，那就是如何根据第 4 修正案具体分析某种行为是否合理。无论警察有没有合理的根据逮捕嫌疑人，他都有理由相信嫌疑人是一个危险人物且可能携带武器，但是因为在这类案件中我们必须权衡警察和个人的利益，所以我们认为警察为了保护自身安全而搜查武器的权力应该有严格的界限。当然，警察并不需要绝对肯定嫌疑人身上携带了武器，问题是在当时的情况下，一个谨慎而合理的常人是否会觉得嫌疑人对他或周围的人有危险。为了确定警察在当时的情况下采取的行动是否合理，警察一开始说不清楚的怀疑或"直觉"并不重要，重要的是警察根据他的经验和当时的情况作出的合理推断。

第四部分

现在我们讨论麦克法登警员的行为，来确定他搜查和扣留请愿人的整个过程是否都合理。他看见泰瑞、其尔顿和另一个人的行为可能是"抢劫"前的踩点。麦克法登在一审法官面前详细地叙述了当时的情况，我们认为一个谨慎而合理的常人会觉得请愿人可能携带了武器，对调查的警察可能有危险。泰瑞和其尔顿的行为符合麦克法登的怀疑，那就是他们准备在光天化日之下实施抢劫，因此我们可以合理地假设他们在抢劫的过程中将会使用武器。从麦克法登一开始注意他们，直到他上前表明自己的警察身份，没有任何事情能使他消除那种怀疑。尽管那三个人离开了一开始踩点的地方，但这并不表示他们放弃了抢劫那家商店的计划。因此，当麦克法登警员在另一家商店橱窗外接近那三个嫌疑人时，他已经了解了足够的情况，完全有理由相信他们可能携带了武器。当麦克法登上前打招呼，亮出他的警察身份，并问他们的姓名，这一切并不能消除他对三个人可能携带武器的怀疑。当麦克法登扣留泰瑞并从上到下摸他外衣找武器的时候，我们不能说那是一种空穴来风的想象或纯属骚扰的行为。案卷中的证据显示，一位冷静的警察在调查过程中必须迅速作出决定，如何保护他自己和周围的人安全，而且他采取的行动是有限的。

当然，扣留和搜查的方法也是非常重要的，因为我们将确定他的行为是否合理。除了限制政府在什么情况下可以采取行动之外，第 4 修正案还限制政府行为的范围。排除证据规则的目的是威慑违反第 4 修正案的行为，这条规则的依据是一种假设，"如果我们限制非法获得的证据，就能限制非法取证的行为本身"。因此，如果扣留和搜查的范围超过了扣留和搜查的起因，那么不合理搜查获得的证据将不能呈堂作证。

然而在本案中，我们并不需要进一步讨论第 4 修正案对保护性扣留和搜查所作的限制，因为那些限制因每个案件的情况不同而各异。如果警察依法逮捕嫌疑人之后附带搜查，其目的是防止犯罪的证据消失或被摧毁，而本案的搜查情况不同。本案搜查的目的是保护警察和周围的人，所以侵犯嫌疑人的人身自由的范围必须被限制在寻找隐藏的枪支、刀具、棍棒或其他可以用来伤害警察的器具。

根据上述的标准，本案搜查的范围并没有严重的问题。麦克法登警员只是从上到下摸了请愿人和他同伙的外衣，并没有把手伸进他们的口袋或外套里面，在感觉摸到武器之后，他只是伸手把枪掏出来。除了摸外衣之外，他根本就没有侵犯卡兹的人身，因为他从上到下摸外衣的时候并没有感觉到里面可能有武器。麦克法登警员把搜身严格限制在最低限度，完全是为了搜寻武器，一旦觉得有武器才把武器取出。他并没有全面搜查罪证。

第五部分

我们认为，一审法庭接受从泰瑞身上搜出来的左轮枪作为有罪证据是正确的。当麦克法登警员扣留请愿人并搜查武器时，他有合理的依据相信请愿人可能有武器并且是危险的，所以为了保护自己和他人的安全，他有必要采取果断措施弄清真相并消除人身伤害的风险。警察小心地限制搜查的范围，仅限于寻找他想找的东西。当然，判决每一宗类似的案件都取决于具体的案情。我们今天仅判决如下：当警察看到反常行为时，他可以根据经验合理地认为犯罪行为也许就要发生，嫌疑人可能有武器而且是危险的，在调查的过程中，他表明了自己的警察身份并上前询问。在遭遇开始时，他为自己和他人的安全担忧是合理的，为了保护自己和周围的人，他有权在有限的范围内搜查嫌疑人的外衣，看嫌疑人是否携带了可能伤害他的武器。根据第 4 修正案，这种搜查是合理的，从嫌疑人身上搜查出来的武器可以呈堂作为有罪的证据。

维持原判。

布拉克大法官附和判决，除了判决书中援引的卡兹诉美国案（Katz v. United States）和沃登诉海登案（Warden v. Hayden）的附和判决。

哈兰大法官附和。

尽管我毫无保留地同意本庭的最终判决，我还是觉有必要再补充几点。我之所以要这么做，是因为随着一个新的法律领域的发展，本庭今天的判决将对全国的执法人员和法庭起指导作用。

警察虽然有权在街上"截停"路人并"搜身"寻找武器，但是这种权利受到第 4 修正案的束缚。我同意本庭的判决，尽管警察的权力并不需要有效的搜查证，也无需合理的根据，但是警察必须如实告诉法庭，证明他的行为在当时的情况下是合理的。因为本案和绝大多数类似案件的争议是，法庭是否应该接受搜身得到证据，所以我们面临的问题是搜身的行动本身是否合理。

如果俄亥俄州的法律规定，尽管警察无法用言语表达的怀疑还不足以构成合理的根据，但警察还是可以对可能携带武器的嫌疑人搜身并没收搜出来的武器，根据宪法我认为警察的行为是合理的。隐藏的武器对公众造成威胁，尽管这种危险也许并不能支持日常的全面搜查武器，但是警察有理由在并不完全"确定"的情况下搜查武器。我之所以提到这种分析，是因为我必须指出，日常全面搜查武器并不适用于本案。根据案卷里的证据，俄亥俄州并没有授权警察仅出于怀疑就可以随意搜身并没收搜出来的武器。因为没有州政府的授权，警察并不比其他公民有更大的权力，他们的权力仅限于"从上到下地摸"路人的外衣，或是随便问一些问题而已。因此，俄亥俄州法庭并没有讨论麦克法登警员采取必要的行动来保护自己和公众不受武器的伤害是否符合宪法。

州法庭的判决是，当警察在执法过程中依法盘问一个可能具有危险的嫌疑人，他的权力来自当时情况的需要，而不是为了保护自己的安全就可以搜身并解除武装的广泛权力。我同意这一判决，并相信本庭也同意这一判决，因为这是维持原判的唯一使人满意的依据。然而，这一判决还有两条合乎逻辑的推理，我认为本庭并没有充分表达出来。

一方面，如果警察在遭遇公民时为了保护自己而搜身，他截停公民并盘问必须符合宪法。包括警察在内的任何公民都有权避免他所认为的危险人物。如果警察为了保护自己而有权解除他人的武装，他首先必须有权利不回避那个人，而是上前面对他。每个公民都有权向别人提问，被问的人同样也有权不回答并走开，即使问话的人为了保护自己而想搜对方的身，被问的人根本无须让问话的人搜身，但警察的权力大于普通公民的自由权。我必须明确指出，本案中警察搜身的权力取决于他截停一个人调查犯罪的嫌疑是否合理。

如果截停路人是合理的，而且警察能用语言表达出截停的原因是怀疑嫌疑人可能暴力犯罪，他就自动地有立即搜身的权力。就像警察依法逮捕嫌疑人之后无需其他理由就可以全面搜查嫌疑人一样，警察依法截停嫌疑人之后无需其他理由马上就可以有限地搜身。如果警察怀疑嫌疑人可能犯了严重的罪行，我们没有理由要求警察依法截停嫌疑人之后必须先提问，因为等待答案的风险很可能是一发子弹。

另一方面，本案的案情描绘了如何正确地截停嫌疑人和附带的搜身。尽管麦克法登警员并没有合理的根据逮捕泰瑞，但是作为一个经验丰富且谨慎的警察，他观察到的情况使他怀疑泰瑞可能将实施抢劫。因为他的怀疑是有理由的，宪法允许他与泰瑞搭讪，短暂地限制他的行动自由并盘问他。除了怀疑泰瑞将实施暴力犯罪之外，麦克法登截停泰瑞时并没有理由假设泰瑞可能携带武器。麦克法登问泰瑞叫什么名字，但泰瑞"含糊其词"。此时麦克法登并没有请他说话大声一点，也没有给他机会解释他在那个地方想干什么，而是强迫对他搜身。

我维持下级法庭原判的原因与本庭的原因相同，但是我明确指出，维持原判表示我确认了本案的事实。麦克法登警员之所以有权限制泰瑞的行动自由并侵犯他的隐私，是因为当时的情况迫使他截停泰瑞，目的是防止并调查泰瑞是否已经犯罪或准备犯罪。一旦警察有理由截停嫌疑人，他自动就有权采取适当的措施来保护自己的人身安全。

根据上述的理由，我加入本庭的判决。

怀特大法官附和。

我加入本庭的判决。但是本庭在执行第 4 修正案的过程中对排除证据规则的范围和目的做了一些泛泛的规定，对此我持保留意见。

此外，尽管在本案中本庭并没有提到排除证据规则的范围和目的，我还是想讨论一下截停调查的过程中应该如何盘问嫌疑人。宪法并不禁止警察在街上向路人提问。如果没有特殊情况，警察无权扣留路人或搜查他的身体，而且路人可以拒绝配合并离开。但是在类似本案的情况下，我觉得警察可以短暂地扣留路人并盘问他。当然，路人并没有义务回答警察的问题，警察也不能强迫路人回答问题，但是拒绝回答会使警察更注意他。我认为，如果情况允许警察暂时扣留路人，警察就有权为了保护自己的安全而搜查路人身上是否有武器。无论警察是否盘问，搜身对警察是有利的。如果发现武器，警察就可以逮捕路人。

即使路人身上并没有武器，搜身也可以起到预防的作用。如果警察只是短暂地扣留路人并只问了一些有关的问题，他并没有侵犯路人的宪法权利。

道格拉斯大法官反对。

按照第 4 修正案的意思，我认为请愿人是被"扣留"了。我还认为警察对请愿人和他的同伙们搜身找武器构成"搜查"。我不理解对请愿人的"搜查"和"扣留"怎么可能不违反宪法，除非警察有"合理根据"[①]相信（1）犯罪已经发生，或（2）犯罪正在发生，或（3）犯罪即将发生。

本庭的判决表明并不存在"合理根据"。如果在街上闲逛是犯罪，那么就应该有"合理根据"。但是本案的罪行是携带隐藏的武器，而警察并没有根据判断嫌疑人正在犯罪。即使警察申请搜查证，行政法官也将无权签发搜查证，因为只有当警察提出"合理根据"时法官才有权签发搜查证。然而本庭今天判决警察比法官的权力更大，在没有法官授权的情况下就可以"扣留"并"搜查"，这跟我们过去反复说的相反。

换言之，迄今为止，警察不得无证逮捕或搜查嫌疑人，除非他掌握的情况能够满足宪法规定的合理根据的标准。在无证扣留时，警察必须掌握有关被捕嫌疑人的事实，那些事实必须能够满足行政法官审查"合理根据"的标准。"合理根据"一词比"合理怀疑"[②]更具有肯定性。此外，"合理根据"的意思深深扎根于我们的宪法史中。正如我们在亨利诉美国案（Henry v. United States）中所说：

"对合理根据的要求深深地扎根于我们的历史中。空白逮捕证并没有填入被捕人的

[①] 此处"合理根据"的英文是"probable cause"，其中 probable 是很有可能的意思。——译者注

[②] 此处"合理怀疑"的英文是"reasonable suspicion"，比"合理根据"（probable cause）要弱许多。其中 reasonable 意为有理由的或能够理喻的，其强度不如"合理的根据"里的 probable。此外 cause 意为原因、理由和根据，其强度高于"合理怀疑"里的 suspicion。——译者注

姓名，此外还有协助执行令，都被詹姆斯·奥提斯[1]（James Otis）痛斥，因为两者允许警察暴虐执法，仅凭怀疑就逮捕并搜查嫌疑人。如果不要求警察向行政法官提出'合理根据'，那么警察控制就超越了司法控制。"

"反对暴虐执法的哲学后来在第 4 修正案里反映出来。早期美国法庭的判决显示，在第 4 修正案通过之前和刚通过之后，谣言或报告、怀疑，甚至'充分怀疑的理由'都不足以支持签发逮捕证。这一原则至今仍然有效。"

"我们认为严格遵守有关合理根据的要求至关重要，因为宪法建立的标准既保护警察也保护公民。如果警察按照合理根据执法，即使无辜的公民受委屈，警察也不会受到法律的惩罚。依法逮捕嫌疑人之后，即使没有搜查证，警察也可以附带搜查嫌疑人。但是如果警察在没有逮捕证的情况下逮捕嫌疑人，附带搜查就必须有合理根据。如果我们扩大警察的豁免权，就势必会伤害公民的人身安全。"

如果警察遵守第 4 修正案，在"扣留"之前必须有合理根据，那么扣留对嫌疑人的权利造成的侵犯才可能是"合理的"。合理根据是一条界线，一面只是警察揣测的端倪，另一面则是警察掌握的实际情况足以说服一个合理的常人，他逮捕的那个人已经、正在或即将犯下具体的罪行。"合理根据的含义是概率[2]，而概率并非技术性的。概率是我们从日常生活的事实和实践中推断出来的，尽管合理而谨慎的常人并非法律专业人员，但他们还是会根据概率行事。"

如果我们给予警察的权力大于行政法官的权力，那我们就往专制的道路上跨了一大步。也许这一大步有利于对付现代社会的无法无天，但是假如我们想跨出这一大步，就必须让人民来选择并修改宪法。

第 4 修正案和第 5 修正案密切相关。在第 4 修正案之前，除非政府有合理的依据相信犯罪已经发生或即将发生，个人的人身和物件不受政府部门的侵犯。

在历史上，有人一直对本庭施加压力，试图迫使本庭削弱宪法的保障并给予警察更大的权力。这种压力今天到了极点。

但是假如个人不再是神圣不可侵犯，假如警察看谁不顺眼就可以把他拦下，假如警察可以酌情"扣留"并"搜查"他，那我们就进入了一个新时代。至于是否要进入那个新时代，我们必须让全国人民通过辩论来决定。

---

[1]　1725-1783，美国律师、政治活动家和立法议员。——译者注

[2]　"概率"在英文里是"probability"，合理根据是"probable cause"，probability 和 probable 是同意词根派生出来的，所以合理根据 probable cause 也可译成"大概率的根据"。——译者注

库里奇诉新罕布什尔

Coolidge v. New Hampshire

403 U.S. 443（1971）

1971 年 1 月 12 日辩论；1971 年 6 月 21 日判决。

发给新罕布什尔最高法庭的调卷令。

摘要：

1964 年 1 月 28 日，警察去请愿人家询问有关一宗谋杀案的事情。谈话过程中他给警察看了 3 把枪，并同意在 2 月 2 日测谎。测谎的结果对谋杀案并不确定，但在测谎过程中请愿人承认有过盗窃行为。趁他不在家时，两个警察去请愿人家询问其妻子，核对请愿人所说是否属实，并请她证实请愿人承认的盗窃案。因为不知道其他警察已经去过请愿人家并看见过他的枪，那两位警察问请愿人的妻子家里是否有枪，她给警察看了 4 支枪，并同意警察把枪带走。起先一位警察婉拒，但后来还是带走了枪，此外还带走了一些请愿人妻子给警察的衣物。2 月 19 日，请愿人因涉嫌谋杀在家被捕。当天警察局长还申请搜查证搜查请愿人的汽车，搜查证是检察长以治安法官的身份签发的（他已经负责开始调查，而且后来是本案的首席检察官）。逮捕嫌疑人时，汽车就在嫌疑人家的车道上，被拖到警察局。2 月 21 日，警察搜查了汽车，一年后又搜查了两次。警察用吸尘器从请愿人车内和衣物上吸取的灰尘成为庭审的证据，此外请愿人妻子给警察的一把枪也成为庭审的证据。开庭前请愿人提出动议要求排除物证被法庭拒绝，并被判有罪，州最高法庭维持原判。

判决：

1. 搜查和扣留请愿人汽车的搜查证不符合第 4 修正案的要求，因为搜查证并不是"中立且公平的行政法官"签发的。第 4 修正案通过第 14 修正案也适用于各州。

2. 宪法的基本规则是："根据第 4 修正案，未经法官或行政法官提前批准，在司法程序之外进行的搜查本质上不合理，除了少数明确定义的例外。"

根据本案的事实，警察无证搜查和扣留请愿人的汽车不属于例外的情况。

（a）因为请愿人是在家里被捕的，所以扣留请愿人停在车道上的汽车并不是抓捕行动的一部分。即使假设警察在逮捕请愿人的当时可以无证搜查汽车，他们也不能把车拖走之后想什么时候搜查就什么时候搜查。

（b）警察早就知道汽车可能跟谋杀有关，请愿人完全有机会毁灭罪证，请愿人被捕时房子有人守卫，请愿人无法接触到汽车。无论是在逮捕的当场搜查汽车，还是把汽车拖走之后再搜查，警察都没有理由无证搜查汽车。此外，卡罗尔诉美国（Carroll v. United States）和钱伯斯诉马罗内（Chambers v. Maroney）这两宗案件中有关搜查汽车的例外显然都不适用于本案。

（c）在某些情况下，即使没有搜查证，警察也可以扣留"放在明处"的证据，但必须是无意中发现证据。但这一例外并不适用于本案，因为警察完全有机会申请搜查证，而且早就知道汽车的型号和地点，当他们进入请愿人家的时候已经准备扣留汽车，何况车内并没有违禁物品或危险品。

3. 2月2日，警察造访请愿人的妻子并得到了请愿人的枪支和衣物，因为警察并没有搜查，所以无需搜查证。警察并没有威胁或控制请愿人的妻子，所以警察没有义务拒绝接受她交给警察的枪支和其他物证，因为她并不是警察的工具或代言人。

推翻原判并发回重审。

斯图亚特大法官发表判决；博格首席大法官（第三部分）、哈兰大法官（第一部分、第二部分D和第三部分）和道格拉以及马歇尔大法官加入判决；哈兰大法官发表附和判决；博格首席大法官既发表附和判决也发表反对判决；布拉克大法官既发表附和判决也对第一、第二、第三部分发表反对判决，对此博格首席大法官和布拉克曼大法官加入；怀特大法官既发表附和判决也发表反对判决，博格首席大法官加入。

斯图亚特大法官代表本庭发表判决。

请愿人要求我们决定有关第4和第14修正案的争议，起因是州法庭审判的一起特别残忍的谋杀案。就像其他案件一样，我们唯一的义务就是根据宪法和法律判决争议。

帕梅拉·梅森是一位14岁的女孩，家住新罕布什尔曼彻斯特，1964年1月13日晚，她在一场暴风雪中离家，显然是因为一个男人打电话找一位看孩子的保姆，她便去应征。8天后雪融化了，她的尸体在几英里外一条南北走向的公路边被发现，她被谋杀了。这宗谋杀案在当地引起了恐慌，警察立即开始大规模调查。

1月28日，请愿人的邻居告诉警察，女孩失踪的那天晚上请愿人库里奇不在家，于是警察便去他家询问。警察问请愿人是否拥有枪支，他拿出3支枪，其中2支霰弹枪，1支步枪。警察还问请愿人是否愿意被测谎，内容和在女孩失踪那天晚上的行动有关，他同意星期天休息时去测谎。警察后来说请愿人的态度完全"配合"。整个问话的过程中，请愿人的妻子一直在场。

星期天早上，警察打电话给库里奇，让他先到警察局，然后一起乘车去康考德镇测谎。当天晚上，两位便衣警察去库里奇家，库里奇的夫人和母亲在家等他回来。这两位警察不是先前造访的那两位，他们不知道库里奇上次已经让两位警察看过他的枪。便衣警察告诉库里奇夫人她丈夫有"很大的麻烦"，然后开始询问。在问话过程中，库里奇夫人给他们 4 支枪，还有帕梅拉·梅森失踪那天晚上库里奇穿的衣服。

当晚，库里奇因为另外一宗案子被拘留，第二天被释放。在后来的两个半星期里，政府积累了大量的证据，显示库里奇杀死了帕梅拉·梅森。2 月 19 日，警察和州检察长开会研究调查的结果。检察长亲自负责谋杀案的调查工作，后来在庭审时担任首席检察官。与会人员认为有足够的证据逮捕库里奇，并搜查他的家和两辆汽车。会议结束时，曼彻斯特警察局长宣誓申请逮捕证和搜查证。申请汽车搜查证的宣誓书说："根据所附证据，我们有理由怀疑并相信某些犯罪的物证被隐藏在嫌疑人的 1951 年庞蒂亚克双门轿车里。"

检察长本人以治安法官的身份签署了逮捕证和搜查证。根据当时新罕布什尔州的法律，所有的治安法官都可以签发搜查证。

签发逮捕证和搜查证的当天警察就在库里奇的家里逮捕了他。库里奇夫人问警察她是否可以留在家中照顾孩子，警察告诉她必须离开家，因为警察认为记者可能骚扰她。然后，她问警察是否可以把她的车开走，警察说两辆车都被扣留了，警察可以开车送她。稍后，警察打电话给拖车公司，两个半小时后，两辆车被拖到警察局。逮捕库里奇时，尽管天已经黑了，但是从街上和库里奇家里都能看到那两辆汽车。2 月 21 日，警察搜查了那辆 1951 年庞蒂亚克，并在车内吸取了灰尘。后来警察又在 1965 年 1 月和 4 月再次搜查了那辆车。

在陪审团审判谋杀案时，警察提交了从庞蒂亚克汽车里吸取的灰尘，包括火药的微粒，试图通过显微分析证明帕梅拉·梅森很可能坐过库里奇的车。此外的证据还包括警察星期天从库里奇家中带走的一支 0.22 口径步枪。至于从帕梅拉·梅森体内发现的子弹是不是从库里奇的枪里射出，控辩双方的证词有冲突。最后检方提交了从库里奇衣服上吸取的灰尘，试图通过显微分析证明衣服很可能跟帕梅拉·梅森的身体接触过。开庭前，库里奇的律师通过动议要求排除所有上述证据，审判法官上报到新罕布什尔最高法庭，动议被最高法庭否决，于是证据被审判庭接受。陪审团判决库里奇有罪，刑期是终身监禁。新罕布什尔州最高法庭维持原判。我们颁发调卷令考虑审判庭接受对库里奇不利的证据是否符合宪法。

第一部分

请愿人的第一个诉求是，确认警察据以搜查他的 1951 年庞蒂亚克汽车的搜查证无效，因为搜查证不是"中立且公平的行政法官"签发的。因为我们同意搜查证是无效的，所以就无需再考虑申请搜查证的誓词是否毫无根据，从而违反了宪法规定的有关标准。有关第 4 修正案要求的申请搜查证的誓词，杰克逊大法官在约翰逊诉美国案（Johnson v. United States）的判决书中叙述如下：

"第 4 修正案的要点常被狂热的警察攻击，其实第 4 修正案并不是拒绝执法人员从证据中合理推断出来的理由。第 4 修正案要求一位中立且公平的行政法官从证据中合理推断，而不是由侦查犯罪的警察来判断。即使假设证据足够说服一位公平的行政法官签发搜查证，警察也不可以因此就无证搜查，因为那样便否定了第 4 修正案，家庭的安全将完全由警察来决定。当个人隐私权必须合理地服从警察的搜查权时，我们必须遵循一条规则，那就是搜查必须由法官来决定，而不是由警察或政府的执法官员来决定。"

在本案中，警察是否有合理的根据是由"政府的首席执法官员"来决定的，那就是州检察长，他非但积极地负责调查，而且后来在庭审时还担任首席检察官。他的决定固然写着"搜查证"而成为正式，而约翰逊案中并没有这么一张纸，但州政府并没有因此而试图人为地确认搜查证是有效的。州政府辩称，根据当时的州法，检察长无疑有权以治安法官的身份来签发搜查证，而且他采取的行动确实也符合一个"中立且公平的行政法官"的要求。州政府还辩称，任何行政法官遇到曼彻斯特警察局长提交的证据都应该会签署搜查证。对于州政府的第一个论点，我们根本无需对本案的情况具体评估，因为本案中的检察长是最没有资格签署搜查令的。我们并非不尊重涉及本案的州政府执法官员，杰克逊大法官表达的基本规则很清楚，我们根本无法要求检察官和警察在他们自己调查的案件中保持中立，因为他们从事的"竞争性事业"肯定要求他们单方面思维。州政府辩称，因为有合理的根据，所以警察是否遵守搜查证的程序已经毫不相关了。对于这一论点，我们援引 1925 年判决的阿格奈罗诉美国案（Agnello v. United States）的判决就足够了：

"警察称他们相信物证被藏在家中，无论这种看法有多充分的根据，都不能成为无证搜查的理由。尽管有合理的根据，无证搜查都是非法的。"

另外，在琼斯诉美国（Jones v. United States）和银棘木材公司诉美国（Silverthorne Lumber Co. v. United States）两宗案件中本庭判决，"即便通过合法的手段也能达到同样的结果，我们还是要保护人民不被非法搜查和扣留的权利"。

但是新罕布什尔最高法庭维持有罪判决依据的理论是，尽管本案签发搜查证的程序明显地违反了第 4 修正案的标准，但第 4 修正案是针对联邦政府的，而第 14 修正案并不禁止州政府这么做。这一立场的前提是，本庭在判决科尔诉加利福尼亚案（Ker v. California）时曾说过：

"调查本案涉及的搜查和扣留之前，先指出马普诉俄亥俄案（Mapp v. Ohio）没有决定的争议也许会对我们有帮助。首先，有关联邦刑事审判能否接受证据的原则并不仅来源于宪法。在监督联邦法庭的刑事司法过程中，本庭还制定了适用于联邦刑事检控的证据规则。"

"但是麦克纳布诉美国案（McNabb v. United States）和马普案并未假定本庭有监督州法庭的权力，所以并未表示要用联邦法来取代有关逮捕和搜查的州法。马普案非但没有敲响联邦主义的丧钟，相反还与埃尔金斯诉美国案（Elkins v. United States）的感情产生了共鸣，'健康的联邦主义取决于避免州和联邦法庭之间不必要的冲突'，这就要求联邦和州法庭根据宪法合作解决犯罪的问题，而且双方都有义务遵循相同的基本标准。"

州政府称，在搜查发生的当时，新罕布什尔州法允许执法官员自己签发搜查证，这条法律是"有关逮捕、搜查和扣留的可行规则，可以满足各州有效地调查和执法实践的要求"，给执法官员的授权来自科尔案。

从科尔案庭审时警察的证词来看，这种程序对警察来说是可行的。

"法庭：你的意思是，搜查证是另一位警察签署的？"

"证人：是的。库图尔、舍亚和洛夫伦队长也是治安法官。"

"法庭：好的，警长。你的答案是说，你根本无需离开警察局去找治安法官？"

"证人：我们的政策从来就是无需离开警察局。"

"问：哦。你们的政策和经验是让一位警察同仁以治安法官的身份签发搜查证？"

"答：我们一直是这么做的。"

以上的对话如此直率，我们无需进一步讨论。现在已经被新罕布什尔州废弃的签发"搜查证"的方法违反了第4和第14修正案的基本前提，这一前提早在科尔案和马普案之前就明确地建立了，正如法兰克福特大法官在沃尔夫诉科罗拉多案（Wolf v. Colorado）中所说：

"个人隐私的安全不受警察随意侵犯是第4修正案的核心，也是自由社会的基础。因此，隐私的安全包含在'有序自由的概念'之中，通过正当程序条款而适用于各州。无论白天还是黑夜，敲门是搜查的前奏，如果未经法律授权而完全让警察给自己授权，我们无需回顾最近的历史就应该谴责。"

因此我们得出一个必然的结论，扣留和搜查庞蒂亚克汽车是违反宪法的，因为搜查证是州政府的官员签发的，他既负责调查，也是本案的首席检察官。因为他不是宪法所要求的中立且公平的行政法官，搜查是站不住脚的，跟无证搜查毫无区别。如果州政府想证明搜查是合法的，那就需要其他的理论根据。

第二部分

州政府一共提出了三条不同的理论，试图把本案纳入某一种不要求搜查证的例外情况。在考虑这些理论时，我们不能忘记第4修正案的基本保证。一个世纪以前，布拉德利大法官在包爱德诉美国案（Boyd v. United States）的判决书中留下的遗训值得我们重温：

"也许这是一件可憎的事情，却以最轻微、最不使人反感的形式出现。然而非法和违宪的行为一开始都是这样站住脚的，那就是悄悄地逼近，轻微地偏离合法的程序。为了杜绝非法的行为，我们必须坚持一条规则，那就是我们必须宽松地解读宪法中有关人身和财产安全的条款。狭义地按字面解读将剥夺这些条款的一半效果，使宪法的权利逐渐贬值而成为一句空话。法庭的责任是保护公民的宪法权利不被政府隐蔽地侵蚀。"

因此，在人身和财产安全的领域中，宪法的基本规则是：

"根据第 4 修正案，未经法官或行政法官提前批准，在司法程序之外进行的搜查本质上不合理，除了少数明确定义的例外。"

例外都是"小心谨慎地规定的"，"任何人想得到豁免，都必须提出迫使他那么做的紧急情况。谁想得到豁免，就必须承担举证的责任，证明无证搜查的必要性。"在动乱时期，无论起因是犯罪、种族冲突或国内的颠覆活动，这条基本法律及其代表的价值观对有些人来说可能是不现实或"过分的"，但那是宪法基本概念起草者的价值观。他们所处的年代与我们现在的年代并非完全不同，但他们通过法律和宪法的手段在英国和通过革命在美国赢得了个人安全不被政府官员随意侵犯的权利。随着时间的迁移，人们的生活范围被缩小到城市化和工业化的世界，这种变化使第 4 修正案的价值更为重要。

A

州政府提出的第一条理论是，2 月 19 日合法逮捕库里奇时，警察"附带"拖走他的庞蒂亚克汽车，后来再搜查汽车。我们假定在家里逮捕库里奇是合法的，所以满足了无证"附带搜查"的条件。因为本案发生在 1964 年，我们根据奇麦尔诉加利福尼亚案（Chimel v. California）之前的法律来评估州政府的论点。奇麦尔案限制无证"附带搜查"的例外，因此援引奇麦尔案的判决是超前的。即便根据奇麦尔案之前的法律，州政府的立场也是站不住脚的。

在奇麦尔案之前，有关无证搜索的典型案例是美国诉拉宾诺维兹案（United States v. Rabinowitz），"该案认为如果在合法逮捕时'附带搜查'，则无证搜查的范围可以延伸到被捕个人'拥有'或控制的范围"。

在本案中，库里奇是在家中被捕的，他的汽车则停在户外的车道上。库里奇离开现场后警察才把汽车拖走，然后在两天后才搜查。

我们怀疑警察是否可以根据拉宾诺维兹标准在逮捕的同时搜查库里奇的汽车。即便按照拉宾诺维兹标准，本庭也曾数次判决：

"逮捕时可以附带搜查，前提是搜查必须几乎在逮捕的同时进行，而且范围仅限于紧靠被捕人的周围。"

这些案例清楚无疑地表明，在奇麦尔案判决之前，如果嫌疑人是在室外被捕的，警察就绝对没有理由搜查他的家。即使根据附带搜查的理论，如果嫌疑人是在家里被捕的，警察就不可以附带搜查室外或远处（汽车和"放在明处"的证据则属于例外，将在下面讨论）。

即便假定警察可以在家中逮捕库里奇的时候附带搜查停在车道上的庞蒂亚克汽车，普莱斯顿诉美国案（Preston v. United States）明确指出，法律不允许警察无证扣留并拖走汽车，然后想什么时候就什么时候搜查汽车。普莱斯顿案与本案的案情几乎完全一样，布拉克大法官在代表所有大法官发表的判决中说："被告一旦被捕在押，在别的地方无证搜查他的汽车根本不能算是逮捕附带的搜查。"

总之，附带搜查的理论根本不适用于本案。

B

为了使无证扣留和搜查庞蒂亚克汽车合法化，政府提出的第二条理由是，根据卡罗尔诉美国案（Carroll v. United States），如果有合理根据警察就可以无证搜查汽车。另外，根据我们去年判决的钱伯斯诉马罗内案（Chambers v. Maroney），根据卡罗尔案如果警察在逮捕的同时无证搜查汽车是合法的，警察还可以扣留汽车，并把车拖到警察局去搜查。但即使警察有合理根据搜查汽车，在本案中引用卡罗尔案也远远地背离了卡罗尔案的初衷。

卡罗尔案确实判决"警察可以无证搜查藏有并运输违禁品的汽车"，但前提是"扣留汽车的警察必须有合理的根据相信，他拦截并扣留的汽车正在非法地运输私酒"。

国会明确批准这种搜查，而且我们根据当时的历史背景曾多次指出：

"汽车是大规模违反国家禁酒令几乎不可或缺的工具，因为汽车本身就是犯罪工具，所以也成了违禁品。"

此后的两宗案例均涉及满载的汽车在公路上被拦截，并被警察搜查是否有私酒。本庭遵循了卡罗尔的案例并再次肯定卡罗尔案。去年我们在钱伯斯案中又援引了卡罗尔案。

卡罗尔案和后来遵循卡罗尔案的一系列案例的理论基础是：

"搜查商店、住房或其他建筑物与搜查船舶、快艇、马车或汽车里的违禁品是有区别的，警察很容易得到建筑物的搜查证，而申请汽车搜查证是不可行的，因为汽车可以很快地开走，一旦离开管辖区，那就必须重新申请搜查证。"

正如我们在钱伯斯案中所说，若有合理根据，"紧急情况"允许警察无证搜查"截停在高速公路上的汽车"，因为汽车是"可以移动的，车内的乘客已经警觉，如果警察必须申请搜查证，也许车里装载的物证已经消失了。搜查的机会稍纵即逝。"

然而在本案中，警察早就怀疑庞蒂亚克汽车可能跟犯罪有关，库里奇也知道他是梅森谋杀案的嫌疑人，但是他在整个调查过程中特别配合警察，而且也没有任何迹象显示他可能逃逸。他完全有机会毁灭任何有罪证据。此外也没有任何证据表明汽车在谋杀发生的晚上被用于非法目的，而且汽车一直停在他家的车道上，搜查汽车的机会根本不是"稍纵即逝"。警察想搜查车内的物品既不是赃物或违禁品，也不是危险品。

当警察去库里奇家逮捕他时，两个警察在后门把守，其余的警察在前门。库里奇自愿地打开前后门让警察进去，他在家中被捕，没有任何抗拒的行为。警察抵达家门口的时候，他根本无法接触到汽车。库里奇被带走后，警察告诉库里奇夫人她和孩子必须到别的地方去过夜，而且她不能开自己的车。两个警察开车把她送到亲戚家里，并一直在那儿待到半夜才走。库里奇家的两辆汽车被拖到警察局，两个警察留在库里奇家整夜看守。

"汽车"这个词可不是护身符，并不能使第 4 修正案淡出并消失。

本案和卡罗尔案完全不同，既没有可能逃窜的罪犯，也没有在高速公路上飙车逃逸的机会，更没有违禁品、赃物或武器可言，既没有同谋等着拿走证据，也没有警察看守熄了火的汽车。总之，我们不可能发挥法律的想象力，把本案也看成"申请搜查证是不可行的。"无论如何，我们无法给本案贴上"汽车例外"的标签。

逮捕库里奇的时候，警察无法以卡罗尔案为由无证搜查他的庞蒂亚克汽车，那么后来在警察局搜查汽车显然也是非法的，因为汽车例外不适用本案。上面提到的钱伯斯案也无助于警察，因为钱伯斯案的判决是，如果警察根据卡罗尔案截停并搜查汽车，也就可以扣留汽车，然后在警察局搜查。其实本案与戴克诉泰勒工具制造公司案（Dyke v. Taylor Implement Mfg. Co.）相仿。在戴克案中，警察逮捕被告时并无合理的根据扣留并搜查被告的汽车，所以后来在警察局搜查汽车就是非法的。在本案中，尽管警察有合理的根据，但并没有紧急情况允许警察无证扣留库里奇的汽车。就如戴克案一样，后来在警察局的搜查也是非法的。

C

为了使无证扣留和搜查庞蒂亚克汽车合法化，政府提出的第三条理由是，汽车本身就是"犯罪的工具"，所以在逮捕库里奇时，警察可以扣留停在房子旁边的汽车，因为汽车停放在明处。根据库珀诉加利福尼亚案（Cooper v. California），假如扣留汽车是合法的，无论有没有合理的根据，后来在警察局的无证搜查也是合法的。因为沃登诉海登案（Warden v. Hayden）认为"犯罪工具"和"仅是证据"之间并无区别，我们姑且假设警察有合理的根据扣留汽车。但我们认为"放在明处"的例外并不适用于本案的无证搜查。因为扣留汽车是不合法的，我们转而考虑库珀案是否适用于后来的搜查。

在某种情况下，警察可以无证扣留放在明处的证据，这一点已成定论。但我们必须记住，在绝大多数情况下，警察扣留的证据在扣留时都是放在明处的。问题是，无论搜查是否合法，"放在明处"的理论具有法律上的重要性，而不仅仅是任何搜查的附属物。

例如，警察出示搜查证在特定的地方搜查具体的物件，然而在搜查过程中看见其他犯罪的证据，"放在明处"的理论便适用这种情况。如果警察没有搜查证入侵放在明处的物件，却符合某种无证搜查的例外情况，扣留证据也就合法了。所以当警察对逃窜的嫌疑人"紧追不舍"时，可能在无意中发现证据。如果警察在逮捕嫌疑人时，在附带搜查的过程中看见某一物件，而根据现行法律搜查并没有超过搜查证限制的范围，警察无需搜查证就可以扣留该物件。最后，警察并没有搜查，却在无意中发现可以证明被告有罪的证物，那种情况也适用"放在明处"的理论。

"放在明处"的案例有一个共同点，那就是警察必须先有理由进入现场，然后才在无意中发现可以证明被告有罪的证据。这一理论的作用是为后来无意发现证据提供理由，例如有搜查其他物件的搜查证、紧追不舍、合法逮捕时附带搜查，或是搜查跟可能证明被告有罪的证据无关，但是有其他合法的理由进入现场并无证扣留证据。当然，只有当警察看见面前的证据时，才能合法地延伸初始进入现场的理由。只有当某种罪证浮现出来时，警察才能用"放在明处"的理论把搜查从一个目标延伸到另一个目标。

要求警察申请搜查证的目的是保护两种不同的宪法权利，若我们记住这一点，"放在明处"例外的理由就明显了。首先，行政法官审查的目的是完全杜绝没有合理根据的搜查。这一例外的前提是，任何侵犯个人隐私的搜查和扣留都是邪恶的，所以未经法官谨慎考虑搜查的必要性，警察不得侵犯个人隐私。其次，即使法官认为有必要搜查，也必须尽可能限制搜查的范围。对当年远渡重洋到美洲大陆的殖民者来说，最可怕的就是"全面搜查证"，问题不仅在于侵犯个人隐私，而是警察可以把个人物品翻个底朝天。为了防止发生这种情况，搜查证必须"详细地描述"将被扣留的物品。

"放在明处"的理论与合法搜查并无冲突，因为放在明处的物品只有在搜查过程中才会进入警察的视野。最初的搜查必须有搜查证，或是符合无证搜查的例外，如"紧追不舍"或合法逮捕嫌疑人时附带搜查，或是警察有合法的外部理由进入现场。最初的搜查一旦开始，扣押放在明处的物品就应该符合搜查证的第二个目的，那就是不能把最初的搜查变成全面的、翻箱倒柜的搜查。尽管"放在明处"的例外也轻微地违反了第4修正案，却显著地增加了执法的效率。若警察在合法搜查时无意发现一件证物，却要求警察置之不理，再去申请一张详细描绘的搜查证非但极其不方便，而且可能对证物和警察带来危险。

"放在明处"理论包含了局限性。首先，光是"放在明处"还不足以允许警察无证扣留证据。如上面所述的原则，如果没有"紧急情况"，警察不能光凭合理的根据就无证搜查或扣留证据。如果警察凭毋庸置疑的感觉断定犯罪嫌疑人的家里有犯罪的证物，这已经足以建立合理的根据。然而即便证物是违禁品，本庭也反复强调了最基本的规则，那就是警察不得无证扣押证物。

"放在明处"理论的第二个限制是，警察必须在无意中发现证物。刚才已经提到，这一例外的理论基础是，只有要求证物是无意中发现的，才不会把一开始合法的有限搜查变成一场"全面"搜查，因为要求警察为无意中发现的证物重新申请搜查证实在太不方便了。如果警察预先就知道证物在什么地方，并准备扣押证物，发现证物本来就是在意料之中，情况就完全不同了。要求警察预先申请搜查证并没有任何不便，至少在我们的司法体制下，并没有宪法认可的不便，因为如果没有"紧急情况"，无证搜查"本质上不合理"。如果警察明知证物在什么地方并准备扣留证物，而没有在最初的搜查证中提到这件证物，这就违反了宪法要求"搜查证必须明确地描述将被扣留的物品"。即使没有搜查证，若符合某种例外，例如"紧追不舍"或合法逮捕嫌疑人时附带搜查，警察也可以进行最初的搜查。但是如果警察预先就知道他们想扣留的证物既非违禁品、赃物或危险品，而且他们还知道证物就放在明处，如果警察把最初的搜查延伸到扣留放在明处的证物就违反了一条基本规则，那就是即便有合理根据也不能无证搜查。

根据上述的原则，警察显然不能用"放在明处"的例外来扣留庞蒂亚克汽车。警察有充分的时间申请搜查证，而且预先就知道汽车的型号和地点，并准备到库里奇家扣留汽车，而且本案并不涉及违禁品、赃物或危险品。

因为扣留库里奇的汽车是违反宪法的，所以后来在警察局搜查汽车也是违反宪法的。因为在无证搜查的过程中得到的证据被审判庭接受，所以库里奇的有罪判决必须被推翻，本庭命令此案发回重审。

D

怀特大法官在他的反对意见中挑战我们对"汽车"和"放在明处"这两个无证搜查例外的解释。如果我们在双方之间画一条线，其实双方的立场往往并没有很大的区别，怀特大法官对两个例外的看法其实贯穿了一个主题。因为这个主题围绕人们对第4修正案的含义和范围的争论，我们觉得有必要集中讨论他的观点，而不是分散讨论。

在过去的一百年里，因为人们对要求执法部门申请搜查证的重要性存在不同意见，本庭一直致力于制定一套能够贯彻第4修正案的法律。一些人认为，搜查和扣留之前必须先由行政法官确定是否有合理的根据，如果警察完全有可能得到搜查证而不去申请搜查证，这本身就违反了第4修正案。另一些人认为，搜查和扣留发生之后，当警察试图要求法庭接受证据时，再检验搜查是否合理也足以保护被告的权利了，所以"正确的检验标准应该是搜查的合理性，而不是有没有申请搜查证"。

争论的双方都承认，在嫌疑人家里或办公室搜查跟在其他地方的搜查是有区别的。而且双方至少都接受一条原则，无证搜查嫌疑人的家本质上不合理，除非警察能够证明因为发生了"紧急情况"，所以他们的搜查符合几条严格规定的例外之一。然而，他们对其他场合搜查的基本规则看法不同，比如搜查汽车、电子监控、街上搜查和行政搜查等。

对于搜查嫌疑人的家，双方之间的争论焦点在于什么情况才算是"紧急情况"。这个问题的难点在于，在什么情况下警察才能无证搜查嫌疑人的家，并扣留"嫌疑人和他的文件和个人物品。"一旦警察已经无证进入嫌疑人的家，搜查和扣留的范围就是次要问题了。但法律的演变并非如此。

引起第4修正案争议的最常见情况是，警察到嫌疑人的家逮捕他，然后在嫌疑人的家里无证搜查并扣留证据。即使警察有逮捕证，他们扣留的证据仍有可能被挑战，例如，因为没有合理根据，所以逮捕证无效，或是警察在逮捕嫌疑人之后附带搜查超出了允许的范围。若警察没有逮捕证，嫌疑人会抗议警察没有合理的根据逮捕他。即便逮捕是合法的，警察搜查和扣留的范围也许超出了范围。也许是因为上面的那些挑战都是可诉讼的争议，最基本的问题是，警察在什么情况下可以无证进入嫌疑人的家去逮捕他，联邦法庭几乎没有考虑过这个问题。在警察合法逮捕嫌疑人的前提下，本庭在若干个案件中决定了允许警察附带搜查的范围。最普通的问题是：

"假设警察合法地进入嫌疑人家去逮捕他，在没有行政法官预先批准的情况下，警察可以如何搜查并扣留何种证据呢？"

本庭对这个问题曾经作出过两种截然不同的广义回答。在楚皮亚诺诉美国案（Trupiano v. United States）中，本庭认为如果警察无需克服特殊的困难去申请搜查证，仅以合法进入嫌疑人的家去逮捕他为理由并不能使附带的搜查合法化。然而在哈里斯诉美国案（Harris v. United States）和美国诉拉宾诺维兹案（United States v. Rabinowitz）中，本庭却作了不同的回答，如果警察合法进入嫌疑人的家去逮捕他，无论他家有多大，接下来附带的无证搜查就是合法的。

哈里斯案和拉宾诺维兹案的观点受到批评，因为如果警察很容易就能无证搜查嫌疑人的家，这将使宪法保护个人"物品"成为一纸空文。另外，也有人批评楚皮亚诺案的观点，因为如果警察在半夜去扣留嫌疑人的"身体"，却不允许他们附带扣留放在明处的证物，那样的法律就是荒唐的。换言之，根据第4修正案，因为如果强行进入民宅逮捕嫌疑人的严重入侵行为是"合理的"，接下来附带搜查的轻微入侵行为也应该是合理的。

批评楚皮亚诺的观点并无说服力，我们的前提是，如果没有任何"紧急情况"允许的例外，警察必须预先申请逮捕证，然后才能去嫌疑人家去逮捕他。如果第4修正案要求警察必须有逮捕证才能进入嫌疑人家去逮捕他，那也就应该要求警察必须有搜查证才能扣留他们在嫌疑人家搜出来的证物。然而如果警察有合理的根据相信某人涉嫌犯了重罪，就可以无证进入嫌疑人家去逮捕他，那种情况就不一样了。因为如果警察根本不需要逮捕证就可以在半夜强行进入民宅逮捕嫌疑人，所以在入室逮捕嫌疑人之后，警察也不需要搜查证全面搜查嫌疑人家。然而根据第4修正案，如果无证逮捕嫌疑人是本质上不合理的，那我们就很难想象哈里斯和拉宾诺维兹案的搜查是本质上合理的。

显然，如果警察仅凭合理根据便闯入嫌疑人家无证逮捕他，那就违反了第4修正案的基本原则，因为第4修正案规定，如果没有严格定义的"紧急情况"，无证搜查嫌疑人家并扣留证物是本质上不合理的。

这两种观点在奇麦尔诉加利福尼亚案（Chimel v. California）中发生冲突。本庭在奇麦尔案中运用了一条基本规则，那就是"逮捕附带的搜查"是一种无需搜查证的例外情况，所以搜查的范围必须根据"紧急情况"的例外严加限制。此处紧急情况指的是证物可能对警察造成危险，或是被捕的嫌疑人可能毁灭伸手可及的证物。上述两种紧急情况都不能支持哈里斯和拉宾诺维兹案的大面积搜查。在奇麦尔案中，怀特大法官的反对意见认为，无论在什么情况下，只要有合理的根据，无证进入嫌疑人的家去逮捕他就是合法且合理的，本庭在任何案件中都没有支持过这一观点，因为接下来的推论是，逮捕嫌疑人后附带的全面搜查也应该是合理的，因为与无证逮捕相比，无证搜查对嫌疑人的侵犯比较轻微。

在本案中也发生了这种冲突。因为警察预先就知道嫌疑人家里有汽车，并准备扣留汽车，却没有"紧急情况"允许警察不申请搜查证。因此如果我们运用第 4 修正案的基本法律，无证搜查得到的证据应该被排除。然而怀特大法官在反对意见中辩称，尽管警察并没有遇到紧急情况，但还是可以在夜间无证进入嫌疑人家去逮捕他，所以禁止警察扣留他犯罪用的汽车是荒唐的。

怀特大法官用基本相似的逻辑，并引用卡罗尔案和钱伯斯案来回答警察是否有理由搜查汽车的问题。卡罗尔案是一个经典的案例，那就是如果没有紧急情况，无证搜查本质上是不合理的。本庭对卡罗尔案的判决字斟句酌，坚持基本原则，谨慎限制例外的范围。仔细阅读之后，卡罗尔案的判决显然不能扩展到本案。但是如果我们干脆忽视逮捕证和搜查证的要求，让一位法官在事后抽象地决定警察的行为是否"合理"，卡罗尔案其实还有更深的含义。如果警察在高速公路上截停一辆汽车并搜查汽车，这无疑干预了车内乘客的生活。但是卡罗尔案认为即使没有搜查证，警察只要有合理的根据，搜查就是合理的。警察在本案中并没有截停汽车，而且汽车里也没有乘客，人们也许会顺理成章地推断，尽管没有紧急情况，警察扣留库里奇的汽车也是合理的，因为扣留汽车对他的侵犯比较轻微。如果用这种思维方式，下一步的立场就是，警察只要有合理的根据，搜查汽车之前根本就不需要预先申请搜查证。怀特大法官相当于接受了这种观点，因为他建议本庭应该"像对待逮捕嫌疑人那样对待搜查汽车"。

怀特大法官的观点是，警察只要有可靠的根据，无证进入嫌疑人家去逮捕他，然后无证扣留和搜查他的汽车本质上都是合理的，那我们就无法区别搜查房子和扣留个人物品之间的不同了。如果警察夜间无证闯入嫌疑人家去逮捕他是合理的，那么无证闯入嫌疑人家去搜查并扣留罪证也应该是合理的。如果警察可以无证扣留并搜查停在房主车道上无人乘坐的汽车，而汽车并没有被用于非法的目的，那么警察岂不是也就可以无证搜查放在房子、车库或后院里的行李箱、汽车后备厢、购物袋或其他任何容器？

我们之所以反对怀特大法官对本案的反对意见和奇麦尔的判决，是因为他们的论点太过分了。如果我们同意怀特大法官的论点，只要有合理的根据，警察就可以无证进入嫌疑人家去逮捕他，那么只要有合理的根据，警察扣留和搜查他的汽车本质上也是合理的。根据同样的逻辑，警察就可以无证进行任何搜查并扣留任何物品。如果那样，我们不如干脆把第 4 修正案从宪法中删除。假如怀特大法官是正确的，人们可以假设为了逮捕嫌疑人，警察可以闯进他的房子而并不违反第 4 修正案，那我们就必须重新检验这种假设的正确性。这种检验：

"将使我们面临一个严肃的宪法问题，如果警察有合理的根据相信住在房子里的人可能犯了重罪，但是警察并没有任何不申请逮捕证的理由，却还是在夜间无证闯入嫌疑人家去逮捕他，这种做法是否符合第 4 修正案？"

怀特大法官援引的案例都没有回答这个"严肃的宪法问题"。在沃登诉海登案（Warden v. Hayden）中，本庭制定了"紧追不舍"的例外，支持警察无证进入被告家去逮捕他；反之，如果没有紧急情况，警察就必须有逮捕证。哥伦比亚特区上诉合议庭的所有法官一致得出相同的结论。但是我们认为在本案中并没有必要决定这个问题，因为"根据第4修正案，未经法官或行政法官事先批准，凡是在司法程序之外的搜查，本质上都不合理，除非搜查符合特殊规定且严格限制的例外情况"。这条规则如此脆弱，其合法性是否能持续下去将取决于无证逮捕的理论是否合法。几十年来，要求逮捕证和搜查证是宪法的一个重要部分，全国的法庭根据这一要求判决了无数的案例。对警察的效率而言，要求逮捕证和搜查证其实并没有什么不方便。作为执法部门的一部分，"有些警察也许是出于良好的动机，却因破案心切而犯下错误，所以要求逮捕证和搜查证应该是国家机器的一部分，可以制衡警察的权力"。如果要求逮捕证和搜查证是警察根据宪法执法的行为准则，而不是一句虔诚的口号，那么"例外的情况就不应该上升为规则的一部分"。奇麦尔案的主要作用是限制例外无证搜查的范围，本庭在该案中讨论了一种假设，那就是合法逮捕时附带搜查的范围可以包括嫌疑人家所有的房间，无论房子有多大。"放在明处"的例外和逮捕附带搜查的例外是密切相关的。如果我们允许无证扣留"放在明处"的证物而不限制范围，那就相当于接受类似的反对意见，推翻奇麦尔案的判决。

最后谈一下楚皮亚诺案中提到的"放在明处"的例外。本案和楚皮亚诺案相同，决定性因素是警察预先已经知道证据在什么地方并准备扣留证据，而且警察完全有机会申请搜查证。但因为我们不能全盘接受楚皮亚诺的判决，所以我们并不想为楚皮亚诺"翻案"。首先，在奇麦尔案中，我们认为警察可以无证搜查被捕嫌疑人的身体和他伸手可及的范围。如果警察期待在逮捕附带的搜查中将会发现某种特定的证据，无论在楚皮亚诺案还是本案中，我们都没有表示警察必须申请搜查证。至于搜查汽车的例外，我们并没有质疑本庭对库珀和钱伯斯案的判决，尽管那两个案子与楚皮亚诺不同。

怀特大法官在他的反对意见中把奇麦尔案、库珀案、钱伯斯案和本案都说成是"惩罚性""过分""互相矛盾""缺乏明显理由""无法解释"和"令人费解"。他敦促我们"借此机会以某种方式澄清并确定一部使下级法庭和执法部门都感到困惑的法律"。

想必怀特大法官相信我们会采用他的观点来达到澄清和确定的目的，那就是如果警察有合理的根据，进入嫌疑人家逮捕他并附带扣留他的汽车本质上都是合理的。也许这种方法足以清晰、明确地解决本案，但是正如我们先前就指出的，这种做法将把第4修正案要求警察申请逮捕证和搜查证变成一纸空文。怀特大法官建议的变通办法是，如果我们修改奇麦尔案，推翻钱伯斯案和库珀案，同样也可以达到清晰、确定、一致和可信的目的。除了在案情上反对之外，怀特大法官还激烈地反对傲慢地对待本庭的判决。

当然，我们不能妄想我们今天的判决就能把第4修正案的法律变成完全有条不紊且和谐。我们过去多年的判决代表不同的方向和不同的重点。逻辑并不是魔术，不可能使所有的判决都完全一致。正如怀特大法官所说，从今天开始我们无需再"力求清晰与一致的分析"，并干脆放弃在这一领域里寻找合理的区别。人们曾经认为法律必须不断地顺应新情况，使我们能够发展出一个具有一致性的分析框架，但这种观点已经过时了。如果代价是放弃要求警察申请逮捕证和搜查证，我们宁可不要"清楚和明确"的第 4 修正案。同时我们也不能为了追求判决的一致性而全盘推翻我们最近的判决。哈兰大法官对第 5 修正案的评论也适用于第 4 修正案：

"有人想把本庭在米兰达诉亚利桑那案（Miranda v. Arizona）和包爱德诉美国案（Boyd v. United States）中采取的'宽松解读'法跟本庭在西莫泊诉加利福尼亚案（Schmerber v. California）中采取的平衡法结合起来，那就相当于试图拎着鞋带把自己提起来，导致我们的判决非此即彼而自相矛盾。但是我能感觉到这些案子里有一种压力，因为本庭必须面对宪法中某些不确定的指令而释放出来。"

我们深信本案的判决是正确的。如果警察准备扣留某一物品，但这一物品在警察逮捕嫌疑人后附带搜查的范围之外，警察就必须提前申请搜查证。对下级法庭和执法的警察来说，本案判决的原则既容易理解，也便于使用。这一原则既能保护公民，也不会对警察造成额外的负担，还能维持和保护第 4 修正案保证的公民权利。

第三部分

因为本案将重审，为了保证司法效率，我们必须考虑本案提出的有关第 4 和第 14 修正案的第二个实质性问题。请愿人称，1964 年 2 月 2 日晚，当他在警察局被审讯时，警察从他家拿走了一支步枪和他的衣服，他们的搜查和扣留违反了宪法。为了理解他的主张，我们有必要重温 2 月 2 日所发生事件的细节。

A

2 月 2 日下午在康考德镇对库里奇测谎，有关他在帕梅拉·梅森失踪那天晚上的活动并没有明确的结论，但是库里奇在测谎的过程中承认他曾经偷了雇主 375 美元。从康考德回到曼彻斯特后，警察继续询问库里奇在帕梅拉·梅森失踪那天晚上的活动。在审讯的同时，警察尽可能立即核实库里奇的口供。于是警察局决定派两个警察到库里奇家询问他妻子，原因显然是跟库里奇夫人核实丈夫的口供，同时核实库里奇偷雇主钱的事情。一审法官认定的事实是，当警察去库里奇家时，他们对杀害帕梅拉·梅森的武器所知甚少。警察找到的子弹口径较小，但是警察并不肯定武器是步枪还是手枪。发现尸体之后警察开始大规模调查，其中一个问题就是问被调查人有没有枪，如果有枪，就要求枪主同意警察进行弹道试验。一审法官还认定一个事实，当警察在 2 月 2 日去库里奇家时，他们并不知道别的警察已经去过他家，也不知道库里奇给那些警察看过三把枪，警察第二次上门的目的并不是去找谋杀的武器。

两位便衣警察问库里奇夫人，她丈夫在谋杀案受害人失踪的那天晚上是否在家，她回答丈夫不在家。然后，他们问库里奇夫人她丈夫是否有枪，根据她在庭审前排除证据听证会上的证词，她回答"有的，我去卧室里拿。"一个警察说"我们跟你去。"于是，三人进入卧室，库里奇夫人从壁橱里拿出 4 支枪，她说——

"答：我问他们是不是要枪。其中一人说'不要'，另外一个转身说'还是拿走吧'。我说'如果你们想要就拿走吧'。"

"问：你有没有说，'我们没有什么需要隐藏的'？"

"答：我记不得当时是不是说了，我记不得了。"

"问：但是你曾跟他们说过，对你来说，你没有什么要隐藏的，他们想拿什么就可以拿什么？"

"答：是的。"

"问：当时你觉得有什么需要隐藏的吗？"

"答：没有。"

那两个警察还问库里奇夫人她丈夫在受害人失踪的那天晚上穿的什么衣服，她拿出 4 条裤子，说她丈夫大概穿的是其中一条。她还拿出一件猎装。警察给它一张收到枪和衣服的收条，顺便搜查了库里奇的汽车后离开。

B

首先请愿人辩称，当库里奇夫人拿出枪和衣服并交给警察时，她的身份是服从警察命令的"工具"。接下来库里奇辩称，根据宪法，他是非法搜查和扣留的受害人。其次请愿人辩称，库里奇夫人既无权也没有"放弃"宪法授予其丈夫免受不合理搜查和扣留的权利。因为我们不能接受请愿人对事实的解读，所以我们无需考虑请愿人的第二个论点。

假如库里奇夫人完全是主动地找到她丈夫的枪和衣服，然后把枪和衣服作为控诉其丈夫的证据送到警察局，根据现行法律，法庭毫无疑问可以接受这些物品为证据。然而本案的问题是，去库里奇家的那两个警察的行为是否违反了第 4 修正案，使库里奇夫人的行动变成相当于他们的行动，因此需要排除他们搜集的证据。请愿人建议的检验方法是，根据案件所有的情况，当库里奇夫人把其丈夫的物品交给警察时，其身份是否政府的"工具"或代理人？

在类似本案的情况下，警察毫无疑问会施加压力让配偶跟他们合作。最简单而强大的压力就是惯常使用的开放和诚实，因为在场的配偶害怕遮掩的行为会增强怀疑，而且也不知道该怎么做才能帮助不在场的配偶。从宪法的角度来看，如果除了心理压力之外没有其他的因素，引诱配偶充分披露或积极配合并没有可疑之处。证据排除规则的目的是"防止，而不是补救"，其针对的目标是警察的行为不当。排除证据是唯一有效的方法，它能使不尊重宪法的行为得不到任何好处，从而迫使警察尊重宪法保证的权利。但是第 4 和第 14 修正案的目的并不是阻碍公民尽最大的能力帮助警察捉拿罪犯。如果要排除 2 月 2 日夜晚从库里奇家拿走的证据，前提是警察的行为违法了宪法。

因为警察去库里奇家之前并没有准备去翻箱倒柜或是拿走什么东西，所以他们无需为了枪支和衣服预先申请搜查证。既然他们并没有准备扣留任何证据，所以也就无需库里奇允许他们拿走证据。警察并没有义务告诉嫌疑人他们准备去问他的妻子有关他在受害人失踪那天晚上的行踪，或是有关他偷雇主钱的事情。库里奇夫人让警察进门之后，他们问她家里是否有枪是很正常的，就像他们在调查时问库里奇本人一样。他们问库里奇在受害人失踪那天晚上穿的衣服也是合乎逻辑的，并没有威胁的意思。恰恰相反，如果警察不问那些问题反而会使人觉得他们不称职。当库里奇夫人主动拿出枪和衣服让警察看，而不是口头描绘时，警察并没有义务制止她，或是掉过头不看那些证据。

其实请愿人辩护的重点是，当库里奇夫人问警察是否想拿走枪的时候，他们应该说不能拿走枪，或是他们应该先往警察局打电话，要求库里奇允许他们拿走枪，或是问库里奇夫人她丈夫是否授权给她，允许她把枪交给警察。然而一位警察拒绝后，另一位警察说，"还是拿走吧"，然后库里奇夫人说，"如果你们想要就拿走吧"。

为了确定警察的行为是否构成搜查和扣留，我们必须记住库里奇夫人说她的动机是想证明她丈夫是清白的，而且她相信她没有什么可隐藏的。几天前，她看见丈夫把枪拿出来给另外两个警察看，而且没有迹象表明她意识到上一次她丈夫只给警察看了三支枪。根据她自己的证词，盘问她的那两个警察对她很有礼貌。没有任何迹象表明警察试图威胁或操纵她，也没有使用在这种情况下惯用的更狡猾的手段来左右她的行动。库里奇夫人力图消除她丈夫的嫌疑而主动、诚恳地配合，如果我们认定警察的行为构成搜查和扣留，那就相当于认定宪法保护刑事犯罪嫌疑人可以免予承担配偶行为的后果。

本庭推翻下级法庭的判决，并将本案发回新罕布什尔州最高法庭根据本庭判决重新审理。

此令。

哈兰大法官附和。

好几位同仁为本案发表了判决，有关搜查和扣留的法律显然该整理修改了。各州和联邦的执法人员一定会觉得法律的不确定性难以容忍，因为这个问题几乎每天都会遇到，例如警察在什么情况下可以进入嫌疑人家去逮捕他并扣留一辆可能用于犯罪的汽车。

首先我想重温并推翻马普诉俄亥俄（Mapp v. Ohio）和科尔诉加利福尼亚（Ker v. California）这两宗案件。马普案判决联邦的"证据排除规则"也适用于各州，而科尔案要求各州遵循本庭审理过的有关第 4 修正案的联邦案例。

把马普案和科尔案结合在一起，便造成了这一宪法领域的扭曲和不协调。如果重温最近的判决和调卷令，我相信我们会发现两个方面。一方面，各州也必须遵循联邦的程序，这样就剥夺了各州在类似的情况下遵循不同程序的机会。另一方面，因为联邦的程序现在也适用于各州，为了给各州一点空间，让他们自己去处理变化多端的问题，第4修正案对联邦的要求有放松的趋势。此外，在宪法的另一个领域里，不恰当地运用"结合"理论也导致宪法对联邦放松要求的趋势。除非我们面对马普案和科尔案的错误，我认为整顿有关搜查和扣留的法律将不会有实质性的进展。

假如没有马普案和科尔案这两个先例，我会毫不犹豫地投票维持原判，因为我觉得本案中州政府的行为并没有违反"第4修正案的核心价值"。

然而因为有马普案和科尔案在先，判决本案就必须遵循联邦标准，根据联邦标准，我附和判决书的第一、第二 D、第三部分和最后的判决结果，但是我作出这样的决定并非没有困难。我们必须承认本案的判决是在推翻和维持原判两可之间。我之所以倾向斯图亚特大法官的立场，是因为假如我们维持原判，其结果将会使第4修正案对搜查证的要求在联邦有关搜查和扣留的法律中变得无足轻重，这与我们两年前判决的奇麦尔诉加利福尼亚案（Chimel v. California）相悖。

最近有的学者认为，本庭强调搜查证的要求而忽视搜查是否合理，从历史的角度来看，这种做法相当于"把第4修正案本末倒置"。这一争议最明显的例子就是警察仅凭合理根据无证进入嫌疑人家去逮捕他。无证进入嫌疑人家的合法性在琼斯诉美国案（Jones v. United States）中并无定论，尽管我的同仁怀特和斯图亚特大法官都觉得他们对合法性的相反假设是他们反对的依据，本庭在判决中并没有对此下定论。我认为让这个问题悬而未决是对的，因为这宗案子既没有准确地提出争议的焦点，也没有完全地辩论清楚。在条件成熟之前，我不忙于下结论。希望在下一宗联邦案件中，我会愿意支持挽回我们最近判决的倾向。

博格大法官部分反对，部分附和。

我加入怀特大法官的反对意见，并加入布莱克大法官既附和又反对的意见的第二和第三部分。我还基本同意布莱克大法官的意见的第一部分，但是我不准备接受第5修正案要求排除违反第4修正案获得的证据的观点。我加入斯图亚特大法官的意见的第三部分。

本案形象地描绘了我们必须为排除证据付出多么沉重的代价，我们在本案里作茧自缚。

根据本案的事实，我认为记录中没有丝毫的理由推翻下级法庭的有罪判决。证据排除规则总算已经出现稳定的迹象，但是本庭再次超越了自己的范围，滥用并歪曲这条规则下令重审，等到重审时，谋杀案已经发生7年多了。

用明尼苏达州最高法庭斯通法官的话来说，本庭的司法功能"试图把一根头发丝一分为二"。

布莱克大法官既附和又反对。

请愿人在新罕布什尔州法庭被陪审团判处犯有谋杀罪，刑期是终身监禁。本庭多数法官认为州政府提交的证据是"不合理"搜查的结果，根据第4修正案的证据排除规则，州法庭不得接受非法获得的证据，所以本庭推翻了州法庭的原判。我认为搜查和扣留证据是合理的，而且如果正确地解读法律，第4修正案并没有这种证据排除规则，所以我反对。

案情的有关事实如下。帕梅拉·梅森是一个14岁的女学生，跟他母亲和弟弟一起住在新罕布什尔州曼彻斯特镇。放学后，她有时帮人家带孩子。为了找工作，她在当地一家洗衣店的告示板上张贴了一张小广告。1964年1月13日，她放学后大约4:15回家，她母亲说有人打电话来找她当天晚上看孩子，并说过一会还会打电话过来，随后母亲离家去附近一家餐馆上班。4:30左右帕梅拉的弟弟接到一个电话，然后把电话给了帕梅拉。据她弟弟回忆，打电话来的是一个男人。接电话后，帕梅拉为弟弟和自己做了晚餐，饭后大约6:00离开家，此后家人就再也没有见过她。8天之后的1964年1月21日，人们在几英里外一条州际公路边的积雪里发现了帕梅拉的尸体。她被割喉，头上中了一枪。医学证据显示，她1月13日离家后在晚上8至10点之间被杀。

帕梅拉失踪后警察随即开始寻找凶手。有两位目击者告诉警察，谋杀发生当晚的9:30左右，他们看见一辆1951年的庞蒂亚克汽车停在公路边，便问车内男子是否需要帮助，地点就在发现帕梅拉尸体的地点附近。发现尸体7天之后，请愿人的邻居向警察报告，发生谋杀的那天，1964年1月13日晚5点至11点请愿人不在家，因此请愿人成为嫌疑人。请愿人有一辆1951年的庞蒂亚克汽车，跟两位目击者描绘的停在发现尸体地点附近的那辆汽车相似。1月28日晚，帕梅拉被杀已经15天了，警察第一次找请愿人谈话，并安排他2月2日星期天到警察局。请愿人星期天到警察局，并回答了有关他在谋杀那天晚上的活动的问题，他说他去邻镇购物。在问话的过程中，他承认他曾偷过雇主的钱，因此被拘留了一夜，第二天警察允许他回家。

2月2日晚，当请愿人在警察局被问话时，两个警察去他家跟他妻子谈话。他们问嫌疑人有什么枪支，他妻子拿出两支霰弹枪和一支步枪，并自愿让警察拿走。经过检测，罗德岛刑事调查实验室的结论是，从受害者头部找到的子弹是从那支0.22口径步枪射出的。

请愿人承认他常去帕梅拉张贴看孩子告示的那家洗衣店，而且在发生谋杀的那天晚上去过洗衣店。第二天，请愿人的一把刀在洗衣店附近被发现，那把刀可能就是造成被害人刀伤的凶器。警察还发现请愿人联系了4个人，试图让他们做1月13日晚上不在场的证明，但是没有成功。

1964年2月19日，警察把所有的证据都提交给州检察长，新罕布什尔州法律授权他签发逮捕证和搜查证。检察长根据证据签发了抓捕请愿人的逮捕证和4张搜查证，其中包括扣留和搜查请愿人的庞蒂亚克汽车。

当天警察去请愿人家逮捕他，并扣留了停在他家车道上的 1951 年的庞蒂亚克汽车，2 小时之后将该车拖到警察局。

搜查汽车时，警察用吸尘器获得的灰尘和其他微粒与被杀女孩衣服上的灰尘和其他微粒吻合。根据车内和女孩衣服上灰尘和微粒的相似性，专家证人的结论是，帕梅拉曾乘坐过请愿人的汽车。请愿人妻子给警察的步枪也被法庭接受为证据。

请愿人挑战他的有罪判决，理由是警察从他妻子处得到的步枪和从他汽车里吸出的灰尘和微粒是违反第 4 修正案得到的，并被审判庭错误地接受为证据。有关请愿人妻子自愿交给警察的步枪，本庭的多数大法官认为一审法庭可以接受为证据，我同意。但本庭推翻了请愿人的有罪判决，理由是从他汽车里吸出的灰尘和微粒是非法搜查获得的，因此审判庭接受灰尘和微粒作为证据违反了第 4 修正案。我反对。

第一部分

第 4 修正案禁止不合理的搜查和扣留，但是第 4 修正案并没有提到不合理搜查和扣留将会有什么后果。可以肯定的是，第 4 修正案中并没有任何地方规定，惩罚违反第 4 修正案的补救措施就是排除证据。第 4 修正案说：

"人民享受人身、住房、文件和个人物品免受不合理搜查和扣留的权利，这种权利不得被侵犯。除非有合理的根据，并伴有誓词或证词，具体说明搜查的地方和扣留的人或物，否则不得签发搜查证。"

无论如何解读，第 4 修正案的字里行间都没有提到证据排除规则。第一次提出第 4 修正案可能包括证据规则的，显然是布拉德利大法官在 1886 年发表的包爱德诉美国案（Boyd v. United States）的多数派判决书。该案的判决是，警察不得强迫个人交出他私人的账册和文件，然后用这些文件证明他有罪。那个判决正确地使用了大家都接受的普通法原则和第 5 修正案的戒律，那就是政府不得强迫任何人自证其罪。但是布拉德利大法官显然想根据第 4 修正案制订一条新的证据排除规则，而不是依赖第 5 修正案文字中已经包含的证据排除规则。他的判决显示强迫被告在庭审中交出证据违反了第 4 修正案。怀特大法官加入米勒大法官附和布拉德利大法官的判决，但他们依据的仅仅是第 5 修正案，并明确拒绝赞同布拉德利大法官对第 4 修正案所作的新颖解读。判决包爱德案 28 年后的 1914 年，当年判决包爱德案的大法官都已经退休了，本庭在威克斯诉美国案（Weeks v. United States）中说，第 4 修正案本身就禁止接受违反第 4 修正案获得的证据。威克斯案的判决并不明确承认与过去的案例断绝关系。但是如果说威克斯案只是正确地解读了第 4 修正案，那么奇怪的是，本庭用了差不多 125 年的时间才发现第 4 修正案的真正含义。事实是，证据排除规则的来源根本就不是第 4 修正案。无论在通过第 4 修正案的当时还是现在，第 4 修正案都不包括那条排除非法获得的证据的规则。

与第 4 修正案截然不同，第 5 修正案明确规定不得"强迫任何人在刑事案件中自证其罪"。第 5 修正案本身就制定了自己的证据排除规则，不得强迫被告交出对自己不利的证据。在国会没有根据第 4 修正案采取任何行动的情况下，如果要排除证据，那就只有根据第 5 修正案，而不是根据第 4 修正案。这就是米勒大法官附和包爱德案判决时巧妙地提出的观点，威特首席大法官也加入了米勒大法官的附和判决，这也是我附和马普诉俄亥俄案判决的精髓。

警察强行闯入马普夫人家搜查了她所有的个人物品，并扣留了证据。排除那些证据的并非第 4 修正案，因为第 4 修正案里并没有证据排除规则，而是第 5 修正案，因为第 5 修正案里才有证据排除规则。因为提交证据将强迫被告自证其罪，所以必须根据第 5 修正案排除这种证据，这并不是本庭说了算，而是因为第 5 修正案要求排除。

第 4 修正案规定政府可以根据宪法的规定搜集证据，用于检控犯罪，所以政府有义务根据第 4 修正案正确地行使权力。当然，根据第 4 修正案正确地扣留的证据可以用于审判，但是在第 4 修正案里并没有明文规定违反第 4 修正案获得的证据必须被排除。

有关第 4 修正案的概念在不断地改变，多数派认为违反第 4 修正案扣留的证据是不可接受的。多数派把证据排除规则看成是法官制定的证据规则，其目的是按他们自己的标准来规范警察的行为。本庭今天以第 4 修正案的名义宣布了一条新的警察执法程序，凡是违反新的"准则"获得的证据将在庭审时被自动排除。在本案中，多数派声称他们并不是根据第 5 修正案来排除证据，因为他们不能这么做。多数派宁愿用"时过境迁"为理由，以管理司法的名义让本庭规范警察与民众之间的关系。多数派称，在没有更好的规则之前，本庭将使用法庭创造的证据规则。

我承认多数派确实可以根据最近出现的许多案例宣布一套新的警察执法程序。但本庭不是解读第 4 修正案的文字，而是根据第 4 修正案的"精神"来行使制定规则的权力，结果把第 4 修正案扩展得面目全非，而且每一步都被说成是上一步的逻辑性扩展。

我很难想象国父们起草《人权法案》的意图是要求警察先在一场"小型审判"中证明被告是有罪的，然后才能得到搜查证。无论第 4 修正案通过之前还是之后，都没有要求小型审判，但是后来出现了阿圭拉诉得克萨斯案（Aguilar v. Texas）和斯皮乃里诉美国案（Spinelli v. United States），才开始要求这种小型审判。同样，原来无论在英国还是美国的法庭，窃听得到的证据都是有效的，但是后来本庭根据第 4 修正案行使"制定规则"的权力，才制定了电子窃听的规则。

根据英国普通法和美国《宪法第 4 修正案》，逮捕后附带搜查的合理范围原来可以延伸到被告可以控制的范围。但在奇麦尔案判决之后，本庭用笼统、抽象和含糊的"隐私权"概念全面取代了第 4 修正案保护人民免受"不合理搜查和扣留的权利"。

我们的立国之本是一部书面的宪法。宪法的起草者肩负重任，字斟句酌地起草了宪法的条款。根据我们的理解，无论是起草宪法的国父们还是通过宪法的人民，都是用文字的自然含义来表达立法的意图。我们无需借助国会的立法，就可以用宪法本身的标准来检验被挑战的取证方式是否合法，以及证据是否可以用于法庭审判。我认为请愿人妻子交给警察的步枪和警察逮捕请愿人后拖走的汽车都符合第 4 修正案的要求，我们不能根据第 5 修正案排除这些证据。

第二部分

多数派认为授权扣留和搜查汽车的搜查证在宪法上有瑕疵，所以是无效的。有关搜查证，第 4 修正案是这么规定的："除非有合理的根据，并伴有誓词或证词，具体说明搜查的地方和扣留的人或物，否则不得签发搜查证。"

多数派承认警察申请搜查证时确实提交了合理的根据，而且搜查证确实也具体说明了搜查的地方和扣留的人或物。

但是遵守州法和第 4 修正案的要求显然还不够。多数派认为州检察长和调查之间的关系使搜查证自动失效。首先，第 4 修正案并没有明文规定州检察长没有资格以行政法官的身份签发搜查证，他是一个州政府的高级官员。如果警察能够提交合理根据并宣誓，第 4 修正案并没有表示因为他是州的执法主管而没有资格签发逮捕证。多数派提出"小型审判"的理论，他们认为行政法官的职责是审核证据，实际上相当于确定嫌疑人是否有罪，然后才能签发逮捕证或搜查证。然而第 4 修正案并没有如此扩大行政法官的权威。无论是第 4 修正案还是任何其他宪法条款都没有禁止州检察长签发搜查证。

其次，新罕布什尔最高法庭认为州检察长在签发搜查证时参加了调查，但即便签发搜查证是错误的，那也只是一个"无害的错误"。我同意，因为在本案中警方提交的合理根据不能再清楚了，所以本案的情况并没有酌情处理的余地，州检察长也就不可能对请愿人有偏见。事实上，如果面对本案的合理根据而不签发搜查证，那才是滥用职权。鉴于警方提交了合理根据，州检察长自己从调查得到的信息不可能影响他签发搜查证。我认为，州检察长的行为并没有错。即便有错误，毫无疑问，那也是无害的错误。

因此我的结论是，批准警察扣留并搜查请愿人汽车的搜查证并没有违反第 4 修正案，第 5 修正案并不能排除搜查得到的证据。此外，根据多数派考虑后否决的 3 条原则，我认为即使没有搜查证，警察的搜查也是符合宪法的。

第三部分

我们必须指出汽车本身就是证据，也是作为证据被警察扣留的。扣留之前，有两位目击证人告诉警察，在小女孩被谋杀的那天晚上，他们看见一辆汽车停在后来发现尸体的地点附近。他们描绘的汽车与请愿人的汽车吻合。扣留汽车时，在谋杀发生那天晚上看见汽车的那两位证人还没有指认汽车。警察有理由相信，指认汽车对指控请愿人的案件非常重要。警察扣留汽车的目的就是保护物证。鉴于警察在扣留汽车时已经得到了信息，我认为即使警察当时并没有搜查证，扣留和搜查汽车也并不违反宪法，原因如下。

A

因为警察是在合法逮捕请愿人之后才附带扣留他的汽车，所以扣留也是合法的。多数派承认警察有合理根据逮捕请愿人。到达请愿人家去逮捕他时，警察看见嫌疑人的汽车与目击证人描述的那辆停在发现尸体地点附近的汽车相吻合，于是他们逮捕了请愿人并扣留了那辆汽车。多数派认为，因为警察必须进入嫌疑人家逮捕他，所以扣留停在房子外面的汽车不能算是逮捕附带的搜查。我不能接受这种无理的拘泥形式。

多数派先宣布奇麦尔诉加利福尼亚案（Chimel v. California）不适用于本案，然后制定并使用了一条远远超过奇麦尔案的"本质"规则。为了制定本质规则，多数派得出一个经典的不符合逻辑的推论。因为本庭曾经判决过，如果警察在被告家门口的街上逮捕被告，便不能进入被告家进行全面搜查，于是多数派说，因为警察进入请愿人家去逮捕他，所以便不能跨出门外扣留显而易见的证据。多数派称他们使用的是奇麦尔案之前的法律，那就是说，警察经过门廊去逮捕嫌疑人，然后可以花 5 小时搜查一个 4 间房的公寓，但是多数派认为警察不能跨出门廊去扣留他们经过门廊时看见的证据。多数派的理由是，门廊的作用是把警察锁在门外，一旦进门之后，门廊就把警察锁在公寓里了。

我们不能用这种武断的规则来检验合理性，而必须根据每一宗案子的具体案情来判决。在本案中，警察并没有全面搜查，只是直接扣留了一辆放在明处的汽车，无论从屋里还是屋外都能看见。根据本案的事实，我认为，警察是在逮捕请愿人后附带扣留了他的汽车，根据第 4 修正案，警察的行为是合理的。

B

根据我们去年判决的钱伯斯诉马罗内案（Chambers v. Maroney），警察不仅有权扣留请愿人的汽车，还可以把汽车拖到警察局之后再搜查。警察有合理的根据相信请愿人在谋杀的犯罪过程中使用了汽车，而且车内有犯罪的证据。根据卡罗尔诉美国案（Carroll v. United States）和钱伯斯案，仅凭合理的相信就有足够的理由扣留并搜查请愿人的汽车。

多数派的理由是，钱伯斯案和卡罗尔案的理论根据是汽车的移动性，而在本案中警察可以派人看守请愿人的汽车，使汽车不能移动，所以钱伯斯案和卡罗尔案不适用于本案。然而，本庭在钱伯斯案中明确地否定了这种推理：

"从宪法的角度来看，无论是警察没有向行政法官提交合理根据就扣留汽车，还是警察当场就无证搜查汽车，这两者之间并没有任何区别……合理根据被留在警察局，汽车的移动性也被留在警察局。"

本庭对钱伯斯案的判决是，根据第 4 修正案，无论在警察局的事后搜查，还是在扣留汽车时当场的搜查，都是合理的。

为了说明钱伯斯案的判决不适用于本案，多数派的第二个论点是，因为请愿人已经被警察逮捕，而且他的妻子身边还有警察陪伴，所以在汽车被拖到警察局之前，既没有人能篡改汽车里的证据，也不会有人把汽车开走。但多数派的论点取决于两个假设：第一，警察应该或者能够有效地把请愿人的妻子软禁在家里；第二，没有任何其他人会对汽车动手脚或把车开走。我既不能接受第一个假设，也不认为警察否定第二个假设是不合理的。

C

在逮捕的现场，警察有权扣留放在明处的证据，这一点是得到公认的，所以我相信扣留请愿人的汽车是合法的。多数派承认，当警察扣留汽车时，他们进入请愿人家逮捕他是合法的。用多数派的话来说，警察"首次入侵"是合法的，于是便看见了停放在明处的汽车。多数派还承认"在逮捕库里奇的家里和街道上都能看见他的汽车"，而且警察有合理的根据扣留汽车作为证据。至少到今天为止，根据警察可以扣留放在明处的证据的理论，多数派似乎承认扣留请愿人的汽车是合法的，因为汽车就停放在逮捕的现场。

然而，尽管多数派承认请愿人的汽车本身就是罪证，所以警察有合理的根据扣留汽车，而且汽车就在逮捕现场的明处停放着，但是多数派还是认为扣留汽车违反了第 4 修正案，因为汽车不是警察"无意"发现的。多数派充满信心地说：

"'放在明处'的案例有一个共同点，那就是警察必须先有理由进入现场，然后才在无意中发现可以证明被告有罪的证据。"

但是本庭过去的判例非但不能支持多数派的观点，而且还与本案互相矛盾。我们只要看多数派援引的案例，就能看出多数派的错误。

例如在科尔诉加利福尼亚案（Ker v. California）中，警察看见被告参加非法的大麻交易，于是去他家逮捕他。进入他的公寓抓捕时，警察看见一包大麻便扣留了。本庭认为扣留大麻是合法的，因为警察进入被告家依法逮捕他时并没有搜查，只是看见放在明处的证据，可以在抓捕时附带扣留证据。在被告家发现大麻并不能算是"无意"的。

多数派还援引了马龙诉美国案（Marron v. United States）。在该案中，警察去抓捕非法零售威士忌的被告，附带扣留了他的账本，本庭认为扣留证据是合法的，因为账本就放在明处。在营业地点抓捕被告并顺便扣留他非法经营的账本也不能算是"无意"的。

在历史上，警察有权在抓捕的现场扣留暴露在外面的证据，而"放在明处"的例外是指搜查证中没有明确描绘的证据，多数派把这两者混淆在一起。多数派的理由显然是，除非搜查证中明确描绘并限制警察可以扣留的证据，普通的搜查证是一份笼统的文件。为了贯彻搜查证必须明确描绘证据的要求，于是多数派宣布了一条新规则，凡是搜查证中没有提到的证据一概不得扣留，除非警察是在意料之外"无意"发现的证据。多数派关心的是搜查证授权入侵的范围。但是警察可以在抓捕现场扣押放在明处的证据，这种权力和根据搜查证挖地三尺的搜查不同。在本案中，警察并不是凭搜查证进入请愿人的家，而是凭合理根据依法逮捕请愿人，所以进入住所并没有超越授权的范围。警察进入之后只是逮捕了请愿人，并没有全面搜查请愿人的住所，其实根本就没有进行任何搜查。因为汽车停放在明处，所以警察有权在抓捕的时间和地点扣留汽车作为证据。

其实只有在极其罕见的情况下，警察在抓捕的同时附带扣留的证据是在意料之外或无意中发现的。假如警察根本就没有期待会发现武器、违禁品或其他证据，那也就不会附带搜查了。在我看来，本庭今天采用的规则实际上是废除了逮捕附带的搜查。多数派拒绝根据第 4 修正案来检验搜查的合理性，而是用一条"本质"规则来代替，如果警察可以得到搜查证却不去申请，那么无论搜查多么合理，扣留的证据都是无效的。但是第 4 修正案并不要求所有的搜查都必须有搜查证，只是禁止"不合理的搜查和扣留"而已。我们应该采用的检验标准并非警察是否有合理的机会得到搜查证，而是在具体的情况下扣留证据是否合理。我们不能用死板的"本质"规则来取代合理性的检验标准，两者都必须根据具体的案情来确定。

基于上述原因，我认为警察扣留并搜查请愿人的汽车是合理的，所以符合第 4 修正案。扣留的证据既没有违反第 5 修正案，也没有违反第 4 修正案，因为两者都没有证据排除规则。陪审团都是跟请愿人同样的普通人，他们都知道他们的判决至关重要，他们审查了证据后判请愿人犯了谋杀罪。我不能违心地推翻他们的判决。

布拉克曼大法官同意布莱克大法官判决的第二和第三部分，并同意第一部分中有关第 4 修正案并不支持证据排除规则的判决。

怀特大法官既附和又反对，首席大法官加入。

我会维持原判。我认为警察扣留库里奇的庞蒂亚克汽车是合法的，因为汽车是罪证而且停放在明处，根据库珀诉加利福尼亚案（Cooper v. California），警察后来搜查汽车也是合法的。因此，我不同意本庭判决的第二部分 C 和 D，我也不同意第二部分 B，我只是同意第三部分的结果。

第一部分

第 4 修正案保证公民的"人身、住所、文件和个人物品免予不合理的搜查和扣留"。至于人身，大部分权威认为，如果警察有合理的根据相信嫌疑人可能犯了重罪，即使没有逮捕证也可以逮捕。依法逮捕嫌疑人之后，即使没有搜查证，通常的规则是警察也可以在嫌疑人伸手可及的范围内搜查，并扣留搜查获得的违禁品和证据。警察有权：

"在依法逮捕嫌疑人后搜查他的身体，寻找并扣留犯罪所得或罪证，这种权力在许多案例中得到肯定。"

至于房屋和其他私密的空间，规则就不同了：无证搜查是非法的，警察必须有合理的根据申请搜查证，搜查证必须明确规定搜查的范围和扣留的物品。然而有关搜查证的规则有许多例外，允许警察无证进入嫌疑人家并在有限范围内搜查，最常见的例子是无证逮捕嫌疑人。

本案涉及第 4 修正案保护的"个人物品"，而不是个人文件。如果没有合理的根据，警察不可以扣留个人物品，这一点是很清楚的，但是在什么情况下才需要搜查证使搜查合法，这方面的法律却被混淆而使人困惑。问题的难处在于，如果个人物品的位置处于第 4 修正案的范围之内就会受到保护。根据目前的理论，无证非法搜查房屋后扣留的个人物品是违反宪法的结果，所以不能被接受为证据。但是如果警察合法地进入一个地方后发现了违禁品或罪证，是否还需要搜查证才能扣留证据呢？在剥夺公民的个人物品之前，是否还需要经过行政法官确认警察合法看见的个人物品是违禁品或罪证呢？

这个问题可能在不同的情况下出现。第一种情况是，个人物品可能被放在公共场所，比如说，有人举报说证据藏在公园里面，警察搜索后果然找到了证据。尽管证据并没有被丢弃，而是藏起来了，我并不认为警察需要搜查证才能扣留证据，比如在公共水域里扣留的船，在旷野中发现的酒，或是在街道或停车场发现的作案用的汽车等。

第二种情况是，物品可能存放在第三方的地方。如果第三方同意警察搜查，即使他无权让警察扣留存放人的物品，只要搜查没有违反第 4 修正案，接下来的扣留也是合法的。

第三种情况是，警察去嫌疑人的家逮捕他，同时在有限的范围内搜查发现罪证。从威克斯诉美国案（Weeks v. United States）到哈里斯诉美国案（Harris v. United States）的一系列案例都承认一条规则，那就是警察在逮捕嫌疑人时搜查嫌疑人和他身边的地方是合理的，哈里斯案甚至还允许附带搜查比较大的范围。然而一年后，楚皮亚诺诉美国案（Trupiano v. United States）否定了哈里斯案的规则。警察有合理根据相信楚皮亚诺在家酿私酒，于是去他家逮捕他，顺便扣留了他的酒精蒸馏器。尽管当时的情况应该允许警察在逮捕的同时扣留酒精蒸馏器，但是警察既没有逮捕证，也没有搜查证。本庭并没有否决警察无证逮捕被告，却认为警察非法扣留了酒精蒸馏器。因为警察原本可以申请搜查证，却没有去申请。但是美国诉拉宾诺维兹案（United States v. Rabinowitz）回到原来的规则，那就是警察在逮捕的同时顺便搜查跟警察是否能申请搜查证无关。尽管后来奇麦尔诉加利福尼亚案缩小了逮捕嫌疑人附带搜查的范围，但是并没有重新建立楚皮亚诺案的规则，也就是说，即使警察有机会申请搜查证而没有申请，也不会影响逮捕嫌疑人附带搜查的合法性。

最后，警察在嫌疑人家合法搜查时可能会发现并没有列入搜查证的证据。马龙诉美国案认为光凭搜查证进入嫌疑人家并不等于警察就可以扣押证据。但是警察在逮捕嫌疑人并顺便搜查时发现同样的证据放在明处，警察就可以扣留证据。以奇麦尔案结束的一连串案例允许警察无证逮捕或紧追不舍后逮捕嫌疑人，然后附带搜查并扣留放在明处的证据。然而奇怪的是，即使警察有合法的搜查证进入嫌疑人家，并在明处看见一件证据，但是如果搜查证中没有包括那件证据，警察就不能扣留那件证据。我怀疑马龙案的判决是否能在本庭后来审理的案子中站得住脚，特别是在扎普诉美国案（Zap v. United States）中，持有搜查证的联邦调查员在搜查过程中看见一张已经兑付的跟犯罪有关的支票放在明处，但那张支票没有包括在搜查证里。多数派显然会同意联邦调查员扣留那张支票，因为本庭会把支票归类到放在明处的例外，就像警察合法进入之后可以附带搜查和扣留证据的例外。

在所有这些情况下，无证扣留证据本身并没有侵犯被告的个人隐私或财产权，只是涉及被告对个人物品的拥有权。在这些情况下，如果证据是在"无意"中被发现的，本庭会允许警察扣留证据，因为免去申请搜查证的"不必要的麻烦"，可以为"有效执法带来极大的便利"，足以抵销"轻微违反第4修正案的危害"。我认为，无论是被告个人对证据的拥有权，还是让行政法官确认警察看见的证据是否违禁品或罪证的重要性，这两者都不是重大的宪法问题。如果遇到这种情况，在申请搜查证的过程中，警察无需守卫证据，也无需忽视证据。根据第4修正案，立即扣留证据是合理合法的。

然而在某些或所有情况下，本庭会附加一个条件，那就是警察必须是"在无意中"发现证据。如果警察"预期"会发现证据，或是"预先就知道证据在什么地方，并且准备扣留证据"，那么扣留就是非法的。

我对这种理论不敢苟同。例如，警察持有搜查证去嫌疑人家搜查一支步枪，在搜查过程中发现两张受害人的照片放在卧室的明处。假设在这两张照片中，警察预期会发现其中的一张，另一张是在无意中发现的，那么本庭将只允许扣留一张照片。但是说到"轻微"违反第4修正案的危害，这两张照片是毫无区别的：无论扣留其中哪一张，同样都会影响嫌疑人拥有照片的权利，无论警察分析哪一张照片，两张照片的证据价值都是相同的。如果警察必须离开现场去申请搜查证，因此造成的不便，使其中任何一张照片丢失的危险是相同的。然而本庭认为，不允许扣留预期的证据并不会对州政府造成宪法认可的不便，因为如果警察有合理根据搜查并扣留预期的证据，那就完全可以把预期的证据也在搜查证里写明。

如此运用证据排除规则未免过分惩罚警察。如果警察有合理根据去搜查一张照片和一支步枪，并申请了搜查证，他们不可能故意包括步枪而省略照片。恰恰相反，如果警察确信有合理根据去搜查照片，而搜查证里却没有包括照片，唯一的解释就是疏忽或不小心的错误。当然，警察可能误判而没有意识到他们有合理根据搜查照片，行政法官也可能认为警察没有合理根据而拒绝把照片包括在搜查证里。尽管如此，警察还是可以扣留那张意料之外的照片，而那张意料之中的照片将被排除，因为本庭确定警察有本来有合理根据搜查那张意料之中的照片。

更重要的是，无意发现规则非但不能促进第4修正案的目的，而且根本不能达到任何目的。如果警察拿着一张搜查步枪的搜查证，那就只能搜查可能放得下步枪的地方，一旦发现步枪之后就必须马上停止搜查。其实无意发现规则并不能减少警察可以合法搜查的地方。奇麦尔案对逮捕嫌疑人的同时警察可以附带搜查的地方做了严格的限制，然而排除在限制范围内看到的证据并不见得就能防止警察在更大的范围内非法搜查。假如，警察搜查的范围超出奇麦尔案的规定，便违反了第4修正案，即使扣留了证据也将被排除，所以无需再增加一条无意发现的规则。也许本庭所担忧的是，既然警察有权进入私人的住所实施逮捕，他们就会以此为借口进入私宅搜寻放在明处的物品。然而，这种担忧是没有根据的，因为奇麦尔案规定警察进入私宅抓捕时只能进入必须进入的那部分地方。既然有奇麦尔案的限制，警察就面临一种风险。当他们进入私宅逮捕嫌疑人并附带搜查时，并不能进入每一间房间去扣留放在明处的证据。等他们申请到搜查证后返回现场全面搜查时，也许证据已经被销毁了。如果警察有合理的根据相信嫌疑人家里有放在明处的武器、违禁品或罪证，最保险的办法是预先申请搜查证，而不是希望在逮捕的过程中能在明处看见他们想找的证据。如果没有合理的根据搜查嫌疑人家，警察就拿不到搜查证，所以在执法实践中，先入室逮捕嫌疑人也许可以帮助警察合法地意外发现他们想找的证据。然而在那种情况下，多数派本来就认为警察有权扣留他们看见的证据，因此，我怀疑本庭新制定的无意发现规则是否能有效地规范警察的行为。这条新规则只会对警察非故意的错误或误解本庭有关合理根据的案例带来过分的后果。人孰能无过？这才是我的担忧。

虽然本庭并没有明说，其实本案的判决是，即使警察有合理的根据而且有机会去申请搜查证，却没有申请，那么扣留放在明处的证据是无效的。这样的判决看来是趋向楚皮亚诺规则，但是拉宾诺维兹案否决了楚皮亚诺规则，奇麦尔案也没有恢复楚皮亚诺规则。但是本庭好像并不能肯定自己的规则是什么。

我们谨慎地指出，库里奇的汽车并非违禁品、赃物或危险品。即便警察预期一定会找到违禁品、赃物或危险品，而且能够得到搜查证却没有申请，只要警察有其他合法搜查的理由，就可以扣留发现的违禁品、赃物或危险品。本庭对违禁品和罪证加以区别，造成困扰和不可行性，我觉得沃登诉海登案（Warden v. Hayden）已经废除了两者之间的区别。

本庭也没有费过多的笔墨限制奇麦尔案。恰恰相反，即使警察"预期会在无证搜查的过程中发现某些具体的证据"，本庭并没有否决奇麦尔式的无证搜查。本庭还承认，当实施抓捕的警察"看到放在明处的证据，即使证据并不在嫌疑人伸手可及的范围内，警察还是可以扣留证据，因为警察可以搜查被捕的嫌疑人，也可以扣留在搜查过程中看到的放在明处的证据。"

但是今天的判决限制了奇麦尔案的判决，因为本庭只允许警察扣留无意之中看到的放在明处的证据。如果警察从前门进入嫌疑人家去逮捕他时，预期将会在他口袋里发现一张信用卡，还会在门对面的墙上发现一张照片，这两样东西都是罪证，但根据今天的判决，警察只能扣留那张信用卡，而不能扣留那张照片。我觉得信用卡和照片之间的区别是毫无根据的，而且本庭也不作任何解释。因此我只能得出一个结论，奇麦尔案的判决和本案的判决是完全不一致的，而本庭也想不出任何合理的区别，所以干脆就避而不谈。

本庭还漏掉了一点，那就是得到第三方同意的搜查。假设警察得到可靠的消息，将要抓捕的嫌疑人把他的罪证藏在他朋友的家里。他的朋友自愿地同意警察搜查他家，并在搜查的过程中始终在场。警察果然根据消息找到并扣留了罪证，但是警察也知道嫌疑人并没有许可他们扣留证据。在没有行政法官签发搜查证的情况下，警察侵犯了嫌疑人拥有证物的权利，这种权利跟库里奇的权利是相同的，这就需要本庭来决定警察是否可以扣留证据。佛雷吉尔诉卡普案（Frazier v. Cupp）判决扣留是合法的，本庭今天既没有推翻佛雷吉尔案的判决，也没有将本案和佛雷吉尔案区分开来。本庭判决的第三部分讨论了库里奇夫人让警察拿走的衣服和武器，事实上暗示同意了佛雷吉尔案的判决。

此外，本庭也没有表示在公共场所的搜查是否也要符合无意发现的要求，但是在美国诉李案（United States v. Lee）中，警察在公共场所看到放在明处的私酒，化验私酒的报告被法庭接受，所以我们可以推断法庭免除了无意发现的要求。

正因为有这些不一致的地方，本庭承认"我们不能妄想我们今天的判决就能把第4修正案的法律变成完全有条不紊且和谐"。但是本庭认为宪法不可能获得逻辑上的一致性，最终相信"本案判决的结果是正确的"。也许宪法不可能完全一致，我们不能总是把宪法的原则限制在逻辑的范围内，但这并不等于说我们在分析的过程中就可以停止追求清晰和一致性。本庭在本案中其实有机会使一部法律变得更清楚、更肯定，因为下级法庭和执法人员常常对此感到困惑。然而本庭无缘无故地纠缠一些无法解释和莫名其妙的区别，反而更增加了困扰。

第二部分

在本案中，警察有合理根据，既可以逮捕库里奇，也可以扣留他的汽车。因为库里奇在家的可能性最大，所以警察就去他家抓捕。也许警察希望在他家找到汽车，当他们抵达库里奇家时，果然发现了他的1951年庞蒂亚克汽车。即使我们假设第4修正案禁止警察在库里奇住所的外面无证扣留他的汽车，但是根据海斯特诉美国案（Hester v. United States），警察合法地进入库里奇家去逮捕他，同时看见停放在明处的汽车顺便扣留了汽车。本庭却认为警察不可以扣留汽车，因为他们事先就预期会看见汽车，所以扣留是无效的。

即使我们接受本庭的前提，扣留汽车也还是有效的。多数派做了一个假设，当警察去库里奇家抓捕他的时候，他们预期也会发现他的汽车。然而根据我阅读的庭审记录，我没有发现任何证据支持这种假设。案卷只是显示，尽管警察也许希望在库里奇家发现庞蒂亚克汽车，但是他们去抓捕的时候并不知道汽车的确切位置，所以他们真的是无意中在库里奇家车道上发现他的汽车。当然，他们并没有合理的根据扣留汽车。假如他们有搜查证，他们有理由在库里奇的车道上寻找。但是如果因为警察有合理根据而不能扣留汽车，除了停在家的汽车之外，警察也不能扣留停车场里的汽车、隐藏的汽车，或是第三方开到警察局的汽车。于是这就形成了一条规则，如果有合理根据，警察反而不能无证扣留证据。

本案的事实十分清楚，如果警察遵守了程序，应该可以扣留库里奇的汽车。此外，警察依法去库里奇家抓捕他，并看见了停在明处的汽车。我认为无论警察是否预期会在库里奇家发现汽车，扣留汽车都是合理的。如果扣留庞蒂亚克汽车是合法的，根据库珀诉加利福尼亚案，既然警察已经合法扣留汽车，接下来的搜查也就无需搜查证了。

"警察必须扣留汽车一段时间，如果他们为了保护自己的安全都没有搜查汽车的权力，那显然是不合理的。即使警察可以申请并得到搜查证，也不是解决问题的办法，因为'检验的标准并非警察是否可以得到搜查证，而是搜查是否合理'。在本案中，警察已经合法地扣留汽车作为证据，根据第 4 修正案，我们不能判决警察搜查汽车是不合理的。"

第三部分

根据上面的观点，我们也许有必要探讨一些支持搜查库里奇汽车的其他理由，并希望能够帮助我解释，为什么我认为搜查有效的依据是放在明处的规则，而不是钱伯斯诉马罗内案的规则。

钱伯斯案认为，警察可以先扣留汽车，然后在警察局里搜查汽车，而不是要求警察在发现汽车的现场立即搜查汽车。但钱伯斯案不允许警察长时间扣留汽车，必须尽快搜查汽车，然后把汽车尽快还给车主。在本案中，警察并没有把庞蒂亚克很快地还给车主，而是把车扣留在警察局一年多，除了扣留后立即搜查之外，还在 11 个月和 14 个月后又搜查过两次。因为早先跟后来的两次搜查结果都进入了证据，所以我不能依赖钱伯斯案。因为汽车本身就是罪证，警察扣留的不仅是一辆汽车，还扣留了罪证，所以我并不认为后两次搜查是无效的。正因为警察扣留汽车的时间很长，所以我认为钱伯斯案不适用于本案，但是我强烈地反对多数派不采用钱伯斯案的理由。

前面已经谈到，无论警察有没有机会申请并得到搜查证，即使没有搜查证，但警察如果有合理根据逮捕并搜查嫌疑人，宪法和立法规则是允许的。因为在逮捕过程中随时都可能发生紧急情况，如果每一宗案子都要解决这方面的争议，显然会浪费大量的资源。

同样，"自从有了政府"，国会和法庭就承认"警察很容易得到搜查商店、房屋或建筑物的搜查证，但是搜查船舶、摩托艇、马车或汽车里的违禁品就不同了，在实际操作中警察很难及时得到搜查证，因为车辆和船只可以很快地离开搜查证的管辖权范围"。

根据第 4 修正案，即使警察没有搜查证，但是只要有合理根据，逮捕嫌疑人并搜查他的汽车是合理的，只要车辆随时可以离开现场，警察无需证明任何紧急情况。这条规则一直被得到认可，而且在去年的钱伯斯案中被确认。虽然警察没有搜查证，但是有合理根据把钱伯斯的汽车在公路上截停，然后在警察局搜查他的汽车。

本庭限制警察搜查库里奇的汽车，但是从卡罗尔到钱伯斯的一系列案例中，无论是字面上的含义还是案件背后的理论基础，我都看不到限制警察搜查的理由。尽管每一个案子都涉及被截停的车辆，但是因为警察是在扣留驾驶员和乘客之后才搜查，所以车辆是不会开走的，而停在街上或住所车道上的车辆虽然无人看管，却是可能被开走的。无论汽车是停在自己家还是朋友家，都可能被开走，所以当警察发现车辆时，无论车辆是在行驶中还是停在原地其实并没有任何区别。

在哈斯提诉美国案（Husty v. United States）中，可靠的线人告诉警察，哈斯提的两辆汽车里有私酒，并且还提供了汽车具体停放的地点。警察果然在那里发现了一辆无人看管的汽车。后来看见哈斯提和他的同伙们把汽车开动。车子才移动了一二英尺，警察就把车截停，并当场搜查发现了违禁品，然后逮捕了哈斯提。本庭所有法官一致判决，驳回被告请求排除警察搜查到的私酒证据：

"只要有合理的根据，第 4 修正案并不禁止警察无证搜查载有私酒的车辆。"

"请愿人辩称，从得到线报到搜查汽车之间。警察有足够的时间去申请搜查证。尽管警察并没有去申请搜查证，无证搜查仍然是合理的，因为警察不知道哈斯提什么时候会去把车开走。在这种情况下，如果要申请搜查证，就必须从现场撤走一两个警察而拖延时间，我们不应该要求警察揣测成功地搜查汽车的概率。因为警察有合理的根据，所以搜查是合理的。"

本庭之所以援引哈斯提案，显然是因为该案涉及可以在公路上行驶的汽车。然而警察可以在哈斯提把车开走之前申请搜查证，所以汽车是否在行驶中与本案并无关系。虽然汽车移动了一二英尺才被警察截停，这一事实也毫不重要。即使在哈斯提到达停车地点之前，或是在哈斯提到达之后，启动汽车之前，警察也都可以搜查汽车。本庭强调哈斯提的汽车移动了一二英尺其实是没有说服力的。

然而本庭直截了当地说，从卡罗尔到钱伯斯一系列案例的规则并不适用于本案，而是应该遵循戴克诉泰勒工具制造公司案的判决。在戴克案中，警察截停违章驾驶的汽车，并逮捕车内的乘客，但是警察把车拖到警察局才搜查，所以本庭认为后来的搜查不能算是逮捕后附带的搜查。而且因为警察没有合理的根据相信车里有罪证，所以警察无权扣留并搜查汽车。在戴克案中，本庭认为在搜查汽车时警察并没有合理的根据，"因为搜查没有充分的根据"，就没有必要去寻找其他的理由判决搜查无效。然而假如有合理根据，我们应该会支持戴克案的搜查。

根据第 4 修正案，行驶中的汽车和可开走的汽车之间的区别其实是牵强附会的。在扣留和搜查的案件里，这种形而上学的区别的合理性并不符合常识的判断标准。把本案与从卡罗尔到钱伯斯一系列案例区分开来只会进一步用诉讼纠缠第 4 修正案的法律，由此而产生的细微改良与现实几乎没有什么关系。为了达到一致性和可信性，我建议干脆推翻过去的案例，把汽车和房屋同等对待，或者把可行驶的汽车和行驶中的汽车同等对待，就像逮捕嫌疑人一样。无论我们采用哪一种方法，也许我们可以给第4修正案的法律带来少许确定性，并给执法人员提供一些指导，好让他们知道该怎么办。

因此，我反对本庭判决的第二部分B、C和D。然而我附和本庭判决第三部分的结果。我会维持新罕布什尔最高法庭的原判。

布鲁尔诉威廉姆斯

Brewer v. Williams

430 U.S. 387（1977）

1976 年 10 月 4 日辩论；1977 年 3 月 23 日判决。

发给美国第 8 巡回上诉法庭的调卷令。

摘要：

被请愿人涉嫌在爱荷华州德莫因诱拐一位 10 岁的女孩，被捕后提讯，然后被羁押在爱荷华州达文波特的监狱里。在达文波特提讯时，被请愿人的德莫因律师和达文波特律师都嘱咐他，在他回到德莫因并在德莫因咨询律师之前不要说任何话。两位驾车将被请愿人押送回德莫因的警察也同意在押送途中不询问被请愿人。押送途中被请愿人也表示他不愿意在没有律师在场的情况下被审讯，而是到德莫因见到他的律师后再把一切和盘托出。然而其中一位警察知道被请愿人曾是精神病人，而且特别虔诚，于是便设法让他说出一些犯罪的证据。警车行进中，那位警察说他觉得应该停车去找那位女孩的尸体，因为女孩是在圣诞夜失踪的，她父母希望能为她举行一场基督教葬礼。于是，被请愿人在途中说了一些罪证，并带警察找到了女孩的尸体。开庭审判时，尽管被请愿人反对将其在押送途中的陈述接受为证据，他还是被判谋杀罪。爱荷华最高法庭认为被请愿人放弃了宪法赋予他咨询律师的权利并维持原判。被请愿人遂向联邦法庭申请人身保护令，联邦法庭判决下级法庭接受有争议的证据是错误的，因为警察剥夺了宪法授予被请愿人得到律师协助的权利，而且判决他并没有放弃这一权利。上诉庭维持地区法庭原判。作为请愿人，典狱长称联邦地区法庭在确认事实时忽视了《美国法典》2254（d）条，该条款规定，除了某些例外情况，联邦法庭审理人身保护令案件时应该接受州法庭已经认定的事实是正确的。

判决：

1. 地区法庭在解决有关证据的争议时正确地运用了《美国法典》2254（d）条，联邦法庭确认的事实与爱荷华州法庭并无冲突，联邦法庭根据州法庭记录确认的添加事实经过认真仔细的解释，而且上诉庭认为添加的事实符合州法庭记录并予以批准。

2. 被请愿人被剥夺了宪法赋予他得到律师协助的权利。

（a）第 6 和第 14 宪法修正案赋予被告得到律师协助的权利，意思是当针对被告的司法程序开始之后，被告有权得到律师的协助。押送被告的汽车旅途开始之前，针对他的司法程序毫无疑问已经开始，因为逮捕证已经颁发，被告已经被提讯，并被羁押。

（b）针对个人的抗争性程序一旦开始，当政府审讯他时，他就有请律师代表他的权利。因为警察所作的"基督教葬礼演讲"相当于审讯，被请愿人说出犯罪证据时有权得到律师的协助。

3. 当被请愿人提出他有要求律师的权利时，记录显示法庭没有任何理由认为被请愿人已经放弃了要求律师协助的权利。法庭记录不足以满足政府举证的责任，证明被请愿人"有意地放弃或抛弃了他知道他自己拥有的权利或特权"。

维持原判。

斯图亚特大法官代表法庭发表判决，布莱能、马歇尔、鲍威尔和斯蒂文斯大法官加入，马歇尔、鲍威尔和斯蒂文斯大法官发表附和判决。博格首席大法官发表反对意见。怀特大法官发表反对意见，布莱克曼和阮奎斯特大法官加入。布莱克曼大法官发表反对意见，怀特和阮奎斯特大法官加入。

斯图亚特大法官代表法庭发表判决。

爱荷华的陪审团判处被请愿人罗伯特·威廉姆斯犯了谋杀罪。爱荷华最高法庭投票以微弱多数维持有罪判决。此后在申请人身保护令的过程中，联邦地区法庭认为，根据美国宪法，威廉姆斯案应该推翻重审。第八巡回上诉法庭虽有分歧，但还是同意重审。现在我们面临的问题是，地区法庭和上诉法庭的判决是否错了。

第一部分

1968 年 12 月 24 日下午，10 岁女孩帕梅拉·鲍尔斯与家人前往爱荷华州德莫因的基督教青年会，去观看他哥哥参加的一场摔跤比赛。她去上厕所后便没有回来，众人搜寻无果。

罗伯特·威廉姆斯最近从精神病院逃逸，住在基督教青年会。女孩失踪后，有人在青年会大堂里看见威廉姆斯抬着一些衣服和一个用毯子裹着的大包，他请一位 14 岁的男孩帮他开门走出青年会，然后打开停在门外的车门。当威廉姆斯把那个大包放在汽车前座上时，那个男孩"看见里面有两条很瘦、很白的腿"。还没有人能够看清包里究竟是什么东西，威廉姆斯就把车开走了，第二天他的车被发现遗弃在德莫因以东 160 英里的达文波特。德莫因遂对威廉姆斯发出逮捕证，罪名是诱拐。

12 月 26 日早晨，一位德莫因的律师亨利·麦克奈特前往德莫因警察局，告诉值班的警察他刚接到威廉姆斯打给他的一个长途电话，他让威廉姆斯向达文波特的警察自首。威廉姆斯当天早晨向达文波特的警察自首，他们根据逮捕证上的罪名将他收监，并根据米兰达诉亚利桑那案（Miranda v. Arizona）的规则警示了威廉姆斯。达文波特警方通过电话与德莫因警方联系，通知他们威廉姆斯已经自首。麦克奈特律师还在德莫因警察总部，威廉姆斯在电话上与麦克奈特交谈了。在德莫因警察局长和探员黎明（Leaming）面前，麦克奈特告诉威廉姆斯，德莫因的警察将前往达文波特把他押送回德莫因，押送途中警察既不会审讯他，也不会虐待他，并叮嘱威廉姆斯在回到德莫因咨询麦克奈特律师之前不要谈论任何有关帕梅拉·鲍尔斯的事情。根据这些谈话，麦克奈特律师和德莫因警察达成协议，黎明探员和另一名警察将前往达文波特去接威廉姆斯，他们将把威廉姆斯直接带回德莫因，途中不得问他任何问题。

同时，威廉姆斯在达文波特的法官面前就逮捕证被提讯。法官按米兰达案警示威廉姆斯有保持沉默的权利。离开法庭之前，威廉姆斯咨询了另一位当地律师凯利，律师叮嘱他回德莫因见到麦克奈特律师之前不要做任何陈述。

黎明探员和他的搭档中午抵达达文波特，将威廉姆斯押送回德莫因。到达之后，他们见到了威廉姆斯和凯利，他们知道凯利是威廉姆斯的律师。黎明探员重复了米兰达警示，并告诉威廉姆斯：

"我们都知道凯利先生是你的律师，德莫因的麦克莱特先生也是你的律师。我请你记住这一点，因为我们还会访问达文波特和德莫因。"

威廉姆斯又单独咨询了凯利，然后凯利又反复叮嘱黎明探员，在威廉姆斯回德莫因并咨询麦克奈特律师之前，不要询问威廉姆斯有关帕梅拉·鲍尔斯失踪的任何事情。当黎明表示他有保留意见时，凯利坚定地说，他们与麦克奈特之间的协议必须执行，在押送威廉姆斯回德莫因的途中不得审讯他。两位警察拒绝凯利坐在警车里跟他们和威廉姆斯一起回德莫因。

两位警察载着威廉姆斯开始160英里的车程。威廉姆斯在途中从来没有表示他愿意在没有律师在场的情况下被审讯。他说了好几次"等我到了德莫因，见到麦克奈特先生之后，我会告诉你们所有的事情"。黎明探员知道威廉姆斯曾是精神病患者，并知道他非常虔诚。

探员和嫌疑人很快开始不着边际地聊起各种话题，其中包括宗教。离开达文波特不久就要上跨州公路时，黎明探员做了案卷中所指的"基督教葬礼演讲"。他称呼威廉姆斯为"神父"，并说：

"在我们往前开的路上，我想让你考虑一件事。第一，我想让你看外面的天气，正在下雨，正在下冻雨，外面冰天雪地，开车很危险，能见度很差，今天晚上很早就会天黑。天气预报估计今晚会下几英寸的雪，我觉得你是唯一的人，知道这个女孩的尸体在哪儿，那个地方你自己只去过一次，如果上面被雪覆盖，你也许就找不到了。因为我们去德莫因的途中会顺路经过那个地方，我觉得我们可以停下车来找到尸体。这个小女孩的父母应该为他举行一场基督教葬礼，她是在圣诞夜失踪后被杀死的。我觉得我们应该在回去的路上停车找到她的尸体，而不是等到明天早上，在一场暴风雪之后再回来，那样也许我们就找不到她了。"

威廉姆斯问黎明探员，为什么他认为会在回德莫因的路上经过那个女孩的尸体，黎明探员说他知道尸体在米切尔维尔附近，正好就在回德莫因的路上。[1] 然后，黎明探员话锋一转："我不用你回答我，也不想继续跟你讨论这件事。你只要在我们往前开的路上好好考虑就行了。"

当车接近达文波特西面 100 英里的格林奈尔镇时，威廉姆斯问警察有没有找到受害人的鞋，黎明探员回答他不知道。威廉姆斯把两位警察带到路边的一个服务区，他说他把鞋留在那儿了，但是没有找到。然后车继续往德莫因开。威廉姆斯问警察有没有找到毯子，然后把他们带到路边的一个休息区，但是也没有找到。然后车继续往德莫因开，当他们接近米切尔维尔时，威廉姆斯告诉警察尸体在什么地方，然后领着他们找到了帕梅拉·鲍尔斯的尸体。

威廉姆斯被起诉一级谋杀罪。庭审之前，他的律师提起动议，要求排除所有与威廉姆斯从达文波特到德莫因途中所作陈述有关的证据。法庭举行证据听证会后，法官驳回了动议。他认为：

"辩护律师和警察确实达成了协议，被告在返回德莫因的途中将不被询问。"

"在被告需要有律师在场的关键时刻"警察从威廉姆斯那里得到了有争议的证据。但是法官判决威廉姆斯"放弃了他要求律师在场才提供那些信息的权利"。

在接下来的审判过程中，辩护律师不断反对检方将有争议的证据呈递给法庭。陪审团判决威廉姆斯犯了谋杀罪。爱荷华最高法庭维持原判，占微弱多数的法官同意审判庭的判决，认为威廉姆斯在从达文波特到德莫因的途中"放弃了他要求律师在场的权利。"四位持反对意见的法官认为：

"律师和警察都同意，如果没有律师在场，警察不得询问被告。律师叮嘱被告不要说话，而且被告也反复说他咨询了律师之后会把一切都说出来。政府必须提供强有力的证据证明被告确实有意自愿放弃了他的权利。"

威廉姆斯随后在爱荷华南区联邦法庭申请人身保护令。政府和威廉姆斯的律师商定"案子按照审判庭记录的事实上交到联邦法庭，不再增加新的证词"。地区法庭认定上述事实并作出结论，就法律而言，审判时接受有争议的证据是错误的。这个结论有三个依据：（1）威廉姆斯被剥夺了宪法赋予他得到律师协助的权利；（2）他还被剥夺了本庭在埃斯科贝多诉伊利诺伊（Escobedo v. Illinois）和米兰达诉亚利桑那（Miranda v. Arizona）两个案子中定义的宪法保护；（3）无论如何，被告乘车从达文波特到德莫因的途中所作的陈述是非自愿。此外，地区法庭认为威廉姆斯并没有放弃宪法赋予他的权利。

第八巡回上诉法庭维持联邦地区法庭的原判，只有一位法官反对，并驳回了要求全体法官重新听证的申请。本庭接受申请调卷令，考虑有关宪法的争议。

---

[1] 其实黎明探员根本不知道。——译者注

A

考虑其他争议之前，我们必须先考虑请愿人最基本的主张，请愿人称地区法庭在认定本案事实时忽视了《美国法典》2254（d）条的规定。该法律将汤森德诉塞恩案（Townsend v. Sain）中多数法官的标准编纂为成文法，规定除了某些例外情况，联邦法庭审理人身保护令案件时应该接受州法庭已经认定的事实是正确的。

我们认为，本案并没有忽视 2254（d）条的规定。尽管任何一方在联邦人身保护令诉讼程序中都可以要求举行证据听证会，但是双方预先达成协议，联邦法庭应该根据州法庭的记录判决。根据商定的程序，地区法庭根本没有认定任何与爱荷华州法庭冲突的事实。审阅了州法庭的纪录之后，地区法庭确实认定了一些添加的事实，其中有一项就是达文波特的凯利律师曾要求也乘坐警车从达文波特到德莫因，黎明探员拒绝了他的要求。但是联邦法庭认真仔细地解释了添加事实，而且上诉庭也审阅和批准了添加的事实，并明确判决"地区法庭正确地使用了《美国法典》2254（d）条来解决有争议的事实证据，而且地区法庭认定的事实是以州法庭记录为基础的"。《美国法典》2254（d）条的约束并无其他的要求。

B

如上所述，地区法庭的判决有三项独立的根据，上诉法庭看来是依照其中两项根据维持地区法庭的判决。我们认为只需要考虑其中一项根据就够了。

具体来说，我们在本案中无需回顾米兰达诉亚利桑那案中的理论，即宪法赋予被告免予自证其罪的特权。地区法庭判决威廉姆斯自控其罪的陈述不是自愿的，我们同样也无需评价地区法庭的判决。有一点很清楚，我们无论如何都必须维持上诉法庭的判决，因为威廉姆斯被剥夺的是宪法赋予他的另一项权利，那就是得到律师协助的权利。

第 6 修正案和第 14 修正案保证律师协助被告的权利，为了确保我们的对抗性刑事司法系统是公正的，律师的协助不可或缺，尤其在开庭审判之前更为重要。40 年前萨瑟兰大法官在鲍威尔诉阿拉巴马案（Powell v. Alabama）中对此作了简单明了的阐述：

"对被告来说，针对他的司法程序中最重要的阶段就是从提讯到开始庭审，在那段时间里，咨询律师、彻底调查和准备工作至关重要。然而被告在那段时间里并没有真正意义上的律师协助，尽管跟庭审本身一样，被告在庭审前同样也需要律师的协助。"

有时，本庭内部对庭审前的宪法权利也有分歧。但是无论在州法还是联邦法里，这一概念已经完全确立，无需我们更深入地详细阐述。无论我们如何解释第 6 修正案和第 14 修正案赋予被告得到律师协助的权利，针对个人的司法程序一旦开始，他至少应该有权得到律师的协助，"无论是正式指控、初次听证、大陪审团公诉、检察官起诉还是提讯"。

在本案中，威廉姆斯乘坐警车从达文波特前往德莫因之前，针对他的司法程序已经开始了，这是毫无疑问的。逮捕证已经发出，他在达文波特的法庭被法官提讯，并被法庭送到监狱羁押。州政府对此并无异议。

另一点毫无疑问的是，黎明探员故意运用计谋引诱威廉姆斯提供信息，这种做法至少相当于正式的审讯，但是也许比正式审讯更有效。离开达文波特前往德莫因之前，黎明探员完全知道威廉姆斯在达文波特的律师是凯利，在德莫因的律师是麦克奈特。但他还是趁两位律师都不在的时候从威廉姆斯口中获得尽可能多的犯罪证据。黎明探员在审判威廉姆斯的法庭上也承认：

"问：黎明警监，实际上无论他是不是精神病患者，在他见到律师之前。你都会设法从他口中得到尽可能多的信息，对吗？"

"答：是的，先生。我当然希望知道那女孩在哪儿。"

"问：那好，这么说吧。在威廉姆斯见到麦克奈特之前，你希望从他口中得到所有的信息，对吗？"

"答：是的，先生。"

尽管州法庭显然假设黎明探员的"基督教葬礼演讲"相当于审讯，但还是继续庭审。爱荷华州一审法庭和最高法庭都承认威廉姆斯作出自控其罪的陈述时有权得到律师的协助。但是如果没有审讯，也就谈不上这种宪法保护了。

从宪法的角度来看，本案的情节与玛西亚诉美国案（Massiah v. United States）几乎相同。在玛西亚案中，请愿人被起诉违反联邦毒品管制法。他聘请了一位律师，选择无罪辩护，然后交保候审。在候审期间，一个联邦探员通过窃听获得了能证明他有罪的陈述。这些陈述在庭审时被提交法庭为证据，被告因此被判有罪。本庭推翻了原判，理由是：

"起诉被告之后，联邦探员故意诱取被告自控其罪的陈述。当被告的陈述被法庭接受为证据时，他被剥夺了宪法保证他应该得到的保护（得到律师协助的权利）。"

在玛西亚案和本案中，有罪陈述都是警方暗中诱取的，但是这与宪法并没有什么关系。玛西亚案的明显规则是，针对个人的程序一旦开始，当政府审讯他的时候，他有请律师代表他的权利。因此，我们并不需要生硬或技术性地套用玛西亚学说便能得出结论，第6和第14修正案确保威廉姆斯有权得到律师的协助。

第三部分①

爱荷华州法庭承认威廉姆斯被剥夺了宪法赋予他得到律师协助的权利，然而法庭还是判决他在达文波特到德莫因途中放弃了这一权利。州一审法庭确定弃权的解释如下：

"车程中的时间因素，总的背景情况，以及更重要的是，被告并没有要求行使他的权利，即使律师不在场，他也没有不愿意提供信息，本庭主要就是在这些基础上得出了他自愿放弃了权利的结论。"

在冗长的判决中，爱荷华最高法庭运用"总体情况"作为检验标准，来显示被告如

---

① 判决从第一部分突然跳到第三部分，中间缺少第二部分，查了若干不同出处均如此。——译者注

何在没有明确表示弃权的情况下放弃了宪法赋予他的权利，检验的结论是：

"车程中的时间因素，总的背景情况，以及在提供信息之前或当时，被告没有任何要求或明确的欲望表示需要律师协助，这一切足以支持一个结论，那就是被告放弃了宪法赋予他的权利。"

在联邦人身保护令诉讼中，地区法庭认为被告是否放弃权利并非事实的争议，而是联邦法的争议，认为爱荷华法庭"运用了错误的宪法标准"，导致判决威廉姆斯放弃了宪法对他的保护。地区法庭判决："政府必须承担沉重的举证责任，但是州一审法庭和最高法庭明确地把这一责任强加在威廉姆斯身上。"

仔细审阅证据之后，地区法庭的结论是：

"根据认定放弃权利的正确标准，根本没有证据支持放弃。没有肯定的迹象表明威廉姆斯放弃了他的权利。州法庭强调威廉姆斯没有要求律师，这不仅在法律上是不恰当的，在事实上也没有根据，因为黎明探员自己作证时说威廉姆斯在途中若干次表示他将在见到麦克奈特之后才会开口。黎明探员和威廉姆斯的陈述，再加上凯利先生也告诉黎明探员，威廉姆斯只有在德莫因见到麦克奈特先生之后才会开口，这一切事实当然都说明威廉姆斯在主张'自己的权利，或是表示没有律师在场就不提供信息的意愿'。此外，威廉姆斯的陈述是在黎明探员运用攻心战术后得到的，因为他明知威廉姆斯非常虔诚，而且是从精神病院逃出来的，所以他具体的目的就是从威廉姆斯口中诱取自控其罪的陈述。在这样的证据面前，州政府非但没有提供任何肯定的证据来支持其弃权的主张，遑论满足'沉重的举证责任'，证明威廉姆斯自愿且明智地放弃了第6修正案赋予他的权利？"

上诉法庭批准了地区法庭的推理：

"审阅本案的记录并没有发现任何事实支持州法庭的结论。威廉姆斯除了作出自控其罪的陈述之外，并没有放弃宪法赋予他的权利。地区法庭的结论是正确的，州法庭在认定是否弃权的争议时运用了错误的宪法标准。"

"本庭最近判决，即使委派律师之后，被告还是可以自愿、明智地放弃审讯时要求律师在场的权利。但是检方将肩负沉重的义务，证明弃权是自愿且明智的。我们同意地区法庭汉森法官的判决，州政府未能完成举证的责任。"

联邦地区法庭和上诉法庭正确地认定了弃权的问题并非一个历史事实的问题，用法兰克福特大法官的话来说，弃权的问题要求"将宪法的原则运用到认定的事实上"。

联邦地区法庭和上诉法庭还正确地理解并运用了恰当的标准，确定弃权是属于联邦宪法的问题，州政府有义务举证，证明被告"有意地放弃或抛弃了他知道他自己拥有的权利或特权"。这一标准在许多案例中被重复。我们认为要求律师的权利并不取决于被告本人的要求，而且法庭会迁就所有否认弃权的合理假设。无论是在庭审程序中还是庭审前重要的阶段，这种严格的标准同样也适用于检方声称被告放弃了要求律师的权利。

最后我们的结论是，根据这些标准，上诉法庭正确地认定本案的记录无法支持请愿人应该承担的举证责任。威廉姆斯确实被告知，而且看来能理解他有要求律师的权利。但是弃权不仅要求他理解，还要求他放弃。威廉姆斯自始至终依赖律师的意见对付当局，这一事实充分驳斥了任何有关他放弃权利的说法。自首之前他通过长途电话咨询了麦克奈特律师，收监之后不久他又打电话给麦克奈特，提讯之后，威廉姆斯选择并获得凯利律师的法律意见。黎明探员和他的搭档抵达达文波特后，他又咨询了凯利。在整个过程中，律师叮嘱威廉姆斯回到德莫因咨询麦克奈特之前不要作任何陈述，并向他保证警察已经同意不询问他。他在警车里也表示到德莫因见到麦克奈特之后将说出所有的一切，这句话最清楚地表达了威廉姆斯本人希望审讯开始前必须有律师到场。其实在此之前，威廉姆斯就有效地行使了他要求律师的权利，他在警车行程的起点和终点都聘请了律师，两位律师代表他明确地告诉警察不得在押送途中审讯他。威廉姆斯知道这种安排，特别是他始终依赖律师，所以说他后来又否定这种安排是毫无合理根据的。

根据本案的情况，上诉法庭和本庭都没有判决威廉姆斯在没有通知律师的情况下不会放弃第 6 修正案和第 14 修正案赋予他的权利。本庭只是判决他没有放弃权利而已。

第四部分

威廉姆斯犯下的罪行是毫无意义且残忍的，警方应该采取迅速有力的行动缉拿凶手，搜集证据并将他绳之以法。对执法部门来说没有比这更重要的了。但大众利益和无私的热情并不能保证我们追求方法的智慧和正确性。尽管我们不会轻而易举地为此案颁发人身保护令，但我们不能宽恕如此明显地违反第 6 修正案和第 14 修正案的行为。负责刑事执法的州政府官员和司法人员肩负如此沉重的压力，尤其谋杀案的受害人还是个孩子。但这恰恰就是压力期望我们每一个人都坚定地忠于宪法保证的权利。

维持上诉法庭的原判。

马歇尔大法官附和。

我全心全意地附和斯图亚特兄弟代表本庭发表的判决，但是针对今天的反对意见，我再多说几句话。我相信持反对意见的同仁们忽视了我们刑法的重要宪法后盾。他们好像认为黎明探员的行为无可厚非，甚至还值得嘉奖，是"出色的警察"。在我看来，出色的警察并非不顾代价地捉拿罪犯。作为法律的保护者，警察同样也有责任谨慎地服从命令。因为"如果我们用非法的手段对付那些我们认为是罪犯的人，而不是真正的罪犯，生命和自由将最终遭受同样的危险"。

在本案中，黎明探员自己理解第 6 修正案要求律师的权利和第 5 修正案免予自认其罪的特权，但他故意地打算侵犯威廉姆斯的权利，这是毫无疑问的。黎明探员明知两位律师叮嘱威廉姆斯在咨询德莫因的麦克奈特律师之前不要对警察作任何陈述，因为他听见麦克奈特叮嘱威廉姆斯，并肯定知道尸体的位置将透露给警察。黎明探员无疑意识到信息将如何传递给警察：威廉姆斯会告诉麦克奈特尸体的位置，然后麦克奈特将带领警察去找尸体。威廉姆斯将受到律师和客户之间享有保密特权的保护，不直接表示自己知道尸体的位置，从而避免自控其罪，鲍尔斯家庭也可以给那个不幸的孩子举行"基督教葬礼"。

当然，这种剧情的发展同样也能达到黎明探员调查的所有目的，却无法得到威廉姆斯自控其罪的陈述或行动。因此，黎明探员便设下迷魂阵撬开威廉姆斯的嘴获取证据。黎明探员称有一条警车内不允许搭载乘客的规定，不让凯利律师陪伴威廉姆斯，于是便将威廉姆斯完全置于其掌控之下，在那段3至4小时的车程中，他可以为所欲为地诱取口供。这位探员再次向我们显示，"只要有合适的话题和比较老练的说服，夹板上的螺丝 ① 就可以拧紧了"。

黎明探员故意隔离威廉姆斯，使他得不到律师的保护，然后在这段时间里故意"说服"他交出自控其罪的证据。本庭要谴责的是警察故意的不端行为，而不是警察良好的执法行动。正如反对派所指出的，本案涉及的罪行固然令人发指，但这并不是宽恕警察故意践踏宪法赋予被告权利的借口。威廉姆斯将被刑事重审，或通过民事囚禁程序送到精神病院，爱荷华的检察官有足够的才能，绝不可能让一个危险的罪犯逍遥法外。我们姑且不谈反对派毛骨悚然的呐喊，即使威廉姆斯被释放，也并不是因为他理应被释放，而是因为黎明探员。他明知威廉姆斯的判决可能被推翻，但还是故意剥夺了第6修正案赋予每一位美国公民的权利，这种权利在威廉姆斯和可畏的政府权力之间设置了一块律师保护的盾牌。

本案回忆卡多索法官对人民诉狄福尔案（People v. Defore）的判决似乎欠妥 ②，我觉得还不如重温布兰戴斯大法官在欧姆斯泰德诉美国案（Olmstead v. United States）中反对意见的结束语：

"在一个法治的政府里，如果政府本身不能谨慎地遵守法律，政府本身的存在便会受到威胁。我们的政府是强大的、无处不在的老师。无论善还是恶，政府都在用自己的榜样教育人民。罪恶是会传染的。如果政府自己犯法，那将撒下蔑视法律的种子，邀请每一个人制定自己的法律，为达到目的而不择手段。如果宣布政府可以通过犯法来判决一个人有罪，那将会有可怕的报应。本庭必须坚决反对那种邪恶的理论。"

鲍威尔大法官附和。

首席大法官在反对意见中尖锐地指出，解决本案的争议主要取决于个人对事实的理解。许多法庭和法官审阅了本案，他们对有关的宪法原则并无不同的看法：（1）威廉姆

---

① 原文是 the rack and the thumbscrew，一种基督教用来折磨人的刑具。——译者注
② 因为警察失误，罪犯将被释放。警察在非法搜查时在房间里发现一具被谋杀的男尸，因为非法搜查侵犯了公民的隐私权，导致谋杀犯逍遥法外。——译者注

斯有权得到律师的协助；（2）一旦他行使这种权利（大家都认为威廉姆斯已经行使了），如果律师不在场，政府就不能审讯威廉姆斯，除非他自愿且明智地放弃了他的权利；及（3）政府有举证的责任，证明威廉姆在警察审讯他之前已经放弃了他的权利。

最重要的事实争议是，威廉姆斯是否自愿弃权，这也将取决于究竟有没有审讯。持反对意见的兄弟们对事实的看法与我的感知迥异，尽管本庭的判决书已经很精确地叙述了本案的背景和前提，我觉得还是有必要简短地重复一下。

第一部分

威廉姆斯从达文波特乘警车回德莫因之前已经被逮捕、收监，并收到米兰达警示。既然如此，根据宪法他就有权得到律师的协助。威廉姆斯行使权利的方式很特殊，他在被捕之前就先咨询了律师，然后才根据律师的建议向警方自首。此后，警察都知道他有两位律师：首先咨询的麦克奈特律师在德莫因等待他到达，另一位凯利律师代表他在达文波特自首。麦克奈特跟两位押送威廉姆斯回德莫因的警察明确地达成了协议，若无律师在场，警察不得审讯威廉姆斯，这充分证明警察完全知道威廉姆斯有律师。

在长距离押送途中，威廉姆斯作了自控其罪的陈述，当时他被两位警察羁押，而且他聘请的律师也不在场。持反对意见的首席大法官得出的结论是，在作出那些陈述之前，威廉姆斯已经"有效地放弃了"要求律师在场的权利。这种观点完全不符合记录中清楚地显示警察对威廉姆斯进行审讯的证据。例如，地区法庭指出：

"根据黎明探员自己的证词，那段对话的目的是从威廉姆斯口中得到那位失踪女孩的信息。对话是黎明探员发起的，随后威廉姆斯才坦白。"

为了支持以上认定的事实，地区法庭大量地引用了黎明探员的证词，包括：

"问：黎明警监，实际上无论他是不是精神病患者，在他见到律师之前。你都会设法从他口中得到尽可能多的信息，对吗？"

"答：是的，先生。我当然希望知道那女孩在哪儿。"

"问：那好，这么说吧。在威廉姆斯见到麦克奈特之前，你希望从他口中得到所有的信息，对吗？"

"答：是的，先生。"

地区法庭根据所有事实认定警察审讯了威廉姆斯，转而处理"弃权"的最后的争议。地区法庭的结论是，州政府非但没有完成举证的责任，而且"除了警察最终得到了威廉姆斯的陈述，记录中没有任何证据显示他放弃了第 6 修正案赋予他的权利"。

上诉法庭肯定了这一点，"本案的记录完全支持地区法庭认定的事实"。

我加入本庭的判决，并认为黎明探员"从威廉姆斯诱取信息"的行为是一种巧妙且有效的审讯，请愿人的律师在口头辩论时也承认这一点。此外，警车的氛围有利于心理胁迫，黎明探员成功地利用了这一点。警察知道威廉姆斯是一个像唐·吉坷德那样虔诚的年轻人，而且还有精神病史。那是圣诞节的翌日，天气不好，黎明探员正好有机会谈起大雪将会覆盖尸体，使女孩的家人无法为她举行"基督教葬礼"。威廉姆斯单独与两个警察坐在警车里好几个小时。根据两个下级联邦法庭认定的事实，除了威廉姆斯最后坦白之外，没有任何证据能够证明他自愿、明智地放弃了要求律师在场的权利。在没有具体证据的情况下，法律向来不赞成通过推理暗示被告其实放弃了宪法赋予他的权利，这一点在法律上已成定论。无论从本案的记录还是反对意见，我都无法找到任何理由不同意地区法庭的结论，"州政府没有举出任何肯定的证据来支持威廉姆斯弃权的主张"。

首席大法官的反对意见称，本庭今天的判决"结论性地假设嫌疑人在法律上没有能力改变主意，在没有律师在场的情况下说出真相"。我觉得这种观点没有事实根据。恰恰相反，本庭的判决非常清楚，被告行使要求律师协助的权利之后，无需通知或咨询律师便可以放弃这一权利，但前提是，请愿人必须证明警察遵守协议不去威胁和审讯被告，而威廉姆斯自己主动地坦白了他的罪行。

第二部分

在讨论证据排除规则时，首席大法官在反对意见里引用了本庭上季判决的斯通诉鲍威尔案（Stone v. Powell）。在那个案子里，我们判决联邦法庭在复审第4修正案人身保护令时无需运用证据排除规则，除非有证据显示州法庭判决的囚犯在一审和二审时被剥夺了使用证据排除规则进行全面公正诉讼的机会。

本案也涉及重审州法庭判决之后申请的人身保护令。本庭今天维持联邦上诉法庭的原判，认为威廉姆斯自控其罪的陈述应该被排除。因为判决斯通案在联邦地区法庭和上诉法庭判决本案之后，所以下级法庭在判决本案时根本无法考虑斯通案宣布的原则是否也适用于本案。因为下级法庭没有将那个问题的卷宗和辩论呈递到本庭，所以本庭无法考虑斯通案是否适用于本案。斯通案对第5和第6修正案的适用性提出了若干未决的争议。许多第5和第6修正案的主张源于对审判的公正性和调查事实的诚信度的挑战。相反，第4修正案的主张全都是涉及那些"典型可靠而且通常最具有证据价值的信息，并直接关系到被告是否有罪"。斯通案的理由是否也应该适用于那些比较接近第4修正案的第5和第6修正案的主张呢？本人对此不表示看法。解决这个问题尚有待于全面探讨斯通案的判决。

斯蒂文斯大法官附和。

我加入斯图亚特大法官代表本庭发表的判决。斯图亚特大法官、鲍威尔大法官和马歇尔大法官已经精确地解释了法律为什么要求我们得出今天的结果。但是鉴于反对意见的尖锐语言，我觉得应该对本庭在此类案件中应起的作用作简短的评论。

无论我们有多么充分的理由或多么雄辩，我们的判决都无法使这场悲剧的受害人复活，也无法挽回官方疏忽导致被请愿人从州精神病院逃逸的后果。本案的感情色彩使我们很难冷静地判决，但这并不限制我们在运用法律时着眼未来，并关心我们面临的特殊案件可能带来的结果。

在本案争议的深层问题是，逃犯能否根据其律师的建议自首。被告将信任寄托于一位经验丰富的爱荷华律师，那位律师又将信任寄托于与爱荷华执法部门，期望他们能够兑现谈判中所作的承诺，从而将一个危险的罪犯捉拿归案。无论我们如何分析，这都是一个极其重要的阶段，无论对个人还是社会，律师的介入都至关重要。在法律将会影响个人生命的关键时刻，律师是把政府的要求和承诺传递给个人的重要的媒介。从长远来看，如果我们严肃地关注律师如何有效地代表个人，我们就不能允许州政府对律师背信弃义。

博格首席大法官反对。

在任何一个有组织的社会里，本案的结果都是无法容忍的。微弱的多数使本庭继续用执法人员犯下的错误来惩罚社会大众，而不是因为警察真的犯了错误而直接惩罚警察。无论警察的行为是严重不端，还是无意的错误违反了宪法，本庭都机械、盲目地排除可靠的证据，使陪审团蒙在鼓里。

威廉姆斯谋杀了一个年幼的孩子，本庭所有的同仁中没有一位认为不是他杀的。在羁押过程中，他先后 5 次被警示有保持沉默和要求律师协助的权利，但他还是带领警察找到了受害人的尸体。本庭也承认威廉姆斯并没有受到威胁和逼迫，他的言行都是自愿的，而且他充分了解宪法赋予他的权利。尽管如此，本庭还是认为威廉姆斯是被警察的一番话所提示，那不是审讯，而只是一番话，于是就不能告诉陪审团警察是怎么找到尸体的。

本庭的判决不幸被卡多索法官（后来成了本庭的大法官）言中，总有一天法庭会把排除证据的规则用到荒唐的极致，乃至因为获取证据的行为不端而把谋杀受害人的尸体排除在证据之外。[①] 如此的判决使本庭退化到“躲猫猫”游戏，再一次鼓舞刑事司法中衰退的体育运动理论。我跟怀特、布莱克曼和阮奎斯特大法官一起，断然拒绝本案中警察的不端行为违反宪法的说法，因为没有任何行为可以支持本庭如此奇葩的判决。然而，除了简短地评价是非之外，我还想把注意力放在本庭把日渐式微的证据排除规则用在本案的不合理性。

（1）本庭承认威廉姆斯透露信息是自愿的。

根据本庭承认已成定论的判例，当威廉姆斯把警察带往尸体时，他显然已经有效地放弃了第 5 修正案保持沉默的权利和第 6 修正案要求律师协助的权利。即便按照本庭的分析，我也无法理解怎么可能得出相反的结论。

本庭称其正确地使用了约翰逊诉泽布斯特案中那项大家熟悉的“有意地放弃或抛弃

---

① 因为警察失误，罪犯将被释放。警察在非法搜查时在房间里发现一具被谋杀的男尸，因为非法搜查侵犯了公民的隐私权，导致谋杀犯逍遥法外。

了他知道他自己拥有的权利或特权"的检验标准。本庭并没有认定，却假定威廉姆斯的行为和陈述是自愿的，而且他被告知并充分理解宪法赋予他的权利，也没有假定，也没有认定构成有效弃权的必须要件，却得出了政府未能显示有效弃权这一令人震惊的结论。

此外，本庭根本说不出州政府究竟未能提供什么样的证据，这使判决的结果更为异常。最近本庭在西奈克劳斯诉布斯塔蒙提案（Schneckloth v. Bustamonte）中分析了自愿行动和弃权之间的区别，斯图亚特大法官代表本庭说：

"一个人的行动是否'自愿'，跟他是否'放弃'了开庭审判的权利这两个问题是有区别的。本庭在布瑞迪诉美国案（Brady v. United States）中明确指出，回答第一个问题必须审查全部有关的证据来确定他是否被胁迫，而第二个问题取决于他对弃权的理解。"

同样，我们在麦克曼诉理查德森案（McMann v. Richardson）中说，因为主动认罪相当于放弃了若干宪法权利，"就必须是充分意识到有关的情况和可能带来的后果之后作出的明智决定"。如果本庭今天遵守西奈克劳斯和麦克曼的判决运用的那些检验标准，便不可能作出今天宣布的判决。

我们对证据并无争议，威廉姆斯充分了解他有权要求律师在场，也有权保持沉默。因为本庭并没有讨论威廉姆斯在精神上是否具有行为能力，本庭居然暗示他无法理解带领警察找到孩子的尸体将会给他带来什么严重的后果，这种说法实在匪夷所思。所有构成有效弃权的证据要件都有记录在案，本庭也并不否认，我们只能猜测本庭如何能作出如此的判决。

本案判决有一种可能的依据，只是本庭并没有明说，一旦嫌疑人行使没有律师在场就保持沉默的权利，此后在法律上他便不可能放弃这种权利，除非他见到了律师。然而，宪法的权利是属于个人的，如果弃权本来是有效的，法官不能因为弃权时律师不在场而否认弃权。本庭的判决相当把一个人"禁锢在他的特权之中"，结论性地假定嫌疑人在法律上没有在律师到场之前改变主意说出真相的行为能力。这相当于把一个人非人化，使他的自由意愿变成了律师的人质，在律师同意之前，嫌疑人被剥夺了自己希望说出真相的任何法律权利或能力。这就相当于否认律师协助和保持沉默的权利属于个人，否认这些权利是不可以委托给他人行使的，而且否认只有本人才可以放弃这些权利。[①]支持本庭判决的理由并不能开导我们，为什么无论警察行为的好坏，都将暂停威廉姆斯改变主意的权利，他必须等到抵达德莫因才能"和盘托出"。

鲍威尔大法官在他的附和意见中说，本案的结果将取决于黎明探员的那番话算不算

---

① 这条家长式的规则特别与第6修正案冲突。本庭最近发现了一项新的宪法权利，那就是自我代表权，允许被告拒绝律师，自己在法庭上代表自己的绝对权利，只要他知道这样做的后果即可。请见法瑞塔诉加利福尼亚案（Faretta v. California）。

"审讯"，或是那番话的目的是否希望打动被告的良心。我觉得这简直不可思议，一宗谋杀案居然需要动用司法解释，仅因为这段陈述导致嫌疑人透露了自控其罪的信息，就硬把一段陈述改变成一个问题。本庭好像是在说，因为威廉姆斯说他将在德莫因"说出所有一切"，警察就该满足并等到德莫因。当然，那将是比较聪明的选择，尤其是考虑到本庭在宪法法理上做文字游戏。但我们不应该在谋杀案上咬文嚼字啊。

无论如何，本庭让我们放心并不是其目的，在这种情况下有效弃权是可能的，但是本案的弃权还没有完全达到要求。当然，威廉姆斯并没有说许多话承认他杀了人，而是用行动带领警察找到尸体，这才是他有罪的证据。记录中有充分的证据表明，当威廉姆斯把警察带领到抛尸地点时，他完全知道他干了什么。心理学家和分析家显示，除了屡教不改的职业罪犯，人希望坦白的冲动是很正常的。

（2）对于并不过分的警察行为，我们不应该运用证据排除规则。

即使威廉姆斯并没有弃权，并假设发生了技术犯规，本庭还是错误、机械地使用了证据排除规则，根本不考虑在特定的情况下是否应该使用这种残酷的司法学说，也不考虑排除证据是否能达到预期的目的。

作为一种司法补救措施，证据排除规则是有缺陷的。在追求真相的过程中排除可靠的证据其实有其宪法和社会作用，今天的判决扰乱了这种比较理性的观念。根据第4修正案，我们现在承认证据排除规则并非属于个人的宪法权利，而是一种司法补救措施，用来保护和实现宪法保证的法律权利。我们反复强调，在刑事案件追求真相的过程中排除可靠且有价值的证据的唯一理由，就是震慑警察违宪或其他的非法行为。

因此，非法获得的证据并不一定在所有的情况下都应该被自动排除在追求真相的程序之外。在若干情况下，我们必须考虑运用证据排除规则是否能促进规则本身所期望达到的目的，并足以弥补社会为此付出的代价。

"就像任何补救措施那样，运用证据排除规则应该只限于那些能够最有效地达到补救目的的领域。"

当然，这就是我们在那些两种利益发生冲突的案子中使用的权衡过程。尽管为时已晚，我们还是认识到"证据排除规则背后的政策并不是绝对的"。证据对检控犯罪至关重要，而排除证据将严重违背追求真相的目的，所以我们只允许在捍卫宪法权利时才使用这条规则。我们权衡利弊的一个重要因素取决于违规的行为是否"过分"。在本案中，本庭并没有认为警察的行为过分了。既然如此，本庭居然根本没有考虑排除证据产生的利益是否能超过社会为此付出的代价。本庭之所以没有权衡得失，也许是因为本案并不涉及第4修正案，而是立足于米兰达诉亚利桑那案和第6修正案赋予被告要求律师协助的权利。本庭显然认为，证据排除规则在不同的情况下功能迥异，所以凡是遇到第4修正案的范围之外的案子，就必须机械地、无限制地排除证据。

但是本案的情况不同，因为警察的行为只是与米兰达的程序保护措施发生冲突，而不是与第 5 修正案免予强迫自证其罪的特权发生冲突。我们之所以排除非自愿、被强迫的认罪，是因为通过刑讯逼供得到的坦白往往是不可靠的。我们都同意"社会憎恨使用非自愿的坦白"，我们也都同意必须保护人格和自由的意志不受侵犯。

但是使用威廉姆斯透露的信息并没有不可靠的风险，因为尸体就是在他说的位置找到的。此外，本庭并没有质疑坦白是否自愿，所以并无侵犯个人尊严和自由意志之虞。米兰达保护措施的前提是，通过暴力和恐吓诈取的坦白已经被推定是不可靠的，这并不是个人的宪法权利，而是司法部门创造的防范措施。

所以如果自控其罪的供述是自愿、非强迫的，那就没有违反第 5 修正案，只是违反了米兰达若干预防措施其中之一，那就不应该被自动排除。既然如此，我们应该一方面权衡排除证据对警察非法行为的震慑效果和第 5 修正案支持排除证据的理由；另一方面，权衡"在任何司法系统里，无论控辩双方任何一方希望举证，只要证据与案件有关而且可信，让事实审判者得到证据将会产生莫大的利益。此外，我们还'应该考虑有效地检控罪犯将会给社会带来的利益'[①]。"

因为威廉姆斯自控其罪的陈述并不涉及任何第 5 修正案禁止的强迫成分，而且在追求真相的过程中也没有不可靠性的风险，所以按个案特殊处理或权衡排除证据的利弊都是可行的。简言之，我们没有理由排除这种证据。

同样，证据排除规则并不一定涉及第 6 修正案，特别是在开庭之前。我们认为：

"保证被告有律师的核心目的是确保审判阶段的'协助'，因为那时被告将面对错综复杂的法律和雄辩的检察官。"

被告有律师的权利其实是一种"审判"权，因为刑事检控涉及极其复杂的法律，所以必须抵消代表政府的检察官在事实审判者面前的权力。我们认为，现代的执法涉及审判前控辩双方的对抗，所以在被告请律师代表他出庭之前，他的命运也许就已经注定了。保证被告有律师的核心目的是让被告能得到公平审判的机会，并且有律师代表他出庭。本庭为此制订了一条当然法则，在审判前的"关键"程序中，被告的重要权利一旦受到威胁，就应该保证被告能有律师。

第 5 修正案的防范规则是为了保护其他的宪法权利，并震慑警察的不端行为。即使警察违反了防范规则，我们也不应该无视证据排除规则的目的就自动地排除证据。此外，即使警察违反了第 4 修正案，我们也不应该不分青红皂白地排除证据。在其他情况下，例如警察会请目击证人在一组人或相片中指认嫌疑人，尽管这种方法往往涉及暗示性的引导，我们通常还是不会排除指认证据，除非"无法弥补的误认的可能性极高"。因为我们认识到误认的可能将会侵犯被告享受正当程序的权利，所以我们只会为了保证追求真相的完整性而排除证据。简言之，我们的检验标准是证据的可靠性。

同样，即使警察在开庭前违反了第 6 修正案赋予被告得到律师协助的权利，我们也

---

① 违反米兰达案获得的证据一直可以用来弹劾证人。

不应该"下意识地"排除跟案子有关且可靠的证据。即使在开庭前的"重要"时刻没有律师，控辩双方仍可以公平对抗而不损害第 6 修正案的价值，只有当第 6 修正案保护的核心价值受到威胁时，我们才可以排除在没有律师的情况下获取的证据。原来我们认为第 6 修正案只是与开庭审判有关，现在我们把第 6 修正案延伸到开庭之前，刑事调查的焦点是嫌疑人，我们更应该谨慎地使用极端的手段排除证据。

无论如何，第 6 修正案的主要目的是保证审判的公平性和追求真相程序的完整性。在本案中，有关孩子的尸体是如何发现的证据，其可靠性毋庸置疑，而且本庭也承认威廉姆斯自愿地透露了信息，并没有受到胁迫。既然程序的公正性和证据的可靠性都不存在争议，我们就没有理由藏匿真相。本庭之所以认为排除证据是法定的要求，也许是因为这样做可能对警察今后的行为有震慑的作用。即便如此，本庭也没有以此为理由支持其判决。

因此，无论是根据米兰达案还是第 6 修正案，除了引用斯通诉鲍威尔之外，本案并没有其他的理由排除证据。斯通案判决的前提是，辩方要求排除的证据完全不可信，宪法的诉求跟被告是否有罪毫无关系，而且人身保护令对警察的不端行为几乎没有震慑作用。就像斯通案那样，本案也是经过州法庭一审和上诉，然后通过人身保护令最后上诉到本庭。本案有关的因素与斯通案和其他第 4 修正案的案子并没有区别，都是权衡使用证据排除规则惩罚警察不端行为的利弊。我们无需根据不同的宪法条款采用不同的形式主义分析方法，而是通过权衡利弊来决定是否排除证据，至少在警察的行为并不过分的案子里更应该如此。

鲍威尔大法官在他的判决中暗示，他同意如果证据"典型可靠而且通常最具有证据价值的信息，并直接关系到被告是否有罪，通过排除证据来惩罚警察的不端行为是毫无意义的。因为鲍威尔大法官看来也承认本案中有争议的证据非常可靠且具有证据价值，他加入本庭判决的原因只可能是坚持"下级法庭没有将那个问题的卷宗和辩论呈递到本庭"。但是请愿人直接挑战证据排除规则是否适用于本案，并借助礼让原则和联邦主义 ① 反对推翻原判。此外，在首次有机会口头辩论时，请愿人就辩称本庭对斯通案的调停判决应该延伸到本案，而被请愿人表示反对。

退一步说，如果我们参考斯通案的调停判决，本案是否应该排除证据还是一个未决的问题，我们"仍需充分探讨可能产生的后果才能决定"，最稳妥的方法是撤销上诉庭的判决，将案子发回重审。最近我们运用华盛顿诉戴维斯案（Washington v. Davis）的调停判决来解决阿灵顿高地诉大都会住房开发公司案（Arlington Heights v. Metropolitan Housing Dev. Corp.）里有关宪法的争议。我们运用调停判决避免了发回重审，让上诉法庭有机会重新考虑。尽管怀特大法官反对并敦促发回重审，我们还是直接达到了正确的

---

① 在法律界，礼让是不同政体，如国家、州、法庭或辖区之间交往的惯例，涉及互相承认对方的立法、行政和司法行为。而联邦主义是当州与州之间的法律发生冲突时，则使用联邦法。——译者注

结果。尽管鲍威尔大法官承认斯通案的判决很可能也适用于本案，今天本庭既拒绝运用斯通案，也拒绝发回重新考虑，这使我们颇感意外，因为斯通案的判决本是怀特大法官写的，可是他今天却又为本庭的判决投了第五票。

本庭今天的奇葩判决使我们想起布莱克大法官在考夫曼诉美国案（Kaufman v. United States）中的反对意见。[①]上诉庭维持有罪判决后，被告考夫曼还是想争取被释放。就像本案一样，考夫曼明显有罪，而且没有提出任何宪法的主张反对有罪判决，但本庭还是推翻原判发回重审，因为本庭认为获取可靠证据的方法违反了宪法。布莱克大法官的反应早在判决斯通案之前，正好可以为我的观点作出结论：

"如果其他一切都相同，我们当然希望惩罚罪恶，但是这种观点越来越难得到认可。一位评论员试图说服本庭不要作出今天的判决未果，认为有必要指出，惩罚有罪的被告将使大众受益。"

"即使追求真相的过程有瑕疵，我并不希望有罪判决无懈可击。在这种情况下，因为社会未能尽到举证义务，不能排除合理怀疑证明被告有罪。但通过正当程序审判之后，如果既有确凿的证据，被告自己也承认有罪，我们就不应该允许被告利用程序的瑕疵攻击有罪判决。无论是申请人身保护令还是通过程序攻击，我会要求被告提出某种宪法诉求，并至少在他的有罪判决里指出疑点。尽管被告在审判中已经承认，而且现在也不否认他抢劫了储蓄信贷社，尽管有确凿的证据证明被告完全知道他干了什么，但本庭还是允许他通过程序攻击有罪判决。既然他确实有罪，在宪法上他没有得到重审的权利。对于本庭的判决我实在无法苟同。"

就像考夫曼案中的布莱克大法官，我对于本庭的判决也实在无法苟同。

怀特大法官反对，布莱克曼和阮奎斯特大法官加入。

本案的被请愿人杀害了一个 10 岁的孩子。本庭的多数法官撤销有罪判决，理由是虽然被告某些陈述的可靠性毫无疑问，但是陈述是通过违宪的方法获取的，而且几乎不可能重审。因为宪法和过去的案例并不要求本庭采取任何行动，所以我反对。

第一部分

1968 年的圣诞夜，本案的受害人从爱荷华州德莫因市的基督教青年会失踪。有人看见被请愿人扛着用毯子裹着的包裹离开基督教青年会走向他的汽车。圣诞节那天，有人在 160 英里之外的达文波特发现他的车，法庭遂发出逮捕证。圣诞节翌日，被请愿人向达文波特警察局自首，并被提讯。德莫因的警察随后前往达文波特，将被请愿人押送回德莫因。在回德莫因途中，被请愿人说他知道受害人的衣服和尸体在什么地方，并带领警察找到尸体。当然，他作出陈述时律师不在场，因为律师没有坐在车里。被请愿人陈述时有权咨询律师或让律师在场，本案的争议是，被告是否有效地放弃了他的权利。

---

① 被告考夫曼确实有罪，但他以警察非法搜查与扣押为名，攻击程序的瑕疵，获得重审。——译者注

下面是有关事实。德莫因的警察到达文波特之前，达文波特的警察和法官分别警示被请愿人，根据米兰达案的判决，他有要求律师协助的权利。其实在德莫因的警察到达之前，被请愿人不仅聘请了律师，还咨询了律师有关跟警察谈话的事情。通话当时，律师麦克奈特在德莫因警察局，被请愿人在达文波特警察局。律师叮嘱他在回德莫因的途中不要跟押送他的德莫因警察交谈，等他回到德莫因后，律师将"告诉警察她（受害人的尸体）在哪儿。"此外，被请愿人还咨询了达文波特当地的一位律师，那位律师也叮嘱他在回德莫因的途中不要跟警察交谈。所以押送他回德莫因的警察到达文波特之前，已经至少有四个人告诉他，因为回德莫因的途中没有律师在场，所以不要跟押送他回德莫因的警察交谈。当德莫因的警察到达达文波特后，其中一位告诉被请愿人"在审讯过程中他有权要求律师在场"。德莫因的警察还问被请愿人："你完全理解吗？"被请愿人说他完全理解。那位警察还说"希望他记住刚才告诉他的话，因为回德莫因的车程很长"。

然后，被请愿人又咨询了达文波特的律师，律师告诉他不要向警察陈述任何事情，并告诉警察不要问他任何问题。经过两位律师、两地的警察和一位法官的一系列警示，被请愿人便开始了回德莫因之行。

离开达文波特不久，黎明探员说：

"在我们往前开的路上，我想让你考虑一件事。第一，我想让你看外面的天气，正在下雨，正在下冻雨，外面冰天雪地，开车很危险，能见度很差，今天晚上很早就会天黑。天气预报估计今晚会下几英寸的雪，我觉得你是唯一的人，知道这个女孩的尸体在哪儿，那个地方你自己只去过一次，如果上面被雪覆盖，你也许就找不到了。因为我们去德莫因的途中会顺路经过那个地方，我觉得我们可以停下车来找到尸体。这个小女孩的父母应该为她举行一场基督教葬礼，她是在圣诞夜失踪后被杀死的。我觉得我们应该在回去的路上停车找到她的尸体，而不是等到明天早上。在一场暴风雪之后再回来，那样也许我们就找不到她了。"

威廉姆斯问黎明探员，为什么他认为他们会在回德莫因的路上经过那个女孩的尸体，黎明探员说他知道尸体在米切尔维尔附近，正好就在回德莫因的路上。然后，黎明探员话锋一转："我不用你回答我，也不想继续跟你讨论这件事。你只要在我们往前开的路上好好考虑就行了。"被请愿人在途中好几次告诉警察，回德莫因见到麦克奈特先生之后将告诉他们一切，说明他知道他有权等律师到场后才跟警察交谈。

过了很久，记录并没有显示警察作任何提示，威廉姆斯问警察有没有找到受害人的鞋。警察从来没有提起过有关受害人衣服的话题。案件记录显示，被请愿人之所以提起这个话题是因为警车将经过一个加油站，被请愿人把受害人的鞋藏匿在那儿了。警察回答不知道有没有找到受害人的鞋，被请愿人把两位警察带到加油站。然后车继续往德莫因开。威廉姆斯问警察有没有找到毯子。这个话题原来也从来没人提起过。被请愿人把他们带到路边的一个休息区，因为他把毯子留在那儿了。然后车继续往前开，被请愿人说他会带领他们去找被害人的尸体，最后领着警察找到了尸体。

第二部分

为了使用严格的标准检验被告是否放弃了他的权利，多数派判决应用了约翰逊诉泽布斯特的标准。根据这一检验标准，为了证明被告弃权，政府必须证明被告"有意地放弃或抛弃了他知道他自己拥有的权利或特权"。多数判决并没有创造任何新规则，规定被告一旦聘请了律师，他就无法放弃要求律师必须在审讯现场的权利。多数派只是简单地认定没有证据表示被告放弃了权利，我不同意这个结论。本案的记录显示被请愿人肯定知道，如果审讯时律师不在场，他有权不回答警察的问题。三位政府人员告诉被请愿人他有这种权利，还有两位律师告诉他有这种权利，他还告诉其中至少一位他理解这种权利。最后，他告诉警察他将在德莫因见到麦克奈特律师后告诉他们所有的一切，这就再次表明他知道他有这种权利。接下来本案的争议是，被请愿人究竟是否有意地放弃了他的权利。

其实，当警车接近藏匿受害人衣服的地方时，被请愿人便放弃了他可以不向警察坦白罪行的权利。人应该是想做什么就可以做什么，本案记录中没有任何证据显示被请愿人是非自愿地决定与警察交谈。被请愿人早先就说过他到了德莫因之后会讲出所有的一切，然而在警察并没有催促他的情况下，当警车接近他藏匿证据的地方时，他显然主动改变了主意，决定提前说出来，即使被请愿人被黎明探员的那番话打动，他决定在没有律师的情况下开口并不是因为他在精神上被压倒。黎明探员的话非但没有威胁的成分，而且他还告诉被请愿人无需回答。探员的那番话是在被请愿人决定开口之前几小时说的，所以他的弃权是自觉自愿的。

然而，多数派得出了相反的结论，他们的依据好像是被请愿人已经"行使了"他的权利，因为他先聘请并咨询了一位律师，然后又咨询了另外一位律师。被请愿人聘请过律师跟他后来放弃必须有律师在场才开口的权利并无逻辑上的关系，多数派如何能得出他并没有自愿放弃权利的结论呢？这对我来说是个谜。正因为被请愿人已经咨询过律师他是否应该在没有律师的情况下跟警察交谈，这更说明他后来在没有律师的情况下跟警察交谈是了解了后果才作出的明智决定。

多数派承认即使被请愿人已经"行使了"他的权利，如果他明确地表示愿意放弃权利，也就是说，如果警察在警车里问他是否愿意在没有律师的情况下回答问题，他回答"是"，那么弃权就成立了。但是弃权并不是一个形式主义的概念。只要被告知道他有权利并愿意放弃他的权利，这一事实就能证明他弃权了。被请愿人虽然并没有明说，但他显然已经弃权了。多数判决唯一的可能是一种暗示的区别，因为玛西亚诉美国案中的权利是如果律师不在场警察就不能发问，而米兰达诉亚利桑那案中的特权是律师不在场被告就可以不回答问题的权利，律师不在场就不回答问题的权利必须在提问之前就放弃。这两种权利之间的区别像一层窗户纸那么薄，我们不能因此而决定谋杀犯是否应该逍遥法外。审讯时要求律师在场的唯一目的是防止被告自控其罪。避而不答的问题毫不重要。无论我们对权利如何下定义，只要被告回答问题或作出陈述之前并没有被胁迫，他已经充分地受到弃权规则的保护了。

第三部分

多数派充分意识到，今天的判决的将带来严重的后果。尽管有确凿的证据，一个精神不正常的杀人犯将被释放。为什么？多数派显然认为，警察的行为将会给社会带来伤害，这种不端的行为必须被震慑。然而，警察的行为既没有，也不会影响审判的公正性，更没有造成冤案的风险。第 6 修正案之所以保证被告有要求律师协助的权利，其目的就是防止发生冤案。本案中的警察并没有"做错"任何事，更没有"违反宪法"。如果没有被米兰达案的复杂的防范措施所困惑，那本案的判决是毫无意义的。即使我们把米兰达案和玛西亚案的两种规则都用上，一审法庭接受请愿人的陈述为证据也是对的。根据以上的分析，虽然多数派抗议警察的行为"明显地违反了"第 6 和第 14 修正案，这种抗议也完全是空洞的。

我恭敬地反对。

杰克布森诉美国

Jacobson v. United States

503 U.S. 540（1992）

1991 年 11 月 6 日辩论；1992 年 4 月 6 日判决。

怀特大法官代表法庭发表判决；布拉克曼、斯蒂文斯、苏特和托马斯大法官加入；欧康纳大法官反对；阮奎斯特首席大法官和肯尼迪大法官加入反对；除了反对意见的第二部分，斯卡利亚大法官也加入反对。

怀特大法官代表法庭发表判决。

1987 年 9 月 24 日，请愿人吉斯·杰克布森被判有罪，罪名是违反《1984 年儿童保护法案》。该法案将通过邮件接收"描绘未成年人露骨的性行为的视觉内容"入罪。作为被告的请愿人辩称，在他被捕前的 26 个月里，政府通过卧底侦探多次跟他通讯联系，诱惑他犯罪。开庭审理之后，请愿人被陪审团判有罪。上诉法庭维持原判，认为政府已经承担了无可置疑的举证责任，证明请愿人本来就有犯罪倾向，所以并不是被诱惑犯罪。

因为政府设置陷阱已经越过了"不知情的无辜民众"和"不知情的犯罪分子"，而且未能依法证明即使没有陷阱请愿人本来就有犯罪的倾向，本庭推翻上诉法庭维持的有罪判决。

第一部分

请愿人是一位解甲归田的农夫，他在内布拉斯加州照顾年迈的父亲。1984 年 2 月，56 岁的请愿人从加利福尼亚的一家成人书店订购了两本杂志和一本宣传册。那两本杂志是《光膀子男孩一》和《光膀子男孩二》，里面有未成年男孩的裸体照片。请愿人看了杂志后大吃一惊，他作证说，他本来以为会收到"18 岁以上小伙子"的照片。在交叉询问中，他是这么解释那两本杂志的：

检察官：当你看到年纪很小的裸体男孩时，你感到震惊和意外，是吗？

杰克布森：是的。

检察官：你感觉被冒犯了吗？

杰克布森：我并没有觉得被冒犯，因为我觉得那是宣传天体的出版物。许多照片是在乡村或户外拍摄的。我并不觉得照片有性爱的成分或与性爱有关。

杂志里的小伙子并没有涉及性行为，根据联邦和内布拉斯加州的法律，请愿人订购的杂志都是合法的。3个月之后，有关儿童色情的法律改变了，国会通过法案，禁止通过邮递接收与儿童色情有关的材料。就在新规定变成法律的当月，邮政稽查员在加利福尼亚那家书店的邮寄名单上发现该书店曾向请愿人邮寄《光膀子男孩一》和《光膀子男孩二》。在此后的两年半里，两个政府机构通过5个虚构的组织和1个虚假的笔友反复试探请愿人是否会违反新的法律邮购儿童色情照片。

最初在1985年1月，邮政稽查员以"美国禁欲主义协会"的名义向请愿人发信，那是一家虚构的组织。信中附了会员申请表，并表明该协会的理念：会员"有权阅读我们想阅读的东西，有权跟兴趣相同的会员讨论并分享人身哲学，还有权不受早已过时的清教徒道德规范的约束享受人生的乐趣"。请愿人报名成为会员，并寄回一张有关性取向的问卷。该问卷让请愿人在1至4的排行榜上选择他对各种与性有关的材料的兴趣，其中1表示"很喜欢"，2表示"喜欢"，3表示"有点喜欢"，4表示"不喜欢"。请愿人对"13岁以下的性行为"的选择为2，但是表明他反对变童癖。

此后的一段时间，政府没有去找请愿人。后来邮局新来了一位"违禁邮件专员"，他在案卷里发现了请愿人的名字。1986年5月，请愿人从一家名为"中部数据研究"的虚构研究公司收到一封信，该公司希望能从那些"喜欢性爱和新手上路的热情年轻男女"的人那里得到响应。但是那封信里并没有解释"新手"指的是未成年人还是年轻人。请愿人回复道："请发给我更多的信息，我对13至19岁的性行为感兴趣，请勿泄露我的姓名。"

此外，政府又虚构了一家名为"中部美好明天研究所"（简称"美好明天"）的公司，在给请愿人的信中称"我们是一个保护和促进性自由和自由选择的组织。我们相信强迫限制性自由的法律必须通过立法程序废除。"那封信还附了第二份调查问卷。请愿人表示他对有关"13岁以下和同性恋"的材料的兴趣高于平均水平，但是并不高。在回答另一个问题时，请愿人写道："除了性自由之外，出版自由也被压制了。我们必须反击右翼原教旨主义者，他们限制我们的自由。"

"美好明天"佯装是一个院外游说组织，致力于"废除所有限制性行为的法律，除了那些与暴力性行为有关的法律，如强奸。我们还在游说取消法律对'同意年龄'的定义"。为了提供游说所需的资金，我们将出版并销售一本商品目录，"提供各种不同的商品，我们相信您会感兴趣并感到兴奋"。"美好明天"还为趣味相投的会员提供电脑配对。尽管请愿人收到了一份"笔友"的名单，但是他从来没有主动跟他们通信。

尽管如此，政府的"违禁邮件专员"开始用假名"卡尔·郎"给请愿人写信。那些信件使用"照镜子"的手法，邮政稽查员把那种手法称为"反映收信人的兴趣"。一开始请愿人在回信中说他主要对"男对男的用品"感兴趣。于是那位化名的"郎"便在回信中写道：

"我也喜欢男对男的用品。你喜欢那些录像带吗？我个人比较喜欢业余制作的录像带，比较乖僻而且真实，我觉得演员比较投入。"

请愿人回信道：

"我喜欢英俊少年（十八九岁到二十来岁），一起干那事儿。"

请愿人给"郎"的回信中并没有提到儿童色情，写了两封信之后，请愿人停止了跟"郎"通信。

1987年3月是政府从加利福尼亚书店得到请愿人名字34个月之后，也就是邮局开始向请愿人寄东西已经过了26个月。尽管请愿人填写了问卷并回了信，政府并没有任何证据证明请愿人拥有儿童色情材料。除了政府之外，邮局也没有检查请愿人的邮件，看他是否还跟任何涉及色情业的人士有通信往来。

就在此时，第二个政府部门美国海关收到了邮局提供的名单，把请愿人纳入儿童色情的钓鱼执法行动中。海关用了一家加拿大公司的假名"奥塔佤斯产品"向请愿人邮寄了一份商品目录，兜售描绘男孩性行为的照片。请愿人订购了，但是并没有收到照片。

邮局也继续联系杰克布森，他们冒充"远东贸易公司"的名义写信给他：

"如您所知，在美国的媒体上有许多关于'色情'的歇斯底里的胡扯，并建议如何禁止境外的色情材料进入美国。然而，我们并不想多做评论，为什么你们的政府耗资数以百万计的美元限制国际言论自由，同时却让成吨的毒品进入美国，使美国成为世界上犯罪率最高的国家。"

信中还说：

"我们设计了一种方法向您邮寄，使美国海关无法打开检查并扣留您的邮件。我们咨询了美国的律师，只要我们寄出邮件，未经法官批准任何人都不得打开检查。"

信中邀请请愿人提供更多信息，并请请愿人签署一份宣誓书，声明他"不是美国政府的执法人员，也不是卧底诱惑远东贸易公司及其雇员或顾客犯罪"。请愿人回复后收到一份商品目录，于是便订阅了一本名为《男孩爱男孩》的色情杂志，该杂志描绘男孩与男孩的性行为。请愿人在签收杂志时被捕。

当检察官在法庭上问请愿人为什么邮购那本杂志时，他的解释是政府成功地激起了他的好奇心："信中的那段话带来所有的麻烦，还有对色情的歇斯底里，我只是想知道材料里都有些什么内容。那封加拿大来信并没有具体描绘，我不知道那究竟是指什么样的性行为。"

政府在请愿人家中搜查到两本《光膀子男孩》杂志，还有政府在冗长的调查过程中寄给他的那些材料，此外并没有任何材料表明请愿人收藏了儿童色情材料，或是主动地对儿童色情感兴趣。

请愿人被起诉违反《美国法典》18卷2252（a）（2）（A）条。一审法庭向陪审团解释了请愿人的诱惑犯罪辩护理由，但他还是被判有罪。上诉法庭有意见分歧，但还是维持了原判，结论是"在法律上杰克布森并没有被诱惑犯罪"。我们颁发调卷令。

第二部分

首先，我们对儿童色情的邪恶并无争议。其次，我们对执法部门在铲除儿童色情的过程中所遇到的困难也无争议。最后，政府可能通过卧底探员来执法，我们对此同样无争议。"如果政府官员或雇员仅仅为嫌疑人提供犯罪的机会或方便，并不能推翻政府对犯罪的检控，这一点早有定论。政府可以用计谋或策略打击刑事犯罪"。

然而由于执法心切，政府的探员可能设计一套犯罪的方案，在一个无辜的人脑子里植入犯罪的冲动并诱惑他犯罪，然后政府就可以把他绳之以法。假如政府诱惑一个人犯罪，被告以政府设陷阱为辩护，检察官必须无可置疑地证明被告早在政府接触他之前本来就准备犯罪了。

因此，缉毒的探员可以装扮成瘾君子或毒贩创造买卖毒品的机会，一旦买卖成交，便可以当场或事后抓捕。在涉及政府支持买卖违禁品的"钓鱼"执法案件中，政府向被告提供犯罪的机会，诱惑犯罪的辩护没有多大的作用，因为被告是主动犯罪，所以充分表明他本来就有犯罪的倾向。假如在本案中政府探员只是通过邮件向请愿人提供了订购儿童色情材料的机会，尽管请愿人明知儿童色情材料是法律禁止的，还是马上就抓住了那个机会，法庭通常不会允许陪审团考虑请愿人可以用政府诱惑犯罪作为辩护的理由。

但本案的情况并非如此。当请愿人最后下订单时，政府的探员已经以虚构组织的名义反复通过邮件跟他联系长达 26 个月之久。尽管请愿人在 1987 年 5 月有了犯罪的倾向，但是政府从 1985 年 1 月开始就一直在注意他。我们认为，政府未能证明请愿人的犯罪倾向与政府的行动无关，并且不是政府行动的结果。

检察官提供了两类证据证明请愿人的犯罪倾向：邮局向请愿人邮寄材料之前的证据，以及在调查过程中搜集到的证据。政府调查之前的唯一证据就是请愿人在 1984 年订购并收到的那两本《光膀子男孩》杂志。但这一证据很弱，根本不足以证明请愿人明知犯罪的性质却仍有犯罪的倾向。那两本杂志也许表明请愿人想看他所感兴趣的跟性有关的照片，但那只是对一个很大范围的一般倾向。在那个范围内，并非所有的行为都构成犯罪，所以那两本杂志并不能证明请愿人有犯罪倾向。

此外，请愿人收到的那两本杂志在当时是合法的。在 1984 年 5 月之前，为非商业性目的通过邮件接收描绘儿童性行为的材料并不违反当时的联邦法律，而且在 1988 年之前，内布拉斯加州并没有法律禁止请愿人拥有那种杂志。如果一件事情过去是合法的，但现在变得不合法了，证明某人过去做了那件在当时是合法的事情，并不足以证明他现在还有倾向做那件现在变得不合法的事情，因为人们都知道，即使有人不同意法律的规定，多数人还是会遵守法律。这种顺从反映了人们普遍尊重法律，或是惧怕被检控犯罪。无论人们为什么遵守法律，凡是法律禁止的事情都是有后果的。所以即使请愿人曾合法地订购并收到了那两本《光膀子男孩》杂志，政府仍然有责任举证，证明请愿人本来就有犯罪的倾向。请愿人作证说，在他收到杂志之前，他并不知道杂志里照片上的男孩是未成年人，政府对证词并无争议，这说明请愿人本来并没有犯罪的倾向。

检察官向法庭出示了在调查过程中搜集的证据，但还是不能满足政府举证的责任。在最后的犯罪行为发生之前，虽然请愿人多次回复政府发给他的邮件，这至多只能说明他有某种个人的倾向，包括他喜欢看 13 岁以下儿童性行为的照片，并希望通过支持游说组织促进某种行动纲领。即便如此，仅凭请愿人的回复并不能推断他本来就有通过邮递接收儿童色情材料的倾向。此外，个人的倾向和"幻想属于他自己，与政府无关……"

政府探员在通信中高举个人权利的旗帜，蔑视禁止色情材料的合法性和宪法的尊严，不仅煽动了请愿人对法律禁止的色情材料的兴趣，还向请愿人施加压力，促使他获取色情材料，以此作为反对政府管制言论和侵犯个人权利的斗争的一部分。例如，"美好明天"自称是"一个保护和促进性自由和自由选择的组织"，并称"实现这一目标的最佳途径是促进有相同看法的人士之间坦率的对话，并继续努力向州政府的立法机构展开游说"。这些游说活动将通过销售来募集资金。此外，虚构的美国禁欲主义协会寄给请愿人的邮件和根本就不存在的那位卡尔·郎与请愿人的通信都支持这种观点。

同样，1987 年春天的那两封促销信也提到了政府管制言论，并建议法律应该允许请愿人做促销信让他做的事情。美国海关冒充"奥塔佤斯产品"寄给请愿人的信中说，"全球都在禁止此类材料，而且执法很严，使得一件本来应该合法而且很普通的事情现在不得不变成'转入地下的秘密服务'"，信中还强调"在这种环境里，我们不得不采取极端的措施"来保证邮件送达。政府冒美国邮局之名寄给请愿人的促销信把人们对儿童色情的关注说成是"歇斯底里的胡扯"，抨击美国"限制国际言论自由"，并向请愿人保证，根据他们咨询"美国律师"的结果，"只要我们寄出邮件，未经法官批准任何人都不得打开检查"。该信甚至还要求请愿人宣誓他不是诱惑其顾客邮购及犯罪的政府执法人员。政府通过促销信里的这些细节向请愿人表示，他应该被允许接收他们促销的材料。

虽然请愿人回复了那些促销信，但那并不足以无可置疑地证明，在政府采取行动诱发他犯罪之前，他本来就已经有了通过邮件接收儿童色情材料的犯罪倾向。经过两年半的努力，政府才得到请愿人愿意犯罪的证据，因为政府终于说服了请愿人，使他相信他有权或应该有权从事法律禁止的行为。理性的陪审员不可能没有合理的怀疑而认为请愿人在政府调查之前就有了犯罪的倾向，而且那种犯罪倾向与政府多次以不同的方式跟他接触之前就已经存在了。正如我们在谢尔曼诉美国案（Sherman v. United States）中所解释的那样，如果我们认为诱惑犯罪在法律上是成立的，"政府不能利用无辜一方的弱点去诱惑他犯罪，假如没有政府的诱惑他本来是不会犯罪的。"

执法人员可能执法过当，他们"在一个无辜的人脑子里植入犯罪的冲动并诱惑他犯罪，然后政府就可以把他绳之以法"。就如索瑞尔斯诉美国案（Sorrells v. United States）

那样，我们"无法下结论说国会的立法意图是让政府官员滥用侦破和执法的程序，煽动一个本来无辜的人并诱惑他犯罪，然后再惩罚他"。如果政府急于打击犯罪而抓获了本来是奉公守法的公民，假如政府不去引诱，他们本来根本就不可能触犯法律，在那种情况下法庭必须出面干预。

因为我们认为本案就是那种情况，而且检方出示的证据无法支持陪审团的判决，未能证明即使没有政府的行动，请愿人本来就有犯罪的倾向，希望通过邮件获得儿童色情材料。我们推翻上诉法庭维持吉斯·杰克布森有罪的原判。

此令。

欧康纳大法官反对，罗伯兹首席大法官和肯尼迪大法官加入反对。斯卡利亚大法官也加入反对，但是不同意反对意见的第二部分。

政府只给了吉斯·杰克布森两次通过邮件购买儿童色情材料的机会。这两次他都订购了，而且他两次都要求更多的购买机会。他并不需要政府探员的哄骗、胁迫或说服。并没有人利用他的同情心和友谊，也没有人建议他的犯罪行会将推动一项伟大的事业。政府的探员甚至都没有跟他见面。政府辩称，根据杰克布森先生对犯罪机会主动回复的事实，合理的陪审员完全可以没有合理的怀疑，推断他本来就有犯罪的倾向。我同意。

政府第一次向杰克布森先生邮寄非法材料的目录，他就订购了一套"嬉戏性行为中的小男孩"照片。他在订购时附上了一张纸条："目录收悉，兹决定订购。如果我喜欢你们的产品，以后还会订购更多。"不知是什么原因，杰克布森先生没有收到那些照片。

政府第二次向杰克布森先生邮寄非法材料的目录，他订购了一本名为《男孩喜欢男孩》的杂志，内容是"11岁和14岁男孩的各种性行为，口交、肛交和手淫。如果您喜欢男孩，你一定会喜欢这本杂志"。他在订购时附上了一张纸条："下次再订购，为了保护你我，我想低调一些。"

政府探员承认他们一开始并没有给杰克布森先生购买儿童色情材料的机会，而是先向他邮寄问卷，目的是确定他对儿童色情感兴趣。推销色情材料的"广告电话"不仅会被驳斥并引起怀疑，还会激怒和冒犯对方，或是让未成年人接触而能引起联想的材料。杰克布森先生回答问卷使调查员相信他对13岁以下儿童性行为的照片感兴趣。

然而本庭的结论是，根据杰克布森对商品目录的反应，理性的陪审团不可能毫无疑问地判决他原来就有犯罪倾向，尽管本庭承认他对产品目录作出反应时已经有了犯罪倾向。本庭认为政府没有出示证据证明杰克布森的犯罪倾向"与政府对请愿人的注意无关，而且不是政府行动的结果"。我认为这种判决忽略了陪审团推理的合理性，对"犯罪倾向"重新做了定义，并引进了一个新的要求，那就是政府在接触嫌疑人之前必须有合理的怀疑才可以进行钓鱼执法。

第一部分

本庭原来曾经判决过，被告是否有犯罪倾向取决于政府探员向他建议犯罪的那个时间点，而不是政府探员一开始接触被告的时间点。在政府向被告建议犯罪之前，我们不能说政府"在一个无辜的人脑子里植入犯罪的冲动并诱惑他犯罪"。即便在谢尔曼案中，本庭认为被告在法律的意义上被设陷了，政府探员多次引诱被告购买毒品，被告却不为所动，最后利用被告的同情心才诱惑成功。本庭之所以认为被告本来并没有犯罪倾向，是因为政府多次尝试而无法引诱被告犯罪，而不是因为政府开始主动接触被告。

本庭今天判决，在引诱被告犯罪之前，政府的行为可能导致被告产生犯罪倾向。我认为，这一判决改变了诱惑犯罪的理论。通常我们需要确定的是，嫌疑人在政府诱惑他犯罪的时候是否已经有了犯罪倾向，而不是政府一开始接触他的时候是否已经有了犯罪倾向。政府邮寄给杰克布森的问卷和信件并不足以构成诱惑犯罪，这一点没有争议，因为政府并没有建议他从事非法活动。如果政府仅向他邮寄了问卷和信件，诱惑犯罪的辩护理由是不成立的。但是本庭判决政府不仅需要证明嫌疑人在得到犯罪的机会之前就有犯罪倾向，还需要证明他在政府行动之前就有犯罪倾向。

本庭认为政府一开始接触被告就可能导致他产生犯罪倾向，如果我们把这种观点变成一条规则，那就可能使下级法庭和刑事调查员感到困惑，因为这就相当于要求政府在接触被告之前就已经掌握了足够的证据证明他已经有了犯罪的倾向。当然，本庭不会把这种要求强加给下级法庭和调查人员，因为那就相当于要求政府在开始调查之前必须有合理的怀疑，本庭过去从未强加过这一要求。本庭不承认这一条新规定将影响"钓鱼"执法的行动，我们但愿如此。然而判决本案之后，每个被告都会说他原来并不想犯罪，都怪政府探员在引诱他犯罪之前干了点什么事情，从而导致他产生犯罪倾向。例如，受贿的官员会说政府探员对那一笔钱的描绘如此诱人，在他脑子里植入了犯罪倾向，导致他后来接受贿赂。瘾君子会说政府探员对毒品的纯度和效果的描绘如此诱人，在他脑子里植入了第一次尝试毒品的欲望。总之，本庭的判决可能被解读为禁止政府在钓鱼执法时宣传犯罪行为的诱惑力，以免导致嫌疑人产生犯罪倾向。这种限制将妨碍钓鱼执法的行动，因为真的色情业销售人员就是这样宣传的。本庭毫无疑问会申辩，本案的判决不应该被解读为一种广义的建议。但是本庭今天采用的规则显然缺乏区别各种情况的原则，暴露了规则的缺陷。

本庭的规则之所以令人感到不安，是因为该规则不能区分政府宣传犯罪的诱惑力和政府为了达到某种目的而恐吓、胁迫嫌疑人犯罪两者之间的不同。例如在索瑞尔斯案中，政府探员反复向被告索要私酒，哄骗被告上钩，理由是"老战友"可以从别处买到酒。在谢尔曼案中，政府探员利用被告的同情心，佯装正在忍受戒毒的痛苦，并哀求被告帮他买毒品缓解他的痛苦。

然而政府在本案中的行为与那些案子不同。

本庭称政府"对请愿人施加了可观的压力，让他购买并阅读色情材料，为了反对政府压制言论和侵犯个人权利而战斗"，但是案卷记录中没有任何"可观压力"的证据。最强的证据无非是一封信，号召立法机构采取行动放松有关色情材料的法律，这样的信件完全可能被忽视并扔在废纸篓里。过了很久，政府才向杰克布森邮寄非法材料的目录。政府并没有建议销售非法材料的收入将被用来支持司法改革。尽管美国禁欲主义协会在信中提到将用销售目录中商品的收入支持游说活动，实际上商品目录是另外两家虚构的公司（奥塔佤斯产品和远东贸易公司）在一年之后才寄给被告，那两家公司并没有说销售商品的收入将被用于政治目的。政府也没有声称将组织一场非暴力抗议禁止色情法律的运动。本庭美化了证据，其实政府的非法建议也可能使想购买色情材料的人警觉，并增加了非法材料的神秘性："对于喜欢年轻材料的读者……我们设计了一种方法向您邮寄，使美国海关无法打开检查并扣留您的邮件。"杰克布森先生想知道"所有的麻烦和歇斯底里"到底是怎么回事，他的好奇心完全可以有不止一种解读，而解读的责任在于陪审团。总之，本庭没有从对政府最有利的角度解读证据，也没有作出对政府最有利的推断。尽管我们可以对证据作出不同的推断，陪审团无可置疑地推断杰克布森先生有犯罪倾向肯定也是合理的。

第二部分

第二件使我困惑的事情是，本庭的判决对犯罪倾向重新下了定义。本庭承认"虽然请愿人多次回复政府发给他的邮件……只能说明他有某种个人的倾向，包括他喜欢看13岁以下儿童性行为的照片"。如果这是真的，那我们就可以下定论了，那就是杰克布森先生有从事非法行为的倾向。但本庭的结论却是"仅凭请愿人的回复并不能推断他本来就有通过邮递接收儿童色情材料的倾向"。

本庭似乎对如何证明犯罪倾向添加了一些新的要求。政府不仅必须证明被告有从事非法行为的倾向，在本案中就是接收未成年人性行为的照片，还必须证明被告有故意触犯法律的倾向。但是本案涉及的法规并没有要求证明触犯法律的具体犯罪意图，只要求证明被告故意接收露骨地描绘未成年人性行为的视觉材料即可。然而根据本庭的分析，为了支持有罪判决，政府还必须出示更多的证据来证明被告的犯罪倾向。

国会认为接收未成年人露骨的性行为照片的事实本身就构成犯罪，并不需要证明被告有具体的犯罪意图，本庭却忽视了这一点。要求证明犯罪倾向的目的是驳回被告以诱惑犯罪为自己辩护，然而即使没有政府诱惑，有的被告还是会犯罪。假如政府并没有诱惑被告，即使被告并不知道他的行为是非法的，他还是可能被判有罪。在有政府诱惑的情况下，有的人会犯罪，有的人却不会犯罪，所以要求政府证明具体的犯罪意图并不能区别对待这两类人。总之，尽管杰克布森先生购买《光膀子男孩一》和《光膀子男孩二》在当时是合法的，这至少跟他是否有犯罪倾向有关系，但是本庭认为这并没有决定性。

在本案中，本庭主要担心的是政府用过分的手段引诱无辜的人犯罪，"滥用了侦破和执法的程序"，因此本庭判决政府未能无可置疑地证明杰克布森先生原来就有犯罪的倾向。然而，陪审团代表社会的良心，应该由陪审员们来决定杰克布森先生是否主动地参加了犯罪活动，还是一个上当受骗的无辜者。在传统上，陪审团向来就是"武断执法的防线"。在索瑞尔斯案中，本庭虽然也担心过分狂热的执法行为，却并没有判决政府的行为构成诱惑犯罪，而是让陪审团来决定。毫无疑问，一审法庭全面准确地告诉了本案的陪审团什么样的行为构成诱惑犯罪，但陪审团还是判杰克布森先生有罪。因为我觉得有足够的证据维持陪审团的判决，所以我恭敬地反对。

巴克卢诉普利赛斯
Bucklew v. Precythe
587 U.S. 119（2019）

发给美国第 8 巡回上诉法庭的调卷令。

2019 年 4 月 1 日。

郭瑟奇大法官代表本庭发表判决。

拉塞尔·巴克卢承认密苏里州合法地判决他犯有谋杀和其他罪行。他理解美国宪法允许判处他死刑。他也接受州政府用注射执行死刑在绝大多数情况下是符合宪法的。但因为他的特殊身体状况，他辩称对他执行注射死刑是违反宪法的。在执行死刑两个星期前，巴克卢先生提出他的权利主张。法庭同意暂缓执行死刑，他有 5 年的时间为自己辩护，但是联邦地区法庭和第八巡回上诉法庭都认为他没有证据支持诉求。现在巴克卢先生要求我们推翻下级法庭的判决，但我们找不到任何法律依据推翻原判。

第一部分

A

1996 年，当斯蒂芬妮·瑞宣布要跟巴克卢先生断绝关系时，巴克卢便开始使用暴力。他用刀砍了她的下巴，用拳头打她的脸，并用刀威胁她。为了生命安全，瑞女士带着他的孩子离开她和巴克卢同居的房子，搬到麦克·桑德斯家。一天晚上，巴克卢手持双枪闯进桑德斯家，一枪射中桑德斯胸部，一枪射向桑德斯 6 岁的儿子，幸好没打中，他还用枪把手将瑞的下巴击碎。然后，巴克卢用手铐把瑞铐上放在车里，开车到野外，用枪顶着瑞强奸她，被一个警察发现。双方交火之后，警察终于逮捕了巴克卢。桑德斯先生因为失血过多死亡。在候审时，巴克卢逃出监狱，用铁锤攻击瑞的母亲，然后又被警察抓住。

经过 10 多年的各种诉讼，巴克卢已经耗尽了所有的法律程序。陪审团判处他犯有谋杀和其他罪行，并建议死刑，法庭决定执行死刑。他上诉失败，其他判决后的请愿也都失败了。

B

然而，巴克卢先生又对注射死刑发起了反复的诉讼。像其他州那样，密苏里州也时常改进执行死刑的方法。20 世纪初，密苏里州用毒气室代替绞刑，20 世纪后期，州政府又准许死刑犯也可以选用注射死刑代替毒气室。巴克卢走完了判决后的所有程序时，密苏里州的注射死刑使用三种药物，戊硫巴比妥钠、泮库溴铵和氯化钾。当时，全国各地其他的死刑犯也在挑战注射配方是否违反宪法。

最后，本庭在贝兹诉里斯案（Baze v. Rees）中接受了法律的挑战。当时，肯塔基州也是使用类似的三种药物配方，阿里托、肯尼迪大法官和首席大法官的结论是，只要任何一位死刑犯能够找到一种"既可行且有效"的替代配方，能够"极大地减轻剧痛的风险"，假如州政府还是拒绝改变配方就违反了第 8 修正案。托马斯和斯卡利亚大法官认为配方是符合要求的，因为配方并不会"增加死刑的恐怖、痛苦和耻辱"。布莱尔大法官也得出同样的结论，因为没有证据表明配方会产生"不必要痛苦的风险"。尽管斯蒂文斯大法官反对死刑，他也认为请愿人没有提出充分的证据。贝兹案判决后，本庭拒绝审理密苏里州的一宗类似的挑战注射死刑的案件。

然而，巴克卢并不甘心。他和其他死刑犯在密苏里州法庭挑战配方，称配方违反密苏里州的行政程序法，结果以失败告终。他们还在联邦法庭挑战配方，称配方违反若干联邦法，结果也以失败告终。巴克卢还试图干预另一宗诉讼，称密苏里州的配方违反了第 8 修正案，执行死刑的人员缺乏资质，可能在注射的过程中出差错，结果又以失败告终。

在诉讼过程中，反对死刑人士对生产戊硫巴比妥钠的公司施加压力，迫使公司停止向执行死刑的政府部门提供戊硫巴比妥钠。结果州政府无法继续执行注射死刑，需要改变配方才能恢复。2012 年，州政府不得不改用只有一种药物的配方执行死刑，那就是异丙酚镇静剂。于是，巴克卢和其他死刑犯又提出诉讼挑战新的配方，称单一配方将产生剧痛，因此违反了第 8 修正案。2013 年，州政府修改了配方，用戊巴比妥镇静剂代替异丙酚，死刑犯们马上修改了他们的诉状，称戊巴比妥同样也违反宪法。

C

2014 年，州政府更新了配方，并且有了药物的来源，于是将巴克卢的死刑定在 5 月 21 日执行。但在执行死刑前 12 天，巴克卢先生再一次提起诉讼，也就是我们面前的案子。巴克卢称因为他的特殊身体状况，州政府的新配方将给他造成剧痛。巴克卢患有海绵状血管瘤，在他的头部、颈部和咽喉部都有肿瘤。他称这些血管瘤将阻碍戊巴比妥流动，如果使用化学染色剂疏通血管可能使他的血压升高，造成血管瘤破裂，而且戊巴比妥可能跟他服用的其他药物起反应。

这些挑战新配方的诉讼结果不一。地区法庭驳回了死刑犯们挑战法律本身违宪，并驳回巴克卢挑战法律执行方法违宪。但是应巴克卢的要求，本庭同意暂缓执行他的死刑，等待第八巡回上诉法庭的判决。第八巡回上诉法庭驳回了巴克卢挑战法律本身违宪，然后审理他挑战法律应用违宪。根据贝兹案的检验标准，第八巡回上诉法庭判决巴克卢败诉，因为他没有找到一种能够极大地减轻注射死刑剧痛风险的替代配方。尽管如此，上诉法庭还是决定给巴克卢另外一个申诉的机会。法庭将案子发回地区法庭重审，并强调巴克卢必须"尽快"找到一种既可行且有效的替代配方来降低剧痛的风险。

第八巡回上诉法庭判决后不久，本庭判决了格劳西普诉格罗斯案（Glossip v. Gross），驳回了对俄克拉荷马州注射死刑配方的挑战，并澄清首席大法官在贝兹案中的判决符合马克斯诉美国案（Marks v. United States）。本庭在格劳西普案中再次确认，死刑犯不可以根据第8修正案挑战执行死刑的方法，除非他能够找到一种"既可行且有效，并能够极大地降低剧痛风险的替代方法"。托马斯和斯卡利亚大法官重申"第8修正案仅禁止故意造成痛苦的执行死刑的方法"。托马斯大法官之所以加入本庭的判决，是因为根据贝兹案，本庭的判决正确地解释了请愿人的诉求为什么不成立。

D

当巴克卢先生回到地区法庭时，他不顾第八巡回上诉法庭的明确指示，仍然拒绝提供能够大大降低疼痛风险的替代方法。他坚持只有挑战法律本身违宪才有责任提供替代方法，而挑战法律执行方法违宪无需提供替代方法。地区法庭给他"最后一次机会"，巴克卢终于递交了诉状修改的第4版，称"毒气"是可行且有效的替代方法，可以大大降低疼痛的风险。后来巴克卢还进一步澄清，他说的毒气是氮气，但无论密苏里州还是其他任何州，都没有用氮气执行死刑的。

地区法庭允许巴克卢对他的新建议"广泛取证"。然而2017年取证结束时，地区法庭仍觉得他的建议缺乏内容，于是批准了州政府的动议，直接驳回他的请求。当程序走到这一步时，巴克卢有关疼痛的辩护改变了许多。他不再抱怨药物的流动、使用染色剂和药物之间的反应。他主要的诉求是，从戊巴比妥开始起作用到他失去知觉那段时间里，他将感觉到剧痛。他的专家乔尔·其沃特医生称，当巴克卢进入半意识的"朦胧状态"时，他将无法使他的肿瘤不阻碍呼吸，他将会有一种窒息的感觉。一开始其沃特医生拒绝说"朦胧状态"将持续多久，后来在追问下，他引用了有关马匹安乐死的文献。他称给马匹注射大剂量的戊巴比妥后，脑电图显示出马匹仍有脑电波，大约持续4分钟。根据其沃特医生的证词，地区法庭无法确定注射后巴克卢是否会有"窒息感和无法呼吸长达4分钟"，这一争议需要通过审判来解决。尽管如此，法庭仍判决巴克卢败诉，因为他没有提交任何证据证明用氮气造成的缺氧能够大大地减少疼痛的风险。

第八巡回上诉法庭的合议庭维持地区法庭的原判，认为巴克卢先生没有提供任何证据证明"用氮气造成的缺氧代替注射能够大大地减少"疼痛的风险。克罗顿法官反对，他认为证据显示，氮气是否能比戊巴比妥更快地使巴克卢失去知觉还存在争议，需要法庭审判来解决。合议庭拒绝重新听证，凯利法官反对，他认为根据贝兹和格劳西普案，挑战注射死刑法律本身违宪的死刑犯必须提议并证明替代的行刑方法，而巴克卢挑战执行注射死刑法律的方法违宪，所以无需承担举证的责任。

上诉法庭判决的当天，政府排期给巴克卢执行死刑。本庭第二次下令暂缓执行，并同意听证，以澄清州政府执行死刑的方法是否符合第8修正案的法律标准。

第二部分

巴克卢首先建议，贝兹和格劳西普案对注射死刑药物的检验标准只适用于挑战法律本身违宪的案子，并不适用于挑战执行法律方法违宪的案子。为了评估这个论点，我们首先必须了解第 8 修正案的初衷和历史背景，以及贝兹和格劳西普这两个案例。根据这些先例，我们才能决定是否需要对挑战法律执行方法违宪的诉求采用不同的检验标准。

A

宪法是允许死刑的。在我们建国时，死刑是对"重大犯罪的标准惩罚。"后来通过的《宪法第 8 修正案》并没有取消死刑，相反，跟第 8 修正案同时通过的第 5 修正案明确规定，只要遵循正当的程序，政府可以审判犯下"死罪"的被告，并可以用死刑"剥夺他的生命"。第一届国会提案通过第 5 和第 8 修正案，并规定了可以判处死刑的罪行。当然，这并不等于说美国人民必须继续使用死刑。宪法既准许各州执行死刑，也准许各州废除死刑。但是宪法不允许司法机构介入这场辩论，因为是否废除死刑必须由人民和人民选举出来的代表来决定。

尽管第 8 修正案并不禁止死刑，却规定各州如何执行死刑，并禁止使用"残酷且不人道"的方法执行死刑。什么才是"残酷且不人道"呢？在起草第 8 修正案时，英国法律还是容忍某些执行死刑的方法，为死刑增加了"恐怖、痛苦或耻辱"的色彩，尽管后来没人用那些方法了。"残酷且不人道"的行刑方法令人恶心，例如把死刑犯拽到行刑的地方、开膛剖肚、四马分尸、大卸八块和活活烧死，所有这些方法都是"残酷的折磨"。

在通过第 8 修正案时，上述执行死刑的方法被当时的人理解为"残酷且不人道"。那些方法无疑是"残酷"的，这两个字的定义是"以伤害他人取乐、不人道、极端仇恨、缺乏同情心、寡情、野蛮、暴虐、冷酷无情"，或者是"喜欢让别人的身体或精神痛苦、喜欢折磨人、使人悲伤和痛苦，非人的待遇，毫无怜悯、同情和仁慈之心[①]"。

美国建国时，那些行刑的方法早已不用，因而变得"非人道"。

当时通过第 8 修正案的国父们也是这么理解的。帕特里克·亨利曾警告过，如果我们不修订宪法禁止"残酷且不人道的惩罚"，国会就可能对人民施加折磨和野蛮的惩罚。当时许多评论家也认为第 8 修正案禁止"使用拷问台或火刑柱，或是其他残忍的折磨方法"。斯多瑞大法官甚至认为，其实我们"没有必要"禁止残酷且不人道的惩罚，因为"崇尚自由的政府"是不会批准用那些"残暴"方法来执行死刑的。

在威尔克森诉犹他案（Wilkerson v. Utah）中，本庭根据自己对宪法初衷的理解批准使用枪毙，同时指出第 8 修正案禁止布莱克斯通[②]描绘的那些行刑方法，还禁止"所有其他类似不必要的残酷方法"。几年之后，本庭批准用电击执行死刑，同时指出电击

---

① 以上均为字典的定义。

② 威廉·布莱克斯通（William Blackstone，1723－1780）英国法学家、法官和法律评论家。——译者注

是一种新的行刑方法，也许"不人道"，但是并不是宪法所指的"残酷"："根据宪法的定义，死刑并非残酷。酷刑的含义是凶残和野蛮，已经超出了仅仅是为了消灭一条生命的目的。"

如果把第 8 修正案禁止的和允许的行刑方法相比较，也能使我们得到启发。通过第 8 修正案时，美国执行死刑的方法主要是绞刑。与旧世界的一些行刑方法相比，尽管绞刑还算是比较人道，但也不能保证迅速无痛的死亡。"许多，甚至大多数的绞刑显然是痛苦的，因为死亡的过程很缓慢，而且绞刑是否痛苦或许取决于概率。"身体坠落的力量可能折断颈椎骨而导致立即死亡，但是并不能保证。死刑犯经常死于脑供血被阻断，通常几秒钟就会失去知觉。或是死于窒息，那将持续好几分钟。尽管绞刑经常会造成剧烈的疼痛，但是"几乎从来没有人提出质疑"，因为跟掏肠剖肚相比，绞刑的"目的并非造成疼痛"，痛苦的风险是"不幸的，但也是不可避免的"。

我们应该如何使用第 8 修正案来对待死刑呢？首先，第 8 修正案并不保证无痛的死刑，这是理所当然的，因为第 8 修正案并不保证绝大多数被杀的受害人无痛死亡。如果根据我们的理解，把第 8 修正案禁止的行刑方法和允许的行刑方法加以对比，就可以看出前者是久已不用的非人道惩罚，为死刑加强了"恐惧、痛苦和耻辱"的色彩。

本庭至今还没有判决过任何一个州的行刑方法是残酷且不人道的，这是可想而知的。州政府非但致力使死刑不带有恐惧、痛苦和耻辱的色彩，而且还尽量使死刑更人道，就像斯多瑞大法官所预期的那样。在 19 世纪里，各州试验各种减少绞刑痛苦的新技术。在 19 世纪 80 年代，纽约州成立了一个委员会，寻找"最人道、最可行的执行死刑的现代技术"，决定用电击死刑代替绞刑。好几个州也仿效纽约州，他们"相信电击比绞刑更少痛苦，而且更人道"。另外一些州采用毒气，因为他们相信毒气是"现代科学所知的最人道的行刑方法"。从 20 世纪 70 年代开始，许多州寻找最不疼痛的行刑方法，转而采用注射死刑。值得注意的是，所有这些创新都不是本庭干预后产生的，而是人民和他们的代表选择的。

假如州政府采用宪法不允许的残酷且不人道的方法执行死刑，法庭应该怎么确定州政府是否超越了宪法的底线呢？首席大法官对贝兹案的判决被本庭接受并被用于格劳西普案，为我们提供了重要的指导方针。我们面临的问题是，州政府选择的行刑方法是否残酷地为死刑增加了痛苦。在这种情况下，死刑犯必须提出一种可行且有效的替代方法，能大大地减轻死刑的剧痛，而州政府在没有合法理由的情况下拒绝采用。

本庭在判决贝兹和格劳西普案时指出，第 8 修正案"并不要求州政府在执行死刑时避免一切疼痛的风险"。恰恰相反，宪法"尊重州政府选择执行死刑的方法"，并没有授权给本庭充当裁判的角色，来决定什么才是"最佳的行刑方法"。除非州政府选择的行刑方法"比目前可用的行刑方法"痛苦得多，第 8 修正案并不会干预。即使现在已经出现了据说是比较人道的注射死刑，贝兹和格劳西普案认为，新出现的行刑方法并不会使传统的绞刑、枪毙和电击死刑变得违反宪法。本庭认为只要不违反第 8 修正案，州政府有许多合法的理由拒绝采用死刑犯选择的行刑方法。例如，格劳西普案判决，如果州政府努力寻找却无法得到注射死刑的药物，那就不能怪州政府。此外贝兹案判决，如果州政府认为某种行刑的方法能够"保护死刑过程的尊严"，就可以合法地选择那种行刑方法。

我们看到，本庭的两位大法官在格劳西普案中投了决定性的赞成票。他们认为，根据第 8 修正案的初衷，确定残酷的标准应该超过多数派判决建议的要求（或者此后贝兹案的简单多数判决建议的要求）。托马斯和斯卡利亚大法官认为，如果死刑犯指控政府无理地拒绝采用可以避免不必要痛苦的替代行刑方法，他必须证明政府所采用的行刑方法是故意给他造成痛苦。其实，我们在本案中并没有必要重新讨论这个问题，因为即使根据比较宽松的贝兹 – 格劳西普案的检验标准，政府本来就有权赢得即决审判。

B

然而，在采用贝兹和格劳西普案的标准之前，我们必须面对巴克卢的论点，因为他所挑战的是执行法律的方法，他认为我们必须采用一种完全不同的标准。巴克卢承认，如果仅挑战州政府选择的行刑方法，贝兹和格劳西普案已经提供了检验标准。但是他认为，他无需在挑战法律执行时提供替代的行刑方法，因为"某些类型"的惩罚"显然是残酷的……即使没有替代的方法作对比"。他举的酷刑的例子包括"火刑、钉十字架和断骨轮"。巴克卢说，他的案例也应该列入上述酷刑的范畴，因为他的特殊健康状况，如果使用这种行刑方法将会"造成剧烈疼痛的风险"。

巴克卢论点的第一个难题是，这种情况已经被以前的案例否定了。格劳西普案明确判决，"凡是以残酷痛苦为理由挑战行刑方法违反第 8 修正案的诉求"，都必须提出替代的行刑方法。巴克卢案判决的理论根据同样也有约束力。贝兹和格劳西普案认为，我们必须将宪法允许的和宪法禁止的痛苦程度加以区分和比较。为了确定州政府是否残酷地为死刑增加痛苦，我们不能把州政府建议的行刑方法放在真空里，而必须把州政府选择的行刑方法与可行的替代行刑方法"作比较"。巴克卢先生承认，如果挑战法律本身是否违宪，对比可以"提供必要的准绳"来衡量州政府是依法执行死刑，还是为死刑增加"无偿的"痛苦。可是现在巴克卢先生要求本庭抛弃必要的准绳，却并没有给出任何有说服力的理由，无法说明为什本庭应该推翻过去的案例。恰恰相反，巴克卢先生只是重复格劳西普案的反对意见，经过反复考虑，本庭已经明确否定了反对意见。巴克卢先生辩称，格劳西普案的反对意见认为"某些行刑方法"是"绝对的禁区"，例如"火刑"。他还辩称，格劳西普案的反对意见建议任何其他"无法忍受的痛苦的行刑方法"都应该被纳入这一范畴。所以巴克卢先生的请求无非是挑战过去的案例。

我们还有另外一个独立的理由驳回巴克卢先生的论点：他的论点跟第 8 修正案的历史和初衷相悖，而那是贝兹和格劳西普两案的依据。为了确定某种行刑方法是否过于痛苦而违反了宪法，法律总是会问一个问题，行刑方法是否"增加"了痛苦，那种痛苦是否超过了有效执行死刑所必要的程度。为了回答这个问题，我们必须比较其他可用的替代行刑方法，而不是某种抽象的"绝对"范畴。根据普通法，巴克卢先生列举的那些古老野蛮的行刑方法之所以残酷，正是因为有其他可比的行刑方法。对比之下，那些野蛮的方法远远超过了执行死刑的需要，唯一的解释就是为了让死刑犯痛苦而增加痛苦。我们承认绞刑也有很大的疼痛风险，但是并没有到残酷的程度，因为与其他行刑方法相比，绞刑造成的痛苦并没有超过依法执行死刑所必要的痛苦。

那么反对意见是怎么说的呢？反对派承认，格劳西普案采用对比要求的目的是防止挑战行刑方法本身违宪的诉求变成"废除死刑的后门"。但是反对派保证，我们没有必要担心对比的要求被用来挑战执行法律的方法违宪，但这种保证未免不得要领。我们已经解释过，要求比较替代方法是出于我们对宪法的理解，而不仅仅是出于政策的考虑。

因此，反对派只好把巴克卢先生的论点拿出来旧调重弹。他们坚持某些行刑方法是绝对残酷的。就像其他持这种观点的人那样，反对派一开始仅用直觉来支持他们的结论，后来又采取更为强硬的态度。反对派告诉我们，如果"需要参照物"来确定某种行刑方法是否残酷，我们必须把本案中注射死刑可能造成的疼痛与其他案例中的无痛注射死刑作比较。这就相当于说，因为大多数情况下死刑是无痛的，所以死刑总是应该无痛的，可是宪法从来就没有要求过无痛的标准，而且本庭也一而再、再而三地否认了无痛的标准。为了确定州政府是否残酷地增加痛苦，我们的案例和历史要求我们问州政府是否还有其他可行且可用的方法，或可大大地减少执行死刑的痛苦。

巴克卢先生和反对派拒绝遵循过去的案例，同时他们也不理解那些案例所依据的宪法，仅此一点，我们就可以否决他们的观点，所以我们无需区别对待挑战执行法律方法的诉求。此外他们的立场还有若干其他问题，巴克卢先生和反对派对这些问题避而不谈。

首先，挑战法律本身违宪的诉求就是说，那条法律无论如何执行都是违反宪法的。所以如果我们区别对待挑战法律本身和挑战执行法律的方法这两类诉讼，那只会影响被挑战的法律的有效性和相对应的"补救尺度"，却并没有作出任何实质性的规定来确定法律是否违反了宪法。如果我们必须根据原告要求补救的尺度而对宪法里同样一段话作完全不同的解读，那岂不是很奇怪吗？在过去的200年里，从来就没有一个法庭认为第8修正案的意思应该随原告诉求的改变而改变，这难道还不能说明问题吗？我们过去判决的案例恰恰相反。在挑战监禁条件违反第8修正案的案例中，本庭认为没有任何理由对"剥夺所有犯人的权利"和"剥夺个别犯人的权利"采取不同的法律标准来衡量。

巴克卢先生辩护的另一个问题是：他在玩诉求的文字游戏。挑战法律本身违宪和挑战执行法律的方法违宪之间的区别是"不定型的"和"模糊的"。例如，一位死刑犯患有一种很普通的常见病，但并不是所有的人都患有同样的疾病，他挑战州政府采用的注射死刑配方违反第 8 修正案。他的诉求属于挑战法律本身违宪，还是挑战执行法律的方法违宪呢？此外，假如原告既没有要求在任何情况下都不能执行被挑战的法律，也没有要求仅对他的特殊个案不执行被挑战的法律，我们觉得没有必要争论这种诉求到底应该归类于挑战法律本身违宪呢？还是挑战执行法律的方法违宪？我们的结论是，"诉求的标签毫不重要"。本庭今天第一次判决，假如选择诉求的标签就能篡改宪法的意思，那将鼓励因为标签而引起的诉讼，控辩双方的律师都会想方设法把案件归入对自己有利的类别。除非原告行使权利的目的是拖延时间和增加执行死刑的成本，我们很难看出费那么大劲来行使这种抽象的权利有什么好处。

最后，根据贝兹和格劳西普案规定的检验标准，巴克卢先生应该承担的举证责任也许被夸大了。设法提供替代方法的死刑犯并不一定仅限于从本州法律批准的那些行刑方法中选择。密苏里州在口头辩论时承认，死刑犯也可以要求政府允许他选择其他州使用的注射死刑配方。当然，一个州也许有合法的理由拒绝采用另一个州的配方，法庭有责任调查这种可能性。死刑犯提出诉求的程序将由州法来决定。如果死刑犯寻求的补救将"使州政府无法按照州法执行死刑，就应该将诉状改成申请调卷令"。但作为国家最高的法律，第 8 修正案要求的对比评估不受州法批准的行刑方法的约束。假如死刑犯的目的是避免痛苦而不是拖延时间，面对严重疼痛风险的死刑犯应该不难找到可用的替代行刑方法。

第三部分

我们已经再次确认，任何人根据宪法挑战行刑方法疼痛到残酷的程度，就必须通过贝兹和格劳西普案规定的检验标准，现在我们来讨论巴克卢先生是否能通过这一检验。如果有一种行刑方法可以大大地减少痛苦，巴克卢先生是否选择了那种可行的方法而州政府拒绝采用？因为联邦上诉庭未经开庭就判决巴克卢败诉，所以本庭必须确定巴克卢是否真正地提出了重大的争议，值得本庭通过审判来决定。

A

第一个问题是，巴克卢先生是否提出了替代的行刑方法。尽管巴克卢在本案中有充分的机会，但是他拒绝提出任何替代的行刑方法，却坚持贝兹和格劳西普案的法律标准不适用于他挑战执行法律的方法的诉求（这一诉求已经被第 8 巡回上诉法庭驳回）。当联邦地区法庭提出警告，如果他继续拒绝遵循本庭的案例，将驳回他的上诉，他终于才提出用氮气执行死刑。然后联邦地区法庭给他"广泛取证"的机会，来证明用氮气替代的可行性。经过所有的程序之后，我们认为巴克卢并没有提出值得本庭审判的争议，那就是用氮气代替注射死刑是否可行。原因有二：

一方面，死刑犯必须证明他建议的替代行刑方法非但在理论上是"可行的"，而且还是"易于实施的"。意思是，他的建议必须有足够的细节，州政府可以"比较容易和迅速地"执行。巴克卢先生的建议只是梗概，根本无法满足细节的标准。他并没有提供任何细节说明应该如何使用氮气执行死刑（例如使用毒气室、帐篷、头罩、面罩或其他的装置）；气体的浓度（纯氮气或与其他气体混合）；释放气体的时间长短；政府如何保证行刑人员的安全，包括如何防止气体泄漏的风险。巴克卢没有向州政府提出易于实施的替代行刑方法，只是引用了其他州监狱系统的报告，他们还需要进一步研究用氮气执行死刑的配方而已。例如，俄克拉荷马州的大陪审团建议州政府"聘请专家"，并进一步"研究来决定如何用氮气执行死刑"。此外，路易斯安那州的治安及监狱局正在研究氮气执行死刑。所以巴克卢的建议只是要求进一步研究，而不是贝兹和格劳西普案所要求的那种易于实施的行刑方法。

另一方面，在法律上，州政府可以合法地拒绝改变目前使用的行刑方法。巴克卢先生并没有提出一种经过验证的替代行刑方法，而是建议一种全新的方法，这种方法"从来没有被用来执行死刑"，而且"根本没有成功使用的记录"。如果死刑犯不想当试验品，这倒是一个拒绝用氮气执行死刑的理由。在贝兹案中，我们注意到"没有一个州采用"死刑犯们要求的单一药物注射死刑，而且他们也"没有提供任何研究结果表明"单一药物将与州政府目前使用的三种药物注射死刑同样有效且人道。在那种情况下，我们判决肯塔基州政府拒绝采用死刑犯们要求的配方"并没有违反第8修正案"。第8修正案禁止州政府恢复古老残酷的行刑方法，或是创造出新的残酷的行刑方法，但不强迫州政府采用"尚未验证过的"行刑方法。

B

即便死刑犯能够承担他的举证责任，证明有一种现成的替代方法，他还必须证明替代的方法能够大大地降低剧烈疼痛的风险。仅仅略微降低疼痛风险是不够的，两种行刑方法之间的差别必须是明显可观且显而易见的。在本案的诉讼过程中，巴克卢先生的理由是，他认为氮气死刑符合标准，而且已经发展得比较成熟了。但是案卷中并没有支持他的论点的证据。

首先，巴克卢先生指出，州政府采用的注射死刑配方可能产生若干种风险，他辩称如果采用氮气就不会有那些风险。例如，行刑组如果穿刺末梢静脉，就有可能导致静脉破裂；如果用切口的方法进入股动脉就会疼痛。他还说如果强迫他仰面平躺，则可能在注射戊硫巴比妥钠之前就阻碍了他的呼吸。他又说因此造成的压力会导致他的肿瘤出血，进一步阻碍他的呼吸。我们姑且假设如果用巴克卢先生选择的氮气，这些风险就不存在了。

上面这些论点的问题在于，所有的一切都是揣测，并没有证据支持。就连反对意见也没有否认这一点。例如，案卷里的证据显示，行刑组将根据巴克卢的身体情况酌情调整行刑床的角度，他对此并无争议。在地区法庭，州政府还同意不把输液管插进巴克卢的末梢静脉。假设用切口术可能违反第8修正案，但是州政府的专家麦克·安东尼尼医生作证说，将输液管插进股动脉并不需要切口术。巴克卢先生引用狱警的证词，狱警说他曾经看见医务人员在执行死刑时采用切口术。但是并没有任何证据证明切口的目的是穿刺股动脉，而不是其他的血管。

即使案卷里还有什么不明之处，巴克卢先生也完全有机会取证，来证明州政府将采取什么具体的方法执行死刑。但是他并没有取证，想必他认为无论州政府采取什么具体的方法，对他执行注射死刑都是违反宪法的。上诉法庭解释道："巴克卢先生的立场是，任何注射死刑的方法都违反第8修正案，因此他并没有做任何调查来确定州政府将可能如何为他改变配方来执行注射死刑，他也没有要求地区法庭制订调查程序，来确定州政府究竟准备采用什么办法对他执行注射死刑。"

其次，巴克卢先生称注射死刑将使他承担遭受剧痛的风险，如果采用他选择的方法就可以避免这种风险。他辩称注射戊硫巴比妥钠镇静剂之后，他将对呼吸道里的肿瘤"失去控制能力"，在镇静剂使他完全失去知觉之前的那段时间里，他将会体验"窒息的感觉"。巴克卢的专家其沃特医生说，"在这段'朦胧状态'中，巴克卢先生可能有长时间的窒息感和剧烈的疼痛感。"巴克卢承认使用氮气可能也会有类似的窒息感，注射和氮气之间唯一的区别是所谓"朦胧状态"的长短。他辩称，如果使用氮气，"朦胧状态"可能持续20至30秒，而注射戊硫巴比妥钠就可能持续好几分钟。

但是因为案卷里的证据不足，所以巴克卢先生仍然无法避免不审判就败诉的命运。巴克卢一开始在下级法庭称，如果让他仰卧，他将难以控制他的呼吸道，但是证据显示并不会发生那种情况。（反对派对此避而不谈。）即使我们姑且同意无论什么卧姿都会造成呼吸困难，巴克卢还是没有提出可信的证据证明使用氮气将会显著地减轻疼痛的风险。为了辩论起见，我们姑且假设使用氮气只会造成20至30秒的"朦胧状态"。那么关键的问题是，使用戊硫巴比妥钠造成的"朦胧状态"将会持续多久？州政府的专家麦克·安东尼尼医生作证说，戊硫巴比妥钠将在20至30秒之内使巴克卢完全失去知觉而感觉不到疼痛。其沃特医生不同意这种说法，但是当法庭问到如果使用戊硫巴比妥钠，朦胧状态将会持续多久？其沃特医生先是闪烁其词。最后说他的"数据超过"20至30秒，但是拒绝说究竟会长多少，还引用了一篇2015年有关马匹安乐死的文章。他说研究表明给马注射大剂量的戊硫巴比妥钠（和其他药物）后，52至240秒后还能检测到"脑电波"。地区法庭假设其沃特医生的意思是"直至测不出大脑活动后才不会感觉到疼痛"。所以从马匹的研究可以推理出，也许在注射戊硫巴比妥钠4分钟后"巴克卢先生才不会感觉到窒息和呼吸困难"。然而，地区法庭承认对"其沃特医生证词的解读非常宽松"。

事实上，案卷里并没有证据显示给巴克卢先生注射戊硫巴比妥钠后，他能感觉到疼痛的时间会远远超过20至30秒。至少巴克卢先生的律师现在承认，其沃特医生从马匹的研究里"夸大了数据"。事实上该研究报告的是，给马注射戊硫巴比妥钠2至52秒之后还能发现脑电波，平均值是24秒，所以有关马的研究实际上进一步证明了安东尼尼医生估计的时间。此外，现在大家都承认脑电波是错误的衡量标准。其沃特医生从来就没有说马匹必须在脑电波归零之后才感觉不到疼痛。巴克卢先生的律师现在也承认，医生在为病人做大手术的时候，仍然可以检测到脑电波。这就强烈地表明巴克卢先生在脑电波归零之前就感觉不到疼痛了。

最后，案卷里的证据甚至并不排除氮气反而可能增加疼痛风险的可能性。因为其沃特医生拒绝为氮气可能产生的后果作证，巴克卢先生就必须服从安东尼尼医生的证词。安东尼尼医生说氮气的"初始反应"可能"相对较快"，但是氮气可能因为使用方法的不同而产生不同的效果。巴克卢先生对此没有提供任何信息，他只是笼统地说"那将取决于如何使用氮气"，与州政府目前使用的配方相比，"氮气也可能会使你更痛苦。"

当然，主要的反对意见认为其沃特医生的证词支持一种推理，那就是戊硫巴比妥钠可能给巴克卢先生带来较长时间的痛苦。但这一论点与案卷的记录有若干处不符。例如，反对派援引其沃特医生的证词说，如果使用戊硫巴比妥钠，"从注射到死亡的时间可能从几分钟到若干分钟。"于是，反对派得出的结论是，巴克卢先生遭受痛苦的时间可能"多达若干分钟"。但是大家都同意的是，问题并不在于巴克卢先生多久才会死亡，而是多久会感觉到疼痛。为了回答这个问题，反对派引用其沃特医生的另一段证词，他们说医生的意思是巴克卢先生从注射直至死亡都会感觉到疼痛。但是反对派是在断章取义。完整的原话很清楚，其沃特医生说巴克卢先生在死前可能无法"维持呼吸道的功能"，但是他很小心地避免说巴克卢先生在死前始终都会感觉到疼痛。为了避免这个问题，反对派引用其沃特医生的话，称戊硫巴比妥钠也许不能"迅速地使巴克卢先生失去知觉，从而延长他遭受痛苦的时间。"但是其沃特医生的这段话还是没有具体地说巴克卢先生感到疼痛的时间究竟会持续多久。不可争辩的事实是，当其沃特医生最后被迫回答这个问题时，他只回答说请参考研究马匹的文章。反对派试图说，其沃特医生"并没有完全或主要依赖那篇研究马匹的文章"，这种说法与巴克卢先生自己的辩护状相矛盾。巴克卢先生辩称他还能感到疼痛的"朦胧阶段"将持续"52 至 240 秒钟"，他承认这一结论的所有根据就是引用其沃特医生有关马匹研究的错误证词。

总之，即便氮气是一种可行且现成的方法，可以替代州政府选择的行刑方法，巴克卢先生还是未能提供任何证据证明氮气将能大大地减轻疼痛的风险。因此，法庭无需开庭审理便可以判州政府胜诉。

第四部分

"无论是州政府还是受害人的家属，都有权要求尽快执行判决。"但是他们的权利在本案中受到阻挠。巴克卢先生犯罪是在 20 年前，10 年前他就用尽了所有上诉和人身保护令的解数。然后他就用一场接一场的诉讼来拖延时间。就在死刑即将执行的前几天，他又发起了诉讼，现在这场诉讼已经持续了 5 年之久，其中两次上诉到第八巡回上诉法庭，两次在执行死刑的最后时刻暂缓执行，并引起本庭全体法官的关注。最后，所有的这一切无非都是攻击已经公认的判例，因为缺乏证据，下级法庭无需开庭就判他败诉。此外，他还缺乏案例法和宪法原意要求的若干最基本的法律要件。

所有这一切对密苏里州人民、巴克卢犯罪幸存的受害人和其他受害人是不公平的。就连主要反对派都承认，"从罪犯被判处死刑到执行死刑之间的拖延实在太过分了"。反对派建议通过司法命令的形式来免除那些反复拖延的罪犯，这种观点是极其不妥的。根据宪法，是否废除死刑的问题应该由人民和他们的代表来解决，而不是由法庭来决定。如果有人挑战执行死刑的方法，法庭的作用是尽快地公平解决争议。法庭应该谨慎地防止有人用挑战执行死刑的方法作为工具来拖延时间。最后一刻的暂缓执行应该是极端的例外，而不是惯例。如果"最后一刻的申请"完全可以"提前呈递"，或者申请人试图"操控司法程序"，法庭都可以"因此而拒绝暂缓执行死刑"。例如，一位死刑犯 24 年前犯下谋杀罪，他一直拖到行刑前 10 天才呈递早就应该提出的申请，下级法庭为此颁发了暂缓执行死刑的命令，本庭认为下级法庭滥用了酌情处理的权利，驳回了暂缓执行令。如果允许死刑犯继续诉讼，联邦法庭"可以也应该"保护州法庭的判决免受"不正当的干预"，行使"衡平法权利"，驳回或拒绝受理那些纯粹为了"拖延时间"或基于"投机"理论的诉讼。

维持上诉法庭的原判。

卡文瑙大法官附和。

当死刑犯挑战某种执行死刑的方法违反宪法，也就是说，行刑方法本来并没有违反宪法，但是死刑犯称那种方法很可能使他遭受剧烈的疼痛。问题是，死刑犯是否需要提出一种现成的替代行刑方法，以降低剧痛的风险？根据格劳西普和贝兹案，本庭的答案是肯定的。根据这两个案例，我同意并加入本庭的判决。

我之所以单独发表个人的附和判决，是为了强调本庭的判决，那就是替代的行刑方法并不一定需要现行州法的批准。在判决本案之前，这个法律问题并不清楚。重要的是，今天所有 9 位大法官都一致同意这一点。

本庭注意到，要求死刑犯提供替代行刑方法的举证责任可能被夸大了。本庭指出："如果死刑犯面对剧痛的风险，他不可能找不到一种现成的替代方法。"

换言之，如果死刑犯称某种执行死刑的方法会给他造成剧痛，他通常总是能够找出一种能够显著减轻疼痛的替代方法。在本庭的口头辩论中，州政府建议枪毙就是一种现成的替代方法。索托马约大法官解释枪毙是一种能立即并肯定能致死的替代行刑方法，几乎没有出错的可能。我不想先入为主地判断枪毙或任何其他的方法对每个州都是可行且有效的替代行刑方法。我只是想强调本庭的观点，"如果死刑犯称某种执行死刑的方法会给他造成剧痛，他通常总是能够找出一种现成的能够显著减轻疼痛的替代方法。"

托马斯大法官附和。

我坚持我的看法，"只有故意造成痛苦的执行死刑的方法才违反第 8 修正案"。因为没有证据证明密苏里州选择的注射死刑配方是为了使任何人遭受疼痛，更别说是拉塞尔·巴克卢先生，所以有关本案的讨论就应该到此结束了。但我还是完全支持本庭的判决，因为本庭正确地解释了巴克卢的诉求为什么违反了本庭的判例。

此外，我之所以单独发表我的观点，是为了解释为什么布莱尔大法官的观点并不能动摇这个标准。我曾在贝兹案中解释过，"第 8 修正案针对的邪恶是故意造成不必要的痛苦"。历史的证据显示，起草宪法的国父们试图阻止国会将各种残酷的惩罚强加于人民，如绞刑、火刑、开膛剖肚、斩首和大卸八块。在英国，那些执行死刑的方法用于惩罚罪大恶极的犯人，如叛国和谋杀，以增加恐惧和羞辱。我们的建国元勋通过第 8 修正案来禁止那种做法，尽管死刑还要继续，但是不能采用那些故意造成痛苦的方法。因此，某种行刑的方法是否违反宪法，将取决于政府是否"故意设计"用来"造成痛苦"，与行刑人员的主观动机无关。我与布莱尔大法官的观点不同，我认为第 8 修正案禁止的行刑方法并不是一成不变的，不仅仅限于 18 世纪当时所限制的事情。今天使用的行刑方法也许会增加恐惧、疼痛和羞辱，但建国的时候国父们并没有想到。根据斯托瑞大法官的观点，第 8 修正案对"自由的政府是完全没有必要的"，因为州政府不会采用那些邪恶的惩罚方式。例如在贝兹案中，肯塔基州为了使死刑更加人道而采用了注射死刑。尽管布莱尔大法官对此觉得于心不忍，本庭还从来没有判决哪一种执行死刑的方法违反宪法。因为本庭今天又正确地拒绝判决执行死刑的方法违反宪法，所以我加入判决。

布莱尔大法官反对，金斯伯格、索托马约和凯根大法官加入反对，但不同意反对意见的第三部分。

本庭的判决提出了三个问题。第一个有关事实的问题是，巴克卢是否真正地对重要的事实提出争议，也就是说，注射死刑是否会给他造成过分的痛苦。第二个有关法律的问题是，像巴克卢那样患有罕见疾病的死刑犯是否必须提出替代的行刑方法。第三个笼统的问题是，如何缩短死刑犯拖延执行死刑的时间。

我不同意多数派对这三个问题的答案。巴克卢提出证据证明，注射死刑会使他咽喉部的肿瘤破裂，使他唾沫飞溅、窒息，在死前他会被自己的血液呛噎好几分钟。当诉讼进入目前阶段，证据显示对巴克卢执行死刑会使他受到宪法不允许的痛苦。多数派判决州政府还是可以执行死刑。我认为这一判决明显地违反了第 8 修正案。

第一部分

我先来讨论第一个问题：巴克卢是否已经证明，鉴于他患有罕见的疾病，州政府现行的行刑方法将会使他遭受过分的痛苦。

我们对即决宣判的标准并没有争议。因为州政府提出动议要求即决宣判，州政府就必须证明本案"对事实已经没有真正的争议"才能胜诉。本庭审阅了所有的案卷，包括"证词、文件、宣誓书或宣言。"因此我们必须从对巴克卢最有利的角度来解读证据，并尽可能作出对他有利的推断。

A

巴克卢很容易就证明了本案中对重大事实存在真正的争议，那就是注射死刑是否会使他受到宪法不允许的痛苦。

案卷显示巴克卢患有先天的海绵状血管瘤，使他全身都布满了肿瘤，包括头部、脸部、颈部和口腔。这种疾病非常罕见。研究估计只有约 1% 的人患有口腔血管瘤，像巴克卢那样的血管瘤病例只有 5 例。

肿瘤长出巴克卢的嘴唇盖住了他的嘴和软、硬腭。有一个肿瘤就直接长在他的小舌上，使得小舌严重变大（小舌是倒挂在咽喉口的肉赘）。巴克卢的肿瘤挡住了他的呼吸道，使他呼吸困难。他的呼吸困难是慢性的，当他平躺时尤其严重，因为重力把他增大的小舌往下拽，挡住了呼吸道。他必须调整他头的位置，避免小舌阻碍他的呼吸。他睡眠时体位必须保持 45 度角来帮助呼吸，时常会半夜醒过来大口喘气。

因为肿瘤很敏感，甚至轻轻触碰都会导致出血，所以他把出血描绘成"喷血"或"漏血"。他说每天起床的第一件事就是擦拭睡觉时从鼻腔和口腔泄漏到脸上的血液。巴克卢的病情不断恶化，因为怕大出血，无法通过手术切除血管瘤。

巴克卢称，因为他的健康状况，注射死刑可能导致剧烈的疼痛。为了证明他的诉求，巴克卢提交了专家证人麻醉医生乔尔·其沃特的证词。其沃特医生提供了大量证词，说明注射死刑将使巴克卢遭受何种痛苦。其沃特医生作证说，鉴于"巴克卢先生的呼吸道被血管瘤阻挡的程度"，以及"注射死刑造成的心理和生理效应，从注射到死亡的那段时间里，巴克卢将无法保持呼吸道通畅"。

其沃特医生解释道，因为"巴克卢先生的口腔和呼吸道非常脆弱"，在执行死刑时他的小舌"很可能出血，肿瘤也有可能破裂"。

其沃特医生还说，"淤积在口腔和咽喉部位的血液可能挡住他的呼吸道，使他窒息并被自己的血液呛得咳嗽"。

其沃特医生的结论是，"因为巴克卢先生的慢性病，在注射死刑时他很可能遭受剧烈的痛苦，包括窒息、抽搐和出血"。

其沃特医生还说，注射死刑给巴克卢先生造成的痛苦可能延续"较长的"时间。

其沃特医生说，注射戊硫巴比妥钠之后，"不可能马上就见效，从注射到死亡可能要几分钟到若干分钟的时间。"

州政府专家说戊硫巴比妥钠会使人"很快地失去知觉"，其沃特医生强烈地反对那种说法。

其沃特医生解释道，"随着戊硫巴比妥钠在体内循环，巴克卢会逐渐失去知觉"，从注射到失去知觉，他"可能在一段较长的时间里感觉到窒息和剧烈的疼痛"。

州政府要求地区法庭不开庭便宣判巴克卢败诉，理由是他没有提出真正的事实争议，说明注射死刑可能会造成剧烈的疼痛。地区法庭拒绝了，因为法庭认为巴克卢充分显示了他可能在若干分钟内"感觉到窒息并无法呼吸，但是又不能'调整'自己的呼吸来改善那种情况"。鉴于州政府的证据显示巴克卢可能感觉到窒息的时间较短，地区法庭认为两位专家的证词之间"存在事实上的争议，法庭不能不开庭就判决，必须经过庭审解决争议"。

地区法庭的决定是正确的。如果我们从最有利于巴克卢的角度来解读证据，便会产生一个真正的事实争议，那就是，密苏里州的注射死刑是否会造成持续若干分钟的"剧烈疼痛和痛苦"，在那段时间里巴克卢先生将窒息并被自己的血液呛住。

我认为，对巴克卢执行注射死刑将使他被增大的小舌窒息，被自己的血液呛住，这就超越了"文明标准的极限。"两位专家对死刑是否会给巴克卢造成非常的痛苦存在争议，这个争议需要通过开庭审理来解决。

B

多数派也承认疼痛持续的时间是"非常重要的"，却称"卷宗里并没有证据显示巴克卢先生在注射戊硫巴比妥钠之后感到疼痛的时间会大大超过 20 至 30 秒钟。"但是其沃特医生的证词说，从注射戊硫巴比妥钠到死亡之间的时间"可能持续几分钟至若干分钟"。其沃特医生还把疼痛说成是"持续的"。此外，"州政府的专家反复说注射戊硫巴比妥钠将会使巴克卢'很快地失去知觉'"，但其沃特医生"强烈地表示反对"。以上这一切怎么解释？

多数派把其沃特医生的证词仅解释为巴克卢在注射后可能还会活好几分钟，但是注射后的好几分钟内将不会感觉到疼痛。但是从注射到死亡之间的时间可能持续许多分钟。其沃特医生说，"从注射戊硫巴比妥钠开始到巴克卢先生死亡的时间可能持续若干分钟到许多分钟，他很可能感到'缺乏空气'和长时间窒息造成的剧烈痛苦。"其沃特医生的证词涉及两件事，第一，注射后可能要若干分钟巴克卢才会死亡，第二，在那段时间里他将感觉到剧烈的疼痛。多数派认为，其沃特医生"谨慎地避而不谈巴克卢先生是否一直到死前都会感觉到疼痛"。其实并非如此，因为在不开庭审理的情况下，法庭必须从对巴克卢最有利的角度来解读证据。

多数派拒绝相信其沃特医生的证词，理由是其沃特医生在取证过程中曾回答说他误解了有关马匹安乐死的研究。然而，巴克卢的专家并没有完全或主要依赖马匹的研究，他只是在回答问题时提到而已。恰恰相反，其沃特医生解释道，他之所以作证说巴克卢将感觉疼痛是有根据的，那就是他对这种化学药品将对身体产生什么效果的专业知识，以及密苏里州的死刑执行程序。

本庭不应该不经过审理就宣判仅仅误解一项研究是否会对巴克卢的案件产生重大影响，而是应该通过下级法庭开庭审理来解决。下级法庭的考罗顿法官在他的反对意见中说，挑战"其沃特医生证词的可靠性和可信性"，包括"他可能误解了他依赖的马匹研究"，这些都是有关事实的争议。因此，考罗顿法官的结论是，"地区法庭正确地拒绝了不开庭审判就解决两位专家之间的争议"，我同意他的结论。

第二部分

本案的下一个问题是有关法律的问题。格劳西普案挑战州政府有关注射死刑的法律本身违反宪法，本庭判决原告不仅需要证明行刑的方法将导致"明显的剧烈疼痛"，还需要提出一种"已知且现成的"替代行刑方法。本庭还补充规定，替代的行刑方法必须"既可行且有效，并能显著地降低剧烈疼痛的风险"。

当时我曾反对本庭对格劳西普案的判决，但在本案中，我接受格劳西普案多数派的判决。尽管如此，我并不认为"替代行刑方法"的要求并不适用于本案。我们"经常理解司法判决的语言仅适用于类似情况的案子，并不适合显然不同情况的案子"。尽管我承认本庭对格劳西普案件的判决并没有加以任何限制，但格劳西普案的情况与本案的情况确实"很不相同"。

A

格劳西普案的原告们全面挑战某种执行死刑的方法违反第 8 修正案。在本案中，巴克卢并没有全面挑战密苏里州的注射死刑，也没有挑战任何其他行刑方法，只是提出他自己的反对意见。他辩称他的情况很特殊，因为他患有一种很罕见的疾病，因此密苏里州的行刑方法将给他造成剧烈的疼痛，但并不会影响其他的死刑犯。这些区别至关重要。

首先这些区别显示，格劳西普案中要求的"替代行刑方法"并不适用于本案。本庭在格劳西普案中强调必须防止把挑战执行死刑的方法变成全面废除死刑的后门。本庭在格劳西普案中判决，"因为死刑是符合宪法的，这一点已经成为定论，所以我们必须有执行死刑的方法"。本庭还指出，"我们已经多次确认，死刑本身并不违反宪法"。本庭担忧的是，如果允许死刑犯否决州政府执行死刑的方法，却又不要求他们提出替代的行刑方法，那将"相当于推翻对他们的死刑判决。"但是本案并没有这种风险，因为据我们所知，患有巴克卢那样的疾病的仅有 5 个人，即使我们判决密苏里州对巴克卢执行注射死刑是违反宪法的，也不会推翻密苏里州所有的死刑判决。而且，因为州政府完全可以选择使用其他的行刑方法处决死刑犯，不要求巴克卢按照格劳西普案提供"替代的行刑方法"并不会免除巴克卢或其他死刑犯的死刑判决。即便州政府无法针对特殊情况找到宪法允许的替代行刑方法，这也不构成允许州政府用可能造成过分痛苦的方法处决死刑犯的理由。

本庭在格劳西普案中采用了"替代行刑方法"的要求，主要是根据首席大法官在贝兹案里的多数判决，其目的是避免"干预州立法机构制订的执行死刑的程序"，因为我们应该尊重各州选择的死刑程序。但是在本案中并不存在干预州政府的问题。州政府立法的时候很少会考虑到像巴克卢那样患有罕见疾病的个人。当密苏里州的立法机构选择注射死刑时，议员们不可能想到注射死刑会使死刑犯在死亡之前被自己的血液呛住若干分钟。让一个死刑犯免予被州政府选择的方法处死并没有干预立法机构的判断。

在格劳西普案中本庭还可能认为，寻找一种宪法允许的替代行刑方法可以提供参考，帮助我们确定在执行死刑的过程中什么样的痛苦才是过分的痛苦。但在本案中我们并不需要这样的参考。巴克卢承认，用密苏里选择的执行死刑的方法处决其他死刑犯并没有违反宪法。据我们所知，密苏里州已经用注射死刑处决了 20 个死刑犯，并没有使他们遭受过分的痛苦。如果我们需要任何参照物，法庭可以用那些死刑的案例来衡量巴克卢将遭受多少过分的痛苦。

其次，过去的案例并不支持我们在本案中遵循格劳西普案的先例。从本庭最早判决的有关死刑执行方法的威尔克森诉犹他案（Wilkerson v. Utah）之后的一系列案例直至格劳西普案，本庭并没有规定挑战行刑方法的死刑犯必须提出替代的行刑方法让州政府处决他们。恰恰相反，在希尔诉麦克多纳案（Hill v. McDonough）中，本庭全体一致驳回了死刑犯必须"提出一个替代的行刑方法"的论点。本庭指出，要求死刑犯提出替代行刑方法将会"改变挑战剥夺民权诉讼程序的要求"，本庭无权坚持那样的要求。宪法并没有暗示有那样的要求，我们在过去的一个多世纪里也从来没有要求死刑犯提出替代的行刑方法，而且我们还在希尔案中全体一致驳回了那样的要求，所以我们很难看出"宪法会强迫我们要求死刑犯提出替代的行刑方法"。在格劳西普案中，尽管本庭没有受希尔案的约束，这两个案例之间也存在一种紧张的关系。如果我们把格劳西普案要求的"替代行刑方法"限制在挑战死刑本身违反宪法的案件里，那将可以缓和格劳西普案和希尔案之间的矛盾。

最后，今天的判决可能造成令人不安的影响，所以我们更有理由拒绝在本案中沿用格劳西普案要求的"替代行刑方法"。多数派承认，第 8 修正案禁止各州用"可怕的折磨方式"处决死刑犯，例如火刑。但是多数派的判决允许密苏里州政府处决一个罹患罕见疾病的死刑犯，因为他的特殊情况，注射死刑可能给他造成极大的痛苦。巴克卢提供了证据显示执行注射死刑时他将遭受剧烈且惨不忍睹的疼痛的风险，而多数派认为州政府可以用任何方法处决他。本庭的判决不幸被格劳西普案的反对意见言中，本庭将第 8 修正案的"绝对禁止"变成了"有条件禁止"。

B

为了辩论，即使我们姑且假设巴克卢有举证的责任，提出一种"已知且现成的"替代行刑方法，可以"显著地降低剧痛的风险"，巴克卢也满足了举证的责任。案卷里的证据已经足以提出真正的重大事实争议，所以本案无法不经开庭审理就宣判。

巴克卢提出用氮气替代注射死刑，属于一种毒气死刑的方式。密苏里的法律也允许使用这种方法执行死刑。其他还有三个州，阿拉巴马、密西西比和俄克拉荷马都允许使用氮气执行死刑。巴克卢引用的俄克拉荷马和路易斯安那州的报告显示，用氮气执行死刑既简单又无痛。这些报告归纳了科学论文，"并没有报告显示吸入纯氮气会造成不舒服"，而且"开始缺氧的感觉通常很不明显，几乎感觉不到"，此外"氮气夺氧大约在17至20秒之内会使受体失去知觉"。俄克拉荷马研究的结论是，氮气夺氧是"最人道的"执行死刑的方法。俄克拉荷马研究显示，"使用氮气执行死刑可以保证死刑犯最迅速地无痛死亡"。

既然如此，多数派怎么能得出巴克卢未能提出一种替代行刑方法的结论呢？多数派认为巴克卢的证据不够充分，因为他们的观点是，证据并不能证明氮气夺氧将能"比注射死刑显著地降低巴克卢的痛苦"。然而，证据显示氮气夺氧是"迅速、无痛"的，而且能在20至30秒之内奏效，多数派对此并无异议。多数派只是相信"案卷里没有证据"表明注射死刑奏效的时间并不见得比氮气更长。我在上面已经解释过，多数派之所以得出这一结论，是因为他们忽视了反面的证据，例如其沃特医生的证词，他说巴克卢先生感觉到疼痛的时间将会"很长"，注射死刑不会"很快使他失去知觉"，从注射到"巴克卢死亡的时间可能持续若干分钟到许多分钟，其间他很可能感觉到剧烈的疼痛和长时间的窒息。"多数派把那些证据都打了折扣，未能"遵循有关不开庭审理就判决的规则，那就是，如果未经开庭就判决一方败诉，法庭就应该相信要求开庭的那一方呈递的证据，并从对他最有利的角度来解读那些证据"。

多数派还认为巴克卢的证据未能显示氮气死刑很容易执行，但是俄克拉荷马和路易斯安那州的报告完全不同。路易斯安那的报告称氮气执行死刑"简单易行"，俄克拉荷马报告的结论也相似："用吸入氮气执行死刑简单易行。"那两份报告解释道，氮气死刑"并不需要复杂的医学程序或药物"，也不需要有执照的医学专业人员，所需要的一切材料都是"现成可以买到的"。此外，"因为用氮气剥夺氧气的方法如此简单，所以几乎不可能出错"。这两份报告建议研究气体配方付诸实施。面对巴克卢提供的证据，我相信州政府至少应该迈出一小步，确定用氮气替代注射是否可行。然而，负责此案的州政府官员承认他"没有研究在密苏里州使用毒气执行死刑的可行性"。另一位官员也承认，"说句老实话，没有。我没有出去寻找这些问题的答案"。

多数派承认，对一个寻找替代行刑方法的死刑犯来说，他的选择"并不限于某一个州法律目前批准的行刑方法"。但是多数派犯了一个错误，他们没有向巴克卢提供有关氮气死刑全部细节的指导。多数派认为巴克卢未能对"最基本的问题"提供证据，例如究竟是"使用毒气室、帐篷、头罩或面罩"来执行氮气死刑，或是"氮气的浓度（纯氮气还是与其他气体混合）"，或是州政府将如何"保护行刑小组避免气体泄漏的风险"。

也许巴克卢先生确实没有提供这些细节，但是格劳西普案并没有要求提供细节，这是多数派今天的新发明。在今天这样的案件中，坚持要求提供细节对巴克卢这样的死刑犯来说是一种无法逾越的障碍。我担忧这个障碍将允许各州处决那些可能遭受最严重痛苦和折磨的死刑犯，无论他们的情况多么特殊，也无论他们提供了多详细的证据。宪法第 8 修正案禁止"残酷且非人道的惩罚"，我觉得多数派的判决违反宪法。

C

托马斯大法官附和多数派要求巴克卢提出"替代行刑方法"，但同时又允许处决巴克卢，他的理论基础是，只要行刑的方法并"不是故意地造成痛苦"，就不违反第 8 修正案。但那并不是正确的标准。至少有一点值得我们注意，托马斯大法官的观点把某种行刑方法是否符合宪法与执行死刑的人的目的联系在一起。按照他的逻辑，如果死刑的目的就是给死刑犯造成痛苦，那么我们就应该禁止诸如火刑那样残酷的行刑方法，但是假如执行死刑的人的主观目的并非给死刑犯造成痛苦，那我们就无需禁止那些残酷的行刑方法了，这种逻辑显然是错误的。对于一个面临残酷死刑的囚犯来说，将对他处以极刑的行刑者的主观目的并没有任何区别。

此外，我们多次判决第 8 修正案并不是一成不变的，第 8 修正案不仅禁止那些早在 18 世纪就被禁止的行刑方法，也禁止我们今天认为是残酷且不人道的行刑方法。第 8 修正案禁止死刑造成"不必要的痛苦"，根据本庭的理解，那就是禁止"与罪行的严重程度完全不成比例的"惩罚，以及那些不能达到"刑法目的"的惩罚。尽管在建国时有些残酷的刑罚是很普通的，但那些刑罚早已被宪法禁止。例如，1791 年有一条"新的法律允许公开鞭挞囚犯的右手，或是在右手上烙印"，尽管人们当时并不认为那种刑罚是残酷且不人道的，那样的刑罚在今天就是违反宪法的。我们面临的问题是，某种惩罚按照今天的观点是否会造成过分的痛苦。而不像托马斯大法官所说那样，惩罚的目的是不是故意地造成痛苦。

第三部分

多数派一开始就暗示，然后在判决结尾时明确指出，从判决死刑到执行死刑之间总是会有旷日持久的拖延。巴克卢早在 20 年前就被判处死刑，但是像他这样的案例并不反常。从判处死刑到执行死刑之间的时间平均长达 18 年，最长的甚至超过 40 年。

我同意多数派的意见，拖延的时间确实太长。州政府和受害人的家属都希望尽快将罪犯绳之以法，过分的拖延确实损害了他们的"重要权利"，拖延的同时也加剧了死刑本身带来的痛苦。拖延死刑的因犯们年复一年地被单独关押，非但"使死刑更加残酷"，还降低了死刑的震慑效果和报复价值，从而削弱了"死刑的法理基础"。

多数派通过剥夺宪法赋予巴克卢那样的死刑犯的保障来阻止他们拖延。多数派通过复杂的新规则来要求提出替代的行刑方法，对那些挑战残酷且非人道惩罚的死刑犯们设置障碍。这些障碍导致巴克卢面临无法接受的风险，而对于那些比巴克卢处境更糟糕的死刑犯来说，执行死刑甚至会违反第 8 修正案。鉴于类似本案的情况非常罕见，今天的判决具有讽刺的意味，因为多数派的新规则根本无法解决拖延的问题。

为了结束拖延执行死刑，多数派援引了邓恩诉瑞案（Dunn v. Ray）。在该案中，本庭拒绝暂缓执行死刑，理由是死刑犯申请缓刑的时间太晚了。然而，那位死刑犯是在收到他准备挑战的政策 5 天之后就提出了申请。我的几位大法官同仁认为，信仰某些宗教的死刑犯被处决时应该有牧师在场，而信仰其他宗教的死刑犯被处决时并不需要牧师在场，这是一个严肃的宪法问题，这本身就是问题的所在。尽管我们可以限制宪法对死刑犯的保护，但那么做就会付出极大的代价。

因为"宪法允许死刑"，所以今天的多数派显然认为宪法也必须允许迅速地执行死刑。多数派的这一结论基于格劳西普案的论点，"因为死刑是符合宪法的，所以就必须有符合宪法的方法来执行死刑"。

但这些结论是站不住脚的。有些罪犯因为罪大恶极而被判处极刑，如果让他们享受宪法的保护，也许就无法迅速地执行死刑。当我们的国家越来越强调必须通过公平的程序来决定应该判谁死刑，也许我们就很难根据宪法执行死刑了。

我在其他场合也讨论过这个问题。我今天的结论是，根据法律赋予巴克卢的权利，他应该有机会通过庭审来证明他的主张。然而我也注意到，一方面我们可以避免拖延执行死刑，同时"达到刑法的目的"；另一方面，我们也可以"寻求可靠和公平的行刑方法"，避免残酷且非人道的惩罚。本案充分证明我们无法两面兼顾。

我恭敬地反对。

索托马约大法官反对。

自从本庭在格劳西普案中偏离了正确的方向，我认为宪法并没有充足的理由要求死刑犯为自己选择一种现成的执行死刑的方法。布莱尔大法官已经精辟地解释了，为什么沿用格劳西普案要求死刑犯提出替代行刑方法是一种误导。此外，无论是否要求替代行刑方法，鉴于巴克卢的特殊身体状况，我们都需要通过开庭审理，来决定密苏里州准备处决巴克卢的方法是否会给他造成无法忍受的痛苦。除了第四部分之外，我加入布莱尔大法官的反对意见。下面我单独发表意见，评论本庭引用的那些令人不安的案例。

第一部分

多数派开门见山地提到巴克卢在行刑前最后时刻才递交诉求，人们也许以为我们面临的是一个有关拖延的法律问题。错了，这并不是问题之所在。多数派对过去和将来申请暂缓执行死刑的评论非但并不重要，而且与我们解决本案的争议毫无关系。

多数派似乎在暗示，本案无非是为了拖延执行巴克卢的死刑而操控司法程序。然而当巴克卢提起诉讼时，法律界对密苏里用注射死刑处决患有罕见疾病的巴克卢是否符合第 8 修正案尚无定论。更何况当时格劳西普案还没有判决，所以也就谈不上是否适用于巴克卢挑战行刑方法的诉讼。当我们批准暂缓执行死刑时，我们认为应该有充分的时间让我们冷静地审理他的诉求。尽管多数派对这一决定表示遗憾，但是双方对法庭施加压力并不反常，即使死刑犯的诉求最后不一定成功，法庭还是应该全面考虑可能成立的宪法诉求。

第二部分

多数派认为"最后时刻的暂缓执行应该是极端的例外"，这句话可以被解读为，如果死刑犯在最后时刻要求暂缓执行，法庭审阅时可以戴上有色眼镜，我为此感到不安。假如这种评论被误认为一条新的决定标准，那将彻底颠覆已经确立的法律和司法程序。

在确立原则的指导下，法庭可以根据衡平法酌情处理暂缓执行的申请。法庭根据申请人的理由评估成功的可能，例如拒绝暂缓执行是否会使申请人遭受无法弥补的伤害，批准暂缓执行是否会使对方遭受巨大的伤害，以及基于公共政策的考虑。

此外，法律已经确认，"与所有其他的惩罚相比，死刑有质的区别，而不仅是程度上的区别"。因此，只要死刑犯能够合理地证明他申请暂缓执行有成功的可能，法庭总是应该出于公平而作出对他有利的决定。所以在死刑案中，每个法庭都"有义务尽最大努力寻找违反宪法的错误。"

当然，如果申请人"故意"拖延申请暂缓执行，或申请的动机显然是"拖延、投机或无理取闹"，法庭也可以拒绝暂缓执行。不过，我们不能假设在最后时刻提出的申请都是可疑的。

多数派援引联邦主义和终审定案的原则，法律对我们复审州法庭的判决规定了许多限制措施，最引人注目的就是1996年的《反恐和有效死刑法案》，其他还有阻止拖延申请的追诉期和其他标准。

因此在死刑案中，我们不能因为自己对政策的一时冲动，而对司法的酌情裁量权强加更多的限制。终审定案和联邦主义不需要本庭再插一手，特别是那些人命攸关的案件。

对法庭来说，唯一正确的做法就是谨慎地审查每一个寻求衡平法补救的案子。特别是在死刑案中，这一责任尤为重大。有道理的申请完全可能在最后时刻出现，敷衍了事地处理将使我们付出巨大的代价。此外，拖延也许是死刑犯根本无法控制的。例如，最近几年执行死刑的方法一直在秘密地改变，也就是说，只有当州政府作出决定并通知死刑犯之后，新的行刑方法才会接受宪法的考验。此外，有关宪法的重要信息往往在时间紧迫的时候才浮出水面。

除了尽快执行死刑之外，我们还有更高的价值观。如果判决死刑或执行死刑的方法违反了宪法，留下的污点将永远无法洗刷。我们的司法必须保持高度警觉和谨慎，而不是挥之即去。

附　录
《美国宪法》中英文对照 [①]

PREAMBLE 序言

We the People of the United States, in Order to form a more perfect Union, establish Justice, insure domestic Tranquility, provide for the common defence, promote the general Welfare, and secure the Blessings of Liberty to ourselves and our Posterity, do ordain and establish this Constitution for the United States of America.

我们合众国人民，为建立更完善的联盟，树立正义，保障国内安宁，提供共同防务，促进公共福利，并使我们自己和后代得享自由的幸福，特为美利坚合众国制定本宪法。

Article I 第 1 条
Section 1 第 1 款

All legislative Powers herein granted shall be vested in a Congress of the United States, which shall consist of a Senate and House of Representatives.

本宪法所授予的全部立法权均属于由参议院和众议院组成的合众国国会。

Section 2 第 2 款

The House of Representatives shall be composed of Members chosen every second Year by the People of the several States, and the Electors in each State shall have the Qualifications requisite for Electors of the most numerous Branch of the State Legislature.

[①]　源于 http://114.xixik.com/us-constitution/. 最后访问日期：2024 年 10 月 19 日。

众议院由各州人民每两年选举产生的议员组成，每州的选举人应具备该州州议会人数最多一院的选举人所需具备的资格。

No Person shall be a Representative who shall not have attained to the Age of twenty five Years, and been seven Years a Citizen of the United States, and who shall not, when elected, be an Inhabitant of that State in which he shall be chosen.

年龄未满 25 岁，为合众国公民未满 7 年，以及当选时非其选出州居民者，不得为众议院议员。

Representatives and direct Taxes shall be apportioned among the several States which may be included within this Union, according to their respective Numbers, which shall be determined by adding to the whole Number of free Persons, including those bound to Service for a Term of Years, and excluding Indians not taxed, three fifths of all other Persons. The actual Enumeration shall be made within three Years after the first Meeting of the Congress of the United States, and within every subsequent Term of ten Years, in such Manner as they shall by Law direct. The number of Representatives shall not exceed one for every thirty Thousand, but each State shall have at Least one Representative; and until such enumeration shall be made, the State of New Hampshire shall be entitled to chuse three, Massachusetts eight, Rhode-Island and Providence Plantations one, Connecticut five, New-York six, New Jersey four, Pennsylvania eight, Delaware one, Maryland six, Virginia ten, North Carolina five, South Carolina five, and Georgia three.

众议院人数和直接税税额均应按本联邦所辖各州的人口比例分配于各州，各州人口数目指自由人总数加上所有其他人口的 3/5。自由人总数包括必须在一定年限内服役的人，但不包括未被征税的印第安人。人口的实际统计应于合众国国会第一次会议 3 年内，以及此后每 10 年内依照法律规定的方式进行。众议员人数以每 3 万人选出 1 人为限，但每州至少应有众议员 1 人。在实行此种人口统计前，新罕布什尔州可选出 3 人，马萨诸塞州 8 人，罗得岛州和普罗维登斯种植地 1 人，康涅狄格州 5 人，纽约州 6 人，新泽西州 4 人，宾夕法尼亚州 8 人，特拉华州 1 人，马里兰州 6 人，弗吉尼亚州 10 人，北卡罗来纳州 5 人，南卡罗莱纳州 5 人，佐治亚州 3 人。

When vacancies happen in the Representation from any State, the Executive Authority thereof shall issue Writs of Election to fill such Vacancies.

任何一州所选众议员中出现缺额时，该州行政长官应发布选举令以补足此项缺额。

The House of Representatives shall chuse their Speaker and other Officers; and shall have the sole Power of Impeachment.

众议院应选举该院议长和其他官员，并独自享有弹劾权。

Section 3 第 3 款

The Senate of the United States shall be composed of two Senators from each State, chosen by the Legislature thereof, for six Years; and each Senator shall have one Vote.

合众国参议院由每州州议会选出 2 名参议员组成，参议员任期 6 年，每名参议员有 1 票表决权。

Immediately after they shall be assembled in Consequence of the first Election, they shall be divided as equally as may be into three Classes. The Seats of the Senators of the first Class shall be vacated at the Expiration of the second Year, of the second Class at the Expiration of the fourth Year, and of the third Class at the Expiration of the sixth Year, so that one third may be chosen every second Year; and if Vacancies happen by Resignation, or otherwise, during the Recess of the Legislature of any State, the Executive thereof may make temporary Appointments until the next Meeting of the Legislature, which shall then fill such Vacancies.

参议员在第一次选举后集会时，应即尽可能平均分为三组：第一组参议员应于第 2 年年终改选，第二组参议员应于第 4 年年终改选，第 3 组参议员应于第 6 年年终改选，以便每两年改选参议员总数的 1/3。在任何一州州议会休会期间，如因辞职或其他原因出现参议员缺额，该州行政长官可在州议会召开下次会议补足缺额之前，任命临时参议员。

No Person shall be a Senator who shall not have attained to the Age of thirty Years, and been nine Years a Citizen of the United States, and who shall not, when elected, be an Inhabitant of that State for which he shall be chosen.

年龄未满 30 岁，为合众国公民未满 9 年以及当选时非其选出州居民者，不得为参议院议员。

The Vice President of the United States shall be President of the Senate, but shall have no Vote, unless they be equally divided.

合众国副总统应为参议院议长，但除非出现该院全体参议员的赞成票和反对票相等的情况，无表决权。

The Senate shall chuse their other Officers, and also a President pro tempore, in the Absence of the Vice President, or when he shall exercise the Office of President of the United States.

遇副总统缺席或行使合众国总统职权时，参议院应选定本院其他官员，并应选举临时议长。

The Senate shall have the sole Power to try all Impeachments. When sitting for that Purpose, they shall be on Oath or Affirmation. When the President of the United States is tried, the Chief Justice shall preside: And no Person shall be convicted without the Concurrence of two thirds of the Members present.

参议院享有审理一切弹劾案的全权。因审理弹劾案而开庭时，参议员应进行宣誓或作郑重声明。合众国总统受审时，应由最高法院首席大法官主持审判，无论何人，非经出席参议员 2/3 人数同意，不得被定罪。

Judgment in Cases of Impeachment shall not extend further than to removal from Office, and disqualification to hold and enjoy any Office of honor, Trust or Profit under the United States: but the Party convicted shall nevertheless be liable and subject to Indictment, Trial, Judgment and Punishment, according to Law.

弹劾案的判决，应以免职和剥夺其担任和享有合众国荣誉职位、信任职位或高收益职位的资格为限；但被定罪者仍应依法接受起诉、审讯、判决和惩罚。

Section 4 第 4 款

The Times, Places and Manner of holding Elections for Senators and Representatives, shall be prescribed in each State by the Legislature thereof; but the Congress may at any time by Law make or alter such Regulations, except as to the Places of chusing Senators.

举行参议员和众议员选举的时间、地点和方式，由各州州议会自行规定，但除选举参议员地点一项外，国会可随时以法律规定或改变此类规定。

The Congress shall assemble at least once in every Year, and such Meeting shall be on the first Monday in December, unless they shall by Law appoint a different Day.

国会每年至少应开会一次，除以法律另行指定日期外，会议应在 12 月第一个星期一举行。

Section 5 第 5 款

Each House shall be the Judge of the Elections, Returns and Qualifications of its own Members, and a Majority of each shall constitute a Quorum to do Business; but a smaller Number may adjourn from day to day, and may be authorized to compel the Attendance of absent Members, in such Manner, and under such Penalties as each House may provide.

各院应自行审查本院议员的选举、选举结果报告和议员资格；各院议员出席过半数即构成议事的法定人数；不足法定人数时可逐日休会，并可依照各院规定的方式与罚则强迫缺席议员出席会议。

Each House may determine the Rules of its Proceedings, punish its Members for disorderly Behaviour, and, with the Concurrence of two thirds, expel a Member.

各院可制定其议事规则，处罚扰乱秩序的议员，并可经 2/3 人数同意开除议员。

Each House shall keep a Journal of its Proceedings, and from time to time publish the same, excepting such Parts as may in their Judgment require Secrecy; and the Yeas and Nays of the Members of either House on any question shall, at the Desire of one fifth of those Present, be entered on the Journal.

各院应保持本院的会议记录，并不时予以公布，但各该院认为需要保密的那部分除外；各院议员对任何问题所投的赞成票和反对票应依出席议员 1/5 的请求，载入会议记录。

Neither House, during the Session of Congress, shall, without the Consent of the other, adjourn for more than three days, nor to any other Place than that in which the two Houses shall be sitting.

在国会开会期间，一院未经另一院同意不得休会 3 日以上，也不得从两院开会地点移往他处。

Section 6 第 6 款

The Senators and Representatives shall receive a Compensation for their Services, to be ascertained by Law, and paid out of the Treasury of the United States.They shall in all Cases, except Treason, Felony and Breach of the Peace, be privileged from Arrest during their Attendance at the Session of their respective Houses, and in going to and returning from the same; and for any Speech or Debate in either House, they shall not be questioned in any other Place.

参议员和众议员应取得由法律规定，并从合众国国库中支付的服务报酬。两院议员，除犯有叛国罪、重罪和妨害治安罪外，在出席各自议院会议期间和往返于各自议院途中不受逮捕；也不得因其在各自议院发表的演说或辩论而在其他任何地方受到质问。

No Senator or Representative shall, during the Time for which he was elected, be appointed to any civil Office under the Authority of the United States, which shall have been created, or the Emoluments whereof shall have been encreased during such time; and no Person holding any Office under the United States, shall be a Member of either House during his Continuance in Office.

参议员或众议员在其当选期内不得出任合众国当局在此期间设置或增加薪俸的任何文官职务；在合众国属下供职者，在其继续任职期间，不得担任国会任何一院的议员。

Section 7 第 7 款

All Bills for raising Revenue shall originate in the House of Representatives; but the Senate may propose or concur with Amendments as on other Bills.

所有征税议案应首先由众议院提出；但参议院可以如同对待其他议案一样，提出修正案或对修正案表示赞同。

Every Bill which shall have passed the House of Representatives and the Senate, shall, before it become a Law, be presented to the President of the United States; If he approve he shall sign it, but if not he shall return it, with his Objections to that House in which it shall have originated, who shall enter the Objections at large on their Journal, and proceed to reconsider it. If after such Reconsideration two thirds of that House shall agree to pass the Bill, it shall be sent, together with the Objections, to the other House, by which it shall likewise be reconsidered, and if approved by two thirds of that House, it shall become a Law. But in all such Cases the Votes of both Houses shall be determined by Yeas and Nays, and the Names of the Persons voting for and against the Bill shall be entered on the Journal of each House respectively. If any Bill shall not be returned by the President within ten Days（Sundays excepted）after it shall have been presented to him, the Same shall be a Law, in like Manner as if he had signed it, unless the Congress by their Adjournment prevent its Return, in which Case it shall not be a Law.

众议院或参议院通过的每一议案，均应在成为法律之前送交合众国总统。总统如批准该议案，即应签署；如不批准，则应附上异议书将议案退还给提出该项议案的议院。该院应将总统异议详细载入本院会议记录，并进行复议。如复议后，该院 2/3 议员同意通过，即应将该议案连同异议书送交另一院，另一院亦应加以复议，如经该院 2/3 议员认可，该项议案即成为法律。但在这种情况下，两院的表决应以投赞成票和反对票决定，投赞成票或反对票的议员的姓名应分别载入该院的会议记录。如议案在送交总统后 10 日内（星期日除外）未经退还，即视为业经总统签署，该项议案即成为法律；但如因国会休会而阻碍该议案退还，则该项议案不能成为法律。

Every Order, Resolution, or Vote to which the Concurrence of the Senate and House of Representatives may be necessary（except on a question of Adjournment）shall be presented to the President of the United States; and before the Same shall take Effect, shall be approved by him, or being disapproved by him, shall be repassed by two thirds of the Senate and House of Representatives, according to the Rules and Limitations prescribed in the Case of a Bill.

凡须经参议院和众议院一致同意的命令、决议或表决（有关休会问题者除外）均应送交合众国总统，以上命令、决议或表决须经总统批准始能生效。如总统不予批准，则应按照对于议案所规定的规则与限制，由参议院和众议院 2/3 议员再行通过。

Section 8 第 8 款

The Congress shall have Power To lay and collect Taxes, Duties, Imposts and Excises, to pay the Debts and provide for the common Defence and general Welfare of the United States; but all Duties, Imposts and Excises shall be uniform throughout the United States;

国会拥有下列权力：

规定和征收直接税、间接税、进口税与货物税，以偿付国债、提供合众国共同防御与公共福利，但所有间接税、进口税与货物税应全国统一；

To borrow Money on the credit of the United States;

以合众国的名义借贷款项；

To regulate Commerce with foreign Nations, and among the several States, and with the Indian Tribes;

管理合众国与外国的、各州之间的以及与印第安部落的贸易；

To establish an uniform Rule of Naturalization, and uniform Laws on the subject of Bankruptcies throughout the United States;

制定全国统一的归化条例和破产法；

To coin Money, regulate the Value thereof, and of foreign Coin, and fix the Standard of Weights and Measures;

铸造货币，厘定国币和外币的价值，并确定度量衡的标准；

To provide for the Punishment of counterfeiting the Securities and current Coin of the United States;

制定关于伪造合众国证券和通货的罚则；

To establish Post Offices and post Roads;

设立邮局并开辟邮路；

To promote the Progress of Science and useful Arts, by securing for limited Times to Authors and Inventors the exclusive Right to their respective Writings and Discoveries;

保障著作家和发明家对其著作和发明在限定期间内的专利权，以促进科学与实用技艺的发展；

To constitute Tribunals inferior to the supreme Court;

设立低于最高法院的各级法院；

To define and punish Piracies and Felonies committed on the high Seas, and Offenses against the Law of Nations;

明确划定并惩罚在公海上所犯的海盗罪与重罪以及违反国际法的犯罪行为；

To declare War, grant Letters of Marque and Reprisal, and make Rules concerning Captures on Land and Water;

宣战，颁发缉拿敌船许可证和报复性拘捕证，制定关于陆上和水上的拘捕条例；

To raise and support Armies, but no Appropriation of Money to that Use shall be for a longer Term than two Years;

招募陆军并供应给养，但此项用途的拨款期限不得超过两年；

To provide and maintain a Navy;

装备并维持海军。

To make Rules for the Government and Regulation of the land and naval Forces;

为政府制定有关陆军和海军的规章制度。

To provide for calling forth the Militia to execute the Laws of the Union, suppress Insurrections and repel Invasions;

招募陆军并供应给养，但此项用途的拨款期限不得超过两年；

To provide for organizing, arming, and disciplining, the Militia, and for governing such Part of them as may be employed in the Service of the United States, reserving to the States respectively, the Appointment of the Officers, and the Authority of training the Militia according to the discipline prescribed by Congress;

装备并供应给养；规定征召民兵的组织、装备和纪律，规定可能征召为合众国服务的那部分民兵的管理办法；但民兵军官的任命和按照国会规定纪律训练民兵的权力由各州保留；

To exercise exclusive Legislation in all Cases whatsoever, over such District（not exceeding ten Miles square）as may, by Cession of particular States, and the Acceptance of Congress, become the Seat of the Government of the United States, and to exercise like Authority over all Places purchased by the Consent of the Legislature of the State in which the Same shall be, for the Erection of Forts, Magazines, Arsenals, dock-Yards and other needful Buildings;-And

在任何情况下，对由某些州让与合众国，经国会接受，充作合众国政府所在地的区域（其面积不超过 10 平方英里）行使专有的立法权；并对经州立法机构同意由合众国在该州购买的一切用于修筑要塞、军火库、兵工厂、船厂及其他必要建筑物的地方行使同样权力。

To make all Laws which shall be necessary and proper for carrying into Execution the foregoing Powers, and all other Powers vested by this Constitution in the Government of the United States, or in any Department or Officer thereof.

制定为执行以上各项权力和依据本宪法授予合众国政府或政府中任何机关或官员的

其他一切权力所必要的和恰当的法律。

Section 9 第 9 款

The Migration or Importation of such Persons as any of the States now existing shall think proper to admit, shall not be prohibited by the Congress prior to the Year one thousand eight hundred and eight, but a Tax or duty may be imposed on such Importation, not exceeding ten dollars for each Person.

现有任何一州认为应予接纳的人员移居或入境时，国会在 1808 年以前不得加以禁止；但对入境者可征收每人不超过 10 美元的税金或关税。

The Privilege of the Writ of Habeas Corpus shall not be suspended, unless when in Cases of Rebellion or Invasion the public Safety may require it.

根据人身保护令享有的特权，除非在发生叛乱或遭遇入侵，公共治安需要停止此项特权时，不得中止。

No Bill of Attainder or ex post facto Law shall be passed.

不得通过公民权利剥夺法案或追溯既往的法律。

No Capitation, or other direct, Tax shall be laid, unless in Proportion to the Census or Enumeration herein before directed to be taken.

除按本宪法前文对人口普查或统计结果规定的比例征税外，不得征收人头税或其他直接税。

No Tax or Duty shall be laid on Articles exported from any State.

对于从任何一州输入的货物不得征收直接税或间接税。

No Preference shall be given by any Regulation of Commerce or Revenue to the Ports of one State over those of another: nor shall Vessels bound to, or from, one State, be obliged to enter, clear, or pay Duties in another.

任何贸易条例或税收条例不得给予一州港口以优于另一州港口的特惠，开往或来自一州的船舶不得强令其在另一州入港、出港或交纳关税。

No Money shall be drawn from the Treasury, but in Consequence of Appropriations made by Law; and a regular Statement and Account of the Receipts and Expenditures of all public

Money shall be published from time to time.

除依据法律规定拨款外不得从国库支款；一切公款的收支报告和账目应不时予以公布。

No Title of Nobility shall be granted by the United States: And no Person holding any Office of Profit or Trust under them, shall, without the Consent of the Congress, accept of any present, Emolument, Office, or Title, of any kind whatever, from any King, Prince, or foreign State.

合众国不得授予贵族爵位；在合众国担任任何信任职位或高收益职位者，未经国会许可，不得接受任何外国君主或国家所赠予的任何礼物、酬金、官职或爵位。

Section 10 第 10 款

No State shall enter into any Treaty, Alliance, or Confederation; grant Letters of Marque and Reprisal; coin Money; emit Bills of Credit; make any Thing but gold and silver Coin a Tender in Payment of Debts; pass any Bill of Attainder, ex post facto Law, or Law impairing the Obligation of Contracts, or grant any Title of Nobility.

无论何州，不得缔结条约、结盟或加入联邦；不得颁发缉拿敌船许可证和报复性拘捕证；不得铸造货币；不得发行信用券；不得将金银币以外的任何物品作为偿还债务的法定货币；不得通过公民权利剥夺法案、追溯既往的法律或损害契约义务的法律；不得授予任何贵族爵位。

No State shall, without the Consent of the Congress, lay any Imposts or Duties on Imports or Exports, except what may be absolutely necessary for executing it's inspection Laws: and the net Produce of all Duties and Imposts, laid by any State on Imports or Exports, shall be for the Use of the Treasury of the United States; and all such Laws shall be subject to the Revision and Control of the Congress.

无论何州，不经国会同意，不得对进出口货物征收进口税或间接税，但为执行该州检查法令所绝对必要者不在此限。任何一州对进出口货物征得的一切间接税和进口税的净所得额应充合众国国库之用，所有这类法律都应由国会负责修订与控制。

No State shall, without the Consent of Congress, lay any Duty of Tonnage, keep Troops, or Ships of War in time of Peace, enter into any Agreement or Compact with another State, or with a foreign Power, or engage in War, unless actually invaded, or in such imminent Danger as will not admit of delay.

无论何州，未经国会同意，不得征收船舶吨位税，不得在和平时期保持军队或战舰，不得与另一州或外国缔结协定或条约；除非已实际遭受入侵或遇到刻不容缓的危险，不得进行战争。

Article II 第 2 条

Section 1 第 1 款

The executive Power shall be vested in a President of the United States of America. He shall hold his Office during the Term of four Years, and, together with the Vice President, chosen for the same Term, be elected, as follows:

行政权属于美利坚合众国总统。总统任期为 4 年，副总统任期与总统任期相同。总统和副总统的选举办法如下：

Each State shall appoint, in such Manner as the Legislature thereof may direct, a Number of Electors, equal to the whole Number of Senators and Representatives to which the State may be entitled in the Congress: but no Senator or Representative, or Person holding an Office of Trust or Profit under the United States, shall be appointed an Elector.

各州应按照该州议会规定的方式选派选举人若干名，其人数应与该州所应选派于国会的参议员和众议员的总数相等；但参议员或众议员或在合众国政府中担任信任职位或高收益职位者不得被选派为选举人。

The Electors shall meet in their respective States, and vote by Ballot for two Persons, of whom one at least shall not be an Inhabitant of the same State with themselves. And they shall make a List of all the Persons voted for, and of the Number of Votes for each; which List they shall sign and certify, and transmit sealed to the Seat of the Government of the United States, directed to the President of the Senate. The President of the Senate shall, in the Presence of the Senate and House of Representatives, open all the Certificates, and the Votes shall then be counted.

选举人应在本州集会，投票选举 2 人，其中至少应有 1 人不是选举人同州的居民。选举人应开列名单，写明所有被选举人和每人所得票数，计算票数。获得选票最多者如选票超出选举人总数的一半即当选为总统。

The Person having the greatest Number of Votes shall be the President, if such Number be a Majority of the whole Number of Electors appointed; and if there be more than one who have such Majority, and have an equal Number of Votes, then the House of Representatives shall immediately chuse by Ballot one of them for President; and if no Person have a Majority, then from the five highest on the List the said House shall in like Manner chuse the President. But in chusing the President, the Votes shall be taken by States, the Representation from each State having one Vote; A quorum for this Purpose shall consist of a Member or Members from two thirds of the States, and a Majority of all the States shall be necessary to a Choice.

如不止 1 人获得半数选票且票数相当，众议院应立即投票其中 1 人为总统。如无人获得过半数票，则众议院应以同样方式从名单上得票最多的 5 人中选举 1 人为总统。但众议院选举总统时应以州为单位投票，每州代表有 1 票表决权；以此种方式选举总统的法定人数为全国 2/3 的州各有 1 名或数名代表出席，并须取得所有州的过半数票始能当选。

In every Case, after the Choice of the President, the Person having the greatest Number of Votes of the Electors shall be the Vice President. But if there should remain two or more who have equal Votes, the Senate shall chuse from them by Ballot the Vice President.

在总统选出后，获得选举人所投票数最多者即当选为副总统；但如有 2 人或数人获得相等票数，参议院应投票选举其中 1 人为副总统。

The Congress may determine the Time of chusing the Electors, and the Day on which they shall give their Votes; which Day shall be the same throughout the United States. No Person except a natural born Citizen, or a Citizen of the United States, at the time of the Adoption of this Constitution, shall be eligible to the Office of President; neither shall any person be eligible to that Office who shall not have attained to the Age of thirty five Years, and been fourteen Years a Resident within the United States.

国会可决定选出选举人的时间以及选举人的投票日期，该日期须全国统一。任何人除出生于合众国的公民或在本宪法通过时已为合众国公民者外，不得当选为总统。年龄未满 35 岁及居住于合众国境内未满 14 年者亦不得当选为总统。

In Case of the Removal of the President from Office, or of his Death, Resignation, or Inability to discharge the Powers and Duties of the said Office, the Same shall devolve on the Vice-President, and the Congress may by Law provide for the Case of Removal, Death, Resignation or Inability, both of the President and Vice President, declaring what Officer shall then act as President, and such Officer shall act accordingly, until the Disability be removed, or a President shall be elected.

如遇总统免职、死亡、辞职或丧失履行总统权力和职责的能力时，该项职务应移交给副总统；在总统与副总统均为免职、死亡、辞职或丧失履行总统权力和职责的能力时，国会得依法律规定宣布某一官员代行总统职权，该官员即为总统，直至总统恢复任职能力或新总统选出为止。

The President shall, at stated Times, receive for his Services, a Compensation, which shall neither be increased nor diminished during the Period for which he shall have been elected, and he shall not receive within that Period any other Emolument from the United States, or any of them. Before he enter on the Execution of his Office, he shall take the following Oath or Affirmation: — "I do solemnly swear（or affirm）that I will faithfully execute the Office of President of the United States, and will to the best of my Ability, preserve, protect and defend the Constitution of the United States."

总统应在规定时间获得服务报酬，此项报酬在其当选任总统期间不得增加或减少。总统在任期内不得收受合众国或任何一州给予的任何其他酬金。总统在就职前应作如下宣誓或郑重声明："我谨庄严宣誓（或郑重声明），我一定忠实执行合众国总统职务，竭尽全力，恪守、维护和捍卫合众国宪法。"

Section 2 第 2 款

The President shall be Commander in Chief of the Army and Navy of the United States, and of the Militia of the several States, when called into the actual Service of the United States; he may require the Opinion, in writing, of the principal Officer in each of the executive Departments, upon any Subject relating to the Duties of their respective Offices, and he shall have Power to grant Reprieves and Pardons for Offences against the United States, except in Cases of Impeachment.

总统为合众国陆海军的总司令，并在各州民团奉召为合众国执行任务时担任统帅；他可以要求每个行政部门的主管官员提出有关他们职务的任何事件的书面意见，除了弹劾案之外，他有权对于违犯合众国法律者颁赐缓刑和特赦。

He shall have Power, by and with the Advice and Consent of the Senate, to make Treaties, provided two thirds of the Senators present concur; and he shall nominate, and by and with the Advice and Consent of the Senate, shall appoint Ambassadors, other public Ministers and Consuls, Judges of the supreme Court, and all other Officers of the United States, whose Appointments are not herein other- wise provided for, and which shall be established by Law: but the Congress may by Law vest the Appointment of such inferior Officers, as they think proper, in the President alone, in the Courts of Law, or in the Heads of Departments.

总统有权缔订条约，但须争取参议院的意见和同意，并须出席的参议员中 2/3 的人赞成；总统应提出人选，并于取得参议院的意见和同意后，任命大使、公使及领事、最高法院的法官，以及一切其他在本宪法中未经明定，但以后将依法律的规定而设置之合众国官员。国会可以制定法律，酌情把这些下级官员的任命权，授予总统本人，或授予法院，或授予各部部长。

The President shall have Power to fill up all Vacancies that may happen during the Recess of the Senate, by granting Commissions which shall expire at the End of their next Session.

在参议院休会期间，如遇有职位出缺，总统有权任命官员补充缺额，任期于参议院下届会议结束时终结。

Section 3 第 3 款

He shall from time to time give to the Congress Information of the State of the Union, and recommend to their Consideration such Measures as he shall judge necessary and expedient; he may, on extraordinary Occasions, convene both Houses, or either of them, and in Case of Disagreement between them, with Respect to the Time of Adjournment, he may adjourn them to such Time as he shall think proper; he shall receive Ambassadors and other public Ministers; he shall take Care that the Laws be faithfully executed, and shall Commission all the Officers of the United States.

总统应经常向国会提供有关国情的报告，并向国会提出他认为必要和适当的措施，供其考虑；在非常时期，总统可召集两院或其中一院开会，如两院对于休会时间意见不一致时，总统可使两院休会到他认为适当的时期为止；总统应接见大使和公使；他应监督一切法律的切实执行，并任命合众国的一切官员。

Section 4 第 4 款

The President, Vice President and all civil Officers of the United States, shall be removed from Office on Impeachment for, and Conviction of, Treason, Bribery, or other high Crimes and Misdemeanors.

合众国总统、副总统及其他所有文官，因叛国、贿赂或其他重罪和轻罪而遭弹劾并被判定有罪时，应予以免职。

Article III 第 3 条

Section 1 第 1 款

The judicial Power of the United States, shall be vested in one supreme Court, and in such inferior Courts as the Congress may from time to time ordain and establish. The Judges, both of the supreme and inferior Courts, shall hold their Offices during good Behaviour, and shall, at stated Times, receive for their Services, a Compensation, which shall not be diminished during their Continuance in Office.

合众国的司法权，属于最高法院和国会不时规定和设立的下级法院。最高法院和下级法院的法官如行为端正，得继续任职，并应在规定的时间得到服务报酬，此项报酬在他们继续任职期间不得减少。

Section 2 第 2 款

The judicial Power shall extend to all Cases, in Law and Equity, arising under this Constitution, the Laws of the United States, and Treaties made, or which shall be made, under their Authority;—to all Cases affecting Ambassadors, other public Ministers and Consuls;—to all Cases of admiralty and maritime Jurisdiction;—to Controversies to which the United States shall be a Party;—to Controversies between two or more States;— between a State and Citizens of another State,—between Citizens of different States,—between Citizens of the same State claiming Lands under Grants of different States, and between a State, or the Citizens thereof, and foreign States, Citizens or Subjects.

In all Cases affecting Ambassadors, other public Ministers and Consuls, and those in which a State shall be Party, the supreme Court shall have original Jurisdiction. In all the other Cases before mentioned, the supreme Court shall have appellate Jurisdiction, both as to Law and Fact, with such Exceptions, and under such Regulations as the Congress shall make.

The Trial of all Crimes, except in Cases of Impeachment, shall be by Jury; and such Trial shall be held in the State where the said Crimes shall have been committed; but when not committed within any State, the Trial shall be at such Place or Places as the Congress may by Law have directed.

司法权的适用范围包括：由于本宪法、合众国法律和根据合众国权力已缔结或将缔结的条约而产生的一切普通法的和衡平法的案件；涉及大使、公使和领事的一切案件；关于海事法和海事管辖权的一切案件；合众国为一方当事人的诉讼；两个或两个以上州之间的诉讼（一州和他州公民之间的诉讼）；不同州公民之间的诉讼；同州公民之间对不同州让与土地的所有权的诉讼；一州或其公民同外国或外国公民或国民之间的诉讼。

涉及大使、公使和领事以及一州为一方当事人的一切案件，最高法院具有第一审管辖权。对上述所有其他案件，不论法律方面还是事实方面，最高法院具有上诉审管辖权，但须依照国会所规定的例外和规章。

除弹劾案外，一切犯罪由陪审团审判；此种审判应在犯罪发生的州内举行；但如犯罪不发生在任何一州之内，审判应在国会以法律规定的一个或几个地点举行。

Section 3 第 3 款

Treason against the United States, shall consist only in levying War against them, or in adhering to their Enemies, giving them Aid and Comfort. No Person shall be convicted of Treason unless on the Testimony of two Witnesses to the same overt Act, or on Confession in open Court.

The Congress shall have Power to declare the Punishment of Treason, but no Attainder of Treason shall work Corruption of Blood, or Forfeiture except during the Life of the Person attainted.

对合众国的叛国罪只限于同合众国作战，或依附其敌人，给予其敌人以帮助和鼓励。无论何人，除根据两个证人对同一明显行为的作证或本人在公开法庭上的供认，不得被定为叛国罪。

国会有权宣告对叛国罪的惩罚，但因叛国罪而剥夺公民权，不得造成血统玷污，除非在被剥夺者在世期间，也不得没收其财产。

Article IV 第 4 条

Section 1 第 1 款

Full Faith and Credit shall be given in each State to the public Acts, Records, and judicial Proceedings of every other State. And the Congress may by general Laws prescribe the Manner in which such Acts, Records and Proceedings shall be proved, and the Effect thereof.

各州对其他州的公共法令、记录和司法诉讼程序应给予完全的信任和尊重。国会可用一般法律规定此类法令、记录和司法诉讼程序的验定方法及其效力。

Section 2 第 2 款

The Citizens of each State shall be entitled to all Privileges and Immunities of Citizens in the several States.

每州公民应享受其他各州公民所有之一切特权及豁免权。

A Person charged in any State with Treason, Felony, or other Crime, who shall flee from Justice, and be found in another State, shall on Demand of the executive Authority of the State from which he fled, be delivered up, to be removed to the State having Jurisdiction of the Crime.

凡在任何一州被控犯有叛国罪、重罪或其他罪行的人并于另一州被缉获时，该州应即依照该人所逃出之州的行政当局的请求，将其交出，以便押送到对该罪行有审理权的州。

No Person held to Service or Labour in one State, under the Laws thereof, escaping into another, shall, in Consequence of any Law or Regulation therein, be discharged from such Service or Labour, but shall be delivered up on Claim of the Party to whom such Service or Labour may be due.

凡根据一州之法律应在该州服兵役或服劳役者，逃往另一州时，不得根据逃往州的任何法律或规章解除该兵役或劳役，而应依照有权得到兵役或劳役的当事人的要求，将其交出。

Section 3 第 3 款

New States may be admitted by the Congress into this Union; but no new State shall be formed or erected within the Jurisdiction of any other State; nor any State be formed by the Junction of two or more States, or Parts of States, without the Consent of the Legislatures of the States concerned as well as of the Congress.

国会可准许新州加入本联邦，但不得在任何其他州的管辖权之内组成或建立新州，亦不得未经有关州议会和国会同意合并两州或数州的部分地区建立新州。

The Congress shall have Power to dispose of and make all needful Rules and Regulations respecting the Territory or other Property belonging to the United States; and nothing in this Constitution shall be so construed as to Prejudice any Claims of the United States, or of any particular State.

国会有权处置并制定合众国领土或其他财产的一切必要法章和条例；对本宪法条文，不得作有损于合众国或任何特定州的任何权利的解释。

Section 4 第 4 款

The United States shall guarantee to every State in this Union a Republican Form of Government, and shall protect each of them against Invasion; and on Application of the Legislature, or of the Executive（when the Legislature cannot be convened）against domestic Violence.

合众国应保障联邦各州实行共和政体，保护各州免受入侵，并应根据州议会或州行政长官（当州议会不能召集时）的请求平定内乱。

Article V 第 5 条

The Congress, whenever two thirds of both Houses shall deem it necessary, shall propose Amendments to this Constitution, or, on the Application of the Legislatures of two thirds of the several States, shall call a Convention for proposing Amendments, which, in either Case, shall be valid to all Intents and Purposes, as Part of this Constitution, when ratified by the Legislatures of three fourths of the several States, or by Conventions in three fourths thereof, as the one or the other Mode of Ratification may be proposed by the Congress; Provided that no Amendment which may be made prior to the Year One thousand eight hundred and eight shall in any Manner affect the first and fourth Clauses in the Ninth Section of the first Article; and that no State, without its Consent, shall be deprived of its equal Suffrage in the Senate.

国会应在两院各 2/3 议员认为必要时，提出本宪法的修正案，或根据全国 2/3 州议会的请求召开公议提出修正案。以上任何一种情况下提出的修正案，经全国的州议会或 3/4 州的制宪会议批准，即成为本宪法的一部分而发生实际效力；采用哪种批准方式可由国会提出。但在 1808 年前所制定的修正案不得以任何形式影响本宪法全文第 9 款之第 1、第 4 两款；任何一州，未经其同意，不得被剥夺它在参议院中的平等投票权。

Article VI 第 6 条

All Debts contracted and Engagements entered into, before the Adoption of this Constitution, shall be as valid against the United States under this Constitution, as under the Confederation.

本宪法生效前所负的一切债务和所签订一切契约在本宪法生效后对合众国仍然有效，其效力一如邦联时代。

This Constitution, and the Laws of the United States which shall be made in Pursuance thereof; and all Treaties made, or which shall be made, under the Authority of the United States, shall be the supreme Law of the Land; and the Judges in every State shall be bound thereby, any Thing in the Constitution or Laws of any State to the Contrary notwithstanding.

本宪法及依照本宪法所制定之合众国法律以及根据合众国权力所缔结或将缔结的一切条约，均为全国的最高法律；即使与任何一州的宪法或法律相抵触，各州的法官仍应遵守。任何一州宪法或法律中的任何内容与之抵触时，均不得违反本宪法。

The Senators and Representatives before mentioned, and the Members of the several State Legislatures, and all executive and judicial Officers, both of the United States and of the several States, shall be bound by Oath or Affirmation, to support this Constitution; but no religious Test shall ever be required as a Qualification to any Office or public Trust under the United States.

上述参议员和众议员、各州议会议员以及合众国政府和各州一切行政、司法官员均应宣誓或郑重声明拥护本宪法；但不得以宗教信仰作为担任合众国任何官职或公职的必要资格。

Article VII 第 7 条

The Ratification of the Conventions of nine States, shall be sufficient for the Establishment of this Constitution between the States so ratifying the Same.

经过 9 个州的制宪会议批准，即足以使本宪法在批准本宪法的各州成立。

美国宪法修正案

美国宪法修正案（Amendments to the Constitution of the United States）是美国宪法规定的正式改变宪法的形式之一（另一形式是召开另一次制宪会议，但并未被使用过），是美国宪法的重要组成部分，代表了美国宪法制度的基本发展方向。

自宪法签署完成后，已有27项修正案经批准，其中前十项统称《权利法案》。于1791年批准生效。对美国宪法的修正程序由美国《宪法》第5条所规定。另有其他许多已向国会提议，但是未向各州提交的美国宪法修正提议。

表决流程：修正案在生效之前，须经国会参众两院的2/3表决通过，或是由2/3的州会议（称作宪法第五条会议）要求，而后才能提呈给各州，并经过3/4州份或其会议的批准，批准的方式是由国会在提案时决定。迄今为止，没有任何一个修正案是由州会议的要求而提出。只有1933年的第21修正案，是采行州会议的方式来批准。

以下一至十条是关于公民权利的修正案于1791年批准生效，也称为《权利法案》，具有重大影响。

Amendment 1　第 1 修正案

Congress shall make no law respecting an establishment of religion, or prohibiting the free exercise thereof; or abridging the freedom of speech, or of the press; or the right of the people peaceably to assemble, and to petition the Government for a redress of grievances.

国会不得制定关于下列事项的法律：确立国教或禁止宗教活动自由；剥夺言论或出版自由；剥夺人民和平集会和向政府诉冤请愿的权利。

Amendment 2　第 2 修正案

A well regulated Militia, being necessary to the security of a free State, the right of the people to keep and bear Arms, shall not be infringed.

管理良好的民兵是保障自由州的安全所必需，人民持有和携带武器的权利不得侵犯。

Amendment 3　第 3 修正案

No Soldier shall, in time of peace be quartered in any house, without the consent of the Owner, nor in time of war, but in a manner to be prescribed by law.

士兵在和平时期，非经房主许可不得驻扎于任何民房；在战争时期，除依照法律规定的方式外亦不得进驻民房。

Amendment 4　第 4 修正案

The right of the people to be secure in their persons, houses, papers, and effects, against unreasonable searches and seizures, shall not be violated, and no Warrants shall issue, but upon probable cause, supported by Oath or affirmation, and particularly describing the place to be searched, and the persons or things to be seized.

人民保护其人身、住房、文件和财物不受无理搜查扣押的权利不得侵犯；除非有合理的根据认为有罪，以宣誓或郑重声明保证，并详细开列应予搜查的地点、应予扣押的人或物，不得颁发搜查和扣押证。

Amendment 5　第 5 修正案

No person shall be held to answer for a capital, or otherwise infamous crime, unless on a presentment or indictment of a Grand Jury, except in cases arising in the land or naval forces, or in the Militia, when in actual service in time of War or public danger; nor shall any person be subject for the same offence to be twice put in jeopardy of life or limb; nor shall be compelled in any criminal case to be a witness against himself, nor be deprived of life, liberty, or property, without due process of law; nor shall private property be taken for public use, without just compensation.

非经大陪审团提出报告或起诉，任何人不受死罪和其他重罪的惩罚，唯在战时或国家危急时期发生在陆、海军中或正在服役的民兵中的案件不在此限。任何人不得因同一犯罪行为而两次遭受生命或身体伤残的危害；不得在任何刑事案件中被迫自证其罪；未经正当法律程序，不得剥夺任何人的生命、自由和财产；非有恰当补偿，不得将私有财产充作公用。

Amendment 6　第 6 修正案

In all criminal prosecutions, the accused shall enjoy the right to a speedy and public trial, by an impartial jury of the State and district wherein the crime shall have been committed, which district shall have been previously ascertained by law, and to be informed of the nature and cause of the accusation; to be confronted with the witnesses against him; to have compulsory process for obtaining witnesses in his favor, and to have the Assistance of Counsel for his defence.

在一切刑事诉讼中，被告应享受下列权利：由犯罪行为发生地的州和地区的公正陪审团予以迅速和公开的审判，该地区应事先已由法律确定；获知受控事件的性质和原因；与原告证人对质；以强制程序取得有利于自己的证据，并取得律师的帮助为其辩护。

Amendment 7　第 7 修正案

In Suits at common law, where the value in controversy shall exceed twenty dollars, the right of trial by jury shall be preserved, and no fact tried by a jury, shall be otherwise re-examined in any Court of the United States, than according to the rules of the common law.

在习惯法诉讼中，争执价额超过 20 美元者，由陪审团审判的权利应予保护；案情事实经陪审团审定后，除非依照习惯法的规则，合众国的任何法院不得再行审理。

Amendment 8　第 8 修正案

Excessive bail shall not be required, nor excessive fines imposed, nor cruel and unusual punishments inflicted.

不得索取过多的保释金，不得处以过重的罚金，或施加残酷的、非常的刑罚。

Amendment 9　第 9 修正案

The enumeration in the Constitution, of certain rights, shall not be construed to deny or disparage others retained by the people.

本宪法对某些权利的列举不得被解释为否定或轻视人民保有的其他权利。

Amendment 10　第 10 修正案

The powers not delegated to the United States by the Constitution, nor prohibited by it to the States, are reserved to the States respectively, or to the people.

本宪法未授予合众国也未禁止各州行使的权力，分别由各州或由人民保留。

Amendment 11　第 11 修正案（1795 年 2 月 7 日批准生效）

The Judicial power of the United States shall not be construed to extend to any suit in law or equity, commenced or prosecuted against one of the United States by Citizens of another State, or by Citizens or Subjects of any Foreign State.

合众国司法权不得被解释为可扩大受理另一州公民或任何外国公民或国民对合众国任何一州提出的或起诉的任何普通法或衡平法的诉讼。

Amendment 12　第 12 修正案（1804 年 6 月 15 日批准生效）

The Electors shall meet in their respective states and vote by ballot for President and Vice-President, one of whom, at least, shall not be an inhabitant of the same state with themselves; they shall name in their ballots the person voted for as President, and in distinct ballots the person voted for as Vice- President, and they shall make distinct lists of all persons voted for as President, and of all persons voted for as Vice-President, and of the number of votes for each, which lists they shall sign and certify, and transmit sealed to the seat of the government of the United States, directed to the President of the Senate; The President of the Senate shall, in the presence of the Senate and House of Representatives, open all the certificates and the votes shall then be counted; The person having the greatest Number of votes for President, shall be the President, if such number be a majority of the whole number of Electors appointed; and if no person have such majority, then from the persons having the highest numbers not exceeding three on the list of those voted for as President, the House of Representatives shall choose immediately, by ballot, the President. But in choosing the President, the votes shall be taken by states, the representation from each state having one vote; a quorum for this purpose shall consist of a member or members from two-thirds of the states, and a majority of all the states shall be necessary to a choice. And if the House of Representatives shall not choose a President whenever the right of choice shall devolve upon them, before the fourth day of March next following, then the Vice- President shall act as President, as in the case of the death or other constitutional disability of the President—The person having the greatest number of votes as Vice-President, shall be the Vice-President, if such number be a majority of the whole number of Electors appointed, and if no person have a majority, then from the two highest numbers on the list, the Senate shall choose the Vice-President; a quorum for the purpose shall consist of two-thirds of the whole number of Senators, and a majority of the whole number shall be necessary to a choice. But no person constitutionally ineligible to the office of President shall be eligible to that of Vice-President of the United States.

选举人应在本州集会，投票选举总统和副总统，所选总统和副总统中至少应有一人不是选举人本州的居民；选举人应在选票上写明被选为总统之人的姓名，并在另一选票上写明被选为副总统之人的姓名。选举人须将所有被选为总统及副总统的人分别开列名单，写明每人所得票数，在名单上签名作证，封印后送至合众国政府所在地，呈交参议院议长。参议院议长应在参议院和众议院全体议员面前开拆所有证明书，然后计算票数。获得总统选票最多者，如所得选票超出选举人总数的一半，即当选为总统。如无人获得过半数票，众议院应立即从被选为总统之人的名单上得票最多者（不超过3人）中投票选举其中1人为总统。但众议院选举总统时应以州为单位投票，每州代表有1票表决权，选出总统需要所有州的过半数票。如选举总统的权力转移给众议院而该院于次年3月4日前尚未选出总统，则副总统应按总统死亡或宪法所规定的其他有关丧失任职能力的条款代行总统职务。获得副总统选票最多者，如所得票数超过选举人总数之半，即当选为副总统。如无人获得过半数票，参议院应从名单上得票最多者的2人中选举1人为副总统。以此种方式选举副总统的法定人数为参议员总数的2/3，选出副总统需要参议员总数过半数票。但依宪法规定无资格当选为合众国总统的人不得当选为合众国副总统。

Amendment 13　第13修正案第（1865年12月6日批准生效）

Section 1　Neither slavery nor involuntary servitude, except as a punishment for crime whereof the party shall have been duly convicted, shall exist within the United States, or any place subject to their jurisdiction.

第1款　在合众国境内或属合众国管辖的任何地方，不准有奴隶制或强制劳役存在，唯用于业经定罪的罪犯作为惩罚者不在此限。

Section 2   Congress shall have power to enforce this article by appropriate legislation.

第 2 款　国会有权以适当立法实施本条规定。

Amendment 14　第 14 修正案（1868 年 7 月 9 日批准生效）

Section 1   All persons born or naturalized in the United States and subject to the jurisdiction thereof, are citizens of the United States and of the State wherein they reside. No State shall make or enforce any law which shall abridge the privileges or immunities of citizens of the United States; nor shall any State deprive any person of life, liberty, or property, without due process of law; nor deny to any person within its jurisdiction the equal protection of the laws.

第 1 款　在合众国出生或归化于合众国并受合众国管辖的人，均为合众国和他所居住的州的公民。无论何州均不得制定或实施任何剥夺合众国公民的特权或豁免的法律；无论何州未经正当法律程序均不得剥夺任何人的生命、自由或财产；亦不得拒绝给予在其管辖下的任何人以同等的法律保护。

Section 2   Representatives shall be apportioned among the several States according to their respective numbers, counting the whole number of persons in each State, excluding Indians not taxed. But when the right to vote at any election for the choice of electors for President and Vice President of the United States, Representatives in Congress, the Executive and Judicial officers of a State, or the members of the Legislature thereof, is denied to any of the male inhabitants of such State, being twenty-one years of age, and citizens of the United States, or in any way abridged, except for participation in rebellion, or other crime, the basis of representation therein shall be reduced in the proportion which the number of such male citizens shall bear to the whole number of male citizens twenty-one years of age in such State.

第 2 款　众议员名额应按各州人口总数的比例分配，但不纳税的印第安人除外。各州年满 21 岁且为合众国公民的男性居民，除因参加叛乱或犯其他罪行者外，其选举合众国总统与副总统选举人、国会众议员、州行政与司法官员或州议会议员的权利被取消或剥夺时，该州众议员人数应按上述男性公民的人数同该州年满 21 岁的男性公民总人数的比例予以削减。

Section 3   No person shall be a Senator or Representative in Congress, or elector of President and Vice President, or hold any office, civil or military, under the United States, or under any State, who, having previously taken an oath, as a member of Congress, or as an officer of the United States, or as a member of any State legislature, or as an executive or judicial officer of any State, to support the Constitution of the United States, shall have engaged in insurrection or rebellion against the same, or given aid or comfort to the enemies thereof. But Congress may by a vote of two-thirds of each House, remove such disability.

第 3 款　曾经作为国会议员、合众国官员、州议会议员或州行政或司法官员，宣誓拥护合众国宪法，而又参与反对合众国的暴乱或谋反，或给予合众国敌人以帮助或庇护者，不得为国会参议员或众议员、总统和副总统选举人，或在合众国或任何一州任文职、军职官员。但国会可以每院 2/3 的票数取消此项限制。

Section 4　The validity of the public debt of the United States, authorized by law, including debts incurred for payment of pensions and bounties for services in suppressing insurrection or rebellion, shall not be questioned. But neither the United States nor any State shall assume or pay any debt or obligation incurred in aid of insurrection or rebellion against the United States, or any claim for the loss or emancipation of any slave; but all such debts, obligations and claims shall be held illegal and void.

第 4 款　经法律认可的合众国公债，包括因支付对平定暴乱或叛乱有功人员的养老金与奖金而产生的债务，其效力不得怀疑。但合众国或任何一州都不得承担或偿付因资助对合众国作乱或谋叛而产生的债务或义务，或因丧失或解放任何奴隶而提出的赔偿要求；所有此类债务、义务和要求应视为非法和无效。

Section 5　The Congress shall have power to enforce, by appropriate legislation, the provisions of this article.

第 5 款　国会有权以适当立法实施本条各项规定。

Amendment 15　第 15 修正案（1870 年 2 月 3 日批准生效）

Section 1　The right of citizens of the United States to vote shall not be denied or abridged by the United States or by any State on account of race, color, or previous condition of servitude.

第 1 款　合众国或任何一州不得因种族、肤色或以前的奴隶身份而否认或剥夺合众国公民的选举权。

Section 2　The Congress shall have power to enforce this article by appropriate legislation.

第 2 款　国会有权以适当立法实施本条规定。

Amendment 16　第 16 修正案（1913 年 2 月 3 批准生效）

The Congress shall have power to lay and collect taxes on incomes, from whatever source derived, without apportionment among the several States, and without regard to any census or enumeration.

国会有权对任何来源的收入规定并征收所得税，所得税收入不必按比例分配于各州，也不必考虑任何人口普查或统计。

Amendment 17　第 17 修正案（1913 年 4 月 8 日批准生效）

The Senate of the United States shall be composed of two Senators from each State, elected by the people thereof, for six years; and each Senator shall have one vote. The electors in each State shall have the qualifications requisite for electors of the most numerous branch of the State legislatures.

When vacancies happen in the representation of any State in the Senate, the executive authority of such State shall issue writs of election to fill such vacancies: Provided, That the legislature of any State may empower the executive thereof to make temporary appointments until the people fill the vacancies by election as the legislature may direct.

This amendment shall not be so construed as to affect the election or term of any Senator chosen before it becomes valid as part of the Constitution.

合众国参议院由每州人民选出两名参议员组成，参议员任期 6 年，各有 1 票表决权。各州选举人应具备州议会中人数最多一院的选举人所必需的资格。

任何一州在参议院的议席出现缺额时，该州行政当局应发布选举令以填补此顶缺额；但任何一州州议会在人民按照州议会指示进行选举补足缺额以前，可授权行政长官作出临时任命。

本修正案对于本条作为合众国宪法一部分被批准生效前当选的任何参议员的选举或任期不发生影响。

Amendment 18　第 18 修正案（1919 年 1 月 16 日批准生效）

Section 1　After one year from the ratification of this article the manufacture, sale, or transportation of intoxicating liquors within, the importation thereof into, or the exportation thereof from the United States and all territory subject to the jurisdiction thereof for beverage purposes is hereby prohibited.

第 1 款　从本条批准起一年以后，禁止在合众国及其管辖下的一切领土内酿造、出售或运送致醉酒类，并且不准此种酒类输入或输出合众国及其管辖下的一切领土。

Section 2　The Congress and the several States shall have concurrent power to enforce this article by appropriate legislation.

第 2 款　国会和各州均有权以适当立法实施本条规定。

Section 3　This article shall be inoperative unless it shall have been ratified as an amendment to the Constitution by the legislatures of the several States, as provided in the Constitution, within seven years from the date of the submission hereof to the States by the Congress.

第 3 款　本条除非在国会送达各州之日起 7 年内经各州州议会按照宪法规定批准为宪法修正案，不得发生效力。

Amendment 19　第 19 修正案（1920 年 8 月 18 日批准生效）

The right of citizens of the United States to vote shall not be denied or abridged by the United States or by any State on account of sex. Congress shall have power to enforce this article by appropriate legislation.

合众国或任何一州不得因性别而否认或剥夺合众国公民的选举权。国会有权以适当立法实施本条规定。

Amendment 20　第 20 修正案条（1933 年 1 月 23 日批准生效）

Section 1　The terms of the President and Vice President shall end at noon on the 20th day of January, and the terms of Senators and Representatives at noon on the 3d day of January, of the years in which such terms would have ended if this article had not been ratified; and the terms of their successors shall then begin.

第 1 款　　如果本条尚未获批准，则总统和副总统的任期应于原定任期届满之年 1 月 20 日正午终止，参议员和众议员之任期应于原定任期届满之年 1 月 3 日正午终止；其继任者的任期即在此时开始。

Section 2　The Congress shall assemble at least once in every year, and such meeting shall begin at noon on the 3d day of January, unless they shall by law appoint a different day.

第 2 款　　国会每年至少应开会一次，开会日期除以法律另行规定外，应于 1 月 3 日正午开始。

Section 3　If, at the time fixed for the beginning of the term of the President, the President elect shall have died, the Vice President elect shall become President. If a President shall not have been chosen before the time fixed for the beginning of his term, or if the President elect shall have failed to qualify, then the Vice President elect shall act as President until a President shall have qualified; and the Congress may by law provide for the case wherein neither a President elect nor a Vice President elect shall have qualified, declaring who shall then act as President, or the manner in which one who is to act shall be selected, and such person shall act accordingly until a President or Vice President shall have qualified.

第 3 款　　如当选总统在规定的任期开始之前死亡，当选副总统应成为总统。如在规定的总统任期开始时间以前总统尚未选出，或当选总统不符合资格，则当选副总统应代行总统职权直到有一名当选总统符合资格为止；如遇当选总统和当选副总统均不符合资格的情况，国会可以法律决定代理总统人选或选择代理总统的方式，此人即可依法代行总统职务，直至有一名总统或副总统符合资格为止。

Section 4　The Congress may by law provide for the case of the death of any of the persons from whom the House of Representatives may choose a President whenever the right of choice shall have devolved upon them, and for the case of the death of any of the persons from whom the Senate may choose a Vice President whenever the right of choice shall have devolved upon them.

第 4 款　　当选举总统的权利转移到众议院，而可被该院选为总统的人中有人死亡；或选举副总统的权利转移到参议院，而可被该院选为副总统的人中有人死亡时，国会得以法律对此种情况作出决定。

Section 5　Sections 1 and 2 shall take effect on the 15th day of October following the ratification of this article.

第 5 款　第 1 款与第 2 款两款应在本条批准后之 10 月 15 日起生效。

Section 6　This article shall be inoperative unless it shall have been ratified as an amendment to the Constitution by the legislatures of three-fourths of the several States within seven years from the date of its submission.

第 6 款　本条如在国会送达各州之日起 7 年内，未经 3/4 之州议会批准为宪法修正案，将不再发生效力。

Amendment 21　第 21 修正案（1933 年 12 月 5 日批准生效）

Section 1　The eighteenth article of amendment to the Constitution of the United States is hereby repealed.

第 1 款　合众国宪法修正案第十八条现予废止。

Section 2　The transportation or importation into any State, Territory, or possession of the United States for delivery or use therein of intoxicating liquors, in violation of the laws thereof, is hereby prohibited.

第 2 款　在合众国各州、各领地或属地内为交付或使用致醉酒类而进行的运送或输入，如违反有关法律，应予禁止。

Section 3　This article shall be inoperative unless it shall have been ratified as an amendment to the Constitution by conventions in the several States, as provided in the Constitution, within seven years from the date of the submission hereof to the States by the Congress.

第 3 款　本条除非在国会送达各州之日起 7 年内经 3/4 之州议会批准为宪法修正案，不发生效力。

Amendment 22　第 22 修正案（1951 年 2 月 27 日批准生效）

Section 1　No person shall be elected to the office of the President more than twice, and no person who has held the office of President, or acted as President, for more than two years of a term to which some other person was elected President shall be elected to the office of the

President more than once. But this Article shall not apply to any person holding the office of President, when this Article was proposed by the Congress, and shall not prevent any person who may be holding the office of President, or acting as President, during the term within which this Article becomes operative from holding the office of President or acting as President during the remainder of such term.

第 1 款　无论何人不得当选总统职务两次以上；无论何人在他人任期内担任总统或代理总统超过两年者，不得当选担任总统职务一次以上。但本条不适用于在国会提出本条时正在担任总统职务的任何人；也不妨碍在本条开始生效的总统任期内可能担任总统职务或代理总统的任何人在此任期结束以前担任总统职务或代理总统。

Section 2　This article shall be inoperative unless it shall have been ratified as an amendment to the Constitution by the legislatures of three-fourths of the several States within seven years from the date of its submission to the States by the Congress.

第 2 款　本条除非在国会将其提交各州之日起 7 年内由 3/4 州议会批准为宪法修正案，不发生效力。

Amendment 23　第 23 修正案（1961 年 3 月 29 日批准生效）.

Section 1　The District constituting the seat of Government of the United States shall appoint in such manner as the Congress may direct: A number of electors of President and Vice President equal to the whole number of Senators and Representatives in Congress to which the District would be entitled if it were a State, but in no event more than the least populous State; they shall be in addition to those appointed by the States, but they shall be considered, for the purposes of the election of President and Vice President, to be electors appointed by a State; and they shall meet in the District and perform such duties as provided by the twelfth article of amendment.

第 1 款　合众国政府所在的特区，应按国会指定的方式选派若干总统和副总统选举人，为此目的，该特区应被视为一个州，选举人数量应相当于它有权选举的国会参议员和众议员人数的总和，但不得超过人数最少的州的选举人人数；以上选举人是在各州选派的选举人之外所增添的，但为了选举总统和副总统，应被视为一个州所选派的选举人。他们应在特区集会并依照宪法修正案第十二条的规定履行其职责。

Section 2　The Congress shall have power to enforce this article by appropriate legislation.

第 2 款　国会有权以适当立法实施本条规定。

Amendment 24　宪法第 24 修正案（1964 年 1 月 23 日批准生效）

Section 1　The right of citizens of the United States to vote in any primary or other election for President or Vice President, for electors for President or Vice President, or for Senator or Representative in Congress, shall not be denied or abridged by the United States or any State by reason of failure to pay any poll tax or other tax.

第 1 款　合众国或任何一州不得以未交纳人头税或其他税款为理由，否认或剥夺合众国公民在总统或副总统、总统或副总统选举人或参议员、众议员的任何初选或其他选举中的选举权。

Section 2　The Congress shall have power to enforce this article by appropriate legislation.

第 2 款　国会有权以适当立法实施本条规定。

Amendment 25　第 25 修正案（1967 年 2 月 10 日批准生效）

Section 1　In case of the removal of the President from office or of his death or resignation, the Vice President shall become President.

第 1 款　如果总统免职、死亡或辞职，副总统应成为总统。

Section 2　Whenever there is a vacancy in the office of the Vice President, the President shall nominate a Vice President who shall take office upon confirmation by a majority vote of both Houses of Congress.

第 2 款　副总统职位出现空缺时，总统应提名一位副总统，经由国会两院多数票批准后就职。

Section 3　Whenever the President transmits to the President pro tempore of the Senate and the Speaker of the House of Representatives his written declaration that he is unable to discharge the powers and duties of his office, and until he transmits to them a written declaration to the contrary, such powers and duties shall be discharged by the Vice President as Acting President.

第 3 款　如总统向参议院临时议长及众议院议长递交书面声明，宣称他无能力履行其权力与职责，则其权力与职责应由副总统作为代理总统履行，直至他递交相反的书面声明为止。

Section 4　Whenever the Vice President and a majority of either the principal officers of the executive departments or of such other body as Congress may by law provide, transmit to the President pro tempore of the Senate and the Speaker of the House of Representatives their written declaration that the President is unable to discharge the powers and duties of his office, the Vice President shall immediately assume the powers and duties of the office as Acting President.

第 4 款　如副总统以及各行政部门或国会依法设立的此种其他机构的多数主要官员，向参议院临时议长及众议院议长递交关于总统无能力履行其权力与职责的书面声明，则由副总统作为代理总统立即承担以上权力与职责。

Thereafter, when the President transmits to the President pro tempore of the Senate and the Speaker of the House of Representatives has written declaration that no inability exists, he shall resume the powers and duties of his office unless the Vice President and a majority of either the principal officers of the executive department or of such other body as Congress may by law provide, transmit within four days to the President pro tempore of the Senate and the Speaker of the House of Representatives their written declaration that the President is unable to discharge the powers and duties of his office. Thereupon Congress shall decide the issue, assembling within forty-eight hours for that purpose if not in session. If the Congress, within twenty-one days after receipt of the latter written declaration, or, if Congress is not in session, within twenty-one days after Congress is required to assemble, determines by two-thirds vote of both Houses that the President is unable to discharge the powers and duties of his office, the Vice President shall continue to discharge the same as Acting President; otherwise, the President shall resume the powers and duties of his office.

此后，当总统向参议院临时议长及众议院议长递交他丧失能力情况并不存在的书面声明时，除非副总统以及各行政部门或国会依法设立的此种其他机构的多数主要官员在 4 日内向参议院临时议长及众议院议长递交总统无能力履行其权力与职责的书面声明，总统应恢复其权力与职责。国会应对此作出裁决。如在休会期间，应在 48 小时之内为此目的召集会议。如果国会收到后一书面声明 21 天之内，或处在休会期间被要求召集以后的 21 天之内，以两院的 2/3 票数决定总统不能履行其权力与职责，副总统应继续作为代理总统履行上述权力与职责；否则，总统应恢复其权力与职责。

Amendment 26　第 26 修正案（1971 年 1 月 1 日批准生效）

Section 1　The right of citizens of the United States, who are eighteen years of age or older, to vote shall not be denied or abridged by the United States or by any State on account of age.

第 1 款　合众国或任何一州不得因年龄而否认或剥夺已满 18 岁或 18 岁以上合众国公民的选举权。

Section 2　The Congress shall have power to enforce this article by appropriate legislation.

第 2 款　国会有权以适当立法实施本条规定。

Amendment 27　第 27 修正案（1992 年 1 月 5 日批准生效）

No law varying the compensation for the services of the Senators and Representatives shall take effect, until an election of Representatives shall have intervened.

改变参议院和众议院议员职位薪水的法律，必须在下届代表选举后生效。